М.М.БАХТИН

巴赫金文集

〔苏〕米哈伊尔·巴赫金　著

钱中文　主编

＊第五卷＊

夏忠宪　邓理明　路雪莹
刘　虎　李兆林　张　冰
徐玉琴　朱　涛　译

陕西师范大学出版总社　西安

图书代号 WX24N1110

图书在版编目（CIP）数据

巴赫金文集．第五卷 /（苏）米哈伊尔·巴赫金著；钱中文主编．—西安：陕西师范大学出版总社有限公司，2024.8
ISBN 978-7-5695-4093-2

Ⅰ．①巴… Ⅱ．①米… ②钱… Ⅲ．①巴赫金(Bakhtin,Mikhail Mikhailovich 1895-1975)—文集 Ⅳ．① C52

中国国家版本馆 CIP 数据核字（2024）第 018670 号

巴赫金文集　第五卷

BAHEJIN WENJI　DI-WU JUAN

〔苏〕米哈伊尔·巴赫金　著

钱中文　主编

出 版 人　刘东风
出版统筹　杨　沁
特约编辑　李江华　黄　勇
责任编辑　李广新　胡　彤　于立平
责任校对　李　昊
封面设计　高　洁
版式设计　李宝新
出版发行　陕西师范大学出版总社
（西安市长安南路 199 号　邮编 710062）
网　　址　http://www.snupg.com
印　　刷　三河市宏达印刷有限公司
开　　本　710 mm×1000 mm　1/16
印　　张　38
字　　数　508 千
版　　次　2024 年 8 月第 1 版
印　　次　2024 年 8 月第 1 次印刷
书　　号　ISBN 978-7-5695-4093-2
定　　价　169.00 元

巴赫金

目　录

弗朗索瓦·拉伯雷的创作与中世纪和文艺复兴时期的民间文化

导　言

——问题的提出

在世界文学的所有伟大作家之中,拉伯雷在我国最不著名,最缺乏研究,对他的理解和评价也最为不够。

然而,在欧洲文学的伟大创建者行列之中,拉伯雷却名列前茅。别林斯基曾称拉伯雷是天才,是“16世纪的伏尔泰”,而称其小说为既往时代最优秀的小说之一。就其艺术和思想的力量及其历史意义而言,西方文艺学家和作家通常把拉伯雷直接摆在莎士比亚之后,甚至与之相提并论。法国浪漫派,特别是夏多布里昂和雨果,把他归入古今各民族少数最伟大的“人类天才”之列。人们过去和现在一直认为他不只是一个一般意义上的伟大作家,而且是一个智者和先知。历史学家米什莱对拉伯雷有过一个很说明问题的评语:

“拉伯雷从外省古老的方言、俗语、谚语、学生开玩笑的习惯语等民间习俗中,从傻瓜和小丑的嘴里采集智慧。然而,透过这种打趣逗乐的折射,一个时代的天才及其先知般的力量,充分表现出其伟大。凡是他还无从获得的东西,他都有所预见,他都作出许诺,他都指明了方向。在这梦幻之林中，每一片叶子下面都隐藏着将由未来采摘的果子。整个这本书就是一个'金枝'。"[①]（此处及以下引文的变体均为我所加。——巴赫金）

当然，一切类似的说法和评价都是相对的。我们不打算在此讨论拉伯雷与莎士比亚能否相提并论，以及他与塞万提斯孰高孰低，诸如此类的问题。但是，拉伯雷在近代欧洲文学的这些创建者，即但丁、薄伽丘、莎士比亚、塞万提斯之列的历史地位——至少是毋庸怀疑的。拉伯雷不仅在决定法国文学和法国文学语言的命运上，而且在决定世界文学的命运上都起了重大作用（恐怕丝毫不比塞万提斯逊色）。同样毋庸怀疑的是，在近代文学的这些创建者中，他是最民主的一个。但对于我们来说，最主要的是，他与民间源头的联系比其他人更紧密、更本质，而这些民间源头是独具特色的（米什莱列举得相当正确，尽管还远远不够充分）；这些源头决定了他的整个形象体系及其艺术世界观。

拉伯雷的所有形象正是由于这种特有的、可以说是激进的民间性[②]，所以才像米什莱在上述评语中完全正确地强调的那样，独特地洋溢着未来的气息。也是由于这种民间性，拉伯雷的作品才有着特殊的"非文学性"，也就是说，他的众多形象不符合自16世纪末迄今一切占统治地位的文学性标准和规范，无论它们的内容有过什么变化。拉伯雷远远超过莎士比亚或塞万提斯，因为他们只是不符合较为狭隘的古典标准而已。拉伯雷的形象固有某种特殊的、原则性的和无法遏止的"非官方性"：任何教条主义、任何专横性、任何片面的严肃性都不可能与拉伯雷的形象共融，这些形象与一切完成性和稳定性、一切狭隘的严肃性、与思想和世界观领域里的一切现成性和确定性都是相敌对的。

---

① 朱·米什莱：《法国史》，第10卷，第355页。"金枝"，指女巫献给埃涅阿斯的金枝——先知的象征。——作者

② народность 还可以理解为人民性。——译者

因此，拉伯雷在其后几百年间，一直处于一种特殊的孤立的地位：四个世纪内，欧洲资产阶级的艺术创作和意识形态思想沿着几条大路和老路发展，但其中哪一条都不可能使我们贴近于他，时代将他和我们分隔开来。

如果说在这几百年间，我们还可以看到拉伯雷有过许多热烈的赏识者，那么，我们在任何地方都还没有发现对他有稍许完整的和见诸文字的理解。浪漫派发现了拉伯雷，但就像他们发现了莎士比亚和塞万提斯一样，并没能真正揭示他，仅仅只是叹为观止而已。拉伯雷一向使很多人敬而远之。绝大多数人只不过不理解他。实际上，拉伯雷的众多形象至今在很多方面仍然是个谜。

要解开这个谜，只能通过深入研究拉伯雷的民间源头。如果说在过去四个世纪历史上“宏大文学”的代表人物之中，拉伯雷显得如此形单影只，和任何人都不相似，那么，从民间创作得以正确揭示的背景上看，情况正好相反，倒是这四个世纪的文学发展很可能显得有点特殊，与什么都不相似，而从民间文化数千年的发展来看，拉伯雷的那些形象则像是如鱼得水。

拉伯雷是世界文学所有经典作家中最难研究的一个，因为要理解他，就必须对整个艺术和意识形态的把握方式加以实质性的变革，必须对许多根深蒂固的文学趣味要求加以摈弃，对许多概念加以重新审视，重要的是，必须深入了解过去研究得很少而且肤浅的民间诙谐创作。

拉伯雷很难研究。然而，只要他的作品能够得到正确的揭示，人们就能够从中窥见民间诙谐文化[①]数千年的发展，拉伯雷就是民间诙谐文化在文学领域里最伟大的表达者。拉伯雷的启发意义是巨大的，他的小说应该成为开启尚少研究和几乎完全未被理解的民间诙谐创作巨大宝库的一把钥匙。但首先必须掌握这把钥匙。

这篇导言的任务是，提出中世纪和文艺复兴时期民间诙谐文化的

① 又译民间笑文化。——译者

问题，确定它的规模并对其独特性作出初步的评述。

民间诙谐文化及其形式，正如我们已经说过的，是民间创作中研究得最不够的一个方面。狭义的民间性和民间创作的概念形成于前浪漫主义时代，基本上是由赫尔德和浪漫派所确立的，这种概念几乎完全不包括独具特色的民间广场文化和丰富多彩的民间诙谐表现形式。所以，在此后的民间文学和文艺学的发展中，在广场上欢笑的人民大众，始终没有成为稍许认真和深刻的文化史研究、民间创作研究和文艺学研究的对象。在浩瀚的学术著作中，给予仪式、神话、民间抒情诗创作和叙事诗创作、诙谐因素研究的位置微乎其微。而尤其糟糕的是，民间诙谐的独特本性完全被曲解，因为套用于它的是一些在近代资产阶级文化和美学的条件下形成的，与之完全格格不入的概念。因此，可以毫不夸张地说，过去民间诙谐文化深刻的独特性至今还完全没有揭示出来。

然而，这种文化的规模和意义在中世纪和文艺复兴时期都是巨大的。那时整个诙谐形式和表现的广袤世界与教会和封建中世纪的官方和严肃（就其音调气氛而言）文化相抗衡。这些多种多样的诙谐形式和表现——狂欢节类型的广场节庆活动、某些诙谐仪式和祭祀活动、小丑和傻瓜、巨人、侏儒和残疾人、各种各样的江湖艺人、种类和数量繁多的讽拟体文学等等，它们都具有一种共同的风格，都是统一而完整的民间诙谐文化、狂欢节文化的一部分和一分子。

民间诙谐文化多种多样的表现，按其性质可以分为三种基本形式：

（1）各种仪式—演出形式（各种狂欢节类型的节庆活动，各类诙谐的广场表演，等等）；

（2）各种诙谐的语言作品（包括讽拟体作品）：口头作品和书面作品，拉丁语作品和各民族语言作品；

（3）各种形式和体裁的无拘无束的广场言语（骂人的话、指天赌咒、发誓、民间的褒贬诗，等等）。

所有这三种形式，尽管它们的种类各不相同，但都反映一种看待世界的统一的诙谐观点，都相互紧密联系，并以多种方式相互交织在一起。

我们将对每一种诙谐形式给予初步的评述。

狂欢节类型的节庆活动以及与之相关的各种诙谐的表演或仪式，在中世纪人们的生活中占有巨大的位置。除了一连数日在广场和街头举行复杂的表演和游行等本义上的狂欢节之外，还有特别的“愚人节”（“festa stultorum”）和“驴节”，还有特别的、得到传统认可的自由的“复活节游戏”（“risus paschalis”）。此外，几乎每一个宗教节日都各有被传统认可的民间广场诙谐活动。例如，所谓“教堂命名节”就是如此，它们通常都有集市和丰富多彩、自成体系的广场娱乐活动（巨人、侏儒、残疾人和“学会特别技能的”野兽参加表演）。在上演宗教神秘剧和讽刺闹剧的日子里，到处都笼罩着狂欢节的气氛。在一些农事节日，如葡萄节（vendange），也洋溢着这种气氛，城里人也过葡萄节。举行世俗和日常庆典仪式时，通常也有诙谐的表演：小丑和傻瓜是必不可少的参加者，他们讽拟严肃庆典（奖励竞技优胜者、移交领地权、册封骑士，等等）的各种活动。就连日常酒宴也不能没有欢聚逗乐的成分，例如，推选酒宴上的国王和王后“开心”（“roi pour rire”）。

以上我们所说的所有以诙谐因素组成的、得到传统认可的仪式—演出形式，在中世纪盛行于欧洲各国，而在罗曼语系各国，包括法国，这些形式尤为丰富和繁杂。下面根据我们分析拉伯雷的形象体系进行的情况，我们将较为全面和详细地分析仪式—演出形式。

所有这些以诙谐因素组成的仪式—演出形式，与严肃的官方的（教会和封建国家的）祭祀形式和庆典有着非常明显的，可以说是原则上的区别。它们显示的完全是另一种，强调非官方、非教会、非国家的看待世界、人与人的关系的观点；它们似乎在整个官方世界的彼岸建立了第二个世界和第二种生活，这是所有中世纪的人都在或大或小的程度上参与,都在一定的时间内生活过的世界和生活。这是一种特殊的双重世界关系,看不到这种双重世界关系,就不可能正确理解中世纪的文化意识和文艺复兴时期的文化。对中世纪民间诙谐文化的忽视或低估,就会造成对其后整个欧洲文化历史发展景象的曲解。

对待世界和人类生活的双重认识角度,在文化发展的最初阶段就已存在。在原始人的民间创作中,有严肃的(就其组织方式和音调气氛而言)祭祀活动,同时还有嘲笑和亵渎神灵的诙谐性祭祀活动("仪式游戏");有严肃的神话,同时还有诙谐和辱骂性的神话;有英雄,同时还有讽拟英雄的替身。近来,这些诙谐的仪式和神话已开始引起民俗学家们[①]的关注。

但在早期阶段,即阶级和国家社会制度出现之前的条件下,严肃和诙谐这两种看待神灵、世界和人的观点,显然同样都是神圣的,可以说,同样都是"官方的"。在晚些时期的某些仪式方面,仍然保持了这种情况。例如,在罗马和进入国家阶段之后,凯旋仪式几乎对等地既有对胜利者的歌颂,又有对胜利者的戏弄;而丧葬仪式,也是既有对死者的哀悼(歌颂),也有对死者的戏弄。但在阶级和国家制度已经形成的条件下,这两种观点的完全对等逐渐成为不可能,所有的诙谐形式,有的早一些,有的晚一些,都转化到非官方角度的地位上;经过一定的重新认识、复杂化和深入化,逐渐变成表现人民大众的世界感受和民间文化的基本形式。古希腊罗马的狂欢节类型的节庆活动,特别是罗马的农神节,就是如此,中世纪的狂欢节也是如此。当然,它们与原始村社的仪式游戏已经相去甚远。

中世纪诙谐的仪式—演出形式有些什么特点,以及,首先它们的本性是什么,亦即它们是何种性质的存在呢?

这当然不是像基督教弥撒那样的宗教仪式,尽管从发生学来说它

① 参阅 E.M.梅列金斯基的《英雄史诗的起源》一书,特别是第 55—58 页,关于滑稽替身极为有趣的分析以及关于这个问题的思考;该书还附有资料索引(莫斯科,1963年)。——作者

们与弥撒有同源关系。狂欢节仪式诙谐的组成因素,使这些仪式完全摆脱了一切宗教和教会的教条主义、神秘主义和虔诚,它们也完全丧失了巫术和祈祷的性质(它们既不强求什么,也不乞求什么)。不仅如此,某些狂欢节形式直接是对宗教祭祀活动的讽拟。所有狂欢节形式都是彻底非教会和非宗教的。它们完全属于另外一种存在领域。

就其明显的、具体可感的性质和含有强烈的游戏成分而言,它们接近形象艺术的形式,也就是接近戏剧演出的形式。的确,中世纪的戏剧演出形式有相当大一部分倾心于民间广场的狂欢节文化,并在一定程度上成为它的组成部分。但是,这一文化的基本狂欢节内核完全不是纯艺术的戏剧演出形式,一般说也不能纳入艺术领域。它处于艺术和生活本身的交界线上。实际上,这就是生活本身,但它被赋予一种特殊的游戏方式。

确实,狂欢节没有演员和观众之分。它甚至连萌芽状态的舞台也没有。舞台会破坏狂欢节(反之亦然,取消了舞台,便破坏了戏剧演出)。在狂欢节上,人们不是袖手旁观,而是生活在其中,而且是所有的人都生活在其中,因为从其观念上说,它是全民的。在狂欢节进行当中,除了狂欢节的生活以外,谁也没有另一种生活。人们无从躲避它,因为狂欢节没有空间界限。在狂欢节期间,人们只能按照它的规律,即按照狂欢节自由的规律生活。狂欢节具有宇宙的性质,这是整个世界的一种特殊状态,这是人人参与的世界的再生和更新。就其观念和本质而言,这就是狂欢节,其本质是所有参加者都能活生生地感觉到的。狂欢节的这种观念,在罗马的农神节上表现得最明显,也最明显地被意识到。人们把农神节想象成现实地和完全地(但也是暂时地)回到农神黄金时代的大地。农神节的传统一直没有中断,并且保存在中世纪的狂欢节上。中世纪的狂欢节比中世纪的其他节庆活动更全面、更单纯地体现了宇宙更新这个观念。中世纪其他狂欢节类型的节庆活动都在某些方面受到限制,它们体现狂欢节观念的方式不太全面、不太单纯;但在这些节庆活动中狂欢节观念也存在,也可以明显地感觉到;它被作为对日常(官方)生活制度暂时的超越。

总之,从这方面说,狂欢节不是艺术的戏剧演出形式,而似乎是生活本身现实的(但也是暂时的)形式,人们不只是表演这种形式,而是几乎实际上(在狂欢节期间)就那样生活。也可以这样说:在狂欢节上,生活本身在演出,这是没有舞台、没有脚灯、没有演员、没有观众,即没有任何戏剧艺术特点的演出,这是展示自己存在的另一种自由(任意)的形式,这是自己在最好的方式上的再生与更新。在这里,现实的生活形式同时也就是它的再生的理想形式。

小丑和傻瓜是中世纪诙谐文化的典型人物。他们仿佛体现着经常的、固定于日常(即非狂欢节的)生活里的狂欢节因素。像法兰西斯一世[①]时代的特里布勒(拉伯雷小说中也有这个人物)这样的小丑和傻瓜,完全不是在舞台上扮演小丑和傻瓜的演员(如后来在舞台上扮演阿尔莱金、汉斯乌斯特[②]等等角色的喜剧演员)。他们在生活中时时处处都作为小丑和傻瓜出现。作为小丑和傻瓜,他们体现着一种特殊的生活方式,一种既是现实的,同时又是理想的生活方式。他们处于生活和艺术的交界线上(仿佛处于一个特殊的中间领域):他们不是一般的怪人或傻子(在日常意义上),但他们也不是喜剧演员。

总之,在狂欢节上是生活本身在表演,而表演又暂时变成了生活本身。狂欢节的特殊本性,其特殊的存在性质就在于此。

狂欢节,这是人民大众以诙谐因素组成的第二种生活。这是人民大众的*节庆生活*。节庆性,这是中世纪一切诙谐的仪式—演出形式的本质特点。

所有这些形式,表面上都与宗教节日联系在一起。甚至并非在某个宗教纪念日或某一圣徒纪念日举行的狂欢节,也与大斋前的最后几天联系在一起(因此它在法国被称为“Mardi gras”或“Carêmprenant”[③],在德

① 法兰西斯一世(1494—1547),1515 年起为法国瓦罗亚王朝国王。——译者

② 意大利、法国即兴喜剧和德国民间喜剧中的传统小丑角色。——译者

③ “封斋前的星期二”或“封斋前三天”。——译者

语国家则被称为"Fastnacht"[①])。这些形式,与仪式中含有诙谐成分的古代多神教农事型节庆活动,在起源上有着更为本质的联系。

节庆活动(任何节庆活动)都是人类文化极其重要的第一性形式。不能从社会劳动的目的和实际条件来对这种形式作出推导和解释,也不能从周期性的休息的生物学(生理学)需要加以推导和解释,因为这种解释更为庸俗。节庆活动永远具有重要的和深刻的思想内涵、世界观内涵。任何组织和完善社会劳动过程的"练习"、任何"劳动游戏"、任何休息或劳动间歇本身都永远不能成为节日。要使它们成为节日,必须把另一种存在领域里即精神和意识形态领域里的某种东西加入进去。它们不应该从手段和必要条件方面获得认可,而应该从人类生存的最高目的,即从理想方面获得认可。离开这一点,就不可能有任何节庆性。

节庆活动永远与时间有着本质性的关系。一定的和具体的自然(宇宙)时间、生物时间和历史时间观念永远是它的基础。同时,节庆活动在其历史发展的所有阶段上,都是与自然、社会和人生的危机、转折关头相联系的。死亡和再生、交替和更新的因素永远是节庆世界感受的主导因素。正是这些因素通过一定节日的具体形式,形成了节日特有的节庆性。

在中世纪的阶级和封建国家制度条件下,节日的这种节庆性,即它与人类生存的最高目的、与再生和更新的联系,只有在狂欢节和其他节日的民间广场活动中,才不致被歪曲,充分而单纯地得以实现。在这里,节庆性成为民众暂时进入全民共享、自由、平等和富足的乌托邦王国的第二种生活形式。

中世纪的官方节日,无论是教会的,还是封建国家的节日,都不能使人偏离现有的世界秩序,都不能创建任何第二种生活。相反,它们将现有制度神圣化、合法化、固定化。与时间的联系流于形式,更替和

① 大斋期前夜。——译者

危机被归属于过去。官方节日,实际上,只是向后看,看过去,并以这个过去使现有制度神圣化。官方节日有时甚至违背节日的观念,肯定整个现有的世界秩序,即现有的等级,现有的宗教、政治和道德价值、规范、禁令的固定性、不变性和永恒性。节日成了现成的、获胜的、占统治地位的真理的庆功式。这种真理是以永恒的、不变的和无可争议的真理姿态出现的。所以,官方节日的音调气氛只能是死板严肃的,诙谐因素与它的本性格格不入。正因如此,官方节日违反了人类节庆性的真正本性,歪曲了这种本性。然而,这种真正的节庆性是无法遏止的,所以官方不得不予以容忍,甚至在节日的官方部分之外,部分地把它合法化,把民间广场让给它。

与官方节日相对立,狂欢节仿佛是庆贺暂时摆脱占统治地位的真理和现有的制度,庆贺暂时取消一切等级关系、特权、规范和禁令。这是真正的时间节日,不断生成、交替和更新的节日。它与一切永存、完成和终结相敌对。它面向未完成的将来。

在狂欢节期间,取消一切等级关系具有特别重要的意义。在官方节日中,等级差别突出地显示出来:人们参加官方节日活动,必须按照自己的称号、官衔、功勋穿戴齐全,按照相应的级别各就各位。节日使不平等神圣化。与此相反,在狂欢节上大家一律平等。在这里,在狂欢节广场上,支配一切的是人们之间无拘无束地自由接触的特殊形式,而在日常的,即非狂欢节的生活中,人们被不可逾越的等级、财产、职位、家庭和年龄差异的屏障所分割开来。在中世纪封建制度等级森严和人们日常生活中的阶层、行会隔阂的背景下,人们之间这种无拘无束的自由接触,给人以格外强烈的感觉,它成为整个狂欢节世界感受的本质部分。人仿佛为了新型的、纯粹的人类关系而再生。暂时不再相互疏远。人回归到了自身,并在人们之中感觉到自己是人。

人类关系这种真正的人性,不只是想象或抽象思考的对象,而是为现实所实现,并在活生生的感性物质的接触中体验到的。乌托邦理想的东西与现实的东西,在这种绝无仅有的狂欢节世界感受中暂时融为一体。

人们之间的等级关系的这种理想上和现实上的暂时取消,在狂欢节广场上形成一种在日常生活中不可能有的特殊类型的交往。在此也形成了广场言语和广场姿态的特殊形式,一种坦率和自由,不承认交往者之间的任何距离,摆脱了日常(非狂欢节)的礼仪规范的形式,形成了狂欢节广场言语的特殊风格,我们可以从拉伯雷的作品中发现这种风格的大量范例。

中世纪的狂欢节是由更古老的诙谐性仪式(包括古希腊罗马阶段的农神节)数千年的发展所酝酿的,在它数世纪的发展过程中,形成了狂欢节的形式和象征的特殊语言,一种非常丰富,能够表达人民大众复杂统一的狂欢节世界感受的语言。这种世界感受与一切现成的、完成性的东西相敌对,与一切妄想具有不可动摇性和永恒性的东西相敌对,为了表现自己,它所要求的是动态的和变易的("普罗透斯"①式的)、闪烁不定、变幻无常的形式。狂欢节语言的一切形式和象征都洋溢着交替和更新的激情,充溢着对占统治地位的真理和权力的讨笑的相对性的意识。独特的"逆向"(à l' envers)、"相反""颠倒"的逻辑,上下不断易位(如"车轮")、面部和臀部不断易位的逻辑,各种形式的讽拟和滑稽改编、降格、亵渎、打诨式的加冕和脱冕,对狂欢节语言说来,是很有代表性的。在一定程度上说,民间文化的第二生活、第二世界是作为日常生活,即非狂欢节生活的讽拟,是作为"颠倒的世界"而建立的。但必须强调指出,狂欢节式的讽拟远非近代那种纯否定性的和形式上的讽拟:狂欢节式的讽拟在否定的同时还有再生和更新。一般说来,赤裸裸的否定是与民间文化完全格格不入的。

在这篇导言里,我们只是简略地提到狂欢节的形式和象征的非常丰富和独特的语言。理解这种几乎半被遗忘,在很大程度上我们已经不大懂得的语言,这是我们全书的主要任务。因为拉伯雷使用的正是这种语言。不懂得这种语言,就不可能真正理解拉伯雷的形象体系。

① 希腊神话中变幻无常的海神,又名海中老人。——译者

但是，这种狂欢节语言，伊拉斯谟、莎士比亚、塞万提斯、洛卜·德·维加、蒂尔索·德·莫利纳、格瓦拉、克维多也都以各自不同的方式、在不同的程度上使用过；德国的"愚人文学"（"Narrenliteratur"）、汉斯·萨克斯、菲沙尔特和格里美豪森等人也使用过这种狂欢节语言。不了解这种语言，就不可能全面完整地理解文艺复兴时期和巴洛克风格的文学。不仅文学艺术，而且文艺复兴时期的乌托邦以及文艺复兴时期的世界观本身，也都深深地渗透着狂欢节的世界感受，并常常通过这种世界感受的形式和象征体现出来。

关于狂欢式的笑[①]的复杂本性，需要预先简要地谈一下。它首先是节庆的诙谐。所以，它不是对某一单独（个别）"可笑"现象的个体反应。狂欢式的笑，第一，它是全民的（上面我们已经说过，全民性是狂欢节的本质特征），大家都笑，这是对"世界的"笑；第二，它是包罗万象的，它针对一切事物和人（包括狂欢节的参加者），整个世界看起来都是可笑的，都可以从笑的角度，从它可笑的相对性来感受和理解；第三，即最后，这种笑是双重性的[②]：它既是欢乐的、兴奋的，同时也是讥笑的、冷嘲热讽的，它既否定又肯定，既埋葬又再生。这就是狂欢式的笑。

我们要指出民间节庆诙谐的一个重要特点：这种诙谐也针对取笑者本身。人民并不把自己排除在不断生成的世界整体之外。他们也是未完成的，也是生生死死，不断更新的。这是民间节庆诙谐与近代纯讽刺性诙谐的本质区别之一。一个纯讽刺作家只知道否定性的诙谐，而把自己置于嘲笑的现象之外，以自身与之对立，这就破坏了从诙谐方面看待世界的角度的整体性，可笑的（否定的）东西成了局部的现象。民间双重性的诙谐则表现整个世界处于不断形成过程的观点，取笑者本身也包括在这个世界之内。

---

① смех 根据上下文具体情况可译为笑或诙谐。——译者

② амбивалентный、амбивалентность，巴赫金常用这个词表示事物正反两面紧密联系、不可分割的一体性，根据上下文具体情况可译为双重性的（双重性）或正反同体的（正反同体性）。——译者

在这里,我们要特别强调指出这种节庆诙谐的世界观性质和乌托邦性质,以及它针对上层的性质。在这种节庆诙谐中,在本质上重新认识的意义上,依然存在着最古老的诙谐性仪式对神灵的嘲笑。在这里,一切祭祀性和限定性的成分都消失了,但全民性的、包罗万象的和乌托邦的成分却保存了下来。

拉伯雷就是这种民间狂欢式的笑在世界文学中最伟大的体现者和集大成者。他的创作能够使我们深入看到这种笑的复杂而深刻的本性。

正确提出民间诙谐这个问题极为重要。在研究民间诙谐的书籍中,迄今仍存在着把它粗暴地现代化的倾向:人们按照近代诙谐文学的精神来解释民间诙谐,或者把它说成是纯否定性的讽刺性诙谐(因此拉伯雷被称为纯讽刺作家),或者把它说成是纯消遣性的、无所用心的诙谐,没有任何世界观性质的深度和力度。它的双重性通常完全未被人理解。

现在我们转入分析中世纪民间诙谐文化的第二种形式——诙谐性话语作品(拉丁语和各民族语言的作品)。

当然,这已经不是民间创作(虽然用各民族语言创作的这种作品中有某些部分可以归入民间创作)。但整个这种文学渗透着狂欢节式的世界感受,广泛运用了狂欢节的形式和形象的语言,在法定的狂欢节自由的掩护下得以发展,并且,在多数情况下,与狂欢节类型的节庆活动相联系,有时还似乎直接构成了这种节庆活动的文学部分[①]。这种文学中的诙谐是双重性的诙谐,节庆的诙谐。整个这种文学就是中世纪的节庆文学、消闲文学。

狂欢节类型的节庆活动,如前所说,甚至从时间上来看,在中世纪人们的生活中也占有重要的位置。中世纪的大城市每年欢庆狂欢节

① 古罗马就有类似的情况,诙谐文学与农神节直接联系在一起,它洋溢着农神节的自由精神。——作者

的时间长达三个月之久。狂欢节式的世界感受对人们的观察和思考所产生的影响是无法抗拒的:这种影响迫使人们仿佛摆脱自己的正式身份(僧侣、教士、学者),从狂欢节式诙谐的角度看待世界。不仅学生和小教士,即便是上层的教会人士和神学家也都准许自己娱乐消遣一番,即摆脱神学严肃性休息一下,开开"僧侣的玩笑"("Joca monacorum"),如一部中世纪最流行的作品所称。他们在自己的单人僧房里撰写讽拟体或半讽拟体的学术论文,用拉丁语撰写其他诙谐性作品。

中世纪的诙谐文学经历了整整一千年甚至更长时间的发展,因为它的源头可追溯到古希腊罗马基督教时期。在这样漫长的存在期间,这种文学当然也经历了相当重大的变化(拉丁语文学变化最少)。形成了多样化的体裁形式和风格变体。尽管存在各种历史的和体裁的差异,但这种文学在不同程度上,依然是民间狂欢节式的世界感受的表现,它使用的是狂欢节的形式和象征的语言。

拉丁语的半讽拟体和纯讽拟体文学流传很广。保存至今的这种文学抄本为数极多。在这种文学中,整个官方教会的意识形态和仪式观念都从诙谐的角度展示出来。在这种文学中,诙谐渗透到宗教思维和宗教崇拜的最高层领域。

《基普里安的晚餐》(*Coena Cypriani*)——是这类文学最古老和最流行的作品之一,它对整部《圣经》(包括《旧约》和《新约》)作了独特的狂欢节饮宴式的滑稽改编。这部作品被奉为自由的"复活节诙谐"("risus paschalis")的传统读物;而且,从中还可以听到罗马农神久远的遗响。另一部最古老的诙谐文学作品——《维吉尔语法》(*Vergilius Maro grammaticus*)既是半讽拟体的拉丁语语法学术论著,同时又是对早期中世纪学院派玄奥理论和治学方法的讽拟。这两部几乎都创作于中世纪与古希腊罗马时期相交之际的作品,开创了中世纪的拉丁语诙谐文学,并对这种文学传统产生了决定性的影响。这些作品的广泛流传一直延续到文艺复兴时期。

在拉丁语诙谐文学的进一步发展中,教会圣事和教义的一切方面真正地都有了讽拟体的复本。这就是所谓的"parodia sacra",即"神圣的讽拟",也是至今尚未得到充分理解的中世纪文学最独特的现象之一。保留至今的有大量讽拟弥撒的作品(《醉汉的弥撒》《赌徒的弥撒》等等),讽拟读经、祈祷,包括讽拟最神圣的对象的作品(《我们在天之父》、*Ave Maria*[①] 等等),讽拟启应祷文、圣歌、圣诗的作品,还有改写各种《圣经》箴言的作品,等等。还创作了讽拟体的遗嘱(《猪的遗嘱》《驴的遗嘱》),讽拟体的墓志铭、宗教会议决议,等等。这种文学几乎浩如烟海。它们整个被奉为一种传统体裁,并在某种程度上为教会所容忍。其中一部分是在"复活节游戏"或"圣诞节游戏"的保护下创作和流传的;一部分(讽拟弥撒和祈祷的作品)则直接与"愚人节"相联系,也可能就是在这个节日期间演出的。

除了上述作品以外,还有拉丁语诙谐文学的其他变体,例如,讽拟体的辩论、对话和纪事等等。所有这些拉丁语文学作品都要求其作者具有一定程度(有时是相当高的程度)的学识。这一切都是广场狂欢的笑声在修道院、大学和学校院墙内的回响和余音。

中世纪拉丁语诙谐文学在文艺复兴盛时期伊拉斯谟的《愚人颂》(这是狂欢节式的诙谐在整个世界文学中的最伟大作品之一)和《蒙昧者书简》中集其大成。

中世纪各民族语言的诙谐文学也同样丰富,而且更为多样化。在这里,我们可以看到类似于"parodia sacra"的现象:讽拟体的祈祷、讽拟体的布道(所谓"sermons joieux",即法国的"可笑的布道")、圣诞节歌曲、讽拟体的圣徒传奇等等。但在这里,从诙谐角度表现封建制度和封建英雄主义的世俗题材的讽拟体作品和滑稽性改编占多数。例如中世纪的讽拟体叙事文学:写动物的、写小丑的、写骗子的、写傻瓜的;民间史诗歌手的讽拟体英雄史诗成分,史诗英雄的诙谐替身(滑稽的罗兰)的出现等等,就是如此。创作了讽拟体的骑士小说(《不戴笼头的骡子》《奥卡森与尼科莱特》)。发展了各种体裁的诙谐演说:形

① 《万福,马利亚》。——译者

形色色狂欢节式的“讨论”、辩论、对话、滑稽的“颂词”（或“赞歌”）等等。在韵文故事和流浪艺人（流浪学子）独特的诙谐性抒情诗中，也可以听到狂欢节的笑声。

所有这些诙谐文学的体裁和作品，都与狂欢节的广场相联系，当然也比拉丁语诙谐文学更广泛地使用了狂欢节的形式和象征。但是，与狂欢节广场有着最为紧密和直接联系的，当推中世纪的诙谐性戏剧。亚当·德拉哈勒的第一个（在流传至今的作品中）喜剧剧本《绿荫下的游戏》，已是对生活和世界的纯狂欢节式的观察和理解的杰出范例；剧中含有未来的拉伯雷世界的许多因素的萌芽。圣迹剧和寓意剧都在不同程度上狂欢化了。笑声也渗透了宗教神秘剧：神秘剧里的魔鬼剧具有强烈的狂欢节性质。讽刺闹剧是中世纪晚期一个深刻狂欢化了的体裁。

在此我们只谈到人们最熟悉的某些诙谐文学现象，这些现象不言自明，无须特别的解释。从提出问题来说，这已足够。下面，根据对拉伯雷的创作分析进行的情况，我们还会详细谈到这些以及人们还不太熟悉的中世纪诙谐文学的许多其他体裁和作品。

现在我们转入分析民间诙谐文化的第三种表现形式——中世纪和文艺复兴时期某些独特的现象和无拘无束的广场言语体裁。

前面我们已经说过，在狂欢节的广场上，在暂时取消了人们之间的一切等级差别和隔阂，取消了日常生活，即非狂欢节生活中的某些规范和禁令的条件下，形成了在平时生活中不可能有的一种特殊的既理想又现实的人与人之间的交往。这是人们之间没有任何距离，无拘无束地在广场上的自由接触。

新型的交往常常产生新的言语生活形式：新的言语体裁，某些旧形式的重新认识或停止使用，等等。类似现象，在现代言语交往条件下也为人所共知。例如，当两个人结为挚友关系时，他们之间的距离就会缩小（他们“亲密无间”），他们之间的言语交往形式因此也大大改变：出现亲昵的以“你”相称，改变称谓方式（伊万·伊万诺维奇变为万尼亚或万卡），有时用绰号代替名字，出现表示亲昵的骂人字眼，相互可以取笑（在关系不深的情况下，只可能以“第三者”为取笑对象），可以互相拍肩，甚至拍肚子（典型的狂欢节动作），言语礼节和言语禁忌淡化了，说话带脏字，说些不体面的话，等等，等等。但是，现代日常生活中的这种无拘无束的接触，当然远非民间狂欢节广场上的那种自由、无拘无束的接触。它缺乏主要的东西：全民性、节庆性、乌托邦式的思维和世界观的深度。一般来说，某些狂欢节形式在近代的日常生活化，尽管保留了外壳，但已失去这些形式的内在意义。在这里我们可以顺便提一下，古代结拜仪式的一些因素，以重新认识和深化了的形式在狂欢节中保留下来。通过狂欢节，其中某些因素进入了近代的日常生活，但几乎完全失去了自己的狂欢节本义。

总之，狂欢节广场上的这种新型的无拘无束的交往，在一系列言语生活现象中得到了反映。我们谈谈其中的某些现象。

对于无拘无束的广场言语来说，颇为独特的典型的是惯用骂人的话，即脏字和成套的骂法，有时句子相当长且复杂。骂人的话通常在语法上和语义学上都与言语的上下文相隔离，被看作完成了的整体，像俗语一样。因此，可以说，骂人的话是无拘无束的广场言语的一种特殊的言语体裁。就其起源来说，骂人的话种类不一，在原始社会交往的条件下，骂人的话具有各种不同的功能，主要是巫术、诅咒性质的功能。然而，对于我们来说，特别值得注意的是那些作为古代诙谐性祭祀活动的必要成分的亵渎神灵的骂人脏话。这些骂人脏话具有双重性：既有贬低和扼杀之意，又有再生和更新之意。正是这些具有双重性的脏话决定了狂欢节广场交往中骂人的话这一言语体裁的性质。在狂欢节的条件下，它们从本质上得以重新认识：完全失去了自己的巫术性质以及一般实用性质，具有自我完整性、包罗万象性和深刻性。经过这种改观，骂人的话对创造狂欢节的自由气氛和看待世界的第二种角度，即诙谐角度，作出了自己的贡献。

指天赌咒或诅咒(jurons)在很多方面与骂人的话相似。它们也充斥于无拘无束的广场言语中。指天赌咒也应该被认为是一种特殊的言语体裁,其理由与骂人的话一样(隔离性、完成性、自我完整性)。指天赌咒和发誓本来与诙谐并不相干,但它们作为违反官方言语规范的东西,从官方言语领域被排斥出来,因此转移到无拘无束的广场自由言语领域。在这里,即在狂欢节的氛围里,它们充满诙谐因素,具有双重性。

其他言语现象的命运也相类似,例如各种粗话。无拘无束的广场言语仿佛成了一个贮藏所,它集中了遭到禁止和从官方言语交往中被排斥出来的各种言语现象。尽管它们的起源各异,但它们同样都渗透着狂欢节式的世界感受,改变了自己古老的言语功能,掌握了共同的诙谐音调,在统一的狂欢节这场更新世界的熊熊烈火之中,它们仿佛是飞溅的火花。

关于无拘无束的广场言语的其他独特言语现象,我们在适当的时候再谈。最后我们要强调的是,这种言语的所有体裁和形式,都对拉伯雷的艺术风格产生了强大的影响。

以上分析了中世纪民间诙谐文化的三种基本表现形式。我们在这里分析过的所有这些现象,学术界当然了解并作过研究(特别是各民族语言的诙谐文学)。然而,过去对这些现象的研究,都是单项进行的,并且完全脱离了它们的母胎,脱离了狂欢节的各种仪式—演出形式,即脱离了中世纪民间文化的统一性。中世纪民间诙谐文化这个问题则完全没有提出来。因此,在所有这些现象的多样性和复杂性背后,没有看到观察世界的统一而又十分独特的诙谐角度,它们只是各种残片。因此,所有这些现象的本质依然没有得到彻底的揭示。过去对这些现象的研究,只是从近代的文化、美学和文学规范的角度着手,也就是说,没有用它们自己的尺度来衡量它们,而是用不适用于它们的近代尺度来衡量它们。人们把它们现代化了,因而对它们作出了不正确的解释和评价。中世纪的民间文化在其多样性的统一中固有一种特殊的诙谐的形象观念,这是近代(特别是19世纪)一般所没有的,这一点依然未被人理解。下面我们就要对这种类型的诙谐形象观念作一初步评述。

通常人们都注意到,在拉伯雷的作品中,生活的物质-肉体因素,如身体本身、饮食、排泄、性生活的形象占了绝对压倒的地位。而且,这些形象还以极度夸大的、夸张化的方式出现。有人称拉伯雷为描绘"肉体"和"肚子"的最伟大的诗人(例如,维克多·雨果)。另一些人指责拉伯雷是"粗野的生理主义""生物主义""自然主义"等等。人们在文艺复兴时代其他文学代表人物(薄伽丘、莎士比亚、塞万提斯)的作品中,也看到了类似的现象,但表现方式没有这样强烈。人们解释说,就文艺复兴时期而言,这是典型的"为肉体恢复名誉",这是对中世纪禁欲主义的反动。有时人们还认为,这是资产阶级因素在文艺复兴时期的典型表现,即"经济人"个人利己主义形式的物质兴趣的典型表现。

所有这些以及类似的解释,都只是以不同的方式把文艺复兴时期文学中的物质-肉体形象现代化而已,"物质性""身体""肉体生活"(吃喝拉撒等)这样一些狭隘化的和已经改变了意义的概念,是在以后几个世纪(主要是19世纪)的世界观中获得的,却被人们照搬到这些形象上来。

可是,在拉伯雷(以及文艺复兴时期的其他作家)那里,物质-肉体因素的形象,却是民间诙谐文化的遗产(诚然,在文艺复兴阶段发生了某些变化),即这种民间诙谐文化所特有的一种特殊类型的形象观念,更广泛些说,则是一种关于存在的特殊审美观念的遗产。这种审美观念与以后几个世纪(从古典主义开始)的审美观念截然不同。这种审美观念,我们将姑且称之为怪诞现实主义。

在怪诞现实主义中(即在民间诙谐文化的形象体系中)物质-肉体的因素是从它的全民性、节庆性和乌托邦性的角度展现出来的。在这里,宇宙、社会和肉体在不可分离的统一体中展现出来,作为一个不可分割的活生生的整体。而这个整体是一个欢快和安乐的整体。

在怪诞现实主义中,物质-肉体自然元素是深刻的积极因素,这种自然元素在这里完全不是以个人利己主义的形式展现出来,也完全没有脱离其他生活领域。在这里,物质-肉体的因素被看作包罗万象的和全民性的,并且正是作为这样一种东西而同一切脱离世界物质-肉体本源的东西相对立,同一切自我隔离和自我封闭相对立,同一切抽象的理想相对立,同一切与世隔绝和无视大地和身体的重要性的自命不凡相对立。我们再说一遍,身体和肉体生活在这里具有宇宙的以及全民的性质;这根本不是现代那种狭隘意义和确切意义上的身体和生理;它们还没有彻底个体化,还没有同外界分离。在这里,物质-肉体因素的体现者不是孤立的生物学个体,也不是资产阶级的利己主义的个体,而是人民大众,而且是不断发展、生生不息的人民大众。因此,一切肉体的东西在这里都这样硕大无朋、夸张过甚和不可估量。这种夸张具有积极的、肯定的性质。在所有这些物质-肉体生活的形象中,主导因素都是丰腴、生长和情感洋溢。我们重复一遍,在这里,一切物质-肉体生活的表现和一切事物,都不属于单个的生物学个体,也不属于个体的和利己主义的"经济的"人,但它仿佛属于人民大众的、集体的、生育的身体(下面我们还要确切说明这些说法的含义)。富足和全民性决定了所有物质-肉体生活的形象具有一种特别欢快的和节庆的(而不是日常生活的)性质。物质-肉体的因素在此就是节庆的、饮宴的、欢乐的因素,这就是"普天同庆"。物质-肉体因素的这种性质,在很大的程度上在文艺复兴时期的文学和艺术中保留下来,当然,在拉伯雷的作品中保留得最充分。

怪诞现实主义的主要特点是降格[①],即把一切高级的、精神性的、理想的和抽象的东西转移到整个不可分割的物质-肉体层面、大地和

① снижение,意为降低、降落、下降、贬低。巴赫金在这里及本书中使用这个词时并未专取一义,而往往诸义并取,主要指"世俗化""人间化"。为了保持巴赫金的术语概念,书中根据上下文译为"降格"或"贬低化"。——译者

身体的层面。例如,我们前面说过的《基普里安的晚餐》,还有中世纪的许多其他拉丁语讽拟体作品,在很大程度上就是从《圣经》《福音书》以及其他圣书中摘录,并对所有物质-肉体的细节作了贬低化和世俗化①处理的。在中世纪非常流行的所罗门与马尔科利夫的诙谐的对话中,与所罗门崇高而严肃的(就音调气氛而言)训谕相对立的是小丑马尔科利夫欢快而贬低化了的格言,这些格言把所讨论的问题转移到强调粗野的物质-肉体(饮食男女)的领域②。应该说,在中世纪小丑的滑稽表演中,一个主要的成分正是把一切崇高的礼仪和仪式转移到物质-肉体的层面上;小丑在竞技场上、在册封骑士等仪式上的行为就是如此。比如说《堂吉诃德》中对骑士阶层的思想和礼仪就作了许多贬低化和世俗化的处理,这些都是怪诞现实主义的传统。

在中世纪的学生和学者阶层中,盛行过一种使人开心的讽拟体语法。这种语法的传统源于《维吉尔语法》(前面我们提到过),历经整个中世纪和文艺复兴时期,直到今天仍以口头形式在西欧的各种教会学校中流传。这种使人开心的语法的实质主要在于,从物质-肉体的角度,主要是色情的角度,赋予语法范畴格、动词的式等等以新的含义。

然而,不仅狭义的讽拟体作品,而且怪诞现实主义所有的其他形式也都具有贬低化、世俗化和肉体化的特点。怪诞现实主义区别于中世纪上层文学艺术的一切形式的基本特点就在于此。民间诙谐历来都与物质肉体下部相联系,它构成怪诞现实主义的一切形式。诙谐就是贬低化和物质化。

怪诞现实主义的一切形式素有的这些贬低化又具有什么性质呢?对这个问题,我们在此暂且先作出一个初步的回答。我们在以下各章分析拉伯雷的创作时,将会确切地说明、扩展和深化我们对这些形式

① приземляющие,以及与此相关的 приземление 意为附着于地,这里主要是指“世俗化”“人间化”,故译为“世俗化”。——译者

② 所罗门与马尔科利夫的这些对话,就其贬低化和世俗化的性质而言,非常近似于堂吉诃德与桑丘的许多对话。——作者

的理解。

对崇高的东西的降格和贬谪,在怪诞现实主义中绝不只具有形式上的、相对的性质。“上”和“下”在这里具有绝对的和严格的地形学的意义。上是天,下是地,地也是吞纳的因素(坟墓、肚子)和生育、再生的因素(母亲的怀抱)。从宇宙方面来说,上和下的地形学意义就是如此。从肉体本身来说,它决不能与宇宙明确划分开来,上,就是脸(头),下,就是生殖器官、肢部和臀部。怪诞现实主义,包括中世纪的讽拟体作品在内,用的就是上和下的这种绝对的地形学意义。贬低化,在这里就意味着世俗化,就是靠拢作为吸纳因素而同时又是生育因素的大地:贬低化同时既是埋葬,又是播种,置于死地,就是为了更好更多地重新生育。贬低化还意味着靠拢人体下身的生活,靠拢肚子和生殖器官的生活,因而,也就是靠拢诸如交媾、受胎、怀孕、分娩、消化、排泄这类行为。贬低化为新的诞生掘开肉体的坟墓。因此它不仅具有毁灭、否定的意义,而且也具有肯定的、再生的意义:它是双重性的,它同时既否定又肯定。这不单纯是抛下,使之不存在,绝对消灭,不,这是打入生产下部,就是那个孕育和诞生新生命的下部,万物都由此繁茂生长;怪诞现实主义别无其他下部,下部就是孕育生命的大地和人体的怀抱,下部永远是生命的起点。

因此,中世纪的讽拟体作品与近代纯形式的文学性讽拟完全不相似。

文学性讽拟正如一切讽拟形式一样,也是贬低化,但这种贬低化具有纯否定的性质,没有再生的双重性。因此,在近代条件下,讽拟作为一种体裁以及各种形式的贬低化,当然不能保持自己原先那样的重大意义。

贬低化(讽拟体的以及其他形式的)对文艺复兴时期的文学来说,也很有代表性,在这方面,文艺复兴时期的文学继承了民间诙谐文化的优良传统(在拉伯雷的作品里特别全面和深刻)。然而在这里,物质-肉体因素已经有了某种不同的认识,概念已经狭隘化,它的包罗万象性和节庆性已经有些淡化。诚然,这个过程此时还只是刚刚开始。这可以从《堂吉诃德》这个例子上看出来。

在塞万提斯的作品中,讽拟性贬低化的主线具有世俗化、向大地和肉体的再生生产力靠拢的性质。这是怪诞现实主义的继续。但与此同时,在塞万提斯的作品中,物质-肉体因素已有某些退化和庸俗化。物质-肉体因素处于独特的危机和分裂的状态,物质-肉体生活的形象在他的作品中开始有了双重的生活。

桑丘("Panza")的大腹便便和好吃能喝,基本上仍是深刻的狂欢式的形象;他的贪多求全基本上还不具有个人利己主义和孤僻的性质,这是一种对全民富足的向往。桑丘是古代大腹丰收魔鬼,例如我们在著名的科林斯瓶绘上所看到的形象的直接后裔。因此,大吃大喝的形象在这里还保留着民间饮宴的、节庆的因素。桑丘的唯物主义,他的肚子、食欲、他的大量排泄,就是怪诞现实主义绝对的下部,对于堂吉诃德那种孤僻、抽象、僵死的理想主义来说,这就是为它挖掘的一座快活的肉体墓穴(肚子、腹腔、大地);在这个墓穴里,"忧愁骑士形象"仿佛必须死去才能再生为一个新的、更好、更大的人;这是物质-肉体因素以及全民性的因素对个体的和抽象精神的期望所作的修正;除此之外,这也是民间诙谐对这些精神期望的片面严肃性所作的修正(绝对的下部永远欢笑,这是生生不息和笑口常开的死)。可以把桑丘对堂吉诃德所扮演的角色与中世纪的讽拟体作品对上层意识形态和崇拜所扮演的角色、与小丑对严肃的礼仪、"Charnage"①对"Carême"②所扮演的角色等等相对照。在风车(巨人)、旅店(城堡)、羊群(骑士军团)、旅店老板(城堡主人)、妓女(贵妇人)等等所有这些世俗化的形象中,也还都保留着再生的欢乐因素,但程度已减弱。所有这一切,就是典型的怪诞型狂欢节,是对以厨房和筵席为战场,以厨具和洗脸盆为武器和盔甲,以酒为血(与皮酒囊的一场大战)等等的滑稽改编。

① 谢肉节。——译者

② 封斋。——译者

这是塞万提斯小说中所有这些物质-肉体形象的狂欢节生活的首要方面。但正是这个方面形成了塞万提斯现实主义的伟大风格、它的包罗万象性及其深刻的人民大众的乌托邦理想。

另一方面,在塞万提斯的作品中,肉体和物质开始具有个人的、私人的性质,变得庸俗化、家常化,成为个人日常生活静止的因素、成为私欲和占有的对象。这已不是积极的生育和更新的下部,而是一切理想追求的僵死障碍。在孤僻个体私人日常生活的领域里,肉体下部形象只保留了否定的因素,几乎完全丧失了自己积极的生育和更新的力量;它们与大地和宇宙脱离了联系,萎缩为日常情欲的自然主义形象。不过,在塞万提斯的作品中,这个过程还只是刚刚开始。

物质-肉体生活形象的第二和第一这两个方面,交织为一个复杂矛盾的统一体。这些形象紧张矛盾的双重生活,也就是它们的力量所在,是它们的高度历史现实主义所在。这是物质-肉体因素在文艺复兴时期文学中发生的独特的戏剧性变化,即肉体-物质脱离了它们在民间文化中与之结为一体的养育万物的大地和生生不息的全民身体的统一性。对于文艺复兴时期的艺术观念意识而言,这种脱离尚未最后完成。怪诞现实主义的物质-肉体下部,在这里仍执行着自己统一、贬低、脱冕而又再生的功能。不管单独"个人的"身体和物质如何分散、分离和孤立,文艺复兴时期的现实主义尚未剪断把它们与养育万物的大地和人民大众的腹腔联系在一起的脐带。在这里,单独的身体和物质并非就是自己本身,并不等于自己本身,如同在后来几个世纪的自然主义现实主义中那样;它们代表着世界的不断生成的物质-肉体整体,可见,它们超出了自身的个别性;在它们身上,个体的和包罗万象的因素仍融合在矛盾的统一体之中。狂欢节式的世界感受是文艺复兴时期文学的深层基础。

文艺复兴时期现实主义的复杂性至今尚未得到充分的揭示。其中两种类型的世界形象观念交叉在一起:一种起源于民间诙谐文化,另一种其实就是把世界看作是现成的、分散的存在的资产阶级观念。

对文艺复兴时期的现实主义而言,物质-肉体因素的这两条矛盾的路线的时断时续,都是典型的。一种是不断生长、无穷无尽、不可消除、富裕充足、承担一切的生活的物质因素,永远欢笑、废黜一切而又更新一切的因素,一种是在阶级社会的日常生活中庸俗化的和因循守旧的“物质因素”,这两者矛盾地结合在一起。

对怪诞现实主义的忽视,不仅会阻碍正确地理解文艺复兴时期的现实主义,而且也会阻碍现实主义发展随后几个阶段的一系列极其重要的现象。就其近三个世纪的发展而言,现实主义文学的整个场地,简直是遍布怪诞现实主义的残片,它们有时甚至不只是残片,而显示出充满新的生机的能力。在多数情况下,所有这一切怪诞形象,或是完全丧失,或是削弱了自己的正极,即自己与包罗万象的、不断形成的世界整体的联系。只有在怪诞现实主义的背景上,才可能理解这些残片或这些半死半活的构型的真正意义。

怪诞形象所表现的是在死亡和诞生、成长与形成阶段,处于变化、尚未完成的变形状态的现象特征。对时间、对形成的态度是怪诞形象必然的、确定的(起决定作用的)特征。它的另一个与此相关的必然特征是双重性:怪诞形象以这种或那种形式体现(或显示)变化的两极即旧与新、垂死与新生、变形的始与末。

对时间的态度、时间感和时间意识,作为这些形式的基础,在这些形式历经千年的漫长的发展过程中,当然,会发生重要的演变和变化。在怪诞形象发展的早期,即所谓怪诞形象的古代风格时期,时间表现为两个发展阶段,开始和结束的单纯并列(实际上是同时):冬——春,死——生。这些仍属于原始风格的形象,是在自然和人类生产生活阶段周期性的更替这个宇宙生物圈内运动变化。这些形象的基本成分是四季交替、播种、受胎、死亡、生长等等。这些古老的形象中所包含的 implicite① 时间概念,是自然和生物学生命的周期性时间概念。然

① 含蓄的、暗示的。——译者

而，怪诞形象当然不会停留在这个原始的发展阶段。它们素有的那种时间感和时间交替感不断扩展、深化，并吸纳社会历史现象；随着它的周期性时间概念的克服，这种时间感逐渐提高到历史时间感的高度。于是，怪诞形象及其对时间交替的本质性态度和双重性，成为从艺术观念上表现在文艺复兴时期就已充分觉醒的强大的历史感和历史交替感的基本手段。

但就是在这一发展阶段，特别是在拉伯雷的作品中，怪诞形象也保持着自己独特的本性，截然不同于那些现成的、完成性的存在形象。它们是双重性的和矛盾的，从任何"古典的"美学，即把世界看作是现成的和完成的存在的美学角度来看，它们都是畸形的、怪异的和丑陋的。贯穿于这些形象的新的历史感改变了它们的含义，但保留了它们的传统内容、它们的题材：交媾、怀孕、分娩、身体成长、衰老、身体的分解、身体的肢解等等，它们全部都保持了直接的物质性，仍是怪诞形象体系中的基本因素。它们与古典现成的、完成的、成熟的人体形象相对立，这种古典的人体形象仿佛清除了一切诞生和发展的渣滓。

附带提一下，在埃尔米塔日博物馆[①]收藏的那些著名的刻赤出土的赤土陶器中，有一些独特的怀孕老妇像，它们以怪诞的形式强调了丑陋的老态和怀孕状态。这些怀孕的老妇还在笑[②]。这是非常典型、生动的怪诞风格。它是双重性的；这是正在怀孕的死、即将分娩的死。在怀孕老妇的身体上没有任何完成的、稳定的、安定的东西。这是濒于老朽、已经变形的身体与一个已经受孕而尚未长成的新生命的结合。在这里，生命在其双重性的、内在矛盾的过程中得以表现。这里没有任何现成的东西；这就是未完成性本身。怪诞的人体观念正是如此。

与近代的标准不同，怪诞的人体不与外在世界分离，不是封闭的、

---

① 即圣彼得堡的国立美术历史文化博物馆。——译者

② 参阅有关这些怀孕老妇陶像的介绍：Reich H. *Der Mimus. Ein Literar-Entwickelungsgeschichtlicher Versuch*. Berlin，1903 年，第 507、508 页。他对这些陶像的理解是表面的、自然主义的。——作者

完成的、现成的,它超越自身,超出自身的界限。被强调的部位,或者是人体向外部世界开放,即世界进入人体或从人体排出的地方,或者是人体本身排入世界的地方,即是凹处、凸处、分支处和突出部:张开的嘴巴、阴户、乳房、阳具、大肚子、鼻子。人体只能通过交媾、怀孕、分娩、弥留、吃喝拉撒这一类动作来揭示自己的本质,即不断生长和不断超越自身界限的因素。这是永远非现成的、永远被创造和创造着的人体,这是人类发展链条上的一个环节,确切些说,这是相互衔接和相互深入的两个环节。这一点在古风阶段的怪诞风格中尤为引人注目。

怪诞人体形象的基本倾向之一就在于,要在一个人身上表现两个身体:一个是生育和萎死的身体,另一个是受孕、成胎、待生的身体。这总是怀孕和生育的人体,或至少是准备受孕和怀胎的人体,特别突出阳具或阴户。在一个人体上总是以这种或那种形式和程度突出另一个新的人体。

其次,与近代的标准不同,这种人体的年龄主要也是最接近生或死的年龄:这就是婴儿和老年,特别强调这两者与母腹和坟墓、诞生处和归宿地的接近性。但从倾向上来说(所谓极而言之),这两个人体是合为一体的。在这里,个体性尚在熔铸之中,既已渐死而又尚未完成;这个人体同时临近坟墓和摇篮,这已不是一个,但又还不是两个人体;它身上始终跳动着两个脉搏:其中之一是母亲的、逐渐停息的脉搏。

再次,这种非现成的、开放的人体(濒死的—生育的—待生的)与世界没有明确的分界线:它与世界相混合,与动物相混合,与物质相混合。它是宇宙的,它代表具备一切元素(自然力)的整个物质-肉体世界。从倾向上来说,人体代表和体现作为绝对下部、作为吸纳和生育的因素、作为人体的墓穴和怀抱、作为播种和发芽的田地的整个物质-肉体世界。

这种独特的人体观念,粗略和简单地说来就是如此。在拉伯雷的小说中,它得到了最全面和天才的完成。在文艺复兴时期的其他文学作品中,这种独特的人体观念已经有所削弱和淡化。在绘画中,在耶罗宁·波斯赫、老勃鲁盖尔的作品中,这种独特的人体观念都有所体现。在早期大教堂,甚至12至13世纪农村教堂装饰性的水彩壁画和浅浮雕中,也可以看到这种人体观念的成分①。

这种人体形象,在中世纪的各种民间节庆演出形式中得到特别巨大的和重要的发展:如在愚人节上、在闹婚仪式中、在狂欢节上、在圣体节的民间广场方面、在神秘剧的魔鬼剧中、在讽刺闹剧和滑稽剧中。中世纪的整个民间演出文化只了解这种人体观念。

在文学方面,整个中世纪的讽拟体文学都是建立在怪诞的人体观念的基础上的。无论是在表现“印度奇迹”还是西欧凯尔特海奇迹的文学作品以及大量的传说中,人体形象也是由这种观念所构成的。在大量描写阴间幻景的作品中,人体形象也是由这种观念所构成的。各种巨人传说中的形象,也是由它所决定的;我们在动物叙事诗、韵文故事和诙谐故事中都可以见到这种人体观念的成分。

最后,这种人体观念还是骂人的话、诅咒和指天赌咒的基础,这些言语现象对于理解怪诞现实主义文学具有特别巨大的意义。它们对这种文学的所有言语、风格和形象塑造都起过直接的构成作用。它们是一种畅所欲言的活泼形式,(在起源和功能上)与怪诞现实主义和文艺复兴时期的现实主义的一切其他“贬低化”“世俗化”形式非常相近。在现代下流的骂人的话和诅咒中,还保留着这种人体观念已僵死的和纯否定性的残余。像我国脏字“连串”的骂人的话(包括其各式各样的变体在内),或者像“去你……”之类的说法,就是按照怪诞的方式贬低被骂者,即把他发落到绝对地形学的肉体下部去,发落到生育、生殖器官部位,即肉体墓穴(或肉体地狱)中去,让他归于消灭而再生。然而,在现代的骂人的话中,这种双重性的再生的含义几乎已经荡然无存,只剩下了赤裸裸的否定、十足的下流和辱骂。在近代语言

① 参阅对中世纪艺术中的怪诞母题提供了许多宝贵材料的巨著:Male E. *L' art religieux du XIIe siècle*,*du XIIIe et de la fin du Moyens Ages en France*,第1卷,1902年;第2卷,1908年;第3卷,1922年。——作者

的语义与价值体系中，在近代的世界景况中，这些说法完全独立化了：这仿佛是某种陌生语言的只言片语，当初人们本来可以用这些语言说明什么，可现在只能用它不加思索地侮辱人了。但是，如果否认这些说法仍然保留着某种程度的魅力（并且与色情毫无关系），那就是荒谬和虚伪了。这些说法中仍依稀保留着从前狂欢节那种自由精神和对狂欢节真理的朦胧的记忆。关于它们在语言中的顽强的生命力这个严肃的问题，尚未真正提到日程上来。在拉伯雷的时代，在造就了他的小说的民间语言的那些领域里，骂人的话和赌咒仍保留着自己的全部意义，首先是仍保留着自己的积极的再生的一极。它们与怪诞现实主义承传下来的各种贬低化形式、与民间节庆狂欢式的各种滑稽改编形式、与魔鬼剧的形象、与流浪汉文学中的地狱形象、与讽刺闹剧的形象等诸如此类，十分接近。因而它们才会在拉伯雷的小说中起重要作用。

特别需要指出怪诞的人体观念在中世纪和文艺复兴时期各种民间戏耍和一般广场滑稽表演形式中的十分鲜明的表现。这些形式以最完整的方式把怪诞的人体观念留传给近代：在 17 世纪，像塔巴伦的“滑稽表演”和丘尔留平的滑稽表演以及诸如类似的演出形式中都保留了这种人体观念。可以说，怪诞现实主义、民间创作中的现实主义的人体观念，直到今天仍在许多戏耍和杂技滑稽表演中保留着（尽管是被淡化和歪曲了）。

我们初步提出的这种怪诞现实主义的人体观念，当然，是与古希腊罗马[①]“古典的”文学和造型的标准截然矛盾的，古希腊罗马的标准成为文艺复兴时期美学的基础，对后来的艺术发展也远非无关紧要。所有这些新的标准对人体完全是另外的看法，它们看重的是其生活的另外的方面，是与外部（人体以外的）世界的另外一些关系。这些标准

---

① 但不是一般所说的古希腊罗马；在古代多利安喜剧、羊人剧、西西里滑稽剧，阿里斯托芬的作品、滑稽模拟剧和民间小喜剧中，我们可以发现类似的（怪诞的）观念；我们还可以在希波克拉底、盖伦、普里尼的作品中，在阿费奈、普卢塔克、马克罗比的“席间谈”文学作品和一系列其他非古代古典时期的作品中发现这种观念。——作者

所要求的人体,首先是严格完成、完全现成的人体。其次,它是单独的、单个的、与其他人体分开的、封闭的。因此,人体的一切非现成性、生长和增生的特征都被排除:人体所有的鼓起部分和突出部分都被清除,所有的凸起面(具有发育和繁殖意义的)都被抹平,所有的孔洞都被堵死。人体永恒的非现成性仿佛被隐藏、掩盖起来:受胎、怀孕、分娩、弥留通常是不被表现的。年龄要尽量远离母腹和坟墓,即尽量远离个体生命的“门槛”。强调的是这个人体完成的、独立自在的个体性。表现人体在外部世界中只限于人体同世界界限分明的那样一些动作;不揭示人体内部的动作和吞食、排泄过程。对个体的人体的表现与生育的人民大众的身体无关。

这就是近代标准的基本主导倾向,完全可以理解,从这些标准的角度来看,怪诞现实主义的人体是某种畸形的、丑陋的、不成体统的东西。这种人体不能纳入近代形成的“美的美学”的框架。

在这篇导言和本书的以下各章(特别是在第五章),我们虽然把怪诞的和古典的人体描绘标准加以对比,但完全不是肯定一种标准对另一种标准的优越性,而只是要弄清它们之间的本质性差异。但是,在本书的研究中,占首要地位的自然是怪诞的观念,因为正是这种观念决定着民间诙谐文化和拉伯雷的形象观念:我们想要理解怪诞标准的独特逻辑,它的特殊的艺术要求。从艺术上说,古典标准我们是可以理解的,在一定程度上我们也仍在依此行事,面对怪诞的标准,我们却早已不再理解或曲解了。文艺史家和理论家的任务是恢复这种标准的本来面目。不能容许用近代标准的精神去解释它,把它看作只是对近代标准的偏离。必须用怪诞标准自己的尺度来衡量这种标准。

在此还有必要作几点说明。我们所理解的“标准”这个词,不是狭义上自觉确定的描绘人体的规则、标准和比例的总和。在这种狭义上尚可谈论某些特定发展阶段的古典标准。怪诞的人体形象则从来没有过类似这样的标准。就其本性而言,它是无标准的。我们这里是在更为广泛的意义上使用“标准”一词,即作为描绘人体和肉体生活的一种确定的，但也是活跃的和不断发展的倾向。我们在过去的艺术和文学中可以看到这样两种倾向，这就是我们姑且称之为怪诞的标准和古典的标准的倾向。我们在这里提出的这两种标准的定义是就其纯粹的，所谓极限的表现而言。然而，在活生生的历史现实中，这些标准（包括古典的标准）从来都不是某种停滞不变的东西，而是处于不断发展之中，不断产生着古典型和怪诞型的各种历史变体。同时，在两种标准之间，通常还存在着各种形式的相互作用：斗争、相互影响、相互交叉、混合。这对于文艺复兴时期来说，尤为典型（我们已经指出过）。甚至在拉伯雷的作品中，特别是在包诺克拉特教导高康大那段故事和德廉美修道院的故事中，都有古典标准的成分，尽管拉伯雷是怪诞的人体观念最纯粹而彻底的表达者。但是，对于本书的研究来说，重要的首先是两种标准之间在其纯粹的表现形式中的本质性差异。我们的注意力集中在这些差异上。

各种表现形式的民间诙谐文化所固有的特殊类型的形象观念，我们已姑且称之为"怪诞现实主义"。现在我们需要论证一下我们所选定的术语。

首先说一下"怪诞"这个术语。我们要联系怪诞本身及其理论的发展来阐明这个术语的历史。

怪诞的形象观念类型（即形象塑造的方法）最为古老：在所有民族的神话和古风时期的艺术中，当然也包括古希腊人和罗马人前古典时期的艺术中，我们都可以看到这种类型。就是在古典时代，怪诞类型也并未消亡，而是在被排挤出官方正统艺术之外的情况下，继续在某些"低级"、非标准的艺术领域中存在和发展：在诙谐雕塑，主要是小型雕塑中，例如，我们前面提到过的刻赤出土的陶器，喜剧面具、西勒诺斯像、丰收魔鬼像、流传极广的丑鬼忒尔西忒斯小雕像，等等；在诙谐瓶绘方面，例如，诙谐替身的形象（滑稽的赫拉克勒斯、滑稽的奥德修斯）、喜剧场景以及上述的丰收魔鬼，等等；最后，在以各种形式与狂欢节类型的节庆活动相联系的诙谐文学的广阔领域里，如羊人剧、古代阿提喀喜剧、滑稽模拟剧等等，都是如此。在古代晚期，怪诞的形象类型繁荣、兴盛，几乎遍及一切文学艺术门类。这个时期在东方各民族艺术的重大影响下，形成了新的怪诞变体。但是，古希腊罗马的美学和艺术学思想是沿着古典传统的轨迹发展的，因此，怪诞的形象类型既没有得到固定的概括性名称，即术语，也没有得到理论上的承认和思考。

古希腊罗马的怪诞类型经历了三个发展阶段，即古风时期的怪诞类型、古典时代的怪诞类型、古代晚期的怪诞类型，在这三个阶段的怪诞类型中，形成了现实主义的本质性因素。仅把它们看作是“粗糙的自然主义”（如过去有时认为的那样）是不对的。但怪诞现实主义的古代阶段不属于本书研究的范围①。在以下各章，我们将只涉及对拉伯雷的创作发生过影响的古代怪诞类型现象。

中世纪民间诙谐文化的形象体系标志着怪诞现实主义的繁荣，而文艺复兴时期的文学则是其艺术上的高峰。怪诞这个术语，首先是在文艺复兴时期出现的，但最初仅取其狭义。15 世纪末，在罗马发掘狄图公共浴室的地下部分时，发现了一种前所未见的罗马时期的绘画装饰图案。这种装饰图案，意大利语称为“Lagrottesca”，出自意大利语“grotta”一词，即岩洞、地下之义。不久以后，在意大利其他一些地方也发现了类似的装饰图案。这种装饰图案的本质何在呢？

新发现的这种罗马装饰图案以其植物、动物和人的形体的奇异、荒诞和自由的组合变化而使当时的人们震惊，这些形体相互转化，仿佛相互产生似的。没有一般图画世界里把这些“自然王国”分隔开的那些明显的、因循的界限：在这里，在怪诞风格中，这些界限都被大胆打破了。在对现实的描绘中也没有习见的静止感：运动不再是现成

① A.迪特里希的《喜剧丑角普里奇涅拉、庞贝壁画和罗马讽刺剧》（莱比锡，1897 年）一书关于古希腊罗马以及部分地关于中世纪和文艺复兴时期的怪诞类型，有一些很有趣的材料和很可贵的考察。但作者本人并未使用“怪诞”这个术语；A.迪特里希的书迄今在很多方面仍未过时。——作者

的、稳定的世界上植物和动物的现成的形式的运动,而变成了存在本身的内在运动,这种运动表现了在存在的永远非现成性中一种形式向另一种形式的转化。在这种装饰图案的组合变化中,可以感觉到艺术想象力的异常自由和轻灵,而且这种自由使人感觉到是一种快活的、几近嬉笑的随心所欲。拉斐尔和他的弟子在绘制梵蒂冈敞廊壁画时模仿了这种怪诞风格,准确地理解和传达了这种新装饰图案的快活的基调①。

最先采用,后来才被冠以“怪诞”这个专门术语的罗马装饰图案,其基本特点就是如此。这只是为了说明当时被认为是新现象的一个新词。它的原义很狭窄,指新发现的罗马装饰图案变体。但问题是,这种变体只是巨大的怪诞形象世界的一小块(残片),它在古代的各个时期都存在,在中世纪和文艺复兴时期仍继续存在。这个残片反映了这个庞大世界的典型特征。因此新的术语才得以进一步的发展,它逐渐扩展到几乎一望无际的整个怪诞形象世界。

然而,术语外延的扩展是非常缓慢的,其间对怪诞世界的独特性和统一性也没有过明确的理论认识。最早试图对怪诞风格进行理论分析,确切些说,只是描述和试图作出评价的是瓦萨里,他依靠维特鲁维(奥古斯都时代的罗马建筑师和艺术学家)的判断,对怪诞风格作了否定的评价。维特鲁维(瓦萨里颇有同感地引用了他的话)谴责了“在墙上画满怪物以取代对象世界的明快画面”的“野蛮的”新时尚,即从古典的立场谴责了怪诞风格,认为这是对“自然”形态和比例的粗暴破坏。瓦萨里也持这种立场。实际上,在很长一个时期内,这种立场一直占据主导的地位。直到 18 世纪下半叶,对怪诞风格才有了比

① 这里我们还将援引 Л.Е.平斯基给怪诞风格所下的定义:“在怪诞风格中,生活经历过从低级、惰性和原始到高级、极端活跃和充满灵性的所有阶段,用丰富多彩的花纹证明自己的统一性。艺术中的怪诞风格化远为近,把相互排斥的东西组合在一起,打破习惯观念,近似于逻辑学中的悖论。乍一看去,怪诞风格只不过是奇思妙想,滑稽可笑,然而,它却蕴涵着巨大的能量。”(Л.Е.平斯基:《文艺复兴时期的现实主义》,莫斯科,国家文学出版社,1961 年,第 119、120 页)——作者

较深刻和广泛的理解。

在17至18世纪,即古典主义标准在文学艺术各个领域占统治地位的时代,与民间诙谐文化相联系的怪诞风格被排斥在当时的正统文学之外:怪诞风格沦为低级的滑稽逗乐或遭到自然主义的腐蚀(上面我们已经说过)。

在这个时代(其实,是从17世纪下半叶以来),民间文化的各种狂欢节仪式演出形式逐渐狭隘化、庸俗化和贫乏化。一方面,节日生活被国家化,逐渐变成歌舞升平的东西,另一方面,节日生活被日常化,即退居个人、家庭和室内的日常生活。往昔节日广场上的那些特权日益受到限制。那种特殊的狂欢节世界感受及其全民性、自由性、乌托邦性和对未来的向往,开始变为一般的节日情绪。节日几乎不再是人民大众的第二种生活,即人民大众暂时的再生和更新。我们强调"几乎"这个词,是因为民间节日的狂欢节因素实际上是不可消除的。它虽然受到限制和已经淡化,但它依然是生活和文化各个领域里的一片沃土。

这里这个过程的一个特殊方面在我们看来十分重要。这几个世纪的文学,几乎已不再受到已变得贫乏的民间节庆文化的直接影响。狂欢节式的世界感受和怪诞的形象观念已经作为一种文学传统,主要作为文艺复兴时期的一种传统继续存在和流传。

怪诞风格逐渐发生了蜕变,它失去了与民间广场文化的活生生的联系,成为一种纯文学的传统。出现了狂欢节怪诞形象的某种形式化,使得这些形象被各家各派出于不同的目的加以利用。然而,这种形式化并不只是外在的,狂欢节怪诞形式本身的内容实质、其艺术启发力和概括力,在这个时代(即17和18世纪)出现的所有重大现象中也保留下来:在假面喜剧(它最充分地保持了与产生它的狂欢节的怀抱的联系)中,在莫里哀(与假面喜剧相关的)喜剧中,在17世纪的滑稽小说和滑稽性改编作品中,在伏尔泰和狄德罗的哲理小说(《泄露隐情的首饰》《宿命论者雅克》)中,在斯威夫特的作品以及某些其他作品中。在所有这些现象中,尽管它们的性质和倾向有很大的差异,狂欢节怪诞形式承担着相似的功能:使虚构的自由不可动摇,使异类相结合,化远为近,帮助摆脱看世界的正统观点,摆脱各种陈规虚礼,摆脱通行的真理,摆脱普通的、习见的、众所公认的观点,使之能以新的方式看世界,感受到一切现存的事物的相对性和有出现完全改观的世界秩序的可能性。

但是,对怪诞这个术语所包括的所有这些现象的统一性及其艺术特点的鲜明而确切的理论认识,是十分缓慢地逐渐成熟的。而且术语本身与"阿拉伯式的花纹"(主要是在装饰图案方面使用)和"布尔列斯克"[①](主要是在文学方面使用)这两个说法还曾相混用。在古典主义观点仍在美学中占统治地位的条件下,还不可能有那样的理论认识。

在18世纪下半叶,无论是在文学本身,还是美学思想方面,都开始发生重大的变化。当时在德国一切戏剧演出,甚至最严肃的戏剧演出中,一概不变地都会出现阿尔莱金这个丑角人物,围绕这个人物曾发生过激烈的文学论争。戈特舍德和其他古典主义者要求把阿尔莱金从"严肃高雅"的舞台上撵走,而且一度还真的把他撵走了。在这场论争中,莱辛站在阿尔莱金一边。隐藏在关于阿尔莱金这个狭隘的问题背后的,则是在艺术中是否容许不符合美和崇高的美学要求的现象存在,即是否容许怪诞风格存在这个更广泛的和原则性的问题。1761年出版的尤斯图斯·默泽尔《阿尔莱金,或为喜剧的怪诞风格辩护》。这本小册子就是讨论这个问题的。在这里,对怪诞风格的辩护是通过阿尔莱金本人之口说出的。默泽尔的书强调指出,阿尔莱金是一个特殊的世界(或一个小小的世界),即假面喜剧世界的一分子,属于这个世界的还有科隆比娜、卡皮坦和医生等角色。这个世界是一个整体,它具有特殊的美学规律及其特殊的衡量完美的标准,这个标准并不从属于古典主义美学对美和崇高的要求。但默泽尔同时又把这个世界

① 即文体故意与情节不相符,例如,用庄严词句描写滑稽场面等。——译者

与“低级的”滑稽杂耍加以对立,从而缩小了怪诞这个概念。默泽尔继而揭示了怪诞世界的某些特点:他称这个世界为“幻想世界”,即把各种异类因素结合在一起的世界,指出了它对自然比例的打破(夸张性)、漫画和讽拟因素的存在最后,默泽尔强调了怪诞风格的诙谐因素,他并且认为诙谐出自人类心灵追求愉悦和快活的一种需求。为怪诞风格所作的最早的,范围还相当狭窄的辩护,就是如此。

1788年,四卷本喜剧文学史和《宫廷小丑史》一书的作者德国学者弗洛格尔,出版了他的《怪诞滑稽表演史》[①]。弗洛格尔既未从历史的角度,也未从体系的角度对怪诞这个概念加以定义和限定。他把一切明显偏离一般审美规范、强烈突出与夸大物质-肉体因素的东西都归入怪诞。但是,弗洛格尔的书恰恰以大部分篇幅研究了中世纪的怪诞现象。他考察了中世纪的各种民间节日形式(“愚人节”、“驴节”、圣体节的民间广场因素、狂欢节等等)、中世纪后期的小丑文学团体(“法院书记会”“无忧无虑的兄弟”等等)、讽刺闹剧、滑稽剧、谢肉节游戏和某些民间广场滑稽表演形式等等。总之,弗洛格尔的怪诞概念外延还是有些狭窄:他完全没有考察怪诞现实主义的纯文学现象(例如,中世纪的拉丁语讽拟体作品)。历史和体系角度的缺乏决定了选材上的某种偶然性。对各种现象本身意义的理解是表面肤浅的,实际上完全没有什么理解:他只是把它们作为趣闻搜集在一起而已。但尽管如此,弗洛格尔的书就其材料而言迄今仍还有自己的意义。

默泽尔和弗洛格尔都只了解怪诞的滑稽逗乐,即只了解以诙谐因素组成的怪诞形式,而且他们还把这种诙谐因素看成是快活、高兴。这两位研究者的材料就是这样的:默泽尔的材料是假面喜剧,弗洛格尔的材料是中世纪的怪诞风格。

---

① 弗洛格尔的书经过某些修改增订,于1862年再版。Ebeling F.W.*Flögel' s Geschichte des Grotesk-Komischen*.Leipzig,1862,经过埃伯林格修订的此书印行五版。以下对该书的引文均根据埃伯林格修订的第1版。1914年经马克斯·布拉乌耶尔(Max Brauer)修订,弗洛格尔的书的新版本问世。——作者

默泽尔和弗洛格尔的著作仿佛是对怪诞风格发展的过去阶段的回顾,但正是在这些著作出现的时代,怪诞风格本身已进入了自己形成史上的一个新阶段。在前浪漫主义和早期浪漫主义中出现了怪诞风格的复兴,但已从根本上改变了对它的认识。怪诞逐渐变为表现主观的、个体的世界感受的形式,与过去数世纪的民间狂欢节世界感受已相去甚远(虽然它还保留了后者的某些因素)。斯特恩的《项狄传》(拉伯雷和塞万提斯的世界感受的近代主观语言的独特译本)是近代主观型怪诞风格的第一个,也是最重要的表现。新的怪诞风格的另一个变体是哥特式小说或黑幕小说。在德国,主观型怪诞风格也许取得了最有力而别具一格的发展。这就是"狂飙突进"的戏剧作品和早期浪漫主义(伦茨、克林格、青年时期的蒂克)、吉佩利和让·保罗的小说,以及对后来世界文学中新的怪诞风格的发展产生巨大影响的霍夫曼的创作。弗里德里希·施莱格尔和让·保罗成了新的怪诞风格的理论家。

浪漫主义的怪诞风格是一个重要而有影响的世界文学现象。在一定程度上,它是对造成古典主义和启蒙运动这些流派的局限性和片面的严肃性的那些因素的一个反动,这些因素是:狭隘枯燥的唯理主义、国家和形式逻辑的专横、对现成性、完成性、单义性的追求、启蒙运动者的说教和功利主义、幼稚的或官气十足的乐观主义等等。浪漫主义的怪诞风格推翻了这一切,它首先依靠了文艺复兴时期,特别是莎士比亚、塞万提斯的传统,在这个时期他们又被重新发现、并以他们的观点对中世纪的怪诞风格作了解释。斯特恩对浪漫主义怪诞风格产生了重要的影响,他在一定的意义上甚至可以被认为是这种风格的奠基者。

至于依然存在的(但已极为贫乏化的)各种民间狂欢节演出形式的直接影响,则显然无关紧要。占优势的是纯文学的传统。但应该指出民间戏剧(特别是木偶剧)和某些滑稽杂耍表演形式的相当重要的影响。

中世纪和文艺复兴时期的怪诞风格与民间文化有着直接的联系，并具有广场和全民的性质，浪漫主义的怪诞风格则与之不同，它逐渐成为一种室内的风格：它仿佛是一种独自体验并且强烈地意识到自身这种孤独性的狂欢节。狂欢节的世界感受仿佛被翻译成了主观唯心主义哲学思想的语言，并不再是中世纪和文艺复兴时期怪诞风格中曾经有过的那种可以具体体验到（甚至可以说是肉体体验到的）存在的统一感和无穷感。

在浪漫主义的怪诞风格中，诙谐因素遭到了最本质性的改造。当然，诙谐依然存在：要知道在一本正经的条件下，不可能有任何哪怕是最小心的怪诞。但在浪漫主义的怪诞风格中，诙谐已经弱化，并采取了幽默、反讽、讥笑的形式。它不再是欢乐、兴奋的诙谐。诙谐因素积极的、再生的成分被削弱到最低限度。

在浪漫主义怪诞风格的杰作之一，博纳文图拉（一位无名作者，可能是韦采尔的化名）的《夜巡记》中，关于诙谐有一段很典型的议论[①]。这是一个守夜人的叙述和思考。其中有一处叙述者这样说明了诙谐的意义："世界上还有什么比诙谐更强大的手段能对抗世界和命运的一切嘲弄！面对这副讽刺的假面，最强大的敌人也会感到恐惧，如果我敢讥笑不幸，不幸也得向我低头！这个地球和它那多情的伴侣月亮一起，除了讥笑，鬼知道还值些什么！"

这番话不啻诙谐的宣言，它说出了诙谐的世界观意义和包罗万象的性质，这是一切怪诞风格的必然特征，它歌颂了诙谐的解放力，但对诙谐的再生力却毫无暗示，因而诙谐也就失去了它的快活和高兴的音调。

对此，作者（借自己的叙述者即守夜人之口）以谈论诙谐的起源的神话方式作了独特的解释。诙谐是由恶魔送到人间来的。但是，诙谐，它是戴着高兴的假面具来到人间的，所以人们很乐意地接受了它。

---

① *Nachtwachen*, 1804（参阅：R. Steinert'a *Nachtwachen des Bonawenture*. Leipzig, 1917）。——作者

而当诙谐丢开了它的快活的假面具时,它就开始用恶毒的讽刺来看待世界和人们。

构成怪诞风格的诙谐因素的蜕变,其再生力的丧失,导致浪漫主义怪诞风格与中世纪和文艺复兴时期怪诞风格的一系列本质性区别。这些区别最鲜明地表现在对待恐怖的态度上。浪漫主义的怪诞世界,在某种程度上也是恐怖的、与人格格不入的世界。一切习惯的、普通的、日常的、熟悉的、公认的东西,突然都变成了茫然的、可疑的、与人格格不入和与人为敌的东西。自己的世界忽然变成了异己的世界。在通常毫不可怕的东西中突然展示出恐怖的东西来。浪漫主义怪诞风格的倾向(就其各种极端的和剧烈的形式而言)就是如此。与世界和解,如果说有这种情况的话,那也是在主观抒情的层面上,甚至或是在神秘的层面上。然而中世纪和文艺复兴时期的怪诞风格,与民间诙谐文化相联系,只有以滑稽怪物形式出现的恐怖,即只有已被诙谐战胜的恐怖。在这里,恐怖总是转变为诙谐和快乐的东西。与民间文化相联系的怪诞风格,使世界与人接近,把世界肉体化,通过肉体和肉体生活使世界亲近化(与抽象精神的浪漫主义把握方式不同)。在浪漫主义的怪诞风格中,物质-肉体生活的形象:吃喝、排泄、交媾、分娩,几乎完全失去了它们的再生意义,变成了"低下的日常生活"。

浪漫主义怪诞风格的形象往往是对世界的恐惧的表现,它们还竭力把这种恐惧灌输给读者("恐吓他们")。民间文化的怪诞形象则绝对无所畏惧,并且也让大家与它们一样无所畏惧。这种无所畏惧的气概对于文艺复兴时期最伟大的文学作品来说,是极为典型的。但就这方面来说,顶峰却是拉伯雷的小说:在这里,恐怖被消灭在萌芽状态之中,一切都转化为快乐。这是世界文学中最大无畏的作品。

浪漫主义怪诞风格的另外一些特点与诙谐中再生因素的削弱有联系。例如,疯癫这一母题,对一切怪诞风格来说,都是很典型的,因为它可以使人用另外的眼光,用没有被"正常的",即众所公认的观念和评价所遮蔽的眼光来看世界。但是,在民间怪诞风格中,疯癫是对官方智慧、对官方“真理”片面严肃性的欢快的讽拟。这是节庆的疯癫。而在浪漫主义的怪诞风格中，疯癫却具有个体孤独感的阴郁的悲剧色彩。

假面这个母题更为重要。这是民间文化的一个最复杂、最多义的母题。假面与更替和体现新形象的快感、与令人发笑的相对性、与对同一性和单义性的快乐的否定相联系；与否定自身的因循守旧和一成不变相联系；假面与过渡、变形、打破自然界限、与讥笑、绰号（别名）相联系；在假面中体现着生活的游戏原则，它的基础是对于最古老的仪式演出形式极为典型的、完全特殊的现实与形象的相互关系。假面的象征性是极其复杂和多义的，当然不可能尽数。需要指出的是，像讽拟、漫画、鬼脸、装腔作势、忸怩作态等诸如此类的现象，就其本质而言，都是假面的衍生物。怪诞风格的本质本身在假面中得到鲜明的展示①。

在浪漫主义的怪诞风格中，假面脱离了民间狂欢节世界感受的统一性，失去了特色，并且获得了一系列与其原初本性相异的新意义：假面须有所隐藏、遮掩、欺骗等等。当假面在民间文化的有机整体中发挥作用时，当然完全不可能有这类意义。在浪漫主义中，假面几乎完全丧失了自己的再生和更新的因素，具有了阴暗的色彩。在假面的背后，往往是可怕的空虚，“一无所有”（博纳文图拉的《夜巡记》中对这个母题作了十分有力的提炼）。而在民间怪诞风格中，在假面的背后永远是生活的不可穷尽性和多姿多彩。

但是，在浪漫主义的怪诞风格中，假面还保留了自己的某种民间狂欢节本性；这种本性在假面中是不可消除的。甚至在当代日常生活条件下，假面也始终笼罩着某种特殊的气氛，被视为另一世界的一分子。假面永远不可能单纯是别的物质中的一个。

在浪漫主义的怪诞风格中，傀儡、玩偶的母题起着巨大的作用。这个母题对民间怪诞风格当然并不陌生。但对于浪漫主义来说，在这个母题中被提到首位的是关于一种异己的、非人的力量支配着人们并

① 我们在这里讲的是古希腊罗马和中世纪的民间节日文化条件下的假面及其种种意义，没有涉及假面更久远的祭祀意义。——作者

把人们变为傀儡的观念,这种观念是民间诙谐文化所完全没有的。玩偶的悲剧这个独特的母题只有对浪漫主义来说才是典型的。

在对鬼的形象的处理上,强烈地表现出浪漫主义怪诞风格与民间怪诞风格的区别。在中世纪宗教神秘剧的魔鬼剧中,在诙谐的阴间景象描写中,在讽拟体的传说中,在韵文故事中,鬼就是各种非官方观点、神圣观念反面的欢快的、双重性的体现者,物质-肉体下部等的代表。鬼身上没有任何恐怖和异己的东西(在拉伯雷对爱比斯德蒙的阴间见闻的描写中,“鬼也都是很好的兄弟和顶好的酒友”)。有时鬼和地狱本身只不过是“滑稽怪物”而已。而在浪漫主义的怪诞风格中,鬼则具有某种恐怖、凄凉、悲剧的性质。地狱的笑变成了阴暗的、幸灾乐祸的笑。

需要指出的是,在浪漫主义的怪诞风格中,双重性往往变成了强烈的静态对比或僵化的反比。譬如,《夜巡记》中叙述者(守夜人)的父亲是一个鬼,而母亲却是一个标准化的圣女;他自己则习惯于在寺院里笑,在妓院里(即在罪恶的渊薮里)哭。于是,古代那种对神灵的全民性的、仪式性的嘲笑,中世纪在寺院里欢度愚人节时的嬉笑,到19世纪初变成了一个孤零零的怪人在教堂里的怪笑。

最后,我们还要指出浪漫主义怪诞风格的一个特点:它主要是黑夜的怪诞(如博纳文图拉的《夜巡记》、霍夫曼的《夜谭》),一般对它而言,典型的是黑暗,而不是光明。对于民间怪诞风格来说,则相反,典型的是光明:这是春天的和清晨的、黎明前的怪诞①。

德国土壤上的浪漫主义怪诞风格就是如此。浪漫主义怪诞风格的罗曼语系变体我们下面再谈。这里先简略谈谈浪漫主义的怪诞风格理论。

弗里德里希·施莱格尔在其《谈诗歌》(1800)中涉及怪诞问题,虽然并未对怪诞作出明确的术语说明(他通常称之为“阿拉伯式样”)。弗里德里希·施莱格尔认为,怪诞风格(“阿拉伯式样”)是人

① 确切些说,民间怪诞风格反映了光明取代黑暗、黎明取代黑夜、春天取代冬天的更替因素本身。——作者

类想象力的最古老的形式和“诗歌的自然形式”。他在莎士比亚、塞万提斯、斯特恩、让·保罗的作品中都发现了怪诞风格。他把现实的各种异类因素的奇妙混合、对世界通常的秩序和制度的打破、形象的自由幻想和“热情与反讽交替”视为怪诞风格的本质。

让·保罗在其《美学入门》(*Vorschule der Ästhetik*)中,较为鲜明地揭示的正是浪漫主义怪诞风格的特征。他在此书中也没有使用怪诞这个术语,他把怪诞看作“毁灭性的幽默”。让·保罗对怪诞风格(“毁灭性的幽默”)的理解相当广泛,不仅仅是在文学艺术范围内:他把愚人节、驴节(“驴弥撒”),即中世纪的诙谐性仪式—演出形式也都包括在内。在文艺复兴时期的文学现象中,他对拉伯雷和莎士比亚的兴趣相当大。特别是他谈到莎士比亚“讥笑全世界”(“Welt-Verlachung”),这是指莎士比亚那些“忧郁的”小丑和哈姆莱特。

让·保罗对怪诞型诙谐的包罗万象的性质有很好的理解。“毁灭性的幽默”针对的不是现实的个别反面现象,而是整个现实,整个有限世界的整体。一切有限的事物本身都会被幽默所毁灭。让·保罗强调了这种幽默的激进精神:它把整个世界变为某种异己的、恐怖的和不合理的东西,我们失去了立足点,感到头晕,因为在自己周围看不到任何稳定的东西,让·保罗认为,中世纪的诙谐仪式—演出形式也具有这种破坏一切道德基础和社会基础的包罗万象性和激进性。

让·保罗没有把怪诞风格与诙谐脱离开来。他明白,没有怪诞因素就不可能有怪诞风格。但他的理论观念却只承认丧失了积极的再生和更新力量,因而是无乐趣的、阴郁的、弱化了的笑(幽默)。让·保罗自己强调了毁灭性幽默的抑郁性质,并且说,最伟大的幽默家大概就是鬼(当然是浪漫主义观念上的)。

虽然让·保罗对中世纪和文艺复兴时期的怪诞风格现象(甚至包括拉伯雷)饶有兴趣,但实际上他所提出的只是浪漫主义怪诞风格的理论,他是通过浪漫主义怪诞风格的三棱镜来观察怪诞风格过去的发展阶段的,从而把它们“浪漫主义化”了(主要是按照斯特恩对拉伯雷和塞万提斯的解释)。

让·保罗(如同弗里德里希·施莱格尔一样)认为,怪诞风格的积极因素,它的终极话语已经不属于诙谐因素的范围,而是对幽默所破坏的一切有限事物的超越和向纯精神领域的突进①。

怪诞形象类型在法国浪漫主义中的复兴,是很晚以后的事(从19世纪20年代末才开始)。

维克多·雨果先是在《克伦威尔》序言中,后来是在《论莎士比亚》一书中,提出了怪诞风格的问题,他的提法很有意思,对法国浪漫主义来说是非常典型的。

雨果对怪诞形象类型的理解非常广泛。他发现在古希腊罗马前古典主义时期就有了怪诞形象类型(九头蛇许德拉、司暴风带翅膀的女怪哈尔皮亚、独眼巨人库克罗普斯和其他古风时期的怪诞形象),接着,他把中世纪以来整个古希腊罗马之后的文学全都归入这一类型。雨果说:"怪诞风格无处不在:一方面,它创造无定形的和恐怖的东西,另一方面,它创造滑稽的和逗趣的东西。"怪诞风格的一个重要方面是丑。怪诞美学在很大的程度上就是丑的美学。但雨果同时淡化了怪诞风格的独立意义,把它称为显示崇高的对比手段。怪诞和崇高相互补充,达到统一(莎士比亚的作品最充分地达到了这一点),才能创造纯古典风格所没能达到的真正的美。

雨果在《论莎士比亚》一书中对怪诞形象,特别是对诙谐的物质-肉体因素作了极为有趣的具体分析。但这个问题我们以后再谈,因为雨果在此也发挥了他对拉伯雷的创作的看法。

其他法国浪漫主义者对怪诞风格及其过去的发展阶段也都很感兴趣,而且,在法国的土壤上,怪诞风格被理解为民族传统。1853年出版了泰奥菲尔·戈蒂耶题为《怪诞》(*les grotesques*)的书。戈蒂耶在此

① 让·保罗本人作为一个作家,他的作品中创造了许多极具浪漫主义怪诞风格特征的形象,特别是在他的"梦境"和"幻觉"之中(参阅R.本茨出版的怪诞体裁的作品集:Benz R.,Jean Paul,*Träume und Visionen*.München,1954)。其中有许多黑夜和坟墓怪诞的鲜明范型。——作者

书中集中论述了法国怪诞风格的代表人物，他对怪诞风格的理解相当广泛：我们在这里既可以看到维庸，也可以看到 17 世纪自由思想派诗人（台奥费尔·德·维奥、圣阿曼）以及斯卡龙、西拉诺·德·贝尔热拉克，甚至还可以看到斯居代里。

怪诞风格及其理论发展上的浪漫主义阶段就是如此。最后需要强调指出两个积极的因素：第一，浪漫主义者探寻了怪诞风格的民间根源。第二，他们从未把纯讽刺功能归入怪诞风格。

我们对浪漫主义怪诞风格的分析当然还远远不够充分。除此之外，我们的分析带有某些片面的、甚至几近论战的性质。这是由于在这里对我们来说重要的只是浪漫主义怪诞风格与中世纪和文艺复兴时期民间文化怪诞形象的区别。然而，浪漫主义也有其意义重大的积极发现，发现内在的、主观的人及其深度、复杂性和不可穷尽性。

这种个体个性的*内在无限性*对中世纪和文艺复兴时期的怪诞风格来说是陌生的，但是，浪漫主义者之所以可能发现它，只是由于他们运用了具有摆脱一切教条主义、完成性和局限性的力量的怪诞方法。在一切现象和价值之间具有明确、牢固的界限的封闭、现成和稳定的世界中，不可能发现内在的无限性。只要把古典主义者对内心体验的理性化的和详尽无遗的分析与斯特恩和浪漫主义者的内心生活形象加以比较，就可以相信这一点。在此怪诞方法的艺术启发力明显地显示出来。但所有这些问题都已超出我们这部著作的范围。

简单谈一下黑格尔和弗·台·菲舍尔的美学中对怪诞风格的理解。

谈到怪诞风格，黑格尔实际上指的只是古风时期的怪诞风格，他把它定义为精神的前古典和前哲学状态的表现。黑格尔主要是根据印度古风时期的作品，提出了怪诞风格的三个特征：自然各个不同种类方面的混合、夸张中的无限性和某些器官的增多（印度的多手、多足佛形象）。黑格尔完全没有看到诙谐因素在怪诞风格中的结构性作用，他在考察怪诞风格时未顾及它与喜剧因素的任何联系。

弗·台·菲舍尔在怪诞风格问题上离开了黑格尔。在他看来，怪诞风格的本质和动力是滑稽性、喜剧性。“怪诞是奇异形式中的喜剧性，是‘神话式的滑稽’。”他的这些定义不乏一定的深度。

需要说明的是，在哲学美学此后一直到今天的发展中，怪诞风格始终未得到应有的理解和评价：在美学体系中没有给它一席地位。

在浪漫主义之后，从 19 世纪下半叶起，无论在文学本身，还是在文艺学思想界，对怪诞风格的兴趣都大大减弱。人们即使提到怪诞，也是或者把它归入低级庸俗的滑稽形式，或者把它理解为针对个别纯反面现象的一种特殊的讽刺形式。在这种态度下，怪诞形象的全部深度和整个包罗万象性全都消失得无影无踪。

1894 年出版了一部研究怪诞风格的巨著，即德国学者施涅冈斯的《怪诞讽刺文学史》。此书有很大一部分是论述拉伯雷的创作的，施涅冈斯认为拉伯雷是怪诞讽刺文学最伟大的代表人物，但书中对中世纪怪诞风格的某些现象也作了简短的综述。施涅冈斯是把怪诞风格理解为纯讽刺的最彻底的代表人物。对他来说，怪诞风格始终只是纯否定性的讽刺，只是对被否定的，“不应有的东西的夸张”，而且这种超出可能范围的夸张逐渐变成幻想式的夸张。正是通过对不应有的东西的这种极度的夸张，给予不应有的东西道德和社会的打击。这就是施涅冈斯观点的实质。

施涅冈斯完全不理解中世纪的怪诞风格和拉伯雷作品中对物质-肉体因素的积极的夸张。他也不理解怪诞的笑的积极的再生和更新的力量。他只了解 19 世纪讽刺文学的纯否定性的、雄辩式的、皮笑肉不笑的诙谐，并据此解释中世纪和文艺复兴时期的诙谐现象。这是文艺学中歪曲诙谐、把诙谐现代化的一种极端表现。施涅冈斯也不理解怪诞形象的包罗万象性。但是，对整个 19 世纪下半叶和 20 世纪前几十年的文艺学来说，施涅冈斯的观点是非常典型的。甚至在今天，像施涅冈斯那样把怪诞风格，特别是把拉伯雷的创作视为纯讽刺的看法，还远未根除。

我们已经说过，施涅冈斯主要是通过对拉伯雷的创作的分析来发挥自己的观点的。因此下面我们还会谈到他的这本书。

在20世纪，出现了复兴怪诞风格的新的强大的热潮，虽说“复兴”一词对理解现代的怪诞风格的某些形式来说并不完全适用。

现代的怪诞风格的发展图景相当复杂矛盾。但一般说来，可以区分为两条发展路线。第一条路线是现代主义怪诞风格（阿尔弗雷德·雅里、超现实主义者、表现主义者，等等）。这种怪诞风格（在各种不同程度上）与浪漫主义怪诞风格的传统相关，目前正在各种存在主义思潮的影响下发展。第二条路线是现实主义怪诞风格（托马斯·曼、贝托尔特·布莱希特、巴勃罗·聂鲁达，等等），与怪诞现实主义和民间文化的传统相关，有时也反映出狂欢节形式的直接影响（巴勃罗·聂鲁达）。

评述近代的怪诞风格的特点完全不属于本书的任务。我们要谈的只是与第一条，即现代主义发展路线相关的近代怪诞风格理论。我们指的是杰出的德国文学研究家沃尔夫冈·凯泽尔的《绘画和文学中的怪诞风格》（1957）一书[①]。

凯泽尔的书实际上是怪诞风格理论方面的第一本和（目前）唯一的一本重要著作。书中有许多宝贵的考察结果和细致入微的分析。但对凯泽尔的基本观点，我们却无论如何不敢苟同。

按照自己的构想，凯泽尔此书是要提出一个全面的怪诞风格理论并揭示这一现象的本质。实际上这本书只提出了浪漫主义和现代主义的怪诞风格理论（和简史），严格说只是现代主义的怪诞风格，因为凯泽尔是通过现代主义怪诞风格的三棱镜来观察浪漫主义怪诞风格的，因而他的理解和评价带有某些歪曲。凯泽尔的理论，对前浪漫主义怪诞风格数千年的发展，而对古风时期的怪诞风格，对古希腊罗马

---

① 沃尔夫冈·凯泽尔此书被选入 *Rowohlts deutsche Enzyklopädie*（《罗沃尔特氏德国百科丛书》），于1960至1961年间（身后）再版。以下引文所注页码均根据这个版本。——作者

时期的怪诞风格(例如,对羊人剧或古阿提喀喜剧),对与民间诙谐文化相联系的中世纪和文艺复兴时期的怪诞风格,都绝对不适用。凯泽尔在此书中没有涉及所有这些现象(他仅提到其中某些现象)。他的所有结论和概括都建立在对浪漫主义和现代主义怪诞风格的分析基础之上,而且如我们所说过的,正是后者对凯泽尔的观点起了决定性的作用。因此,怪诞风格与民间诙谐文化和狂欢节世界感受完整世界的不可分离的真正本性,仍未得到理解。在浪漫主义的怪诞风格中,这种本性被削弱了,被淡化了,在很大程度上被赋予了新的含义。然而,就是在浪漫主义的怪诞风格中,所有具有明显狂欢节起源的基本母题,仍然保留了对它们当初曾为其一分子的那个强大整体的某种记忆。而这种记忆在浪漫主义怪诞风格的一些优秀作品中被唤醒(在斯特恩和霍夫曼的作品中特别强烈,但表现方式各异)。这些作品比它们所表现的那种主观哲学的世界观更有力、更深刻,也*更欢快*。可是,凯泽尔不了解这种体裁的记忆,也没有在这些作品中去寻找它。给他的理论定调的现代主义怪诞风格,几乎完全丧失了这种记忆,也几乎无所顾忌地把怪诞风格的母题和象征的狂欢节遗产形式化了。

按照凯泽尔的观念,怪诞形象的基本特点是什么呢?

在凯泽尔的各种定义中,首先令人震惊的是怪诞世界总的阴暗、恐怖和可怕的音调,凯泽尔在这个世界中捕捉到的仅仅是这个音调。而实际上,这种音调与怪诞风格在浪漫主义之前的整个发展绝对是格格不入的。我们已经说过,中世纪和文艺复兴时期的怪诞风格充满了狂欢节的世界感受,它使世界摆脱一切可怕的和吓人的东西,把世界变为一个毫不可怕,因而也是一个极其欢快和光明的世界。一切在普通的世界里是可怕的和吓人的东西,在狂欢节的世界里都变为欢快的"滑稽怪物"。恐怖,是诙谐所要战胜的那种片面而愚蠢的严肃性的极端表现(在拉伯雷的书中我们可以看到对这个母题,特别是对"马尔布鲁克主题"的精彩处理)。只有在毫不可怕的世界中,才可能有怪诞风格所固有的那种极端的自由。

而对凯泽尔来说,怪诞世界中主要的东西却是"某种敌对的、陌生的和非人的东西"("das Unheimliche, das Verfremdete und Unmenschliche",第 81 页)。

凯泽尔特别强调陌生的因素:"怪诞就是变得陌生的世界"("das Groteske ist die entfremdete Welt",第 136 页)。凯泽尔把怪诞与童话世界加以对比,借以阐明这个定义。童话世界,如果从旁观的角度来看,也可以说是陌生的和不寻常的世界,但这不是变得陌生的世界。而在怪诞世界中,则是原来属于我们自己的、亲密的、亲近的东西,忽然变为陌生的和敌对的东西。正是我们的世界忽然变为异己的世界。

凯泽尔的这个定义只适用于现代主义怪诞风格的某些现象,但在运用于浪漫主义怪诞风格时它已变得不完全适合,而对怪诞风格过去的发展阶段来说,那就根本不适用了。实际上,怪诞风格,包括浪漫主义的怪诞风格,揭示的完全是另一个世界、另一种世界秩序、另一种生活制度的可能性。它超越现存世界虚幻的(虚假的)唯一性、不可争议性、不可动摇性。民间诙谐文化所产生的怪诞风格,实质上,始终是以这种或那种形式,以这种或那种手段表演着向农神黄金时代的大地的回归,表演着这种回归的活生生的可能性。浪漫主义怪诞风格也做这种表演(否则它就不再是怪诞风格),但采取的是它所固有的主观形式。现存世界之所以突然变成异己的世界(若沿用凯泽尔的术语),正是因为存在一个真正自己的世界,黄金时代和狂欢节真理的世界的可能性被得以揭示。人向自身回归。现存世界的毁灭是为了再生和更新。世界既死又生。一切现存事物的相对性在怪诞风格中总是欢快的,怪诞总是充满着更替的欢乐,哪怕这种欢快和快乐已减弱到最低限度(如在浪漫主义中)。

需要再一次强调的是,在前浪漫主义的怪诞风格中,乌托邦因素("黄金时代")的展示不是为了抽象的思想,也不是为了内心体验,而是由整个人,完整的人,用思想、感情和肉体一起演出和体验的。这种对可能有的另一个世界的肉体参与,其肉体的可理解性,对怪诞风格具有巨大的意义。

而在凯泽尔的理论中,具有不可穷尽性和永恒的可更新性的物质-肉体因素却完全没有地位。在他的理论中,既没有时间、更替,也没有危机,即没有与太阳、大地、人和人类社会一起所发生的一切,也没有真正的怪诞风格所赖以存在的一切。

对于现代主义的怪诞风格来说,凯泽尔的下述定义是非常典型的:"怪诞就是'本我'的表现形式。"(第137页)

凯泽尔所理解的"本我",与其说是弗洛伊德主义精神的,不如说是存在主义精神的:"本我"是支配世界、人们及其生活与行为的异己的、非人的力量。凯泽尔把怪诞风格的许多基本母题,例如傀儡母题,归入对这种异己力量的感觉。他把疯癫的母题也归入这种感觉。按照凯泽尔的看法,我们在疯子身上总是会感到某种异己的东西,就像某种非人的精神渗透于他的心灵。我们已经说过,怪诞风格完全是按另一种方式运用疯癫母题的:为了摆脱虚假的"现世的真理",为了用摆脱了这一"真理"的自由的眼光看世界。

凯泽尔屡次谈到怪诞的特点是想象的自由。但是,在"本我"这种异己的力量占统治地位的地方,怎么可能有对待世界的这种自由呢?这是凯泽尔的理论的一个不可克服的矛盾。

实际上,怪诞是一种使人摆脱深入到占统治地位的世界观念中的那一切非人的必然性的形式。怪诞揭露出这种必然性的相对性和局限性。在这个时代任何占统治地位的世界观念中,总是把必然性视为某种坚如磐石的严肃的、无条件的和不可克服的东西。然而,历史地看,必然性的观念总是相对的和变化的。作为怪诞风格基础的诙谐因素和狂欢节世界感受,打破有限的严肃性和一切对超时间价值以及对必然性观念的无条件的追求,为了新的可能性而解放人的意识、思想和想象。这就是为什么即使是在科学领域,在大转折之前,作为转折的准备,总会有某种意识的狂欢化。

在怪诞世界中,一切"本我"都被脱冕并变为"滑稽怪物"进入这个世界,甚至是浪漫主义的怪诞世界,我们总能感觉到思想和想象的某种特殊的、快活的自由。

我们还要说说凯泽尔理论中的两个方面。

凯泽尔在归纳自己的分析时断言:“怪诞中所表现的不是对死的恐惧,而是对生的恐惧。”在这个保持着存在主义精神的论断中,首先含有生与死的对立。这种对立与怪诞风格的形象体系格格不入。在这个形象体系中,死完全不是对怪诞风格中的生,即巨大的全民肉体生活的否定。在这里,死是作为生的一个必然因素,作为不断更新和年轻化的一个条件而进入生活整体的。在这里,死总是与生相关联,坟墓总是与生育万物的大地怀抱相关联。生——死,死——生,这是生活本身的决定性因素,正如歌德《浮士德》里地神的那段名言所说[①]。死就在生之中,它与诞生一起决定着生活的永恒运动。怪诞的形象思维甚至把个体肉体上的生与死的斗争也理解为顽强的旧生命与诞生中的(应该诞生的)新生命的斗争,理解为更替的危机。

列奥纳多·达·芬奇说过:当一个人高兴而迫不及待地期待新的一天、新的春天、新的一年到来时,那就想不到,实际上他因此也就在渴望自己的死。虽然他的这句格言在表达形式上并不是怪诞风格的,但它的基础却是狂欢节的世界感受。

总之,在怪诞的形象体系中,死亡和更新在生活的整体中互不可分,而这个整体是完全不能引起恐惧的。

需要说明的是,在中世纪和文艺复兴时期的怪诞风格中(包括造

---

① 此段如下:

“Geburt und Grab,
Ein ewiges Meer,
Ein wechselnd Weben,
Ein glühend Leben”.

这里没有生与死的对立,而有诞生与坟墓的并立,两者一样与大地和身体的生育和吸纳过程相关联,一样作为必然因素而构成永远更替和更新的生活的活的整体。这一切,对于歌德的世界感受来说,也是非常典型的。一个生与死相对立的世界,一个诞生与坟墓相并立的世界——这是两个完全不同的世界。其中后者是民间文化的世界,部分地也是歌德的世界。——作者

型艺术在内,例如霍尔拜因的《死神之舞》或丢勒的作品),死亡的形象总是包含着滑稽的成分。在或大或小的程度上,这始终是滑稽怪物。在以后几个世纪,特别是在19世纪,人们几乎完全不能从这样一些形象中听到诙谐的音调,而是片面地从严肃的方面去理解它们,而这些形象逐渐变得平淡无味并被扭曲。19世纪的资产阶级只看重纯讽刺性的诙谐,实际上,这种诙谐是皮笑肉不笑的、雄辩术式的诙谐,是严肃的和教训人的诙谐(无怪乎它被看作是鞭笞或打棍子)。除此之外,还容许纯消遣性的诙谐,无所用心的、不得罪人的诙谐。但严肃的还必须严肃,即就其音调气氛来说是直板片面、平淡无味的。

作为更新,作为死与生的结合,死亡的主题以及快活的死亡形象,在拉伯雷小说的形象体系中起着重要的作用,本书以后的章节将会作出具体的分析。

我们要谈的凯泽尔的理论的最后一方面,是他对怪诞风格的诙谐的解释。他是这样说的:“混合着痛苦的诙谐一经转化为怪诞,就具有了嘲讽、无耻以及撒旦式狞笑的特征。”

我们可以看出,凯泽尔完全是以博纳文图拉“守夜人”的说法和让·保罗“毁灭性幽默”的理论,即以浪漫主义怪诞风格的精神来理解怪诞风格的诙谐的。诙谐的欢快、解放和再生的因素,即创造的因素不见了。不过,凯泽尔对怪诞风格中的诙谐问题的全部复杂性是理解的,他反对对这个问题作出单义的处理。(同上书,第139页)

凯泽尔这本书的情况就是这样。正如我们已经说过的,怪诞风格是当代现代主义各种流派最常见的形式。凯泽尔的观点就其实质而言,就是对这种现代主义怪诞风格的理论论证。在有所保留的条件下,它也可以阐明浪漫主义怪诞风格的某些方面。但如果把它广泛运用于怪诞形象的其他发展时代,在我们看来是完全行不通的。

关于怪诞风格及其审美本质的问题,只有依靠中世纪民间文化和文艺复兴时期文学的材料,才可能正确地提出和解决,而且,在这方面,拉伯雷的启发意义特别巨大。只有在民间文化和狂欢节世界感受的统一性中,才能够理解某些怪诞母题真正的深刻性、多义性和力量;如果脱离这种统一性,这些母题就会成为单义的、平淡无味和贫乏的母题。

用“怪诞”这个术语来说明中世纪民间文化和与之相关的文艺复兴时期文学的特殊形象类型,其理由是不会引起任何怀疑的。但是,我们所使用的“怪诞现实主义”这个术语,在多大程度上被证明是正确的呢?

对这个问题,我们在这篇导言中只能作一个初步的回答。

使中世纪和文艺复兴时期的怪诞风格与浪漫主义和现代主义的怪诞风格截然不同的那些特点,首先是自发的唯物主义的和自发的辩证法的存在观念,被定义为现实主义的特点,可能是最相符的。下面我们对怪诞形象的具体分析将会证明这个论点。

在拉伯雷、塞万提斯、莎士比亚的作品里,与民间狂欢节文化直接相关的文艺复兴时期的怪诞形象,对后来几个世纪的全部正宗风格的现实主义文学产生过决定性的影响。正宗风格的现实主义(斯丹达尔、巴尔扎克、雨果、狄更斯等人的现实主义)始终与文艺复兴时期的传统(直接或间接地)相联系,一旦脱离这一传统,就必然导致现实主义的庸俗化及其向自然主义的经验主义的蜕变。

早在17世纪,某些怪诞形式就开始退化为静止的“特征”和狭隘的体裁形式。这种退化与资产阶级世界观所特有的局限性相联系。真正的怪诞风格完全不是静止的:它恰恰力求在自己的形象中囊括的正是存在的形成、生长和永恒的未完成性、非现成性;因此它往自己的形象中表现着形成过程的两极——同时表现着消逝和新兴、垂死和诞生;它在一个身上表现两个身体,即新的生命细胞的繁殖和分裂。在这里,在怪诞现实主义、民间创作中的现实主义的高度上,正如单细胞生物的死亡一样,永远不会留下尸体(单细胞生物的死亡与它的繁殖同时发生,即分裂为两个细胞、两个生物体,没有任何“死的残余物”)，在这里，衰老就是妊娠，死亡就是孕育，一切限定特征的、僵化的、现成的东西都被抛向肉体下部，使其重新熔铸和重新诞生。而在怪诞现实主义的退化和瓦解过程中，正极，即形成过程中的第二个新生环节却失落了(它被道德箴言和抽象概念所取代)：只剩下一具纯粹的尸体，只剩下丧失了孕育的可能，纯粹的、自己就等于自己的、孤立的衰老，它脱离了那个不断生长的整体，它在那个整体里曾经是与整个发展和生长链条中的下一个新生环节连接在一起的。结果是怪诞风格被拆毁，丰收魔鬼的身子被砍下了生殖器，被压扁了肚子。因此产生了所有这些“典型的”不育的形象，所有这些律师、商人、拉皮条的人、老头和老太婆之类的“职业”类型，所有这些不断庸俗化和退化的现实主义的假面。所有这些类型在怪诞现实主义中也曾有过，但在那里这些类型并不构成整个生活的图画，它们在那里还只是生机勃勃的生活的枯萎凋零的部分。问题是，现实主义的新观念以另外的方式划分一切肉体和物质之间的界限。它截断了双体的身体，切掉了与身体长在一起的怪诞现实主义、民间创作中的现实主义的物质，它力求在不与终极整体发生联系的情况下使每个个体都得以完成。对于终极整体来说，旧的形象已经消失，而新的形象尚未找到。对时间的理解也发生了实质性的变化。

17 世纪所谓的“日常现实主义”文学(索列尔、斯卡龙、菲雷蒂)在具有真正的狂欢节因素的同时，也已经充满了那样一些被遏止的怪诞风格形象，即几乎是从长远的时间中，从形成过程的洪流中被排除的，因而或者是僵化在自己的二重性之中，或者是被劈为两半的怪诞风格的形象。某些学者(例如雷尼耶)倾向于把这解释为现实主义的开端、现实主义的起步。实际上，这一切都只是强大而深刻的怪诞现实主义的一些变得死气沉沉，有时几乎是毫无意义的碎片而已。

我们在这篇导言一开头就已说过，无论是中世纪民间诙谐文化的某些现象，还是怪诞现实主义的特殊体裁，都已得到相当充分和有根据的研究,但这当然是从19世纪和20世纪前几十年在学术界占统治地位的文化史和文学史方法的角度来研究的。得到研究的当然不只是文学作品,而且还有这样一些独特的现象,如"愚人节"(F.布尔凯洛、G.德列夫斯、维列塔尔等人)、"复活节的诙谐"(I.施密特、S.莱纳赫等人)、"神圣的讽拟"(F.诺瓦蒂、E.伊里沃宁、P.列曼)等等一些实际上超出了文学艺术范围的其他现象。当然,得到研究的还有古希腊罗马诙谐文化的各种表现(A.迪特里希、赖希、康福特等人)。民俗学家们在弄清作为民间诙谐文化的组成部分的某些母题和象征的性质和起源方面,也作了不少工作(只要指出弗雷泽的巨著《金枝》就够了)。总之,与民间诙谐文化有关的学术著作为数甚多[①]。下面,按照本书进行的情况,我们将引证有关的专著。

然而,这些为数甚多的著作,除了极少的例外,都缺乏理论激情。它们都没有力求作出稍许广泛的和原则性的理论概括。结果,这些浩如烟海、精心收集而且往往经过缜密研究的材料,依然是零散的、没有深思熟虑的。我们称之为民间诙谐文化的统一世界,在这里看来就像是一大堆杂乱无章的笑料,尽管内容庞大可观,可实际上要把它们纳入欧洲文化和文学的"正"史,看来是不可能的。它们,即一大堆笑料和野史,始终都被排斥在欧洲人类所解决的那些"严肃的"创作问题的圈子之外。在这种态度下,民间诙谐文化对整个文学、对人类的"形象思维"本身的强大影响,之所以尚未完全得以揭示,是完全可以理解的。

我们在这里仅简单提及两部专著,它们恰恰也提出了理论问题,而且那些从两个不同的方面提出的问题与我们的民间诙谐文化问题相关联。

1903年,出版了赖希的大部头著作《滑稽模拟剧——文学发展的

---

① 在苏联的著作中,奥·弗赖登堡的《情节体裁诗学》(国家文学出版社,1936年)一书很有价值。书中收集了大量与民间诙谐文化(主要是古希腊罗马的)有直接关系的民间文学材料。但对这些材料的解释,基本上是根据前逻辑思维的理论,民间诙谐文化这个问题没有在书中提出来。——作者

历史研究尝试》。

赖希的研究对象实际上就是古希腊罗马和中世纪的诙谐文化。他提供了大最非常有趣而宝贵的材料。他正确地揭示了从古希腊罗马到中世纪一脉相承的诙谐文化传统的统一性。最终,他理解了诙谐与物质-肉体下部形象自古已有的重要联系。所有这一切,使赖希相当接近于正确地和创造性地提出民间诙谐文化的问题。

然而毕竟是,他依然没有提出这个问题本身。我们觉得,妨碍他这样做的原因主要有两个。

第一,赖希试图把诙谐文化的全部历史归结为滑稽模拟剧史,即一种诙谐体裁的历史,尽管这种诙谐体裁相当典型,特别是对古希腊罗马晚期来说是如此。滑稽模拟剧对于赖希来说是诙谐文化的中心,甚至几乎是它唯一的体现者。赖希把所有的民间节日形式和中世纪的诙谐文学全都归结为古希腊罗马滑稽模拟剧的影响。赖希在探索古希腊罗马滑稽模拟剧的影响方面甚至超出了欧洲文化的范围。所有这一切都导致了不可避免的牵强附会,使他忽视了一切无法削足适履纳入滑稽模拟剧的东西。需要说明的是,赖希毕竟有时候自己也无法坚持自己的观点:材料之多,迫使作者超出了滑稽模拟剧的狭窄范围。

第二,不论是对诙谐,还是对与之相关的物质-肉体因素,赖希都作了某些现代化和简单化的解释。在赖希的观点中,诙谐因素的积极成分,其解放力和再生力,受到某些压抑(虽然赖希非常了解古希腊罗马的诙谐哲学)。民间诙谐的包罗万象性及其世界观性质和乌托邦性质,在赖希的著作中也未得到应有的理解和评价。而在他的观点中,尤其显得贫乏的是物质-肉体因素:赖希是通过近代抽象思维和微分性思维的三棱镜来看这个问题的,因而他对这个问题的理解是狭隘的,几乎是自然主义的。

我们认为,主要是这两方面削弱了赖希的观点。但毕竟赖希为正确提出民间诙谐文化的问题作了许多准备。非常遗憾的是,赖希这本富有许多新资料、思想独特大胆的著作，当时并没有发生应有的影响。

下面我们还将不止一次地引用赖希的这部著作。

我们在这里将要涉及的第二部专著是康拉德·布尔达赫的《宗教改革、文艺复兴、人文主义》(1918)这本篇幅不大的著作。这本书也向民间文化这个问题的提出靠近了一些，但与赖希的书表现方式完全不同。书中没有讨论关于诙谐以及物质-肉体因素的问题。它的唯一主人公是体现“再生”“更新”“改革”的思想形象。

布尔达赫在此书中指出，体现再生的这一思想形象(在其不同的变体中)，最初萌芽于东方和古希腊罗马各民族的神话思维，在整个中世纪期间一直存在和发展。它在宗教祭祀活动(弥撒、洗礼仪式等)中也保留下来，但它在这些活动中处于教条的僵化状态之中。从12世纪宗教运动高涨时起(弗罗拉的约阿希姆、阿西西的方济各、唯灵论者)，这种形象化的思想又活跃起来，渗透到更广泛的民众阶层，具有了纯人类的感情色彩，唤醒了诗歌和艺术的想象，逐渐成为纯世俗领域，即政治、社会和艺术生活领域里日益增长的再生和更新的渴望的表现。(参阅该书第55页)

布尔达赫在但丁的作品中，在里因佐的思想和活动中，在彼特拉克和薄伽丘等人的作品中，仔细研究了体现再生的思想，形象的迟缓和渐进的世俗化(入世化)的过程。

布尔达赫正确地注意到，像文艺复兴这样的历史现象，不可能作为个别人士纯认识性探索和智性努力的结果而产生。关于这个问题他这样说道：

“人文主义和文艺复兴不是认识的产物(Produkte des Wissens)。它们的产生，不是由于学者们发现了失传的古希腊罗马文学艺术珍品并且力求使它们重新获得生命。人文主义和文艺复兴是从一个老化的时代的热烈而又无限的期待与追求中诞生的，这个时代的灵魂在自己的最深层受到震动，它渴望着新的青春。”(第138页)

当然，布尔达赫反对从学术性的、书面的资料中，从个人的思想探索,从“智性的努力”中推断和解释文艺复兴,这是完全正确的。他认为文艺复兴是在整个中世纪期间(特别是从12世纪起)酝酿而成的,这也是正确的。最后,他认为“复兴”这个词完全不是指“古希腊罗马科学和艺术的复兴”,而在这一词的背后有一个巨大而多义的思想现象,一个植根于人类的仪式—演出活动的、形象的、智性思想思维最深层的思想现象,这也是正确的。然而,布尔达赫没有看到,也没有理解复兴的思想形象的主要存在领域——中世纪的民间诙谐文化。对更新和新生的追求、对“新的青春的渴望”渗透于狂欢节的世界感受本身,并在民间文化的具体感性形式(仪式—演出形式、话语形式)中得到了多样化的体现。这是中世纪的第二种节日生活。

布尔达赫在自己的著作中视为酝酿了文艺复兴的那些现象,有许多本身就反映了民间诙谐文化的影响,并按这种影响预见到文艺复兴的精神。例如弗罗拉的约阿希姆,特别是阿西西的方济各和他所创立的教派,就是如此。难怪方济各本人称自己及其追随者为“主的活宝”(“ïoculatores Domini”)。方济各的独特的世界观及其“精神快活说”(laetitia spiritualis”),还有他对物质-肉体因素的赞许,以及方济各所特有的贬低化和粗鄙化可以(带些夸张地)称为狂欢化的天主教。狂欢节的世界感受的因素在里因佐的全部活动中也相当强烈。布尔达赫认为酝酿了文艺复兴的所有这些现象,虽然有时采用了极端弱化的形式,但它们固有解放和更新的诙谐因素。然而,布尔达赫却完全没有注意到这个因素。对于他来说只存在着严肃的音调。

可见,布尔达赫在力求更正确地理解文艺复兴时期与中世纪的关系方面,以自己的途径为提出中世纪民间诙谐文化的问题作了准备。

我们的问题就是这样提出的。但我们直接研究的课题不是民间诙谐文化,而是弗朗索瓦·拉伯雷的创作。实际上,民间诙谐文化是无边无际的,如我们所看到的那样,它的表现形式极其多种多样。相对于它而言,我们的课题是一个纯理论性的课题,即揭示这一文化的统一性和意义,揭示它的一般意识形态的,即世界观的和审美的本质。只有通过民间诙谐文化在其最高的文艺复兴的发展阶段上得到收集和集中,并从艺术上被认识的那些具体材料,确切地说,是通过拉伯雷的创作,才可能最好地完成这个课题。对深入到民间诙谐文化最深层的本质而言,拉伯雷是不可取代的。在他的创作世界中,这一文化所有各种各样的因素的内在统一性特别鲜明地得以展示。须知,拉伯雷的作品就是一部完整的民间文化的百科全书。

然而,我们用拉伯雷的创作来揭示民间诙谐文化的本质,完全不是要它变为仅仅是达到外在于它的目的的一个手段。相反,我们深信,只有通过这个途径,即只有从民间文化角度来看,才能够揭示真正的拉伯雷,即通过拉伯雷来表现拉伯雷。迄今为止,人们都只不过把他现代化了:人们用近代的眼光(主要是用对民间文化最不敏锐的19世纪的眼光)来阅读拉伯雷,人们从他那里读到的只是对他自己及其同时代人和客观上最不重要的东西。拉伯雷的特殊魅力(而这种魅力是每个人都可以感受到的)至今尚未得到解释。为此,首先必须理解拉伯雷的特殊语言,即民间诙谐文化的语言。

我们到此就可以结束这篇导言了。但是这篇导言的所有基本论点,在这里都是以有些抽象的形式,有时还是以宣言的形式表达出来的,在著作中我们还要回到这些论点上来,不论是分析拉伯雷的作品,还是分析与之有直接或间接渊源关系的中世纪和文艺复兴时期的其他现象,我们都将把它们充分具体化。

夏忠宪　译

第一章 诙谐史上的拉伯雷

要是能撰写一部诙谐史,那是非常有趣的。

А.И.赫尔岑

四个世纪以来对拉伯雷的理解和阐释,及其影响的历史,是颇有教益的:它是与那段时期对诙谐本身及其功能的理解史紧密地交织在一起的。

生活在那些民间的、文学的和一般意识形态传统圈子里,生活在那些时代的条件和事件中的拉伯雷的同时代人(而且几乎是整个16世纪),在某种程度上都能理解我们的作者,并能认清他的价值。不论是拉伯雷的同时代人和近亲后裔流传至今的评论①,还是16至17世纪上半叶对他的书的频繁再版,都证明了对拉伯雷的高度评价。与此同时,不仅在人文主义者圈子里、在宫廷、在城市资产阶级的上层社会里,而且在广大的人民群众中,拉伯雷都得到了高度的评价。援引一段比拉伯雷年轻的同时代人,杰出的历史学家(和作家)艾蒂安·巴克有趣的评论。他在给龙萨的一封信中写道:"在我们中间无人不晓学者拉伯雷在自己的《高康大》和《庞大固埃》中,多么高明地开玩笑(en folâtrant sagement),博得人民的爱戴(gaina de grâce parmi le peuple)"②。

① 拉伯雷死后的历史,即几百年间对他的理解、阐释的历史及其影响,从事实方面来看,研究得相当不错。除了发表在 *Revue des études rabelaisiennes*(1903—1913)和 *Revue du seizièmesiècle*(1913—1932)上一系列有价值的著述外,还有两部专著研究这段历史:Boulanger Jacques, *Rabelais à tràvers les âges*. Paris, le Divan, 1923. Sainéan Lazar, *L' influence et la réputation de Rabelais*(*Interpretes, lecteurs et imitateurs*). Paris, J. Gamber, 1930.当然,这里收集的是同时代人对拉伯雷的评论。——作者

② *Estienne Pasquier*, *Lettres*,第2册。援引:Sainéan Lazar, *L' influence et la réputation de Rabelais*,第100页。——作者

拉伯雷大量而深远的影响以及一系列对他的模仿之作,都最为鲜明地证明了拉伯雷深为同时代人所亲近和理解。几乎所有 16 世纪的小说家,即在拉伯雷之后(确切些说,在他的长篇小说前两部出版后)从事写作的人,如博纳文图拉·德佩里埃、诺艾尔·杜法伊尔、布希·吉奥姆、塔尤罗·雅克、尼古拉·德·绍尔耶尔等,在或大或小的程度上都曾经是拉伯雷的追随者。这一时期的历史学家艾蒂安·巴克、布兰托姆、皮埃尔·戴图阿尔,新教的善辩者和抨击者皮埃尔·维列、亨利·艾蒂安等人都难免不受其影响。16 世纪的文学甚至好像是在拉伯雷的名义下得以完成:在政治讽刺方面集大成者是杰出的《梅尼普讽刺论西班牙天主教徒之优点……》(1594),它反对联盟,是世界文学中最优秀的政治讽刺之一[①],而在文学方面——杰出的作品是别罗阿尔德·德·韦尔维尔的《生活成功之手段》[②](1612)。这两部堪称世纪集大成之作可以看出受拉伯雷重要影响的痕迹;作品中的形象,尽管种类各异,但几乎都保持着拉伯雷式的怪诞风格的生命力。

除了我们提到的 16 世纪既能表现拉伯雷的影响,又能保持自己的独立性的大作家之外,我们还在这一时期的文学中发现为数甚多、缺乏独创性的、拙劣的拉伯雷的模仿者。

与此同时,还需要强调的是,在《庞大固埃》问世的最初几个月内,拉伯雷很快就获得成功并得到承认。

拉伯雷很快得到承认、同时代人热烈的(但不是惊讶的)反响、对这一时期提出问题的大文学,对科学的人文主义者、历史学家、政治和宗教的抨击者的巨大影响,最后,还有大批模仿者的出现,证明了什么呢?

---

① 讽刺得到再版:*Satyre Ménippée de la vertue du Catholikon d' Espagne…*, Ed. Frank, Oppeln, 1884.翻印第一版,1594 年。——作者

② 其标题全称为:Beroalde de Verville, Le moyen de parvenir, oeuvres contenants la raison de ce qui a été, est et sera.附有异文和词汇表的注释版本:*Charles Royer*, Paris, 1876,两卷本。——作者

同时代人是在活生生的、尚且强大的传统的背景上接受拉伯雷的。能够使他们惊讶的是拉伯雷的力量和成功,但不是他的形象及其风格性质本身。同时代人能够看到拉伯雷世界的统一,能够感觉到这个世界所有因素深刻的同源关系和重要的相互联系,这些因素,如高度的问题性、席间的哲学思想、责骂和猥亵、低级的语言滑稽、博学和滑稽闹剧在17世纪已经显示出强烈的异质性,而在18世纪则完全互不相容。同时代人掌握了那种统一的逻辑,它渗透到所有这些对于我们来说如此异样的现象中。同时代人深深地感觉到拉伯雷的形象与民间演出形式的联系、感觉到这些形象的特殊的节庆性及其深入渗透的狂欢节气氛[①]。换言之,同时代人掌握并理解了拉伯雷整个艺术思想世界的完整性和贯彻到底、统一的风格和所有进入这一世界的、作为充满统一的看待世界的观点、统一的大风格的因素的和谐性。16世纪对拉伯雷的理解与后数世纪对拉伯雷的理解的重要区别就在于此。同时代人理解为统一的大风格的现象,17和18世纪的人们则理解为拉伯雷奇怪的个性特异反应或为某种密码、暗码,即包含有拉伯雷时代一定的事件、一定的人物的暗示体系。

然而,同时代人的这种理解是素朴的、自发性的。17世纪和后来几个世纪成为问题的东西,对于他们来说是某种不言而喻的东西。因此,同时代人的理解不能给我们提供我们有关拉伯雷的问题的答案,因为对于他们来说这些问题尚不存在。

同时在最初一些拉伯雷的模仿者那里,我们就已经发现拉伯雷的风格解体过程的开始。例如,在博纳文图拉·德佩里埃,特别是在诺艾尔·杜法伊尔的作品里,拉伯雷笔下的形象被庸俗化、被削弱,并开始具有体裁和日常生活的性质。它们的包罗万象性急剧地减弱。这

① 例如,对1541年鲁昂(狂欢节型的)怪诞节庆活动引人入胜的描绘,流传至今。在这里在讽拟大出殡的行列一章里描绘出,人们高举着按字母换位法书写的拉伯雷的名字的旗帜,而随后在节日盛宴进行时,一位身着僧服的参加者在讲坛上念《高康大大事记》,而不是《圣经》。(参阅 Boulanger J.*Rabelais à tràvers les âges*,第17页,Sainéan L. *L' influence et la réputation de Rabelais*,第20页)——作者

个退化过程的另一方面在拉伯雷型的形象开始为讽刺目的服务之处显露出来。在这种情况下双重性形象肯定的一极被弱化。在怪诞风格为抽象倾向服务之处,其本性不可避免地被歪曲。须知怪诞风格的实质正在于表现生活矛盾的和两方面的完整性,它包含着否定和消亡(旧事物的灭亡),它们作为与肯定和新的、更好的事物的诞生不可分割的必要因素。与此同时怪诞形象物质-肉体根基的本身(食物、酒类、生殖力、身体器官)具有深刻的肯定的性质。物质-肉体因素获胜,因为结果总是盈余、增长。怪诞形象的这一本性不可避免地被抽象倾向所歪曲。抽象倾向把重心转向形象的抽象思想的、"道德的"内容方面。不但如此,这一倾向还使形象的物质根基从属于否定的因素:夸张逐渐变为漫画。我们在新教徒早期的讽刺中就已经发现这个过程的肇始,后来又在我们曾提到过的"梅尼普讽刺"中发现。然而在这里这个过程只是刚刚开始。为抽象倾向服务的怪诞形象在这里还太强大:它们保持着自己的本性,继续发展着它们固有的逻辑,而不以作者的倾向为转移并经常与之相悖。

菲沙尔特以怪诞的标题命名的(*Affenteurliche und Ungeheurliche Geschichtklitterung*[①],1575),德文意译《高康大》,是这一过程极为典型的文献。

菲沙尔特是新教徒和道学先生,他的文学创作与"粗俗"(гробианизм)有联系。就其根源而言,德国的粗俗是近似于拉伯雷的现象:粗俗之徒继承了怪诞现实主义的物质-肉体生活形象,他们受民间狂欢节形式的直接影响。物质-肉体形象,特别是对吃喝形象的强烈夸张由此而来。不论是在怪诞现实主义中,还是在民间节庆形式中,夸张都具有肯定的性质。例如,16 至 17 世纪纽伦堡狂欢节时几十人抬的巨型香肠就是如此。然而粗俗之徒(戴德金、舍伊特、菲沙尔特)的道学—政治倾向赋予这些形象某种不应有的否定意义。戴德金

① 《难以置信的历史著作》。——译者

在自己的《致粗俗之徒》[①]序言中援引斯巴达人的话，为了阻止自己的孩子酗酒，他们用醉醺醺的奴仆教训孩子；他所塑造的圣格罗比安努斯和粗俗之徒形象必定为吓唬人这一目的服务。所以，形象的积极本性从属于讽刺嘲笑和道德谴责的否定目的，这种讽刺是从小市民和新教徒的观点作出的，它反对溺于游手好闲、大吃大喝、贪淫好色的不能自拔的封建贵族（贵族地主阶级）。正是这种粗俗之见（在舍伊特的影响下），部分地[②]成为菲沙尔特意译《高康大》的基础。

尽管菲沙尔特具有这种相当粗浅的倾向，但拉伯雷笔下的形象在他的意译中，继续保持着自己素来就有的，与这种倾向格格不入的风格。与拉伯雷相比，甚至还加强了对物质－肉体形象（特别是吃喝形象）的夸张。所有这些夸张的内在逻辑，如同在拉伯雷作品中一样，是生长、生殖力、盈余的逻辑。在这里所有的形象都揭示着同一吞纳和生育的下部。物质－肉体因素特殊的节庆性质也保留下来。抽象的倾向没有渗透到形象的深处，没有成为它真正的起组织作用的因素。诙谐也没有变为彻底的、赤裸裸的嘲笑：它还具有相当完整的性质，与一切生活过程及其两极有关，诙谐里还响彻着诞生和更新的胜利的音调。由此可见，在菲沙尔特的译作中，抽象的倾向尚未成为所有形象的全权主人。但它毕竟已经进入作品，并在一定的程度上将其形象变为抽象的道德说教的某种消遣性的附属品。重新认识诙谐的这个过程只是在后来，而且是在与确定体裁等级以及诙谐在这一等级中的位置的密切联系中才可能完成。

---

① *Grobianus et Grobiana Libri tres*（第 1 版，1549 年；第 2 版，1552 年）。戴德金的书由菲沙尔特的亲属、导师卡斯巴尔·舍伊特译成德文。——作者

② 我们说"部分地"，是因为菲沙尔特在自己的拉伯雷小说译文中毕竟还不是彻底的粗俗之徒。卡尔·马克思对 16 世纪粗俗文学的基本特征作了尖刻的，但公正的描述。（卡尔·马克思：《道德化的批评与批评化的道德》，载《马克思恩格斯全集》，第 4 卷，第 291—295 页）——作者

龙萨和七星诗社[①]就已深信体裁等级的存在。这种思想基本上是从古希腊罗马借用来的,但在法国土壤上加以了改造,当然,它远非立刻就能根深蒂固。七星诗社在这些问题上还非常自由化和民主化。其成员,特别是杜倍雷和巴伊夫,对拉伯雷十分尊重并能正确地评价他。然而,对我们这位作者(及其语言对七星诗社人的语言的巨大影响)的这种高度评价与他在体裁等级中的地位相悖,他的地位最低下,几乎被排斥在文学门外。不过这种等级暂时还只是抽象的、不完全明确的思想。必定要发生一定的社会的、政治的、一般意识形态的变化和进展,官方大文学的读者和评价者的圈子必定会发生分化并缩小,以便使体裁等级成为它们在这一大文学范围内现实的相互关系的表现,以便使它成为真正起调节作用的和决定性的力量。

众所周知,这个过程是在 17 世纪完成的,但它早在 16 世纪末就已经开始发生作用。那时把拉伯雷仅仅作为引人入胜、令人开心的作家的概念已经开始形成。众所周知,《堂吉诃德》的命运就是如此,它长期被理解为轻松读物一类引人入胜的文学。这事也发生在拉伯雷身上。他从 16 世纪末开始每况愈下,向大文学的最边缘滑去,直到不知不觉几乎完全滑到大文学的门外。

比拉伯雷年轻四十岁的蒙田在《随笔集》中就已写道:"我认为一些新书中,如薄伽丘的《十日谈》、拉伯雷的书和约翰·谢孔德(Jehan Second)的《吻》,在那些只不过引人入胜的(simplement plaisants)书中,若应当把它们归入这一类的话,是可令人开心的(dignes qu'en s'y amuse)。"(*Essais*,第 2 卷,第 10 章;根据写作年代这一处属于 1580 年)

但是,蒙田的这个"只不过引人入胜"的说法还在对作品"引人入胜"(plaisant)、"快乐的"(joyeux)、"消闲的"(récréatif)以及其他类似的修饰语的新旧理解和评价的界限内,它们在 16 至 17 世纪却频繁地

---

① 七星诗社,文艺复兴时期法国的诗歌流派,形成于 1549 年。七星诗社的诗人们(龙萨、杜倍雷、巴伊夫等)捍卫文学的社会使命,丰富诗歌语言,主张诗歌反映现实。——译者

成为这些作品的标题[①]。对于蒙田来说,“引人入胜”和“快乐的”概念尚未彻底缩小,还不具有某种低级的和无关紧要的意味。蒙田本人在《随笔集》的另一处(第1卷,第38章)写道:

“我本人只喜欢或是引人入胜的(plaisants)和轻松的(faciles)书,它们能使我开心,或能给我慰藉和忠告的书,它们告诉我如何调节我的生命与死亡(à régler ma vie et la mort)。”

从援引的话中可以清楚地看到,从原义上的一切文学中,蒙田更喜欢的正是引人入胜的和轻松的书,因为其他书指的是给人慰藉和忠告的书,当然,他所理解的不是文学书,而是哲学的、神学的书,首先是《随笔集》类型(马克·阿夫列里、塞内加、普卢塔克的*Moralia*[②]等诸如此类)的书。文学对于他来说还基本上是引人入胜的、快乐的、消遣的文学[③]。在这方面他还是一个16世纪的人。但是,值得注意的是调节生命与死亡的问题已经完全从欢快的诙谐所管辖的领域排除。拉伯雷,与薄伽丘、约翰·谢孔德一起,“其作品是可令人开心的”,但他不能归入“调节生命与死亡”的问题的安慰者和谋士之列。然而,拉伯雷对于其同时代人正是一位安慰者和谋士。他们还不善于在欢乐的层面、诙谐的层面提出调节生命与死亡的问题。

拉伯雷、塞万提斯和莎士比亚的时代是诙谐史上重要的转折点。正是在对待诙谐的态度方面,17世纪及其以后的世纪与文艺复兴时期泾渭分明,别处的任何地方都不具有这种强烈的、原则性的和清晰的特征。

文艺复兴时期对待诙谐的态度,可以这样初步和粗略地加以说明:诙谐具有深刻的世界观意义,这是关于整体世界、关于历史、关于

① 例如,16世纪的杰作之一,博纳文图拉·德佩里埃的书:*Nouvelles récréations et joyeux devis*,即《新的娱乐和愉快的谈话》。——作者

② 《道德论》。——译者

③ 在16世纪,修饰语“plaisant”一词一般用于一切文学作品,不管它们属于何种体裁。对于16世纪而言,过去最受人尊重、最有影响的作品是《玫瑰传奇》。1521年克列曼·马罗出版了世界文学中这一伟大的古代文献(在语言的意义上)有些现代化的版本,并在前言中以下列话推荐了这本书:“C'est le plaisant livre du *Rommant de la Rose*...”——作者

人的真理的最重要的形式之一，这是一种特殊的、包罗万象的看待世界的观点，以另一种方式看世界，其重要程度比起严肃性来，（如果不超过）那也毫不逊色。因此，诙谐和严肃性一样，在大文学（并且也是提出包罗万象的问题的文学）中是允许的，世界的某些非常重要的方面只有诙谐才力所能及。

17 世纪及其以后的世纪对待诙谐的态度，可以这样加以说明：诙谐不可能成为包罗万象的、世界观的形式。它只能与社会生活某些个人的和个人—典型的现象，否定秩序的现象有关，实质性的和重要的事物不可能是可笑的，历史和作为历史的代表人物（皇帝、统帅、英雄），不可能是可笑的；可笑的领域是狭窄和特有的（个人和社会的缺陷），关于世界和人的重要真理不能用诙谐的语言来说，在此只适合严肃的语调。因此，在文学中只有在描写个别人物和社会底层的低级体裁中才有诙谐的地位。诙谐，或者是轻松的消遣，或者是对有缺点的和底层的人们的一种有益的社会惩罚。这样，当然，有些简单化，但可以说明 17 和 18 世纪对待诙谐的态度。

文艺复兴时期首先是以自己的文学创作和文学评价的实践本身来表现自己对待诙谐的特殊态度的。但不乏为诙谐作为包罗万象的世界观形式辩解的理论论断。这种文艺复兴时期的诙谐理论几乎只建立在古希腊罗马史料的基础上。拉伯雷本人在其小说第四部的新旧前言中发展了这种理论，他主要是以希波克拉底的理论为根据。在那个时代希波克拉底作为一种独特的诙谐理论家的作用是非常重大的。与此同时所依据的不仅是他的医学论文中关于医生和病人愉快和饱满的情绪对于战胜疾病的重要性的意见①，而且还依据所谓的“希波克拉底小说”。这是附加在《希波克拉底文集》中希波克拉底关于德谟克利特的“疯癫”的通信（当然是伪书的），这在他的诙谐中得到表现。在《希波克拉底小说》中，德谟克利特的诙谐具有哲学世界观的性质，它以人类生活以及与神和阴间生活有关的一切无谓的人类恐惧和希望，作为自己

① 尤其是在《论时疫》第 6 卷中拉伯雷在上述前言中援引。——作者

的对象。德谟克利特在此论证了作为完整的世界观，作为成长壮大和觉醒的人的某种精神意向的诙谐，希波克拉底最终同意了他的观点。

《希波克拉底小说》关于诙谐具有疗效的学说以及诙谐哲学，在拉伯雷曾经学习和后来任教的蒙彼利埃医学系享有特别的好评并广为传播。这个系的一员，著名的洛兰·茹贝尔（Laurent Joubert）医生1560年发表了关于诙谐的专门论文，标题很有代表性：*Traité du ris, contenant son essence, ses sauses et ses mervelheus effeis, curieusement rechrchés raisonnés et observés par M. Laur. Joubert...*（《论诙谐，以及经洛兰·茹贝尔认真研究、论证和考察的诙谐的实质及其原因和奇妙的作用……》）。1579年在巴黎发表了他的另一篇论文：*La cause morale de Ris, de l' excellent et très renommé Democrite, expliquée et témoignée par ce divin Hippocrates en ses Epitres*（《经神奇的希波克拉底在其诗体书简中解释和证明的，杰出和著名的德谟克利特的诙谐的道德原因》），它实际上是《希波克拉底小说》最后一部分的法文译文。

这些诙谐哲学方面的著作的出版，已是拉伯雷逝世之后的事，但它们只不过是拉伯雷尚在蒙彼利埃期间就有的那些关于诙谐的思考和争论姗姗来迟的回响，它们决定了拉伯雷关于诙谐具有疗效和关于"快乐医生"的学说。

亚里士多德的名言"在一切生物中只有人类才会笑"[①]是拉伯雷时代继希波克拉底之后诙谐哲学的第二个源泉。这句名言在拉伯雷时代非常流行，它被赋予扩展的意义：人们把诙谐看作人类的高级精神特权，它是别的生物所不能企及的。众所周知，拉伯雷在《高康大》起首的诗中，以这段话结尾：

> Mieux est de ris que de larmes écrire.
> Par ce que rire est le propre de L' homme.[②]

① 亚里士多德：《生物篇》，第3卷，第10章。——作者

② 与其写哭，还是写笑的好，
因为只有人类才会笑。——作者

甚至连龙萨也运用过扩展意义上的这句名言。在他致别洛的诗(*Oeuvres*, ed. Lemerre, T.V, 10)[①]中有这样的诗句：

Dieu, qui soubz l'homme a le monde soumis,
A l'homme seul, le seul rire a permis
Pour s'égayer et non pas à la beste,
Qui n'a raison ny esprit en la teste.[②]

作为人类才具有的天赋的笑的产生，既由于人类能支配整个世界，又由于人类具有动物所没有的理性和精神。

亚里士多德认为，婴儿开始笑不会早于出生后的第四十天，只有从这个时候起，他才好像初次成为人。拉伯雷及其同时代人也知道普里尼关于世界上只有琐罗亚斯德[③]一个人生下来就会笑的见解。这可理解为他具有神奇的智慧的预兆。

最后，文艺复兴时期诙谐哲学的第三个源泉，就是卢奇安，特别是他的梅尼普在阴间里欢笑的形象。卢奇安的作品《梅尼普，或在冥间的旅行》在这个时期特别流行。这部作品对拉伯雷，即对爱比斯德蒙在地狱的情节(《庞大固埃》)产生了重要的影响。他的《冥间的对话》也具有很大的影响。下面是《冥间的对话》中某些很有代表性的片段。"梅尼普，第欧根尼劝你，如果你已经尽情地嘲笑了人间所创造的事物，那就到我们这儿(即到阴曹地府)来，这里可以找到更多笑的理由；在人间总是有某些怀疑妨碍你笑，诸如经常有的怀疑：'谁知道，死后

① 《全集》，勒迈尔，第5卷，第10页。——译者

② 上帝使整个世界服从于人，
只允许人类会笑、消遣作乐，
而不允许动物会笑，
动物没有理性和精神。——作者

③ 又译查拉图士特拉。——译者

又怎样?'——在这里你则可以接连不断地、毫不犹豫地笑,像我这样笑……"(《第欧根尼与波吕尼刻斯[①]》,引自萨巴什尼科夫的译文:卢奇安:作品集,第1卷。译本编辑泽林斯基和鲍加耶夫斯基,莫斯科,1915年,第188页)

"那么,你,梅尼普,扔掉你的精神自由和言论自由吧,扔掉你的无忧无虑、高尚和诙谐吧:要知道,除了你,谁也不笑。"(《卡戎[②]、赫耳墨斯[③]与各种各样的死者》,同上,第203页)

"卡戎:赫耳墨斯,你从哪儿找到这个恬不知耻的家伙?一路上都在瞎扯、嘲笑和嘲弄所有坐在小船上的人,大家哭泣的时候,他一个人却在唱歌。

"赫耳墨斯:卡戎,你可不知道,你运过河的是什么样的汉子!极端自由,不顾及任何人的汉子!这是梅尼普!"(《卡戎与梅尼普》,同上,第226页)

在卢奇安的这个诙谐的梅尼普形象中,我们强调诙谐与地狱(与死亡)、与精神自由、与言论自由的联系。

文艺复兴时期诙谐哲学的三个最流行的古希腊罗马源泉就是这些。它们不仅决定了洛兰·茹贝尔的论文,而且还决定了人文主义的圈子和文艺界关于诙谐及其意义和价值的流行见解。所有这三个源泉都把诙谐确定为包罗万象的、世界观的因素,具有治疗功效的和再生的因素。与终极的哲学问题,即正是蒙田仅仅在严肃的音调气氛中想象的,诸如"调节生命与死亡"的问题有着重要联系的因素。

拉伯雷及其同时代人当然还根据别的资料了解古希腊罗马关于诙谐的概念。当然,还根据阿费奈、马克罗比、阿弗尔·格利等人,了解荷马关于神祇无法遏止的,即永恒的笑的著名的话(*ἄσβεστος γελως*,《伊利亚特》第1章第599页和《奥德赛》第8章第327页)。

① (希腊神话)宙斯之子,能永生不死。——译者

② (希腊神话)冥河上的摆渡者。——译者

③ (希腊神话)众神的使者;亡灵的接引者;路神;畜牧业、商业的保护神。——译者

他们清楚地了解罗马诙谐自由的传统：关于农神节，关于诙谐在凯旋仪式和显贵人物的葬仪上的作用①。譬如，无论是这些资料，还是相应的罗马诙谐现象，拉伯雷都屡屡援引并用作典故。

我们要再一次强调，正是对诙谐背后积极的、再生的、创造性的意义的承认，才能表现文艺复兴时期的诙谐理论（就像我们所说明的其古希腊罗马的源泉一样）的特性。这使它与后来的，包括柏格森的诙谐理论和哲学大相径庭，那些理论和哲学在诙谐中主要提出的是它的否定功能②。

我们所说明的古希腊罗马的传统，对于文艺复兴时期的诙谐理论具有重要的意义。这一理论为文学的诙谐传统作了辩护，并将其引入人文主义思想的轨道。文艺复兴时期诙谐的艺术实践本身，首先是由中世纪民间诙谐文化的传统所决定的。

然而，在这里，在文艺复兴的条件下，这些传统并非简单的继续：

---

① 赖希提供了大量关于古希腊罗马嘲讽的自由传统的材料，例如，关于滑稽模拟剧中的诙谐自由。他从奥维德的《哀歌》中引用了相应的一处，在这一处中这后者引用传统的滑稽模拟剧的自由和所允许的滑稽模拟剧的猥亵替自己轻率的诗辩护。他援引马尔提阿利斯的材料。马尔提阿利斯在自己的讽刺短诗中，以在凯旋式上可以嘲笑帝王和统帅的传统为由，替自己在帝王面前的自由无羁而辩护。赖希分析了6世纪演说家赫洛里奇乌斯为滑稽模拟剧所作的有趣的辩护，他在许多方面类似于文艺复兴时期为诙谐所作的辩护。要为滑稽模拟剧辩护，赫洛里奇乌斯首先应该挺身维护诙谐。他对基督教徒指责滑稽模拟剧所引起的诙谐来自魔鬼剧进行了分析。他提出，人类不同于动物的是，因为人类有说和笑的能力。荷马作品中的神祇会笑，阿佛罗狄忒"甜蜜地微笑"。严厉的李库尔赫为笑建立了塑像。笑——这是神赐的礼物。赫洛里奇乌斯援引借助于滑稽模拟剧，通过滑稽模拟剧引起的笑治愈患者的病例。赫洛里奇乌斯的这种辩护，在许多方面都与16世纪对诙谐的维护，尤其是拉伯雷对诙谐的辩护相似。我们要强调诙谐观点的包罗万象的性质：它使人类与动物相区别，它是天赋的，最后，它与治病——治愈有联系（参阅：Reich H. *Der Mimus*，第52—55页，第182页之后，第207页之后）。——作者

② 关于笑的创造力的概念是古代（并非只有古希腊罗马）素有的概念，在莱顿所保存的一张公元3世纪埃及炼金术的纸莎草纸文献上认为创世记是由于神的笑造成的："当上帝笑的时候，生下七个管理世界的神……他哈哈大笑一声，出现了光明……他第二次哈哈大笑，出现了水……第七次大笑时，诞生了灵魂。"参阅：Reinach S.*Le Rire rituel*（见他的书：*Cultes*，*Mythes et Religions*. Paris，第4章，第112、113页，1908年）。——作者

它们进入自身存在的全新的高级阶段。在中世纪,所有最丰富的民间诙谐文化,都在官方高级的意识形态和文学领域之外存在和发展。但正由于自己这种非官方性的存在,诙谐文化才具有特别的激进、自由和极其清醒的特点。中世纪不允许诙谐进入任何一个官方的生活和意识形态领域,但却使它在这些领域之外:在广场上、在节日期间、在消遣的节庆文学中,享有自由和不受惩罚的特权。中世纪的诙谐能广泛而深刻地利用这些特权。

于是,在文艺复兴时期,诙谐在其最激进、包罗万象,可以说,包容世界的形式中,同时也在其最欢快的形式中,历史上差不多五六十年才出现一次(在不同的国家不同的时期),从民间深处带着民众的("粗俗的")语言闯入大文学和高级意识形态领域,在创作诸如薄伽丘的《十日谈》、拉伯雷的小说、塞万提斯的小说、莎士比亚的正剧和喜剧等世界名著的过程中起着重要的作用。官方文学与非官方文学之间的界限在这个时代必定消失,这是由于,在意识形态的一些最重要的方面,这些界限是按照语言——拉丁语和民间语言的分界线来划分的。文学和意识形态某些领域向民间语言的过渡必定暂时消亡,或者,无论如何这些界限也要弱化。与中世纪封建的和神权政治制度的解体相关的一系列其他因素,也促进了这种官方与非官方的混合和融汇。数百年形成的,在民间创作(演出和文学创作)的非官方形式中坚持下来的民间诙谐文化,在非官方的日常生活中能够上升到文学和意识形态的最上层,使之富有创造力,而后来随着专制制度的稳定化和新的官方性的形成,它下降到体裁等级的底层,沉淀在这些底层,在相当大的程度上脱离民间的根基,被庸俗化、狭隘化并发生退化。

整整一千年积淀起来的非官方的民间诙谐闯入文艺复兴时期的文学中。这种经过一千年积淀起来的诙谐,不仅使这种文学获得创作力,而且诙谐本身也因文学获得创作力。诙谐与时代最先进的思想体系、与人文主义知识、与高超的文学技巧相结合。以拉伯雷为代表,中世纪的小丑话语和假面(就所有个性的外观而言)、民间节庆狂欢活动的形式、具有民主主义倾向的僧侣的滑稽改编和讽拟一切的激情、集市上说故事人的言语和动作与人文主义丰富的学识、与科学和医生的实践、与人的政治经验和知识相结合,这个人如同杜倍雷兄弟的心腹,隐秘地告知自己时代高层国际政治的一切问题和秘密。中世纪的诙谐在这个新的组合中,在自身发展的这一新阶段里,必定发生重要的变化。它的全民性、激进性、自由不羁、清醒和物质性已从自身近乎自发的存在阶段转向艺术的自觉和具有坚定的目的性的状态。换言之,中世纪的诙谐在其发展的文艺复兴阶段已成为时代新的自由的、批判的历史意识的表现。它能成为这种表现只是因为,在诙谐之中,在其一千年的发展中,在中世纪的条件下,已经孕育出这种历史性及其潜力的萌芽和胚胎。中世纪诙谐文化的形式是如何形成和发展的呢?

如前所述,诙谐在中世纪处在一切官方意识形态领域之外,处在一切官方的、严格的生活和交际形式之外。诙谐被排斥在宗教仪式、封建国家官阶、社会礼仪和一切高级意识形态体裁之外。音调的片面严肃表现出中世纪官方文化的特性。中世纪的意识形态充斥禁欲主义、阴郁的天命论,以及诸如罪孽、赎罪、苦难,那样一些范畴在其中起主导作用。中世纪的意识形态内容本身,还有被这个意识形态奉为准则的封建制度及其极端压制和恐怖的形式的性质本身,决定了这种音调特殊的片面性及其冰冷僵化的严肃性。严肃性被确定为表达真、善,以及一切实质性的、意义重大的、重要的事物的唯一形式。恐惧、景仰、顺从等等,就是这种严肃性的音调和特色。

早期基督教(在古希腊罗马时代)就已经谴责了诙谐。德尔图良、基普里安、约翰·兹拉托乌斯特反对古希腊罗马的演出形式,特别反对滑稽模拟剧,反对滑稽模拟剧的诙谐和玩笑。约翰·兹拉托乌斯特直率地提出,玩笑和诙谐不是来自上帝,而是来自魔鬼;基督徒只应当始终不渝,一本正经,为自己的罪孽悔过和悲伤①。人们认为阿里安教

① 参阅:Reich H. *Der Mimus*,第116页等。——作者

（早期基督教派）的过错是他们把滑稽模拟剧的因素如曲调、动作和诙谐引进祈祷仪式中，并与这教派进行斗争。

然而，官方宗教意识形态这种特别片面的严肃性本身，导致在它之外，即在官方的和定为教规的祭祀、仪式和礼仪规矩之外，使从中被排斥的欢乐、诙谐和玩笑必须合法化。于是，在中世纪文化合乎教规的形式存在的同时，还创造了纯诙谐性质类似的形式。

在那些从古希腊罗马继承而来，渗透着东方影响，也受到地方多神教仪式（主要是生殖仪式）的某些影响的宗教祭祀本身的各种形式中，具有娱乐和诙谐的萌芽。它们既可以在弥撒中，也可以在葬仪、洗礼、婚礼等一系列其他宗教仪式中得以揭示。但在这里这些诙谐的萌芽被升华、压制和削弱[1]。正因为如此不得不准许它们在靠近宗教和靠近节日的日常生活中存在，甚至允许纯诙谐的形式和仪式的祭祀同时存在。

首先，"愚人节"（fête des fous）就是如此。学生和低级僧侣们在圣斯提芬日、新年、"幼婴节"、"主显节"[2]、伊万诺夫日[3]庆贺它们。这些节日最初是在教堂里庆贺，具有完全合法的性质，后来它们成为半合法的，在中世纪将近终了之时则完全成为不合法的了。但它们继续在大街上、在小酒馆里存在，并汇入谢肉节的娱乐活动中。愚人节（fête des fous）正是在法国表现出特殊的力量和顽强的精神。愚人节多半具有对官方祭祀进行讽拟、滑稽改编的性质，并伴随着换装、假面、猥亵的舞蹈。在新年和主显节上，低级僧侣的这些娱乐活动尤其具有放荡不羁的性质。

几乎所有的愚人节仪式都是通过将它们转入物质-肉体层面，如

---

① "转喻"的历史很有趣；这些转喻的欢快和高兴的音调使其中宗教剧的因素得以发挥。〔参阅：Gautier Léon，*Histoire de la poésie liturgique*，I（Les Tropes），Paris，1886；参阅：Jacobsen Y.P. *Essai sur les origines de la comédie en France au moyen âge*. Paris，1910〕——作者

② 又称显现节（主领洗节），是基督教十二大节日之一，在俄历1月6日（公历19日）。基督教徒为纪念耶稣"受洗"而过此节。——译者

③ 又称圣约翰节，古代俄罗斯多神教的农业节日。——译者

直接在祭坛上大吃大喝、有伤风化的动作、裸露身体等等,对各种宗教仪式和象征进行怪诞的贬低。我们将在下面分析节日的某些仪式表演[①]。

我们已说过,愚人节特别顽强地在法国保持下来。对这个节日有趣的辩护,从 15 世纪流传下来。在这个辩护中,愚人节的维护者们首先推说节日是我们的祖先在基督教最早期所规定的,他们最清楚地知道,他们在做什么。后来强调的不是节日严肃的,而是纯戏谑的(滑稽的)性质。“为了使已成为我们的第二本性,似乎是人天生的愚蠢(滑稽举止),哪怕一年只有一次自由地成为无用之物,这种节日的娱乐活动是必不可少的。酒桶如果不偶尔开个孔,让空气进去,就会胀破。我们大家就像钉得不好的酒桶,会因为智慧的酒而胀破,如果这酒处于对神的虔敬和恐惧的不断发酵中。为使酒不至于坏掉,必须给它通通气。因此我们准许自己在一定的日子里存在滑稽举止(愚蠢),以便以后更尽心竭力地为主服务。”15 世纪为愚人节的辩护就是这样的[②]。

在这个精彩的辩护中,滑稽举止和愚蠢,即诙谐,直接被称为“人的第二本性”,并与基督教祭祀和世界观(“对神的虔敬和恐惧的不断发酵”)的死板的严肃性相对立,正是这种严肃性的特殊的片面性导致必须为“人的第二本性”,即滑稽举止、诙谐创造通气孔。“当诙谐和与之相关的物质-肉体因素开始获得完全的自由的时候,哪怕一年一次”的愚人节,就是这种通气孔。所以,在此直接向我们承认了中世纪人的第二节庆生活。

当然,愚人节中的诙谐完全不是对基督教仪式和宗教等级抽象的和纯否定性的嘲笑。否定性的和嘲笑的因素深深地沉浸在物质-肉体的再生和更新的欢乐的诙谐中。“人的第二本性”笑了,在官方世界观

---

① 关于愚人节,参阅:Bourquelot F. *L' office de la fête des fous*, Sens, 1856; Villetard H. *Office de Pierre de Corbeil*, Paris, 1907; 同一作者:*Remarques sur la fête des fous*. Paris, 1911.——作者

② 这个辩护被保存在巴黎神学系 1444 年 3 月 12 日的通告里。函件谴责了愚人节,驳斥了其辩护者所引用的论据。——作者

和祭祀中得不到表现的物质-肉体下部笑了。

我们所援引的愚人节的辩护者对诙谐的独特的辩护属于15世纪,然而,在更早的时期就可以见到在相似的论据方面类似的见解。严厉的神职人员,9世纪富尔达天主教神父拉班·马夫尔(Rabanus Maurus)创作出《基普里安的晚餐》(*Coena Cypriani*)的缩写本。他把它献给国王洛塔尔二世"ad jocunditatem",即"开心"。他在自己献给国王的信中试图以这样的议论为《基普里安的晚餐》欢快和降格的性质作辩护,就像教会里有好人和坏人一样,他的诗里也有这后一种人的言语。严厉的神职人员所说的这些"坏人"在这里是符合于人的"第二愚蠢本性"的。后来教皇列夫十三世也有类似的说法:"因为教会是由神的代表和人的代表组成,所以这后一成分应以充分的坦率和诚实来加以揭示,如约伯的书中所说:'上帝不需要我们的虚伪。'"

在中世纪的早期,民间诙谐不仅渗透于中层,甚至还渗透到宗教界的上层:拉班·马夫尔完全不是例外。民间诙谐的魅力在新兴的封建等级(宗教的和非宗教的)一切阶段是十分强大的。看来,出现这个现象是因为有以下原因:

(1)官方封建宗教文化在7、8世纪,甚至在9世纪,尚不强大,并未完全形成;

(2)民间文化非常强大,不可等闲视之,而为了宣传不得不利用它的某些成分;

(3)罗马农神节的传统以及合法化的罗马民间诙谐的其他形式还存在;

(4)教会把基督教节日正好安排在与诙谐的宗教仪式有关的地方多神教节日(目的在于使之基督教化);

(5)新兴的封建制度相对而言还是进步的,因此相对而言还具有人民性。

在这些原因的影响下,在中世纪的早期可以形成宽容地(当然,是相对宽容地)对待民间诙谐文化的传统,这个传统后来还继续存在,但是,受到越来越多新的限制。在其后几个世纪(连17世纪也包括在内),在为诙谐辩护的问题上,援引古代神职人员和神学家权威人士的话已成习惯。

譬如,16世纪末和17世纪初的滑稽小说、逸闻趣事、笑话集的作者和编者们通常援引那些以教会仪式使诙谐神圣化的中世纪的学者、神学家权威人士的话。譬如,编纂了一部最丰富的诙谐文学集(*Jocorum et seriorum Libri duo*,第一版,1600年;最后一版,1643年)的梅兰德尔(Melander),使在他之前写滑稽小说的、杰出的学者和神学家长长的人名录(数十个人名)成为自己的作品(*Catalogus praestantissimorum virorum in omni scientiarum facultate*,*qui ante nos facetias scripserunt*)。最优秀的德国滑稽故事集出自于一个僧侣,当年著名的传教士约翰·保利(Johannes Pauli)的手笔。它以《诙谐与严肃的态度》(*Schimpf und Ernst*)为名出版,第一版发表于1522年。在前言中,在谈到本书的任务时,保利引用了类似我们上面援引的为愚人节辩护的看法:他编书是"为了使教民在封闭的修道院里有供精神娱乐和休息的东西可读:须知人不总是能够处在严厉的管束之中的(Wan man nit alwegen in einer strenckeit bleiben mag)。"

类似的表述(还可以援引很多)的目的和意义在于解释并在某种程度上为靠近宗教的诙谐以及"神圣的讽拟"(parodia sacra),即为讽拟神圣的文本和仪式辩护。当然,也不乏对这种诙谐的谴责。愚人节屡遭宗教会议和司法当局的禁止。它最早被托勒多大教堂禁止是在7世纪上半叶。法国司法当局对愚人节的最后禁止是1552年,即距第一次禁止九个多世纪之后,第戎议会颁布禁令。在这九个世纪期间愚人节继续以半合法的形式存在。它后来的法国变体是那些狂欢节型的游行,"Societas cornardorum"在鲁昂举行过这种狂欢节型的游行。在一次这样的游行(1540年)时,如前所述,出现了拉伯雷的名字,而在饮宴时则以念《高康大大事记》取代念《福音书》[1]。拉伯雷式的诙

[1] 16世纪出版了这个协会的两个材料汇编集。——作者

谐在这里仿佛回到了自己古老的仪式—表演传统母亲的怀抱。

愚人节是中世纪靠近宗教的节庆诙谐最鲜明、最纯粹的表现之一。它的另一个表现是“驴节”,它是为纪念马利亚携带圣子耶稣骑驴逃往埃及而设立的。这个节日的中心人物既不是马利亚,也不是耶稣(尽管在这里出现了携带小孩的姑娘),而恰恰是驴及其叫声“Hinham!”。举行过特殊的“驴弥撒”。由严肃的神职人员皮埃尔·科尔别伊尔编纂的描写记录这样的弥撒的程序流传到我们今天。弥撒的每个部分都伴随着可笑的驴叫声“Hinham!”。弥撒结束时,神父学三声驴叫,以代替往常的祝福,学三声驴叫,代替“阿门”,回答他的也是这样的驴叫声。然而,驴是物质-肉体下部最古老、最富生命力的象征之一,它同时既是降格的(丧失机能的),又是再生的。阿普列尤斯的《金驴记》,还有古代非常流行的驴的滑稽模拟剧,最后,驴的形象还是关于方济各的传说中物质-肉体因素的象征[①],只要回想一下这些足矣。驴节是这个最古老的传统母题的变体之一。

驴节和愚人节是诙谐在其中起主导作用的特别的节日,在这方面它们与自己的血缘亲属——狂欢节和闹婚仪式是相类似的。然而,在中世纪所有其他普通的宗教节日里,如我们在导言里已说,诙谐总是起着一定的或大或小的作用,组成节日民间广场的一个方面。在中世纪诙谐被确认属于节日(和物质-肉体因素一样),诙谐主要是节日的诙谐。首先使我想起所谓的“risus paschalis”[②]。复活节时古老的传统甚至允许教堂里存在诙谐和自由的玩笑。神父准许自己在这些日子里在讲坛上讲各种各样的故事和玩笑,以便在长时间的封斋和苦闷之后,在自己的教民身上激起欢快的笑声,作为高兴的复活;这种诙谐被称为“复活节的诙谐”。这些玩笑和令人开心的故事主要涉及物质-

① 在我们的文学中有这样一些现象表明,在他的这个理解中驴的形象是多么富有生命力,例如:在瑞士“驴叫”使梅什金公爵再生,使他与异域、与生活亲密无间(陀思妥耶夫斯基的《白痴》);驴和“驴叫声”是勃洛克的长诗《夜莺园》的主导形象之一。——作者

② “复活节的诙谐”。——译者

肉体生活，这是些狂欢节型的玩笑。须知准许诙谐是与同时准许吃荤和肉欲生活联系在一起的（斋期则是禁止的）。“risus paschalis”的传统在 16 世纪，即拉伯雷时代还存在[①]。

除了“复活节的诙谐”之外，还存在“圣诞节的诙谐”的传统。如果说复活节的诙谐主要是在布道中，在令人开心的故事中，在逸事趣闻和玩笑中实现，那么圣诞节的诙谐则是在令人开心的歌曲中实现。教堂里歌唱内容非常世俗化的歌曲；宗教歌曲唱成世俗的、甚至唱成街头庸俗小调（例如，流传至今的有，“magnificat”的乐谱，从中可以看出，这首宗教颂歌被演奏成滑稽的街头小调）。圣诞节歌曲的传统在法国尤为盛行。在这些歌曲中，宗教内容与世俗的曲调、与物质-肉体贬低化的因素交织在一起。新事物的诞生、更新的主题，在令人开心的和贬低化的层面上与旧事物的死亡的主题，与滑稽的狂欢节脱冕的形象有机地结合在一起。因此法国圣诞节歌曲——*Noël*[②]，可以发展为革命的街头小调最流行的体裁之一。

诙谐与物质-肉体因素，作为贬低化和再生的因素，在其他节日，特别是那些具有地方性质，因而能够吸收古老的多神教节日活动成分（它们有时是古老的多神教节日活动的基督教的代替物）的节日的宗教之外或宗教周围的因素，起着最重要的作用。圣礼节（首次弥撒）和教堂的建堂节就是如此。一些地方集市及其整套的民间广场娱乐活动通常正好安排在这些节日期间。它们还伴随着无拘无束的大吃大喝[③]。在追荐亡灵的酬客宴上，吃喝也占首要地位。为了纪念安葬在该教堂的保护人和乐捐者，僧侣们举办酬客宴，为他们喝所谓的“poculum charitatis”或“charitas vini”。在奎德林堡天主教修道院的一份文

① 关于“复活节的诙谐”，请参阅：Schmid J.P. *De risu paschalis*. Rostock，1847，以及 Reinach S. *Rire pascal*，在我们上面援引的 *Le Rire rituel* 一文的附录中，第 127—129 页。复活节和圣诞节的诙谐与罗马民间农神节的传统有联系。——作者

② 《圣诞节》。——译者

③ 当然，问题不在于日常生活的大吃大喝本身，而在于它们在这里获得的是“普天同庆”庆贺物质丰盈、生长和更新这一象征性地扩展了的乌托邦的意义。——作者

书上直截了当地说,神父们的饮宴供奉和宽慰着死者:“plenius inde recreantur mortui”。西班牙多米尼加人为安葬在他们教堂的保护人举办酬客宴,其典型的、双重性意义的祝酒词是“viva el muerto”[①]。在这后面的例子中,节日的愉悦和诙谐具有筵席的性质,并在双重性的物质-肉体下部(吞纳的和诞生的)复杂的统一体中与死亡和诞生(生命的更新)的形象结合起来。

某些节日具有特殊的色彩,是由于庆贺它们的那个季节。譬如,圣马丁节和圣米哈伊尔节等秋天的节日具有酒神的色彩,这些圣者被认为是葡萄酒酿造业的保护人。有时某个圣者的特点成为以他的名字命名的节日期间发展宗教以外的诙谐和贬低化的物质-肉体仪式以及演出的理由。例如,在马赛圣拉撒路节举行隆重的游行,马、骡、驴、公牛和母牛全部参加游行。全体居民乔装打扮,在广场和大街上跳“战步舞蹈”(magnum tripudium)。大概,这说明,拉撒路这个人物是与一系列具有物质-肉体地形学色彩的(地狱-物质-肉体的下部)关于地狱的传说[②]联系在一起的,是与死亡和诞生的母题联系在一起的。因此圣拉撒路节能够吸收某种地方多神教节庆活动的古老成分。

最后,诙谐与物质-肉体因素在节庆日常生活中、在宴席上、在街头、广场和家庭娱乐活动中是合法的。

关于本义上的谢肉节、狂欢节诙谐的形式,我们在此不准备讲[③]。在适当的时候我们还要专门讲。但在这里我们应该再一次强调节日诙谐与时间和时间更替的重要关系。节日的日历因素充满活力,正是在其官方之外的民间诙谐方面它能被敏锐地感觉到。在这里,与四季交替、日月相位、草木枯荣、农业节气的更替的联系充满活力。在这个

① 死者永垂不朽。——译者

参阅:Ebeling Fr.W. *Flögel's Geschichte des Grotesk-Komischen*,第254页。——作者

② 关于这一系列的传说我们下面再讲。我们要提醒的是,“地狱”是狂欢节必须具备的特征。——作者

③ 正是带有自身形象的全部复杂体系的狂欢节,才是民间诙谐文化最充分、最纯粹的表现。——作者

更替中积极强调的是新的、即将来临的、更新的因素。这一因素具有更为广泛、更为深刻的意义:其中倾注了人民对最美好的未来,对更为公正的社会经济制度、新的真理的渴望。节日的民间诙谐方面在一定程度上就像罗马农神节表演重返农神黄金时代一样,表演全体人民物质丰裕、平等、自由这个最美好的未来。因此,中世纪的节日似乎变成了双面的雅努斯[①]:如果它的官方宗教的面孔转向过去,使现存制度神圣化和合法化,那么它的民间广场的笑颜则*朝向未来,含笑为过去和现在送葬*。它与规定的制度和世界观的顽固保守、因循守旧、“超时间性”、不变性相对立,它所强调的正是*交替和更新*的因素,并且是在社会历史的层面上。

物质-肉体下部以及降格、颠倒、滑稽改编的全部体系与时间、社会历史交替有着重要的关系。*换装,即更新*服装和自己的社会形象,是民间节庆娱乐必备的因素之一。等级中的上向下易位,是另一个重要的因素:宣布小丑为国王,愚人节时推选滑稽的神父、主教、大主教,而在直属教皇管辖的教堂里,甚至还推选滑稽的教皇。这些滑稽的主教们主持隆重的弥撒;在许多节日上必须推选昙花一现的(一天的)节日国王和王后,例如,在国王节上(“豆王”),在圣瓦连京节上。推选这样昙花一现的国王(“roi pour rire”)在法国特别流行,在那里几乎每个日常生活小聚会都有自己的国王和王后。从反穿衣服、把裤子套到头上,到推选滑稽国王和教皇,起作用的是同一个地形学逻辑:为了死亡和新生(更新)*从上向下易位*,把崇高的和陈旧的(现成的和完结的)抛向物质-肉体的地狱。于是,这一切都与时间,社会历史更替有了重要的关系。与任何对中世纪等级制度的牢固性和超时间性的要求相对立,提出了相对性的因素和正在形成的因素。所有这些地形学形象力求确定下来的正是过渡和更替的因素本身,即两种权力、两种真理、新与旧、垂死和新生相更替的因素。节日的仪式和形象力求扮演的仿佛是时间本身,同时既是丧失机能的,又是新生的,把旧的改铸成新的,不让任何事物永久化。时间戏耍着,欢笑着。这是赫拉克利

① 罗马之神,门神,它有前后两副面孔。——译者

特所说的顽童,宇宙中最高的权力属于他("儿童掌握着统治权")。强调的总是未来,其乌托邦的面貌总是存在于民间节庆诙谐的仪式和形象之中。因此在民间节庆娱乐形式中能得以发展的那些萌芽,后来在文艺复兴时期的历史感中得到繁荣。

归纳起来,我们可以说,从中世纪官方宗教仪式和世界观中被排挤出去的诙谐,在每个节日的屋檐下都筑起非官方的,但几乎是合法的巢。因此,每个节日在其官方的——宗教的和国家的一面存在的同时,还具有第二个,民间狂欢节的、广场的一面,诙谐和物质-肉体下部是它的组成因素。节日的这个方面按自己的方式形成,具有自己的题材、自己的形象观念、自己特殊的仪式。这个仪式的某些成分的起源是各种各样的。毋庸置疑,在这里,在整个中世纪期间,罗马农神节的传统继续存在。古希腊罗马滑稽模拟剧的传统还存在。但是地方的民间文学是重要的源泉。正是它在很大的程度上滋养了中世纪节日民间诙谐方面的形象观念和仪式。

中下层的僧侣、学生、手艺人,最后,还有那个时代众多的、各个阶层之外的、不安定分子,是中世纪民间广场节庆演出活动的积极参加者。然而,实际上,中世纪的诙谐文化是全民的。诙谐的真理引起大家的兴趣,并吸引大家:谁也不会与之对立。

中世纪大量的讽拟文学与民间节庆诙谐形式有着直接或间接的联系。也许,正像某些研究者,例如诺瓦蒂(Novati)所断言的,对祭神文本和仪式的某些讽拟是直接供愚人节表演用的,它们与愚人节有着直接的联系。但对大多数中世纪神圣的讽拟作品而言,这一点还不能肯定。重要的不是这种直接联系,重要的是中世纪的讽拟作品与合法化的节日的诙谐和自由的更普遍的联系。中世纪所有的讽拟文学——在节日闲暇时创作的娱乐性文学,用作节日读物,它洋溢着节日自由自在、随意不拘的气氛。这种对神圣之物欢快的讽刺性模拟在节日期间获得许可,就像"复活节的诙谐"(risus paschalis),就像吃肉和肉欲生活在过节时被准许一样。它在物质-肉体层面上也渗透着同样的时间交替和更新的民间节庆感受。在这里还是那个双重性的物质-肉体下部的逻辑占主宰地位。

学校和大学的课余休息活动在中世纪的讽拟文学史上,甚至在整个中世纪的文学史上都具有巨大的意义。它们通常正好在节日期间。传统为诙谐、玩笑、物质-肉体生活所规定的一切节日的特权全部转向它们。在课余休息时,不仅从世界观的全部官方体系中,从学校的难题、学校的规章中解脱出来得到休息,而且准许自己把它们变为令人开心的降格游戏和玩笑的对象。首先从虔敬和严肃性(从"对神祇的敬畏的不断发酵")的沉重羁绊中,从诸如"永恒的""稳固的""绝对的""不可变更的"这样一些阴暗的范畴的压迫下解放出来。与之相对立的是欢快而自由地看待世界的诙谐观点及其未完成性、开放性以及对交替和更新的愉悦。因此,中世纪的讽拟文学完全不是对神圣的文本或学校的难题状况和规则形式主义地进行文学的、纯否定性的讽拟;怪诞的讽拟把所有这一切都转到欢快的诙谐音区和肯定的物质-肉体层面,它们被肉体化和物质化,同时使与之相关的一切变得轻松起来。

实际上这里不是谈中世纪的讽拟文学的地方,关于其中的某些作品(例如,《基普里安的晚餐》)我们将在适当的时候再谈。在这里对于我们来说,重要的只是对讽拟神圣的文学①在统一的中世纪民间诙

---

① 论及讽拟神圣的作品,除了研究中世纪文学史的一般著作(马尼齐乌斯、艾伯特、库齐乌斯的著作)中,相应的篇章以外,还有三部专著:

(1) Novati F. *La parodia sacra nelle Letterature moderne*(参阅:*Novatis Studi critici e letterari*. Turin,1889)。

(2) Ilvoonen Eero. *Parodies de thémes pieux dans la poesie francaise du moyen âge*, Helsingfors,1914.

(3) Lehmann Paui. *Die Parodie im Mittelalter*. München,1922.

这三部著作全都相互补充。诺瓦蒂比所有的人更为广泛地囊括讽拟神圣的领域(他的著作至今仍未过时,仍是奠基之作);伊利沃年提供了一系列仅是混杂语的法国讽拟文学的批评文本(拉丁语和法语相混杂是讽拟文学中相当常见的现象);他给出版的文本增补关于中世纪的讽拟文学的总导言和注释。列曼使人清楚地了解讽拟文学,但仅局限于拉丁语的讽拟文学。

上述作者全都把中世纪的讽拟文学看作某种孤立的和特殊的现象,所以不能揭示出这种讽拟文学与民间诙谐文化宏伟的世界的有机联系。——作者

谐文化中的地位加以说明。

中世纪的讽拟文学,尤其是古老的(12世纪以前的)讽拟文学,完全不针对某种否定的事物,不针对宗教仪式、宗教体制、学校学科的某些应当遭到嘲笑和捣毁的个别的不完善之处。对于中世纪的讽拟者来说,一切都是毫无例外的可笑,诙谐,就像严肃性一样,是包罗万象的:它针对世界的整体、针对历史、针对全部社会、针对世界观。这是关于世界的第二种真理,它遍及各处,在它的管辖范围内什么也不会被排除。这好像是在其所有的因素中看待整个世界的节庆观点,好像是在游戏和诙谐中对世界的第二次新发现。

因此,中世纪的讽拟文学与一切从官方意识形态观点来看最神圣和最重要的事物,进行着肆无忌惮的、令人开心的游戏。最古老的怪诞讽拟作品《基普里安的晚餐》(它在5至7世纪之间创作于某地),它把从亚当到基督整部神圣的历史变成了描写奇异滑稽的饮宴的材料,将这部历史最重要的一些事件和象征用于怪诞的目的[①]。

另一部最古老的娱乐性作品 *Joca monachorum*[②](它产生于6至7世纪,源于拜占庭,从8世纪初起就在法国广为流传;在罗斯它有着自己的历史,A.H.维谢洛夫斯基和 И.Н.日丹诺夫曾研究过它的历史),它较有分寸。这是一种令人开心的教义问答(手册),有一系列以《圣经》为题的玩笑问题;实际上,*Joca*[③] 也是一种令人开心的《圣经》游戏,尽管它比《基普里安的晚餐》更有分寸一些。

在随后的几个世纪(特别是从11世纪起),讽拟创作把官方教义和宗教仪式的所有因素,把严肃地对待世界的所有形式全都吸引到诙谐游戏中。大量讽拟最重要的祈祷的作品流传至今:《我们在天之

① 参阅诺瓦蒂对《基普里安的晚餐》的分析,*Novatis Studi critici e letterari*,第266页等,列曼的著作,*Die Parodie im Mittelalter*,第25页等。《基普里安的晚餐》有详细评注的版本由 Strecher 提供(*Monumenta Germaniae*,第4章,第857页)。——作者

② 《僧侣的玩笑》。——译者

③ 《玩笑》。——译者

父》、*Ave Maria*[①]、《(基督教的)信条》(*Credo*)[②]流传至今的还有对颂歌(例如 *Laetabundus*)、对启应祷文的讽拟之作。讽拟者们在弥撒面前也没有停步。流传至今的有《酒徒弥撒》《赌徒弥撒》和《金钱弥撒》。有讽拟《福音书》的作品:《银牌金钱福音书》《巴黎大学生的金钱福音书》《赌徒福音书》《酒徒福音书》。有对僧侣章程、宗教法令和宗教会议决议、对罗马教皇的训谕和信件、对宗教布道的讽拟作品。我们在很早约 7 至 8 世纪,就能发现讽拟遗嘱的作品(例如:《猪的遗嘱》《驴的遗嘱》)、讽拟墓志铭的作品[③]。关于讽拟语法之作我们已讲过,它们在中世纪很常见[④]。最后,还有对法律文本和法规的讽拟之作。

除了这种严格意义上的讽拟文学以外,教士、僧侣、学生、法官的习惯语以及民间口语夹杂着形形色色的对各种宗教文本、祈祷、格言、流行的玄学论点的滑稽改编,最后,还有一些只不过是对圣徒和苦行者的名字的滑稽改编。简直是让《旧约》和《新约》的文本和格言不得安宁,至少能从中找出某种暗示或双关性,至少能作一番"乔装打扮",滑稽改编,译成物质-肉体下部的语言。

在拉伯雷的作品中约翰修士是下层大众僧侣具有强大的滑稽改编和更新力量的体现[⑤]。他是"涉及圣礼书一切方面"("en matière de Bréviaire")的大行家;这就是说,他善于在吃、喝、色情的层面上重新认

① 《圣母颂》的首句:"万福,马利亚。"——译者

② 例如,Ilvonen 在自己的书中刊载了六篇对《我们在天之父》、两篇对 *Credo*、一篇对 *Ave Maria* 的讽拟之作。——作者

③ 这些讽拟作品数量极大。除了某些讽拟作品之外,对宗教仪式和官阶的各种因素的讽拟是滑稽的动物叙事文学形式中最常见的现象。在这方面,尼格鲁斯·维列凯尔的 *Speculum stultorum*(《愚人之镜》)尤为丰富多彩。这是 Brunellus' a 驴的故事,它到萨莱诺去,为了躲开自己可怜的尾巴,它在巴黎钻研神学和法学,后来成为僧侣,创立了自己的僧团。在去罗马的途中它落入自己的主人的手中。在这里大量的对墓志铭、药方、祝福、祈祷、僧团规矩等的讽拟散见各处。——作者

④ 列曼在第 75—80 页和第 155—156 页(《色情语法》)提供了大量变格游戏的例子。——作者

⑤ 普希金这样描述他的俄国同人:"你们是些纵酒作乐、剽悍而年轻的修道士。"——作者

识任何神圣的文本,善于把它从素的层面转到荤的、"淫猥的"层面。一般而言,在拉伯雷的小说中可以找到对神圣文本、格言加以改装的极为丰富的材料,它们散见在各处。例如,钉在十字架上的基督最后说的话就是如此,被改装为吃、喝用语:"Sitio"("渴")和"Consummatum est"("完了!")[①];或者以"Venite apotemus",即"potemus"("去喝下")代替"Venite adoremus"("来崇拜吧")(圣诗第94篇,第6节);在另一处约翰修士说出一句非常典型的具有中世纪怪诞风格的拉丁语:"Ad forman nasi cognoscitur'ad te levavi'."翻译过来意为:"看他鼻子的样子,就知道他的为人,我只要'向你举目'。"这句话的前半部分与那个时代占统治地位的偏见有联系,即根据鼻子的大小可以判断阳具的大小,所以,也可以判断男人的性欲力(甚至连医生也同意这种看法)。我们所强调的,放在引号内的后半部分,是一首圣诗(第122篇,第10节)的开头,即是一个神圣的文本,这样一来,它就得到了淫猥的解释。圣诗引文的最后一个音节vi使贬低化的重新认识更加强化,它与法文中称作阳具的相应的词发音相同。在怪诞风格中,无论是在中世纪,还是在古希腊罗马,鼻子通常表示阳具。在法国存在过由圣书文本和祈祷编纂而成的,完整的讽拟体启应祷文,它们以ne(指拉丁语否定词"不")开头,例如,*Ne advertas*(即"不要厌恶"),*Ne revoces*("不要认出来")等(当然,它们有很多)。这种启应祷文被称为*Noms de tous les nez*,即《所有鼻子的名字》,因为拉丁语"ne"在发音上可讽拟地理解为法语的"nez",即鼻子(阳具的代名词)。启应祷文以"Ne reminiscaris delicta nostra",即"望勿怀念吾罪"开头。这些话在七首忏悔圣诗的开头和结尾处吟诵,它们与基督教教义和宗教仪式的原则有联系。拉伯雷的作品中有这个启应祷文的典故(第2部,第1章);拉伯雷针对大鼻子的人说:"desquels est escript:Ne remi-

① 对于1542年的版本,拉伯雷出于谨慎的考虑,对小说头两部作了某些清理;他去掉了所有针对索邦(巴黎大学神学系)的影射典故,但他从未想去掉"Sitio"以及类似的对神圣文本的改编,在他那个时代狂欢节的权利和诙谐的自由还那么充满活力。——作者

niscaris”,即“姓氏上带着鼻子的,像 Ne reminiscaris”[①]。

所有这一切都是典型的例子,为了对严肃的事物加以滑稽改编,使之在诙谐层面上流露出来,居然甚至连最外部都相似并谐音。在所有方面,即在意义上、在形象中、在神圣的话语和仪式的发音上去寻找,都能找到嘲笑的要害,找到某种特征,使之与物质-肉体下部联系起来。许多圣徒都有其通常只不过建立在对他们的名字进行滑稽改编基础上的非官方传说;例如,Saint Vit(圣维)其名字与肉体下部(阳具)同音;还存在过流行的说法“向圣马米卡致敬”,意为:滚到你的情妇那里去吧。

可以说,中世纪僧侣(以及所有中世纪的知识分子)和普通大众全部非官方的、无拘无束的言语都深刻地渗透着物质-肉体下部的要素:淫词秽语和骂人的话、指天赌咒和发誓、对流行的神圣文本和格言进行滑稽改编和颠倒使用;不管什么碰到这种言语,都应当从属于强大的双重性的下部的贬低和更新的力量。在拉伯雷时代无拘无束的言语始终都是这样。其典型范例是约翰修士和巴奴日的言语[②]。

诙谐包罗万象的性质,在我们所列举的所有现象中是完全显而易见的。中世纪的诙谐和中世纪的严肃针对的对象一样。对于上层,诙谐不仅没有任何例外,而且相反,主要是针对这个上层。其次,它所针对的并非个别性的和一部分,而正是针对整体,针对普遍性、针对一切。它仿佛建立了一个自己的反官方世界的世界,自己的反官方教会的教会,自己的反官方国家的国家。诙谐为弥撒服务,信奉自己的信条,进行加冕、举行葬仪、书写墓志铭、推选国王和主教。值得注意的是,中世纪最小的讽拟作品也总是一样创作出来,如果它是完整、统一

① 法语“鼻子”(Nez)和“生于某某氏族”(Né)以及“不”(Ne)发音相同。——译者

② 16 世纪在信奉新教的人们中间,经常揭穿在无拘无束的言谈交际中对神圣的文本作玩笑式的、贬低化的运用。拉伯雷的同时代人亨利·艾蒂安在他的《为希罗多德辩护》一书中,抱怨在狂饮时对神圣话语经常性的亵渎运用。他举出这样运用的大量例子。例如,把酒杯弄翻,通常说一句忏悔圣诗:“上帝啊,给我造个纯洁的心灵,换上正义的精神。”甚至连花柳病患者也运用神圣的文本来说明自己的疾病和出汗(参阅:Estienne H. *Apologie pour Hérodote*,第 1 章,第 16 页,1566 年)。——作者

的滑稽世界的断片。

这种诙谐的包罗万象性在狂欢节的仪式表演形式以及与之相关的讽拟之作中最强烈、最彻底地表现出来。但它在中世纪诙谐文化的所有其他现象中:在宗教正剧的滑稽要素中,在滑稽的 *dits*(《童话》)和 *débats*(《辩论》)中、在动物题材的叙事文学中、在韵文故事和滑稽诗中也存在[①]。诙谐的性质以及它与物质-肉体下部的联系到处都是一样的。

可以说,中世纪的诙谐文化倾心于节日,它好像是第四部,即中世纪的羊人剧,它与官方基督教仪式和教义的"悲剧三部曲"相符合并相对立。与古希腊罗马的羊人剧[②]一样,中世纪的诙谐文化在很大程度上是肉体生活剧(交媾、分娩、生长、吃喝、排泄),但毫无疑问并非个体的肉体剧,并非个别的物质生活剧,而是巨大的生育的民众的肉体剧,对于这个肉体而言,生与死并非绝对的开始和结束,而只是它不断成长和更新的一些因素;中世纪这种羊人剧的巨大肉体与世界不可分割,它渗透着宇宙要素,它与吞纳和诞生的大地融汇在一起。

提出中世纪诙谐的包罗万象性的同时,还必须提出它的第二个引人注目的特点,是诙谐与自由不可分割的和重要的联系。

我们看到,中世纪的诙谐绝对是非官方的,但它却是合法的。愚人的权利在中世纪,就像 pileus' a(愚人的)权利在罗马农神节时一样,是神圣不可侵犯的。

当然,诙谐的这种自由,像任何一种自由一样,是相对的,它的领域时而宽泛,时而狭窄,但它根本从未被废除过。这种自由,如我们所见,是与节日联系在一起的,在一定程度上受节日时间的限制。它与

① 诚然,在这些现象中有时已表现出早期资产阶级文化特有的局限性,在这些情况下,物质-肉体因素就变得庸俗并发生某些退化。——作者

② 又译"萨蒂尔剧"。据说悲剧是由纪念酒神狄奥尼索斯的乐舞演变而来。在古希腊悲剧成为春季迎神赛会的组成部分。按照当时赛会规定,每一个参加悲剧竞赛的诗人要演出三部悲剧和一部"羊人剧",后者是用扮成半人半羊的歌队演出的插科打诨戏。——译者

节庆氛围融汇在一起,并同时与准许吃肉、吃荤油、准许过性生活结合起来。诙谐和肉体的这种节庆的解放与业已过去的或行将到来的斋戒形成鲜明的对比。

节日仿佛使全部官方体系及其所有禁令和等级屏障暂时失效,生活在短时期内脱离法定的、传统的常轨,进入乌托邦的自由王国。这种自由的昙花一现本身,只是强化了在节庆氛围中所创造的形象的幻想性和乌托邦的激进主义。

昙花一现的自由的气氛既笼罩在民间广场上,也洋溢在日常家庭节庆酒宴上。自由的,往往是猥亵的,同时又是哲理性的席间交谈的古希腊罗马传统,在文艺复兴时期得以复兴,并发现了节庆酒宴地方性的传统,这一传统从同源的民间文学创作的根基上发展起来①。席间交谈这个传统在后来几个世纪也存在。类似的还有酒神的席间曲的传统,它们把必不可少的包罗万象性(生与死的问题)与物质-肉体因素(美酒、佳肴、肉体的爱)、与一般的时间感(青春、老年、生命的短暂、命运的多变)、与独特的乌托邦(无论是酒友,还是全人类的兄弟情谊,富裕的喜庆,理性的胜利,等等)结合在一起。

愚人节、驴节的诙谐仪式、各种诙谐游行以及其他节日上的各种仪式都享有一定程度的合法性。魔鬼剧是合法的,而且"魔鬼"有时享有特别的权利在演出之前几天内在街上和四周"自由奔走",在自己四周创造出妖魔鬼怪、肆无忌惮的氛围;集市广场的娱乐活动是合法的;狂欢节是合法的。当然,这种合法化是迫不得已的、不充分的、是与斗争和禁令相交替的。在整个中世纪期间国家和教会迫不得已重视广

① 对于16世纪下半叶来说,自由交谈的文学(物质-肉体题材占优势)——席间的、节庆的、消遣的、闲散的交谈,是极有代表性的。如诺艾尔·杜法伊尔:《乡村笑谈》(*Propos rustiques et facétieux*,1547);同上:《艾特拉彼尔童话和新言语》(*Contes et nouveaux discours d' eutrapel*,1585);雅克·塔尤罗:《对话》(*Dialogues*,1562);尼古拉·德·绍尔耶尔:《晨谈》(*Matinées*,1585);同上:《午饭后的交谈》(*Les après-diners*);吉奥姆·布希:《晚餐后的交谈》(*Serées*,1584—1597)等。别罗阿尔德·德·韦尔维尔的《生活成功之手段》应归到此处,关于他我们已经提到过。所有这些作品都属于狂欢化的对话的特殊类型,它们都在或大或小的程度上反映出拉伯雷的影响。——作者

场,对广场作出或大或小的让步。被严格的节日日期限定的一段段时间分散在全年,节日期间世界才被允许脱离官方常轨,但在诙谐的保护色形式中例外。诙谐本身几乎没有限制,只要这是诙谐。

与中世纪诙谐的包罗万象性和自由相联系的是它的第三个引人注目的特点,是诙谐与非官方民间真理的重要联系。

在阶级文化中严肃性是官方的、专横的,是与暴力、禁令、限制结合在一起的。在这种严肃性中总是有恐惧和恐吓的成分。在中世纪的严肃性中这种成分明显地占主要地位。相反,诙谐必须以克服恐惧为前提。不存在诙谐所创造的禁令和限制。权力、暴力和权威永远不会用诙谐的语言说话。

中世纪的人在诙谐中特别尖锐地感受到的正是对恐惧的胜利。被感受到的胜利不仅是对神秘的恐惧(“对神的恐惧”)的胜利和对大自然力量的恐惧的胜利,而且首先是对束缚、压迫搅乱人的意识的道德恐惧的胜利,这是对一切奉为传统的和禁令的恐惧(“魔力”和“禁忌”)、对神和人的权力的恐惧、对专横的戒律和禁令的恐惧、对死亡和死前的惩罚的恐惧、对地狱、对比人世间更可怕的一切的恐惧的胜利。诙谐战胜这种恐惧,使人的意识清醒,并为他揭示了一个新的世界。诚然,这种胜利只是昙花一现的,节日的胜利,紧跟其后又是日常生活的恐惧和压迫,但透过人的这些节庆意识的一线光明形成了另一种关于世界和人的非官方的真理,它酝酿着新的文艺复兴的自我意识。

对战胜恐惧的尖锐感受,是中世纪诙谐极其重要的因素。这种感受在中世纪诙谐形象的一系列特点中得到体现。在这些特点中总是具有这种被战胜的恐惧,它呈现在丑陋可笑的形式中,呈现在颠翻了的权力和暴力的象征的形式中,呈现在死亡的滑稽形象中,被令人开心地批得体无完肤。一切威严的东西都变得可笑。我们已说过,被称之为“地狱”的怪诞之物属于狂欢节必要的点缀物之一;这种“地狱”通常在节日的高潮时刻被隆重地烧掉。不考虑这种被战胜的恐惧的因素,根本就不可能理解怪诞形象。与可怕之物游戏并嘲笑它:可怕之物就变为“滑稽怪物”。然而,如果把这种因素简单化,试图用把它抽象地合理化的精神来解释整个形象，那就不可能理解怪诞形象。不能说被战胜的恐惧结束于何处，愉快的欢乐开始于何地。还是那个狂欢节的地狱，这是吸纳和生育的大地，它经常转变为不计其数，取之不尽，怪物——死亡，原来是一个孕育者；各种各样的丑陋，所有这些凸起的肚子、大鼻子、驼背等等，原来是妊娠或生育力的特征。战胜恐惧并非抽象地将之消除，而这同时既是它的废黜，又是它的更新及其向快乐的过渡："地狱"破裂，碎片狼藉。

我们说，中世纪的诙谐战胜了对比人世间更可怕的东西的恐惧。所有非人世间的可怕之物变为了人世，人世就是亲生母亲，为了新的生育，为了诞生更大、更好的，她吸纳一切。在人世间不可能有什么可怕之物，犹如在母亲的身体里不可能有可怕之物一样，那里只有喂养乳汁的乳头、生育器官和热血。人世间的可怕之物就是生殖器，肉体坟墓，但它为欢乐和新生而开放。

然而，中世纪的诙谐不是主观的个体的感受，不是对生命的连续性的生理感受，这是一种社会性的、全民的感受。在节日的广场上，在狂欢节的人群中，在与所有不同年龄和地位的他人身体接触时，人感受到生命的这种连续性；他感到自己是永远在成长和更新的人民大众的一员。因此，民间节庆的诙谐包含着不仅是战胜对彼岸的恐惧，对神圣事物、对死亡恐惧的因素，而且还有战胜对任何权力、人世间的皇帝、人世间的社会上层、对压迫人和限制人的一切恐惧的因素[①]。

---

① А.И.赫尔岑说出了关于文化史上诙谐的功能的深刻的思想（尽管他根本不了解诙谐的中世纪）："诙谐具有某种革命性的因素……伏尔泰的诙谐比卢梭的哭泣破坏性更大。"（9卷集，第3卷，第92页，莫斯科，1956年）另一处："诙谐——根本不是儿戏的事，我们不应放弃它。在古代世界中，聆听阿里斯托芬及其喜剧，奥林匹斯山上哈哈大笑，人世间哈哈大笑，直到卢奇安本人都在哈哈大笑。从4世纪起人类不再笑——人类总是在哭泣，沉重的桎梏在痛苦和良心的谴责之中涌上心头。残暴行为的热病刚一过去，人们又开始笑了，*要是能撰写一部诙谐史，那是非常有趣的*。在教堂、在宫廷、在前线，面对行政长官、面对警察区段长、面对德国管家，谁也不会笑。当着地主的面，农奴侍仆无权笑。*平等的人彼此之间才会笑*。如果准许下层人当着上层人的面笑，或者他们忍不住笑，那么下级对上级的尊敬也就没了。强使圣牛嘲笑上帝这就意味着使它从神圣的高位还俗为普通的牛。"（А.И.赫尔岑：《赫尔岑论艺术》，莫斯科，1954年，第223页）——作者

中世纪的诙谐,战胜了面对秘密、面对世界,面对权力的恐惧,无所畏惧地揭示出关于世界和关于权力的真理。它与谎言和溢美之词,与阿谀奉承和虚伪相对立。诙谐的这种真理贬低了权力,与骂人的话——污言秽语结合在一起。中世纪的小丑就是这种真理的体现者。

A.H.维谢洛夫斯基在他论拉伯雷的文章里这样说明了小丑的社会意义:

“在中世纪,小丑是客观抽象真理的无权的体现者。在全部生活都变成一些阶层、学派特权和等级的程式化框框的时代,真理按照这些框框局限在一定范围内,相对地成为封建的、学派的等等,从这个或那个圈子里获得自身的力量,成为其生活权利能力的结果。封建主的真理,这就是压迫农奴、蔑视其奴隶式的劳动、参加战争、在农民的田地上打猎等等权利;学派的真理,就是专有的知识,在它之外没有用处,所以应把它与一切会搅浑它的东西隔绝开来,等等。任何不属于某个阶层,不由职业所规定,即不属于一定的权利的全人类的真理被排除,不予考虑,受到蔑视,一有嫌疑就遭受火刑,只是在它以不伤大雅的形式出现,引起笑声,不要求在生活中起某种较为重要的作用的情况下,它才被允许。小丑的社会意义就这样被确定下来。”①

A.H.维谢洛夫斯基对封建主的真理作了正确的说明。他关于小丑是另一种,非封建主的、非官方的真理的体现者的论点是正确的。但是,这种非官方的真理未必就可以定义为“客观的抽象的真理”。其次,A.H.维谢洛夫斯基把小丑从中世纪所有其他强大的诙谐文化中孤立出来,因此把诙谐仅仅理解为“客观的抽象的真理”“全人类的真理”的外部保护形式,小丑宣布真理运用的就是这种外部形式,即诙谐,若是没有外部镇压和火刑,这些真理就会扔掉小丑的装扮,开始用严肃的音调说话。这样理解中世纪的诙谐,在我们看来是不正确的。

毫无疑问,诙谐是一种外部保护形式。它是合法的,它具有特权,它(当然,只是在一定程度上)从外部书刊检查制度,从外部镇压,从火

① A.H.维谢洛夫斯基:《文选》,列宁格勒,1939 年,第 441—442 页。——作者

刑中解放出来。不能对这个因素估计不足。但把诙谐的全部意义都归之于它,是完全不能容许的。诙谐不是外部的,而是重要的内部形式,不能替代为严肃性,不能消除,也不能歪曲用诙谐所揭示的真理的内容本身。它不仅从外部书刊检查制度中解放出来,而且首先从大的内部书刊检查制度中,从数千年来人们所养成的对神圣的事物、对专横的禁令、对过去、对权力的恐惧心理中解放出来。它揭示了真正意义上的物质-肉体因素。它使人们看清新的事物和未来。所以,它不仅准许说出反封建的人民大众的真理,而且有助于它本身的揭示和内在的形成。这种真理经过数千年才形成,并在诙谐和民间节庆诙谐形式的怀抱里固定下来。诙谐从它极度快活、极度清醒的角度,以新的方式揭示了世界。它的外部特权与它的这些内在力量不可分离地联系在一起,它们仿佛是对它的内在权利从外部予以承认。因此,诙谐完全不可能成为压迫和迷惑民众的工具。永远也不能使它彻底地成为官方的诙谐。它永远是人民大众手中自由的武器。

与诙谐相反,中世纪的严肃性从内部充满恐惧、虚弱、顺从、听天由命、谎言、虚伪的成分,或者相反,充满暴力、恐吓、威胁、禁令的成分。严肃性借权势之口恐吓人、提要求、发禁令;在部下的嘴里则是战战兢兢、温良顺从、过分赞扬、大唱赞歌。因此,中世纪的严肃性引起了人民的不信任。这是官方的音调,对它就像对待所有官方的事物一样。严肃性压迫人、吓唬人、束缚人;它撒谎、伪善;它悭吝、虚伪。在节日广场上,在筵席上,作为假面的严肃音调被抛弃,在诙谐、滑稽的乖张行为、淫猥、骂人的话、讽拟、滑稽改编等形式中,另一种真理开始传播。一切恐惧和谎言在物质-肉体和节庆因素的胜利面前烟消云散。

然而,认为中世纪的严肃性完全不令人敬仰,是不对的。因为有恐惧的存在,因为中世纪的人面对自然力量、面对社会力量还太弱,在宗教的、社会—国家的、意识形态的形式中的恐惧和痛苦的严肃性不可能不令人敬仰。自由的意识只可能是有限的和乌托邦式的。因此,认为人民对严肃性的不信任和对作为另一种真理的诙谐的喜爱，总是带有自觉的、批判的和明显的对立的性质，是不对的。我们知道，创作出最肆无忌惮的讽拟神圣文本和宗教仪式的作品的人，往往是真诚地接受这种宗教仪式并为之服务的人。中世纪的人给讽拟作品添上说教和可资借鉴的目的，这样的证据流传至今。例如，一个来自圣加连修道院的僧侣的证据流传至今，他肯定地说，酒徒和赌徒的日祷的组成均带有戒赌和戒酒的教益目的，似乎真的要把许多大学生引向忏悔和改过的道路[①]。中世纪的人可以把虔敬地参加官方弥撒与在广场上欢快地讽拟官方宗教仪式结合起来。对诙谐的真理、“翻了个的世界”的真理的信任可以与（对国家政权的）真挚的忠诚结合起来。文艺复兴时期所宣告的，建立在对物质，对人的精神与物质力量的信任上的关于世界的欢快的真理，在中世纪自发地在诙谐文化的物质-肉体的和乌托邦的形象中确立了自己的地位，但个别人的个性意识远非总是能摆脱对严肃性的恐惧和怯懦，对于他们来说，诙谐赋予的自由往往只是节日的奢侈。

可见，对严肃音调的不信任和对诙谐真理的信任具有本能的性质。人们懂得，诙谐的背后永远也不会隐藏着暴力；诙谐不会建立火刑；虚伪和欺骗从来不会笑，而戴着严肃的假面，诙谐不会创造教条，不可能成为专横的；诙谐标志着的不是恐惧，而是意识到自己的力量；诙谐与生育行为、诞生、更新、丰收、盈余、吃喝、人民世俗的不朽相联系；最后，诙谐还与未来、与新的将来相联系，并为它扫清道路。因此，本能地不信任严肃性，而信任节日的诙谐。

中世纪的人同样地参与两种生活——官方的和狂欢节的生活，同样地从两个角度——虔敬而严肃的和诙谐的角度看待世界。这两种角度都在他们的意识里共存。这种共存在 13 和 14 世纪彩色的书稿，例如，легендаря，即圣徒传的手稿集中以非常鲜明和直观的形式反映

① 在这种见解中表现出资产阶级道德化的倾向（按照较晚期的粗俗之见），但同时也表现出使讽拟变得无害的意向。——作者

出来。在书稿中有一些虔敬而严格的圣徒传记文本的插图，在一页之内就有一系列自由的，即不与文本相联系的，描绘怪兽（人、动物、植物形状奇妙的结合）、可笑的鬼、表演特技的演员、化装舞会上的人物、讽拟的情景等等，即纯狂欢式的怪诞的形象。所有这一切，我们再重复一遍，都是在同一页之内。页面就像中世纪人的意识一样，能容纳下两种看待生活和世界的角度。[①] 然而，不仅在书籍小型艺术作品中，而且在中世纪教堂的壁画中（我们已说过），在宗教题材的雕塑作品中，我们都能看到虔敬—严肃的和严厉的形象与狂欢—怪诞的形象共存的现象。怪兽的作用（怪诞风格的这种精髓）尤为典型，它真正是无孔不入。然而在中世纪的造型艺术中严格的内部界限区分着两种角度：它们相互共存，但不相融合，不相混淆。

总之，中世纪的民间诙谐文化基本上局限于节日和课余休息的小岛上。与此同时还存在着官方严肃的文化，它严格地与广场的诙谐文化区分开来。在这后一种文化中到处都绽放出新的世界观的萌芽，然而，这些萌芽被隔绝于诙谐文化特有的形式中，七零八落地分散在民间节庆、课余休息和席间的娱乐活动孤立的乌托邦小岛上或亲昵口语模糊的自然现象中，这些萌芽不可能繁茂、开花。为此它们应该在大文学中取得一定的地位。

在中世纪末，诙谐文化与大文学之间的界限相互弱化的过程业已开始。下层的形式开始越来越多地渗透到文学的上层。民间诙谐渗透到叙事文学中，它的比重在神秘剧中也大大提高。诸如宗教寓意剧、讽刺闹剧、滑稽剧这样一些体裁开始繁荣起来，丑角行业协会，如

① 不久前我们这里出版了一本极为有趣的书——《书籍艺术鲜为人知的文献。修复13世纪法国圣徒传手稿汇编的经验》。莫斯科—列宁格勒，1963年。这部书在指导修复13世纪硕果仅存的圣徒传手稿汇编文献的B.C.柳勃林斯基的编辑下出版。这部圣徒传手稿汇编能够成为我们上述观点的特点鲜明和充分的例证（参阅上述书中第63—73页B.C.柳勃林斯基精彩的分析）。——作者

"法院书记会""无忧无虑的兄弟"①等的出现和繁荣,对于14和15世纪而言是很有代表性的。诙谐文化开始超出狭窄的节日界限,力图渗透到意识形态生活的一切领域中。

这个过程在文艺复兴时期完成。中世纪的诙谐在拉伯雷的小说中找到了自己最高的表现。在这里它已成为新的自由的和批判的历史主义的意识的形式。诙谐的这一高级阶段早在中世纪就已经酝酿成熟。

至于说古希腊罗马传统,它只是在意识和理论阐释中世纪诙谐遗产的过程中起了相当大的作用。我们看到,文艺复兴时期诙谐哲学依据的是古希腊罗马的源泉。应该说,在16世纪法国的文艺复兴中占首要地位的根本不是古希腊罗马的"古典"传统,不是叙事文学,不是悲剧,不是严格的抒情体裁,即根本不是那种对于17世纪的古典主义来说才是决定性的传统,而是卢奇安、阿费奈、阿弗尔·格利、普卢塔克、马克罗比等古希腊罗马晚期的博学之士、演说家和讽刺家②。用赖希的术语来说,在17世纪占首要地位的是古希腊罗马的"滑稽模拟剧的"传统、古希腊罗马的"生物的"和"个体生态的"形象、对话、席间交

① "法院书记会"系宗教寓意剧演出团体。它由议会律师的书记员们组成。这个团体在腓力四世(美男子)在世时就获得了第一个特权。后来法院书记员们(basochiens)又使压轴戏的特殊样式——"Parades"("滑稽表演")达到完美的程度。这些"滑稽表演"广泛运用了诙谐对自由放纵和淫行秽语的权利。"Basochiens"("书记员们")还编写了对神圣文本和"Sermons joyeux",即愉快的布道的讽拟。"法院书记会"因自己的演出经常遭到禁止和镇压。1547年这个团体被彻底取缔。

"Enfants sans souci"("无忧无虑的兄弟")演出讽刺闹剧。这个团体的首领被称为"Prince des sots"("傻瓜王子")。——作者

② 喜剧作家如阿里斯托芬、普拉图斯、太伦斯等没有大的影响。将拉伯雷与阿里斯托芬相比较已成为老生常谈。人们在喜剧作家的方法本身看出他们之间重要的相似之处。然而,这不可能用影响来解释。当然,拉伯雷是了解阿里斯托芬的:在流传至今印有拉伯雷藏书签的十一本书中,就有一卷阿里斯托芬的拉丁语译本,但在小说中他的影响痕迹很少。在喜剧作家的方法中之所以有某种相似之处(不应将其夸大),是因为民间创作的狂欢节源泉相近。拉伯雷熟知唯一一部保存下来的羊人剧——欧里庇得斯的《独眼巨怪》;他在自己的小说中两次引用了该剧,毫无疑问,该剧对拉伯雷有某些影响。——作者

谈、插曲、笑话、格言。然而，所有这些都与中世纪的诙谐传统同出一源，与之相一致[①]。所有这些，按我们的术语来说，即狂欢化了的古希腊罗马风格。

文艺复兴时期的诙谐哲学是建立在古希腊罗马的源泉上的，它并非在所有方面都与文艺复兴时期真正的诙谐实际完全相符。诙谐哲学并未反映其中最重要的东西，即文艺复兴时期诙谐的历史倾向性。

文艺复兴时期的文学和其他文献证明，同时代人对大型的历史转型期、对时期的急进交替、对历史时代的交替的感受特别清晰和明确。在法国16世纪20年代和30年代初，这种感受尤为敏锐，并屡屡以自觉的宣言的形式体现出来。人们送走“哥特世纪的黑暗”，迎来新时代的曙光。回想一下拉伯雷致安德瑞·吉拉科的献词和高康大写给庞大固埃的著名信件足矣。

中世纪的诙谐文化为表现这种历史感受提供了久经酝酿的形式。须知，这些形式对于时代、对于时代交替、对于未来都具有极其重要的关系。它们使占统治地位的权势和官方真理脱冕并使之更新。它们欢庆回归最好的时代、回归全民的富足和公正。新的历史意识在它们之中酝酿出来。因此，这种意识正是在诙谐中找到了自己最激进的表现。

关于这一点，Б. А. 克尔热夫斯基在其论塞万提斯的文章中说得好：

“先进的欧洲把封建主义永久性的基础推向了坟墓，它哈哈大笑起来，这震耳欲聋的哈哈大笑，是它对历史情绪的变化特别敏感的欢快而明显的证明。这种被‘历史地’加以渲染的阵阵笑声，不只是使一

---

① J.Plattard 在自己的著作 *L' oeuvre de Rabelais*（*Sources, invention et composition*）（1910）中，很好地揭示了拉伯雷本人及其时代具有渊博的古希腊罗马知识的特征，以及他们对选择古希腊罗马源泉的趣味和偏爱。关于蒙田的源泉的书可以作为它的补充：Villey P.*Sources et évolution des Essais de Montaigne*.Paris，1910.七星诗社在对古希腊罗马遗产进行精选时，已有某些变化，对17世纪及其确定的、清晰的“古典主义的”古希腊罗马风格的宗旨有思想准备。——作者

个意大利或德国、法国(我指的首先是拉伯雷,《高康大和庞大固埃》)受到震撼,它们在比利牛斯山脉之外得到天才的反映……”①

所有的民间节庆形象都服务于新的历史感受,从简单的改头换面和故弄玄虚愚弄人(在文艺复兴时期的文学中,例如,在塞万提斯的作品中,它们的作用是巨大的)到较为复杂的狂欢节形式。动用了一切,诸如令人开心的送冬、送终、送走大斋、送走旧年以及令人开心的迎春、迎亲、迎接开斋日、迎接屠宰日、迎接新年等世代相延的形式,是一切世世代代固定下来的交替和更新、生长和丰盈的形象。

所有这些形象,本来就饱含着时代和乌托邦的未来、民众的夙愿和意向,现在则变为全民欢快地为垂死的时代、旧权势和旧真理送终的表现。

诙谐形式不仅仅在文学中占统治地位。为了普及,为了使之成为人民大众所能理解的形式并赢得他们的信任,新教活动家们也开始在自己的抨击性文章,甚至在神学论文中采用这些形式。转向民间法语在此具有重要的意义。亨利·艾蒂安出版了自己新教的抨击性讽刺《为希罗多德辩护》(*L' apologie pour Hérodote*,1566),因此他被称为“日内瓦的庞大固埃”,而喀尔文说他把宗教“转向了拉伯雷的调子”(tournoi à la rabelais série)。这部作品的确是用拉伯雷的风格写成,充满民间滑稽成分。著名的新教活动家皮埃尔·维莱(Pierre Viret)在自己的 *Disputations chrestiennes*②(1544)中提供了有趣而有代表性的为神学书籍中的滑稽成分辩护的理由:

“如果在他们(严肃的神学家。——巴赫金注)看来,处理类似的题材只能庄严肃穆、温文尔雅,那么,我不反对神的话语要求以虔敬的态度来对待。然而,也应该明白,神的话语并非那么残酷和严厉,以致其重要和伟大不能与反讽、恶作剧、猥亵的游戏、尖刻的玩笑、俏皮话

① 《早期资产阶级现实主义》,第 162 页,Н.Я.别尔科夫斯基编辑的文集,列宁格勒,1936 年。——作者

② 《基督教论争》。——译者

的成分结合在一起。”

《罗马教皇的厨房讽》(*Les Satires chrétiennes de la Cuisine Papale*, 1560)一书匿名的作者对读者也说出了类似的想法:

“我想起了贺拉斯的话:‘有什么能妨碍笑的人说出真理呢’。的确,真理应该以各种方式来阐述,因此,不仅可以借助于展示重要的权威来接受它,而且也可以在某些令人开心的故事的框架内来理解它。”

在这个时代,只有用非官方的诙谐的本能武装起来,才能够贴近对一切严肃性持怀疑态度并习惯于把坦率、自由的真理与诙谐联系在一起的人民大众。

甚至连由奥利维旦完成的《圣经》的第一个法文译本,都反映了拉伯雷的语言和风格的影响。奥利维旦的私人藏书里有拉伯雷的著作。喀尔文的研究者杜梅尔格在谈到奥利维旦的译文(Doumergue, Calvin,[①]第1卷,第121页)时说得好:

“1535年的《圣经》崭露出那种民众质朴的幽默,它将奥利维旦置于拉伯雷和喀尔文之间(在风格方面接近于拉伯雷,而在思想方面则接近于喀尔文),使之成为法语的奠基人之一。”

16世纪是诙谐史上的高峰,这一高峰的顶点则是拉伯雷的长篇小说。随后,从七星诗社就已经开始急剧地走下坡路,前面我们已经介绍过17世纪对待诙谐的看法:诙谐已失去了自己与世界观的重要联系,它与否定,而且是教条主义的否定结合在一起,它局限于个别的和个人—典型的方面,它丧失了自身的历史意味;诚然,它与物质-肉体因素的联系还保留着,但是这种因素本身却具有了低级的个人的日常生活的性质。

诙谐的这个退化过程是怎样发生的呢?

在17世纪出现了君主专制制度新秩序稳定化的局面。一种新

① 杜梅尔格,喀尔文。——译者

的,相对进步的"具有全世界历史意义的形式"形成了。它在笛卡尔的理性主义哲学和古典主义美学中找到其意识形态方面的表现。新的官方文化的基本特征在理性主义和古典主义中得到鲜明的体现,这种新的官方文化不同于宗教封建主义的文化,但和它一样,渗透着专横的严肃性,尽管教条主义的东西较少一些。形成了新的占统治地位的概念,用卡尔·马克思的话来说,即新的统治阶级不可避免地会作为永恒真理的代表①。

存在的稳定性和完成性的倾向、形象的单义性和单调的严肃性的倾向在新的官方文化中获胜。怪诞风格的双重性变得不能接受。古典主义的高级体裁完全摆脱了怪诞诙谐传统的任何影响。

然而,这一传统并未完全消亡:它继续存在着并为自己在典范的低级体裁(喜剧、讽刺、寓言)中,特别是在非典范的体裁(在长篇小说,在日常生活对话的特殊形式,在文体故意与情节不相符的体裁,等等)中的生存而斗争;它继续在民间舞台上存在(如塔巴伦、丘尔留平等)。所有这些体裁都在或大或小的程度上具有*对立的*性质。这使怪诞诙谐传统能够渗透其中。但是,这些体裁在或大或小的程度上仍在官方文化的范围内,因此诙谐和怪诞风格在这些体裁中改变了自己的本性并发生退化。

随后我们还要在拉伯雷式的诙谐怪诞风格的这条*资产阶级的发展线索*中作一些较为详细的分析。在此我们还应该指出17世纪狂欢节的和拉伯雷式的形象观念的一条特殊的发展路线,显然,它是与反抗的贵族的情绪相联系的,但具有比较普遍的意义。

这样的现象很有代表性:拉伯雷笔下的人物成为17世纪宫廷节日、假面舞会、芭蕾舞剧的主人公。1622年,在布卢瓦举行名为"庞大固埃的诞生"的"假面舞会",出场人物有巴奴日、约翰修士、庞祖斯特的女卜者、婴孩—巨人和他的奶妈。1628年,在卢浮宫演出芭蕾舞剧《香肠》("香肠大战"题材),稍后,有芭蕾舞剧《庞大固埃们》,而在

① 《马克思恩格斯选集》,第3卷,第45—48页。——作者

1638年,有《拉伯雷式的滑稽表演》(根据"第3部"的材料)。类似的演出后来还有。[①]

这些现象证明,拉伯雷的形象的表演本性尚极为生动地被人理解。拉伯雷式幻想的民间节庆狂欢节的发祥地尚未被人遗忘[②]。但同时这些形象从民间广场转到宫廷假面舞会,其风格和意义在此自然也相应地发生了变化。

应该说,在现代民间节庆传统的命运线中就有一条这样的发展路线。宫廷节庆活动及其假面舞会、游行、讽喻、烟火等的存在,在某种程度上靠的是狂欢节的传统。宫廷诗人(首先是在意大利)都是这些节庆活动的组织者和掌握这些形式的行家里手,有时候他们能够理解其全部世界观的和乌托邦的深刻意义。在魏玛宫廷歌德就是这样的诗人,他的职责就是组织类似的节庆活动。他以最深刻的理解来研究传统的形式,力求洞察某些假面和象征的内涵和意义[③]。他善于在自己的创作中使这些形象与历史进程相适应,善于揭示其中具有的"历史哲学"。民间节庆形式对他的创作的深刻影响至今尚未得到充分的评价和研究。

转入宫廷假面发展路线上的民间节庆形式,在这里与另外一些传统相结合,如前所述,它们开始在风格方面发生退化。出现了最初与之格格不入的装饰性和抽象的寓意法因素;与物质-肉体下部相联系的,双重性的猥亵退化为肤浅的、色情的轻佻。这些形式开始背弃民间乌托邦精神和新的历史感受。

17世纪的"滑稽小说",即索列尔、斯卡龙等人的小说,对于民间节庆遗产另外一条资产阶级的发展路线的命运而言,是很能说明问题的。索列尔的意识在许多方面都受资产阶级的局限,这在他的文学理

① 参阅:Boulanger J. *Rabelais à travers les âges*,第34页。参见专门的文章:Clouzot H. *Ballets de Rabelais au* XVII *siècle*(Rev. Et. Rab.,t. V,go)。——作者

② 法国还在近代用拉伯雷的材料创作出滑稽歌剧:马斯内的《巴奴日》(1913年上演),马略特的《高康大》(1935年在Opéra-comique中演出)。——作者

③ 这些研究在《浮士德》第2部假面舞会场景中得到(部分的)表现。——作者

论观点中得到鲜明的体现。他反对艺术虚构和脱离现实,他采取狭义上合理的、清醒的资产阶级实用主义观点。他写小说是为了使读者不再读无益的小说。他认为《堂吉诃德》是对骑士小说、对脱离现实、对幻想性、对理想主义的一般的文学性讽拟,是在合理的意义上,从实用主义的观点进行的讽拟;因此,他对《堂吉诃德》作出了典型的、狭隘的资产阶级的理解。他的理论观点就是如此。

然而,索列尔本人的文学创作远非在所有方面都与这些理论观点相符。它很复杂,充满矛盾。它的创作充满传统的形象,这些形象在此处于重新认识的过渡阶段,远远尚未完成。

《怪诞的牧羊人》(*Berger extravagant*)就其基本构思而言与索列尔的理论观点最为接近。这部长篇小说是一部田园牧歌式的《堂吉诃德》,它是对那个时代流行的田园小说进行的简单化的、赤裸裸的文学讽拟。尽管这种狭隘的文学构思只是表面上合理的,但文学作品却包含了一系列传统的形象和母题,其意义远远超出了这种肤浅的构思。首先,主人公利济斯疯癫或愚蠢的母题就是如此。如同在《堂吉诃德》中一样,主人公发疯的题材允许围绕着他展开一连串形形色色的狂欢节式的脱冕与加冕、乔装打扮和故弄玄虚愚弄人。这一题材(主人公疯癫)允许其余的世界脱离其官方的常轨,加入到主人公狂欢节式的疯癫之中。在索列尔的作品里,这些母题无论如何弱化,民间节庆的诙谐及其再生的物质-肉体下部的星星之火依然在其中隐隐地燃烧着。然而,在这里表现出这些传统的狂欢节的母题和形象较为深刻的特征,它们几乎并不以作者的意识和意志为转移。

我们会注意在圣克罗附近的小村庄里等待世界末日、世界火灾和洪水的场景,以及与之相关的大型乡村饮酒作乐的场景。这里与拉伯雷的形象体系有着共同之点。我们还会注意到小说第三部中著名的《神宴》(*Banquet des Dieux*)。

在索列尔最优秀的长篇小说《弗朗西恩的滑稽生活史》中,传统的母题和形象具有更重要的、能产型的性质。

我们首先要提及小说中学校“滑稽小说”的作用（我们会想起学校娱乐活动在中世纪文学史中的巨大意义）；对学校浪漫艺术家及其故弄玄虚愚弄人、滑稽改编和讽拟的描写在小说中占有重要的位置。其次，我们还会注意列蒙故弄玄虚愚弄人，以及小说中精彩的、最出色的情节之一，是他的城堡中的闹宴的情节。最后，我们要特别强调的是滑稽地推选书呆子戈尔坚济乌斯为波兰国王的情节。这完全是狂欢节—农神节的游戏（这一游戏的活动场所正是罗马）。可是，这些形象中所揭示出的历史感受非常无力，意义狭小。索列尔的“滑稽小说”就是如此。

在 17 世纪的对话体文学中怪诞现实主义的传统更无特色、意义更狭小。在此我们指的首先是《产妇床前的闲聊》（*Caquets de l' accouchée*）。这是一部篇幅不长的作品，在 1622 年期间分册出版；1623 年以一本小书的形式面世。看来，这部作品出自好几个作者的手笔。作品里描绘了正在恢复健康的产妇床前传统的女性聚会。这种聚会的传统非常古老。[①] 这种聚会专讲大量的食物，进行坦率的交谈；在这里日常交际的许多陈规都失去了意义。分娩和吃喝预先决定了物质-肉体下部在这些交谈话题中的作用。传统就是如此。在我们的作品中，作者藏在帷幔背后偷听妇女们的闲聊。但是，在这种闲聊中，物质-肉体下部的话题（例如，拉伯雷的擦屁股话题）转到了个人日常生活的层面；所有这些妇女的闲聊，只是些闲言碎语，流言蜚语。藏在帷幔背后对个人生活的房中隐秘的偷听，取代了广场上重要的坦率性及其怪诞的、双重性的下部。

类似的“Caquets”是这个时代的时尚。类似的还有在妇女闲聊的基础上创作的《女鱼贩的闲聊》（*Caquets des poissonnières*，1621—1622）和《蒙马特尔郊区的饶舌女人》（*Caquets des femmes du faubourg Montmartre*，1622）。作品《这个时代的大家族仆人的爱情、诡计与阴谋》（*Amours，intrigues et cabales des domestiques des grandes maisons de ce*

① 在 16 世纪提到过它们的有艾蒂安·巴克和亨利·艾蒂安。——作者

temps,1625)非常有代表性。这是些大家族里男女家仆的流言蜚语,甚至都不是谈论主人,而是议论等级较高的家仆。所有这些作品都建立在偷听,简直是偷看隐秘的性生活和直言不讳地谈论性生活的基础之上。与16世纪的对话体文学相比,这些作品里广场上的坦率性已完全退化,它变为个人脏内衣的再洗刷。17世纪的这种对话体文学酝酿出个人日常生活的“色情的现实主义”、偷听和偷看的现实主义,在19世纪达到繁荣。这些对话体作品是有趣的历史文献,可以根据它们研究广场上怪诞的坦率性和狂欢节饮宴对话向现代日常生活小说个人生活对话的退化过程。不过,某种狂欢节的星星之火仍在这里隐隐地燃烧着。

在自由思想派诗人圣阿曼、维奥·狄奥菲尔、达苏西的作品中,民间节庆母题和形象具有某种别的性质。在这些作品里形象的世界观意义保留下来,但它们具有享乐至上、个人主义的色彩。这些诗人接受了拉伯雷强烈的、直接的影响。对物质-肉体下部形象加以享乐至上、个人主义的解释,是后来数世纪这些形象的生活中相当有代表性的现象,类似的现象还有对物质-肉体下部形象加以个人日常生活的自然主义的解释。

在斯卡龙的“滑稽小说”中反映的是民间节庆形象的另外一些方面。流浪演员的团体在这里不是类似于其他职业的狭隘的职业性的小团体。演员团体,作为一个特殊的、半现实的、半乌托邦的世界,在一定的程度上被排除在一般的陈规和约束之外,在某种程度上享有狂欢节的权利和自由,它是与其余一切体制完善、地位巩固的世界相对抗的。他们部分地享有民间节日的特权。流浪艺人的大篷车在自己的周围传播着节日的狂欢气氛,在生活本身,在演员们的日常生活中洋溢着这种气氛。威廉·麦斯特(歌德)对戏剧的认识就是如此。实际上,现在仍保留着戏剧世界狂欢的乌托邦的魅力。

在斯卡龙本人的创作中,有演员的风流韵事小说,同时我们还发现能够揭示民间节庆的、怪诞的、讽拟的形式和形象,那种更为广泛的综合体之外的一些方面的作品。他的文体不相符的长诗、怪诞喜剧，特别是他的《乔装打扮的维吉尔》(*Virgile travesti*)就是这样的作品。他在诗中描绘了圣日耳曼集市及其狂欢节[①]。最后，在他著名的"马达莫尔船长的胡言乱语"中也有近乎拉伯雷式的怪诞型形象。譬如，在一次胡言乱语中马达莫尔声称，地狱是其罪孽的棺木，而天空是其贮粮的仓库，苍穹是其床，床的靠背就是两极，而水的深渊是其夜壶("et mon pot á pisser les abimes de l'onde")。应该说，斯卡龙的讽拟滑稽改编(尤其是《乔装打扮的维吉尔》)已经远离民间文化包罗万象的、积极的讽拟，而接近于现代狭窄的、纯文学性的讽拟。

所有我们分析的现象都属于17世纪前古典主义时期，即路易十四在位之前的时期。拉伯雷的影响在这里与尚存的民间节庆诙谐的直接传统结合在一起。因此，拉伯雷还没显得有什么特别，还没显得太不像样子。以后从中理解和阐述拉伯雷的这种活生生的语境，几近全然消失。拉伯雷变成需要特殊的解释和注释的孤僻而奇怪的作家。这一点在拉布吕耶尔(La Bruyère)关于拉伯雷的著名论断中得到鲜明的表现。在他的《本世纪的特征或风尚》(*Les Caractères, ou les Moeurs de ce siècle*, 1688)一书中，有关的地方只出现在第五版中，所以，它已属于1690年。我们援引原文中的这一处，紧接着对文本加以详细的分析：

Marot et Rabelais sont inexcusables d'avoir semé l'ordure dans leurs écrits: tous deux avaient assez de génie et de naturel pour peuvoir s'en passer, même à l'égard de ceux qui cherchent moins à admirer qu'à rire dans un auteur. Rabelais surtout est incompréhensible: son livre est une énigme, quoiqu'on veuille dire, inexplicable; c'est une chimère, c'est le visage d'une belle femme avec les pieds et une queue de serpent ou de

---

① 在他的 *La Foire Saint-Germain* 和 *Recueil de quelques vers burlesques*(1648)中。在索列尔未写完的长篇小说 *Polyandre, histoire comique*(1648)中也有对圣日耳曼集市及其狂欢节娱乐活动的描绘。——作者

guelque autre bête plus difforme; c' est un monstrueux assemblage d' une morale fine et ingénieuse et d' une sale corruption. Où il est mauvais, il passe bien loin au delà du pire, c' est le charme de la canaille; où il est bon, il va jusques à l' exquis et à l' excellent, il peut être le mets des plusdélicats.①

在这一论断里，十分清晰地说出了“拉伯雷的问题”，以及它是如何存在于成熟的古典主义时代的。时代的观点即“时代的美学”，在拉布吕耶尔的论断中得到了正确的、完全相符的表现。并且，在这里通过他的口讲出的不是狭隘标准和文学宣言的理性化的美学，而是对稳定化的时代较为广泛的、有机的美学认识。因此，分析这一论断是很重要的。

首先，拉布吕耶尔把拉伯雷的创作说成是双重的、双面的，但对于他来说，开启连接这个创作的两种异质方面的钥匙已经丢失。在一位作家的一部作品里它们的连接是不可理解的（incompréhensible），难以猜测的（une énigme）、无法解释的（inexplicable）。拉布吕耶尔把其中一种不相容的方面的特征概括为“污秽”（l' ordure）、“下流堕落”（sale corruption）、“下贱人的乐趣”（charme de la canaille）。并且，拉伯雷在自己的创作的这一否定的方面粗俗过头（il passe bien loin au delà du pire）。拉布吕耶尔把拉伯雷创作的另一肯定的方面的特征概括为“天才和天赋”“天性”（génie, naturel）、精巧的道义（morale fine et ingénieuse）、完美、卓越（l' exquis et l' excellent）、最精美的菜肴（les

---

① 我们援引这段话的俄文译文：

“马罗和拉伯雷犯下了不可饶恕的罪行，用污秽败坏了自己的作品：他们两个人都具有那种天赋才能，甚至能迎合那些认为书中的滑稽比崇高更可贵的人，要是没有它谈何容易。拉伯雷尤其难以理解：不管人们在那儿说什么，他的作品都是不解之谜。它类似于狮头羊身蛇尾的妖怪，生有漂亮面孔、长足、蛇尾的女妖或更丑陋的动物：这是崇高、精巧的道义与下流堕落荒谬绝伦的相互交错。在拉伯雷粗俗之处，他粗俗过头，这是贱民们享用的某种令人憎恶的食物；在拉伯雷高尚之处，他完美，卓越，他变成可能有的菜肴中最精美的菜肴。”

拉布吕耶尔：《本世纪的特征或风尚》，第1、43章，Э.利涅茨卡娅、Ю.科尔涅耶夫译，莫斯科—列宁格勒，1964年，第36、37页。——作者

mets des plus délicats)。

拉布吕耶尔所理解的拉伯雷的否定方面，首先是肉欲的和粗俗的污秽、责骂和诅咒、话语的双关性和低级滑稽话语，换言之，即拉伯雷创作中的民间文化传统：诙谐与物质-肉体下部。对于拉布吕耶尔来说，肯定的方面即拉伯雷创作的纯文学的人道主义方面。怪诞的、口头广场的与书面文学的传统是分离的，看起来是不相容的。有怪诞和节庆广场味道的一切，就是“charme de la canaille”。在拉伯雷的作品中占有巨大地位的猥亵，给拉布吕耶尔及其同时代人完全与拉伯雷的时代不同的印象。它与存在和世界观的本质方面的联系、与民间节庆狂欢节形象有机的统一体系的联系相脱节。猥亵成为囿于性欲的、孤立的、个人日常生活的淫秽行为。它在世界观和形象的近代官方体系中是没有地位的。民间广场滑稽所有其余的因素也发生了同样的变化。它们全都与支承它们的整体即双重性的物质-肉体下部，发生脱节，所以丧失了自身真正的含义。睿智的话语、细腻的观察、广泛的社会政治思想已完全与这一整体相脱节，均成为室内文学的东西，在拉布吕耶尔时代开始给人另外一种印象。它们已被附上这样一些定义，诸如“精致”“精美的菜肴”等等。在拉伯雷的创作中这些异质的（从近代的观点来看）因素的结合，被说成“荒谬绝伦的混合体”（un monstrueux assemblage）。拉布吕耶尔运用“狮头羊身蛇尾的女妖”这一形象来概括这种奇怪的混合体的特征。这一形象非常有说服力。在古典主义美学中确实没有这种形象的地位。狮头羊身蛇尾的女妖即怪诞。人与动物形体的混合，这是怪诞风格最典型、最古老的样式之一。对于自己时代的美学的忠实表现者的拉布吕耶尔来说，怪诞形象完全是陌生的。他习惯于把存在想象为现成的、固定的和完成的，他习惯于在所有肉体和物质之间划出明显而清晰的界线。因此，甚至连民间传说中梅柳津那样有分寸的怪诞形象，在他看来也是“荒谬绝伦的混合体”。

拉布吕耶尔，如我们所见，对拉伯雷“精巧的道义”评价很高。道义,他首先指的是风尚、性格学、对人的本性和生活的概括性和典型化的研究。实际上,这是古希腊罗马“道德剧”的领域,它是拉布吕耶尔在拉伯雷的作品中所发现、所珍视的。但他所理解的这个领域比它(在古希腊罗马时期)实际上存在的范围要窄一些。他忽略了“道德剧”与节日、与饮宴、与席间的欢笑的联系,而这些联系还在他的原型赛奥夫拉斯图斯那里就能探查到。

拉布吕耶尔的论断就是这样的。类似的对拉伯雷的双重评价在后来的时代继续存在着。它一直延续到我们今天。人们在拉伯雷的创作中抛掉诸如“粗野的16世纪的遗产”、民间诙谐、物质-肉体下部、极端的怪诞夸张、滑稽表演、民间喜剧因素,却把“心理”、“类型”、叙述技巧、对话技巧、社会讽刺保留下来。实际上,斯塔普菲尔在19世纪下半叶就在自己论拉伯雷的书中首次尝试把拉伯雷的创作作为统一的、综合所有因素的、必不可少的艺术思想的整体来理解。

阐释拉伯雷的历史寓意学方法在17世纪形成。

拉伯雷的作品非常复杂。在拉伯雷的作品中有许多通常只有最亲近的同时代人,甚至有时只有与拉伯雷亲近的狭小圈子里的人才能理解的典故。作品是非同寻常的百科全书式的,作品中有许多涉猎各行各业的知识和技术的专门术语。最后,在拉伯雷的作品中还有许多首次引进语言的非同寻常的新词。拉伯雷需要诠释和阐释是完全可以理解的。拉伯雷本人为之奠定了基础,他在自己的小说第四部附加了一个“简短的说明”(Briève declaration)①。

拉伯雷的注释为对他的创作进行语文学注释奠定了基础。然而,对拉伯雷的严肃的语文学研究却姗姗来迟。只到1711年才出现了列·杜沙(Le Duchat)著名的注释,时至今日它仍保留着自身的意义。只有列·杜沙做了这方面的尝试。在他前后,几乎直至我们今天,对拉伯雷的注释和解释完全是向另外的方面——既不是语文学的,也不是严格的历史主义的方面发展。

---

① 可以认为,拉伯雷本人“简短的说明”几乎完全可信。——作者

拉伯雷在小说的第一部(《高康大》)的前言中指出了需要猜破的言外之意。他是这样说的：

"……你们将感受到独特的风味和深奥的道理。不管是有关宗教,还是政治形势和经济生活,我的书都会向你们显示出极其高深的神圣哲理和惊人的奥妙。"①

我们还要回过头来解释这一处。未必就能把它理解为使读者感兴趣的,简单的假定性手法(尽管在15和16世纪的文学中采用了这种手法,例如在伯尔尼文体故意与情节不相符的作品《热恋的罗兰》中就有类似的证明)。在这里对于我们来说重要的只是试图对这些"极其高深的神圣哲理和惊人的奥妙"加以解码,这种试图使17世纪创立了历史寓意方法,这一方法在近三个世纪的拉伯雷研究中占统治地位。

对拉伯雷的形象作历史寓意诠释的最初设想是在16世纪。这个世纪的下半叶著名的历史学家雅克·奥丘斯特·德·图在《论自己的一生》一书中说出了下列关于拉伯雷的见解：

"他写了一本精妙绝伦的书,书中充满真正民主的自由和往往是滑稽的、挖苦的嘲笑,并在虚构的名字下,就像在舞台上一样,再现了人类和国家生存的一切条件,使之贻笑大方。"

在这一见解里,一系列因素都很有代表性。这些因素是：对"人类和国家生存的一切条件"加以嘲笑的包罗万象的民间节庆性质、这种嘲笑的民主自由、拉伯雷形象的戏剧表演性质,最后还有以虚构的名字出现的真实的历史活动家。所有这一切就是一个16世纪的人的见解,他正确地抓住了拉伯雷创作中重要的东西。但同时这已是一个这一世纪下半叶的人的见解,对于这种人来说,拉伯雷的笑往往听起来太滑稽,他要在虚构的名字下寻找确凿的人物和确凿的事件,即开始重新评价拉伯雷创作的寓意成分。

① 译文引自《巨人传》(成钰亭译),第7页,1990年。以下《巨人传》的译文均引自这一版本。——译者

毫无疑问,以确凿的历史人物和确凿的政治、宫廷生活事件代换拉伯雷笔下的人物及其小说中的各种情节的传统在16世纪业已形成。这一传统传到了17世纪并被历史寓意方法所接受。

在17世纪出现了开启拉伯雷小说的"钥匙",即具体破译这部小说中的人物和事件。这样的解码钥匙第一次附加在1659年阿姆斯特丹版拉伯雷的作品里。随后这把解码钥匙又在后来的各种版本中变形,连阿·萨尔杜1874至1876年的版本(该版本总括了所有这些解码钥匙)也包括在内。各种解码还附加在1663年阿姆斯特丹版本里。例如,在这里对于历史寓意方法非常有代表性的是对高康大高大的牝马这一情节的诠释:牝马想摆脱牛蝇的侵害,用自己的尾巴把整个包斯树林都打倒了——"众所周知,这匹牝马就是国王的情妇戴斯塔姆普夫人,正是她下命令砍掉包斯树林……"作者沿用的是来自16世纪的传统。

然而,皮埃尔·安托万·列·莫焦(Pierre Antoine Le Motteux)是历史寓意方法真正的奠基人。他于1693年在英国(废除南特敕令后他侨居于此)出版了乌尔克瓦尔特翻译的拉伯雷小说英文版本,增补了他的传记、序言和注释。在这里他对在他之前所提出的各种解码钥匙进行了分析,然后讲述了自己的诠释。这一诠释成为所有后来历史寓意方法发展的基本源泉。

天主教神父马尔西是18世纪这一方法的重要的代表人物,他在阿姆斯特丹出版了带有注释的《现代化的拉伯雷》①(1752)。最后,历史寓意方法最有意义的文献是拉伯雷的作品"Variorum"②九卷本的出版。这一版本的编者艾卢阿·若安诺(Eloi Johanneau)和艾斯曼加尔(Esmangar)运用了所有在他们之前的注释者的研究。他们提供了一个完整的历史寓意诠释的体系。

---

① 这个版本的全称是:*Le Rabelais moderne, où ses oeuvres mises a' la portée de la plupart des lecteurs*(8卷本)。——作者

② "多样式"。——译者

历史寓意方法外部历史的基本资料就是这些。它的实质何在呢？它非常简单：在拉伯雷的每个形象——人物和事物背后都有着确凿的历史人物和确凿的历史的或宫廷生活的事件；整部小说在其整体上是一个历史典故的体系；对它们的破译方法，一方面，依靠来自 16 世纪的传统，另一方面，依靠拉伯雷的形象与他那个时代的历史事实的对比，依靠各种臆测和比较。因为传统说法不一，而所有臆测在某种程度上总是臆断的，所以，对同一个形象这一方法的不同代表的解释各不相同。我们举几个例子：通常把高康大看作法兰西斯一世，可是，皮埃尔·安托万·列·莫焦却把他看作亨利·达尔伯特；一部分人把巴奴日看作红衣主教达姆布阿兹，另一部分人却把他看作红衣主教沙尔·劳伦斯基，有些人把他看作让·德·蒙德柳克，最后，还有些人把他看作拉伯雷本人；把毕克罗寿看作路易·斯佛尔查或阿拉贡的斐迪南（二世），而伏尔泰则把他认作卡尔五世。历史寓意方法力求把小说的每一个细节都破译为确凿事件的典故。譬如，小说第一部关于高康大擦屁股的著名情节不仅就其整体，而且对于每一个别擦屁股（而它们有许多）都加以诠释。例如，有一次高康大用一只三个月大的猫擦屁股，猫把他的屁股抓了个稀烂；诠释者们把这一典故看作法兰西斯一世生活中确有其事：1512 年，法兰西斯十八岁时，他从自己的情妇那里染上花柳病。高康大只是在用母亲的手套擦屁股后，才算治好；在这之中人们看到法兰西斯的母亲在他生病时对他表示出同情的典故，因此，整部小说就变成了某些典故的复杂体系。

历史寓意方法现在已完全被严肃的拉伯雷研究者所摈弃。[①]

毫无疑问，在拉伯雷的作品中有许多历史人物和事件的典故，但无论如何也不能容许整部小说内存在严格的和贯彻到底的确定的影射体系。不应去寻找解开每一个形象之谜的确定的和唯一的解码钥匙。然而，在小说里能够推测出一定的典故的地方，历史寓意的方法

① 但是，近代对作为一种独特的密码文的拉伯雷的小说，当然也作了各种破译的尝试。——作者

在大多数情况下都不能给予它准确的破译,因为传统说法不一,而所有对比和臆测都是臆断的。最后,实际上,这个问题能解决,对于理解形象的艺术思想而言,甚至连被揭示和被证实的典故也提供不了什么重要的东西来。形象永远更广泛、更深刻,它与传统相联系,它有其不依赖于典故的艺术逻辑。即便上面所援引的对高康大擦屁股的情节的解释是正确的,对于理解擦屁股形象本身及其艺术思想逻辑,它根本没有给我们提供什么。擦屁股的形象是粗俗文学即笑话、无拘无束的言语体裁、骂人的话、广场上的隐喻和比喻,最流行的形象之一。在文学中这个形象并非新的形象。如前所述,在拉伯雷之后我们在《产妇床前的闲聊》中还见到过这一题材。擦屁股还是讽刺作家和作品的短诗中最流行的形象之一。对唯一的事实破译出的典故(如果它在所提到的拉伯雷小说的情节里有),无论是对于理解这一形象(物质-肉体下部形象之一)的传统意义,还是对于理解它在拉伯雷小说中特殊的艺术功能[①],都没能给我们提供什么东西来。

对历史寓意方法能在三个世纪内占据近乎特殊的统治地位,又作何解释呢?对像18世纪的伏尔泰和19世纪的历史学家米什莱那样敏锐的智者,都十分重视历史寓意方法,又作何解释呢?最后,对这个方法所依靠的传统产生的本身,又作何解释呢?

问题在于,用于阐明16世纪拉伯雷创作的民间节庆诙谐的活生生的传统,在后来几个世纪中开始衰亡;它不再是对拉伯雷的形象活生生的、通俗的注解。解开这些形象的真正的艺术思想之迷的钥匙与产生这些形象的传统一起被丢失。人们开始寻找虚假的解码钥匙。

历史寓意方法是诙谐解体这一过程富有代表性的文献,这一过程是在17世纪完成的。诙谐管辖的领域日益狭窄,诙谐已丧失其包罗万象性。一方面,诙谐与典型的、概括性的、中等的、普通的、日常生活的事物联结在一起;另一方面,它又与个人谩骂合二为一,即针对单个人。历史主义的、包罗万象的个性不再成为诙谐的对象。狂欢节型的

① 擦屁股情节的特殊功能和艺术内涵,我们将在第6章加以揭示。——作者

诙谐的包罗万象性逐渐变为不可理解的东西。人们开始在没有明显典型性的地方寻找单个人的个性,即确凿的现实人物。

当然,民间节庆诙谐完全允许有影射个体人物的典故。然而,这些典故只构成诙谐形象的泛音,寓意的方法却把它们变成了基音。真正的诙谐形象在典故被人遗忘、被别的形象取代之后,不会丧失其力量和意义。问题完全不在于典故。

在 17 世纪,一个非常重要的过程在意识形态的一切领域内完成:诸如概括、经验主义的抽象化、典型化这样一些因素的意义开始急剧强化。这些因素在世界图景中都具有主导的意义。这一过程在 18 世纪业已完成。世界模式本身发生着改变。在普遍存在的同时仍保留着个别,但只是作为普遍中的一份,即只是按其典型性、概括性、“普通性”获得自身的意义。另一方面,个别性具有某种无可争辩的意义、不容怀疑的事实的意义。对原始文献典型的追求由此而产生。有凭有据地建立起来的唯一的事实,与其同时还有普遍的、典型的因素,开始在世界观中起主导作用。它以其全部的力量在文学创作中(特别是在 18 世纪)表现出来,形成启蒙现实主义特有的局限性。

然而,如果“长篇纪实小说”本身被认为属于 18 世纪,那么,在整个 17 世纪期间创作出了“带解码钥匙的长篇小说”。17 世纪初英国人巴克莱的拉丁语小说《欧福尔米翁讽刺》(1603)就是这样的小说,这部作品在 17 世纪上半叶获得巨大的成就(它用法文再版多次)。尽管小说的事情发生在古希腊罗马世界,但这是一部自传体的“带解码钥匙的小说”破译专有名词的钥匙附加到再版的小说里。这是人所共知的同时代人的独特的乔装改扮。正是这一因素赋予小说特别的意义。

历史寓意方法在其早期发展阶段就是按照这些带解码钥匙的“乔装改扮”的小说精神来阐释拉伯雷的。

诙谐和拉伯雷的传统在 17 世纪的发展基本线索就是如此。诚然,这个世纪还存在着在诙谐史上与民间节庆传统相联系的一些相当重要的现象。我们指的首先是莫里哀。但这些现象具有特殊的性质，不应当在此研究。

我们转入18世纪。拉伯雷从未在哪一个世纪正像在这个世纪一样，不被人理解和很少予以评价。在对拉伯雷的理解和评价上，恰恰表现出启蒙时代薄弱的方面，而不是有力的方面。启蒙主义者带有其非历史性，带有其抽象的、理性主义的乌托邦，带有其对物质的机械性的理解。一方面，追求抽象的概括性和典型化，另一方面，追求纪实性，所以他们完全不能正确理解和评价拉伯雷。对于启蒙主义者而言，拉伯雷是“粗野和野蛮的16世纪”的鲜明的代表。伏尔泰极好地表达了18世纪看待拉伯雷的观点。由于斯威夫特的原因，他说出了他对拉伯雷的看法（*Lettres philosophiques*①，1734，G.Lanson 版，第2卷，第135页等）：

“拉伯雷在其乖张古怪、令人不解的书中，恣意发挥极端的愉悦和极度的粗野；他滥用博学、龌龊和无聊；以通篇蠢话的代价换取两页好故事。有几个具有刁钻古怪趣味的人热衷于对他的创作的所有方面加以理解和评价，但其余的民族嘲笑拉伯雷的玩笑并蔑视他的书。人们把他作为头号小丑加以颂扬、并为这么聪明的人这么不成体统地滥用智能而深表遗憾。这是一位醉醺醺的哲学家，他只是在大醉时才写作。”

所有这些见解非常富有代表性。在伏尔泰看来，拉伯雷的小说是某种乖张古怪和令人不解的。他把小说看作博学、龌龊和无聊的混杂。这样一来，小说分解为异质的和不相容的成分，与拉布吕耶尔相比，它使伏尔泰走得更远。伏尔泰认为，只有为数不多的、具有刁钻古怪趣味的人才能全部接受拉伯雷。伏尔泰对“整个民族”对待拉伯雷的态度（具有刁钻古怪的趣味的人除外）的描述极为有趣：原来，大家像以前一样嘲笑小说，但同时还蔑视小说。对待诙谐的态度从根本上

① 《哲学文集》。——译者

发生了改变。在16世纪人们嘲笑拉伯雷的小说,但谁也不会因为这种诙谐蔑视它。然而,在18世纪令人开心的诙谐却变成某种受蔑视的和低级的东西;“滑稽角色中的头号人物”的称号也受人蔑视。最后,对拉伯雷本人(在前言中)声明,他写这样大的一本书仅使用了喝酒和吃饭的时间,伏尔泰只是从字面上、肤浅的日常生活层面上加以理解。机智、自由的话语与美酒佳肴的传统的和重要的联系、席间交谈特有的“真理”,对于伏尔泰而言,已是不可理解的了(尽管席间交谈的传统还存在)。对于18世纪而言,拉伯雷小说的整个民间饮宴方面及其抽象合理的乌托邦、全部自身的内涵和意义已经丧失殆尽[①]。

伏尔泰把拉伯雷的小说看作赤裸裸的和直率的讽刺,所有其余的东西对他而言都是不需要的累赘。在《趣味的圣殿》(*Temple du goût*, 1732)中,伏尔泰描绘了“上帝的藏书”,在那里“几乎所有的书都经缪斯之手加以校正和删减”。伏尔泰把拉伯雷的作品收入这套丛书里,但它“被缩减为一个八开本”。对于启蒙主义者来说,对过去的作家作这种缩减,是非常有代表性的。

在18世纪,对拉伯雷的作品进行缩减、净化、“expurger”[②]实际的尝试。天主教神父马尔西在其《现代化的拉伯雷》中,不仅将拉伯雷的语言现代化,清除其语言中的方言、古词,而且还削弱了拉伯雷的猥亵。天主教神父彼罗(Pérau)在这后一方面走得更远,他也于1752年在日内瓦出版了 *Oeuvres choisies*[③]。在这里不论多少淫秽和粗野均被清除。最后,1776年在著名的 *Bibliothéque universelle des romans*[④](1775—1778)中出版了经过净化的,专门“供女士阅读”的拉伯雷的作品[⑤]。所有这三个版本对于18世纪及其对拉伯雷的态度而言,都是

① 1759年以后,伏尔泰重读《高康大》,他的态度变得好了一些,但其实质很少改变:他看重拉伯雷,首先,几乎只是因为他的反教权主义。——作者

② 删改。——译者

③ 《选集》。——译者

④ 《小说书廊》。——译者

⑤ 在19世纪,乔治·桑计划出版拉伯雷小说的“洁本”(1847),但她的计划未能实现。供青年阅读的改编本,就我们所知,最先出现于1888年。——作者

非常能说明问题的。

总之,一般而言,启蒙主义者在任何情况下,在自己的理论意识层面是理解和评论不了拉伯雷的。这是很清楚的。在启蒙主义时代,用恩格斯的话来说,即“思维着的悟性成了衡量一切的唯一尺度”①。这种抽象的纯理性主义、反历史主义、热衷于抽象的普遍性的倾向、非辩证性(否定与肯定相脱节)使启蒙主义者不能理解和从理论上认识民间节庆的、双重性的诙谐的意义。矛盾地正在形成的和永恒地非现成的存在的形象根本不能归入启蒙主义理性的尺度。然而,必须指出,实际上伏尔泰在其哲理中篇小说《奥尔良的少女》中,狄德罗在《宿命论者雅克》中,尤其是在《泄露隐情的首饰》中,并非与拉伯雷的形象观念格格不入。诚然,这种形象观念是有限的,有些唯理论化的。

狂欢节的形式、母题和象征对18世纪文学的影响是相当重大的。但这种影响是形式主义化的:狂欢节的形式变为艺术的手段(主要是情节结构性质的),它们服务于各种艺术目的。在伏尔泰的作品中它们服务于尚保持着包罗万象性和世界观性的讽刺;但诙谐在此被弱化到最低限度,被弱化为赤裸裸的嘲笑。声名狼藉的“伏尔泰的诙谐”正是如此:它的力量和深度体现在否定的尖锐和激进主义方面,但它已几乎完全丧失更新和再生的因素;所有积极的方面均在诙谐之外,具有抽象思想的性质。

狂欢节的形式在洛可可式的文学中服务于另外的艺术目的。在那里还保留着诙谐积极、欢快的基调。但在这里一切都逐渐变为室内的、微小的、减弱的形式。广场上的坦率逐渐变为隐秘,与物质-肉体下部相联系的猥亵变为色情的轻佻,令人发笑的相对性变为怀疑主义和无所用心。但在这种室内的和被以享乐主义的渲染的欢乐里,焚烧“地狱”的狂欢节火焰的星星之火仍在熠熠生辉。在18世纪如此广为流传的道德说教文学阴郁的严肃性的背景下,洛可可风格仍继续存在,即使有些片面,极端贫乏,欢快的狂欢传统仍继续存在。

---

① 《马克思恩格斯全集》,第20卷,第16页。——作者

在法国革命时代,拉伯雷在法国革命活动家中间享有巨大的声望。他们甚至使拉伯雷成为革命的预言家。拉伯雷的故乡城市希农城取名“拉伯雷希农城”。时代正确地感觉到了拉伯雷深刻的革命性,但却不能对他作出新的、正确的阐释。这一时代主要的拉伯雷文献是热格涅 1791 年出版的书:《论拉伯雷对当代革命和对有关宗教界的法令的影响》。热格涅基本上坚持历史寓意方法的观点,但他更深刻地采用了这一方法,试图揭示拉伯雷的社会政治观点。不过,在这里表现出热格涅,一个 18 世纪的人的反历史主义。他把拉伯雷变成王权一贯的敌人。实际上,拉伯雷根本不是这个政权的敌人,相反,他非常了解它在自己时代中的进步意义①。这是热格涅的主要错误。他完全不正确地,以 18 世纪的精神去理解拉伯雷作品中怪诞的夸张:他把作品看作纯否定性的讽刺。譬如,对高康大的食品、酒类、衣服的数量的怪诞夸张,依热格涅看,应该展示,国王使自己的人民付出了巨大的劳动。他完全听不到作品里表现出富足的主题,不理解物质-肉体下部的双重性逻辑。当然,按照过大的(君主立宪制国家的)皇室费开支的精神去理解拉伯雷的富足性,是非常天真的。在这方面热格涅的书停留在 18 世纪理解拉伯雷的水平上。

闯入文艺复兴时期的大文学和文化中的民间节庆诙谐,其瓦解过程实际上在 18 世纪业已完成。同时,诙谐文学、讽刺和娱乐性文学的那些在 19 世纪行将占统治地位的新的体裁变体的形成过程,也基本上完成。那些弱化的诙谐形式,如幽默、反讽、冷嘲热讽等,大体上也已形成,它们将作为严肃体裁(主要是长篇小说)的修辞学的对手得以发展。但研究所有这些现象并非我们的任务②。我们所感兴趣的只是

---

① 诚然,拉伯雷非常了解这种进步性的全部的相对性。——作者

② 反讽是近代(尤其是从浪漫主义开始)弱化的诙谐最流行的形式。瑞士学者有一本很有趣的书研究反讽问题:Allemann Beda.*Ironie und Dichtung*(1956)。书中对施莱格尔、诺瓦利斯、索尔格、克尔凯郭尔、尼采、托马斯·曼和穆齐尔作品中的反讽形式及其理解作了分析。阿列曼的分析的特点是深刻、含蓄,但他把反讽理解为纯文学现象,并且没有揭示它与民间诙谐文化的联系。——作者

培养出拉伯雷的民间节庆诙谐的主要传统(一般指文艺复兴),以及它在以后两个世纪的逐渐衰退。

我们的著作基本上具有文学史的性质,尽管它与历史诗学问题有着相当密切的联系。但是,较为宽泛的一般的美学问题,尤其是诙谐的美学问题,我们不在书中提出。我们在这里所揭示的只是中世纪和文艺复兴时期一种历史上确定的民间文化的诙谐形式,并且不是在其全部的规模上,而只限于对拉伯雷的创作的分析范围内。在这个意义上,我们的著作只能提供某些诙谐哲学和美学的材料,仅此而已。

与我们所研究的历史上确定的民间文化的诙谐形式相对立的不是一般的严肃性,以及历史上确定的中世纪片面的、教条主义的严肃性。不过,文化史和文学史掌握也了解严肃性的另外一些形式。譬如,古希腊罗马文化有过悲剧的严肃性的形式,它在古希腊悲剧体裁中得到最深刻的表现。悲剧的严肃性是包罗万象的(因此可以论"悲剧的世界观")并充满创造性的毁灭的思想。悲剧的严肃性绝对没有教条主义。教条主义的悲剧和教条主义的诙谐一样,是不可能有的(古典主义悲剧在其最优秀的典范中克服了教条主义)。一切形式和变体中的教条主义同样扼杀真正的悲剧和真正的双重性的诙谐。在古希腊罗马文化的条件下,悲剧的严肃性不排除诙谐地看待世界的观点,并与之共存。在悲剧三部曲之后上演羊人剧,在诙谐的层面上对它加以补充。古希腊罗马的严肃性一般不惧怕诙谐和讽拟,甚至要求诙谐的修正和补充①。因此在古希腊罗马世界中官方的和民间的文化之间不可能像在中世纪有那么强烈的对立。

在古希腊罗马的土壤上形成了严肃性的另外一种形式,它亦无教条主义和片面性(原则上),并能经受诙谐的锻炼,这是批判哲学的形式。它的奠基人苏格拉底,直接与古希腊罗马的狂欢节形式有联系。狂欢节形式使苏格拉底对话创作力旺盛,并使之从片面的、演说术的

① 我们想起 A.迪特里希在他的《普里奇涅拉》一书中所作的相应的分析。——作者

严肃性中解放出来。

在近代文化中,严肃性的特殊形式——严格的科学的严肃性获得巨大的意义。原则上这种严肃性没有任何教条主义,没有任何片面性,就其本性而言,它是提出问题的、有自我批评精神的、未完成的严肃性。从文艺复兴时期起,这种新的严肃性对文学产生了强大的影响,当然,在文学中有相应的变形。

在文学领域本身,在叙事类、抒情类、戏剧类中,在其发展的所有时代都存在着深刻的、纯洁的,但永远准备面向死亡与更新的、开放性的严肃性的多样化形式。真正的开放性的严肃性既不惧怕讽拟、不惧怕反讽,也不惧怕弱化的诙谐的其他形式,因为它感到自己与未完成的整体世界有关①。

在世界文学中,在其内部存在着两种看待世界的观点,即严肃的和诙谐的看待世界的观点的作品,这两种观点相互并存,相互反映(正是完整的观点,而不是像近代普通戏剧中某些严肃的,滑稽的形象)。欧里庇得斯的《阿尔克提斯》就是古希腊罗马文学中这种作品光辉的典范,在这部作品中悲剧与羊人剧合并起来(看来,它是作为第 4 部剧上演的)。不过这种作品中最重要的当推莎士比亚的悲剧。

真正的诙谐是双重性的、包罗万象的,并不否定严肃性,而是对它加以净化和补充。清除教条主义、片面性、僵化、狂热、绝对、恐惧或恐吓成分、说教、天真和幻想、拙劣的单面性和单义性、愚蠢的疯狂。诙谐不让严肃性僵化,不让它与存在的未完成的完整性失去联系。它使

---

① 普希金笔下的莫扎特接受了笑和讽拟,而阴郁的不会笑之人萨里耶利却不理解它们并害怕它们。例如,在盲提琴师演奏后他们之间有一段对话:

萨里耶利　你怎么笑得出来?

莫 扎 特　啊,萨里耶利!
难道你自己真不感到好笑?

萨里耶利　不。
当一个拙劣的油漆匠乱涂乱抹拉斐尔的圣母像,我不感到好笑。当一个可鄙的卖艺人竟来讽拟伟大的诗人但丁,我不感到好笑。……

(《莫扎特和萨里耶利》,第一场)

——作者

这种双重性的完整性得以恢复。诙谐在文化和文学的历史发展中的一般功能就是这些。

我们所有这些关于严肃性的各种形式以及它们与诙谐的相互关系的看法,实际上,已经超出了本书研究的范围。本书材料由于历史的局限,不允许作出太广泛的理论概括。

因此,在这里我们的看法是初步的,几分宣言式的。

在本章中我们还要研究两个问题:(1)法国浪漫派对拉伯雷的评价;(2)拉伯雷研究的现状。

在导言中我们说明了法国浪漫派(特别是维克多·雨果)对整个怪诞风格的态度。现在我们将涉及他们对拉伯雷的创作的态度,他们把拉伯雷与莎士比亚相提并论,认为他是怪诞形象观念最深刻的代表之一。

我们首先涉及夏多布里昂关于拉伯雷的见解。他提出了对浪漫派而言非常典型的关于天才母亲(génies-mères)的思想,天才母亲生养和哺育了该民族一切其他的伟大作家。在整个世界文学中总共只有五六个这样的天才母亲。与荷马、莎士比亚、但丁并列的,还有拉伯雷。如同荷马缔造了希腊、罗马文学,莎士比亚缔造了英国文学,但丁缔造了意大利文学,拉伯雷缔造了整个法国文学。不可能把拉伯雷提得再高了。这与过去时代的见解,例如伏尔泰的见解有多么大的差别!对于伏尔泰来说,拉伯雷只是被全民族所蔑视的滑稽角色中的头号人物!

关于天才母亲的思想,几乎是所有浪漫派的共同思想,对于那个时代而言是一个有益于发展的思想。它迫使在过去寻找未来的萌芽,从有益于发展的、由它产生未来的观点评价过去。类似的还有浪漫派关于照射自己前方的天才灯塔(esprit phare de L' humanité)的思想。这种思想迫使在过去的作品中,即在莎士比亚、但丁、拉伯雷的作品中,不仅看到其中已有的,作为现成的、完全意识到的、属于自己时代的、有限的东西，而且首先要看到未来的萌芽、胚胎，即看到只有在后来的时代，只有在受胎于天才母亲的产儿身上才能完全得以揭示、繁荣和了解透彻的东西。多亏这种思想，过去的作品才揭示出新的方面，新的潜能；多亏这种思想，浪漫派才能有富有成效的发现，并揭示了莎士比亚、塞万提斯、拉伯雷。

在这种思想及其后果中尤为明显地表现出浪漫派与启蒙主义者的区别。启蒙主义者想在作品里和作家身上看到比实际上要少的东西，从非历史主义理性的观点来看，作品里和作家身上有太多多余的、令人不解的东西；需要将它们加以清除和缩减。伏尔泰的“上帝的藏书”的形象非常典型，在那里所有的书都有理由被修改和缩减。使世界失去特色，是启蒙主义者具有的倾向，世界上现实的东西要比看起来少得多，现实靠残余、偏见、错觉、幻想、理想等等被夸大其词。这种狭隘的、纯粹静止的现实概念决定了他们对文学作品的认识和评价，并使他们试图对文学作品加以净化和缩减。

与启蒙主义者相反，浪漫派创造了扩展性的现实概念，这种概念认为时间和历史主义的生成具有重要的意义。在这种扩展性的世界的概念的基础上，他们力求比皮相的看法尽可能多地在文学作品中看到更多的东西。他们在作品中寻求未来、萌芽、种子、启示、预言的倾向。我们想起在本书开头所援引的历史学家米什莱的见解。

浪漫派所创造的扩展性的现实概念，具有值得肯定和否定的方面。这一概念值得肯定的方面是它的历史性，它对时间和生成的态度。现实丧失其（只有用抽象的合理的思想抑制的）静态性、自然性和分散性，现实的未来以倾向、潜能、预见的形式开始进入其中。从历史主义的角度来看，现实与自由有着重要的关系，它克服着狭隘的、抽象的决定论和机械论。在文艺创作领域允许偏离简单的现实、偏离今天的静止、偏离纪实性、偏离表面的典型化已证明是正确的，最后，怪诞风格和怪诞幻想作为捕捉时间和未来的艺术形式，也证明是正确的。浪漫派对现实扩展的概念不可争辩的功绩就在于此。

浪漫派的概念值得否定的方面,是它的唯心主义和对主观意识的作用和界限的不正确的理解。因此,浪漫派经常给现实捏造它根本不存在的东西。因此,幻想能退化为神秘,人类的自由能脱离必要性而变为某种凌驾于物质之上的力量。浪漫派的概念值得否定的方面就在于此[①]。

维克多·雨果表达了浪漫派对拉伯雷最充分、最深刻的理解。诚然,他没有写关于拉伯雷的专著和专门的文章,但关于拉伯雷的某些见解在他的作品中随处可见。雨果在论莎士比亚的书中最为详细、最为系统地说到了拉伯雷。

雨果是从类似于夏多布里昂的天才母亲的思想,即关于人类天才的思想出发的。每一个这样的人类天才绝对是独特的并体现出存在的某种方面。任何天才都有自己的创造或发现(Tout génie à son invention ou sa découverte)。雨果列举了十四位这样的天才。他们的组成人员是相当独特的:荷马、约伯、埃斯库罗斯、先知以赛亚、先知以西结、卢克莱修、尤维纳利斯、塔西佗、使徒保罗、使徒约翰、但丁、拉伯雷、塞万提斯、莎士比亚。拉伯雷在这些天才之列(按时间先后顺序),排在但丁之后,塞万提斯和莎士比亚之前。雨果对这些天才中的每一个人都作了评述,其中包括对拉伯雷所作的评述。

雨果所作的评述不是作为文学史的定义,而是作为绝对的物质-肉体下部和肉体地形学题材的一系列自由的、浪漫主义的变体。在雨果看来,肚腹是拉伯雷的地形学的中心。这就是拉伯雷的艺术发现。肚腹的基本功能是父亲身份和母亲身份。根据这种丧失机能的和生育的下部,雨果提供人身上蛇的怪诞形象——“这是他的内脏”。总之,雨果正确地理解了作为拉伯雷形象全部体系的组成因素的物质-肉体下部的意义。但同时他是在抽象的道德的层面来理解这种因素

① 当然,我们在这里不会提出浪漫主义及其全部复杂性的问题。对于我们来说重要的只是浪漫主义中有助于它发现和理解(尽管并非彻底)拉伯雷和整个怪诞风格的方面。——作者

的:他说,肚腹“诱惑人、背叛人、惩罚人”。地形学下部丧失机能的力量被译成这种道德哲学的语言。

随后雨果“肚腹”主题的变奏在道德哲学激情的层面展开。他(用例子)证实,“肚腹”可能是悲剧性的,也可能是英雄式的。但在雨果看来,它同时也是使人崩溃和退化的因素:肚腹吞噬人(le ventre mange L'homme)。亚西比得变为Тримальхион;酒神节退化为狂饮暴食;留下来的不是第欧根尼,而是一个酒桶。怪诞现实主义的双重性的物质-肉体下部在雨果的变奏里分裂成这样一些道德哲学形象和反命题。

雨果正确地掌握了拉伯雷式的诙谐对待死亡、对待生与死之间的斗争的重要态度(并且是从历史主义的认识角度);他感觉到吞食食物、诙谐与死亡之间的特殊联系。不仅如此,雨果还成功地捕捉到但丁的地狱与拉伯雷的肉山酒海之间的联系:“拉伯雷把但丁打入地狱的这个世界,装进了酒桶。”七层地狱是这种拉伯雷式的酒桶的箍。假若雨果选择的不是酒桶,而是张开的嘴或吞纳的肚腹,那么,他的比喻更为准确。

雨果正确地指出诙谐、旧世界的灭亡、地狱和宴席形象(吞纳)之间的联系,但他错误地解释了这种联系:雨果试图赋予它抽象的道德哲学的性质。他不理解物质-肉体下部再生和更新的力量。所有这一切削弱了他的研究的价值。

我们要强调的是,雨果能很好地理解拉伯雷的作品中诸如肉山酒海这样一些形象的包罗万象的、世界观的性质,而没有把它们理解为日常生活的形象,尽管他并未完全赋予这些形象以拉伯雷的意义。

根据拉伯雷和莎士比亚,雨果对天才和天才的作品作了极为有趣的评述。由这一评述得出的结论是:创作的怪诞性是天才必备的特征。天才的作家,包括拉伯雷和莎士比亚,以自己所有的形象和作品整体上的强烈夸张、过度、含混(obscurité)和怪异(monstruosité)与普通的伟大作家相区别。

在雨果的这些见解中表现出他的观点的值得肯定的和否定的特点。他认为是天才(按这一词浪漫主义的含义)的特征的那些特点,实际上,应该归入那些反映,并且是在本质上深刻地反映世界历史的重大转折时期的作品和作家。这些作家与未完成的、正在改造的、充满正在分解的过去和尚未形成的未来的世界有关系。他们的作品固有特殊的、积极的,可以说,客观的未完成性。这些作品饱含客观的、尚未说出的未来,它们不得不为这一未来留有后路。由此产生它们特殊的多义性和虚幻的含混性。由此产生这些作品和作家异常丰富多彩的衰荣史。最后,由此还产生它们虚幻的怪异性,即它们与一切完成的、专横的、教条主义的时代的标准和规范的不相适应①。

雨果正确地感受到了世界历史上转折时期的作品的特点,然而,他对自己的感受作了不正确的理论表述。他的说法有些玄妙,除此之外,他把与其转折时期的历史进程相联系的客观特点转到天才本性的特殊构成方面(诚然,尽管他没有使天才脱离时代,他是在历史中选择天才)。在对天才的评述中,雨果遵循自己的对照方法:他片面地强化了天才的特点,以便制造与其他伟大作家强烈的静态对比。

在雨果的诗作中拉伯雷的题材屡见不鲜。他在作品中也强调拉伯雷形象的包罗万象性及其诙谐的世界观深度。

在雨果晚期的诗歌中,他对拉伯雷的诙谐的态度有些改变。这种包容世界的诙谐的包罗万象性本身,这时在雨果看起来是某种可怕的、没有前途的(暂时的、没有未来的)东西。拉伯雷的创作"既非底层,亦非顶峰",即这是不应该着重研究的东西,这是特有的、暂时的东西。这是对拉伯雷的诙谐的特殊的乐观主义深深的不理解;这种不理解在雨果早期的表述中就已经表现出来。对他而言,诙谐从一开始主要就是否定的、贬低的、毁灭的因素。虽然雨果重复了诺迪耶对拉伯雷所作的评述——"Homère bouffon",虽然他使之与其他类似的定

① 在这些转折时代,民间文化及其未完成的存在和欢快的时间的概念对大文学产生了强大的影响,这一点在文艺复兴时期尤为鲜明地表现出来。——作者

义——“Homère du rire”,“la moquerie épique”相协调一致,但雨果没有理解的正是拉伯雷的诙谐的叙事性。

把雨果晚期论拉伯雷的这些表述与拉伯雷的同时代人、写同一题材的历史学家艾蒂安·巴克的两行诗加以对比是很有趣的。两行诗如下:

Sic hominec, sis et coelestia numina lusit,
Vix homines, vix ut numina laesa putes—

即“他捉弄地上的人和天上的神,看来人、神并不为之受侮”。

同时代人的见解更正确地确定了拉伯雷的包罗万象的诙谐游戏的真正性质。艾蒂安·巴克理解了它的深刻的乐观主义、它的民间节庆性质、它的叙事风格,而非抑扬格诗体风格。

从19世纪下半叶起,拉伯雷及其创作和生活逐渐成为全面科学研究的对象。出现了一系列关于他的专著。开始了对其文本进行严肃的、历史主义的和语文学的研究。然而,对拉伯雷最为广泛的研究则以20世纪初为开端。

阐述拉伯雷学术研究史,当然,不是我们的任务。我们只限于简要评述拉伯雷研究的现状。

1903年初成立了“拉伯雷研究协会”(“La société des études rabelaisiennes”)。这是拉伯雷研究史上重要的事件。这个协会由拉伯雷研究者阿贝尔·列弗朗(Abel Lefranc)的学生和朋友组成。协会不仅成为法国的,而且还是英国和美国整个拉伯雷研究著作的中心。从1903年起(每三年一期)出版协会刊物*Revue des études rabelaisiennes*[①]。从1913年起这个刊物变为另一种内容更广泛的杂志*Revue du seizième siècle*,它出到1933年止。从1934年起,带有较为扩展性的内容的杂

① 《拉伯雷研究回顾》。——译者

志 *Humanisme et Renaissance*[①] 开始出版。

在协会及其刊物周围集中了所有拉伯雷校勘学研究、有关他的语言研究、探寻历史资料的研究、建立学术传记,最后,还有在严格的学术基础上对拉伯雷的作品加以历史主义的阐释。在所有这些研究的基础上,从 1912 年起开始在协会领导阿贝尔·列弗朗的编辑下出版学术性的拉伯雷作品。到 1932 年为止,这一版本出了五卷,包括小说的头三部[②]。到此它暂时告一段落。对于拉伯雷学术研究而言,这个既有其文本、变体体系、又有广泛而有分量的注释的版本具有特殊的价值。

从协会会员的某些著作中,我们根据拉伯雷研究的主要部分提出一些最重要的著作。在此首先必须提到协会副主席拉扎尔·赛内昂(Lazare Sainéan)关于拉伯雷的语言的有重大价值的著作——*La langue de Rabelais*[③](第 1 卷,1922 年;第 2 卷,1923 年)。

在研究拉伯雷的源泉和博学性质方面,让·普拉塔尔的《拉伯雷的创作》〔Plattard Jean. *L' oeuvre de Rabelais*(*Sources, invention et composition*)[④],1910〕,为拉伯雷研究作出了贡献。他还第一个试图提供拉伯雷的综合的学术传记:*Vie de Rabelais*[⑤],(1928)[⑥]。我们要指出雅克·布朗热(协会书记)在拉伯雷校勘学方面所作的宝贵研究,亨利·克卢佐在拉伯雷的地形学方面的研究著作。最后,必须特别指出协会主席阿贝尔·列弗朗材料翔实,特别有价值的研究,尤其是他关于三部小说的引论,这三部小说是在他的编辑下出版的。

---

① 《人道主义与文艺复兴》。——译者

② Oeuvres de Francois Rabelais. Edition critique publiée par Abel Lefranc (Professeur au collége de France), Jaques Boulanger, Henri Clouzot, Paul Dorneaux, Jean Plattard et Lazare Sainéan〔第 1 卷于 1912 年出版,第 5 卷(《第 3 部》)于 1931 年出版〕。——作者

③ 《拉伯雷的语言》。——译者

④ 让·普拉塔尔:《拉伯雷的创作(起源、创造、构成)》。——译者

⑤ 《拉伯雷的生平》。——译者

⑥ 涉及拉伯雷生活中某些阶段的主要传记著作如下:Dubouchet. *Rabelais à Montpellier*, 1887; Heulhard A. *Rabelais, ses Voyages en Italie et son exil à Metz*, 1891; Bertrand A. *Rabelais à Lyon*, 1894; Plattard J. *Adolescence de Rabelais en Poitou*, 1923.——作者

所有我们在这里指出的书，以及一系列其他的拉伯雷研究著作，只好在以后我们的研究进程中再论述。在这里我们还要指出乔治·洛特相当详尽的关于拉伯雷的专著：Lote Georges.*La vie et l' oeuvre de François Rabelais*.Paris，1938 年。[①]

由于这些研究著作的出现，无论是协会会员的著作，还是其他当代拉伯雷研究者的著作，都非常便于拉伯雷文本的语文学研究和理解，并为更广泛、深刻地理解拉伯雷的历史地位，建立他的作品与他同时代的现实以及与以前的文学的联系收集了大量的材料。但是，学者们含辛茹苦收集起来的所有这些材料尚需综合。我们在当代拉伯雷研究者的著作中尚未了解到拉伯雷的全貌。拉伯雷研究者一般都非常谨小慎微，总能细心地避开任何广泛的综合，避开任何深远的结论和概括。唯一一部希望得到这种谨慎的、非常谨慎的综合的书，就是我们已提到的，让·普拉塔尔于 1910 年出版的书（部分的还有上面我们提到过的乔治·洛特的专著）。然而，尽管在让·普拉塔尔和乔治·洛特的书里收集了宝贵的材料，作了某些精辟的研究（这特别涉及让·普拉塔尔），这种综合并不能使我们满意。它甚至比斯塔普菲尔（1889 年）旧的综合性尝试或德国学者施涅冈斯（1894 年）的著作更难使我们满意。

停留在实证主义观点上的当代拉伯雷研究，实际上，局限在材料的收集上。当然，这种材料收集本身是必要的和有益的。然而，缺乏深刻的方法和广阔的视野，就会使这一研究工作的前景受到限制。材料的收集局限于传记事实、时代中意义不大的事件、文学的（主要是书面的）源泉的狭小圈子里；对民间创作源泉的揭示浅尝辄止，通常极为狭隘地理解民间创作体裁，在这种情况下，诙谐的民间创作及其全部的独特性和多样性，几乎完全排斥在研究的范围之外。所有这些辛辛苦苦收集起来的材料，基本上不超出官方文化的范围，然而完整的拉伯雷无论如何也纳入不进这一框架内。诙谐被阿·列弗朗学派的拉

① 乔治·洛特：《弗朗索瓦·拉伯雷的生平和创作》，巴黎，1938 年。——译者

伯雷研究者们评价为次要的现象,它并不触及拉伯雷小说严肃的问题:它要么是在广大人民群众中获得普及的手段,要么只是涂上保护色的伪装,在拉伯雷研究方面,民间诙谐文化的关键问题仍未提出来。

历史学家吕西安·费夫尔的《16 世纪的无宗教信仰问题·拉伯雷的宗教信仰》[①]一书的出现,是拉伯雷研究领域重大的事件。这本书基本上是反对阿贝尔·列弗朗及其学派的。费夫尔未涉及拉伯雷小说的艺术方面,也未涉及拉伯雷的自传资料方面,而列弗朗学派在这方面的研究特别有成效,他感兴趣的只是拉伯雷的世界观,主要是他对宗教、对天主教的态度。

费夫尔的主要任务是,在其文化和精神氛围的条件下,在其时代可能和允许的范围内理解拉伯雷。费夫尔说,如果使个体孤立于时代的"道德气候"和"精神氛围"之外,就不能理解 16 世纪。历史学家的主要任务在于:弄清 1532 年(拉伯雷的小说第 1 部《庞大固埃》出版那年)的人们能够怎样听说和理解《庞大固埃》,他们,而不是我们,又是怎样不能理解这部书的。必须以拉伯雷的同时代人,16 世纪的人的眼光,而不是 20 世纪的人的眼光,来阅读拉伯雷的文本。在费夫尔看来,对于一个历史学家来说,最可怕的过失在于:时代错乱。

从这些观点来看,费夫尔基于自己完全公正的、方法论的要求,对阿贝尔·列弗朗认为拉伯雷在自己的作品中宣扬彻底的、理性主义的无神论的论断加以了批评。费夫尔运用 16 世纪文化和思想各种不同领域的大量而宝贵的材料,力求证明,无论是在 16 世纪的世界感受中,还是在(哲学的和科学的)世界观中,彻底的、理性主义的无神论是毫无基础、毫无根据的,它没有什么可依据。任何否定都应是有根据的,才有某种社会分量和历史意义。缺乏理由和依据的主观主义的和别出心裁的否定(只是——"我否定"),没有任何历史意义。在 16 世

① Febvre Lucien. *Le Problème de l' incroyance au XVI siècle. La réligion de Rabelais*. Paris, 1942.——作者

纪,无论是哲学,还是科学均未提供否定宗教这样的依据(实际上,它尚不存在)。彻底的、理性主义的无神论是不可能存在的(参阅上面所提到的书,第380—381页)。

费夫尔的整部书专讲这种论点的论据。如前所述,费夫尔运用了大量多种多样的材料,这些材料具有无可争议的、独立的,即不依赖于费夫尔的论题本身的价值。根据这些材料,许多已经定型的看待16世纪各种文化现象的观点都应该重新认识。费夫尔的书为理解16世纪文化的某些方面提供了相当多的东西。但是,费夫尔的书很少,况且只是间接地把拉伯雷的小说理解为艺术作品,理解为拉伯雷的艺术世界观和世界感受。拉伯雷的艺术思想一样既不能纳入理性主义的无神论里,也不能纳入无论怎样的天主教的、新教的,或是适应伊拉斯谟的“基督教”精神的宗教信仰中。拉伯雷的思想更广泛、更深刻、更激进。它与任何片面的严肃性、与任何教条主义格格不入。拉伯雷的艺术世界观既没有抽象的、纯粹的否定,也没有片面的肯定。无论是阿贝尔·列弗朗的论题,还是费夫尔相对立的论题,都同样使我们不能正确理解拉伯雷的艺术世界观。它们不能使我们从整体上正确理解16世纪的文化。

全部问题在于,费夫尔和阿贝尔·列弗朗一样,忽视了中世纪和文艺复兴时期的民间诙谐文化。对于他来说,只存在思想和文化严肃的方面。实际上,他在自己对16世纪文化的各个领域所进行的精彩分析中,始终只是停留在官方文化的范围内。因此,在拉伯雷的小说中,他所接受和评价的只是可能在官方文化严肃的层面上被理解和解释的东西,所以,拉伯雷身上最重要的东西——那个真正的拉伯雷,仍旧在他的理解和评价的视野之外。

如我们已指出过的,费夫尔认为,对于一个历史学家而言,时代错乱、现代化是最大的过失。他公正地指责了阿贝尔·列弗朗和其他拉伯雷研究者这方面的过失。然而,呜呼,他本人在对待诙谐的态度上就犯了这方面的过失。他以一个20世纪的人的耳朵去聆听拉伯雷的笑声,而不是像1532年的人那样去聆听。因此,他不能以他们的眼光正好从这本书最重要、最本质的方面去阅读《庞大固埃》。

弗夫尔是作为一个20世纪的人来接受拉伯雷及其时代的,因而他不理解拉伯雷身上的重要之处,即他的世界观的包罗万象的性质,不理解诙谐的世界观、看待世界的包罗万象的诙谐观点的潜能。因此,他只是在拉伯雷没笑的地方,或者确切些说,是在他,费夫尔听不到这种笑声的地方,在他觉得拉伯雷是一个完全严肃的人的地方寻找拉伯雷的世界观。在拉伯雷笑的地方,对费夫尔而言,他只是在开玩笑,这些玩笑和任何玩笑一样,都是无伤大雅的,说明不了拉伯雷真正的世界观,因为,任何世界观,在费夫尔看来,都只能是严肃的。这样一来,费夫尔把那种在近代,特别是在19世纪极为典型的,对诙谐及其在文化和世界观中的功能的理解,用于16世纪,导致明显的时代错乱和现代化。

费夫尔在自己的书中说道,他对阿贝尔·列弗朗为小说写的绪论中对《庞大固埃》的序的分析感到惊讶。特别使他感到惊讶的是,阿贝尔·列弗朗认为拉伯雷是彻底的无神论的自觉的宣传者的结论。为了检验这个使他惊讶的结论,"他带着某种不安找到自己的拉伯雷,揭示《庞大固埃》的只有笑。他不再持有阿贝尔·列弗朗所说的那种'逐渐增长'的不虔诚的看法。"("On reprend son Rabelais avec quelque inquiétude. On ouvre le *Pantagruel*. On rit. On ne songe plus au 'crescendo' de l' impiété.")费夫尔在那里没有找到"任何暗含的、可怕的、亵渎神明的东西",他只找到"旧教权主义的玩笑"("de vieilles plaisanteries cléricales"),它们在拉伯雷之前就存在。这就是费夫尔在《庞大固埃》的序中所找到的一切(参阅该书第160—161页)。

在这里非常鲜明地表现出费夫尔对拉伯雷的玩笑的态度:它们只能引起笑——"on rit"。然而,恰好这个"on rit"需要分析。我们,20世纪的人的笑,与拉伯雷及其同时代的读者的笑,真是一样的吗?这些"旧教权主义的玩笑"的本性是什么?如果在它们背后没有阿贝尔·列弗朗从中看到的那种严肃的、抽象的无神论的倾向，那么，或许，它们之中就有某种别的东西即更有意义、更深刻、艺术上更具体的东西(即看待世界的诙谐观点)？然而，费夫尔没有提出这些问题。显然，他认为，笑在所有时代永远是一样的，玩笑永远只是玩笑。因此，他把自己精辟的历史分析集中于拉伯雷小说的严肃的部分(确切些说，集中于他觉得好像是那样的部分)，而诙谐则作为某种非历史主义的和永恒不变的东西被搁置一边。

千百年来在民间诙谐文化最多样化的形式中(首先是在诙谐的仪式—表演形式中)形成的看待世界的诙谐观点，却被费夫尔所忽略。在分析某些"教权主义的玩笑"诸如"Sitio"("渴")、"Consummatum est"("完了")等(它们的大胆使阿贝尔·列弗朗感到惊讶)，他只限于指出它们传统的性质和它们的无恶意。他没看到，这只是巨大的和统一的整体，民间狂欢节的世界感受、包罗万象的看待世界的诙谐观点的一小部分。为了看到这一点，有必要揭示出诸如 parodia sacra、risus paschalis，[①]中世纪巨大的诙谐文学，当然，首先是狂欢节仪式—表演形式，这样一些世纪相传的现象的历史含义。然而，费夫尔没有做到这一点。他的全部注意力只集中于文化和思想"严肃的"(按照 19 世纪的精神)现象上。例如，在分析伊拉斯谟及其对拉伯雷的影响时，他没有涉及《愚人颂》，而这部作品恰好与拉伯雷的世界最相一致。他感兴趣的只是"严肃的"伊拉斯谟。关于传统的教权主义玩笑，只是书中的一小部分，标题为《神职人员的某些笑话》(第 161—165 页)，总共只占五百页中的五页。费夫尔在关于在其布道中运用"拉伯雷的滑稽小说"的传教士梅诺和梅伊亚尔(第 179—182 页)的一小部分中还涉及 16 世纪文化中的诙谐因素。在书的其他一些地方还有为数不多、简短的某些论 16 世纪文化中的诙谐因素的意见，但是这些因素都是按照 19 和 20 世纪关于诙谐的概念的精神来解释的。最有代表性的是，书中在谈到世界文学所有作家中最狂欢化的作家时，"狂欢节"一

① 神圣的讽拟、复活节的诙谐。——译者

词仅见到唯一一次(在分析爱比斯德蒙在阴曹地府的所见所闻时)。

书中有一处,费夫尔似乎愿意承认诙谐的历史性。他声称,“反讽是时代之女”(第172页)。但这一论点完全没有得到发挥,只是为了限定拉伯雷作品中的诙谐因素时才采用它们。费夫尔认为,在拉伯雷的小说中,直接严肃的论点,要比照通常所想的在经常能听到反讽,而实际上没有反讽的地方,要多得多。

我们认为,费夫尔的这些论点根本不正确。在拉伯雷的世界里只可能有相对的严肃性。甚至那些在别的语境或单个来看,可能是完全严肃的(如:德廉美修道院、高康大给庞大固埃的信、关于英雄之死的章节等),在拉伯雷小说的语境中却具有诙谐的泛音,从周围的诙谐形象身上反射到它们之中。诙谐的观点是包罗万象的,并波及一切方面。然而,费夫尔恰恰没有看到诙谐的这种包罗万象性和世界观性,以及诙谐的特殊真理。对他而言,真理只能庄严地说。他也没有看到诙谐的双重性。

然而,在更广泛的历史主义的层面上费夫尔的论点也是不正确的。在过去的世界文化中,诙谐和反讽(作为弱化的笑的形式之一),要比我们的耳朵所能听到和捕捉到的东西多得多。某些时代(古希腊罗马、中世纪)的文学(包括演说)简直是充满着弱化的笑的各种形式,其中有些形式我们已不再能捕捉到。尤其是我们往往丧失讽拟的感受。毫无疑问,我们当前需要重新阅读,在另外的音区去倾听过去时代世界文学中的许多东西。但为此首先必须理解过去时代民间诙谐的特殊本性,它的世界观性、包罗万象性、双重性、与时代的联系等等,即所有近代的诙谐几近完全丧失的东西。

费夫尔对民间诙谐文化的忽略,导致他对文艺复兴时期和16世纪的法国的曲解。这一时代极有代表性的那种特殊的内在的自由、那种几乎绝无教条主义的艺术思维,费夫尔没有看到,也不想看到,因为没有找到它们的依据。他描绘了一幅片面的、虚假的16世纪文化图景。

整个文艺复兴时期，尤其是法国的文艺复兴，在文学领域的特点首先是，民间诙谐文化在其最好的可能中被提高到时代的崇高文学的高度，并使之成为创造力量的源泉。不揭示出这一点，就既不能理解文学，也不能理解时代的文化。毋庸置疑，把时代的一切丰富、复杂、矛盾的内容仅仅归于这个因素是不允许的。然而，正是这个因素，一个特别重要的因素，至今仍未得以揭示。这对于理解拉伯雷特别有害。

最后，不得不同意皮·杰克斯在《我们没有能力评价拉伯雷的创作》一文中对费夫尔的书所作的尖刻的评价："……费夫尔的书是拉伯雷逝世后四百年间所有试图使其创作脱离人民的书中，最为精细的一本。"[①]

我们简要地分析一下我国的拉伯雷研究现状。

革命前的俄罗斯文艺学几乎完全不研究拉伯雷。我国没有拉伯雷研究者。没有出过一本有关他的书和专著。革命前整个俄罗斯关于拉伯雷的学术文献，仅限于亚·尼·维谢洛夫斯基一篇篇幅相当大的文章《拉伯雷及其长篇小说》[②]和尤·福赫特的一个小册子(没有任何学术价值)[③]。

上面提到的维谢洛夫斯基论拉伯雷的文章对于他那个时代(1878年)而言，具有绝对的学术意义。须知它是在法国展开严格的拉伯雷学术研究之前很久，在"拉伯雷研究协会"成立前二十五年出现的。文章中包含有对于那个时代而言极为宝贵和新的研究，既有对时代的研

① 皮·杰克斯：《长篇小说的七个世纪》，莫斯科，1962年，第121页。参阅列·叶·平斯基的《文艺复兴时期的现实主义》(第106—114页)一书中对费夫尔全面展开的批评。莫斯科，1961年。——作者

② 亚·尼·维谢洛夫斯基：《文选》，列宁格勒，1939年。——作者

③ 尤·福赫特：《拉伯雷及其生活与创作》，1914年。最好提一下，圣彼得堡从前的一位法语教师Jean Fleury于1876至1877年在巴黎出版了在他那个时代看来挺不错的，两卷本的拉伯雷编著，尽管这与俄罗斯论拉伯雷的书籍没有直接的关系。——作者

究,也有对拉伯雷小说的某些方面的研究,其中某些已永久地载入拉伯雷研究史册。然而,从我们的角度来看,在维谢洛夫斯基对拉伯雷小说的理解中有严重的不妥之处。

维谢洛夫斯基在对拉伯雷小说的基本性质、它的起源和演变的解释中,把王宫的政治家、统治阶级各种派别的代表(封建贵族、上层公职人员和布尔乔亚)狭隘的应景因素提到首位;人民的作用及其特殊的立场完全未予以注意。譬如,拉伯雷第一个时期(1534 年 10 月之前)的乐观主义被维谢洛夫斯基解释为天真地相信人道主义的胜利,这种胜利是在宫廷的支持下和拉伯雷与宗教改革活动家的友谊的条件下取得的,而拉伯雷在小说的后几部中,在世界观和音调上的变化,则被解释为人道主义的失败。失败是由于宫廷政治生活的改变,同时还有拉伯雷与改革活动家们的决裂所致。然而,诸如天真地相信和失望那样一些感受,是与拉伯雷的诙谐的强大的自然力量格格不入的,而诸如宫廷和统治阶级内部各种派别的政治生活的改变那样一些事件,对于这种渗透着数千年交替和更新的智慧的诙谐而言,所具有的意义并不比杯中风浪或罗马农神节和欧洲狂欢节时小丑们的加冕和脱冕的意义大。拉伯雷的乐观主义,即人民大众的乐观主义,任何与时代有限的可能性相联系的希望与失望,都只是他的小说中的泛音;而在维谢洛夫斯基那里,它们却变为基音。他没有捕捉到拉伯雷的政论中的民间素材。

维谢洛夫斯基没有捕捉到拉伯雷的创作中表现出的民间诙谐的特殊性质和革命本性。实际上,他几乎完全忽略了欢笑的中世纪,对民间诙谐文化数千年的传统评价不足。维谢洛夫斯基把拉伯雷的诙谐理解为“放出来的乡间男童”①原始的、浅显的,近乎动物般的乐观愉快。

实际上,维谢洛夫斯基和西方的拉伯雷研究者一样,只了解官方

① 参阅《拉伯雷及其长篇小说》第 2 章,开始几个段落,对维谢洛夫斯基的这个形象所作的更为详尽的批评。——作者

的拉伯雷。他在拉伯雷的小说中只分析了一些外围因素，诸如玛格丽特·昂古莱姆斯卡娅人道主义小组、早期改革家运动等思潮所反映出来的因素。而拉伯雷的创作在自己的基础上表现了人民大众最根本的利益、愿望和思想，人民大众并未对任何一个相对进步的贵族和资产阶级文艺复兴运动彻底表示同意。

与19世纪西方的拉伯雷研究相一致，维谢洛夫斯基把德廉美修道院的情节提到首位，使之成为独特的解开拉伯雷的世界观及其整个小说之谜的钥匙。其实，德廉美修道院的情节，对拉伯雷的世界观、形象体系、风格都不具代表性。虽然在这一情节中有民间乌托邦的因素，但德廉美修道院的情节基本上是与文艺复兴时期的贵族思潮相联系的；这不是民间节庆的，而是宫廷节庆的人道主义乌托邦，它更多地散发的是玛格丽特王妃[①]的宫廷小组的气息，而不是民间狂欢节广场的气息。德廉美修道院的情节在这方面退出拉伯雷的形象观念和风格体系。

维谢洛夫斯基的观点，几乎直至今日仍在许多方面决定着大学课程中、文艺复兴时期的文学概述中对拉伯雷的阐释。

苏联的文艺学研究直到卫国战争前都没有给这种立论带来实质性的变化。拉伯雷，世界文学中最伟大的现实主义者之一，几乎长期完全被人所忽视。在《文学百科》中有阿·阿·斯米尔诺夫一条不长的、介绍性的词条，拉伯雷小说节译本第二版中附有鲍·阿·克尔热夫斯基一篇同样性质的文章，最后，阿·卡·吉韦列戈夫在《法国文学史》(苏联科学院出版社)中撰写了有关拉伯雷的章节，它也未提出研究的目的；还有两篇才华横溢的小文章：弗·费·希什马廖夫的《光荣的高康大的故事》[②]和以·叶·维尔茨曼的《拉伯雷与人道主义》[③]，这差不多就是所有已发表的关于拉伯雷的著述。没有一本论拉伯雷的

① 又称玛戈王后。——译者

② 《纪念科学院院士阿·伊·索波列夫斯基文章汇编》，列宁格勒，1928年。——作者

③ 《莫斯科国立师范学院学报》，1935年，第1册(文学通史教研室)。——作者

专著;没有一个人全面尝试根据苏联文艺学的状况和任务,尤其是根据现实主义和民间创作的历史和理论问题重新审视拉伯雷的遗产。

卫国战争以后情况发生了改变。1948年,苏联第一本论拉伯雷的专著,叶·马·叶夫尼娜的《弗朗索瓦·拉伯雷》(国家文学出版社,莫斯科,1948年)一书问世。这本书具有不容争辩的优点。叶夫尼娜的书里没有西方拉伯雷研究者固有的对拉伯雷小说中的喜剧因素的蔑视。拉伯雷对她而言,首先是一位喜剧作家。诚然,叶夫尼娜把拉伯雷确定为讽刺家,但她对讽刺性的诙谐的理解非常宽泛,与施涅冈斯等其他作家不同,她把重要的肯定因素如高兴、愉悦、欢乐均包括在内。根据叶夫尼娜的观点,拉伯雷的诙谐,是多面的和双重性的(尽管叶夫尼娜没有用后一术语)。这样理解拉伯雷的诙谐,使叶夫尼娜对拉伯雷作品中独特的喜剧手法作出有趣而详尽的分析。叶夫尼娜的书,为年轻的苏联的拉伯雷研究作出了宝贵的贡献。

战后时期出现了一系列有关拉伯雷的通俗读物:伊·伊·阿尼西莫夫的纪念文章《弗朗索瓦·拉伯雷》(《旗》,1953年第5期)、叶·马·戈尔杰耶夫的文章《伟大的人道主义者拉伯雷》(载《中世纪》汇编,第7集,莫斯科,苏联科学院出版社,1955年)、谢·德·阿尔塔莫诺夫为拉伯雷的《高康大和庞大固埃》所写的前言(翻译:尼·米·柳比莫夫,国家文学出版社,1961年)以及他的一本小书《弗朗索瓦·拉伯雷》(文学艺术出版社,1964年)。1960年,谢·狄·瓦伊曼观点新颖、才华横溢的小册子《拉伯雷的艺术方法》问世。

然而,列·叶·平斯基《文艺复兴时期的现实主义》一书中的长篇概述《拉伯雷的诙谐》(国家文学出版社,莫斯科,1961年,第87—223页)①的出现,是我国拉伯雷研究中最有意义的事件。

与大多数拉伯雷研究者不同,平斯基认为诙谐是拉伯雷小说中基本的有机因素,不是外在的,而是拉伯雷本身审视和理解世界的内在形式。

① 列·叶·平斯基的观点最初是在他的《论拉伯雷作品中的喜剧因素》一文中论述的(参阅《文学问题》,1959年第5期)。——作者

他既没有把诙谐从拉伯雷的世界观中分离出来,也没有把诙谐从他的小说的思想内容中分离开来。从这个角度来看,平斯基为数世纪来对拉伯雷的理解和评价作了批评性的概述。他的结论是:“从对数世纪来拉伯雷评价的演变所作的这一简略的概述中不难发现,只有当这样理解拉伯雷的作品时,即不降低其诙谐的意义、不使喜剧因素与解放的、进步的思想、与《高康大和庞大固埃》的内容相分离时,每一次理解才是富有成效的。只有在这种情况下,他的创作生命的新的、重要的方面才被开掘出来。在一切世纪,对于读者积极的理解而言,拉伯雷首先仍是喜剧天才。”(第118页)不能不同意平斯基的这些结论。

平斯基否定拉伯雷的诙谐的讽刺性质是完全合情合理的。拉伯雷不是通常意义上的讽刺家。他的诙谐完全不是针对现实的某些纯否定的现象。只有小说后几部中的某些次要人物和情节才具有讽刺的性质。从小说的主导形象方面来说,拉伯雷的诙谐是深刻、积极的。平斯基的说法是:“它在整体上并非确切意义上的讽刺,并非反对弊端的愤慨或反对社会和文化生活中的恶的义愤。庞大固埃的伙伴,首先是约翰修士或巴奴日,他们绝不是讽刺型的,他们是喜剧因素的主要体现者。无拘束地表现情感天性的滑稽:约翰修士的饕餮、巴奴日的淫荡、少年高康大的猥亵,不会引起读者的义愤。庞大固埃小圈子成员之一,叙述人阿尔高弗里巴斯·纳杰本人的语言和全部面貌,在对待巴奴日方面明显排除了任何讽刺的语调。不如说这是亲密的朋友,叙述人的第二个‘我’,就像他的主人公。巴奴日应该令人开心、惹人发笑、使人惊奇,甚至以自己的方式教训拉伯雷的读者,但无论如何也不会使读者愤怒。”(第188页)

平斯基令人信服地揭示出拉伯雷的诙谐的认识方面的性质以及它与真理的联系。诙谐清除意识中虚假的严肃性、教条主义、任何不清醒的感情冲动。我们还要援引平斯基本人相应的表述。他在给《庞大固埃》序诗作注解时说:“《庞大固埃》中的诙谐,同时既是主题,又是论据。需要还给读者笑的能力,而痛苦剥夺了读者的这种能力。为了了解真理,他应该回到人的本性的正常状态。一百年过去了,从痛苦和高兴的感情冲动中解放出来,斯宾诺莎才找到通向真理之路。他的座右铭是:不要哭,不要笑,而要去认识。对于文艺复兴时期的思想家拉伯雷来说,诙谐就是从模糊生活认识的感情冲动中解放出来。诙谐证明并赐予明显的精神成熟。喜剧情感和理智是人的本性的两个标志。真理本身在笑,使人处在安详、快乐、喜剧的状态中了解真理。”(第 174 页)

在我们看来,承认拉伯雷的诙谐的双重性是平斯基的观点中非常重要的方面。他在自己的概述中谈到这一点时这样说道:“拉伯雷的诙谐最令人惊叹的特征之一就是音调的多义性、对喜剧对象的复杂态度。直率的嘲笑和辩护,脱冕与赞赏、反讽与颂歌结合在一起。”在另一处(第 183 页)写道:“拉伯雷的诙谐,同时既是否定的,又是肯定的,但最确切的,就像‘渴求的’庞大固埃一伙本身,是‘探寻的’和‘期待的’。在知识面前无止境的热情与审慎的反讽在此相互转换。这种诙谐的音调本身表明,两种矛盾的因素甚至在形式方面亦同时相兼容。”

平斯基在自己的概述中揭示出拉伯雷作品中诙谐的主要源泉。他感兴趣的不是喜剧因素的外部的形式主义的手法,而正是其存在本身的源泉,可以说,即存在本身的滑稽。他认为“生活本身的运动”,即形成、交替、存在的令人发笑的相对性,就是诙谐的主要源泉。谈到这一点时,他这样说道:“一切相对性的情感,伟大与渺小、崇高与卑微、童话的与现实的、生理的与精神的,发生、成长、壮大、衰落、消失、永生的大自然的形式的更替的情感,是拉伯雷的作品产生滑稽可笑的效果的基础。”平斯基把人的本性的坚不可摧的乐观愉快看作是诙谐的另一源泉,它与第一个源泉有着密不可分的联系。我们援引他的说法:“在第四部的前言中,庞大固埃精神被定义为‘一种蔑视身外事物的深刻的、坚不可摧的乐观主义’。拉伯雷作品中令人发笑的源泉,不仅仅是蔑视身外事物,不阻挡生命运动(因为‘万物归宗’是不可逆转的,这是神瓶大殿中刻写的诗句),不仅仅是时间的进程和社会的历史运动、王国和帝国‘更替’的规律。人的本性‘深刻的、坚不可摧的乐观主义'也是诙谐的重要源泉,它能够超越时间现象,即将其理解为一时的和暂时的。"(第147页)在平斯基看来,拉伯雷作品中诙谐的主要源泉就是这些。从所援引的说法可以看出,平斯基深刻地理解了自古以来诙谐与时代,与时代更替的联系。他在自己著作的其他地方也强调了这种联系。

我们在这里分析的只是拉伯雷的诙谐观点最主要的一些因素,它们论据充分,在平斯基的概述中得到淋漓尽致的发挥。平斯基依据自己的观点对拉伯雷小说中最重要的情节及其主要人物(高康大、庞大固埃、约翰修士和巴奴日)作了深刻、细腻的分析。对巴奴日形象的分析尤为有趣和深刻。平斯基正确地评价了这一形象(和莎士比亚笔下的福斯塔夫形象一样)对于理解文艺复兴时期的世界观的巨大意义。

平斯基没有分析诙谐和民间诙谐文化史,特别是没有涉及拉伯雷的中世纪源泉。他的方法(在该概述中)基本上是共时的。但是,他指出了(第205页)拉伯雷的诙谐的狂欢节性质。

苏联拉伯雷研究的状况就是如此。从我们的简述中可以看到,与当代西方的拉伯雷研究不同,我们的研究者们没有把拉伯雷的艺术世界观与他的诙谐脱离开来,而首先力图正确地理解这种诙谐的独特性。

最后,还想对尼·米·柳比莫夫的译文说几句。这个译本的问世是一重要事件。可以说,俄罗斯读者首次阅读了完整的拉伯雷的小说,首次听到了他的笑声。虽然我们早在18世纪就已开始翻译拉伯雷的小说,但实际上,只翻译过一些片段,甚至都不能略微地传达出拉伯雷的语言和风格的独特性和丰富性。这个任务极其困难。甚至产生拉伯雷的作品不可译为外国语的看法(在我国维谢洛夫斯基支持过这种看法)。因此,在世界文学的所有经典作家中唯独拉伯雷未进入俄罗斯文化,未被俄罗斯文化有机地融合(像莎士比亚、塞万提斯等人那样被掌握)。这是一个非常重要的空白,因为通过拉伯雷才能揭示民间诙谐文化这个巨大的世界。由于尼·米·柳比莫夫精彩的、近乎完全符合原意的翻译,拉伯雷开始用俄语说话,带有其一切不可重复的拉伯雷式的无拘无束，带有其一切不可穷尽性和诙谐的形象观念的深度说话。这一事件的意义未必会评价过高。

夏忠宪　译

第二章　拉伯雷小说中的广场语言

我愿知道你的含义
捉摸你的深奥的言语①

拉伯雷小说的某些因素从17世纪起对小说的鉴赏者和读者便构成一种障碍，我们首先要研究的正是这些因素，拉布吕耶尔把这些因素称为"恶棍的欢乐"和"肮脏的堕落"，伏尔泰称之为"厚颜无耻"和"龌龊下流"，而我们则暂以假定和隐喻的方式将这些因素称为拉伯雷小说的广场因素。18世纪马尔西神父和彼罗神父将广场因素从拉伯雷小说中精心剔除，到了19世纪乔治·桑也打算如此行事。迄今为止广场因素还妨碍着在舞台上公演拉伯雷的作品（而没有一个作家比他更易引起演出的轰动）。

直到现在，拉伯雷小说中的广场因素仍然让读者，而且不仅仅是一般的读者感到棘手。很难将这些因素有机地、彻底地镶入作品的艺术结构之中。广场因素在近代才被赋予的那种狭隘的，有限的，特指的意味扭曲了拉伯雷对广场因素的正确理解。在他那里，广场因素的意义包罗万象，远非一幅现代的春宫画。因此拉伯雷的鉴赏家和研究者对"既单纯又粗野的16世纪"留下来的这笔无法回避的遗产采取了一种宽容的态度，只强调这种旧式的淫行天真无邪的一面，从而将它与现代的那些变态下流之作巧妙地区别开来。

① 亚·谢·普希金：《不寐篇》，维·阿·茹科夫斯基编，第2行。——作者

18世纪加利安尼神父颇为俏皮地表达了这种宽容态度。他说："拉伯雷的淫行,天真无邪,就像穷人的屁股。"

亚·尼·维谢洛夫斯基对拉伯雷的"粗鄙"同样表示宽容,只不过用的是另一种方式,不那么拉伯雷化。他说:"可以称拉伯雷是无耻下流的,然而他也像一个健康的乡间男童,从没有烟囱的农舍中放出来,径直奔向春天。他莽莽撞撞地跑过一个个水洼,把泥泞溅在行人身上,快活地大笑起来,一团团泥沾满了他的双腿和那张因享受着动物般的春天的欢乐而变得通红的脸膛。"(亚·尼·维谢洛夫斯基:《文选》,第241页)

对亚·尼·维谢洛夫斯基这一论断应该详细研究。我们姑且把他描绘的乡间男童这一形象所具有的种种因素当成真的,并与拉伯雷式的粗鄙的特征加以对照。

首先,亚·尼·维谢洛夫斯基选取的整个乡间男童的形象在我们看来恰恰是极不妥当的。拉伯雷的粗鄙本质上是同中世纪晚期和文艺复兴时代的城市广场、集市和狂欢节广场联系在一起的。其次,这全然不是一个从没有烟囱的农舍中放出来的男童个人的欢愉,而是聚集在城市广场的人群集体的欢愉。春天的比喻在这一形象中再恰当不过了:这的的确确是春天的或谢肉节式的,或复活节式的笑。然而它却完全不是一个"莽莽撞撞在水洼上"奔跑的男童天真无邪的欢乐,而是民间节日的欢乐,其形式在漫长的几个世纪中就已逐渐形成。现在,春天或谢肉节式的快活放纵的形式已转化为历史的春天,迎来了新的时代(亚·尼·维谢洛夫斯基也注意到了这一点)。男孩,即青春、未成年、未成型这一形象本身也需要加以补充说明。这一形象只有从隐喻的角度去看才是恰当的,这就是古老的青春,这就是赫拉克利特笔下的顽童。而从历史的眼光着眼,拉伯雷的"粗鄙"则属于他小说中的那些最古老的层次。

让我们继续对亚·尼·维谢洛夫斯基的形象"吹毛求疵"。他的乡间男孩把泥泞溅到行人身上。对拉伯雷式的"粗鄙"来说,这一比喻太平和、过于现代。溅起泥泞意味着"贬低化"。但怪诞的贬低永远是指实实在在的身体下部，生殖器部位。所以溅起的完全不是泥泞，而是粪与尿。这是一种极为古老的贬低化动作，是“溅起泥泞”这一平和、现代的隐喻之本意。

我们清楚，粪在愚人节的仪式上曾起过很大的作用。当被众人推举出来的小丑主教在教堂主持隆重的祈祷之时，人们摇的不是神香，而是粪便，祈祷一完，教士们就坐上装满粪便的马车；他们行驶在大街，将粪便扔向尾随的人群。

抛洒粪便也成了即兴表演的一种仪式。我们知道在 *Roman de Fauvel*① 中就有对 14 世纪的即兴表演的描写；从中我们得知，在向行人掷粪便的同时还伴随着另一种宗教仪式的行为，即朝井中撒盐②。狂欢节的时候粪便似的（主要指口头上的）放纵起着巨大的作用③。

就是在拉伯雷那里浇尿和淹死在尿中的情节也起着很大作用。我们回忆一下小说第一部中有名的一段（第 17 章），高康大把尿浇在聚集身边的好奇的巴黎人身上。我们又想起同一部中的另一情节，高康大的马在旺代浅滩边上撒尿，淹没了毕克罗寿的一部分军队，还有朝圣者陷入高康大的尿河之中的情节。最后，我们想起第二部里庞大固埃撒尿淹没了安那其国王的兵营。我们还将回到所有这些情节上来。在这里唯一重要的在于揭示隐藏在亚·尼·维谢洛夫斯基委婉的隐喻（溅起泥泞）之后的一种传统的贬低化动作。

粪便作为抛掷物甚至在古希腊文学中便已出现了。从埃斯库罗斯的羊人剧《骨头收藏家》的断简残篇中可以看到，有一段情节描写人们将“臭气熏天的器皿”，即夜壶，扔到奥德修斯头上。在未能留传至今的索福克勒斯的羊人剧《亚该亚人的盛宴》中也有着一模一样的描写。类似的情节也用到了喜剧人物赫拉克勒斯身上，绘在古希腊花瓶

① 《福韦尔小说选》。——译者

② 参阅 *Histoire Littéraire de la France* 中的 *Roman de Fauvel*，第 32 章，第 146 页；“L’un getoit le bren au visage…L’autre getoit le sel au puis”，即“一人将粪便掷到他脸上，另一人将盐撒向井中”。——作者

③ 比如在汉斯·萨克斯那里就有谢肉节时的“粪便游戏”。——作者

上的一系列图画即可为证：时而他醉倒在艺妓的门旁，老鸨用夜壶浇他的全身；时而他自个儿提着夜壶去追赶某人。留传至今的还有蓬坡尼的即兴喜剧《你，季奥麦德，浇了我一身的尿》的片段（显而易见，这是《亚该亚人的盛宴》中的一段情节的改头换面）。

我们援引的例子说明，抛掷粪便和浇尿是传统的贬低化行为，它不是到了怪诞的现实主义中才出现的，而是古希腊文学中就有了，其贬低化的意义家喻户晓，人人明白。也许，在任何一种语言中都能找到类似"对……对你"这样的说法（完整的表达即对你吐口水或"唾你一口"）。在拉伯雷时代流传着一句"bren pour luy"[①]（拉伯雷在小说第1部的前言中用了它）。这种动作与相应的口头禅，其本意就是实指身体的下部，即生殖器的部位。这是彻底的摧毁，是被贬低者的坟墓。然而所有这类贬低化动作及说法又都是**双重性的**。须知他们所挖的坟墓是肉体的坟墓。须知肉体下部，生殖器部位即是能授胎和分娩的下部。因此，在尿和粪便这两个形象中保持着与分娩、多产、更新、吉祥本质上的联系。在拉伯雷时代，这种肯定的因素尚完全存在并清晰可感。

拉伯雷的小说第四部中有一段大家都知道的情节，叫"巴奴日的羊群"。其中生意人丹德诺大肆吹嘘他的羊，说它们的尿就像上帝的尿一样有奇效，能提高土地的肥力。在第四部所附的一篇《前言摘要》（*Briefve declaration*）中，拉伯雷自己（或无论如何也是他的同时代人和同一文化圈子的人）[②]对这个地方作了这样的注脚："如果上帝真的在这里撒过尿的话"（Si Dieu y eust pissé）。这本是巴黎和整个法国老百姓中的一句民间口头禅。老百姓认为我们的上帝在那里撒过尿或排泄过其他一些自然之物，比如唾液（在约翰那里就是这样的，第9章："Lutum fecit ex sputo"——"用唾液做成的油膏"）的所有地方都是人

① 法语：给他大粪。——译者

② 《巨人传》第5部的《简要说明》是否由拉伯雷所作，尚存争议。——译者

间福地①。

这个地方很能说明问题。它证实在那个时代的民间传说和语言本身之中，排泄是与肥沃牢不可破地联系在一起的，证实了拉伯雷本人了解这种联系，因此他完全是有意识地利用了这种联系。接下去我们会看到，拉伯雷毫不迟疑地将"我们的上帝"（"Notre Seigneur"）和"上帝的祝福"的概念与粪便的概念联系在一起（这些概念在他所引用的"民间口头禅"中就已经联系在一起了）。他并不认为这样的做法有何亵渎之处，也未意识到两种概念之间那种修辞上的深刻差异，而两者之间的差异对 17 世纪的人们来说已是昭然若揭了。

为了正确地理解像抛掷粪便、浇尿和诸如此类的广场狂欢节的动作和形象，必须注意下面这一点。所有这类动作的和口头的形象均为贯穿着统一、生动的逻辑的狂欢节整体的一部分。这个整体就是一出伴随旧事物灭亡新世界诞生的诙谐剧。每一个独立的形象都从属于这一整体的蕴含，即便这个形象单独出现，也都通过自身去反映矛盾地生成起来的那个世界的统一概念。在参与这个整体时每一个这样的形象都具有深刻的双重性，它与生命、死亡、分娩有着最为本质的关系。因此所有这样的形象毫无我们所理解的粗鄙和粗野。然而若从另一种世界观体系理解同样的这些形象（譬如，同样的抛掷粪便和浇尿），这些形象就成了不折不扣的粗俗下流，失去了自身的正反同体性，丧失了自己与生命—死亡—分娩的直接关系。因为在这样的世界观系统里，生成的正负两极（分娩与死亡）彼此隔绝，它们对峙地存在于互不相融的不同形象中。它们凸现的仅仅是否定的因素，而且它们所指的现象（如粪便、尿）也只有狭隘的，日常生活的，单一的意思（即"粪便""尿"在我们现代的意义上）。这些形象，更确切地说是与这些形象相适应的用语，正是在这种发生了意义的根本改变的情况下，在各民族无拘无束的言语中保存下来的，的确，在这些用语里至今还保

① 参阅拉伯雷《一卷本》，L. Moland 出版社，*François Rabelais Tout ce qui existe de ses oeuvres*，第 478 页。——作者

留着古代世界观那悠远的回响，还能隐略地感受到广场的无拘无束，也正是这一点才能解释它们顽强的生命力和广泛的传播性。

拉伯雷的研究者们在理解和评价拉伯雷作品中的广场因素时，通常只是去注意它们的现代意义，而割裂了它们与其载体整个狂欢广场活动的联系。因此他们捕捉不到这些形象深层的双重性。

我们再举几个类似的例子，以证明在拉伯雷时代在尿和粪便的形象中复活、肥沃、革新及吉祥的因素尚完全存在并能够感受到。

在福林格的*Baldus*（众所周知，这部夹杂着许多外国话的作品对拉伯雷有某种影响）中有一段情节：在地狱中秦加尔通过浇尿使一名少年死而复生。

在《骇人听闻的传奇》[①]中有一段情节：讲高康大撒尿撒了三个月零七天十三又四分之三小时零两分钟，撒出了一条罗讷河及河上的七百艘船只。

正是在拉伯雷那里（小说第2部），法国和意大利的全部有药效的温泉均是病中的庞大固埃的热尿形成的。

在小说第三部（第17章）中拉伯雷暗用了一个古希腊的神话，根据这个神话朱庇特、尼普顿和迈尔古里用尿造出了（拉伯雷的素材来源于奥维德的《岁时记》）奥里翁[②]（取自希腊文 οδροετν——“撒尿”一词）。他利用下面这种有趣的方式来含沙射影：朱庇特、尼普顿和迈尔古里“...officialement...forgerent Orion”[③]。“Official”本指教会警察局的警官，然而人们却开始如此这般地，以独特的无拘无束的贬低言语来称他们为夜壶。（这种用词方法在15世纪的语言中便已存在。）而我们现在，众所周知，有时人们也将夜壶称作“将军”。由此拉伯雷以其特有的非凡灵活的语言创造出了“Officialement”这一词语，它意味着“用尿造成”之义，（也不妨译为“按将军的方式造出”，或“按阁下的

① 这是《高康大大事记》的扩写和修改本。其中有许多情节借自《庞大固埃》。它大约出版于1534年，作者是 François Gerault。——作者

② 古希腊神话中的匠人，猎手。——作者

③ 用尿造出奥里翁。——译者

方式造出”)。在这个例子里尿所具有的贬低化作用和生殖作用十分奇特地结合在一起。

最后作为类似的现象,我们还要提一下布鲁塞尔城市喷泉中有名的 *Manneken-Pis*[①]。这就是一尊小男孩天真无邪地撒尿的古老的雕像。布鲁塞尔人视他为该城“最古老的公民”并将该城的安全与富足与他的存在联系在一起。

诸如此类的例子举不胜举。适当的时候在另外的有关拉伯雷的材料中我们还将回到这一题目上来。我们暂时就举这些例子。尿和粪便的形象正如所有物质-肉体下部的形象一样是正反同体的。它们既贬低、扼杀又复兴、更生,它们既美好又卑下,在它们身上死与生,分娩的阵痛与临死的挣扎牢不可破地联结在一起[②]。同时这些形象又与诙谐密切相关。通过尿和粪便的形象从欢快的诙谐的角度展现死亡与分娩。因此排泄的形象几乎总是以这样或那样的形式伴随着那些欢快的滑稽怪物。这些怪物创造出诙谐,以取代被战胜的恐怖。这样排泄的形象又与地狱的形象紧紧地连在了一起。可以说,排泄,这就是物质和肉体,主要是诙谐的物质和肉体;这即是用来贬低一切崇高之物,使其肉体化的最为合适的材料,因此它们在诙谐的民间创作,怪诞中现实主义和拉伯雷的小说中以及在无拘无束的话语的流行的贬低语中,才如此重要。然而当雨果就拉伯雷的世界谈到“totus homo fit excrementum”[③]时,对已被欧洲文学意识遗忘的排泄形象中的复兴和

① 麦内肯皮斯喷泉。——译者

② 将临死的挣扎与排泄的行为连在一起,或者把死亡的时刻视为排泄的时刻,在世界文学中,尤其是在佚名的口头创作中我们能发现许许多多这样的例子,这是广为流行的贬诋死亡和贬低行将就木者的方法之一。可以把这种类型的贬低化称为“马尔布鲁克主题”。于此我仅指出正宗文学中的一部优秀的真正农神节的讽刺作品——塞内加的《变瓜记》。在该书中克劳狄皇帝恰好在排泄时死去。“马尔布鲁克主题”以各种变体出现在拉伯雷本人的创作中,例如,“风岛”上的人们在放屁时死去,而且灵魂是通过肛门溜出去的。在另一处拉伯雷举了一个罗马人的例子,他当着国王的面发出放屁声,因此而丧命。类似的形象贬低的不仅仅是死者本人,它们是在贬低死亡,使其肉体化,将死亡变成一种滑稽怪物。——作者

③ 所有的人都得排泄的东西。——译者

更生的因素，他却置之不理。

不过我们还是回到维谢洛夫斯基所提供的那个男童的形象上来吧，现在我们清楚了，“溅起泥泞”的隐喻用来指拉伯雷的粗鄙是极不妥当的。这等于是一个抽象的道德性的比喻。而拉伯雷的粗鄙，这是类似抛掷粪便和浇尿的行为的怪诞的贬低化体系。这是愉快的葬礼。通过这样或那样的独特形式和用语表现出来的贬低化体系贯穿于拉伯雷小说的始终，构成了这样的，与狭隘意义上的粗鄙毫不相干的小说形象。而这一切又只不过是看待世界的统一的诙谐观点的一些因素。

维谢洛夫斯基所提供的整个形象极不恰当。他描写天真的乡间男童被放归自由并宽容地原谅他溅起泥泞的行为，但须知这种行为不是别的，正是千百年来所形成的诙谐的民间文化，其中隐藏着独特的，而绝非幼稚的深刻思想。完全不能把诙谐和逗笑的粗鄙这样的文化称之为天真幼稚，这种文化根本不需要我们的宽容。它要求我们的是对它认真的研究和理解①。

到此我们谈到的有拉伯雷小说的“粗鄙”“淫行”“广场因素”，然而所有这些术语都是假定的，远远不能等同于它们需要说明的那些事物。首先这些因素在拉伯雷的小说中完全不是孤立的东西：它们是小说形象和小说风格整个系统的有机组成部分。只有对于新的文学观念来说这些因素才是孤立的和特指的。在怪诞现实主义和民间节日形式的体系里它们是物质-肉体下部形象中极为重要的因素。这些因素的确是非官方的。不过中世纪的整个民间节日文学均是如此，连笑

① 伏尔泰在 *Sottisier* 中有一个典型的说法，体现了对拉伯雷及其时代既鄙视又宽容的态度：“人们夸奖马罗、阿米奥和拉伯雷，往往就像夸奖偶然说出一句乖巧话的小孩一样。人们赞扬这些作家是因为蔑视他们的时代，而人们赞扬孩子是因为对这样年龄的人并无过高期望。”这是启蒙主义者对待过去，尤其是对待 16 世纪最典型不过的话语。唉，在当代还有人以各种形式连篇累牍地重复这些话语。关于 16 世纪的天真性那些根本错误的认识，必须彻底地加以清楚。——作者

也如此。所以我们便把“广场”因素人为地加以突出。用广场因素来指一切与广场生活有直接联系的东西,一切带有广场非官方性和广场自由的烙印,但同时严格地说来却无法归入民间节日文学形式的那些东西。

首先我们指的是无拘无束的话语的某些现象,有骂人的话、指神赌咒与发誓、诅咒,其次是广场的言语体裁如“巴黎的吆喝”,集市上的骗子和药贩的吹嘘等等。所有这些现象与民间节日文学和游艺体裁之间并没有隔着一道万里长城,它们成了后者的内容,并常常在其中发挥着主要的风格作用;在 dits(民间故事)和 debâts(辩论)中,在魔鬼剧、趣剧、闹剧等中间我们随时都遇到这些现象。广场日常生活体裁与艺术体裁常常是紧密地交织在一起的,以致有时很难在其间划出一道明确的界线来。那些商贩和吹嘘草药的人又是集市上的演员;“巴黎的吆喝”则被赋予诗的形式,配上一定的旋律加以表演;民间戏剧中的摊贩的言语风格与民间书籍中贩夫的吹嘘风格并无二致(甚至这些书中长长的吹嘘似的标题通常都是采用广场叫卖的风格)。中世纪后期和文艺复兴时代的广场是一个统一完整的世界,在那里一切“表演”,从广场的大声吵架到有组织的节日演出,都有着一种共同的色彩,为同样的自由、坦率、无拘无束的气氛所渗透。在广场上像指神赌咒、发誓、骂人的话这样的无拘无束的言语因素已完全合法化了,轻而易举地渗透到所有倾心于广场的节日体裁(以至宗教戏剧)之中。广场集中了一切非官方的东西,在充满官方秩序和官方意识形态的世界中仿佛享有“治外法权”的权力,它总是为“老百姓”所有的。当然,广场的这些方面正是在节日期间才得以充分地展现的。被安排在节日期间举办,但往往持续很长时间的集市具有特殊意义。例如,有名的里昂集市一年中举办四次,每次持续十五天;这样一年里整整有两个月里昂过的是集市生活,因而也是相当程度上的狂欢节生活。即使没有本来意义上的狂欢节,集市上也总是笼罩着一片狂欢节的气氛。

因此,非官方的民间文化在中世纪,还有文艺复兴时代,都保留着自己的一块特殊领土——广场，和一段特殊的时间——节日和集市期。这个节日的广场，正如我们多次谈到的那样，是处于中世纪官方世界之中的特殊的第二世界。主宰这个世界的是一种特殊的交往，自由自在、无拘无束的广场式的交往。而在宫廷、教堂、衙门、私宅中却讲究交往的等级原则、礼节、规矩。在广场上充满了一种特殊的言语，无拘无束的言语，它几近于一种独特的语言，不可能存在于其他地方，并与教会、宫廷、法庭、衙门的语言，与官方文学的语言，与统治阶级（特权阶层、贵族、高中级僧侣、城市资产阶级的上层）的语言大相径庭，尽管在一定条件下，广场言语作为一种自发力量已闯入他们的语言领地。在节日期间，尤其是在狂欢节期间，广场的自发情感或多或少地渗透到各个地方，甚至教堂（愚人节、驴节）。节日的广场把众多大大小小的、贯穿着统一的、非官方的世界感受的体裁和形式联合在一起。

恐怕世界文学史中还没有哪一部作品能像拉伯雷的小说那样如此全面、深刻地反映民间广场生活的全貌。在他的小说里我们听见广场的各种声音压倒一切。不过，在倾听各种声音之前，有必要简述一下拉伯雷与广场接触的一段外史（既然拉伯雷的传记中尚有一星半点的材料允许我们这样做）。

拉伯雷极其熟悉他那个时代的广场生活，并且正如我们后面将看到的那样，他善于理解它，并在小说中独出心裁，深刻有力地理解和反映它。

拉伯雷的青春是在丰特奈-勒孔特的考尔德里艾派的修道院中度过的。在那里他开始研究人文主义文化和希腊语，同时也着手研究集市广场独特的文化和语言。在那个时代丰特奈-勒孔特的集市闻名整个法国。它一年举办三次。众多来自法国各地和其他国家的商贩和顾客在此地云集。据格·布歇证明，有许多外国人，尤其是德国人，聚集在这里。汇集此地的还有流浪的小贩、茨冈人以及形形色色充斥于那个时代的粗鲁的无业游民。甚至有这样的观点从16世纪末留传至今,即丰特奈-勒孔特是特殊黑话的发源地。在这里拉伯雷便能够观察和聆听集市广场整个独特的生活。

而在其后的一段日子里,拉伯雷经常与主教热奥弗瓦·德·埃斯迪萨克在普瓦图省四处游历,从而得以观察到圣玛克桑的集市和著名的尼奥尔集市(该集市的喧闹拉伯雷在小说中有所提及)。总之在那个时代,普瓦图的广场集市生活和戏剧业特别昌盛。

在这里,在普瓦图,拉伯雷能够了解到广场生活极其重要的另一面——广场的戏剧表演。显然他在小说中展现的那些戏台(les échafauds)生活的专业知识正是在这里学到的。戏台就通立在广场上,台前挤满了观众。混入人群中的拉伯雷能够身临其境地观看神秘剧、道德剧和闹剧的演出。普瓦图省的蒙莫、圣玛克桑、普瓦图等城市恰好在这一时代以诸如此类的戏剧演出名噪一时[1]。无怪小说第四部中谈到维庸的悲喜剧时,拉伯雷将发生的地点正选在圣玛克桑和尼奥尔。整个法国的戏剧文化在那一时代从上到下还完全是与民间广场联系在一起的。

拉伯雷生活的下一阶段(1528—1530年)材料不详。这一阶段他大概巡游于波尔多、图卢兹、布尔日、奥尔良和巴黎的各个大学。在这些地方他熟悉了大学生艺术家的生活。随后,拉伯雷在蒙彼利埃潜心于医学研究,这段时间他对这种生活更为了解了。

我们已经指出学校的节日和课间休息在中世纪艺术和文学中的巨大意义。拉伯雷时代即将来临的时候,欢快的课间文学已上升到正宗文学的地位,并在其中起着十分重要的作用。这种课间文学也是与广场联系在一起的。学校的讽拟体作品,滑稽性改编,悲喜剧,不论是用拉丁语创作的,或是用民间语言创作的,都与广场形式有着起源上的一致性和内在的相似性。整整一系列的学校娱乐活动直接在广场上进行。这样在拉伯雷时代,在蒙彼利埃国王节一到,大学生们便载

① 关于这个问题,参看 Clouzot H. *L' ancien théâtre en Poitou*,1900年。——作者

歌载舞,在广场上举行狂欢节的游行。大学频频在校园外上演道德剧和闹剧[①]。

显而易见,拉伯雷亲自积极地参加过那个时候大学生的娱乐活动。让·普拉塔尔推测,在大学生活期间(尤其是在蒙彼利埃)拉伯雷写了一系列笑话、悲喜剧、逗乐的辩论文章、滑稽的速写小品,通过从事欢快的课间文学,他练就了一种急就成章的本领,这或许能够解释他创作《庞大固埃》的超乎寻常的写作速度。

在拉伯雷生活的下一阶段里昂时期,他与民间集市广场的联系愈加紧密、深入。我们已经提到过著名的里昂集市,它一年中共占去两个月的时间。在里昂这个有许多意大利侨民区的南方城市,广场和街头生活总体上是异常发达的。拉伯雷自己在小说第四部中也提到里昂的狂欢节,其时人们举着丑陋可怕的饿死鬼"Maschecroûte"这一典型的滑稽怪物的塑像。拉伯雷同时代的人还证明,在里昂有一系列其他的群众性节日,例如,五月份的印刷工人节,"工匠王子"推选节等等。

拉伯雷与里昂集市的联系也更加密切了。在出版业和图书贸易上里昂集市名列世界前茅,仅次于著名的法兰克福集市。这两个集市是图书传播和文学宣传极为重要的机构。图书都赶在"集市之前"(春季的、秋季的、冬季的)出版。在很大的程度上里昂集市决定着图书在法国出版的时间。新书的出版发行总是与集市日期步调一致[②]。因而这些日期制约着作者提交手稿的时间。阿·列弗朗成功地利用了里昂集市的日期来确定拉伯雷作品产生的先后顺序。里昂集市的日期调节着整个出版物(乃至学术书籍)的出版,当然,又特别是民间书籍和课间文学这类大众读物的出版。

---

① 这种大学生的课间文学在很大程度上是广场文化的一部分。就其社会性质来讲,它近似民间文化,有时干脆便与之融合。在怪诞现实主义作品(当然,尤其是怪诞现实主义的拉丁语作品)的无名作者中,或许就有不少大学生或曾经上过大学的人。——作者

② 甚至歌德的创作在某种程度上都还按法兰克福集市日期来调整。——作者

拉伯雷先是出版了三篇学术文章,继而又成了这种大众文学的炮制者,因此他与集市广场有了更为紧密的关系。他要考虑的已不单是集市的日期,还有集市的需求、趣味和基调。

几乎是在同一时间里,拉伯雷不仅出版了他那部直接效法民间书《高康大大事记》的《庞大固埃》,而且还出版了《庞大固埃的预测术》(*Pantagrueline Prognostication*)和1533年《历法》(*Almanach*)。《庞大固埃的预测术》是一部根据流行于那个时代的新年预言写出的欢快滑稽的改编作品,这部作品(总共才几页)在其后的几年中多次再版。

上边提到的《历法》是一本广为流行的日历。随后拉伯雷又为后几年出版了这样的日历。一些关于他所编纂的1535年、1541年、1546年,最后还有1550年的日历的资料(甚至是某些片段)流传至今。例如,可以像路易·莫兰所做的那样去推测,拉伯雷出版的一系列日历并不只是这些,从1533年起他每年都出版日历。可以这样说,他是民间日历一贯的编纂者,是"法国的马特维·兰斯堡"。

两类作品,《预测术》和日历与时间、新年,还有民间集市广场有着最本质上的联系①。毋庸置疑,在生命的以后时期拉伯雷对民间广场生活的各种因素都保持着强烈的兴趣和直接的联系,尽管在这一方面他少得可怜的传记资料并未提供任何明确的有意思的事实②。然而,从拉伯雷最后一次到意大利旅行的阶段中留下了一份颇为有趣的文献。1549年3月14日红衣主教让·杜倍雷借亨利二世喜得贵子之机举行了一次国民欢庆。拉伯雷身临其境,对此作了详细的描写,并为此引用了他写给红衣主教吉兹的几封信。该记述被冠以《杜倍雷主教阁下在罗马皇宫中举行 Сциомахия 和庆祝活动》的标题在巴黎和里昂出版。

---

① 将一本正经的饱学之士与集市、狂欢节文学的炮制者集于一人之身,这是那个时代特有的现象。——作者

② 但是关于拉伯雷生平的传说却把他描绘成一个民间广场的狂欢节似的人物。据传,他的生活充满了各种各样的故弄玄虚、装模作样、花拳绣腿。路易·莫兰一语中的地把传说中的拉伯雷称作"un Rabelais de carême prenant"即"谢肉节的拉伯雷"(或"狂欢节的拉伯雷")。——作者

此次广场欢庆的开头表演了惊心动魄的搏斗场面：斗焰火、甚至斗用稻草人扮成的死人。跟诸如此类的节日一样，这个节日带有一定的狂欢节性质。欢庆中还出现了一个必不可少的、圆球型、喷着火焰的狂欢节“地狱”。该圆球被称为“地狱之嘴”和“路西菲尔的脑袋”[①]（见1卷本，Moland出版社，第599页）。欢庆结束时又大肆宴请民众，肉山酒海，完全是庞大固埃似的数量，令人难以置信。

总之这样的欢庆对文艺复兴时代来讲颇有代表意义。布尔克哈特早就指出过，这些欢庆对文艺复兴时代的艺术形式和世界观，对这一时代的精神本身，影响何其巨大和重要。他并未夸大这种影响。而这种影响比他想到的甚至还要大得多[②]。

在那个时代的欢庆中拉伯雷最感兴趣的不是官方庆典，而是民间广场这一面。正是这一面对他的作品产生了决定性的影响。在广场他研究了那个时代丰富多彩的民间喜剧的五花八门的形式。

在小说的第一部拉伯雷描写了年轻的高康大在包诺克拉特指导下学习（第24章），他说：

“他们不去采集植物，而去参观药铺、药材行和配制成药的药房，他们仔细观察各种果实、根、叶、胶、籽、外国进口的油脂，一起研究如何调配炮制。

“他们还去看卖艺的，变戏法的和卖野药的，观察他们的动作、手法、跟斗功夫，听他们卖弄嘴皮子，特别是毕加底省首尼一带地方的人，他们天生就能说会道，凭空捏造，口若悬河。”

完全可以把年轻的高康大研究广场生活的这个故事看作一个自传性的自白。拉伯雷本人就研究过广场生活的这些方方面面。我们要强调的是民间戏剧表演的形式与民间医学的形式，与收集草药者和药剂师，与贩卖形形色色特效药膏的商人和与江湖医生的伴生关系，

① 路西菲尔是基督教神话中堕落的天使，即魔鬼。——译者

② 的确，布尔克哈特指的与其说是民间广场的节日，还不如说指的是文艺复兴时代宫廷的、纯官方的节日。——作者

这对文艺复兴时代的广场说来是很典型的。在民间医学形式和民间艺术形式之间自古以来就存在着传统的联系。由此可以解释为什么广场上的戏子与药贩会集于一人之身。因此拉伯雷小说中的医生形象和医学因素是与小说中整个传统的形象体系有机地联系在一起的。我们引用的段落准确地表明,在那个时代广场生活中医学与戏台是有着直接的伴生关系的。

从拉伯雷少得可怜的传记资料中抽绎出来这段接触广场的外史就是这样的。那么广场究竟是怎样进入了他的小说,又是怎样被表现的呢?

这里摆在我们面前的首先是广场的特殊气氛和广场话语的特殊结构的问题。这个问题在小说一开头,即在他著名的“前言”中我们就已经遇到。我们从讲述广场因素的那一章开始了我们的研究,这是因为从他作品的头几页我们就陷入了一种特殊的广场言语气氛之中。

《庞大固埃》的序言,即按写作和出版的时间为小说第一部的前言是如何编排的呢?这就是序言的开头:

“最有名、最英勇的优胜者,高贵的人们和普通的人们,喜欢阅读引人入胜和体面的书籍的人们!你们一定看见过、读到过、研究过巨人高康大不可思议的伟大传记,并且像真正的信徒相信《圣经》和《福音书》那样相信它,而且还不止一次地当你们和那些可敬的夫人小姐们在一起感到无话可说的时候,就拿这有趣的长篇故事来述说一番,使得你们得到许多人的赞扬和历久不忘的怀念!”

这里正如我们所看到的那样,对《高康大大事记》的赞美与对醉心于这类“大事记”的人们的颂扬是交织在一起的。这些赞美和颂扬保持着戏谑的商人和集市上卖民间图书的小贩的吹嘘习性:须知这些人总是不仅仅吹嘘他们兜售的奇物和图书,而且吹捧“最最可敬的观众”。摆在我们面前的就是广场吆喝口吻和风格上的典型样板。

然而,这些吆喝当然远远不是老老实实、直截了当、“一本正经”的宣传。它们充满了民间广场的诙谐。吆喝者戏弄着一切他们吹嘘的东西,把刚溜到嘴边的所有"神圣""崇高"的事物都引入这种无拘无束的把戏中来。在我们所举的例子里,传记的崇拜者被比作真正的信徒(vrais fidèles),他们相信这些"大事记""就像相信《圣经》或《福音书》上的经文一样";作者认为,这些崇拜者不仅应受到"尊敬和赞扬",而且值得"永世的怀念"(mémoire sempiternelle)。那种充满自由、欢快的游戏的广场特殊气氛出现了,在这种气氛下崇高与卑贱、神圣与亵渎拥有平等的权利,并且加入到同一个友好的词语环境中。广场吆喝的言语永远都是这样的。言语的等级和客套(即官方交往中的言语标准)并未波及广场吆喝的言语,它享有广场诙谐的特权。顺便要指出的是,民间的吹嘘总是反讽性的,总是在多多少少地自我嘲笑(我国旧时的贩夫、货郎等的吹嘘也是如此);在民间广场上甚至贪财和蒙人都带有反讽和半公开的性质。在中世纪广场和街头的"吆喝"("cri")里,无论力度大小,往往都充满着笑声。

应着重指出,在我们引用的"前言"的开头完全不存在中性的客观词语,在这里所有的词语都是赞美性的:"très illustres""très chevaleureux""gentillesses""honnestetés""grandes""inestimables"[①]等(我照原文引用)。最高级占有主导地位;其实,在这里所有的话都是以最高级形式出现的。然而,这当然不是修辞上的最高级,在这里最高级是反讽的,狡猾的夸大其言,言过其实;这是怪诞现实主义的最高级。这等于骂人的话的反面(或更准确地说是正面)。

在该前言的后面几段中,我们听到了集市上的江湖医生兼药贩的"吆喝"。他把传记颂扬为医治牙疼的妙药;并且开出药方讲如何使用:须把传记包在焐热的麻布里,再敷患处。这类讽拟似的药方是怪诞现实主义最惯用的体裁[②]。接下去传记还被颂扬为能减轻花柳病患

① 上列法语单词依次为非常卓越,非常骑士风度的,优雅美丽,诚实正直,伟大,无法估量之意。——译者

② 例如流传至今的还有一种属于中世纪早期的讽拟似的药方,推荐一种医治秃顶的药。——作者

者和风湿病患者的痛苦的良药。

风湿病患者和花柳病患者(梅毒患者)频繁地出现在拉伯雷小说和整个15、16世纪的诙谐文学之中。风湿病和梅毒是“快乐病”,是漫无节制地贪图美食、佳酿、性生活的结果,因此本质上是与物质-肉体下部联系在一起的。梅毒在当时还算一种“时髦病”[①],而风湿病的题材在怪诞现实主义中也很常见;在卢奇安那里我们就能遇到[②]。

在序言的这一部分我们看到医学与艺术传统上就互为交织;然而这里问题不在于表面上把戏子与药贩集于一身,而在于直截了当地宣布了解闷,诙谐的文学作品(《高康大大事记》)具有治病作用;而这种作用又是以集市上的江湖郎中和戏谑的商贩的口气来宣布的;在第四部的前言里拉伯雷重又回到这个题材上来,并且以希波克拉底、盖伦、柏拉图和其他权威的学说来论证诙谐的治病作用。

在列举了《高康大大事记》的种种优点之后,拉伯雷又如此这般续写他的前言:

“难道这什么也不算么?你们去给我找一本书,不管是哪种文字,不管属于哪类学科,只要它能有这种功能、这种效力、这种特性就行,我情愿出半品脱肠子。没有,先生们,没有这种书。我这本书是找不到第二本的,无可比拟的,独一无二。即便把我送进地狱的火里,我也是坚持这个说法。不过不是随大溜,而是‘专门’这样做。假使有人说有的话,你们可以直截了当地把他们当作骗子,宿命论者,虚伪骗人的诱惑的人。”

---

① 梅毒于15世纪晚期出现在欧洲。曾被称作“maladie de Naples”。梅毒的另一个俗称叫“gorre”,或“grand’ gorre”。“Gorre”意即奢靡、排场,“grand’ gorre”意即华美、壮丽、奢靡。1539年出版了一部作品 *Le Triomphe de très haulte et puissante Dame Verole*,即《显赫、强大的维罗尔夫人颂》(verole,即梅毒患者,法语是明性)。——作者

② 卢奇安曾用诗歌的形式写过一部悲喜剧 *трагопо* (剧中的主人公是波达格尔和波达格拉,医生、刽子手与合唱队员)。比拉伯雷年代稍晚的同时代人菲沙尔特写过一部 *Podagrammisch Trostbüchlein*,在此他讽刺性地颂扬风湿病,认为此病是饱食终日,无所用心的结果。正如我们谈到的那样,对疾病(主要是对梅毒和风湿病)正反同体似的颂扬,是那个时代极为普遍的现象。——作者

除了广场上吹嘘时惯用的言过其实的“最最最”之外，这里又举出了一种喜剧式地证明货真价实的特殊方法，即喜剧式地打赌和发誓：谁能指出一本比《高康大大事记》更好的书，作者情愿付出“半品脱肠子”（即内脏、肚肠）；对于不存在更好的书这个说法，作者要“专门”坚持，哪怕被烧死。这类讽拟反讽式的打赌和发誓是广场吹嘘的特征。

我们要特别注意“半品脱肠子”（作者打的赌）。肠子（“les tripes”）不止一次地出现在拉伯雷小说和整个怪诞现实主义的文学中（在拉丁语文学里“viscera”一词相当于“tripes”）。根据所给的上下文，这里当然指的是食物。把牛的胃和肠子仔细洗净，撒上些盐，焖熟。贮藏它们是不可能的，因此在宰牛季节这些“tripes”不值一文，被人们毫无节制地吃得一干二净。此外，有人认为，甚至经过最彻底的清洗，肠子中还留有不少于百分之十的粪便（就肠子的总数而言），这些粪便大概是连同肠子被一块儿吃掉了。“tripes”就是这么一种东西。在《高康大》极为精彩的一段情节里我们还将遇到这个形象。

但是为什么“内脏”的形象在怪诞现实主义中发挥着这样的作用呢？内脏、肚子、肠子——这就是腹部、肚子，这就是五脏六腑，这就是人的生命。但与此同时这也是一个能吸收、吞食的肚子。怪诞现实主义常常玩弄这个词的双重含义，可以这样说，是玩弄这个词的上部与下部。我们曾经引用过亨利·艾蒂安的一段话，从中看到，在拉伯雷时代人们习惯一边推倒小酒杯，一边念着忏悔赞美诗中的话：“上帝啊，请给我造就纯洁的心灵和正直的灵魂，请在我的肚子里使它们复生”（in visceribus meis）：须知酒是能洗净肠子（viscera）的。但问题还不是那么简单，内脏和肠子与排泄和粪便关系密切。其次，肚子不仅仅能吃和吸收，而它本身也能被吃掉和吸收掉（作为食物的 tripes）。在“酒客醉话”（小说第 1 部）中一个准备干下一杯酒的人对另一人说：“您大可不必把什么东西都拿到河中去洗，它（酒杯）会来清洗内脏的。”（内脏一般都在河里清洗。）他指的既是他吃下的内脏，又是他自个的肚子。再有，内脏与死亡，屠宰和杀人（我们这里叫“放肠子”，意即杀害、屠宰)联系在一起。最后,它们还与分娩有联系;肚子诞生着生命。

这样,在"tripes"这一形象上便汇集了一个不可分割的怪结——生命、死亡、分娩、排泄、食物;这是肉体地形的中心,上部与下部相汇于此。所以怪诞现实主义最爱用这一形象来表现既扼杀又分娩,既吞食又被吞食、具有正反同体性的作为物质-肉体的下部。怪诞现实主义的"秋千",上部与下部之间的游戏在这一形象上悠荡得妙不可言;上部与下部,大地与天空浑然一体。接下去我们还将看到,在《高康大》的头几章里拉伯雷通过玩"肠子"一词词义上正反同体性和异类性,创作了一首多么精彩诙谐的交响曲(屠宰节、酒客醉话、高康大的诞生)。

我们所举的例子中,"半品脱肠子",作为前言作者打的赌,不仅意味着某种价值甚微的东西(最贱的一道菜),意味着"粪",而且也意味着生命、内脏(指的是"连同我的五脏六腑")。该形象在这里是正反同体的,充满了双重的含义。

我们摘录的这一段话的结尾颇为典型。赞美之后作者转而谩骂(广场赞美的反面):那些对《高康大大事记》持不同观点的人都被痛斥为"叛教者、骗子、诱惑者"。所有这三种骂人的符号是专门奉送给那些被指责为持异端邪说的人,那些被烧死的人。在这里作者继续戏弄着严肃、危险的事物;他不无用心地把《高康大大事记》与《圣经》和《福音书》加以对照。现在,他也跟教会一样,将所有在《高康大大事记》问题上持不同观点的人都指责为异端,他们将承担由此产生的一切后果,这样大胆地影射教会和教会政策在此具有现实意义。文中第一个骂人的词"宿命论者"(prédestinateurs)(这个词明显地是指信奉命运的新教徒),即可证明这一点。

如此一来,过分地颂扬《高康大大事记》为世上最优秀的、独一无二的书,过分地颂扬那些读此书、信此书的人,坚信《高康大大事记》是唯一的救世法宝,并且愿为此信念献出生命(即以反讽的,正反同体的形式献出“半品脱肠子”)，愿捍卫这些信念直至被烧死(而且是专门的)，还有，将一切持不同观点的人都指责为异端，所有这一切从头到尾都是对作为唯一的保护人，上帝之言(《福音书》)的解释者，唯一的救世主——教会的讽拟。然而这种冒天下之大不韪的讽拟采取的却是诙谐和广场欢快的吆喝形式，其语言和风格无可责难。因此这样的讽拟能够逍遥法外。戏谑的商贩，无论他瞎扯什么话题，只要用的是欢快的诙谐腔调，都不会被指责为异端。拉伯雷采用的正是这种腔调，以诙谐的眼光看待世界是不违法的。因此接下去他无所顾忌，直言不讳地宣称，两个月中售出的《高康大大事记》比九年中卖出的《圣经》还要多。

我们再来看看序言的结尾。结尾是连篇累牍的广场诅咒和骂人的话，它们既针对如果在书中说了哪怕一句谎话的作者本人，又针对那些不相信作者之言的读者。这段结尾如下：

“现在我来结束我这篇前言，如果我在故事里说过一句瞎话，我情愿把灵魂、肉身、五脏、六腑全部交给世上所有的魔鬼。同样，假使你们不完全相信我在这本《高康大大事记》里所述说的，就叫圣安东尼的火烧你们，羊痫风折磨你们，闪电劈你们，腿上生疮瘸着走，拉痢疾拉得骨瘦如柴，浑身颤抖，肛门发炎，像所多玛、蛾摩拉那样被硫黄、火焰、深渊吞没！”

用这一连串广场式的诅咒来结束前言颇有代表性。而首先具有代表性的恰恰是从过分的广场赞美到过于损人的诅咒这个转变过程的本身。这种转变完全顺理成章。广场的赞美和广场的辱骂，这就如一个镍币的两面。假如正面是赞美、反面则是辱骂，反之亦然。广场话语是一个具有两副面孔的雅努斯。广场赞美，正如我们所看到的那样，是反讽的，正反同体的。它处于辱骂的边缘；赞美中充满了辱骂，其间无法划出一道明确的界线，也无法指明，赞美在哪里结束，辱骂又从何处开始。广场辱骂也具有这样的特征。虽然赞美和辱骂在语言中泾渭分明，但在广场言语里两者似乎属于某个统一的一体双身，这个一体双身夸中带骂，骂中带夸。因此在无拘无束的广场言语中骂人的话（尤其是下流话）如此频繁地用于温柔和赞美的含义（拉伯雷作品中有许多这样的例子，我们今后将作分析）。世界和这个世界中的各种现象处于未完成的变态之中，处于从黑夜向清晨，从冬季向春季、从旧事物向新事物、从死亡到诞生的过渡状态之中，怪诞的广场言语（尤其是在它最古老的层面）归根到底是针对它们而发的。所以这种语言中尽是赞美和辱骂，而这种赞美和辱骂的对象，的确，不能说是同一种东西，但也并非界限分明的两种东西。虽然在我们所举的例子中这一点或许表现得并不是那么清楚，但其中的正反同体性却不容置疑：这种正反同体性制约着从赞美向辱骂或从辱骂向赞美有机的、直接的过渡，也制约着这种赞美和辱骂的对象的某种不确定性和非现成性①。

赞美和辱骂如此交融于一个词和一个形象，在本书第六章里我们还将探讨。对于理解过去人类形象思维发展中的整个重大阶段来说，这一现象尤为重要，然而迄今为止它尚未得到揭示和研究。在这里我们要事先指出（尽管略嫌简单化），把世界看作永未完成的，看作同时既在死亡又在诞生，看作一个一体双身的世界这一概念即是该现象产生的基础。将赞美和辱骂合为一体的两种音调的形象竭力捕捉更替因素的本身，去捕捉从旧事物向新事物，从死亡到诞生的过渡本身。这样的形象同时兼有脱冕和加冕的意味。随着阶级社会的发展，这种世界感受只能在非官方的文学中得到表现，而在统治阶级的文化里却无一席之地；在那种文化中辱骂和赞美大相径庭，一成不变，因为官方文化的基础是刻板，死硬的等级制原则，上层和下层永远不会打成一

① 这个多面人式的对象直接是指广场集市上围在戏台周围的人群，是指《高康大大事记》形形色色的读者。赞美和辱骂朝着这个多面人式的对象大肆袭来；须知一部分读者代表旧事物，行将灭亡的世界和世界观，是 агеласт（即不会笑之人）、伪君子、诽谤者和黑暗的代表，另一部分读者代表新世界、光明、诙谐和真理；然而他们全体合在一起就成了一个群体，一个正在死亡又正在更生的人；一个被同时颂扬和诅咒的人。然而这仅仅是近景，而在远处，在群体背后，在人民背后是在死亡中分娩，为死亡而诞生的整个非现成的，未完成的世界。——作者

片。因此在赞美和辱骂的结合中绝无官方文化的音调。然而对于民间广场文化独特的音调来说,这种结合极富代表意义。两种古老的音调那悠远的回响直到今天在无拘无束的言语中还还能听见,由于过去的民间文化并未得到研究,所以赞美和辱骂相结合的现象长期未被揭示。但是让我们再回到前言中去吧。

在这里惯用的广场诅咒的内容本身就具有代表性。几乎所有的诅咒提供的都是一种特殊的人体观点。其中首先是那些针对说话者本人而言的词语具有解剖与肢解身体的性质:说话人把一切——灵魂、肉体、五脏、六腑都交给魔鬼。于此我们重又遇到了带有生命和肉体内脏含意的"tripes"和"boyaulx"(即"献出我的一切连同我的五脏六腑")。

在针对将信将疑的听众而发的七个诅咒中有五个是咒人生病的。(1)安东尼的火,(2)癫痫(mau de terre vous vire),(3)双腿生疮和患跛症(le maulubec vous trousque),(4)痢疾(caquesangue vous vire),(5)肛门丹毒性发炎(le mau fin feu…vous puisse entrer aufondemant)。

类似的诅咒提供的是一种怪诞的肉体形象:这些诅咒要将肉体烧毁,把它扔到地上("mau de terre"),弄残双腿,逼出大便,毁坏臀部,换言之,它们使肉体里外颠倒,将它的下部加以突出。诅咒的特征从来都是指向下部的,在这里即是指向大地、指向双腿、指向臀部。

七个诅咒中的其他两个也是指向下部:(1)"闪电劈你们"(闪电从天而降),(2)"被硫黄、火焰、深渊吞噬",换言之,让你们葬身地狱。

所有这些我们援引的诅咒都是传统上的习惯说法。其中一类属于夸海口"le maulubec vous trousque"(此话在拉伯雷小说中不止一次碰见),另一类,从叠句和音韵(原文中的)来判断,则是摘录于某首街头流行歌谣。在许多骂人的话中肉体地形是同宇宙地形(闪电、大地、硫黄、火焰、海洋)结合在一起的。

在序言的最后,这一系列诅咒使拉伯雷能够极富动感地煞笔收场。这是强烈的、粗暴的贬低化动作,这是怪诞的秋千在停下之前朝地面的垂落。拉伯雷往往是或以骂人的话结局,或以邀请人们大吃大喝收尾。

《庞大固埃》的前言结构即是如此。整个前言自始至终贯穿着广场音调和广场风格。我们听到戏谑的商人、江湖医生、兜售神药的人、卖民间图书的人的"吆喝",最后还听到广场的诅咒,这些诅咒取代了反讽的,吹嘘似的赞美和语意双关的颂扬。这样一来,广场生活常见的吹嘘体裁和无拘无束的广场交际的言语体裁便构成了该前言的音调与风格。前言使用的话语是"吆喝",即响亮的广场话语,它存在于人群之中,既是人群发出的,又是对人群而发的。说话人与广场上的人群打成一片,他不与大家对抗,不教训、不揭发、不恐吓众人,他与大伙儿一起发笑。任何一种统一的、哪怕是稍稍有点阴森、严肃、恐惧、虔敬、顺从的音调都未渗透到他的言语中去。这完全是欢快的,无所畏惧的,洒脱不羁和坦率直白的言语,与种种言语的禁忌,限制和客套不同,它自由地唱响在节日的广场上。

然而与此同时整个这篇前言,正如我们所看到的那样,基本上是对教会的信仰方式讽拟似的滑稽改编。《高康大大事记》影射的是《福音书》;把《高康大大事记》言过其实地捧为唯一的救世之作,是影射唯我独尊的教会真理,广场的辱骂和诅咒是影射教会的偏执、恐吓与火刑。这是被改造成欢快反讽的广场吹嘘的语言的宗教政策。但较之一般性的怪诞的讽拟体作品,该前言的含义又更为深广。这滑稽地改编的正是中世纪的思维原则,正是其中确立真理和信仰真理的方式,这些原则和方式与恐吓、暴力、阴暗、片面的严肃性、偏执不可分割。而前言将我们引入一个全然不同的,与那些原则方式对立的,充满无所畏惧,自由自在和欢快的真理的气氛之中。

《高康大》(按出版时间为小说第 2 部)的前言结构更为复杂。广场话语在这里与书本上的人文主义知识因素和转述柏拉图《会饮篇》中的一段情节联系在一起。然而广场话语和广场赞美—辱骂的音调依然占着主导地位。只不过更具有微妙含蓄、各式各样的细微差别、与更为丰富的对象、题材相协调。

前言以特殊的称呼语开场："著名的酒友，还有你们，尊贵的花柳病患者……"（Beuveurs très illustres et vou Veroles tres precieux）接下去与读者（准确地说是与听众，因为前言的语言是口语化的语言）的整个交谈中那种无拘无束的广场的口吻一下子便认同了这种称呼方式。

在这些称呼语中辱骂和赞美混为一体。肯定的最高级与半是骂人的词语"酒友""花柳病患者"合而为一。这是辱骂似的赞美，赞美似的诨骂，对于无拘无束的广场言语来说是颇有代表性的。

接下去整篇序言的结构自始至终就像一个戏谑的商贩与围在戏台四周的观众所进行的无拘无束的交谈。我们总是会遇到类似的称呼语："你们会觉得他不值一个葱皮钱"，"打开这个小盒，你们就会发现"，"好学生和其他不务正业的人"，"你们不是开过酒瓶塞子吗？"等等。所有这些针对听众的称呼语，其无拘无束的广场音调在这里是显而易见的。

再往下，序言通篇都充满了直截了当的，针对第三者的骂人的话："一个糊涂的修士、少见的马屁精"，"一个四不像"，"一个坏蛋"，"唠叨鬼"。

无拘无束的温柔的辱骂和直截了当的骂人的话构成了整篇前言的言语动感，确定了前言的风格。前言一开头便展现了苏格拉底的形象，一如阿尔奇比亚代斯在柏拉图的《会饮篇》中所描写的那样。阿尔奇比亚代斯把苏格拉底比作西勒纳斯[①]，这个比喻在拉伯雷时代的人文主义者当中很是流行；比德用过这种比喻，伊拉斯谟在他的三部作品中也曾引用，其中的一部（《阿尔奇比亚代斯的西勒纳斯》）显然是拉伯雷创作的直接源泉（尽管拉伯雷也知道柏拉图的《会饮篇》），但是拉伯雷却让这个在人文主义圈子中流行的题材服从于他前言的言语风格：他更为突出地强调了赞美与辱骂在这一题材中的结合。

拉伯雷是这样转述阿尔奇比亚代斯对苏格拉底的描写的：

① 指一种小盒子，外表简陋，但其中的内容异常丰富。详见《巨人传》第1部前言。——译者

“阿尔奇比亚代斯说苏格拉底就是这样:因为从外表看,也就是单从外表形象看,你们真会觉着他不值一个葱皮钱。他确实生得太丑陋了,形象可笑,尖鼻子、牛眼睛、愚蠢的面孔、行动率直、衣饰粗俗,既无财产,更没有女人爱他,任何官也做不来,一天到晚嘻嘻哈哈,跟谁都会碰杯,讲不完的笑话,不肯让人看出他渊博的学识,但是你打开小盒,就会在里面发现一种崇高的,无法估价的药品,也就是说,超人的悟性,神奇的品德,百折不挠的勇气,无比的节操,镇静的涵养,十足的镇定,对于人们梦寐以求的,劳碌奔波的,苦苦经营的,远渡重洋追求的,甚至为之发动战争的一切,更是蔑视到使人难以相信的地步。”

在这里没有明显的(从内容上看)偏离原型(即偏离柏拉图和伊拉斯谟),但是在对照苏格拉底的外表与内在时所用的口吻却比较无拘无束:选词用句和堆砌词语就使这种描写近似于辱骂,近似于通常的拉伯雷式的连篇累牍的骂人的话;在这一词语行列的后面我们感受到一种潜藏的辱骂—谩骂的动感。而对苏格拉底内在品质的描述则大肆铺陈,有点近似歌功颂德:这是最高级的堆砌;在这一词语行列的后面我们感受到的则是广场赞美潜藏的动感。然而在这辱骂—赞美中修辞的成分毕竟还是相当浓厚的。

我们要指出一个十分典型的细节:按柏拉图的说法(见《会饮篇》),“西勒纳斯”是在雕塑家的铺子里出售的,打开它们,里面原来是一幅神像。拉伯雷把西勒纳斯挪到药剂师的铺子中来。正如我们知道的那样,年轻的高康大在研究广场生活时就经常造访这些药铺。盒子中存放的是各式各样的药物、其中就有风靡一时的宝石粉药,人们认为它有治病的功能。列举这些药物(在此我们不去引用)带有药贩和江湖医生响亮的广场吹嘘的性质,这种吹嘘在拉伯雷时代的广场生活中司空见惯。

该序言里其余所有的形象也渗透着广场气氛。随处我们都感到,广场的赞美与辱骂是整个言语的基本的推动力,确定着言语的语气、风格、动态。前言中几乎完全不存在客观的词语,既非赞美,也非辱骂的中性词。随处我们都遇到有吹嘘味道的比较级和最高级。比如："酒味比起油味来要更可爱、更吸引人、更诱惑人、更高超、更精美到不知道多少倍了"或"这些卓越的,这些诱人的书籍"。在第一句话中我们听见商贩在广场和街头抑扬顿挫的吹嘘;第二句话中的形容词"诱人的"也是用于对优质的野味和肉食吹嘘似的描述的。年轻的高康大在智者包诺克拉特指导下去研究的那个广场处处都在"吆喝",广场尽是"药材行和药铺","外国进口的油脂",天生的行骗者首尼人的"戏法和花言巧语"。序言里全部为数众多的新人文主义文化的形象沉浸在这广场的气氛之中。

让我们援引前言的结尾。

"现在,你们高兴吧,我亲爱的人,快快活活地读下去吧,愿你们身心舒坦,腰肢轻松！可是听好,笨蛋们,让鼠疫染上你们,可别忘了为我干杯,我会马上回敬你们!"

正像所看到的那样,这篇前言的结尾与《庞大固埃》的前言相比在语气上略有不同:在这里没有一连串的广场诅咒,而是邀请众人快快活活地读书和开怀畅饮。然而这里也有骂人的话和诅咒,只不过用法温柔。"mes amours",即"我亲爱的人",和骂人的话"vietzdazes"(其实指驴鸡巴)以及众所周知的吹牛一样的诅咒。"le maulubec vous trousque"指向的都是同样的一些人。前言煞尾的这几行中用最通俗易懂的说法全面地展现了拉伯雷式的复合体:欢快的言辞,猥亵的骂人的话,饮宴。然而笑、饮食、生育力、赞美—辱骂等等也是正反同体的物质-肉体下部最单纯的节日般的欢快的表达。这篇前言便就此结束了。

整篇前言中的主要形象是饮宴形象。作者颂扬酒,认为它无论在哪一方面都强于圣油(圣油象征着虔诚的智慧与崇敬,而酒却象征着自由和欢快的真理)。拉伯雷谈到精神之物时所用的修饰语和比喻,大都带有所谓"食用的性质"。在前言中他直言不讳地宣称,他只是在吃饭和喝酒的时间写他的作品。并补充道:"喝酒吃饭的时间才是写这种高深的学术文章和这样重要的题目最适宜的时候。语言学家的典范荷马,还有拉丁诗人之父埃尼乌斯非常明白这一点……”还有,前言的中心内容建议读者在作品中去寻找精髓,也是通过饮食,咬噬和狼吞虎咽的形象表现出来的;作者将这个精髓比作骨髓,并描写一只狗,它咬开骨头,找到藏在其中的骨髓,把它吞掉。这个吞食精髓的形象对拉伯雷和整个民间节日形象系统而言是十分典型的。在这里我们只是顺便涉及而已。拉伯雷小说中的饮宴形象我们将辟专章论述。

拉伯雷所有前言中最精彩,内容最丰富的当推第三部的前言,其中广场话语也起着主导作用。

该序言以这样的称呼语开场:“善良的人,著名的酒友,还有你们,患风湿病的宝贝们,你们看见过昔尼克派哲学家戴奥吉尼兹么?”接下去整个前言通过与听众广场式的,无拘无束的交谈方式展开了。这种交谈充满了饮宴形象、民间喜剧的因素、文字游戏、俏皮话、口头上的滑稽性改编。这是戏谑的商贩表演之前的开场白。前言开头的语气,让·普拉塔尔确定得极其公允:“这是对最粗野的诙谐进行标榜的商贩的口吻。”(拉伯雷学术出版物的注解,阿·列弗朗编)

第三部的前言是以广场辱骂收尾的,其语言之生动花哨令人咋舌。作者邀请他的听众都去大杯地豪饮从他那取之不尽、源源不断的酒桶中流出来的酒。然而他邀请的又只是那些善良的人、酒徒和乐天派、酒客。其余的人如寄生虫和冬烘先生,讼棍和挑刺儿者,妄自尊大、自命不凡的伪君子都将被他赶离酒桶:

“滚开吧,狗东西!别跟我走一条路,别跟我守着一个太阳,坏东西,见你的鬼去!到这里想和狗一样亵渎我的酒,尿在我的酒瓮上么?我这里就有戴奥吉尼兹在遗嘱上叮嘱死后放在他身边的棍子,这是专门驱打阴间的小鬼和地狱的饿狗的。滚开吧,假冒伪善的人!去看羊去吧,狗东西!离开这里,假善人,都见你们的鬼去!你们还没有走么?如果我能咬你们一口,我情愿放弃上天堂。去,去,滚开!走,走,走了没有?但愿你们非用皮条抽不肯拉屎、非吊起来不肯撒尿、非用棍子打不肯翘家伙!"

与《庞大固埃》的前言相比,在这篇前言里谩骂和殴打的对象更为明确。这个对象即是黑暗的、旧的真理,中世纪的世界观,"哥特式的阴沉"的代表。他们阴森严肃、口蜜腹剑,代表着地狱的黑暗,"阴间的小鬼和地狱的饿狗",因为他们遮住了太阳。他们是自由欢快的新的真理的敌人,这个新的真理体现为戴奥吉尼兹的那只已变成酒缸的大瓮。而他们竟敢抨击这欢快真理之酒,并将尿撒入瓮中。在此指的是告密、诽谤、不会笑之人对欢快真理的压制。拉伯雷提供了一种有趣的辱骂法。这些敌人来了,为了"culletans articuler mon vin…"。"articuler"一词意即"批评""责难"。然而拉伯雷却在其中听出了"cul"(屁股)一词并赋予辱骂、贬低的性质。正是为了把"articuler"一词演绎成骂人的话,他才把该词与"cul"对接:为此他在前面加了一个"culletans"("摇摆着屁股")。在《庞大固埃》的尾章中拉伯雷更加恢宏恣肆地运用这种辱骂方式。其中他说到两面三刀的僧侣,他们以阅读"庞大固埃的书籍"来打发时间,目的不在取乐,而是为告发和诽谤这些书,他宣称:"scavoir estarticulant, monarticulant, torticulant, culletant, couilletant et diablicula nt, c'est à dire columniant."①这样,教会的书刊检查(指索邦神学院②的书刊检查)、对欢快真理的这种诽谤便跌到了身体下部、屁股(cul)和生殖器官(couilles)的地位。在接下来的字里行间拉伯雷深化了这种怪诞的贬低,将教会的书刊检查员比作那些流浪者,他们在樱桃成熟的季节走村串乡,在儿童的粪便中乱翻乱刨,从中选出樱桃核拿去出售。

让我们回到序言的结尾。结尾的生动性还因拉伯雷将放牧人传统的吆喝声引入文中而得到加强,放牧人用这种叫声唤狗猎物(借助gzz,gzzz,gzzzzz声来传达)。前言的最后几行是尖刻、骂人的贬低化。

① 俄语译本中尼·米·柳比莫夫是这样翻译的:"他们统统是歪脖鸟、偷听者,淫乱之徒,鬼一样的见习修士、密探,这就是他们渊博的学问。"当然,对等地翻译此句是绝不可能的。——作者

② 1257至1554年间巴黎拉丁区的一所神学院。——译者

为了表现对欢快真理之酒进行阴毒诽谤的人十足的无能与无用，作者宣称，如果事先不狠揍他们，这些人甚至无法小便，排泄和产生性冲动。换言之，唯有恐惧与痛苦（在原文里“sanglades d'estrivieres”和“à l'estrapade”是刑讯和广场鞭刑的专用名词）才能激起他们的生育力。阴毒的诽谤者的这种受虐性在这里是对恐惧与痛苦这些中世纪世界观的主要范畴的怪诞贬低。因恐惧而排泄这一形象传统上不仅仅是贬低胆小鬼，而且也贬低恐惧本身：这即是“马尔布鲁克主题”的一个极为重要的变种。在拉伯雷亲自所写的小说最后一段情节，即第四部结尾中，他详细地研究了这一主题。在小说的后两部（尤其是在第4部）里变得既虔诚又胆小的巴奴日被神秘的幻觉吓得魂不附体，在黑乎乎的货舱中他把猫当作魔鬼，并吓得屙了一裤子屎。这样，因恐惧而产生的神秘幻觉又转化成了大量的排泄物。于此拉伯雷对该现象作了医学上的分析：

“收紧肌肉的括约肌（即肛门回环肌），由于他幻觉的恐怖，再加上炮火雷鸣，在舱底听起来比在甲板上更为可怕，吓得完全约束不住了。这是发生恐怖的一个显著症状，使得那扇约束粪便的门户自动启开。”（第4部，第67章）

接下去拉伯雷讲述了一个有关西埃那[①]的庞托夫·德·拉·卡西纳的故事。此人受便秘之苦，求一农夫用叉子来吓唬他，此招一试，他果然痛痛快快地排泄了。他讲的另一个故事是关于维庸如何称赞英国国王爱德华把法国国徽挂在出恭的地方，那国徽令国王惊魂不定。国王原想以此来贬低法国，但实际上让他心惊胆战的法国国徽的形状却有助于他排泄（这是一个留传至今的古老的故事，有好几种讲法，从13世纪开始，这个故事便以不同的讲法涉及不同的历史人物）。在所有的这些故事中恐惧是一帖医治便秘的良方。

这种对痛苦和恐惧的贬低，是对中世纪的威严（其中充斥着恐惧和痛苦）的整体贬低中非常重要的因素。实质上拉伯雷写的全部前言几乎都是用来贬低阴森的威严的。我们看到，《庞大固埃》的前言以广

① 意大利地名。——译者

场吹嘘的欢快语言讽拟地、滑稽地改编了救世唯有一个真理这种中世纪的方法论。《高康大》的前言把“精髓”“神秘”、宗教的、政治的和经济的“恐怖的仪式”置于大吃大喝的酒宴上来加以贬低。诙谐应该把关于世界的欢快真理从使真理黯然无光的阴森谎言的外壳中,从用威严编织起来的恐惧、痛苦和暴力中解放出来。

第三部的前言,其主题就是这样的。这是在捍卫欢快的真理和诙谐的权利。这是在贬低阴森的、诽谤性的中世纪的威严。在戴奥吉尼兹酒瓮(欢快和自由真理的象征)边发生的辱骂和驱赶蒙昧主义的收尾的那一幕,使得所有这些贬低化都生动活泼地结束了。

拉伯雷将恐惧和痛苦等同于粪便,并且以此来贬低恐惧和痛苦,如果认为这是粗俗下流的话,那就大错特错了。不要忘记粪便形象跟所有的物质-肉体下部形象一样是正反同体的,其中生育力,分娩,更新的因素蓬蓬勃勃。显而易见,对此我们已经有所证明。在这里我们还发现了某些新东西。当拉伯雷谈起阴森的诽谤者的“受虐性”时,他把性冲动、即生育行为的能力,与粪便等量齐观。

在第四部的结尾处巴奴日因受神秘恐怖的影响而屙了一裤子的屎,因此受到同伴的嘲笑。但最后他还是摆脱了恐惧,变得兴高采烈,并说出下面一番话来:

“哈,哈,哈!乌埃!这是什么鬼玩意啊?你们说这是大便、大粪、屎、秽物、脏物、排泄物、米田共、人中黄、狼粪兔粪、鸟粪鹿粪、干粪、硬粪或者羊粪么?我认为这是爱尔兰的郁金香。对,对,不错!是爱尔兰的郁金香!没错儿!咱们喝酒去吧!”

这就是第四部的最后几段话,其实也是整部小说中拉伯雷本人所写的最末几段。其中举出了十五个粪便的同义词,从粗俗的叫法到学术用语。在结尾处粪便被宣称为“爱尔兰的郁金香”,即某种十分珍贵、令人愉快的东西。这一宏论的最后是邀请众人喝酒去,按拉伯雷的形象所用的语言来讲,这意味着去了解真理。

于此揭示了粪便形象的正反同体性,它与再生和更新的联系以及它在克服恐惧中的特殊作用。粪便这是欢快的物质。正如我们已经谈到的那样,在远古的粪便形象中,粪便与生育力和肥田力联系在一起。另一方面,粪便被当作介乎大地与肉体之间的一种中介体,一种使大地和肉体彼此接近的东西。同时粪便也是介乎活着的肉体与被分解、转化成土壤、肥料的死的肉体之间的一种中介;肉体在世时把粪便献给土壤;粪便就像死者的身体一样,肥沃着土壤。拉伯雷还清楚地感觉和意识到了所有这些意义上的细微差别。正如下面我们将看到的那样,这些差别并非与他的医学观点毫不相干。此外,对他这个怪诞现实主义的艺术家和继承者而言,粪便还是欢快和令人清醒的物质,这种物质同时既是贬低性的,又是温柔的,它用一种最轻松的、毫不可怕的诙谐方式将坟墓与分娩集于一身。

因此,在拉伯雷的粪便形象中(就像在古希腊怪诞现实主义的形象中一样)不存在,也不可能存在任何粗俗和下流。抛掷粪便,浇尿,大肆臭骂旧的和正在死亡(同时也是正在诞生)的世界,就是欢快地埋葬世界,这完全类似往墓穴中撒软土(但那是在欢笑的氛围中)或播种,将种子撒入犁沟(大地的怀抱)。相对于黑暗和无视肉体的中世纪真理,这就是真理欢快的肉体化,是它诙谐的落地。

当分析拉伯雷小说中如此众多的粪便形象时切莫忘记这一切。

让我们再来看第三部的前言。我们暂时仅涉及了它的开头与结尾。序言以戏谑的商贩的广场"吆喝"开始,而以广场辱骂结束。但这里问题还并不限于这些我们已经熟悉的广场形式。在这个地方广场展示了自己崭新的和极为重要的一面。我们听见广场传令官的声音,他宣布动员令、围困的消息,宣告战争与和平,向各个阶级和行会发出呼吁。我们看见了广场的历史风貌。

第三部的前言的中心形象是戴奥吉尼兹和他在科林斯城被围困时的所作所为。这一形象显然是拉伯雷从卢奇安的论文《如何撰写历史》中直接借用而来的,但他也十分清楚译成拉丁语的这一情节,它是比德在给《法典述评》写的献词中译成拉丁语的。然而这一简短的情节到了拉伯雷那里却变得面目全非了。情节中处处都在影射当时法国与查理五世的争斗和巴黎采取的防御措施。国民的这些防御措施被描绘得细致无遗。防御工程和武器也精彩纷呈地被列数出来。在世界文学中这是对军事设施和武器最为丰富的胪列。比如,仅仅对佩剑一物便举出了十三个术语,对长矛举出了八个,等等。

这样胪列各式各样的武器和防御工程有着特殊的性质。这是响亮的*广场式的名称列举*。在中世纪晚期的文学,尤其是在众多的宗教神秘剧当中,我们都能见到这样的名称列举的例子;特别是我们在这里还能见到长长一串对武器名称的列数。比如,《旧约的神秘剧》(15世纪)里尼布甲尼撒的军官们的阅兵当中列数武器的时候,就曾叫出四十三种武器的名称来。

在另一部宗教神秘剧《圣徒康登的苦行》(15世纪末)中也充斥着林林总总的名称列举。与《旧约的神秘剧》相类似,其中有一位罗马军队的长官列数了四十五种武器。

这些列举带有民间广场的性质。这是对必须令人民肃然起敬的武装力量的检阅和展示。这一类的列举还有,在进行号召动员的时候以及在出发行军的时候通过传令官列举各种各样的武器,军团(旗帜)的名称(见拉伯雷作品中毕克罗寿的号召),以及列举出受赏者的名字,阵亡者的名字,等等。所有这些列举都是响亮、庄重、很有气势的,其人名和物名的数量本身,其列举的长度本身必将给人留下不灭的印象(就如同拉伯雷所做的那样)。

长长地列数人名、物名或罗列一大串动词、修饰语,这种有时占去好几页的列举现象,在15和16世纪的文学中司空见惯。在拉伯雷的作品里这类现象也数不胜数;比方,就在第三部的那篇前言中,为了说明戴奥吉尼兹搬弄他那个大瓮时的种种行为和动作(这些行为和动作于此等同于公民的战争激情)连续使用了六十四个动词;也是在第三部中,用了三百零三个修饰语来描述男人性器官处于不同状态下的情形,用了二百零八个修饰语来描述小丑特里布莱愚蠢的程度;在《庞大固埃》中列举了圣·维克多藏书楼里一百四十四本书的名称;也是在该部,当描写地狱时,列举了七十九个人物;在第四部中列举了一百五十四个钻进"母猪"[1]体内(香肠大战中的一个片段)的厨师的名字;同一部里,在描写斋戒人的时候用了二百一十二个比喻,并列举了一百三十八道跟班供奉神灵的菜肴。所有这些列数—列举都渗透着赞美辱骂的(而且是夸张的)评价。然而在各个列数之间当然存在着本质上的差别,因为各种列数都是服务于不同的艺术目的的。在最后一章里我们还将谈到这些列数在艺术和修辞上的作用。于此我们提出的仅是列数的一种特殊类型,即广场特有的庆典式洋洋洒洒的名称列举。

这种名称列举将一种全新的音调带入前言。当然,拉伯雷并未引入任何传令官,进行列数的就是作者,他曾以戏谑的商贩的口气讲话,以街头小贩的吹嘘口吻吆喝,大肆辱骂他的敌人。现在他又以广场传令官的庄重而宏伟的音调发话了。这个音调里分明荡漾着前言写作的年月民族的爱国激情。在下面的话中直截了当地表现了对历史紧要关头的认识:

"……这些勇武,善辩和富于自我牺牲的人们在全欧洲的注视下正在完成杰出的事迹,演出悲壮的戏剧,而我却依然是无事可做的旁观者,我感到惭愧……"

我们要顺便强调一下,人物对这一历史紧要关头的认识和表现都有一定的视觉化特征。

但就连这种庄重宏伟的音调在前言中都与其他广场自发现象的音调交织在一起,比如,与关于科林斯的女人(她们用独特的方式为国防服务)的荤笑话,与我们所熟悉的种种音调——无拘无束的称呼,广场辱骂、诅咒和指神赌咒相纠缠。广场的笑在这里并未中止。拉伯雷和他同时代的人的历史意识根本就不惧怕这种笑声。它惧怕的是片面、呆滞的威严。

在拉伯雷小说的前言中,戴奥吉尼兹没有加入到同胞们的战争激情

① 小说中一种战车的别称。——译者

中去。然而在这历史的紧要关头,为了表现自己的作用,他滚着他的大瓮,把它推上土堤,转着它作出千奇百怪却同样毫无实际意义和目的的动作来。我们已经谈到,为了描述折腾大瓮的这些动作,拉伯雷借用各行各业的术语,举出了六十四个动词。围绕着大瓮的这种忙忙碌碌是在讽拟地、滑稽地改编实际上是很严肃的公民活动。但是在这里并没有对这种实际上是很严肃的活动加以赤裸裸的和片面的否定,只是强调戴奥吉尼兹所做的欢快、滑稽的改编也是有意义的、必要的,强调戴奥吉尼兹是在按自己的方式为保卫科林斯城服务,不许游手好闲,然而笑却完全不属于游手好闲之事。笑的权利和欢快地讽拟任何严肃活动的权利在这里全然不是与英勇的科林斯城的居民相对立,而是与阴森的诽谤者和伪君子,自由、欢快的真理的敌人相对立。所以,当前言的作者把自己所扮演的角色与科林斯遭围困时戴奥吉尼兹所扮演的角色相提并论的时候,他就把戴奥吉尼兹的大瓮变成了满当当的酒瓮(拉伯雷用于表现自由和欢快的真理的惯用的形象)。发生在这个酒瓮边驱赶诽谤者和不会笑的人的那一幕广场情景我们已经作了分析。

这样,第三部的前言便是给片面的威严脱冕和捍卫笑的权利,甚至在历史斗争最严峻的条件下笑仍然拥有它的权利。

第四部的两篇前言(即所谓《旧的前言》和致红衣主教奥戴的信)讲的也是这一主题。正如我们已谈到的那样,在这里拉伯雷以希波克拉底和其他权威者的论述为依据,发展了自己关于欢快的医生和笑的治病作用的学说。在这些前言里有着许多广场因素(尤其是在旧的前言里)。于此我们只着重研究使病人开心的欢快医生的形象,前言即是以这位医生的名义而写的。

首先应该强调,在第四部前言中说话的这一医生形象包含着民间广场的本质特征。在拉伯雷那里医生形象远远不是后来几个世纪的文学中对医生那种狭隘职业性的、风俗漫画似的描写。这一形象是复杂的、包罗万象和正反同体的。(作为上限的)希波克拉底那样的"神一般的医生"和(作为下限的)古希腊的喜剧、滑稽剧与中世纪的滑稽小说中的食粪医生(贪食大便者)构成了其矛盾的成分。医生同人体内生死间的搏斗有着本质的关系,同临产和临终的时刻也有着特殊的关系:他是诞生与死亡的参与者。须知与医生打交道的不是完成的、封闭的和现成的肉体,而是正在诞生,正在生成,正在孕育,正在分娩,正在排泄,正在生病,正在死亡,已被肢解的肉体;那正是我们在诅咒,骂人的话,指神赌咒,总之是在与物质-肉体下部有关的一切怪诞的形象中所遇到的那种肉体。医生,作为病人肉体内生死搏斗的参与者和见证人,与大便,尤其与尿(其作用在古代医学中颇为巨大)是特殊地联系在一起的。在古代的版画中医生通常被描绘成把一杯尿举到眼前的样子①。在尿液中他看到了病人的命运,尿液决定着病人的生死。在致红衣主教奥戴的信中,拉伯雷举出几个冷酷无情的医生的样板,并转述了(《巴特兰》中)病人向医生提出的一个有代表性的问题:

“大夫,我小便的颜色

是否说明我即将完蛋?”

这样,尿和其他排泄物(粪便、呕吐物、汗液)在古代医学观中与生命和死亡又多了一层关系(除去我们先前已解释过的与肉体下部和土地的联系之外)。

构成复杂和矛盾的医生形象的异质因素还并不限于此。把所有这一切互为异类的因素,由崇高的希波克拉底的界限到下层的集市界限联系在一起的那种水泥,对拉伯雷而言就是具有包罗万象和正反同体之意义的诙谐。正是在致红衣主教奥戴的那封信里,拉伯雷根据希波克拉底的精神,对行医下了一个极其典型的,形象的定义:

“的确,希波克拉底把行医比作战斗,比作三者——病人、医生和疾病——合演的一出戏,我们认为说得非常恰当。”

就整个拉伯雷的时代而言,对医生,对生命与死亡(也就是与粪便

---

① 从1534年的一本书中借用而来的一幅这样的版画被复制在乔治·洛特的专题学术著作中(Lote G.*La vie et l' oeuvre de François Rabelais*. Paris,第164、165页,1938年,表6)。——作者

的附属品，与包罗万象的意义）间的搏斗的这种诙谐认识是具有代表性的。在16世纪的某些作家那里，在匿名的滑稽小说，讽刺闹剧和滑稽剧中，我们经常遇到这种认识，比如，在一部讽刺闹剧中一群无忧无虑和兴高采烈的"愚蠢之子"，前去伺候"世界"，但却无法令"世界"满意。他横挑鼻子竖挑眼；显然，"世界"得病了；给他请来医生，医生检查了"世界"的尿液，发现他患有脑疾；原来，面对世界的灾祸，面对洪水与大火带来的死亡，"世界"惊恐万状。结尾处"愚蠢之子"才得以使他变得欢快无忧。

当然，与拉伯雷的作品相比，这部讽刺闹剧中的一切简单粗陋得多。然而形象的传统成分又与拉伯雷的形象成分（包括狂欢意义上的洪水与大火）十分贴近。形象的包罗万象性和宇宙性在讽刺闹剧中得以鲜明地强调，然而在这里这种包罗万象性和宇宙性又略带近似寓意的抽象性质。

我们分析研究了广场及其"声音"在拉伯雷前言中的作用。现在我们要单独地研究某些广场言语体裁。首先是研究广场的"吆喝"。我们曾讲过，这些实用的体裁往往渗透到时代的文艺作品里，并常常在其中发挥着举足轻重的修辞的作用。这一点在已分析过的前言中我们就已看到。

首先我们着重研究最普通，但对拉伯雷说来却是相当重要的广场体裁，即"巴黎的吆喝"（"cris de Paris"）。

"巴黎的吆喝"，这是巴黎商贩响亮的吹嘘[①]。这些吆喝具有抑扬顿挫的诗的形式；每一特定的"吆喝"——这就是一首专门推荐和赞美某一特定商品的四行诗。吉约姆·德·维利涅夫编撰的《巴黎的吆喝》的第一集所涉及的就是13世纪。克莱曼·让涅肯的《吆喝》最后一集已涉及16世纪中期（这是与拉伯雷同时代的"吆喝"）。还有相

① 直到现在我们这里还有一句生动的用语："时装的最新的吆喝"（"dernier cri"）。——作者

当丰富的材料是研究过渡时代,尤其是16世纪前半期的。这样便可以对这些著名的“吆喝”将近四个世纪的历史加以彻底的研究了[①]。

“巴黎的吆喝”深受欢迎。甚至有人创作了一部特殊的《巴黎吆喝的滑稽剧》,就像在10世纪创作了《谚语喜剧》和《歌曲喜剧》那样。这部滑稽剧是以16世纪“巴黎的吆喝”为基调的。17世纪法国著名艺术家亚伯拉罕·博斯有一幅画,名叫“Cris de Paris”[②],画的就是巴黎街头上的小贩。

“巴黎的吆喝”不仅仅对文化史家和语言史家,而且对文艺学家来说都是一份极为重要的时代文献。它不像近代的广告那样带有特殊与狭隘的性质,而文学本身,哪怕是崇高体的文学,也根本没有将任何种类和形式的人类语言拒之门外,不管它们带有何种实用的和“鄙俗的”的特征。在那个时代法兰西的民族语言首次成了正统文学、科学和上层意识形态的语言。而此前法语则是民间创作的语言,广场、街头、集市的语言,小商小贩的语言,“巴黎的吆喝”的语言,须知当时“巴黎的吆喝”在生动的文学创作中所占的比重是相当大的。

“巴黎的吆喝”在城市的广场和街头生活中的作用是巨大的。因为有了这些五花八门的吆喝,街头与广场简直就是人声鼎沸。每一种货物——食物,酒或物品——都有专门的吆喝用语和专门的吆喝旋律、专门的语调,即专门的词语形象和音乐形象。根据特留克1545年编的集子《巴黎每天发出的一百零七种吆喝》,就能推想当年这种吆喝是怎样的丰富多彩。然而,实际上每天能听见的吆喝声要多得多,远不限于集子中所引用的这一百零七种。还须注意到,在那个时代不仅整个广告毫无例外地都是口头性的和响亮的,是一种“吆喝”,而且所有各种各样的通知、决议、命令、法令等等都是以口头和响亮的形式传

① 参见有关“巴黎的吆喝”的书籍:Franklin Alfred. *Vie privée d' autrefois*, 1, *L' Annonce et la Réclame*. Paris, 1887;在此展示了各个时代巴黎的吆喝。同时参阅:Kastner J.G. *Les Voix de Paris, essai d' une histoire littéraire et musicale des cris popularies*. Paris, 1857.——作者

② 巴黎的吆喝。——译者

达给众人的。在那个时代日常生活与文化生活中声音的作用、响亮词语的作用颇为巨大,甚至比起今天无线电的时代都大得无可比拟。对照拉伯雷的时代,19世纪简直就是哑巴世纪。在形容16世纪的风格,尤其是拉伯雷的风格之时切莫忘记这一点。民间俗语文化在很大程度上是露天的、广场和街头上的响亮话语的文化。在这一话语文化里,“巴黎的吆喝”有其十分重要的位置。

对拉伯雷的创作而言,这些“巴黎的吆喝”究竟有何意义呢?

在小说里就有着对这些“吆喝”的直接暗示。当安那其国王被打得头破血流,赶下王位的时候,巴奴日便决心教会他干活儿,使他成了一个卖绿酱油的商贩。他开始教国王“吆喝”绿酱油,可怜、无能的国王远不能一下子就学会。拉伯雷并没有举出“吆喝”的词儿,但就在我们已经提到过的特留克(1545年)的集子中收集的一百零七种吆喝里就有卖绿酱油的“吆喝”。

然而,问题全不在于拉伯雷是直接或间接地暗示了“巴黎的吆喝”。必须把关于它们的影响及其相等的意义的问题更广泛,更深刻地提出来。

首先必须注意到叫卖的语气和名称列举在拉伯雷小说中的重要作用。的确,在这些音调和名称列举中并非随时都能把叫卖的音调、形象与戏谑的商贩、药贩和戏子、江湖医生、集市上编占星图的人等的音调、形象区分开来。但毋庸置疑,“巴黎的吆喝”在其中也是举足轻重的一部分。

“巴黎的吆喝”对拉伯雷的修饰语具有某种影响,修饰语在拉伯雷作品中常常有“烹饪”的特征,它们是从“巴黎的吆喝”通常用来描述端上来的佳肴美酒的词令中挪用而来的。

拉伯雷小说里各种菜肴、各类野味、蔬菜、美酒或居家用品如衣服、炊具等等的名称,其本身就具有重要意义。这种名称列举常常有着自身的价值:说出物品的名称为的就是物品本身。这个食物和物品的世界在拉伯雷的小说中占有极大的位置。然而要知道正是每天街头和广场上形形色色、五花八门的“巴黎的吆喝”推出了这个充满各种食品、菜肴和物品的世界。这个充满了饮食、居家用品的富饶世界，我们在佛拉芒艺人的绘画中能找到，在16世纪的文学中对宴会淋漓尽致、司空见惯的描写里也能发现。说出一切与饭菜有关的东西的名称并加以描写，十分投合时代的精神与趣味。但须知，“巴黎的吆喝”，这就是喧闹的厨房和喧闹的盛宴，其中的每一种食品和每一道菜都有着其惯用的韵脚和惯用的旋律；这是一首不绝于耳的厨房与盛宴的街头交响曲。这首交响曲自然不可能不对时代文学，尤其是拉伯雷作品中与它相一致的形象产生影响。

在与拉伯雷同时代的文学中，饮宴和厨房的形象并非狭隘的生活细节，它们或多或少地具有包罗万象的意义。16世纪下半叶优秀的新教徒的讽刺作品中有一部叫《罗马教皇的厨房讽》（*Les Satires chrétiennes de la Cuisine Papale*，前面我们已经提过它）。在八篇讽刺作品中，天主教教堂被描绘成一个巨大的、扩展到全世界的厨房：钟楼，这是炉子的烟囱，钟即是锅，祭坛则是餐桌；形形色色的仪式和祈祷便理所当然地描写成各种各样的菜肴，而且这极其丰富的菜谱还在扩充。新教徒的这种讽刺承袭了怪诞现实主义的写法。这种讽刺通过把天主教教堂及其仪式转移到物质-肉体下部（在此呈现为食物和厨房的形象）来进行贬低。当然，这些形象被赋予了包罗万象的意义。

洋腔洋调的诗歌中的厨房形象无所不包，与物质-肉体下部的联系在这些形象中更为明显。在道德剧、讽刺喜剧、讽刺闹剧和其他体裁中，这种联系同样地分明。在这里无所不包的（被象征性地扩大了的）厨房和饮宴的形象发挥着巨大的作用。我们曾经提到过食物和炊具在诸如狂欢节、杂技表演、魔鬼剧这类民间节日形式中的意义：许多参加这类演出的人都手持炉叉、火钩、铁钎、瓦罐和锅。巨大的香肠和白面包声名昭著，它们是专门为了抬着它参加盛大的狂欢节游行而制作的[①]。最古老的夸张方式和夸张的怪诞手法之一，就是强烈地夸大

① 比如，1583年在柯尼斯堡举行的狂欢节上，肉商们制作了一根重达四百四十俄磅的香肠，由九十名肉商扛着它。1601年有一根香肠已达九百磅。其实，今天在香肠和面包店的橱窗里也还能见到巨大的香肠或B形甜面包，当然是用作摆设。——作者

食品的体积；对贵重物质如此夸张首次揭示出了大小与数量在艺术形象中的积极和绝对的意义。这一夸张食物的方式类似于远古对肚皮、嘴巴和生殖器的夸张法。

小酒馆、炉灶、市场的形象在世界文学中具有象征意义的扩展功能是这类物质肯定的夸张手法姗姗来迟的回响。甚至在左拉所描写的市场形象（《巴黎的肚子》）中我们都还能发现这种象征性的扩展，发现某种市场形象的"神话化"。在维克多·雨果的作品中总是有许多拉伯雷式的暗示。在《莱茵河游记》（*Le Rhin*，1，第 45 页）中有一处讲到，当他看见一个炉火熊熊的小酒馆时，他便感叹："Si j'étais Homère ou Rabelais, je dirais: cette cuisine est un monde dont cette cheminée est le soleil"，即"如果我是荷马或拉伯雷，我就会说：'这个厨房是一个世界，而这个炉灶即是厨房的太阳。'"

雨果非常明白厨房和炉灶在拉伯雷形象体系中所具有的包罗万象的宇宙性的意义。

根据我们所说的这一切，"巴黎的吆喝"在拉伯雷时代的特殊意义就不难理解了。这些"吆喝"与时代形象思维的一条非常重要的主线直接毗邻。人们从炉灶和厨房的角度（从这个角度也能反射出阳光）去接受和理解它们。

"巴黎的吆喝"与那个时代伟大的、饮宴式的乌托邦有关。正是应该从这种广泛的联系上去评价"巴黎的吆喝"对拉伯雷的直接影响及这种"吆喝"对阐释拉伯雷创作和那个时代的整个文学的重要的比较意义①。

就拉伯雷和他同时代的人而言，"巴黎的吆喝"全然不像后世对它的理解那样，是记录日常生活的文献。其后的文学中变成"日常生活"的那些东西，在拉伯雷时代贯彻着深刻的世界观意义，与"重大事件"、

① 拉伯雷研究者拉·赛内昂在他那本材料极其丰富的，论拉伯雷的语言的书中指出了"巴黎的吆喝"对拉伯雷小说的意义。但是拉·赛内昂未能充分揭示这一意义，仅仅指出了拉伯雷小说中对"巴黎的吆喝"的直接暗示（参阅：*La langue de Rabelais*，第 1 卷，第 275 页，1922 年）。——作者

与历史密不可分。“巴黎的吆喝”这一广场和街头生活的重要成分汇入了共同的、民间节日的、乌托邦的广场自发气氛之中。在这些“吆喝”里拉伯雷听到了全民欢聚于“世界盛宴”的乌托邦的音调,听见了这些乌托邦的音调深深地潜入到生活最深处,这是一种生动具体的,有血有肉的,实际上已被认识的,有滋有味和充满广场喧闹的生活。总之这一点完全符合整个拉伯雷的形象的特殊性质;所有的形象都把最广泛的包罗万象性和乌托邦主义与非凡的具体性、直观性、生动性、严格的局限性和技术上的精确性集于一身。

兜售各式各样草药的商贩的“吆喝”,就其性质而言,近似“巴黎的吆喝”。这些“吆喝”属于广场生活的最早的组成部分。吹嘘自己药品的医生形象也是世界文学中的最古老的形象之一。我们注意到拉伯雷的法国前辈留特别夫(13 世纪)的一本名书《关于草药的民间故事》(*Dit de l' herberie*)。它是颂扬自己药品的江湖医生典型的广场“吆喝”,但留特别夫是以怪诞讽刺的主导思想去写这种“吆喝”的。在这位医生五花八门的药物中还有一种提高性器官生育力的灵丹妙药。医生与生育力、与生命的更新和再生(就像与死亡)的联系由来已久。在留特别夫那里这一主题受到压制,而到了拉伯雷的作品中它往往是理直气壮、大摇大摆地登场的。

医学的广场赞美和吹嘘的因素,或赤裸裸地或较隐蔽地散落在拉伯雷的整个小说中。我们已提到书中颂扬《高康大大事记》就像颂扬医治牙痛的药物和缓解痛风、梅毒的药物一样。医学赞美的因素在第三部的前言里也有。同类然而略为平和的吹嘘说法还存在于约翰修士的颂扬中,他颂扬僧侣的大袍是提高生育力的药物,圣礼书则是医治失眠的良方。

第三部收尾处对“庞大固埃草”的著名颂扬是复杂化的“医学赞美”有趣的实例。书中借用普林尼乌斯《自然史纲》中对亚麻的颂扬来对大麻和石棉(亦即“庞大固埃草”)大加赞美。然而正如拉伯雷从他人那里借来的一切东西那样,普林尼乌斯的这一情节在小说的上下文中结果也变得面目全非，被打上了独特的、拉伯雷式的烙印。普林尼乌斯的颂扬带有纯粹的修辞性质。从遗传的观点来看，修辞学与广场是有联系的。然而在普林尼乌斯修饰性的颂扬中没有留下任何广场的成分，这是高雅的、纯书面文化的产物。而在拉伯雷的颂扬中却清晰地鸣响着广场赞美的音调，这种音调类似“关于草药的传说”，类似于收集草药者和卖神奇药膏的商贩广场吹嘘的赞美。在这里我们也能发现关于魔草（类似于我国的“神草”）的地方性民间传说的印迹。依赖于广场和地方性的民间创作，对庞大固埃草的颂扬才具有了自己的、乌托邦似的激进性和悲观主义者普林尼乌斯压根儿不具备的、深刻的乐观主义。当然，在对庞大固埃草的这种赞美中，广场“吆喝”的外在形式表现得相当轻缓、平和。

我们要指出的是，在拉伯雷之后的文学里，广场医学赞美被出色地运用在我们曾经提到过的《梅尼普讽刺》中。总体说来这是一部充满了广场因素的优秀的作品。在这部讽刺作品的序言部分（相当于道德剧和讽刺闹剧中的“Cri”）刻画了一个西班牙的骗子：当卢浮宫内正准备召开拥护联盟者会议的时候，这个骗子却在外面兜售能包治百病、消灾灭祸的特效药“西班牙大粪”。他“吆喝”着这种药，极尽吹捧之能事，并且以这种言过其实的广场式的吹捧既深刻又欢快地揭露西班牙的“天主教政治”及其宣传。骗子这种开场白似的“Cri”营造了一种粗鄙的直率气氛，在这部讽刺作品随后的章节里，联盟活动家们便是在这种气氛下使他们自个儿和他们的计划现了原形。就其结构和讽拟倾向来说，西班牙骗子的“吆喝”类似于拉伯雷的前言。

“巴黎的吆喝”、卖特效药的商贩和集市医生的“吆喝”都属于广场话语的赞美体裁。当然，这些吆喝也是正反同体的，其中隐含着诙谐与反讽；它们随时准备展示自己的反面，亦即准备变为辱骂和诅咒。它们也发挥着贬低化的功能，将世界物质化和肉体化；它们与正反同体的物质-肉体下部有着本质的联系。然而在这些吆喝中该下部的正极：饮食、痊愈、再生、生育力、富足却占着主导性的地位。

骂人的话、诅咒、指神赌咒和发誓是广场赞美的反面。它们也是正反同体的，不过其中占优势的是下部的负极：死亡、疾病、崩溃和肢解身体、切开身体、吞食身体。

在分析前言的时候我们曾经分析过一系列的诅咒和骂人的话。现在我们就要来研究拉伯雷小说中在起源和艺术思想功能方面同出一脉的广场话语的变种，即指神赌咒和发誓。

所有诸如骂人的话、诅咒、指神赌咒、脏话这类现象都是言语的非官方成分。过去和现在它们都被认为是明显地践踏公认的言语交往准则，故意破坏言语规矩如礼节、礼貌、客套、谦恭、尊卑之别等等。因此所有这样的因素，如果它们达到了足够的数量，而且是故意为之的话，就会对整个语境、对整个言语产生巨大的影响：它们将言语转移到另一个层次，把整个言语置于各种言语规范的对立面。因此这样的言语便摆脱了规则与等级的束缚以及一般语言的种种清规戒律，而变成一种仿佛是特殊的语言，一种针对官方语言的黑话。与此相应，这样的言语还造就了一个特殊的群体，一个无拘无束地进行交往的群体，一个在言语方面坦诚直率、无拘无束的群体。实际上，广场上的人群，尤其是节日、集市、狂欢节上的人群，就是这样的群体。

那些具有力量改变整个言语面貌并创造出一个在交往中无拘无束的自由群体的因素，其内容和性质本身是随时代而变化的。许多脏话和渎神的用语在 17 世纪已具有了这种改变语境的力量，但在拉伯雷时代它们还全然没被理解，还没有越过在官方语言中得到认可的界线。这样或那样的非官方的（“有伤风化的”）词语和语句对语境的影响程度也是相对的。评价言语是否正规、礼貌、得体等等，每一时代都有着自己的标准①。任何一个时代都有着某些词语和语句，使用它们被认为是讲话随便，毫无顾忌，直言不讳的明确信号。使用这样的词语和语句营造出了广场的直率气氛，引导众人都去谈论某一话题，形

① 有关涉及淫行的言语标准的历史演变，参阅：Brunot Ferd. *Histoire de la langue francaise*，第 4 卷，第 5 章，*L' honnêteté dans la langage*。——作者

成非官方的世界观。当然,这样的言语因素的尽情狂欢只有在节日的广场上,在取消了人与人之间的一切等级界限,人们在现实中可以无拘无束地接触的条件下才有可能充分实现。在这里它们变成了看待世界统一的诙谐观点。

在拉伯雷时代的诸多非官方因素中,所谓"jurons"即指神赌咒和发誓,就具有这样的性质。人们主要是用各种各样的神圣之物——"上帝之躯"、"上帝之血"、圣物、节日、圣徒及其遗骸等等来发誓和指神赌咒。在大多数情况之下"jurons"是古代宗教仪式中发誓程式的残余。无拘无束的言语中夹杂了许多这样的"jurons"。某些社会团体、甚至个别人都有着不少属于自己独特的发誓方式,或者有着一种最喜欢的、常用的誓言。拉伯雷的主人公中有一位约翰修士尤其爱在言语中夹杂发誓的词,不发誓他便寸步难行。当包诺克拉特问他为什么要指神赌咒,约翰修士回答:"为我的语言更美丽!这是西塞罗式的修辞之花。"巴奴日也是动辄发誓的。

发誓是言语的非官方因素,它们甚至直接遭到禁止。与发誓做斗争的是两种势力:一是教会和国家,二是冬烘先生。这些学究先生把发誓看作是多余的、寄生的言语因素,只会有损言语的纯洁,认为发誓是野蛮的中世纪的余孽。在我们所引用的片段中包诺克拉特就持这样的观点。国家和教会认为发誓是亵渎和歪用神圣的名字,与虔诚水火不容。在教会的影响下国家权力机构不止一次地颁布敕令禁止发誓(jurons)。这些敕令是在广场上公布于众的。查理七世、路易十一(于1478年5月12日),还有法兰西斯一世(于1525年3月)都颁布过这样的敕令。但这些谴责和禁令只会加强发誓的非官方性质,只会使与发誓密切相连的违反言语规范的感觉更加敏锐;同样地这也加强了充满发誓的言语的特殊色彩,使这种言语更为无拘无束,更洋溢着广场的自由。发誓被看作是对官方的世界观体系的某种破坏,是对这种体系某种程度上的语言抗议。

禁果是甜蜜的。颁布敕令的国王本人也有自己惯用的誓言。它们作为这些国王流传市井的固定绰号,在大众意识中扎下了根。路易十一发誓时用"上帝的复活节"("Pasque Dieu"),查理八世发誓时用"上帝的吉日"("le bon Jour Dieu"),路易十二发誓时说"让我见鬼去"("le diable m'emporte"),法兰西斯一世发誓时则说"凭一个高尚之人的诺言"("foy de gentilhomme")。拉伯雷的同时代人罗热·德·科列理曾就这一题目写了一首有代表性的诗 *Epitheton des quatre Rois*[①]:

Quand la "Pas que Dieu" deceda,
"Le Bon Jour Dieu" lui Succeda,
Au "Bon Jour Dieu" deffunt et mort,
Succéda de "Diable m'emporte",
Luy décédé, nous voyons comme,
Nous duist la "Foy de Gentilhomme"[②].

在这里经常的发誓之词成了有代表性的特征和独特的个人绰号。而一定的社会群体和一定职业的人也是会在发誓习惯上显示其特点的。

如果说发誓曲解了神圣之物,那么在我们所引用的这首诗中发誓对此作了双倍的曲解:"上帝的复活节"去世了,"上帝的吉日"(即圣诞节)也长眠了,取而代之的是"让我去见鬼"。发誓的广场性和自由性于此表现得淋漓尽致。发誓营造了一种可以如此自由欢快地戏弄神圣之物的气氛。

我们说过,每一社会群体和职业都有着自己典型的、惯用的誓言。

---

① 法语:《四个国王的口头禅》。——译者

② "上帝的吉日"继位,
"上帝的复活节"驾崩,
"上帝的吉日"长眠,
"让我去见鬼"登基,
他命归西天之后我们看见,
"一个高尚之人的诺言"。——作者

借用某些发誓拉伯雷出色地、生动地描绘了那个时代的广场及其五光十色的社会成员。当年轻的高康大来到巴黎，对巴黎人没完没了的好奇心感到厌烦的时候，他便用尿来冲他们。拉伯雷并未去描写人群本身，而是去引用所有的那些人群中突然爆发出来的发誓和诅咒，而我们则从中听出了人群的社会成分。

原文如下：

“我看这些家伙是想叫我对他们行个见面礼，好！谁乐意，我愿与谁打个赌，我给他们来上一壶酒，开个玩笑。

“于是他笑着解开他那华丽的裤裆，掏出他的家伙，狠狠地撒了一泡尿，一下子冲死了二十六万零四百一十八个人，女人和小孩子还不算。

“有几个靠了腿脚的灵活，逃脱了这泡尿，跑到大学区最高的地方，满头大汗，又是咳嗽，又是吐，上气不接下气地开始发誓和指神赌咒，有的气愤不过，有的觉得好玩。

“我以上帝的溃疡发誓，真正的号角，若我说谎，叫我烂掉什么都行，我用患肿瘤来发誓，pro cab die bious，das dich Gots Leiden sehen，pote de Cristo，①我用圣徒肯涅的肚子发誓，真的，以圣徒菲亚克尔·布里斯基，圣徒特列里扬发誓，让圣徒基博为我作证，我以上帝的复活节发誓，以圣诞节发誓，如我说谎，就让我见鬼去吧，我以女圣徒索西斯卡娅，以被烤苹果打伤的圣徒赫罗德甘格，圣徒普列哈比耶、圣徒乌德、圣徒、主的仆人米拉什卡发誓，他把我们冲洗了一下，来打个赌吧，他是为开玩笑想出这一招的！

“从那时起才叫这个城市为——巴黎……”（第1部，第17章）

摆在我们面前的是一个异常生动、活跃、响亮的（听觉上的）16世纪五光十色的巴黎人群的形象。我们听出了人群的社会成分：我们听见加斯科涅人②的声音（“pro cap die bious”——“以上帝的脑袋”），意

① 分别为加斯科涅语、德语、意大利语，意即以上帝的脑袋起誓，愿上帝叫你倒霉，以基督的脑袋起誓。——译者

② 加斯科涅位于法国南部，居民主要为加斯科涅人，他们有自己的语言。——译者

大利人的声音("pote de Cristo"——"以基督的脑袋"),德国雇佣兵的声音("das dich Gots Leiden sehen"),蔬菜贩子的声音(圣徒菲亚克尔·布里斯基是园艺家和菜园主的主保圣人),鞋匠的声音(圣徒基博是鞋匠的主保圣人),酒徒的声音(圣徒 Godergrain 就是酒客的主保圣人),其余所有的发誓(在此共有二十一个誓)都有着某种特殊的色彩,激起某种附带的联想。在此我们见到了按时间顺序排列的,已经为我们所熟知的最后四个法国国王的发誓,从而证实这些独具一格的绰号家喻户晓。也许我们已经捕捉不到拉伯雷的同时代人心领神会的此中诸多微妙和寓意。

正是由于喧闹的人群的形象完全建立在一些赌咒发誓之上,即完全建立在官方的言语标准之外,才造就了这一形象的特质。因此人群的言语反应便与高康大把尿撒在他们身上的这一古老的广场动作有机地联合在一起了。他的动作就像人群的言语反应一样地市井化。它们显示的是同一种非官方的关于世界的观点。

动作(浇尿)和话语(jurons)都为我们在这里所见到的随心所欲地滑稽改编那些圣徒的名字及其职能创造了气氛。这样,人群中有人请来"圣徒香肠"——在此意即生殖器,有人请来"sainct Godegrain"意思是 Godet grand,即大的高脚杯;此外,沙滩广场上一家广受欢迎的小酒馆的名称也叫作"Grand Godet"[①](维庸在其《遗嘱》中提到过它)[②]。另一些人请来 Sainct Foution——sainct Photin 的名字讽拟性的滑稽改编。还有人请来"saint Vit"——在此有生殖器的含义。最后把"圣女玛米加"(她的名字已成为情妇的通俗叫法)也请来了。这样,所有被请到这里来的圣徒或从淫荡的角度,或从饮宴的角度均被作了滑稽改编。

在这个狂欢节的气氛之下,拉伯雷去暗讽《福音书》中五个麦饼喂饱众人的奇迹就不足为怪了。拉伯雷宣布,高康大将二十六万零四百

---

① 沙滩广场是巴黎市政厅前面的广场。Grand Godet 意为大酒杯。——译者

② 拉伯雷暗示了一个传说,这个传说把这位圣徒的受难与烤苹果(贬低化的狂欢形象)联系起来。——作者

一十八人淹死在自己的尿中,“女人和小孩子还不算”。这个《圣经》中的说法是直接取自《福音书》上一个关于喂饱众人的奇迹的故事(这个说法拉伯雷用得相当频繁)。这样,涉及尿和人群的整个情节对《福音书》的奇迹——用五个麦饼喂饱聚集起来的人群进行了具有滑稽意味的影射[①],下面我们将看到,这并不是拉伯雷小说中对《福音书》的奇迹所作的唯一滑稽性改编。

在着手行狂欢之举(用尿浇人群)之前,高康大宣布,他这样做只是为“开个玩笑”(“par ris”)[②]。而人群在赌咒发誓的最后说:“为开玩笑我们让人给洗了一个澡。”(“nous sommes baignés par ris.”)从这时起,作者断言,城市才开始叫作巴黎(“Dont fut depuis la ville nommée Paris”)。这样,整个这个情节基本上是对“巴黎”这个城市名称欢快的、狂欢节似的滑稽改编。同时,这也是讽拟关于名字起源的地方性传说(对这样的传说进行严肃的艺术加工在那个时代的法国十分流行,其中让·列米尔和“诡辩”学派的其他诗人都曾涉足)。而且这个情节中的所有事件都仅仅是为“开个玩笑”。这等于从头至尾都是广场诙谐演出,是广场上民众的狂欢游戏。无论是巴黎这个城市名称,还是圣徒和苦行者的名字,抑或《福音书》的奇迹都被吸引到这个“开个玩笑”的游戏中来。这是在戏弄与物质-肉体下部形象(如尿、色情和饮宴似的滑稽性改编等)结合在一起的“崇高”之物和“神圣”之物。而发誓,作为言语中的非官方因素和对神圣之物的亵渎,则有机地嵌入了这个游戏之中,并且在含义和音调上与它共鸣。

发誓的题材究竟是什么呢?最主要的内容便是切碎肉体。人们多半是以神体的各种器官:上帝的身体、他的脑袋、血、伤疤、肚子来发誓;或以保存在教堂里的圣徒和苦行者的遗骸:脚、手、手指等等来发誓。以上帝的身体及其各部位来发誓被认为是最不能容忍,大逆不道

① 这不是完全的滑稽改编,只是具有滑稽改编性质的暗喻,在开斋期的课间文学(即怪诞的现实主义)中,这一类油腔滑调的暗喻司空见惯。——作者

② “par ris”(开个玩笑)的发音同 Paris 发音相同。拉伯雷以此欢谑巴黎。——译者

的,然而这些发誓恰恰传播得最广。传教士米诺(他是比拉伯雷年长的同时代人)在一次布道中谴责人们滥用发誓,他说:"一人抓住了上帝的胡须,另一个抓住了上帝的喉咙,第三人抓住了上帝的脑袋……还有一些人谈到救世主基督的人性时,所怀有的敬意还不如一个肉贩谈起他卖的肉。"

道德家埃努瓦·德·阿米尔瓦尔在他的《魔鬼剧》(1507)中曾指摘发誓的做法。他淋漓尽致地展示了在切碎的身体这一大多数发誓的基础上的狂欢形象:

Lls jurent Dieu, ses dens, sa teste,
Son corps, son ventre, barbe et yeulx,
Et le prennent par tant de lieux,
Qu' il est haché de tous costez,
Comme chair à petits paste.①

当然,埃努瓦·德·阿米尔瓦尔本人不会想到,他对发誓作了多么准确的历史文化分析。然而作为一个15、16世纪之交的人,他不仅十分清楚肉贩和厨子、厨子的刀、切开的身体、做肠和饼用的肉馅在日常生活中的意义,而且了解它们在民间节日狂欢形象体系中所扮演的角色。所以他才能如此准确地将这些形象与指神赌咒和发誓中被切开的上帝的身体相提并论。

被切碎的身体的形象和各种解剖在拉伯雷的小说中作用甚大。因此发誓的题材便有机地嵌入统一的拉伯雷的形象体系中。具有代表性的是约翰修士,一个酷爱发誓的人,他有一个绰号叫"d' entom-

① 他们以上帝、他的牙齿、他的脑袋,
他的身体,他的肚子、胡须和眼睛发誓;
他们抓住他的所有部位,
因此他整个地被剁碎,
像肉被剁成做饼的馅。——作者

meure”,意即剁碎的肉、碎片、肉馅。赛内昂认为这里有双重的寓意:约翰修士的战斗精神和他对厨房的特殊嗜好[①]。一方面是“战斗精神、战争、厮杀,另一方面却是厨房,而重要的在于它们都相交于一个固定的共同点上,这个共同点即是被切碎的身体,碎片。”因此正是在15、16世纪的文学中,在这一文学与民间诙谐传统发生联系之处,描写战役时常常出现厨房形象。比如普利奇就把龙塞斯瓦列斯战役的战场描写成“像一口装有用血、脑袋、腿和其他肢体做成的小块焖肉的锅。”[②]类似的形象在康塔斯托里耶夫的叙事诗中就已出现。

约翰修士的确是两种意义上的“d' entommeure”。两种看来迥然不同的含义之间的重要联系在拉伯雷作品中的每一处都异常清晰地显现出来。在“香肠大战”一节中约翰修士根据历史材料(指曾统率军队的尼布萨当厨师等)将厨师在军事上的意义作了一番发挥;他率领一百五十四名厨师,配以厨房武器(铁扦子、火钳、平底锅等等),把他们领进具有历史意义的,在此次香肠大战中起到特洛伊木马之作用的“母猪”体内。另一方面,约翰修士在战斗中表现得就像一名把人体变成“碎片”的、宣过誓的“解剖师”[③]。对他在修道院的葡萄园里进行的战斗(顺带说说,在这里他手持一根十字架上的木棍子作战)的描写就具有刻意渲染肢体解剖的特点,其中长长地、详细地、解剖似的列数了受伤的肢体和器官,被打断的骨头和关节。以下是这种狂欢解剖中的一段:

“有的被打破脑袋,有的被打断胳膊腿,有的打折了颈项下面的脊骨,有的打坏了腰,打塌了鼻子,打瞎了眼睛,打裂了下颚,打掉了牙齿,打脱了肩胛,打伤了大腿,打脱了后胯,打碎了骨头。”(第1部,第

① Sainéan L.*L' influence et la réputation de Rabelais*,第2卷,第472页,1923年。——作者

② 其实,在崇高的史诗体作品中也能见到将战斗描绘成饮宴的例子,譬如在我国的《伊戈尔远征记》中。——作者

③ 这两个词在拉伯雷的文本中是有关联的:第4部第16章里提到这样的诅咒——“A tous les millions de diables qui te puissent anatomiser la cervelle et en faire des entommeures”。——作者

27 章)

这种对斗殴和肢解身体的解剖式描写对拉伯雷来说是非常典型的。切开身体的怪诞形象(我们在分析诅咒,骂人的话和发誓中遇到过),就是这种狂欢节式的厨房解剖的基础。

这样,发誓通过亵渎地、厨房似的肢解神圣的肉体使我们回到"巴黎的吆喝"的厨房主题上来,回到广场诅咒和骂人的话(疾病,残废,肉体下部器官)的怪诞—肉体的主题上来。所有在本文中分析研究的广场因素彼此之间在主题和形式上是同源的。所有这些因素,不管它们在日常生活中有什么实际功用,展现的都是一个统一的看待世界的非官方的观点,包括音调上的非官方性(诙谐)和内容上的非官方性(物质-肉体下部)。它们都与世界欢快的物质相连,与诞生、死亡和自生相连,与吞食和被吞食相连,但结果却总是与成长,增加,变得越来越多,越来越好,越来越富足相连。这种欢快的物质是正反同体的:它既是坟墓又是诞生之地,既是正在消逝的过去又是正在来临的将来,它是生长本身。

于是,所有我们分析研究过的广场因素,不管它们是如何千奇百怪,都渗透着中世纪民间文化内在的统一性,然而在拉伯雷小说中这种统一性虽与近代的文艺复兴的因素有机地结合在一起的。在这方面拉伯雷的前言尤其具有代表性:所有五篇前言(第四部有两篇)均是从民间广场而来的文艺复兴式的政论作品的典范。正如我们所看到的那样,在这些前言中,正在走向衰亡的中世纪世界观的原则本身被脱冕,同时它们又充满了对当时最迫切的思想政治问题的影射和回应。

我们所研究的广场体裁比较粗陋(它们当中有些极其古老),然而它们都具有对世界进行滑稽改编、贬低、物质化和肉体化的强大力量。它们既是传统的,又是广为流行的。在自己的周围它们创造了充满广场自由和无拘无束的直率的气氛。因此各式各样的广场"吆喝"、骂人的话、诅咒和发誓，作为拉伯雷最重要的风格化因素，对他来说不可或缺。我们已经看到，它们在前言中起着怎样的作用。它们创造了那种绝对欢快的，无所畏惧的，无拘无束和坦白直率的言语，拉伯雷用这种言语向“哥特式的黑暗”开火。这些广场的日常生活体裁为民间节日的形式和形象准备了气氛，拉伯雷正是通过这些形式和形象的语言揭示出他关于世界的新的、欢快的真理。这种民间节日的形式与形象我们将在下一章中讨论。

邓理明　路雪莹　译

第三章　拉伯雷小说中民间节日的形式与形象

时间是一个玩骰子的儿童。儿童掌握着统治权。

赫拉克利特

在前一章结束时，我们涉及了拉伯雷小说中对打架和斗殴的“解剖式”描写、他那独特的“狂欢化厨房式”解剖学。在拉伯雷的小说中，打架的场面是很常见的，但这不是日常生活中的打架。我们来分析一下其中某些场面。

在小说的第四部，旅行者们庞大固埃和他的伙伴来到了“诉讼国”。这个国家的居民即执达吏们，是以甘心挨打来赚钱谋生的。约翰修士选了一个“酒糟鼻子”（“Rouge Muzeau”）执达吏，花了二十块金币把他痛打了一顿。

“约翰修士抡起棍子对准红鼻子的脊梁、肚子、胳膊、腿、头，浑身上下打了一个不亦乐乎，我以为一定打死了。”我们可以看到，这里也没有遗漏对肉体各部位的解剖式罗列。拉伯雷继续描写道：“可是他把二十块金币给了他，我看见他马上站了起来，乐得跟一个国王或者双倍国王那样。”（“Et mon villain debout，aise comme un roy ou deux”）（第4部，第16章）

国王及双倍国王这种形象直接出现在这个场面中，是为了再现“得到报偿的”执达吏的最大快乐。但是“国王”的形象实质上是与欢乐殴打和欢乐辱骂联系在一起的，是与执达吏的酒糟鼻子、与他的假死、与他的出乎意料的复活和跃起联系在一起的，正如挨打后的小丑一样。

存在着一个层面，其中殴打与辱骂已不再具有日常的、个人的性质，而成为一种象征行为，它指向最上层的“国王”。这个层面就是被狂欢节（当然并不仅仅限于它）最鲜明地表现出来的民间节日形象体系。正像我们已经指出过的那样，也是在这个层面上，厨房与混战呈现在被肢解为肉体各部位的各形象中，并交织在一起。在拉伯雷的时代，无论是在各种形式的广场娱乐中，还是在文学中，这个民间节日形象体系都具有丰满的、最有意义的生命力。

在这个形象体系里，国王是小丑。他是全民选出来的，然后在他的统治期过后，他又受到全民的嘲弄、辱骂和殴打，恰如今天人们对去冬的谢肉节草人或去年的草人（“欢愉的怪物”）进行辱骂、殴打、撕碎、焚烧或丢到水里一样。如果说人们一开始把小丑打扮成国王，那么现在当他的王国结束后，人们又给他换装，“滑稽改编”成小丑模样。辱骂与殴打跟这种换装、改扮、变形是完全等效的。辱骂揭开被辱骂者的另一副真正的面孔，辱骂撕下了他的伪装与假面具：辱骂与殴打在对皇帝脱冕。

辱骂，就是死亡，就是逝去的青春走向衰老，就是变成僵尸却还活着的肉体。辱骂，这是摆在旧生活面前、摆在历史上理应死去的事物面前的一面“喜剧的镜子”。然而就在这个形象体系里，紧跟着死亡之后的却是复活，是新的一年，是新的青春，是新的春天。因此报答辱骂的是赞美。因此，辱骂跟赞美，这是两位一体世界的两面。

辱骂和脱冕,作为关于旧权力、关于垂死世界的真理,有机地溶进拉伯雷的形象体系里,并在其中跟狂欢化的殴打结合起来,跟改扮、滑稽改编结合起来,拉伯雷是从自己时代那活生生的民间节日传统里汲取这一类形象的,但他也熟知古罗马农神节的古代书本传统及其改扮、脱冕与殴打的那些仪式(他熟悉我们所知道的那些源头,首先是马克罗比乌斯[1]的"农神节")。在谈到弄臣特里布莱时,拉伯雷引用了塞内加的这番话(他引用时没有说明出处,但显然根据的是伊拉斯谟):国王与小丑生来都是同一个命(第 3 部,第 37 章)。[2] 他当然知道《福音书》中笑谑的故事:加冕与脱冕,殴打与嘲弄"犹太人之王"[3]。

拉伯雷在他的小说里描绘了对两位国王直接的脱冕:第一部里的毕可罗寿(《高康大》)跟第二部里的安那其(《庞大固埃》)。他是根据纯粹的狂欢化精神去描绘这些脱冕的,但不无古代传统与《福音书》传统的影响。

毕可罗寿国王吃败仗后逃跑了:他在路上怒不可遏地杀死了自己的马(因为那匹马一个趔趄倒地不起)。为了跑得远远地,毕可罗寿想从路边一家磨坊里牵走一头驴,然而磨坊里的人把他痛打了一顿,剥光了他的国王衣冠,给他换上了一件破外套。后来,他就作为一个普通苦力在里昂混日子。

我们看到,传统的形象体系的一切因素在这里都应有尽有(脱冕、改扮、殴打)。但从中仍能感到农神节的遗痕。被脱冕的国王成为奴隶("苦力"),而古代磨坊则成为流放奴隶的惩罚场所:人们揍他们,强迫他们推磨,那可是一种苦役。最后,驴子,这是屈辱与顺从(同时也是复活)的《福音书》式象征[4]。

---

① 马克罗比乌斯(Ambrosius Theodosius Macrobius),公元 5 世纪罗马作家,其作品保存了大量古罗马的风俗、神话、语言、文学等资料。——译者

② 塞内加在《变瓜记》里谈到了这一点,这部著名的讽刺作品我们已经谈到过了,它讲的是对垂死的国王在临死之前(他是在出恭时死的)的脱冕,以及他死后在阴间变成了一个"滑稽的怪物",变成了一个卑微的小丑、奴隶和输得精光的赌徒。——作者

③ "犹太人之王"指耶稣。——译者

④ 驴子也是中世纪民间节日体系的形象之一,例如在"驴节"里。——作者

安那其国王的脱冕也完全充满了这种狂欢化精神。庞大固埃战胜他后，把他交给巴奴日处置。后者首先用一套稀奇古怪的小丑行头将原国王加以改扮，然后又叫他去卖绿酱油（低贱的社会等级）。没有漏过殴打。的确，巴奴日自己并没有殴打安那其，但是他让他跟一个老娼婆结婚，而那个老娼婆却辱骂并殴打他。因此，传统的狂欢化脱冕形象在这里不折不扣地实现了①。

我们已经提到过，有关拉伯雷的传说也为他勾画出了一个狂欢化的形象。许多有关他化装跟耍滑头的传说故事一直流传到了今天。其中有一个故事讲到他临死之前的化装：在弥留之际，拉伯雷根据《圣经》里《启示录》的话"Beati qui in Domino moriuntur"（即"在主里面死的人有福了"），似乎想要人用多米诺斗篷（化装舞会的行头）把他改扮起来。这个传说故事的狂欢化性质是极其明显的。我们要强调指出，现实的改扮（滑稽改编）在这里是借助《圣经》文本语言语义学上的滑稽改编实现的②。

我们再回过头来谈那位酒糟鼻子的执达吏，他挨了一顿毒打，同时却又因挨打而兴高采烈得跟一个"双倍国王"一样。执达吏本来不就是一位狂欢化的国王吗？而被解剖式遍体挨打的形象则导致了另一些不可避免的狂欢化附属物，其中包括跟一位国王甚至是跟双倍国王即垂死的老国王跟复活的新国王的对照：本来大家都以为执达吏要被打死了（老国王），可是他又活蹦乱跳地活过来了（新国王）。而且他有一张红色的丑脸，因为这正是小丑的被胡抹乱涂的滑稽的丑脸。在拉伯雷的小说里，所有打架与斗殴的场面无不具有这一类狂欢化性质③。

① 可以顺便提到与此相类似的一种高雅的脱冕形象，即我国古代沙皇临终前的脱冕与剃度仪式：按照这个仪式，人们给他们换上僧侣的长袍，让他们穿着它死去。最为人熟知的是普希金描写鲍里斯·戈都诺夫临终前的剃度与改扮的场面。这几乎是完全类似的形象。——作者

② 原文"改扮"与"滑稽改编"是同一个词。——译者

③ 这类性质的余波在以后的文学里也保存了下来，特别是在与拉伯雷一脉相承的文学里，例如斯卡龙。——作者

在刚才所分析的执达吏挨打这个情节之前,还有四章讲述了在巴舍公爵府里痛打执达吏的类似场面以及弗朗索瓦·维庸在圣玛克桑排演的一幕“悲惨的滑稽剧”。

对来到自己城堡送法庭传票的执达吏,尊贵的领主巴舍公爵挑了一个能逃避处罚的巧妙法子来揍他们。在故事发生地点都灵,同样也在波亚都及法国其他一些省份,有一种风俗叫“noces à' mitaines”(即“戴手套的婚礼”):在举行婚礼的喜庆日子里要欢乐地相互赠拳。挨打的人对这一类婚礼上轻轻拳打不能表示丝毫反对:它们是合法的、神圣的习俗。而每一次当执达吏来到巴舍公爵的城堡时,城堡里就马上举行假婚礼;而执达吏则不得不置身于婚礼来宾之中。

第一次来的是一个肥头大耳、面色红红的老执达吏(“un viel, gros et rouge chiquanous”)。在婚宴中大家按照习俗开始互相赠拳。“走到执达吏跟前,大家一齐拳足交加一顿饱打,直打得他七荤八素人事不知,一只眼睛打得像黑奶油,肋骨打断了八根,胸骨打塌了进去,肩胛骨打成了四瓣,下牙床骨打成三段,而且全是在嘻嘻哈哈当中打的。”(“…et le tout en riant”,第4部,第12章)

这次殴打的狂欢化性质最明显不过了。这里甚至出现了“狂欢节中的狂欢节”,仅仅对于挨打的执达吏来说,后果才是现实的。婚殴这种习俗本身属于狂欢节类型的仪式(它本来就是与生殖力、生育力相联系着的,与时间相联系着的)。这种仪式给予了人们某种随便与狎昵的权利,可以破坏日常的社会生活规范。在我们叙述的情节里,婚礼本身是假的:它是作为谢肉节闹剧或狂欢节骗局来扮演的。然而,在这种双重的狂欢化气氛中,人们招待老执达吏的却是极为现实的殴打,而且用的是“打架手套”。我们要再次强调,对殴打的描写具有解剖式的、狂欢化—厨房—医疗的性质。

对第二个执达吏挨打的描写具有更为鲜明的狂欢化风格,他是在第一个执达吏之后四天来到巴舍公爵城堡的。这一个与上一个不同,是细高个年轻的(“un autre jeune, haut et maigre chiquanous”)。因此,第一个跟第二个就结成了典型的民间节日的狂欢型喜剧式一对(尽管他们并非同时出现),形成对照:肥胖的跟细瘦的、老的跟年轻的、高的跟矮的①。这类鲜明对照的一对至今还活跃在集市与教堂的喜剧中。堂吉诃德与桑丘正是这样狂欢型的一对②。

对第二个讼棍也排演了一场假婚礼:它的参加者干脆就叫作"闹剧演员"("les personnages de la farce")。当执达吏(笑谑的虐待行动中的主角)进来时,所有在场者(合唱团)开始哄笑,而执达吏本人也跟着向大家笑("A son entiée chacun commença soubrire, chiquanous rìoit par compaignie")。滑稽戏就这样开场了。婚礼按发出的信号上演了。然后,酒菜一端上来,人们就开始了婚礼殴打。对执达吏挨打是这样描写的:

"(乌达尔先生)举拳便打,迎面重击,一时戴打架手套的拳头从四面八方像雨点一般一齐落在执达吏头上。'喜呀,喜呀,喜呀!可别忘了这次的喜事!'大家一齐叫嚷。这一顿揍可够重的,嘴里、鼻子里、耳朵里、眼睛里都出了血。最后打得他遍体鳞伤,肩膀脱骱,前额、后脑、后背、前胸、两只胳膊,全都给打坏了。你们可以相信,在亚威农举行狂欢节的时候,那些学生的热闹情况,也及不上今天这一场殴打。执达吏一直被打得昏倒在地。后来往他脸上泼了好些酒,把一条黄绿两色的布条拴在他的袖子上,扶他上了他那匹鼻涕邋遢的瘦马。"(第4部,第14章)

在这里,我们又一次目睹了对肉体的解剖式、狂欢化—厨房—医疗式的罗列:罗列了嘴、鼻子、耳朵、眼睛、头、脖子、背、胸、手。这就是对笑谑游戏主角的狂欢化虐待。当然,拉伯雷并不是随意提到亚威农

① 我们在"诉讼国"就遇到了这样的狂欢化一对。除了被约翰修士选中的酒糟鼻子执达吏以外,还有对他的挑选进行抱怨的既高又瘦的执达吏。——作者

② 类似的喜剧式一对——这是极其古老的现象。迪特里希在他的 *Pulcinella*(法语:《普里奇涅拉》。——译者)一书里再现了下意大利一个古代花瓶(汉密尔顿收藏)上对爱吹牛的军人及其仆从的喜剧式描绘。这位军人与其仆从的形象跟堂吉诃德和桑丘的形象具有惊人的相似(只是前两个形象有着巨大的男性生殖器)。(参阅阿尔勃莱希特·迪特里希的 *Pulcinella*,S.329)——作者

的狂欢节的：学生们在狂欢节假日里玩木柱戏时的敲打声，也不会比拳头落在讼棍身上的声音更悦耳了（真正的“mélodieusement”①）。

这个场面的结尾是十分典型的：实质上，人们将挨打的执达吏装扮成了小丑国王。他给泼得满脸都是酒（显然，他也因此像挨约翰修士揍的那个执达吏一样成了一个红脸的“酒糟鼻子”），被五颜六色的彩带装饰得像狂欢节上的祭品②。

在著名的对高康大所玩的二百一十六种游戏名称的罗列中（第1部，第20章）③，有一个游戏的名称是“au boeuf violé”④。在法国某些城市，在狂欢节期间有一种几乎一直延续到我们今天的风俗，即允许屠宰牲畜并大吃肉食（甚至斋期禁止的交媾与婚礼也同样允许），肥硕的公牛被牵到城市的各个街道和广场上。人们在盛大的游行中伴着中提琴的乐声为它送行，因为它被称为“boeuf violé”。它的头装饰着五颜六色的彩带。很遗憾，我们不清楚游戏本身跟这头狂欢节的公牛到底扯上了什么关系。不过一顿打它恐怕是逃不掉的。因为这头“boeuf violé”本来就是为宰杀而预备的，它本来就是狂欢节的祭品。这头公牛，就是国王，就是生殖者（体现一年的收获），但是它毕竟是“献祭之肉”，要给剁碎（haché）和“解剖”，做成灌肠和馅饼的。

现在，很清楚为什么要给挨过打的执达吏装饰上五颜六色的彩带了。正像转变为赞扬的辱骂一样，殴打也是双重性的。在民间节日的形象体系里，不存在纯粹的、绝对的否定。这个体系的各种形象无不在极力抓住其矛盾统一体中形成过程的两极。被打者（及被杀者）又被装饰起来；殴打本身带有欢乐的性质；它是通过笑谑来进行和完成的。

对第三个也即最后一个来巴舍公爵府的执达吏，其挨打情节的描写最为详细，最为有趣。

① “悦耳”。——译者

② 黄和绿显然就是巴舍公爵家“仆役制服”的颜色。——作者

③ 应为第22章。——译者

④ 玩听琴肥牛。——译者

这一次执达吏是带着两个助手(法警)来的。假婚礼则再次上演。执达吏在婚宴中建议恢复善良的古老风俗“noces à mitaines”,并带头挑起婚礼殴打。于是对执达吏的殴打开始了:

“戴打架手套的人开始行动了,结果执达吏头上打了九个窟窿,一个法警的右胳膊打断了,另一个的上颚骨打歪了,只有一半还在下巴颏上,小舌头也露出来了,臼齿、犬齿一齐都打掉了。鼓的曲调改变了,戴打架手套的人一个也看不见了,糖果又重新端了上来,大家欢欣享用。快乐的朋友互相干杯,大家齐向执达吏及法警敬酒,乌达尔咒骂婚礼,说他真倒霉,一个法警打得他一个肩膀脱了骱,尽管如此,他还是愉快地和法警碰杯。法警呢,牙床骨都碎了,一句话都说不出来,拱手请求饶命,因为他已经不会说话了。罗亚尔抱怨那断胳膊的法警在他胳膊肘上打过一下,打得很重,连脚后跟都打疼了。”(第4部,第15章)

对执达吏及其助手所遭受伤害的描写,照例具有对肉体各损伤部位及器官的解剖式罗列。殴打行为本身具有格外欢庆的和节日的性质:它是在婚宴当中完成的,伴有婚鼓的鼓声,而当殴打结束,新一轮的盛宴欢娱又开始后,鼓声则改变自己的音调。婚鼓音调的改变与盛宴的重新进行,开始了滑稽戏的新阶段:嘲笑被殴打的受害者。打人者装成挨打者。每个人都扮演着自己的残疾角色,并为此而咒骂着执达吏。这种肆意狂欢化表演的气氛尤其由于这一点而加强了:它的每一个参加者借助于冗长复杂得难以想象的语句,夸张地(膨胀地)描述着自己的受残程度。拉伯雷构造出这样的语句并不是偶然的:它们应该在一定程度上从声音上表现出所受重伤的性质,并以其所构成语句(具有明确的语义学色彩)的冗长、大量与多样化,传达出所受打击的数量、多样化与力量。这些语句就其发音来说仿佛是戕害着发音器官(“小舌头也露出来了”)。这些语句在发音上的冗长与困难随着每一个游戏参加者在增长:如果说乌达尔的一个单词有八个音节,那么罗亚尔用的一个单词则有十三个。由于这些语句,狂欢化的肆意性就转变成为这一场景的语言本身。

下面是这一场面的继续：

“特鲁东用手巾护住左眼，拿出一面已经打破的鼓，说道：‘我哪里得罪了他们呢？把这只可怜的眼睛打坏不算，还打破了我的鼓。行婚礼鼓是要打的，但打鼓的人都是受欢迎的，从来不挨打。现在只有让魔鬼用鼓做帽子了！’”（第 4 部，第 15 章）

对挨打的执达吏的捉弄现在加强了，捂在好像打坏了的眼睛上的手巾、打破的鼓，用来表示受残程度的语句长度增加了：其中已有二十个音节，使音节本身愈加稀奇古怪。

打破的鼓这种形象是典型的。要正确理解对执达吏的殴打这整个情节及这场混战的独特性质，必须注意下列几点。婚鼓具有色情的意义。“打婚礼鼓”及通常的打鼓意味着完成一桩生殖行为：“鼓手”（“tambourineur”和“tamboureur”[①]）意味着情人。这种含义在拉伯雷时代是众所周知的。拉伯雷自己在书中第一部第三章就谈到了皇帝屋大维的女儿的“鼓手们”（“tamboureurs”），即她的情人们。在第二部第二十五章、第三部第二十八章，拉伯雷也在色情的意义上使用了“鼓”这个词。像“打”“击”“揍”“棍子”（“baston”）等词，也都是在这个意义上被使用的。男性生殖器号称为“baston de mariage”[②]（拉伯雷在第 3 部第 9 章里用到这种俗语），它也被称为“baston à un bout”[③]（在拉伯雷小说的第 3 部第 18 章里出现了这种俗语）[④]。当然，婚礼群殴也具有生殖行为的意义。这个意义转变为对执达吏的殴打，人们在婚礼殴打的形式下并伴以婚鼓的鼓声去殴打他们并不是偶然的。

因此，在我们所分析的整个情节中，并不存在通常的殴打，并不存

① “男鼓手”和“女鼓手”。——译者

② 婚姻的棍子。——译者

③ 带尖的棍子。——译者

④ “木柱”（quille）与“玩九柱戏”也同样是在色情的意义上使用的。所有这些赋予打、棍子、手杖、铃鼓等词以色情意义的俗语，在位伯雷的同时代人那里经常能遇到，例如在我们前面提到的作品 *Le Triomphe de très haulte et puissante Dame Verole* 里。——作者

在纯粹日常生活的、在狭隘实际意义上的殴打。在这里，所有的殴打都具有广义象征的和双重的意义：殴打同时既是杀害的(极而言之)，又是赠予新生命的；既是结束旧事物的，又是开始新事物的。因此整个情节渗透着如此放纵狂欢化的和狂热的气氛。

而同时，无论是从施行殴打的严重性，还是从其本身目的来说，对执达吏的殴打都具有充分现实的意义：人们揍他们，是为了一劳永逸地替巴舍公爵根绝讼案(也完全做到了)。但这些执达吏又是旧权力、旧真理、旧世界的代表：他们与这个即将逝去的、垂死的旧世界是不可分割的，然而他们与那诞生于旧世界之中的新世界同样也是不可分割的。他们参与了那同时是垂死的但又在生育着的双重化世界，但却附着于它那否定的必然灭亡的一极；对他们的殴打，是一次死亡—复活的节日(只是从笑谑的角度而已)。于是，双重化的、婚礼的、创造性的殴打，就伴和着鼓点并在筵席上香槟酒杯的叮当声中洒落在他们的头上了。人们是把他们当作国王来打的。

拉伯雷小说里所有的殴打无不如此。所有这些封建国王(毕可罗寿与安那其)、索邦神学院的老朽大师们(约诺土斯·卜拉克玛多)、修道院执事(塔波古)，所有这些伪善的僧侣、卑下的诽谤者、阴鸷的不会笑之人，拉伯雷杀戮着他们，折磨着他们，痛打着他们，驱赶着他们，辱骂着他们，嘲弄着他们，揶揄着他们，他们全都是旧世界与整个世界的代表，是垂死并生育着的两位一体世界的代表。在清除和抛弃衰亡的旧肉体的同时，他们也割断了年青新世界肉体的脐带。这是一回事。拉伯雷的诸形象恰恰是定位于这样一种在自身中包含着两极的转化时刻。施于旧世界的每一下打击，都在帮助着新世界的诞生；这就像是实行剖腹产，母亲死了，而孩子得救了。人们殴打和辱骂着正在生育着的旧世界。因此，辱骂跟殴打就转变成了节日的滑稽演出。

我们再引用情节末尾的一个片段(有所删节)：

“新娘又像哭又像笑，同时又像笑又像哭，诉说执达吏非但不分上下在她身上乱打，而且打坏了她的头发，此外，还把她那不见人的秘密所在里里外外打了一个遍。

“总管吊着左边的胳膊，跟完全打坏了一样，说道：

“‘参加今天的婚礼，真是见鬼。天主在上，我的胳膊都打坏了！你们这算订婚么？我看这是狗屁订婚。老天在上！这真是萨摩撒塔的哲学家所描写的拉比提人的婚礼。’”（同上）

这个情节中所有形象所固有的双重性，在这里被赋予了典型拉伯雷的形式，即矛盾修饰的结合：新娘又像哭又像笑，同时又像笑又像哭。同样典型的是她“不见人的秘密所在里里外外”所受到的殴打（当然是虚构的）（“婚礼殴打”）。上述片段结尾处总管的话里有两点应予强调。第一，对于怪诞现实主义真正典型的那种降格的、将订婚（fiançailles）导向大便（fiantailles）的语言游戏。第二，提到了卢奇安的《拉比提人的饮宴》。这种卢奇安式“筵席交谈”[①]变体，的确比任何其他古代变体更接近于拉伯雷的饮宴场景（特别是上面所提到的）。卢奇安的“饮宴”也是以殴打结束的。但应特别注意其中实质性的区别。在卢奇安的作品里，对宴会殴打加以象征性展开的描写，仅仅依赖于传统的形象材料，而完全不是根据具有理性抽象的特点甚至某种虚无主义特点的作者构思；卢奇安笔下诸传统形象说话时总是违背作者构思，而且它们总是比作者构思要丰富得不可比拟；卢奇安是在运用着他自己几乎忘掉其价值和分量的传统形象。

从我们所分析的巴舍公爵府里所有殴打执达吏的情节里，我们可以得出这样一些结论。其中所有被描绘的事件都具有民间节日滑稽演出的性质。这是欢乐自由的游戏，但又是包含深刻意义的游戏。它的真正主人公与作者就是时间本身，它给旧世界（旧权力、旧真理）脱冕，使之变得荒谬可笑，并为之送终，同时又产生一个新世界。在这个游戏中，既有主角，也有欢笑的合唱团。主角就是旧世界的代表，然而

---

① “симпосион”：拉丁语 symposium 的俄语音译，意为“筵席交谈”，作为卢奇安对话体著作源头之一的柏拉图对话就有一篇以此为题目（《会饮篇》）。——译者

这又是一个孕育着并生育着的世界,人们殴打和辱骂着它,然而这殴打是创造性的,因为这些殴打有助于新世界的诞生。因此殴打就成为欢乐的、悦耳的及节日般的了。辱骂也具有同样创造的和欢乐的性质。主角作为滑稽演出的牺牲者被装饰了起来(执达吏被彩带装饰起来)。肉体被肢解为各部位的诸形象在这一点上就具有了本质意义。对每个执达吏挨的打都进行了详细的解剖式描写。而在第三个执达吏及其助手被殴打的场面中,更是有许多被肢解的肉体。除了他们所遭受的实际伤害外,其中又罗列了一整批虚构致残的肉体器官与部位:脱臼的肩膀、打坏的眼睛、瘸的腿、断的手、受伤的性器官。这恰是一种肉体的播种,或者更准确地说,肉体的收割。这就像是恩培多克勒[①]的片段。这是混战同厨房或肉铺的结合。但正像我们知道的,这也正是誓言与广场诅咒的主题。我们在这里暂时只将这种怪诞肉体形象指出来,以后用专章来分析其意义及源头。

这样,在这个情节的描写中,一切都是模拟的,是本着民间节日笑谑形式的精神加以模拟的。但这些已积淀了数千年之久的形式,在这里是为该时代新的历史任务服务的,它们渗透着强烈的历史意识,有助于对现实更深刻的理解。

跟上面所分析的情节相关联的是关于在圣玛克桑"维庸的把戏"的故事(它正是由巴舍公爵本人在接见滑稽演出参加者时讲的)。不过我们到本章末尾再详尽分析这个故事,届时我们还要再次回过头来谈谈这个情节。

我们已经说过,拉伯雷小说里所有殴打的场面都具有类似的性质。它们全都是深刻双重化的,被欢乐所渗透着的。其中的一切都是带着笑谑、为了笑谑完成的:"Et le tout en riant."[②]

我们还要扼要谈谈两个场面:在其中一个场面里血变成了酒,而

① 恩培多克勒(约前490—前430),古希腊唯物主义哲学家,同时也是著名的医生。——译者

② 笑着完成。——译者

另一个则是混战变成了饮宴与吃喝。

第一个场面是约翰修士在修道院葡萄园里杀戮一万三千六百二十二个人的著名情节。这是极端残酷的混战："修士出人意料地向他们冲过来，使出古代剑法，横七竖八、一阵好打，跟打猪猡似的把敌人打得落花流水。有的被打破脑袋，有的被打断胳膊，有的打折了颈项下面的脊骨，有的打坏了腰，打塌了鼻子，打瞎了眼睛，打裂了下颚，打掉了牙齿，打脱了肩胛，打伤了大腿，打脱了后胯，打碎了骨头。看见一个想藏到浓密的葡萄秧里，他便像打狗似的拦腰一棍打过去，打断了他的脊骨。一个想逃命，被他一棍子从肛门里捅了进去。……有几个冒失的家伙想和他抵挡一下，修士便使出他浑身解数，有的被他从横膈膜上心口的地方打穿了胸膛，有的被打在肋骨上，把胃打破，马上送了命，有的被重重地打在肚脐上，把肠子都打了出来，还有的被打在睾丸上，连大肠也打穿了。你们不能想象当时的情况有多么可怕。"(我们对此处情节的文字进行了压缩)

呈现在我们面前的是不折不扣的肉体收割形象。

当小修士们跑来帮助约翰修士时，他吩咐他们把受伤者的头"切下来"。"于是他们……动手割断打伤的人的喉管、结果他们的性命。你们知道他们用的是什么武器么？小镰刀，就是我们家乡的小孩用来剥胡桃的小刀。"

约翰修士进行这场极端残酷的血腥激战是为了拯救用新收割的葡萄酿成的酒。这整个充满血腥的情节渗透着的不光是欢乐的音调，简直就是欢腾的音调了。这是"狄奥尼索斯[①]的葡萄园"，这是——"vendange"[②]，即收割葡萄的节日。故事情节恰好就发生在这段时间。小修士们用的儿童小镰刀，使我们在被肢解的人体那一堆血肉后面看到装满了那种"purèe septembrale"("九月的果泥")的桶，拉伯雷不止

---

① 狄奥尼索斯：希腊神话里的酒神。——译者

② "葡萄收割期"。——译者

一次提到过它。血向酒的转变完成了①。

现在我们转向第二个情节。第二部第二十五章叙述的是庞大固埃与他的四位同伴怎样战胜了安那其国王的六百六十名轻骑兵。借助于巧妙安排的火药,他们把所有这些骑兵全部烧死了。这以后马上开始了欢乐的饮宴。加巴林卤获了大量的野味。“爱比斯蒙德立刻按照九个缪斯的名字,照古时的式样做了九个好看的木叉子;奥斯登帮着剥皮,巴奴日搬来两副骑兵的鞍子,支起来当作炉架;叫那个俘虏去烤,就在原来的火上烤他们的野味。

“然后,是一顿丰盛的宴会,他们狼吞虎咽、吃饱喝足,看着他们的样子也痛快。”

这样,原先只用来烧人的篝火,现在变成了欢乐的厨房炉灶,用来准备丰盛的筵席。这种篝火以及焚烧骑兵(人们也正是这样烧掉冬天的草人、死亡、旧年)和随后的“招待全世界的筵席”所具有的民间—节日狂欢化的性质,随着情节的发展而愈加鲜明。庞大固埃及其伙伴决定在战场兼筵席的地方树立一座凯旋纪念碑。庞大固埃树起一个柱子,然后在上面挂满了被烧死的骑兵们的古代标志——甲胄、刺马钜、铠甲、皮护手、皮靴。他在纪念碑上写下了诗体铭文,颂扬健康的人的理性对沉重铠甲的胜利(他们正是凭借巧妙安排的火药才烧死了那些骑兵)。巴奴日则树起另一个柱子、在上面挂满了筵席的胜利品:鹿的角、皮和蹄子;野兔的耳朵;鸨的翅膀等。此外还有装醋的瓶子、放盐的角、烤肉叉、用来填肉的针、锅、调汁碗、盐罐子和玻璃杯。他在

① 血变成了酒的主题,我们在《堂吉诃德》里也能找到,即在主人公把皮酒囊当成了巨人而与之大战的情节里。在阿普列尤斯的《金驴记》里有关于这种主题更为有趣的创作。鲁奇乌斯在房子大门口杀死了他当作强盗的那些人;他亲眼看到了他们流出来的血。到了早上,他以杀人罪给送上了法庭。死刑在威胁着他。然而他只不过是一场欢乐骗局的牺牲品而已。被杀死的人——仅仅是一些盛酒的皮囊。阴森的审判转变成了全民性的欢乐笑谑。——作者

碑上题词颂扬筵席并大谈烹调方法[①]。

这两个凯旋柱鲜明表现出这整个民间节日形象体系的双重性。火药对骑士铠甲的胜利、对城堡高墙的胜利这种历史性主题(普希金式“骑士时代的戏剧”主题),创造性智慧对粗野蒙昧的暴力的胜利这种历史性主题,在这里被融进了狂欢化的创作之中。因此,第二种胜利品展示了所有狂欢化—厨房的道具:烤肉叉、填肉针、瓦罐等等。旧世界的毁灭跟新世界的饮宴欢乐在这个形象体系里融汇为一体:烧尽了的旧篝火转变为饮宴的炉灶。新世界的凤凰从旧世界的灰烬里再生了。

我们还要谈谈与此相关联的巴奴日的那段土耳其情节。巴奴日落到土耳其人手里当了俘虏,差一点由于拜火教的信仰而活活烤死,但却奇迹般地逃出一条命。这段情节是作为对磨难与奇迹的一种讽刺模拟性滑稽改编而创造出来的。因为他不够胖,人们于是先给他浑身抹满油,再穿在叉子上烤。由此可见,磨难的篝火在这里变成了厨房的炉灶。末了,他就像我们说过的那样奇迹般地逃脱了,而且他还把折磨自己的人都烧死了。情节最后以赞扬篝火上的烧烤结束。

在拉伯雷的小说里就是这样,血变成了酒,而残酷的激战跟可怕的死亡变成了欢宴,牺牲者的篝火变成了厨房炉灶。血战、切割、焚烧、死亡、杀戮、殴打、诅咒、辱骂,充满了这个“欢乐的时代”,这个时代在进行毁灭的同时又生育着,它不让任何旧事物得以永存,并不停地产生着新的年轻的事物。对时代的这种理解绝不是拉伯雷的抽象思想,可以说,它对于他所继承的传统的民间节日形象体系本身是“内在的”。拉伯雷并没有创造出这个体系,而是它以他为代表上升到一个新的更高的历史发展阶段。

---

① 在福伦戈·戴奥菲洛的意大利式(不是多语种诙谐式)作品《奥尔兰迪诺》里,就有对卡尔大公爵的骑士比武的描写:骑士们骑在驴、骡和母牛身上飞奔,他们手里拿的不是盾牌,而是篮子;头上戴的不是头盔,而是厨房里的家什:水桶、盆和锅。——作者

福伦戈·戴奥菲洛(1496—1544),意大利诗人、人文主义者,作品《奥尔兰迪诺》(*Orlandino*)为八行体讽刺诗集。——译者

但是,所有这些形象是否可能只是一种僵死的、束缚人的传统呢?所有这些捆住挨打执达吏手的彩带、这些无穷无尽的殴打和辱骂、这类被肢解的肉体、这些厨房家什,是否可能只是古老世界观的残余、僵死的形式和妨碍对当代现实生活按其本来面目进行观察与描写的累赘?

再没有比这一类推测更荒谬的了。民间节日形象体系实际上已形成并活跃了上千年。的确,在这漫长的发展时期,它也有其沉渣,有其日常生活、观念和偏见上的腐朽积淀。但就基本发展趋势来说,这个体系仍然在成长着,被新的意义丰富着,在自身里吸收着新的人民愿望与思想,经受着新的人民经验的炉火考验。形象的语言更富有各种新的细微含义而且得到升华。

因此,民间节日形象能够成为艺术地掌握现实生活的强大工具,能够成为真正广阔和深刻的现实主义之基础。这些民间形象有助于掌握的不是现实生活的自然主义的、转瞬即逝的、空洞的、无意义的和琐屑的形象,而是现实生活的形成过程本身,是这个形成过程的意义和方向。由此才有了民间节日形象体系的最深刻的包罗万象性与清醒的乐观主义。

在拉伯雷的小说里,这个形象体系具有紧张的、积极的和充分自觉的生命力,同时整个地自始至终贯穿着活跃,从最微小的细节到被殴打执达吏手上那五颜六色的彩带,到另一个执达吏的酒糟鼻子,到约翰修士所用的百合花被磨平的十字架棍子,到他那个绰号"敲碎牙齿者"。没有丝毫僵死的、失去其意义的余孽,全都充满了积极的、目的明确的和独一无二的意义。每一个细节里都体现出位伯雷认真的和鲜明的(当然不是狭义理性的)艺术意识。

当然,这并不意味着每一个细节都是由作者的抽象思维所设想、所思考、所衡量过的。拉伯雷艺术上自觉地运用着自己的风格、民间节日形式的宏伟风格;这种狂欢化风格的逻辑向拉伯雷提示了那讼棍的酒糟鼻子、他在挨打后的欢乐复活以及跟国王及双倍国王的对照。

但是拉伯雷的抽象思维未必把此类细节都逐一地选择和斟酌过。他跟自己所有的同时代人一样，还生活在这种形式的世界里，呼吸着它们的空气，他得心应手地运用着它们的语言，用不着抽象思维的经常监督。

我们已经确定了殴打、辱骂跟脱冕的本质关系。在拉伯雷小说里，辱骂从不具有单纯私人漫骂的性质；它们是包罗万象的，并且归根结底总是瞄准最高点。在每一个被殴打与被辱骂者后面，拉伯雷仿佛都看到了国王、过去的国王、王位觊觎者。而所有脱冕者形象同时又都是充分现实的和符合生活真实的。他所殴打着、驱赶着和辱骂着的所有这些执达吏、讼棍、阴鸷的伪君子和诽谤者都是完全现实的。所有这些人物都是作为行将过时的权力和真理曾占统治地位的思想、法律、信仰、美德的个体化身而遭受嘲弄、辱骂和殴打的。

这类旧权力、旧真理都表现出追求绝对性和超越时间的重要意义之妄想。因此，旧权力与旧真理的一切代表都是古板沉闷的，不会也不肯笑；他们唯我独尊，将自己的敌人打成永恒真理的敌人，并因而用永恒的毁灭来威胁他们。统治的权力、统治的真理不肯拿时间之镜来照自己，所以他们看不到自身的开端、局限与终点，看不到自己那副衰老滑稽的尊容，看不到自己对永恒和不朽的妄想所具有的喜剧性。而当旧权力与旧真理的代表们一本正经、装腔作势地表演着自己的角色时，观众却早已在窃窃暗笑了。他们喋喋不休地用皇帝或永恒真理代言人的那种刻板的、自以为是的、虚张声势的、威严的腔调说话时，却没有觉察到，时间已让这种腔调在他们嘴里显得十分可笑，并把旧权力、旧真理变成了狂欢化的谢肉节草人、滑稽怪物，被人民欢笑着撕碎在广场上①。

最善心的拉伯雷大师就是这样无情地、残酷地但又欢乐地惩治着

① 用马克思的话来说，所有这些旧权力、旧真理的代表人仅仅是“真正的英雄已经死了的世界舞台上的小丑”（见《马克思恩格斯选集》，第 1 卷，第 418 页）而已。民间诙谐文化是透过改换一切并复兴一切的时间这种远景来看他们所有那些（对不朽与永恒的）妄想的。——作者

这样一些稻草人。实际上,跟它们打交道的就是那个欢乐的时间,不过是以拉伯雷为代表并用他的话说出来罢了。拉伯雷并不为难活人——就让他们去吧——只是为神圣的真理代言时,应该首先从自己身上脱去国王的衣冠或者索邦神学士的假面舞会式的华丽斗篷。在这之后,他甚至愿意赏赐他们,或者用偏僻地方的陋舍和做绿酱油的春大葱的石臼,就像他赏赐安其国王那样,或者用做新裤子的呢料、盛食物的大碗、香肠和木柴,就像他赏赐约诺土斯·卜拉克玛多大师一样。

我们来看看约诺土斯·卜拉克玛多大师的那段情节。这段情节是与年轻的高康大偷取巴黎圣母院的大钟相联系的。

拉伯雷是从《高康大大事记》里汲取这种偷取大钟的主题的,但在小说里将它扩展并改造了。高康大偷取 Notre-Dame[①] 的历史大钟,是为了用它们[②]做自己那匹庞大母马的铃铛,他打算让它给父亲驮些奶酪和鱼回去。将圣母院大钟脱冕为母马铃铛,是典型的狂欢化降格动作,它在物质-肉体层面上将脱冕-毁灭跟更新与复活结合在一起。

小钟或铃铛(大多数情况下是母牛的)的形象,在关于狂欢型演出的最古老的证据里就已作为这些演出不可或缺的点缀品而出现了。小钟,这是"蛮族军队""蛮族猎人""爱尔菲[③]妖王人马"的神话形象的常见附属物,这些形象自远古以来就融汇于狂欢节游行里了。14 世纪初的 *Roman de Fauvel*[④] 在对哄闹的描写里就提到了母牛的铃铛。在衣服上、在帽子上、在丑角滑稽的帝王权杖上,滑稽的铃铛所起的作用是众所周知的。我们至今还能在谢肉节的车轭下和婚礼的车轭下听到铃铛的叮当声。

---

① 圣母院。——译者

② 巴黎圣母院共有两口大钟,因此用复数"它们"。——译者

③ 爱尔菲,西欧神话里住在森林山野里的一种侏儒妖精,喜欢音乐舞蹈,对人类友好,但也有一些专门残害儿童。——译者

④ 《福韦尔小说选》。作者为一名气不大的法国作家热尔韦·迪比,这部讽刺小说的主要内容是揭露美男子腓力四世(1268—1314)时代的社会黑暗,取六种罪恶各首字母组成一头野兽(象征形象)的名字"Fauvel"。——译者

而在拉伯雷本人所描写的弗朗索瓦·维庸组织的“魔鬼出巡”中也同样出现了铃铛和小钟。魔鬼出巡的参加者“腰里束着宽皮带,皮带上挂着奶牛系的大铃铛和骡子的项铃,晃晃荡荡,声音吓人”①。在拉伯雷的小说里又一次遇到了大钟的脱冕形象本身。

在我们所分析的那段情节里,烧死六百六十名轻骑兵后,安葬的篝火变成饮宴的炉灶,庞大固埃在会餐中每个人的牙床骨都在大嚼特嚼的高潮时候宣称:“巴不得你们每人嘴下边都有两副鹰挂的铃铛,我自己再挂上勒内、普瓦蒂埃、都尔和冈勃莱的大钟,那我们就可以看看我们牙床骨嚼动的时候声音多么响了。”

教堂的大钟和小钟在这里不是挂在母牛或骡子的脖子上,而是挂在欢快饕餮的人们的下巴上。很难找到这种尽管粗糙但却更为清晰直观地揭示出拉伯雷式降格游戏的逻辑,辱骂所具有的脱冕—毁灭与更新—复活的逻辑的形象了。被从勒内、普瓦蒂埃、都尔和同勃莱的钟塔上摘下来、在最高层面上被脱冕的大钟,却出乎意料地复活于饮宴吃喝的层面上,并以响起于大肆咀嚼的口腔运动更新了自己的钟声。我们要强调指出,大钟意外的新用途使它们的形象仿佛再一次诞生。这种形象就仿佛是在对于它的一般存在是非固有的和异己的这种新背景上在我们面前产生的某种完全新的东西。*而形象的新生得以完成的那个环境,就是物质-肉体因素*,在上述场合就在于它的饮宴方面。我们还要强调降格的那种直接性、空间上的地形可测量性:大钟从钟塔的高处转移到了低处,转移到了咀嚼的牙床骨下面。

当然,饮宴复活大钟这一方面,无论是对于肉体的饮食行为来说,还是对于日常私人宴会来说,都是不太相干的。要知道这是民间巨人和他的伙伴以历史的炉灶烧掉封建骑士文化的旧世界来“普天同庆”。

我们再回到原来偷取大钟的情节。现在很清楚了,为什么高康大要把 Notre-Dame 大钟变成他的母马的铃铛。在情节的进一步发展中,那些大钟与铃铛始终都是跟狂欢化饮宴各形象联系在一起的。圣

① 《福韦尔小说选》,第4部,第13章。——作者

安东尼僧侣会的会长正巧也想偷走大钟,好让大钟的钟声报告他的到来,并让贮藏室里的猪油都打哆嗦(他要来收"猪捐")。要求归还大钟的主要原因,正如约诺土斯·卜拉克玛多大师在他的发言里提出的,是大钟的钟声对巴黎郊区葡萄园的收成大有影响。另一个决定性的原因是,倘若大钟得以归还,约诺土斯·卜拉克玛多就能得到允诺的香肠和套裤。这样,在这段情节里,自始至终大钟都是在狂欢化饮宴的氛围里响起的。

这个约诺土斯·卜拉克玛多大师是什么人呢?根据拉伯雷的构思,这是索邦神学院最老的一个家伙。索邦神学院是正统信仰与不可违背的宗教真理的卫道士,是各类宗教思想与书籍的命运主宰者。众所周知,索邦神学院攻讦拉伯雷所有的著作和小说,禁止它们出版,幸运的是,索邦神学院在那个时代已不再是万能的了。而约诺土斯·卜拉克玛多则是这个可敬学院的代表。但是拉伯雷出于谨慎的考虑(还是不能跟索邦随便开玩笑),从他身上抹掉了一切跟索邦有关系的外部特征①。约诺土斯·卜拉克玛多被委以重任,去用睿智雄辩的说辞说服高康大归还大钟。正像我们已看到的那样,为此他被允诺以套裤、香肠和酒的形式得到相应的"狂欢化的"奖赏。

当约诺土斯·卜拉克玛多一副滑稽的矜持、穿着索邦大师的庄严法衣,在几位助手的陪伴下来到高康大的寓所时,一开始人们还以为这种奇怪的举动是一次假面舞会式的游行。那样子是这样的:

"约诺土斯·卜拉克玛多大师剪的是恺撒式的发式,穿起仿古式的博士长袍,胃里填满了炉子里的食品和地窖里的圣水,向高康大的寓所走来,前面走的是三个红嘴脸、牛一样的笨蛋,后面是五六个半死不活、龌龊不堪的文艺大师。

"他们一进门,就被包诺克拉特碰上了。包诺克拉特看见他们这种打扮,自己先吓了一大跳,以为是什么疯狂的化装游戏,于是便向那

① 在经教会审订过的小说前两部的版本里(1542),拉伯雷抹去了跟索邦有关的一切直接典故,用"诡辩学士"这个词代替了"索邦学士"这个词。——作者

群半死不活的大师们中的一个打听这是什么把戏。他们回答说他们是来讨大钟的。”(第1部,第18章)

索邦神学大师和他的助手这些形象身上所有的狂欢化的打扮在这里都得到了突出的表现(直到我们已熟知的“rouge muzeau”)。他们被转变为狂欢型小丑、欢乐的笑谑游行。“地窖里的圣水”这正是对酒的司空见惯的别称。

高康大和他的伙伴闻报后决定对约诺土斯·卜拉克玛多搞一个欢愉的恶作剧(骗局)。他们首先“按神学方式”给他灌酒①,同时却把大钟归还给召唤来的城市代表。这样,约诺土斯·卜拉克玛多就只得以他的发言引来哄堂大笑,尤其是在召集来的观众面前成为笑柄。他发言时整个一副矜持和严肃的样子,坚持要求归还大钟,岂知无须他来插手,还钟问题已经解决,其实他只扮演了一个集市上的小丑角色。这场骗局尤其着重于表现索邦神学大师形象的狂欢化性质,他脱离了生活的实际进程,成为被嘲弄的稻草人,却仍然一本正经地扮演着他的角色,没有注意到周围的人早都在笑他了。

约诺土斯·卜拉克玛多的发言是对索邦神学大师们的雄辩、他们的辩论方式、他们的拉丁语之惟妙惟肖的讽刺性模拟。这个讽刺性模拟足以同《蒙昧者书简》相媲美。但在约诺土斯·卜拉克玛多的讽刺性模拟的发言里,衰老形象却是以巨大的艺术性表现出来的。发言的“速记记录”充满了拟声成分,表达出了各种形式与程度的咳嗽和喷嚏、咯痰、喘息与呼哧声。发言充满了谗毁、谬误,思想涩滞、间断、对滑脱思绪的搏斗、对恰当词汇的吃力寻找。而约诺土斯·卜拉克玛多大师则直言不讳地抱怨自己的衰老。人到老年的衰弱这种生理学形象与索邦学士社会的、意识形态的和语言的陈腐都被编织进一个整体效果之中。这就是旧岁、残冬、成为小丑的老国王。大家都欢乐地嘲笑着他;末了他自己也开始笑起来。

但是,人们笑的是索邦大师这个草人。对于他作为一个老人人们

① “按神学方式喝酒”和“神学的酒”即开怀畅饮(降格化的滑稽改编)。——作者

还是给了他所需要的东西,从他自己说的来看并不多:“背后有火炉,胸前有饭桌,还有一个深大的碗就行了。”这就是这位索邦大师种种奢求中剩下的唯一的现实要求。高康大慷慨地满足了老人的这一切要求。至于索邦大师则始终遭到嘲弄和毁伤。

迄今为止我们分析的所有情节和各个形象,所有的激战、打架、殴斗、嘲弄等场面,既对人(旧权力与旧真理的代表)又对物(例如大钟)的脱冕,无不是拉伯雷以民间节日狂欢化的精神进行创作及确立其风格的。因此它们全都是双重化的:毁灭、脱冕跟复活、更新相联系,旧事物的死亡跟新事物的诞生相联系;一切形象都被归于垂死世界与新生世界的矛盾统一体。然而,并不仅仅是上面所分析的情节,而且连整部小说都是自始至终渗透着狂欢化气氛的。此外,有整整一系列最重要的情节和场景是跟节日本身、跟确定的纯粹节日主题相联系着的。

我们赋予“狂欢化”这个名词以广泛含义。作为一种完全确定的现象,狂欢节一直延续到了我们今天,而与之性质和风格(以及起源)相近的其他民间节日生活现象,除了少数例外,都早已衰亡或者蜕化到难以辨认了。狂欢节却一直都为人所熟悉。多少世纪以来它不止一次地被描写过。甚至在其发展晚期,18 世纪和 19 世纪,狂欢节还以十分清晰的、尽管是已经贫弱的形式保留着民间节日因素的某些基本特点。狂欢节为我们揭示出古代民间节日因素是这个巨大丰富的世界保留得相对更好的片段。这使我们有权在广义上使用“狂欢化的”这个修饰语,对它的理解不光是指狭义上的和纯粹意义上的狂欢节形式,而且还指中世纪与文艺复兴时期具有自身基本特点——在随后的那些世代里,当其他多数形式已经死亡或者蜕化后,这些基本特点就鲜明体现在狂欢节上的整个丰富的、多样化的民间节日生活。

然而狂欢节在这个词的狭义上来说,却远非是简单的、意义单纯的现象。这个词将一系列地方性狂欢节结合为一个概念,它们起源不同,时期不同,但都具有民间节日游艺的某些普遍特点。用"狂欢节"这个词结合各种地方现象并将它们概括在一个概念之中的这种过程,是与流动于生活本身中的现实过程相一致的:各种不同的民间节日形式,在衰亡和蜕化的同时将自身的一系列因素如仪式、道具、形象、面具,转赋予了狂欢节。狂欢节实际上已成为容纳那些不复独立存在的民间节日形式的贮藏器。

当然,各种民间节日形式的这种狂欢化结合的过程,不仅在不同国家,甚至在不同城市,都是以各自不同的方式在不同的时期完成的。这个过程以最清晰的和可以说是古典的形式发生在意大利,正是在罗马(以及这个国家的其他城市,尽管可能不那么清晰),而后在法国,在巴黎。这个过程以多少是古典的方式(但在更晚的时期)发生在纽伦堡和科隆。而在俄罗斯,这个过程却完全没有发生;无论是普遍性的还是地方性的(谢肉节的、圣诞节的、复活节的、集市的等等)不同形式的民间节日游艺始终没有结合起来,没有形成什么类似于西欧狂欢节的主导形式。众所周知,彼得大帝曾试图将后期西欧传统形式的"愚人节"(选举"全民戏谑的教皇"等)、四月一日狂欢节丑角等等嫁接到我国,然而这些形式却未能扎下根并在自己周围汇聚那些地方传统。

但是,在这个过程以多少古典的形式进行的那些地方(罗马、巴黎、纽伦堡、科隆),本身起源与发展很不相同的各种地方节日形式却成为它在各地的基础;其他各地狂欢节仪式的丰富,也多得助于消亡了的各种地方形式。

需要指出的是,这许多民间节日形式虽然把它们的一些特征(而且多数是最重要的)转赋予狂欢节,但是仍继续勉强与狂欢节保持平行而残存下来。例如,在法国"闹婚仪式"的情况就是如此:闹婚仪式将自身大部分形式转赋予狂欢节,然而作为婚礼笑谑的贫乏的局部形式(如果婚礼由于某种原因被认为是不正常的话),作为窗下哄闹音乐会,它一直延续到了我们今天。其次,对于各种宗教节日和国家节日来说组成了其广场的非官方的另一半的那一切民间节日游艺形式,继续与狂欢节并行而独立地存在,同时又具有与它共同的特点,如在国王节、圣瓦伦丁节等等节日里选举昙花一现的国王跟王后("豆子国王")。所有这些共同特点都取决于所有这些节日形式跟时间的关系,而这个时间,在各种节日的民间广场方面均是节日的真正主角,给旧事物脱冕,给新事物加冕[①]。当然,所有这些民间广场形式都是围绕着宗教节日而继续活跃着的。(通常附着于教会圣事或第一弥撒的节日的)各种集市都保留了或多或少的狂欢化性质。最后,日常节日——婚礼、洗礼、悼念,各种农业节日——葡萄收割期(vendange),宰杀牲畜等等(这类节日拉伯雷都描写过),也都保留了一定程度的狂欢化特点。例如,我们可以清楚地看到"noces à mitaines"即某种婚礼仪式的狂欢化性质。这些节日与欢乐的时间的本质关系,就是各种不同节日的所有狂欢化特点的公分母。凡是节日的民间广场充满自由精神这一方面得以保留的地方,与时间的这种关系就会保留下来,因而狂欢化性质的各因素也就会保留下来。

然而,在狭义上的狂欢节得以繁荣并成为所有形式的民间广场游艺结合中心的地方,它却在某种程度上削弱了所有其他节日,夺走了它们几乎所有的充满自由精神的和民间乌托邦的因素。所有其他的节日跟狂欢节相比都显得苍白无力;它们的民间意义在缩小,特别是由于它们与教会的或国家的文化和礼仪的直接关系。狂欢节遂成为完全独立于教会与国家(但为它们所容忍)的真正全民广场节日的象征和体现。罗马狂欢节正是如此,歌德曾对它作过著名的描写(1788年的狂欢节):1895年的罗马狂欢节也正是如此,迪特里希就是在它的氛围下写出了他的书《普里奇涅拉》(它是1897年狂欢节时献给罗马朋友们的)。至此,狂欢节就成了多少世纪以来最为丰富的民间节日生活之活生生的、鲜明的代表。

① 实质上,每一个节庆日子都在脱冕和加冕,因而有着自己的国王,有着自己的王后。参见《十日谈》中的这种主题,其中节庆聚会的每一天都要选出自己的国王和自己的王后。——作者

在拉伯雷的时代，无论在法国的哪个城市，民间节日游艺都还没有凝缩为狂欢节。表现为“mardi gras”[①]（即大斋期前最后一星期中“动荤的星期二”）的狂欢节只是无数民间节日游艺形式之一，当然，它在当时就已经是相当重要的形式了。正像我们所指出的，集市（在不同的城市里一年有两到四次）在广场节日生活里占有重要的地位。集市娱乐具有狂欢化的性质。要记住我们先前已指出过了，里昂市有无数的民间节日。在拉伯雷时代活跃着的还有古老的“愚人节”的晚期形式：在鲁昂和埃菲尔“Societas cornardorum”[②]协会举行的那些节日就是如此，他们选出自己的丑角神父（“Abbas cornardorum”或“Abbé des Conards”）[③]并完成狂欢节的过程（这一点我们已经谈过了）。

对自己时代这种丰富的节日生活，无论是城市的还是乡村的，拉伯雷肯定了如指掌。那么在他的小说里直接反映出的是什么样的节日呢？

在《高康大》的开头第四、五、六章，以愉快的笔触描写了“宰牲节”，在那个时间完成了主人公高康大奇迹般的诞生。对于拉伯雷整部小说的情节来说，这是最重要最典型的方法之一。有必要对它进行一番分析。

“这便是嘉佳美丽生产时的情形，如果你们不信，叫你们脱脱大肠！

“那一天是二月三日，嘉佳美丽就是因为多吃了牛肠而在饭后脱了大肠。她吃的是一种特别肥的牛肠子。这种牛是在牛槽里用两刈草养肥的。所谓两刈草就是一年只刈收两次的草。从这些肥壮的牛里，一共宰了三十六万七千零一十四头，准备在封斋前一天腌好，以便开春后就有大量的咸牛肉吃。如果吃饭时先来个咸肉冷盘，酒喝得也更痛快。”（第 1 部，第 4 章）

---

① 狂欢节最后一天。——译者

② 绿帽子的丈夫协会。——译者

③ 绿帽子丈夫们的神父。——译者

这个片段的主题是物质-肉体的丰裕,过剩的、生育的和成长的丰裕。所有的形象都从属于这个主题。首先,被描写的整个事件从一开始就是跟嘉佳美丽的分娩相联系着的。这一切都是为了生育行为设置的环境和背景。而第一句话竟先对那些不相信作者的人进行了一番冷嘲热讽。这番冷嘲热讽打断了话头,但同时它又准备好了向后面情节的过渡。它一下子就将我们引向了物质-肉体下部:"……如果你们不信,叫你们也脱脱大肠!"嘉佳美丽的分娩正是从这一点开始的:由于贪吃下水即内脏,肥牛的肠子,她的大肠脱出来了。内脏和大肠由于其丰富的意义和关系因而是整个情节的基本的主导形象。它们被作为食物引入我们上述的片段中:这是"gaudebillaux"[1],它意味着同样的"grasses tripes"[2],即牛的肥肠。然而,由于对它们的贪食而导致的分娩与大肠的脱出,从一开始就把要被吃的肚子与要去吃的肚子联系起来了。动物要被吃的肉体与人的要去吃的肉体之间的界限被模糊了,甚至被抹杀了。两个肉体交织在一起并汇合成被吃—要吃世界的某种统一的怪诞形象。庞大的肚子——统一的、凝聚的肉体环境建立起来了。上述情节的基本事件是吃、大肠脱出、分娩,就是在其中完成的。

从一开始就被嘉佳美丽的"分娩"所引入的生产和生长的主题,在丰裕和充实的物质享受这类形象里得到进一步的展开:牛的肥肠,这是在特殊的牧场用一年两刈草专门喂养的牛,而且这些肥牛被宰杀的数量十分庞大,有三十六万七千零一十四头。"肥腻的"这个词及其派生词在三行里重复了四次(grosses, engressez, gras, gras[3])牲畜的宰杀是为开春以后有"大量的"(à tas)牛肉吃。

物质享受的丰裕这种主题在这里是直接跟"动荤的星期二"(mardi gras)联系在一起的,这是预定要腌制宰杀的牛肉的时候:动荤

① 肥肠。——译者

② 肥腻的肠子。——译者

③ "肥腻的、胖的、肥的"等。——译者

的星期二，这是狂欢节的日子。狂欢化的谢肉节氛围渗透了整个情节，它用一个怪诞的绳扣，将牲畜的宰杀、肢解、开膛，与肉体生命，与丰裕、与脂肪、与饮宴、与欢乐的自由，最后与生育，全都联结起来了。

在这片段的结尾表现了典型的怪诞式降格“commemoration de saleures”[①]。作为对正餐的额外补充的咸肉冷盘，是由“commemoration”[②]这一弥撒术语引起的。这一术语的意思是要向其纪念日不在这一天的圣徒祈祷，也就是说，这是额外附加的祈祷。这样一来，在这个情节里，弥撒里就附加了一种影射。

最后我们要指出这一片段的典型的文体特点：它的前半部分被铸造得像链条，上面的每一链环都紧扣着邻近的另一个链环。这一点是这样达到的：同一个词既结束了一个句子，同时又开始了下一个句子。这种结构加强了这个有着丰裕的脂肪、肉、肚子、生长、生育的世界之凝缩与紧密这种印象，加强了这个世界之不可分割的统一性这种印象。

我们再看情节的进一步发展。因为宰杀牲畜的内脏无法贮藏，于是高朗古杰就把所有乡邻都叫来赴宴。

“为此，他们把塞内、塞邑、拉·娄氏·克莱茂、沃高德雷的市民全都请来了，也没有漏掉古德雷·蒙旁谢、旺代口以及其他的乡邻们，他们个个全是好酒量，和蔼可亲，又都是要棒的好手。”（同上）

这样一来，宴会就具有了全民范围的广泛性质（三十六万七千零一十四头牛不是白白宰杀的）。这是“普天同庆”。一切狂欢化的筵席“在思想上”都是如此。对高朗古杰召唤来的乡邻们所作的愉快的评价是很有趣的。最后一句话是这样说的：“beaux joueurs de quille”，即“要棒的好手”。然而我们已经知道，“quille”[③]这个词在拉伯雷时代还有另外的猥亵意义，这里正是这个意思（俄译本完全正确地表达

① 咸肉纪念日。——译者

② 纪念。——译者

③ “九柱戏”。“要棒的好手”字面意义是“玩九柱戏的好手”。——译者

了这一点)。

因此,对应邀赴宴者的这番评价贯彻了整个情节的物质-肉体层面上。

高朗古杰预见到下水对妻子不利,他说:"谁多吃肠子就是想吃粪。"然而嘉佳美丽不顾这番警告,仍然吃了十六桶再加两桶零六大盆的肠子。瞧,"这么多的造粪材料,还能不把她撑坏!"

此外引入了粪便的主题,正像我们指出的,它是一般地与肚子的概念,个别地与牛的内脏紧密相连的,因为哪怕洗得再干净,它们也带有一定的粪便。在粪便的形象中,要去吃的躯体与要被吃的躯体之间的界限又一次给抹杀了:牛肠子里的粪便造成了人肠子里的粪便。动物与人的粪便仿佛重新交织在一个解不开的怪诞绳扣里了。对于整个情节的氛围来说,作者的结束语很典型的,这番话是用这几个词汇开始的:"噢,多好的大粪"("O belle matire fecale")。我们要记住,粪便的形象在怪诞现实主义里主要是*欢乐的物质*形象。

在上引情节之后紧接着是:

"饭后大家一齐涌到柳树林那里,在茂盛的草地上,随着轻快的笛声和柔和的风笛愉快地尽兴跳舞。看见他们这样得意,真给人以此乐只应天上有的感觉。"

这种在草地上的节日性的狂欢化娱乐,与上面所分析情节里的所有其他形象有机地融合在一起。我们再重复一遍,在"动荤的星期二"的氛围中,娱乐、跳舞和音乐都是紧密地跟殴打、肢解为部分的肉体、肚子、粪便及其他物质-肉体下部形象结合在一起的。

为了正确理解拉伯雷的整部小说,包括我们所分析的情节,就必须摒弃现代的那些远非符合以往世界文学艺术发展主流的、有限的和贫乏的美学模式。而且特别不允许将拉伯雷的各个形象加以现代化,用它们来解释在现代思维体系里占统治地位的那些琐屑的、狭窄的和单语调的概念。例如,在怪诞现实主义和拉伯雷的小说里,粪便形象丝毫也不具有今日人们加诸它的那种日常生活的、狭义生理学的意义。粪便是作为肉体与土地生命中的重要方面、作为生命与死亡斗争中的重要因素被接受的，它参与了人对自身物质性与肉体性的活生生的体验，这种物质性与肉体性是跟土地生命不可分割地联系在一起的。

因此，拉伯雷的小说里没有也不可能有任何“粗俗的自然主义”“生理主义”或者诲淫之类的东西。要懂得拉伯雷，就应该以他同时代人的眼光、在他所代表的千百年传统的背景上来看他。那样，我们所分析的嘉佳美丽分娩的情节就会成为肉体与土地高雅的、同时又是欢乐的戏剧。

第五章的内容是著名的“酒客醉话”。这是狂欢化的“筵席交谈”。其中没有外表上的逻辑连贯性，没有相互联结的抽象思想或问题（正像在古典的西姆波西翁里那样）。但是它拥有深刻的内在统一。这是统一的贯穿到最微小细节的怪诞化降格游戏。几乎每一句对话都涉及某种高雅方面的说法，如宗教的、弥撒的、哲学的、道德的或《圣经》的什么话，它们都被比附于吃和喝。实际上人们只谈两件事：被吃的牛内脏和灌注于这些内脏的酒。但是这种物质-肉体的下部被滑稽改编成神圣的和精神的“上部”这类形象与说法。

但在这里对于我们来说重要的是要强调指出肚子、内部这种形象的妙用。一位交谈者是这样说的：“Je laverois volontiers les tripes de ce veau quej'ay ce matin habillé.”①“habiller”这个词原意是“给……穿衣服”，但是它同样也有特殊的含义“把被宰牲畜的肉胴剁开”（这是屠夫和烹饪书上的行话）。因此，在酒徒的“今天早上我宰了一头小牛”这番话里，“小牛”（“veau”）首先跟酒徒本人有关：他今天早上给自己穿衣服。但是它也同样跟那头小牛有关：今天早上人们把它肢解、开膛，而他又把它吃了。肚子（les tripes）也同样既意味着他打算用酒去洗自己的肚子，也意味着他打算用来下酒吃的那头小牛的肚子。

还有另一个类似的对话：“Voulez vous rien mandez à la rivière?

① 今天早上我宰掉了一头小牛，我要去洗肠子去。——译者

Cestuy cy(酒杯。——译者)vas laver les tripes."[①]"les tripes[②]"这个词在这里同样具有双重含义:这既指吃过东西的肚子,又指被吃下去的牛肚子。因此,人的要去吃的肉体与动物的被吃的肉体之间的界限在这里始终是被抹杀了的。

嘉佳美丽的正在生育的肚子成为下一章——第六章的主角。

生育行为是这样开始的:

"工夫不大,她即开始叹气、呻吟、喊叫起来。立时从四面八方来了许多收生婆,她们摸了摸嘉佳美丽的下身,摸到一些臭烘烘的肉皮,以为一定是孩子下来了,其实是她脱了肛,那是直肠(你们叫作大肠),我们前面已经说过,因为多吃了牛肠,滑出来了。"(第1部,第6章)

此处在直接的意义上进行了肉体的下部解剖("le bas")。肚子的怪诞绳扣在这里系得更为结实:脱出的大肠、被吃的牛肚子、生育着的肚子(在新生儿出来之前先接收的是脱出的肠子),这一切都不可分割地交织在该片段的各个形象中。

赶来的接生婆采用了过猛的收敛药:

"嘉佳美丽这一紧缩的结果,胎盘的包皮被撑破了,孩子从那里一下子跳了起来,钻进大脉管里,通过胸部横膈膜,一直爬到肩膀上(大静脉在那里一分为二),孩子往左面走去,接着便从左边的耳朵里钻了出来。

"这样出世以后,他不像其他的婴儿'呱!呱!'乱哭,却高声喊叫:'喝呀!喝呀!喝呀!'好像邀请大家都来喝酒似的,声音之大,整个的卜斯和毕巴莱地方都听得见。"(同上)

解剖式分析以孩子从左边耳朵里出乎意料的、充分狂欢化的降生而完成了。孩子不是来自下部,而是来自上部:这是典型的狂欢化逆转("倒着")。婴儿邀请大家来喝酒的第一声叫喊就是带着这样的狂欢化饮宴的性质。

---

① 这一位要去洗肠子了。你需要河水吗?——译者

② 肠子、肚子。——译者

我们所述情节就是如此。我们可以从对它的分析中得出某些结论。

该情节的所有形象展开的都是节日本身的主题：宰杀牲畜、开膛、大卸八块。这些形象在饮宴的层面上展开着被肢解开的肥硕肉体，并仿佛是悄悄一样地转向对生育着的肚子的解剖式分析。因而统一的紧密的肉体之凝聚氛围就以卓越的艺术建立起来了，其中动物与人的个别肉体之间、吃的与被吃的肚子之间。一切界限都被有意地抹杀了。而另一方面，这种被吃与吃的肚子又跟生育着的肚子融合在一起。统一的、超越个体的肉体生命——吞食的与被吞食的，生育的与被生育的这种庞大的肚子——之真正怪诞的形象得以建立了。但在我们的意义上，这当然不是“动物学的”也非“生理学的”超越个体的肉体生命。透过嘉佳美丽吞食的和生育的肚子，我们可以看到吞食和诞生万物的大地之腹，也可以看到永恒再生的人民的身躯。而民间勇士、法国的赫拉克勒斯[①]——高康大就从这里诞生。

在所分析的情节里正像在拉伯雷的小说里所有地方一样，欢愉的、丰裕的、战无不胜的肉体性，是跟中世纪恐惧与压抑的严肃性及其恐吓的与受惊的思维方式相对立的。这段情节就像是《庞大固埃》的序曲，是以对这些中世纪信仰与观念进行欢乐的、放肆的滑稽改编而结束的。它是这样结束的：

“我想你们一定不会相信这样奇怪的生产方法。其实你们不信，我也不在乎，不过一个正常人，一个头脑清楚的人，对于别人告诉他的，特别是写下来的，总是相信的。（作者借用的是所罗门的话和使徒书信里圣保罗的话。——巴赫金注）这是不是违反我们的法律、我们的信仰，我们的理性，甚至于《圣经》呢？我个人在《圣经》里就找不出任何和这个相抵触的地方。但是，如果天主愿意如此，你说他办不到么？啊，我请你们千万不要让这些没意思的想法劳累你们的精神，因为，我告诉你们，天主是无所不能的，只要他愿意，从今以后女人都可

① 赫拉克勒斯，希腊神话里最负盛名的英雄，亦译赫库勒斯、海格立斯等。——译者

以从耳朵里生孩子。”

下面作者又从古代神话与中世纪传说里引述了一系列奇异生育的情况。

整个这段文字是一篇精彩的讽刺模拟性的幽默，它即讽刺了中世纪的信仰学说，也讽刺了维护宣传这种信仰的方法，即援引《圣经》权威、恐吓、挑拨、威胁、起诉异端等等。在这整个情节里，欢乐的肉体性之凝聚氛围培育起了这种对关于信仰的教条之狂欢化脱冕，作为“对看不见的事物的揭露”。

《高康大》最重要的情节，毕可罗寿战争，是在另一个农村节日——葡萄节(vendange)展开的：

“Vendange”在法国生活中占有重要地位；在葡萄收割的季节，甚至机关衙门都要关门，法院也停止工作，因为大家都在葡萄园里忙着。在所有的事务与牵挂中，这是一次大规模的公休，除了跟酒直接有关的事情之外。毕可罗寿之战的所有事件与形象就是在“vendange”的环境中展开的。

战争的起因是塞邑的看守成熟的葡萄园的农夫与列尔内的卖烧饼面包师之间的冲突。农夫想用葡萄就着烧饼当早饭吃(还可以通大便)。但面包师拒绝卖烧饼并侮辱了农夫。由此在他们之间爆发了一场斗殴。葡萄酒与面包、葡萄与烧饼，这是弥撒的行头，在这里受到了降格化的滑稽改编(它能引起腹泻)。

战争的第一件大事是保卫约翰修士所在修道院的葡萄园——其中包括了对圣餐滑稽改编式的影射。我们看到，血怎样变成了酒，而在残酷混战的各形象之后揭开了“vendange”。在法国葡萄种植的民间故事里，与“vendange”相联系着的是“Bon-Temps”[①]形象，即“好日子”(Bon-Temps 是 Mère Foll[②] 的丈夫)。在民间故事里，Bon-Temps 这个形象标志着邪恶时代的终结和大同世界的到来。因此，在拉伯雷

① 好日子。——译者

② 疯妈妈。——译者

的“vendange”氛围里展开的是这样的民间乌托邦主题——和平的劳动与丰收战胜了战争与毁灭；要知道这就是整个情节和毕可罗寿战争的基本主题[①]。

因此，正如前半部（高康大的诞生）渗透了宰杀牲畜与狂欢节的节日氛围一样，“vendange”的氛围也渗透了《高康大》的整个后半部，并组织起它的形象体系。全书整个都沉浸在具体的民间节日的氛围之中[②]。

在小说的第二部《庞大固埃》里，也同样有一些跟节日主题直接有关的情节。1532年，即《高康大》写完的那一年，被教皇在法国颁布为破例的大庆年。在这样的大庆年里，某些教会有权向大众兜售教皇赦罪券，也就是说可以赎买罪愆。于是在小说里就出现了跟这次纪念直接有关的情节。巴奴日想改善自己的财务，就遍访教堂去购买赦罪券，然而他表面给钱的同时却从教堂的盘子里拿回了“百倍”。他解释《福音书》上的话“必要得着百倍”时，用命令式（要）代替了将来时（必要），并按照这样去做了。因此，这个情节就讽刺模拟式地改编了大庆年的节日主题和《福音书》文本。

书中还有一个讲述巴奴日死乞白赖地追求巴黎的一位贵夫人的情节。贵夫人拒绝了他，于是巴奴日就用极其独特的方式报复了她。这个情节的中心事件发生于圣体节上。此处对这个节日进行了完全是骇人听闻的滑稽改编。其中描绘了六十万零一十四只狗的游行队列，它们追逐着贵夫人并冲她撒尿，因为巴奴日把一只母狗的生殖器切碎了撒在她连衣裙上了。

---

① “vendange”这一民间节日的两个形象决定了整个情节的性质：Bon-Temps决定了情节的思想（和与全民富足是丰裕的最终胜利），而它的妻子Mère Folle则决定了此情节的滑稽狂欢化风格。——作者

② 在对此书的自由翻译中，菲沙尔特格外加强了节日性的因素，只不过是用粗俗文学的精神来阐明它的。高朗古杰是所有节日的热情崇拜者，因为在那时可以饮宴和胡闹。书中列举出一长串16世纪的德国节日：圣马丁节、谢肉节、集市、洗礼宴等。一个节日接着一个节日，以至高朗古杰的一年全都是由节日组成的。对于道学家菲沙尔特来说，节日就是饕餮与游手好闲。类似这种对节日的理解与评价，当然是跟拉伯雷对它们的运用深刻对立的。不过，菲沙尔特本人对节日的态度是双重的。——作者

初看起来,对圣体节宗教游行的这种滑稽式改编是极其冒渎不敬的和出人意料的。在法国及其他国(特别是在西班牙)这个节日的历史告诉我们,极其放肆的、怪诞的肉体形象在节日中出现是非常普遍的,并被传统所尊崇的。可以说,肉体形象在其怪诞方面占据了节日的民间广场部分的主导地位,并为它建造起专门的肉体氛围。因此,参与进节日游行的必定有怪诞肉体的传统代表:驮着“巴比伦淫妇人”[①]的怪物(喜剧的、动物的和人的特点之混合物)[②],巨人(在民间传统中它们体现了关于巨大肉体的怪诞概念),摩尔人[③]和黑人(对肉体规范的怪诞偏离)、跳着很性感的民间舞蹈的成群年轻人(例如西班牙的几乎猥亵的萨拉班达舞):只有在这一切怪诞形象之后,带着客人(即圣餐)的神父们才到;走在游行队伍末尾的是装饰华丽的马车,上面坐着化装的演员(在西班牙,圣体节因此被称为“fiesta de la carros”[④])。

因此,圣体节游行具有表现鲜明的、肉体因素占有强烈优势的狂欢化性质。在西班牙,从这类节日中产生了特殊的戏剧概念“Autos sacramentales”[⑤]。我们可以从卡尔皮奥·维加流传到今的这一类信件来判断这些概念的性质。怪诞喜剧的性质在这些概念里占据了优势,甚至渗透到了其中的严肃部分。其中有许多不仅对古代的、甚至对基督教的主题进行的讽刺模拟性滑稽改编,甚至包括节日游行本身。

总之可以说,这个节日的民间广场方面,在一定程度上是一种将“圣体”(гостии)这种教会仪式加以滑稽改编的羊人剧[⑥]。

明了这些事实后,拉伯雷的滑稽改编就完全不是什么出乎意料和骇人听闻的事了。拉伯雷只不过是发展了羊人剧的所有因素而已,这

① “巴比伦淫妇人”,《新约·启示录》里影射巴比伦帝国的形象。——译者

② 驮着淫妇人的怪物之混合肉体实质上等价于“宰牲节”吞食的(被吞食的)生育的肚子。——作者

③ 摩尔人泛指8至13世纪迁入西班牙半岛的阿拉伯人。——译者

④ 马车节。——译者

⑤ 圣事讽喻短剧。——译者

⑥ 我们已经谈到过,古代羊人剧是肉体及肉体生活的戏剧。怪物和巨物(巨人)在其中起到众所周知的巨大作用。——作者

些因素早就存在于这种节日的传统形象之中了:驮着淫妇人的怪物形象、巨人和黑人们的形象、猥亵的肉体动作的舞蹈等等。的确,他是以极大的勇气和充分的自觉去发挥它们的。在羊人剧的氛围里,我们不应为任何撒尿的狗的形象、甚至任何有关母狗的细节而感到惊诧。我们同样应该记住撒尿所具有的双重性、包含在这个形象里的生殖力与生育力。在上述情节里,作者让我们确信狗尿并不是白白形成了现在一直流淌在圣维克多的那条河沟里(他补充说,高勃兰就是用这条河沟来染他的布匹的)。

迄今为止,我们所分析的所有情节都是跟一定的节日(宰牲节、"vendange"、罗马教皇纪念日、圣体节)直接相联系着的。节日主题对于组织起这些情节的所有形象来说产生了决定性的影响。但是只凭这些节日在小说各事件本身中的单纯直接的反映还不能穷尽问题。整部小说到处散见着对各个节日的无数影射:圣瓦伦丁书、尼奥尔集市——维庸为此讲到魔鬼出巡、其时学生们玩木球戏的阿维尼翁狂欢节、里昂狂欢节及其愉快的可怕怪物兼饿死鬼"啃面包皮的"等等。在《庞大固埃》中,拉伯雷在描写自己的主人公历访法国各大学的旅行时,还特别注意学生们在课余所进行的那些娱乐与游戏。

五花八门的游戏(从扑克牌到运动)和五花八门的预言、占卜和祝福在节日的民间广场方面占有重要地位。这些与民间节日氛围不可分割地联系着的现象在拉伯雷小说里起着重大作用。完全可以说,小说的整个第三部就是作为巴奴日对自己的未婚妻即将来的妻子的占卜而建构的。因此必须特别谈谈这些现象。

我们要首先指出五花八门的游戏在拉伯雷小说里所起到的巨大作用。在《高康大》第二十章里[①]包括了年轻主人公饭后所玩游戏的著名清单。在最后的版本中(1542),这份清单是由二百一十七个游戏名称组成的;其中有长长一串纸牌游戏、一系列室内的案头游戏、一整

① 应为第22章。——译者

套室外游戏。

这种著名的游戏罗列引起了巨大的反响。拉伯雷的第一位德国译者菲沙尔特在原来的清单上又增添了一份长长的德国纸牌游戏和舞蹈乐曲的清单。17 世纪英国的拉伯雷译者托马斯·乌尔克瓦尔特也以增补英国游戏而加长了这份清单。《高康大》的荷兰译本(1682年)也给清单加上了民族特色,列举了六十三种地道荷兰的游戏。可见,拉伯雷的清单在一系列国家都激起了对本民族游戏的兴趣。荷兰译本的清单成为世界民俗学中最广泛的儿童游戏研究的起点,成为科卡和杰伊耶尔林克的八卷本著作《尼德兰儿童游戏与娱乐》(1902—1908)的起点。

当然,拉伯雷本人对游戏的兴趣具有远非偶然的性质。他的这种兴趣来自他那个时代。将游戏联结起来的,不仅有外在的关系,而且还有跟节日的民间广场方面的内在的本质性的关系。

除了罗列出来的游戏之外,拉伯雷还广泛利用丰富的游戏辞典作为隐喻和比喻的来源。他从这个来源中汲取了许多色情的隐喻(例如我们已熟悉了的成语"joueurs de quille")、表现成功与失败的一系列富有表现力的形象(例如"c' est bien rentré de picques!"——"真是一张臭牌!")和其他一些成语。需要指出,类似借用于游戏范畴的成语在民间语言里占了很大的比重。

拉伯雷小说里有两个重要的情节建构在游戏形象上。第一个是小说第一部(《高康大》)的最后一章的《谜诗预言》。这首诗属于梅伦·德·圣热列[①](差不多全文照录)。但拉伯雷在自己的小说里利用它并非是偶然的:该诗与他的整个形象体系有着深刻的亲缘关系。我们将通过对它的分析揭示出这个体系一系列新的、本质的方面。

在《谜诗预言》里有两个因素紧密交织在一起:对历史未来的讽刺模拟的预言式的描绘、球类比赛的诸形象。这种关系远不是偶然的:

① 梅伦·德·圣热列(1487—1558),《巨人传》中译本中为迈尔伦·德·圣日列,法国16 世纪谜诗作者。——译者

这里出现了对于该时代十分典型的、将历史过程作为游戏来理解的狂欢化观念。

同一个梅伦·德·圣热列还有一首小诗,其中法兰西斯一世、教皇克雷蒙七世[①]和查理五世争夺意大利的斗争被作为当时流行的扑克牌游戏——“jeu de prime”[②]——的对手加以描写。现实的政治状况,力量的分布、各个权力的优势与弱点,都被一以贯之地准确地用这个游戏的术语描写出来了。

在让·隆日和文桑·谢尔捷纳的《法兰西诗集》中有一首小诗,是以对历史命运的变幻无常、对统治大地的邪恶与灾难的沉思这种高雅语调写成的。其实,这些变幻和灾难涉及的根本不是什么世俗生活和历史,涉及的仅仅是游戏而已。这首诗是用谜一般的、高雅的风格对九柱戏的描写。我们要强调指出,跟梅伦·德·圣热列的诗不同,此处不是用游戏形象来描写历史现实,而是相反,用变化无常、充满痛苦的一般世俗生活的、高雅形象来描写游戏(一局九柱戏)。这种独特的体系转移,就像游戏中的游戏,就将这首阴郁诗歌的结局出乎意料地变得欢乐和轻盈了。正如我们看到的那样,拉伯雷的《谜诗预言》也正是这样建构的。

博纳旺蒂尔·德佩里埃[③]也有一首题为《对里昂人根尼·蒂博的预言》的类似的诗(第 1 卷,第 80 页)。诗中以预言的口气描写了“三个同伴”的命运:这三位同伴在一场骨牌的游戏中最终变成了三块骨头。

在拉伯雷时代,类似的谜样预言是如此流行,以至托马斯·塞比莱特在自己的诗[④]里用它作了专门一章(第 11 章 *De l' énigme*[⑤])。这些谜

① 教皇克雷蒙七世(1478—1529),僭称教皇。1378 年教皇选举后,乌尔班六世与他成为两个并列的教皇,造成西部教会大分裂,意大利一部分支持他。——译者

② 有奖赏的游戏。——译者

③ 博纳旺蒂尔·德佩里埃(1500—1543),法国诗人、作家、人文主义者,拉伯雷的朋友,因受迫害而自杀。——译者

④ 见 Sébillet Thomas 的 *Art poétique François*(《法兰西诗学》。——译者),1548 年(再版于 1910 年,F.Gaiffe,Paris)。——作者

⑤ 《谜语》。——译者

对于该时代的艺术的意识形态思维是极其典型的。沉重的和可怕的事物、严肃的和重要的事物转变到欢乐的和轻盈的音区,从小调变成大调。一切都有欢乐的、轻盈的结尾。世界及未来时代的神秘和奥秘,原来并不是阴森可怕的,而是轻松欢快的,当然,这并不是一种哲学观念,这是该时代的艺术上的意识形态的思维倾向,它努力用新音区去倾听世界,不是把世界看作阴沉的神秘剧,而是把它看作欢乐的羊人剧。

这种体裁的另一方面是讽刺模拟性的预言。它在拉伯雷时代同样极为流行。当然,严肃性的预言在那个时代同样也很普遍。查理五世跟法兰西斯一世之间的斗争产生了各种各样大量的历史预言和政治预言。其中不少是既跟时代的宗教运动也跟战争相联系的。在大多数情况下,这些严肃性预言都带有阴郁的和世界末日论的性质。当然,周期型的占星术预言也大有销路。一种相当流行的类似于日历的"预测"书定期出版,如《农用预测术》,其中汇集了跟天气和农业有关的预测[①]。与这类严肃性的文学预言和预测同时,也出现了讽刺模拟和滑稽性改编形式的作品,获得巨大成功,风行一时。其中最著名的有:《万能预测术》[②]《蒂博修士的预测术》[③]《新预测术》[④],等等。

这是典型娱乐性的、民间节日的产物。它们反对的不仅仅是对五花八门的严肃性预言和预测术的轻信及幼稚依赖,而且更反对这些预言和预测术的腔调,反对它们看待和解释生活、历史、时间的那种方式。跟严肃的、阴郁的东西对立的是戏谑的、欢乐的东西;跟意外的、古怪的东西对立的是普通的、日常的东西;跟抽象而高雅的东西对立的是物质-肉体的东西。创作这些预测术的那些匿名作者们的基本任务,是用另一种色彩来重新粉刷时代和未来,并将重音转移到生活的

① *Prognostication des Laboureurs*(《农用预测术》。——译者),由 Anatole de Montaiglon 重刊于他的 *recueil de poésies françaises de xve et xvie siécles*(阿纳托尔·德·蒙泰格隆:《15 世纪与 16 世纪法国诗歌汇编》,第 11 卷。——译者),t. Ⅱ——作者

② 《15 世纪与 16 世纪法国诗歌汇编》,第 4 卷。《万能预测术》可能是拉伯雷写的。——作者

③ 同上,第 13 卷。——作者

④ 同上,第 12 卷。——作者

物质-肉体方面。他们常常利用民间节日的各种形象来评价时代和历史的变迁。

拉伯雷本人正是以同样的狂欢化精神写下了《庞大固埃的预测术》。我们可以在这篇不大的作品里找到各种物质-肉体形象:"在大斋期脂肪将逃避豌豆肚子要作领导屁股将最先坐下",以及民间节日形象:"过节时人们在馅饼里找不到豆子国王";还有游戏形象:"骰子不理睬我们的祈求","常常地,与其说是失分,不如说是需要"。

在《庞大固埃的预测术》第五章,拉伯雷在讽刺模拟占星术预言时,首先将它们民主化了。他认为,若以为星相只是为了国王、教皇、领主而存在,只是为了官方社会的重大事件而存在,那是最荒唐不过的事了。

按照拉伯雷的看法,星相预言的对象应该是下层人民的生活和命运。这是一种独特的对星相脱冕,从它身上剥去国王命运的外衣。

《庞大固埃的预测术》对狂欢节有着很典型的"狂欢化"描写:

"一部分人化装是为了欺骗另一部分人,而且大家都跟傻瓜和疯子似的满大街跑:你永远也不会在大自然中见到如此的混乱了。"

此刻摆在我们面前的不啻是小型的《庞大固埃》的《谜诗预言》。它以社会历史灾难和自然灾难诸形象朴实地描绘出了狂欢节及其化装和街头混乱。

讽刺模拟性预言这种体裁带有狂欢化性质:它实质上是跟时间、新年、谜语及解谜、婚姻、生育、生产力相联系着的正因为如此,吃、喝、物质-肉体生活和游戏形象就在其中起到了如此巨大的作用。

游戏跟时代、跟未来紧紧联系在一起,游戏的基本工具,扑克和骰子,并不是徒然作为占卜的基本工具的,占卜其实就是认识未来。用不着过分纠缠于节日形象与游戏形象的遥远根源:重要的并不是它们的遥远根源,重要的是这些形象意义上的相近,这是在拉伯雷时代就能清楚感受到和察觉到的。游戏各形象的包罗万象,它们对待时代和未来、命运、统治权力的态度,以及它们世界观的性质,被明确认识到了。人们既是这样去理解象棋的角色、扑克牌的角色和花色的，也是这样去接受骰子的。节日中的国王和王后经常通过投掷骰子来选出。因此骰子最吉利的一掷就被称为“basilicus”，即王点。人们在游戏形象里看到的仿佛是生活与历史过程之被压缩了的包罗万象的公式：幸福——不幸、上升——跌落、获得——失去、加冕——脱冕。在游戏里表演的仿佛是袖珍型的整个生活（被转向公式化象征的语言），只是没有舞台而已。同时，游戏越出了生活的常轨，摆脱了生活的规律和法则，加诸原来的生活程式之上的是另一种更凝缩、更欢乐和轻盈的程式。不仅仅扑克、骰子和象棋是这样，而且其他游戏也是这样，包括运动的（九柱戏、球赛）和儿童的游戏。在这些游戏之间还不存在后来确立的鲜明界限。我们看到扑克游戏是怎样再现出争夺意大利的世界性事件（在 Saint-Gelais[①] 那里），我们看到九柱戏的形象（在隆日和谢尔捷纳的选集里）和骰子的形象（德佩里埃）完成了类似的功能。《谜诗预言》里的球赛也完成了同样的功能。弗朗切斯科-科隆纳在自己的《波利菲里的梦》里描写了象棋游戏；象棋的各角色被描绘成活人，穿着相应的服装。在这里，象棋游戏一方面变成了狂欢节的假面舞会，而另一方面又变成了军事政治事件的狂欢化形象。拉伯雷小说的第五部里重复了这个象棋游戏，从拉伯雷本人的手稿来看，可能他知道《波利菲里的梦》（在《高康大》里有对此书的引用）。

对拉伯雷时代在对游戏的理解上的这种特点应该严格清算。游戏还没有成为单纯日常生活现象，还没有成为甚至否定性部分。它还保持着自己的世界观意义。需要指出，拉伯雷像他那个时代的所有人文主义者一样，熟知古代对游戏的看法，这种看法在他看来是将游戏提升到了超越单纯日常消遣的高度。因此，包诺克拉特没有将游戏排除在年轻的高康大学习课程之外。在以后的日子里，他们“学习绘画、

① Saint-Gelais 即梅伦·德·圣热列。——译者

雕塑,或古时掷骨块的游戏,这种游戏,尼古拉·雷奥尼古斯[①]曾有所记述,我们的好友拉斯卡里斯也常玩。他们一边玩,一边复习几段古代作家有关此种游戏的,或者和这个游戏有所牵连的文章。”

此处骨头游戏是跟绘画和雕塑相并列的,并用古代作家的学说加以说明。这为我们揭示出另外一方面,拉伯雷时代对游戏的世界观看法所具有的人道主义方面。

因此,在评价拉伯雷语境中的游戏时,不能从形成于下几世纪的更新的游戏概念去理解它们。游戏形象的命运有些类似于辱骂与猥亵的命运。一旦进入个人生活,它们就失去了自己那种包罗万象的联系并蜕化了,它们不再是它们在拉伯雷时代所曾是的那样了。浪漫主义者试图在文学中修改游戏形象(如同狂欢节形象一样),然而他们是从主观上、在个体的私人命运的层面上去理解它们的[②];因此这些形象在浪漫主义者那里的调性完全不同:它们通常都是用小调奏响的。

我们所谈到的一切都表明,为什么游戏、预言(讽刺模拟的)、谜语的那些形象和民间节日的形象能够结合成一个有机的、意义与风格统一的整体。它们的公分母就是*欢乐的时间*。它们将阴郁的中世纪末日论变成了“欢乐的怪物”。它们将历史过程拟人化了,并培育了对它的清醒的无畏的认识。

在《谜诗预言》里,借助于所有这些形式(游戏、预言、谜语),历史事件从狂欢化角度得到了描绘。我们要稍微详细地研究一下这个《谜诗预言》。

《谜诗预言》的作者声明,倘若根据星相和神启的预言是可能的,那么他作为作者就敢预言,就在这个冬天,就在这个地方,“将出现一种人,闲得发慌”(“las du repos et fâche du séjour”)。这些闲得发慌的

① 与拉伯雷同时代的意大利人文主义者尼古拉·雷奥尼古斯,出版过有关骨头游戏的对话作品(里昂,1532年)。——作者

② 我们这种看法可以推及(有某些保留)莱蒙托夫作品中的游戏形象(《假面舞会》《什托斯和卢金》《金库司库之妻》《宿命论者》)。陀思妥耶夫斯基的游戏形象具有特殊的性质(《赌徒》《少年》)。——作者

人将带来骚乱,挑拨朋友和亲属,他们将所有的人们都分成党派,唆使孩子反对父亲;一切秩序都将遭到毁灭,一切社会等级都会被抹杀;下等人丧失了对上等人的任何敬畏。“灿烂丰富的历史,还从未使人这样惊奇。”

在这幅关于未来灾难的图画中,我们要强调的是:无论社会的还是家庭的既有等级制度要完全崩溃。给人的印象则是世界上一切社会政治制度和道德秩序的彻底毁灭。

而历史灾难扩展深化成了全宇宙的灾难。作者描绘了吞噬无数人的大洪水和可怕的地震。然后出现了壮丽的火焰,在此之后则以祥和与欢乐告结束。的确,宇宙的巨变和烧毁旧世界的火焰这一幅画面,以及复活的世界之喜悦,是以十分阴暗的形象出现于其中的。“好日子”只是作为世界的灾难和复活之结果才到来的。这种形象多少接近于我们已熟悉的那种烧毁旧世界的葬礼篝火向饮宴炉灶的转变。

高康大和约翰修士对《谜诗预言》的意义大加评论。前者认真地接受了这个预言,并认为它符合当代历史现实;他哀伤地预感到对笃信福音的人的迫害。约翰修士拒绝认为这个预言里有什么严肃的和阴暗的意义,修士嚷道:“冲着圣高德朗说话,我的理解却不是如此。文字是预言家迈尔林的笔调(指梅伦·德·圣热列。——巴赫金注)。随便你说它有多高深的寓意和含义,你,以及其他的人,高兴怎样胡思乱想,都随你们的便。反正在我看来,我认为没有别的什么意思,只是用隐晦的语言描写一场网球赛罢了。”(第1部,第8章)①

然后他逐一解释各个形象:社会衰退和骚乱是说打球者分成组,大洪水是打球者流的汗,宇宙火焰是炉灶的火,打球者们打完球后在这炉灶前面休息,而后是饮宴以及游戏全体参加者的寻欢作乐,特别是那些赢了的人。约翰修士的解释和小说的第一部是用这样一句话结束的:“好好地大吃一顿!”(“eat grand cher!”)

拉伯雷小说里基于游戏形象的第二个重要情节是涉及老法官勃

① 应为第58章。——译者

里德瓦的情节,他裁定一切案子都是通过掷骰子。对这一司法术语"alea judiciorum"[①](即作出法庭判决),勃里德瓦是望文生义地理解的,因为"alea"这个词正是指游戏用的骰子。他以这个公认的隐喻作根据,坚信他在用掷骰子游戏来断案时严格遵守了规定的司法程序。他对这一条例"In obscuris minimum est sequendur"[②],即对不明案情应作最轻判决(最谨慎的判决),也同样是望文生义地来理解的;勃里德瓦遵守这一条例,在不明案情的判决中用的是体积上最小的、"最轻微的"游戏骰子。勃里德瓦用以判案的独出心裁的诉讼程序,整个就是建立在这一类公认的隐喻上的。例如,他在完成对两起供述进行比较的要求时用的是这样的法子:他把被告供述的案夹放在原告供述的案夹对面,然后掷骰子。结果,勃里德瓦的全部诉讼程序变成了欢乐的讽刺性模拟非滑稽改编,占据这种非滑稽改编中心的是掷游戏骰子这种形象[③]。

某些与预言和游戏相联系着的情节就是这样(当然远非全部)。讽刺性模拟及滑稽式的改编化的预言、预测跟占卜之基本任务,是将中世纪关于世界的概念中阴郁的、末日论的时间脱冕,在物质-肉体的层面上复活它,使它降之于地,使它肉体化,把它变成美好的和欢乐的时间。各游戏形象在大多数情况下都负有这类任务。而在勃里德瓦的情节里,它们还带有额外的功能,对以司法形式确立真理这种方法进行讽刺性模拟化改编,正如序曲和小说一系列情节对教会和经院哲学确立和宣传宗教真理的方法进行滑稽改编一样。

现在我们需要特别研究一下拉伯雷小说第三部里的占卜。

第三部是对激动该时代法国思想界、特别是在 1542 至 1550 年之

① 审案的骰子。——译者

② 对含糊不清的案件,偏重较轻微的。——译者

③ 自然,我们并没有揭示出这段勃里德瓦出色情节的全部含义。我们感兴趣的只是其中对骰子游戏各形象的借用。——作者

间的争论的生动回应。这场争论被称之为"Querelle des femmes"①,谈的是女人的天性与婚姻。几乎所有法国的诗人、作家和哲学家都积极加入了争论;争论无论是在宫廷还是在最广大的读者中间都引起了热烈的反响。这场争论并不新鲜:还在15世纪它就已激动了思想界,实际上这些问题贯穿了整个中世纪。争论的实质十分复杂,远远超过了研究者通常的想象。

在关于女人的天性、关于婚姻的问题上一般分成两个对立的派别,它们贯穿了整个中世纪和文艺复兴时期。

第一派通常被称为"高卢传统派"("tradition gauloise")。这一个延续了整个中世纪的派别,总体上对女人的天性抱着否定的态度。第二派阿贝尔·列弗朗建议称之为"理想化传统派"②,与前者相反,是赞扬女人的;在拉伯雷时代,倾向于这一派的还有部分依赖于中世纪宫廷骑士文学传统的"柏拉图化诗人"。

拉伯雷倾向于"高卢传统派",这一派在他那个时代由于一批作者而得以活跃振兴,特别是格拉齐安·杜邦,他在1534年出版了三卷本长诗——《男女之别》。在"关于女人的争论"中,拉伯雷似乎并没有站在女人一边。怎样解释他的这个立场呢?

问题在于"高卢传统派"是一个复杂的、内部矛盾的现象。实质上这不是一个而是两个传统:(1)民间诙谐传统本身;(2)中世纪基督教的禁欲主义倾向。后者即禁欲主义倾向常常利用诙谐的民间传统的材料和形象,将女人看作是罪恶渊薮、肉体诱惑。因此研究者们常常将二者结合或混淆起来。应该说,在中世纪一系列敌视妇女和婚姻的作品中,特别是在百科全书式的作品中,这两种倾向是生硬地混合在一起的。

而实际上,民间诙谐传统与禁欲主义倾向是相互深刻对立的。民

① 关于女人的争论。——译者

② 阿贝尔·列弗朗在第3部的绪论里对这场关于女人的争论作了详细的说明(见学术版第4卷第30页及后)。——作者

间诙谐传统根本不敌视妇女,不对她抱否定态度。前面所说的范畴总的来说并没有被附加在其中。在这个传统里,女人在本质上是与物质-肉体下部相联系的;女人,是这个同时既降格的又复活的下部之体现。她跟这个下部一样也是双重化的。女人降格着、陆降着、肉体化着、窒息着;但她首先是生育的基点。这就是肚子,这就是民间的诙谐传统里女人形象的双重化之基础。

但是,凡是这种双重化基础被从日常生活的角度加以解释之处(在韵文故事里、滑稽小说、各种小说、滑稽剧等文学作品里),女人形象的双重化就会呈现这样的形式:她的性格是分裂的,脾气反复无常,耽于肉欲,淫荡,说谎,贪财,卑鄙。然而这一切并不是人的抽象道德品质,不能将它们从整个形象结构中分裂出来,它们在其中负有物质化、降格和同时生命复活的功能,它们在其中对抗着配偶(丈夫、情人、追求者)的局限性:他的吝啬、嫉妒、愚蠢、伪善、虚伪,不结果的衰老、矫揉造作的英雄主义、不切实际的幻想,等等。在"高卢传统派"里,女人,这是男人(丈夫、情人、追求者)的肉体坟墓。这是一种具体表现出来的、人格化的、猥亵的独特辱骂,它指向各种不切实际的奢望、各种有限的完成、解决及意愿。这是受孕得以实现的永不枯竭的血管,它使衰老的和终结的东西必遭灭亡。"高卢传统派"的女人,正像拉伯雷小说里庞祖斯特的那位女卜者,撩起裙子,露出那个地方,所有的人都要往那儿去(地狱、坟墓),而所有的人又都要从那儿生出来(生育的怀抱)。

"高卢传统派"在这样的层面上展开了绿帽子的主题。这是对衰老丈夫的脱冕、从年轻人而受孕的新行为:戴绿帽子的丈夫在这个形象体系里转变为被脱冕的国王、旧年、过去冬天的角色,人们从他身上剥去衣冠,打他并嘲弄他。

需要强调的是,在"高卢传统派"里,如同这个传统里所有其他形象一样,女人的形象是在双重化的诙谐,同时又是嘲笑的毁灭性的跟愉快的肯定性的层面上创造的。能说这个传统对女人的评价是敌意的和否定的吗？当然不能。女人的形象跟这个传统的所有其他形象一样是双重化的。

然而，当这种形象被基督教禁欲主义倾向或者现代讽刺作家及道学家的抽象道德化思维所利用时，它就失掉了自身的正极，而成为纯粹否定性的了。可以说，这些形象若不歪曲它们的本性是不可能将它们从诙谐层面上转移到严肃层面上的。因此，当中世纪和文艺复兴时期的大多数百科全书式作品列出指控女人的哥特式清单时，“高卢传统派”的各种真实形象就在这一类作品里被削弱和歪曲了。《玫瑰传奇》[1]第二部在一定程度上也是这样，尽管其中偶尔也保留了女人和爱情的怪诞形象之真正的双重性。

在女人形象开始获得纯粹日常生活类型性质的那类文艺作品中，“高卢传统派”的女人形象遭到了另一类的歪曲。它在其中或者仅仅成为否定性的，或者其双重性蜕化为正面特点和反面特点的无意义混合（特别是在18世纪，主人公身上这种正面的与反面的道德特点之类似静力学的混合，由于其真正的现实主义逼真性，由于其“与生活的相似”，因而更为突出）。

不过我们还是回到16世纪关于女人的争论上来，回到拉伯雷对争论的参与上来。争论主要是用新的缩小了的概念之语言、用抽象的道德化和人文主义的空泛哲学之语言进行的。唯有拉伯雷才代表真正的和纯粹的“高卢传统派”。他根本没有表示过赞同敌视女人者：无论是道德学家还是伊壁鸠鲁主义者、巴尔达萨雷·卡斯蒂廖内[2]的追随者。他也不赞同柏拉图化的理想主义者。但与抽象的道德学家们相比，女性与爱情的柏拉图化捍卫者毕竟更接近于他。在柏拉图主义者那高雅的“女性气质”中保留了女性形象的某种程度上的双重性，这个形象被象征性地扩展了：女性与爱情的复活性方面被推向前景。然

① 《玫瑰传奇》，13世纪法国著名叙事长诗，写诗人梦游花园爱上一朵玫瑰的故事，全篇采取拟人手法，人物均以概念命名，如爱情、嫉妒等。——译者

② 巴尔达萨雷·卡斯蒂廖内（1478—1529），意大利作家，宫廷人文主义者。——译者

而,柏拉图化诗人对女性和爱情所作的抽象理想化的、热烈而庄重的解释却是拉伯雷不能接受的。他那个时代的柏拉图主义者注进文学与哲学中的那种严肃性与崇高性之新颖,拉伯雷是清楚懂得的。他懂得这种新严肃性跟哥特时代那种阴沉的严肃性之间的区别。但他认为它经过笑谑的考验后不会没有一点灼伤。因此,拉伯雷的声音在这场著名的时代大论战中实质上是完全孤立的:这是民间广场节日、狂欢节、韵文故事、滑稽小说、匿名广场笑话、讽刺闹剧和噱头剧所具有的声音,不过在这里这个声音是以高度的艺术性和哲学思想响着的。

现在我们可以转向巴奴日的占卜了,它占据了第三部的大部分篇幅。他占卜的是什么呢?

巴奴日想结婚,但同时又害怕婚姻:他害怕成为戴绿帽子的丈夫。他要占卜的就是这件事。每一次占卜告诉他的都是同样不祥的答案:他未来的妻子将给他头上戴绿帽子,打他和掠夺他。换句话说,狂欢化国王和旧年的命运在等待着他;而那个命运是不可避免的。他朋友们的所有建议、所有讲到女人的故事、医学家隆底比里斯对女人天性的分析,全部指向那个结论。女人的肚子是无穷无尽的和无法满足的;女人在生理上是敌视一切*衰老*(作为生育*新事物*的起点)的;因此巴奴日不可避免地将被脱冕、殴打(极而言之是被杀死)和受嘲笑。而巴奴日不想接受这个任何个体都不可避免的命运,在这里体现为女人形象("未婚妻")的命运。他很顽固。他一直在想怎样才能避免这种命运。换句话说:他想成为永恒的国王、永恒的一年、永远年轻。而女人按其本性却是跟永恒相对立的,并将它作为抱着痴心妄想的衰老来加以揭露。绿帽子、殴打和嘲笑是不可避免的。在与约翰修士的谈话中(第27章),巴奴日徒然地引证自己生殖器罕见的和奇异的能力。约翰修士对此作了很有道理的回答。约翰修士说:"我明白你的意思了,不过,时间会把一切冲淡的。云石也好,斑石也好,没有不衰老和损坏的东西。如果你现在还不老,几年以后,就会听到你承认你的家伙耷拉下去了因为袋里没有东西了。"

谈话末尾约翰修士讲了一个关于汉斯·卡维尔的嵌宝石戒指的著名故事。正像小说里几乎一切插入的故事一样,这个故事并不是拉伯雷杜撰的,但是它却完全跟小说的形象、风格的体系融为了一个整体。指环作为没有终点的象征,在这里意指女性生殖器并不是偶然的(这是最广为流传的民俗学含义)。这里涌动着受孕和复活的没有终点的潮流。巴奴日想避免自己的命运,被脱冕、嘲笑和殴打的命运的愿望,就像经鬼指点的老汉斯·卡维尔企图用手指堵住这个复活与返老还童的不尽潮流一样,也将是徒劳的。

巴奴日对不可避免的戴绿帽子和遭嘲笑的恐惧,在诙谐的层面上是符合"高卢传统派"的,是符合那个广为流传的神话主题的,即对儿子的恐惧,作为必然的谋杀者和窃贼的儿子。在有关克洛诺斯[①]的神话中,女性怀抱(克洛诺斯的妻子,"神母"瑞亚[②]的怀抱)起到重要作用,她不仅生育出了宙斯,而且将自己的孩子都藏了起来以躲避克洛诺斯的追逐,以此保证了世界的交替和更新。另一个把儿子当谋杀者和窃贼(王位觊觎者)而恐惧的著名例子是俄狄浦斯的神话[③]。此处伊娥卡斯忒[④]的母亲怀抱同样起到了双重作用:它生了俄狄浦斯,又为他生儿育女。同样主题的另一个例子是卡尔德隆的《人生如梦》[⑤]。

如果说,在对儿子的恐惧这种高雅的神话主题的层面上,儿子就

① 克洛诺斯,希腊神话中时间的化身,新主神宙斯之父。——译者

② 瑞亚,希腊神话中的母神,既是克洛诺斯的妻子,又是宙斯的母亲。当有神谕说克洛诺斯的子女中有人将取代他统治宇宙时,他试图将自己的所有子女都吞吃掉,瑞亚把宙斯藏了起来,代之以石头。对她的崇拜具有狂欢秘祭性质。——译者

③ 俄狄浦斯,希腊神话里忒拜国王的儿子,一出生就有神谕说他注定要杀父娶母,他因此被父母抛弃,但最后神谕还是应验了。这个故事是希腊神话中最惊心动魄的悲剧,千百年来不断得到新的诠释。——译者

④ 俄狄浦斯的母亲和妻子。——译者

⑤ 卡尔德隆(1600—1681),文艺复兴后17世纪西班牙文学中巴洛克主义的代表人物,继维加之后最重要的戏剧作家,他被看作是基督教悲剧的伟大代表作家,其创作多采取宗教主题,风格具有浓厚的象征色彩。《人生如梦》内容为波兰国王从星相中得知王子西吉斯蒙德长大后将凶残暴虐就把他从小关在一座古塔里;王子长大即位后大肆报复,又被父母麻醉后关回古塔,他从梦中醒来后感叹人生如梦。——译者

是谋杀者和窃贼的话,那么在诙谐的"高卢传统派"层面上,妻子则在一定程度上起到了儿子的作用:就是给年老的丈夫安上绿帽子、殴打并驱赶他。第三部里巴奴日的形象,就是顽固的老年这种形象(当然只是刚开始衰老),不肯接受交替和更新。在这里,对交替和更新的恐惧体现于对绿帽子、对未婚妻、对以窒息旧事物并诞生新事物和年轻生命的女人形象而体现出来的命运之恐惧这类形式。

这样,第三部的基本主题跟时间和民间节日各形式,脱冕(戴绿帽子)、殴斗、嘲笑,就有着直接的本质的联系了。因此,关于未婚妻和绿帽子的占卜就跟个体死亡、交替和更新(但是在诙谐的层面上)的主题联系了起来,承担着将时间肉体化、拟人化并创造欢乐的时间之形象那种任务。关于绿帽子的占卜,就是对国王跟僭主乐此不疲的高雅层面的占卜之怪诞降格,是对皇冠和王位的命运(它们在笑谑层面上是与绿帽子一致的)之怪诞降格,例如马克巴特的占卜。

我们在第三部里单只挑出了巴奴日的节日式民间笑谑占卜的主题。但是围绕着这个主题,正像围绕着轴心一样,组织起对顽固的旧事物和在思想与世界观方面还是滑稽的新事物之广泛的、狂欢化的审视。从我们面前走过了各种各样的代表人物:神学的、哲学的、医学的、法学的、自然魔法的,等等。在这方面,第三部很像是拉伯雷的序曲:这是文艺复兴时期以民间广场的狂欢化为基础的政论之宏伟典范。

我们已经分析了民间节日形式对拉伯雷小说里一系列最重要方面的决定性影响,如混战、殴打、脱冕;直接渗透着确定节日主题的一系列情节,如游戏形象、预言、占卜。当然,民间节日的狂欢型形式对这一切的影响还远没有穷尽。在以后的章节里我们还要回过头来谈这种影响的其他反映。而现在我们必须搞清楚两个问题:民间节日的狂欢型形式之基本的世界观意义及这些形式在拉伯雷小说里所具有的特殊功能。

民间节日的、狂欢型的(广义上)形式其一般的世界观意义表示在什么地方呢?

我们将歌德对罗马狂欢节的描述作为研究这个问题的出发点。这个出色的描述值得进行广泛的研究。歌德以惊人的简洁和深刻捕捉到并概括出这个现象中几乎所有最重要的东西。这里谈的是1788年的罗马狂欢节,即相对来说较晚的现象,但这并不妨碍我们的研究。狂欢化形象体系的基本世界观核心一直存在到相当晚的时期。

歌德比其他任何人都更有资格描写罗马狂欢节。歌德终其一生都表现出对民间节日形式及这类形式所固有的特殊类型的现实主义象征之兴趣和爱好。很典型的是,他青少年时代最强烈的印象之一是他在法兰克福参加的“德意志神圣罗马帝国”皇帝的选举与加冕礼的节日。他很晚才动手描写这次狂欢节,但是从他描述的内容及其他一系列考虑来看,我们确信他描写的正是他青年时代的创造性印象之一,即在一定程度上确定了对以后整个生活进行观察的方式那种印象。这是半现实、半象征的游戏之舞台场面,以权力、选举、加冕、庆典为其象征:现实的历史力量上演了一出表现自身等级关系的象征主义喜剧。这是国家的没有舞台的舞台场面,在这样的舞台上,现实生活跟象征之间无法划出一条明确的界限。的确,这里谈的不是全民的脱冕,而是加冕。但是,选举、加冕、庆典、脱冕、嘲笑之间那种遗传的、形式上的、艺术上的亲缘关系是不容置疑的。要知道最初所有这些仪式及组成它们的那些形象都是双重性的(即给新事物加冕总是伴随着给旧事物脱冕,庆典伴随着嘲谑)。

歌德对民间节日形式的最初级事物的爱好是众所周知的:如五花八门的化装和骗局,这都是他在青少年时代就嗜好并在《诗与真》里告诉我们的。

我们也知道,成年后的歌德喜欢在魏玛公国便装出游并以此为乐。但这不是一般的解闷,他在所有这些滑稽改编、所有这些服装和社会身份的改换和更新中感受到了更为深刻重要的意义。

歌德经历了对汉斯·萨克斯的广场型谢肉节喜剧的迷恋[①]。在魏玛时期末期,歌德作为宫廷节日与化装舞会自始至终的组织者,研究过狂欢型形式和假面之晚期的和特殊的宫廷节日传统。

这就是歌德对正确地、深刻地理解罗马狂欢节所准备好的那些基本方面(我们举出的远不是全部)。

我们将仔细研究歌德在《意大利游记》中对狂欢节的描述,注意那些有助于解决我们任务的方面。歌德首先强调的是这个狂欢节的人民性,强调其中人民的独创精神:"罗马狂欢节其实不是给人民规定的节日,而是人民给自己创造的节日。"[②]

人民在这个节日里并不觉得有什么东西是自己本应怀着尊敬和感激去接受的。它在其中早已无任何东西被给予了,但是也没有受到困扰。在这个节日里没有那种对象,由于它的关系而要求惊奇、感激、虔敬的尊敬,也就是说,恰恰没有每一个官方节日所呈现出来的东西:"这儿没有富丽堂皇的游行,当它临近时人民应当祈祷和惊讶;这里唯有一种迹象:每个人都可以胡闹和发疯,随心所欲,除了打架和动刀子,几乎没有什么事情不允许的。"(第511页)

这对于狂欢节的整个氛围是十分重要的,即它用不着丝毫感激的、严肃的音调,用不着丝毫命令、准许,而只凭简单的信号就开始了娱乐和胡闹。

歌德继续强调了所有等级界限、所有官职和地位的废除以及狂欢节娱乐的那种绝对的狎昵:"上等人和下等人的区别刹那间仿佛不再存在了:大家彼此接近,每个人都宽宏地对待他碰到的任何事,彼此之间的不拘礼节自由自在融合于共同的美好心绪之中。"

---

① 以下是青年歌德的纯粹汉斯·萨克斯型作品:《普柳恩捷尔魏列尔涅集市》《汉斯·武斯特的婚礼》《关于假先知勃莱神甫的市场演出》。在这些民间节日型作品中的一部作品里(未完成的《汉斯·武斯特的婚礼》),我们甚至能发现狂欢化风格的这样一些方面,如将广场辱骂改编为个人姓名(收入有好几十)。——作者

② 《歌德文集》(13卷本),第11卷,莫斯科,1935年,第510页。以下引文页码同此版本。——作者

“在这些日子里，身处现代的罗马公民会为此而感到高兴：圣诞节得以延长，哪怕是几星期，但又不会最终毁掉农神节及其一切特权。”（第511页）

狂欢节开始的信号响起来了：“在这一刻，严肃的罗马公民，在整整一年里他们都谨小慎微地警惕着最微不足道的过失，而现在把自己的严肃和谨慎一下子就抛到了九霄云外。”（第515页）

我们要强调的是这种对生活严肃性的完全摆脱。

甚至猥亵也在狂欢节的放肆和狎昵这种氛围中找到了自己的位置。戴假面的普里奇涅拉往往会当着自己妻子的面作出猥亵的动作：“在跟女人谈话时，他善于用微妙的动作大胆粗鲁地让人想到古代圣罗马花园神的样子，而他的轻薄只会引起欢笑，而不是愤慨。”（第517页）

歌德甚至把历史性脱冕的主题也引入到狂欢化的氛围中。在狂欢节期间的狭窄拥挤中，“奥尔邦斯基公爵乘车来……每天，他令人群感到非常不便，他使人想到在全民假面舞会期间谢肉节闹剧里的古代女皇，这类戏表现了她对王位宝座的野心。”（第525页）

往下歌德描述了借助于彩纸屑的狂欢化殴打，这些殴打有时几乎带有严肃的性质。他描述了狂欢化的学术辩论会，假面人之间的语言斗殴，例如卡皮坦[①]跟普里奇涅拉。他继续描写了普里奇涅拉们选举出来的丑角国王：人们赋予他丑角式的帝王权杖，用装饰起来的小马车载着他，在音乐和震耳欲聋的叫喊声中沿科尔索大街巡行。

最后，他描写了对于狂欢节极为典型的一处街道斗殴的场面。一群化了装的男人出现了：一些人穿着农民服装，而另一些人则穿着女人服装；其中一个女人显出大腹便便的怀孕模样。突然男人中间爆发了争吵；马上动起了刀子（锡纸做的）。女人们则分开打架的人；受惊的怀孕女人在大街上开始生产：她呻吟着，抽搐着，其他女人围住她，把她放在椅子上，她就在那上面当着所有人们的面，生下一个莫名其妙的东西。表演到此结束。

---

① 词义为“船长”，与普里奇涅拉同为喜剧角色。——译者

对斗殴和生育行为的这种描写,在我们先前所讲过的一切之后,不需要再加以特别说明了:正如我们已经看到的,宰杀牲畜、大卸八块的肉体和生育行为,以其不可分割的整体组成了《高康大》的第一个场面。宰牲和生育的结合对于涉及肉体和肉体生活的怪诞概念来说是格外典型的。在斗殴街上表演的这整个场面,就是一个肉体的小型怪诞戏剧。

在狂欢节结束时开始了烛火节"Moccoli"[①]。这是沿着科尔索大街、沿着静谧街道的火的壮观游行。每个人必定拿着燃烧的蜡烛:"Sia ammazzato chi non porta il moccoli!"即"你死吧,不带蜡烛的人!"每个人一边发出这声残酷的叫喊,一边尽量吹熄别人的蜡烛。火同死亡的威胁结合在一起。然而这个死亡的威胁,这声"Sia ammazzato!"[②]的叫喊,它叫得愈响,则愈失去本身直接的和单方面的杀害含义:死亡状态的深刻双重含义被揭露出来。在表现这个成语的含义交替过程时,歌德完全正确地展现了这种现象:"这个成语一点一点地最终失去了本义正像在其他语言里经常能听到一些被用来表达惊奇或喜悦的诅咒和猥亵话语一样,'Sia ammazzato!'在这个晚上成为表达喜悦的口号、欢呼,成为伴随着各种玩笑、挑逗和恭维的副歌。"(第539页)

骂人用语的双重性这种现象被完全正确地观察到和表现出来了。然而歌德的这种断言却未必是正确的:"成语的(本来)意义逐渐地完全失去了。"在他所进行的所有组合中,死亡状态作为喜悦、善意揶揄、奉承和恭维(赞扬)的表达,其本义完全没有消失:正是它为这些在其他时间不能使用的狂欢化态度和用语创造出了特殊的性质和特殊的魅力。问题正在于辱骂跟赞扬、死亡状态跟善和生命状态之双重化结合,在于烛火节即焚烧与复活这种氛围。

但是,在这类成语的本义跟语调之间表面的冲突之后,在主观上的对立性游戏之后,则存在着日常生活的客观双重性,存在着各对立

① 点蜡烛。——译者

② 你死吧!——译者

性之间的一致,它们尽管没有被明确意识到,却在某种程度上为狂欢节的参加者所感受到。

“Sia ammazzato!”同愉快的语调、同亲热的友好致意、同恭维赞扬的合成一体,完全等价于所描写的侧街场面里动刀杀害同生育行为的合成一体。这在实质上就是那个在结束时的“烛火节”(moccoli)场景里上演的怀孕的并生育的死亡之戏剧。在“mocco-li”里存活着古老的死亡祝福之双重性,这祝福也正是复活与新生的祝福:你死吧,死了再托生。而这古老的双重性在这里并不是垂死的残余;它活着并在所有狂欢节参加者身上找到了主观的反响,这正是因为它是完全客观的,尽管它的这种客观意义并没有被完全清晰地意识到。

在狂欢节上,存在(生成)的双重性活在旧的传统形象(刀子、杀害、怀孕、生育、烛火)中。而正是这样的客观双重性,被歌德以高度抒情的、哲学的意识表达在自己那不朽的诗作《这话对谁也不能说……》[①]里了:

Und solang du das nicht hast,
Dieses stirb und werde,
Bist du nur ein trüiber Gast,
Auf der dunklen Erde.[②]

其实这正是那个狂欢节上的“Sia ammazzato!”,在火的氛围里喊出来,并同喜悦、问候与赞扬结合在一起。本来在那儿,在狂欢节上,

① 原诗题为《天福的向往》,载《歌德诗集》,钱春绮译,上海译文出版社,1982年。——译者

② 如果你一天不能理解
就是:死而转生!
你只是个郁郁的寄居者,
在这黑暗的凡尘。——作者

死亡祝愿——“你死吧”(stirb①)同时也就是“再生吧”“存在吧”(werbe②)。但狂欢节的参加者完全不是“郁郁的寄居者”。首先,他们完全不是什么寄居者:歌德正确地强调指出了,狂欢节是人民自己给自己创造的独一无二的节日,人民从中一无所获,也不向任何人低首,他感到自己就是主人,仅仅是主人(在狂欢节上没有什么寄居者,什么观众,大家全都是参加者,全都是主人);其次,狂欢节的参加者绝不郁郁:只要听到开始的信号,他们大家甚至包括最严肃的人也都把一切庄重抛到了一边(歌德本人也强调了这一点)。最后,绝不能说“Moccoli”期间是一片黑暗,也就是说在烛火节期间,整个科尔索都沐浴在流动的火焰、烛光、火把的光明中。因此,这里有着完全的平行音程:*狂欢节的参加者是人民,是沐浴着大地光明的绝对欢乐的主人,因为他懂得死亡不过是孕育新生的肚子,因为他熟知存在与时间的欢乐形象,因为他充分地掌握着这个“stirb und werde”*③。这里问题并不在于狂欢节个别参加者对这一切的主观意识程度,问题在于他们客观上参与了这种人民的感受:*自身的集体永恒性、自身的尘世历史的人民的不朽,以及不断的复活与生长*。

然而歌德这首诗的头两行是:

> Sagt es niemand, nur den Weisen,
> Denn die Menge gleich verhöhnet...④

却不像是罗马狂欢节的参加者歌德写的,倒更像是共济会会长歌德写的。他想把恰恰是他那个时代只有广大人民群众才能充分地具体地

---

① 死亡。——译者

② 成为,将要。——译者

③ 死而转生。——译者

④ 别告诉他人,除了贤人,
因为大众会急忙讽刺。——作者

享受到的东西变成秘传智慧。而实际上正是"die Menge"①以自己的语言、自己的诗歌、自己的形象,包括狂欢节的和谢肉节的形象,向智者歌德宣讲了自己的真理,而他也具有足够的才智不至于去嘲笑它。

我们再举出一个能证明我们论点的类似之处。

在《与爱克曼谈话录》(1827 年 1 月 17 日)②中,因为谈到伊万诺夫夜火,歌德引了自己的诗句并加以评论:

从今后点起伊万诺夫夜火,
让孩子们尽情欢乐!
每把扫帚都注定凋敝,
每个孩子都注定来到世上。

"我只要从窗户里往外看,就能在人们用来打扫大街的扫帚中、在满街跑的孩子中,看到生活永远新陈代谢的象征。"

歌德清楚懂得民间节日形象的语言。所以他才会把扫街扫帚同小孩子联在一起来,把这个纯狂欢化的形象结合当作生活永远处于新陈代谢之中包罗万象的象征,并且丝毫不觉得在风格上有什么不合适。

但是我们要回到歌德对罗马狂欢节的描写上来,特别是双重性的、肯定性的诅咒"Sia ammazzato"。

在狂欢化的世界上,一切等级都被废除了。一切阶层和年龄都是平等的个小孩子可以吹熄父亲的蜡烛并向他喊道:"Sia ammazzato il signore Padre!"(即"你死吧,父亲先生!")小孩子在吹熄父亲的蜡烛并愉快地以死亡相威胁时,他发出的这一声美好的狂欢节叫喊,在我

① 智者,贤人。——译者

② 爱克曼(1792——1854),歌德秘书,本书是他辑录的歌德晚年言论集,朱光潜的中译本名为《歌德谈话录》,但只选择了很少一部分,巴赫金所举之处不包括在内。——译者

们所讲的一切之后已不需要再特别加以评论了。

狂欢节到此结束,大约半夜时分,每个家庭都在进行会餐,开始大吃特吃肉食,要知道它很快就要被禁止了。

在狂欢节最后一天过去后,“圣灰星期三”①来到了,歌德以《对圣灰星期三的思考》结束了对狂欢节的描述。他建立了一种独特的“狂欢节哲学”。他试图揭示狂欢节丑角行当的严肃意义。以下是这番思考的主要之点:“当在这些荒唐行为的高潮中,粗俗的普里奇涅拉以猥亵的形象使我们想起爱情的享乐,由于它才有了我们的存在时;当某个包玻②在公开的广场上躺在秘密分娩的污浊里时;当夜里无数燃烧的蜡烛使我们想起临终之时的隆重仪式时,思想就从包围着我们的琐事转向我们生活中最重要的时刻。”(第541页)

歌德的这番思考多少有些令人失望:其中并没有集中起狂欢节的所有因素(例如没有丑角国王的选举、狂欢节战争、杀害主题等):狂欢节的意义只局限于个体的生与死。主要的集体历史因素没有提到。复活性的狂欢节焰火之“世界大火”几乎被缩小到个体葬仪的出殡蜡烛。普里奇涅拉的猥亵、在大街上直接分娩行为的描写、以火所象征的死亡形象,作为理性化的、深刻包罗万象的景观之各方面,在歌德的上述思考里被正确地合成了一体,然而他却是在生与死的个体化方面这种缩小了的基础上将它们结合起来的。

于是,《对圣灰星期三的思考》就将早先被辉煌描写的各种狂欢节形象转置于个体主观化处世态度的氛围里了。在这个氛围里,各种狂欢节形象就将被赋予浪漫主义时代的意义。人们可以在它们身上看到个体命运的象征,其实它们身上显露出来的却正是与大地不可分割地联系在一起并渗透着喜剧式原则的人民命运。歌德本人在他的艺术创作中并没有走上狂欢节形象个体化这一条道路,然而他的《对圣

① “圣灰星期三”,四旬节的第一天,这一天将圣灰撒到忏悔者头上。——译者

② 包玻,希腊神话中以淫词秽语为女神解闷的女人。——译者

灰星期三的思考》却开创了这条道路[①]。

歌德在上述对狂欢节的描写中所具有的长处，即使在他结论性的思考里也是相当显著的：他能看到并揭示出狂欢节的统一与其深刻的世界观性质。在个别的似乎彼此没有联系的狂欢化丑角式荒唐行为、猥亵、粗俗的狎昵之后，甚至在其不严肃本身之后，他都能感到对待世界的统一观点和统一风格，尽管他在自己结论性的思考里没有正确地、清晰地给予理论上的阐述。

在各种民间节日型形式所具有的现实主义象征这个问题上，为了理解歌德，我想举出《与爱克曼谈话录》中他的两个论断。他谈到柯勒乔的画《断奶》[②]时说："是的，就是这幅画！睿智、朴素的天真、肉体的生动性，在这里都结合成一体。甚至神的题材也被处理成全人类的，被处理成我们每个人都要经过的生活阶段之象征。这样的画是永恒的，因为它把我们带回到人类最遥远的过去，并预见到最遥远的将来。"（1826 年 12 月 13 日）谈到米隆的《母牛》[③]时说："这里呈现在我们面前的是某种极为崇高的东西：在优美的形象里体现的是饮食原则，整个世界正是靠它才生存的，它贯穿着整个自然界；凡是跟它一样的描写我都称之为全能上帝的真正象征。"我们从这两个论断里可以看出，歌德清楚地懂得饮食形象的象征性的广义的意义（在第一幅画里是喂奶，在第二幅画里是母牛哺育小牛）。

---

① 在海涅的创作中，狂欢节要素（怪诞、双重性）比浪漫主义更为客观，尽管其中继承自浪漫主义的主观因素仍然占据优势。下面就是摘自《阿塔·特罗尔》〔（*Atta Troll*，1841），海涅的讽刺叙事长诗。通过描写一只愚蠢而狂妄的熊批判当时小资产阶级激进派的混乱思想和偏狭性格。钱春绮译，上海人民出版社，1979 年。——译者〕中反映海涅的双重性意识的典型诗句：

> 疯狂，却在假装聪明！
> 智慧，却在精神错乱！
> 垂死的叹息，突然之间
> 化为一阵哈哈大笑！——作者

② 柯勒乔（1489—1534），意大利文艺复兴时期著名画家。——译者

③ 米隆，公元前 5 世纪古希腊雕塑家，作品多不传，《母牛》是他最打动现代观众的一件作品。——译者

我们还要从《与爱克曼谈话录》里举出两处地方，它们证明了歌德对毁灭与复活，既作为个体的人也作为整个人类的思想所具有的几乎狂欢化的理解："您完全能发现，在人的生活中常常会出现转折，如果在青年时期什么都对人有利，什么都能办到，那么现在则一下子什么都变了，挫折与不幸接踵而至。您知道我对此是怎么想的吗？人应该重新被毁灭！每个杰出人物都负有某种使命。一旦他完成了这个使命，那么从这方面来看，他在地球上就再也没有用了，而天意将指派他去做另外的什么事情。"（1828年3月11日）

另一处是："我看到那个日子正在到来，人类将再也造不出创造者来了，因此它需要重新毁灭一切，以便重新创造。我坚信，一切都将达到这个结局，在遥远的将来那样的日子和时刻已被指定，那时这个复活的时代将到来。然而在此之前当然还有一个漫长的时间，我们还可以在这个衰老的、可爱的地球上游戏上千万年。"（1828年10月23日）

应该说，歌德将自然看作是整体、看作是包括人在内的一切，这种观点渗透着狂欢化的处世态度。大约在1782年，歌德以斯宾诺沙的精神写了一首题为《自然》的著名散文诗。赫尔岑将它翻译过来并附在自己的《自然研究通信》第二封信后。

下面是歌德这部作品的一个片段，它足以证实我们的想法：

"自然。被它所包围和笼罩着的我们既不能逃脱它，也不能深入它。这位不速之客，不请自来，突然把我们卷进它那舞蹈般的旋风，裹着我们飞奔，只要精疲力竭的我们还没有脱离手心。

"它没有话语和舌头，但是它却创造出了上千个舌头和心，它就凭此说话和感觉。

"它一如既往。它面对着自身，既奖赏，又惩罚，既喜悦，又悲伤。它既严厉又温柔，既爱着又恐吓着，既软弱无力而又万能。

"所有的人都在它里面，而它也在所有的人里面。它跟所有的人友爱地做游戏，而从它身上赢得愈多，它愈高兴。它跟人们做游戏时是这样深藏不露，以至游戏结束时他们还懵然无知。

“它的景色亘古常新，因为它不停地在创造着新的观赏者。生命是它最好的发明；死亡是它创造更多生命的手段。

“……它浑然一体，并且永无尽头。当它创造着的时候，它能一直这样永远创造下去。”①

我们从这些片段中可以看出，《自然》就其精神实质来说是歌德一部深刻狂欢化的作品。

在生命的暮年（1828 年），歌德写了关于《自然》的“说明”，其中有这样一些著名的话：

“一种泛神论倾向是显而易见的，而且作为世界性现象之基础的应是不可理解的、绝对的、幽默的、自相矛盾的存在，因此一切都能被当成游戏，加倍严肃的游戏。”（同上）

歌德懂得，单方面的严肃性的恐惧，这是意识到自身与整体分离的个体之感觉。在他的“永无尽头”中整体本身带有“幽默的”、欢乐的性质，即可以作诙谐方面的理解。

但是让我们回到拉伯雷。歌德对狂欢节的描述在相当程度上可以作为对拉伯雷世界、拉伯雷形象体系的描述。事实上：没有敬畏的特殊节日、对严肃性的彻底摆脱、平等放肆狎昵的氛围、猥亵所具有的世界观性质、丑角式的加冕与脱冕、欢乐的狂欢节战争和殴打、讽刺模拟性的学术辩论、动刀打架跟生育行为的关系、肯定性的诅咒，歌德笔下狂欢节的所有这些因素，我们难道在拉伯雷小说里没有见过吗？它们全都存在于拉伯雷的世界里，而且它们全都是如此重要，同时它们全都具有同一种世界观的意义。这个意义是什么呢？

涌上广场或街头的民间广场狂欢节人群，绝不是简单的人群。这是人民整体，但这是自发的、以民间方式组织起来的整体，外在于并违背它所处于其中的整个现存的强制性社会经济制度，这个制度在狂欢节期间就仿佛被废除了似的。

---

① 引文所据版本为歌德的《自然科学选集》，第 361 页及其后，苏联科学院出版社，1957 年。——作者

人民的这个节日组织首先是深刻地具体的、感性的。甚至拥挤本身，肉体最物质性的接触，也获得了某种意义。个体感受到自己是整体不可分割的一部分，是巨大的人民肉体的成员。在这个整体中，个别肉体在相当大的程度上不再是自身了：仿佛可以相互交换肉体、更新(化装、戴假面具)。就在这个时间里，人民感觉到了自身具体感性的物质-肉体的统一与共性。

在意大利旅行期间，歌德在维罗纳参观了古代的竞技场。他那时当然还是无官一身轻的。歌德因此谈到了一种很有趣的见解，即人民由竞技场而对自身巨大与自身统一的具体的感性的可见形式生发出一种特殊的自我感觉："当在一块看见自己时，人们必定会对自身感到惊异：通常他们只能在经常的拥挤中，毫无秩序和纪律地来回穿梭地看见别人，而在这里，这个万头攒动、思想上五花八门、在各个方向上蠕动和徘徊的动物结合成了一个非凡的肉体，它是为了统一才被创造出来的，相互联结铆紧成一个庞然大物，体现在统一的面孔中，并被统一的精神所复活。"(第 52 页)

人民对自身统一的类似感受，是由中世纪民间节日生活的所有形式与形象所产生出来的。但在此处，这种统一并不具有几何学、统计学的性质。它更要复杂，有着无数区别，而主要的是，它在这里成百倍地被放大了。狂欢节广场上的人民肉体首先感到自身在时间中的统一，感到自身在其中不可分割的延续性、自身相对的历史不朽。因而人民在这里感受到的不是自身统一的统计学形象("eine Gestalt"①)，而是自身形成与成长的统一和不可分割性。因此，一切民间节日形象正是集中于形成成长、繁衍变易、新陈代谢这个方面。要知道所有这些形象都是双体的(极端情况)：到处突出的都是生育方面——受孕、生产、生育力(普里奇涅拉的双重驼背；凸起的肚子；等等)。关于这一点，我们已经谈到过并且还将在别处谈到。狂欢节以其所有的形象、场景、猥亵、肯定性诅咒，表演了人民的这种不朽与不可毁灭性。在狂

① "格式塔"，即完形。——译者

欢化世界里,对人民不朽的感受是跟对现存权力和占统治地位的真理的相对性之感受结合在一起的。

各种民间节日形式瞻望的是未来,并表演着这个未来,即“黄金时代”对过去的胜利:这是物质幸福、自由、平等、博爱之全民丰裕的胜利。未来的这种胜利是由人民的不朽所保证的。正像旧事物的灭亡是必然的、不可避免的一样;新的、大的、更好的事物的诞生也是必然的、不可避免的。前者转化为后者,更好的使更坏的变得可笑,并消灭它。在世界和人民的整体中没有恐惧的位置:恐惧只能侵入从整体脱离出来的部分之中,只能侵入从诞生者身上剥离出来的垂死环节之中。人民与世界的整体是欢乐喜庆的、无所畏惧的。这个整体就用所有狂欢节形象的嘴来说话,它统治着狂欢节的氛围,这个氛围使全体每一个都感受到了这个整体。

关于这种狂欢化的整体感(“永无尽头”),我还想摘引出歌德《自然》中的一个片段:

“它没有话语和舌头,但是它却造出上千个舌头和心,它就凭此说话和感觉。

“它的冠冕就是爱。只能用爱来接近它。它在创造物中间设置了深渊,而所有的创造物都渴望着融进共同的怀抱里。它将它们分离,为的是重新接合起它们。它只要用爱之杯上嘴的一下轻触,就足以补偿整个一生的痛苦。”

最后有必要特别强调的是,在狂欢化的处世态度中,人民的不朽是在与整个形成着的存在之不可分割的统一中被感受到的,并与它融为一体。无论是土地、其他元素、太阳,还是星空,人都能在自己的肉体里以及在自己的生命里生动地感受到。关于怪诞肉体的这种宇宙性,我们在本书第五章还将专门谈到。

我们现在转向摆在我们面前的第二个问题,拉伯雷小说里民间节日形式的独特功能。

作为出发点,我们先扼要分析一下古代法国喜剧——阿拉斯的诗人亚当·德拉哈勒(Adam de la Halle)[1]的《绿荫下的游戏》(*Jeu de la Feuillée*)。这出戏作于 1262 年,即写于拉伯雷小说之前三个世纪。这出法国第一部戏剧借用的是狂欢型节日,借用的是它的主题及与之相联系的逸出生活常轨的权利、放肆地对待一切官方事物和神圣事物的权利。剧中运用这些权利的方式还相当简单,但却十分突出。这出戏从开始到结尾都是深刻狂欢化的。

《绿荫下的游戏》几乎没有舞台。剧本完成于阿拉斯,它的剧情也发生于阿拉斯,作者出生的城市。参与剧情的有作者本人,年轻的诗人、他的父亲(亨利大师)、其他阿拉斯公民,他们都是以自己的真实姓名出现的(里凯斯·奥瑞、男孩吉略、安·莱·梅尔西埃、里克埃等等)。剧情是亚当离别了自己的城市和妻子,去巴黎求学。真实情况也是如此。因而剧情几乎没有把舞台跟现实生活区别开。其中甚至存在着跟现实交织在一起的幻想成分。剧本在五月一日上演,这一天正是阿拉斯赶集和民间节日的日子,而且整个剧情都安排在五月一日。

《绿荫下的游戏》分为三幕,第一幕可以称为狂欢化—自传的,第二幕可以称为狂欢化—幻想的,而第三幕则是狂欢化—饮宴的。

第一幕以狂欢化放肆和狎昵的精神对作者本人(亚当)的个人生活与家庭生活进行了赤裸裸的描写,然后又暴露其他阿拉斯居民日常的与猥亵的秘密,并公开大加评论。

第一幕是从亚当身着僧侣衣服出现而开始的(这就是化装,他本来不是僧侣)。他宣称要离别自己的妻子,去巴黎完成学业:他想把妻子留在自己父亲的家里。亚当叙述了婚前他怎样迷恋于玛丽娅(他的妻子)的美貌。他详细地、赤裸裸地而且毫不在乎地罗列着这些迷人之处。亚当的父亲——亨利大师出现了。对于他能否给儿子钱的问题,他回答说不能,因为他老了,又有病。在场的医生(le fisisciens)作出了诊断,父亲的这种病——就是吝啬。医生又指名道姓说出几位阿

[1] 亚当·德拉哈勒(1235—1285),法国最早的市民喜剧作家。——译者

拉斯公民，他们也都患上了同样的病。然后一位妓女(dame douce)向医生进行了咨询。这样一来，阿拉斯隐秘的猥亵生活就仿佛给“曝光”了，而且许多行为暧昧的太太被张扬出来。在医生咨询的这段时间里，尿作为人类性格和命运的主要代表出现了。

医生以及疾病、恶习的形象都是狂欢化怪诞风格的形象。然后出现了一个替治疗发疯和愚蠢的圣徒阿卡利亚收集礼品的修道士。指望从这位圣徒得到治疗的人们来到了。然后一个疯子在他父亲的伴随下出来了。这个疯子的角色以及发疯和愚蠢的主题在剧本里总的来说是相当出色的。从疯子的嘴里对教皇亚历山大四世[①]的一项侵害了僧侣们的特权(包括亨利大师)的命令进行大肆批评。剧本第一幕到此结束。这一部分的放肆与猥亵，研究者们通常解释为“该时代的粗野”。但是问题在于这种“粗野”包含着体系，包含着风格。这一切，都是世界在统一的、诙谐的、狂欢化方面所具有的因素。

游戏跟生活之间的界限在这里被故意抹杀了。这是生活本身的游戏。

第二幕，即狂欢化幻想的部分，开始于携带圣物的那位修士、在某种程度上是教会因而也是官方世界和官方真理的代表，在亭子外边睡着了(本场景主要部分)之后。亭子里有为三位仙女准备的一张被盖着的桌子，她们只是在五一之夜，并且只有当教会(即官方世界)代表躲开的时候才出现。在她们出现之前，伴随着铃铛的响声，“爱尔菲队伍”开来了。打头的是爱尔菲妖王的使者，喜剧中的妖精。然后仙女们出现了。剧本描写了她们在亭子里的晚餐、她们彼此之间的谈话以及跟爱尔菲妖王的使者之间的谈话。顺便说一下，这位使者的名字叫“Crocquesot”，即“吞食傻瓜者”。仙女们讲了自己的三个预言祝福，既有善的，也有恶的(其中有的跟作者本人亚当的命运有关)：剧中出现了

① 教皇亚历山大四世(1431—1503)，靠收买大多数红衣主教当上罗马教皇，统治手段残酷。——译者

跟占卜和预言有关的"福尔图娜之轮"①。在仙子们的晚餐快结束时,一位妓女(dame douce)出现了:仙女们保护这种女人——狂放不羁的五一之夜既属于仙女们,也属于这类女人。如同仙女们一样,"Dame douce"也是非官方世界的代表,在五一之夜享有自由自在和不受惩罚的权利。

最后一幕是狂欢化饮宴,发生在黎明之前的小酒馆里,五月节的参加者及剧中人聚集在这里准备大快朵颐,其中也有那携带圣物的修士。大家吃着,笑着,喝着,玩着骨牌。大家就在修士身边玩着,他又睡着了。趁他做梦的工夫,老板拿来他装圣物的箱子,在一片哄笑声中充当着治疗傻瓜的修士,即讽刺模拟他。这一幕的最后,疯子闯了进来(就是剧中第一幕出现的那个疯子)。但这时天已经亮了,教堂里敲起了钟声。自由自在、不受拘束的五一之夜结束了。在修士的邀请下,剧中人踏着钟声走向教堂。

法国这部最古老的喜剧,内容上基本就是这样。这当然没有什么可奇怪的,但是我们却能在其中发现几乎处于萌芽状态的整个拉伯雷世界。

我们首先要强调的是剧作跟五一节特别紧密的关系。整个剧本到最小的细节都是从这个节日的氛围与主题里衍生出来的。这个节日既确定了它演出的形式跟性质,也确定了它的内容。在节日期间,官方世界,教会及国家及其规范和价值体系仿佛暂时停止了。世界被允许越出常轨。剧本中,节日狂放的结束是十分清楚地以晨钟作为标志的(在剧本中,当修士刚刚躲开,上场的爱尔菲们的狂欢节铃铛就响起来了)。在这种节日主题中,饮宴占有重要的地位,如仙女们在亭子里的晚餐、节日参加者在小酒馆里的饕餮。我们要强调骨牌游戏这种主题,它不仅仅是节日期间消磨时间的日常生活因素:游戏与节日有内在的相似,它是非官方的,支配它的是跟日常生活进程相对立的法则。其次,对官方教会世界的特殊权力的暂时废止,将导致对被脱冕

① 福尔图娜之轮,福尔图娜是罗马神话里的命运女神。经常脚踩一只球或一个轮子(象征福祸无常)。——译者

的异教诸神的暂时复兴：爱尔菲们的到来、仙女们的出现、爱尔菲妖王信使的到来，都成为可能的；广场上仙女们主宰下的妓女节也成为可能的。妓女（“dame douce”）这种主题需要特别加以强调：五一之夜妓女的非官方世界获得了权利甚至权力，剧中“dame douce”甚至打算跟自己的仇敌算账。最后，福尔图娜之轮及仙女们的五一预言和诅咒这种主题也很重要：节日瞻望的是未来；而这个未来采取的不仅仅是乌托邦的形式，而且还采取了预言与诅咒、祝福（首先是未来的收获、牲畜的繁殖等）这种更加原始仿古的形式。很典型的是圣物主题，它是跟被肢解的肉体之概念相联系着的。医生及其不变的标志物——尿，起到重要作用。愚蠢与发疯的主题很重要。某种类似于广场“cri”①、指向傻瓜的因素被引入剧本，并在相当大程度上跟节日一起决定了剧本的氛围。节日赋予愚蠢以权利。

当然，愚蠢也是深刻双重化的：它既有贬低和毁灭这种否定性因素（这是在现代詈语“傻瓜”里保留的唯一因素），又有更新和真理这种肯定性因素。愚蠢，这是反面的智慧，反面的真理。这是官方的统治性真理的反面和下部：愚蠢首先表现为对官方世界诸种法则与程式的不理解和背离。愚蠢，这就是自由自在的节日明智，它摆脱了官方世界的一切规范和约束，同样也摆脱了这个世界的关怀和严肃性。

我们还应记得早先我们提到的对15世纪愚人节的辩护（第1章）。正如我们看到的，这个节日的辩护者们将它理解为对愚蠢——“我们的第二天性”，所进行的欢乐的、自由的铲除。他们以这种欢乐的愚蠢跟“对上帝的敬畏和恐惧”这类严肃性相对抗。这样一来，愚人节的辩护者们在其中看到的，就不光是对生活常轨的“一年一度”的摆脱，而且也是对宗教的世界观点的摆脱，对上帝的敬畏和恐惧的摆脱。以“傻瓜”的眼光去看世界是可以的了，而这种权利不光属于愚人节，也同样属于各种节日的民间广场方面。

正因为如此，在《绿荫下的游戏》的节日氛围里，愚蠢主题和不可

① 叫喊。——译者

救药的傻瓜形象就获得了这种意义;而全剧也以赶在教堂鸣钟之前登场的那个傻瓜的形象告终。

我们要提醒一下,歌德在他对狂欢节的描述中多次强调,狂欢节的每一个参加者,不管他在整整一年里是如何一本正经,在这里,每年一度,都会允许自己尽情胡闹,做各种傻事。拉伯雷在有关弄臣特里布莱的问题上,用庞大固埃的嘴说出了关于智慧和愚蠢的看法:

"你想想就会明白,因为一个人关心自己的切身的事业,注意自己家庭的管理,不糊涂,不错过收集财富的机会,知道如何来防止贫困,这样的人,虽然从上天的智慧来看很无聊,但世人却称之为智者。我是把上天的智慧看作智者的人才称作智者的,并且由于上天的启示,这些人能够承受预测未来的恩惠,我称他们为先知。这样的人会忘掉自己,跳出个人的圈子,摆脱对尘世的贪恋,清洗对人世的关注,把一切都看作是无关紧要;一般人反而说他们是疯子。

"伟大的预言家,拉七奥姆国王比古斯的太子弗奴斯,粗暴地被人叫作疯神,就是这个缘故。

"为了同样的缘故,我们还可以看到,在杂技团里分配角色时,小丑的角色总是由团内最老练最完善的演员来担任。

"为了同样的缘故,数理家说国王和愚人生来都是同一个命。"(第3部,第37章)

这番议论是用书面语和高雅风格写成的。因此在语言和概念本身的选择上遵守的是官方虔诚的标准。这一点说明了为什么在评价弄臣的愚蠢时使用了诸如"上天的智慧""上天的启示"这样的概念。拉伯雷在我们所引段落的开头是把弄臣和傻瓜作为圣徒来描写的(这样的想法在他那个时代毫不奇怪:拉伯雷当时就是一个方济各会的修士)。在傻瓜(疯子)的这个"对此世的弃绝"里,拉伯雷注入的是几乎传统的基督教内容。然而在事实上,拉伯雷是将弄臣和傻瓜对此世的弃绝理解为对官方世界及其世界观、价值体系、严肃性的摈弃。甚至在此书里所表现出来的特里布莱本人的形象也是如此。对于拉伯雷来说,丑角式真理的前提是摆脱私人的物质利益,摆脱这样的卑下能力、即自私地经营自己家庭的、私人的事业,不过这种丑角式真理的语言同时却是极其世俗的和物质性的。然而物质因素却并不具有个人的自私的性质,而是具有全民的性质。如果我们抛开上述引文里那些用高雅风格和书面语表述的官方概念,那么摆在我们面前的就是对愚蠢所作的拉伯雷式辩护:愚蠢是非官方真理的形式之一,是对世界的一种独特的观点,摆脱了"此世"(即官方的统治性世界,而迎合它永远都是有好处的)所有个人的自私的利益、标准和价值。引文的结束部分直接指向节日演出中的丑角和傻瓜。

我们再回过头来谈亚当·德拉哈勒的五一喜剧。节日以及节日的愚蠢在其中具有什么功能呢?它们给予作者表现非官方题材的权利;尤其是给予他对世界持一种非官方观点的权利。这出戏以其全部的朴素和毫不矫揉造作,表现出世界的独特方面,这是跟中世纪世界观和官方生活制度完全异己的,并在根本上与之敌对的方面。这首先是欢乐的、轻松的方面;在其中起到重要作用的是饮宴、生育力、游戏、对携带圣物的修士之讽刺模拟性改编、被脱冕的异教诸神(仙女们、爱尔菲们)。世界显得更为物质化、肉体化、人性化和欢乐化,尽管像是一场幻景。这是世界的节日方面,就此而言,它是合法的。在五一之夜,可以没有恐惧也没有敬畏地去看世界。

这出戏丝毫不强求去反映什么问题。然而同时它又是十分包罗万象的。其中没有丝毫的抽象道德说教。这里既没有人物性格的喜剧化,也没有环境的喜剧化,总之没有对世界与社会生活某些个别的局部方面的喜剧化;当然更没有抽象的否定。要知道在这里对整个世界都是从欢乐的和自由的方面表现出来的,而这个方面被作者赋予了包罗万象的、无所不容的意义。他当然是有局限的,但这不是局限于世界的某种方面和某些现象,而仅仅是局限于节日的时间界限,五一之夜的界线。晨钟又将人带回到恐惧跟敬畏的严肃生活里来。

拉伯雷的小说是在《绿荫下的游戏》之后差不多三个世纪才写成

的,然而其中民间节日各形式的功能却是一致的。老实说,在拉伯雷这里一切都更为扩展、更为深刻、更为复杂、更为自觉、更为激进。

在小说第四部里,与巴舍公爵府里痛打执达吏们的故事同时,还讲述了弗朗索瓦大师上演"悲惨的滑稽剧"的故事。

这个故事是这样的。年老的维庸住在圣玛克桑,决定为尼奥尔集市排演一出宗教神秘剧《耶稣受难记》,在剧中有一场"魔鬼大出巡"。万事俱备,只欠天主圣父的袈裟了。当地圣器室执事塔波古断然拒绝出借任何教堂服装,因为他认为把它们用于演戏是一种亵渎。无论怎样他也不肯通融。于是维庸大师决心报复他。他得知塔波古要骑一匹母马出去,而当时他正在准备魔鬼出巡的总排演。拉伯雷详细描写了众魔鬼、他们的服装及他们的"武器"(厨房家什),这类描写是我们经常提到的。排演是在城市里,在集市广场上。然后维庸带领众魔鬼在大路边的小酒馆里开怀畅饮,这条路是塔波古的必经之处。当他终于出现的时候,众魔鬼围住他,向他发出一片鬼哭狼嚎,铃铛叮叮当当,燃烧的树脂冒着火苗和可怕的浓烟扔到他身上,他们还吓唬他的那匹母马:

"那匹母马一害怕,吓得又是蹦,又是放屁,跳跃奔跑,后蹄直踢,连连不停地放屁,塔波古虽然用尽力气抓住鞍,最后还是从马上摔了下来。马镫本来是用绳子编制的,现在右边的那一只,把他漏孔的鞋套得紧紧的,他再也无法摆脱出来。就这样,他被拖在马屁股后边,被马踢个不停,那马被吆喝声、炮火声吓得乱跑。塔波古的脑袋被踢成两半,脑浆倾散在十字架旁边;胳膊也被踢断,这里扔一只,那里扔一只;两条脚也断了;肠子成了一团肉酱;那匹马跑到修道院时就只剩下塔波古的一只右脚和一只歪歪扭扭的鞋了。"(第4部,第13章)

维庸上演的这出"悲惨的滑稽剧"就是如此。其本质在于把塔波古的肉体撕碎肢解是在广场上、在小酒馆里、在饮宴的时候、在魔鬼出巡这种民间节日的狂欢化环境中。这出宗教神秘剧的确是悲惨的,因为塔波古是真的被撕碎了。

这个故事是通过巴舍公爵的嘴讲出来的,他把它跟在自己府上痛殴执达吏一事联系了起来，是为了奖赏自己的家仆而讲的。巴舍公爵说："朋友们，我料到的也正是如此，将来你们演出这出悲喜剧一定会演得很好。"

这场"维庸的把戏"跟巴舍公爵府上殴打执达吏之间有什么相似之处呢？

无论在哪儿，只要是为了使殴打不受惩罚（但是我们以后还会看到，不仅仅是为了这一点），那就一定会利用狂欢节的权利和自由：一种情况是婚礼，另一种情况则是魔鬼出巡。正如我们已经知道的，"noces à mitaines"这种习俗本来就允许这一类在日常生活中决不允许的自由：可以用拳头打任何来宾，不管他们有着什么样的称号和地位，而且不必担心受到惩罚。通常的生活法则和秩序，首先是社会等级制度，在婚宴的短暂期间被废除了。在这个短暂期间，身份相等者之间礼貌法则的效力、上等人跟下等人之间的礼仪和等级次序都暂停了：程式失效了，人与人之间的距离消失了，这象征地表现为用拳头亲昵地打自己所尊敬的人和尊贵的邻居这样一种权利。礼仪的社会乌托邦因素十分明显。在婚宴的短暂期间，人们，包括来宾们，仿佛步入了一个平等和自由的王国①。

正如在一切民间节日乌托邦中一样，这个乌托邦因素在这里得到鲜明的物质-肉体的体现：要知道自由与平等是现实化为亲昵的殴打中的，即粗俗的肉体接触中。正如我们已经看到的那样，殴打完全等价于猥亵的辱骂。在上述情况中仪式是婚礼的：夜里，新郎跟新娘发生了完全的肉体关系，受孕行为完成了，生育力获得了胜利。节日里这种中心行为的氛围扩延到所有的人和所有的事：殴打是它的辐射。

① 作为类似的例子，我们可以举出关于贝多王（贝多王，叫花子王。——译者）及其宫廷的一个农神节式、狂欢节式的有趣传说。提到这个传说的有拉伯雷（第3部，第6章）、《梅尼普讽刺》及莫里哀的《伪君子》（第一幕第一场）。下面是乌丹〔塞萨尔·乌丹（？—1625），法国语言学家和文学家。——译者〕在其《趣闻录》（1640）里对贝多王的说明："贝多王的宫廷：在这里大家都是主人，换句话说，这是这样的地方，谁都可以发号施令，没人知道主人跟仆人有什么区别（俗语）。在17世纪后半期佚名的《浅释谚语》里有下列说明，这是贝多王的宫廷，那里每个人都是主人。"——作者

其次,正如在一切民间节日乌托邦中一样,乌托邦因素在这里具有绝对的欢乐性质(殴打是轻微的、戏谑的)。最后,这很重要,乌托邦在这里尽管是表演出来的,但却是不用任何舞台装置的,是在生活本身里的表演。的确,它有着严格的时间限制,短暂的婚宴期间,然而在这短暂期间却是没有舞台的:没有划分参与者(表演者)和观众,所有人在这里都是参与者。在这期间,日常世界秩序被废除了,而它的替代者新的乌托邦制度则是至高无上的,并扩延至一切事物。因此,偶然置身于婚宴之中的执达吏就被迫服从乌托邦王国的法则,不能抱怨挨打。在这里,游戏舞台跟生活之间没有明确的界限:一个转化为另一个。因此巴舍公爵就能利用婚宴的游戏形式,严肃地实实在在地惩治了执达吏。

没有严格的舞台是所有民间节日形式的特点。乌托邦真理在生活本身中表演。这种真理在这一短暂时刻成为巨大的现实力量。正因为如此,可以借助于它去惩治这个真理的可恶敌人,巴舍公爵和维庸大师正是这样做的。

在维庸的"悲惨的滑稽剧"情境里,我们能发现巴舍公爵"noces à mitaines"中的所有因素。魔鬼出巡是宗教神秘剧的民间节日广场演出的组成部分。宗教神秘剧本身当然是有舞台框架的;魔鬼出巡作为宗教神秘剧的组成部分也是有舞台框架的。但在习俗里却允许在神秘剧上演之前,有时从几天前就开始了"众魔鬼"即魔鬼出巡的参加者穿着那套行头满城跑,甚至远至郊区乡村。关于这方面的情况能找到一系列证据和资料。

例如,1500年在亚眠城有几位修士和居士呈交申请书,请求准许上演宗教神秘剧《耶稣受难记》,同时他们特别请求准许"faire courir les personnages des diables"[①]。16世纪最著名和流行的魔鬼出巡之一是在肖蒙上演的(Chaumont 在上马恩省)[②]。这次魔鬼出巡是宗教神

① 魔鬼出巡。——译者

② 关于肖蒙的魔鬼出巡,参见 Jolibois.*La Diablerie de Chaumont*,1838.——作者

秘剧《约拿记》[1]的组成部分。在关于肖蒙神秘剧的通告里总是特别指出,允许参加演出的众魔鬼和妖婆在神秘剧开始之前的几天里在城里和乡下自由游荡。穿着魔鬼服装的那些人感到自己在很大程度上处于日常禁忌之外,并把自己的这种独特情绪传染给了那些跟他们接触的人。在他们周围形成无法无天的狂欢化自由氛围。认为自己不受常轨约束,魔鬼们,多数情形下都是一些穷人(有一成语"pauvre diable"[2]),常常破坏财产所有权,抢劫农民,并倚仗自己的角色身份为自己捞取物质上的好处。他们还干出了其他一些暴行,因此常常要发布特别的禁令以限制魔鬼们在自己的角色之外的自由。

然而在自己的剧中角色范围之内,魔鬼们却保持了自身深刻的非官方性质。他们的角色包含着辱骂和猥亵。他们无论做事和说话都跟官方基督教的世界观背道而驰;要知道他们就是魔鬼。他们在舞台上制造笑料,肆意叫喊,特别是当"魔鬼大出巡"(即有四个以上魔鬼参加)举行时。有一条法国成语是"faire le diable à quatre"[3]。应该说,大多数包含着"魔鬼"这个字眼的诅咒和辱骂,其产生或发展过程都跟宗教神秘剧舞台有直接的关系。在拉伯雷的小说里有不少这样的诅咒和粗话,具有明显的宗教神秘剧起源:"La grande diablerie à quatre personnages"[4](第1部,第4章)、"Faire d'un diable deux"[5](第3部,第1章)、"Crier comme tous les diables"[6](第3部,第23章),还有这样一些在语言里很流行的成语,像"faire diables"[7]"en diable"[8]

① 《约拿记》是《圣经·旧约》中的故事,约拿是大先知,不敬神的尼尼微城人民将遭毁灭的命运,上帝命约拿去告诫尼尼微人民,他三番两次逃避这个使命,直至被吞入鲸鱼腹中。当尼尼微人民从他口中得知这一命运后,弃恶向善,使上帝改变了成命。——译者

② 可怜的魔鬼。——译者

③ 四个人一起扮演魔鬼 。——译者

④ 一个大魔鬼有四个化身。——译者

⑤ 把一个魔鬼变成了两个。——译者

⑥ 像魔鬼一样嚎叫。——译者

⑦ 装神弄鬼。——译者

⑧ 狠魔鬼。——译者

“pauvre diable”[1]。辱骂、诅咒与魔鬼出巡的这种关系是完全可以理解的:他们属于同一个形式与形象体系。

然而宗教神秘剧的魔鬼不仅仅是非官方的形象,这还是双重性的形象,在这一点上类似于傻瓜和丑角。它代表着物质-肉体下部所具有的致死和更新的力量。魔鬼出巡里的魔鬼形象通常是按狂欢节方式装扮的。例如,我们看到,在拉伯雷的小说里,维庸的魔鬼出巡里魔鬼用的武器是厨房家什(这一点被另外的证据所肯定)。奥托·德里森在自己的《阿尔莱金的起源》(1904)一书里将魔鬼出巡跟哄闹进行了详细的比较(根据 *Roman de Fauvel*),并揭示出组成二者的形象之间巨大的相似。哄闹同样跟狂欢节有着亲缘关系[2]。

魔鬼形象的这些特点(首先是它的双重性、它同物质-肉体下部的关系)就使这一点变得完全可以理解了:魔鬼转变为民间喜剧角色。魔鬼国王艾尔菲(诚然,我们在神秘剧已没有看到这个人物)就是这样变成了狂欢节上和喜剧里小丑国王阿尔莱金的形象。我们还要提醒一下,庞大固埃起初就是宗教神秘剧里的魔鬼。

这样,魔鬼出巡尽管是宗教神秘剧的一部分,但却有着跟狂欢节的亲缘关系,它超越出了舞台,融进广场生活,拥有相应的狂欢化放肆与自由的权利。

正因为如此,出现于广场上的魔鬼出巡就使维庸大师不受惩罚地惩治了法衣圣器室执事塔波古。此处跟巴舍公爵府上完全一样,乌托邦式自由的没有舞台的表演就可以切实地惩治这个自由的敌人。

然而塔波古为什么会得到这样残酷的惩治呢?可以说,从狄奥尼索斯仪式的观点来看,塔波古作为狄奥尼索斯的敌人,反对狄奥尼索斯式游戏(要知道他是根据原则考虑拒绝将袈裟借去演出的),理应受

① 可怜鬼。——译者

② 参阅:Otto Driesen. *Der Ursprung des Harlekin*,1904.——作者

到彭透斯[1]死刑，即被狄奥尼索斯的狂女们撕成碎块[2]。而从拉伯雷的观点来看，塔波古则是最凶恶的敌人：他正是拉伯雷最憎恨事物的体现，因为塔波古是一个 агеласт，即不会笑并憎恨笑的人。的确，拉伯雷在这里没有直接使用这个字眼，但是塔波古的行为却是典型的不会笑之人的行为。在这种行为中表现出让拉伯雷极为厌恶的害怕把圣衣变成舞台与游戏对象的那种麻木的、凶恶的虔诚式严肃性。塔波古是根据原则考虑而拒绝施惠、效力于民间游艺的：在他身上活着的是对舞台、对滑稽剧、对诙谐的那种古老的教会的敌意。尤其是他拒绝的正是用于化装、用于假面舞会的服装，即归根结底用于更新与复活的服装。他是更新和新生的敌人。这正是不肯生育和死亡的老年，正是拉伯雷极为厌恶的不结果的、顽固的老年。塔波古与之敌对的正是那种广场的、欢乐的、渗透了维庸所构思的魔鬼出巡的关于交替与更新的真理。现在的这个真理正好得势一时，因此理当把他消灭。他就是通过将他的肉体肢解落得一个纯粹狂欢化的死的下场。

在拉伯雷看来，塔波古用自己的这种行为勾画出了一种象征性广义的形象，体现出了哥特时代的精神及其建立于恐惧与强迫之上的单方面的严肃性及其"sub specie aeternitatis"[3]，即从永恒的角度超越现实时间地观察一切的倾向；这种严肃性执着于停滞的、不可动摇的等级制度，不允许任何角色交替与更新。实际上，到了拉伯雷时代，从这个哥特时代及其单方面的僵化的严肃性里，剩下的仅是还能供欢乐的狂欢节化装所用的袈裟了。但是这些袈裟却被麻木的、阴鸷的圣器室执事塔波古嫉妒地把持着。拉伯雷为此而惩治了塔波古，而袈裟他仍然用于更新一切的狂欢节游艺上。

拉伯雷在自己的小说里并用自己的小说表明，他是完全像维庸大

---

① 彭透斯，希腊神话里的忒拜国王，因不许妇女参加酒神狄奥尼索斯的节庆活动，被狄奥尼索斯的狂女们（包括他的母亲）撕成碎块。——译者

② 在16世纪的文学里流行着一句狂欢化的成语："彭透斯辣汁肉丁"。——作者

③ 永恒观念。——译者

师和巴舍公爵那样行事的。他按他们的方式办。他利用民间节日的形象体系及其公认的、世代神圣的自由放肆权利,去认真惩治自己的敌人——哥特时代。这仅仅是欢乐的游戏,因而它是神圣不可侵犯的。但这是不用舞台的游戏。拉伯雷正是在这种游戏公认的自由氛围里去攻击神圣的中世纪世界观的基本教义、圣礼、最神圣的东西。

应该承认,这种"维庸式把戏"拉伯雷运用得十分成功。尽管如此坦率地表达自己的观点,他却不单避免了火刑,甚至实际上也没有受到较为严重的迫害和麻烦。当然,他有时不得不采取谨慎的措施,有时要暂时隐名埋姓一段时间,甚至离开法国。但总的来说一切都很顺利,看来没有太大的烦恼和麻烦。拉伯雷昔日的一位朋友,艾蒂安·多莱[①],只不过说了一些鸡毛蒜皮的话,但因为没有采取诙谐的方式,因而受到了火刑。他就是没有掌握巴舍公爵和维庸的办法。

拉伯雷遭到了来自 агеласт 们,即不承认笑的特权的那种人的攻击。他所有的书都遭到索邦神学院的攻讦(不过这丝毫也不妨碍它们的传播和再版);在垂暮之年他遭到了修士皮伊·埃尔勃的凶猛抨击:从新教方面他遭到了加尔文的攻击;但是所有这些 агеласт 们的声音都是孤立的:狂欢化的诙谐权利愈来愈强[②]。我们再重复一遍,维庸的把戏拉伯雷运用得十分成功。

但是,不能把利用民间节日的形式和形象理解为对付书刊检查制度的一种外在的、机械的自卫手段,一种不得已才接受的"伊索式语言"。其实在上千年里人民一直在利用着节日诙谐形象的权利与自由,去表达自己深刻的批判态度、自己对官方真理的不信任和自己更好的愿望跟意向。可以说,自由与其说是这些形象的外在权利,不如说是它们的内在内容。这是大无畏的话语是关于世界、关于权力的无懈可

① 艾蒂安·多莱(1509—1546),法国诗人、哲学家,拉伯雷的朋友,因思想异端而遭火刑。——译者

② 关于拉伯雷似乎在临死前受到残酷迫害的传说一直流传到最近,终于被阿贝尔·列弗朗完全驱散了。看来拉伯雷死得十分平静,既没有失去宫廷的庇护,也没有失去自己那些显贵朋友的支持。——作者

击的、毫无保留的话语,在几千年里形成的语言。很清楚,这种无畏的、自由的形象语言给予了新世界观以最为丰富的积极内容。

巴舍公爵利用传统形式的“noces à mitaines”,并不单是为了不受惩罚地痛打执达吏。我们看到,这顿毒打是作为庆祝仪式、作为贯穿一切细节并赋予其意义的滑稽演出而实现的。这是堂堂正正的毒打。落在执达吏身上的打击,是创造性的婚礼打击;它们落在旧世界身上(执达吏就是它的代表),同时帮助新世界的孕育和诞生。外在的自由和不受惩罚,是跟这些形式内在的积极意义及其世界观意义不可分割的。

塔波古的狂欢化肢解就具有这样的性质。它同样是堂堂正正的,精心安排的,并赋予一切细节。塔波古是旧世界的代表,他的肢解是被正面完成的。自由和不受惩罚在这里是跟这个情节里所有形象和形式的积极内容不可分割的。

对旧世界实行狂欢式的惩治,不应该引起我们的惊奇。甚至那个时代经济方面、社会政治方面的巨大变迁,也不能不受到相当程度的狂欢化理解与对待。我在俄国历史中就碰到两种众所周知的现象。伊凡雷帝[1]在同采邑封建主义做斗争时,在同古代采邑世袭制的真理与神圣性做斗争时,在破坏国家政治方面、社会方面和一定程度上道德方面的旧制度时,不能不受到各种民间节日广场形式的重要影响,不能不受到这些嘲笑旧真理和旧权力的形式——包括它们的滑稽改编形式(假面化装)、等级重建形式(里外颠倒)、脱冕与贬低化手法的重要影响。

伊凡雷帝既离不开教堂的钟声,但也离不开小丑的铃铛声。甚至在近卫军的外部组织形式中也有过狂欢化形式的因素(直到扫帚这样狂欢化的标记),而近卫军的日常内部生活(他们在亚历山大府的生活和饮宴)则更带有强烈的狂欢化性质和广场外法权的性质。后来稳定

---

① 伊凡雷帝(1530—1584),莫斯科和全俄罗斯大公,在位期间依靠中小贵族同大封建领主斗争,全力加强中央集权,建立了沙皇特辖区制。同时残酷镇压人民起义,积极对外扩张。——译者

时期,沙皇不仅将近卫军解散和遣返,而且还展开了同任何稳定相敌对的精神的斗争。

这一切又充分鲜明地出现于彼得大帝时代:丑角铃铛的叮当声在他听来几乎不啻于大钟的钟声了。众所周知,彼得大帝对晚期形式的愚人节进行了广泛的扶植(这个节日在其长达千年的存在中还从未在任何时候、任何地方获得过这样的合法性,成为官方的节日);这个节日的脱冕与滑稽的加冕直接涌入国家生活之中,直至滑稽称号同现实的国家权力混合在一起(例如,对于罗莫达诺夫斯基[①]);新事物在生活里扎根首先是在"可笑的"礼仪方面;改革进程中的一系列因素跟几乎丑角式滑稽改编和脱冕的诸因素交织在一起(剃胡须、欧式连衣裙、温文尔雅)。但是彼得大帝时代的各种狂欢化形式具有更多的舶来性质;而在伊凡雷帝时代这些形式则更为民间化、更活跃、更复杂,也更矛盾。

可见,民间节日形式的外部自由是跟这些形式的内部自由,跟它们全部积极的世界观内容不可分割的。这些形式提供了一个观察世界的新的积极角度,同时也提供了不受惩罚地表达它的权利。

民间节日诸形式与形象的世界观含义,我们在上面已经阐明了,以后不再谈它了。不过这些形式在拉伯雷小说里的独特功能现在对于我们已经很明确了。

从整个文艺复兴文学所解决的问题来看,这些独特的功能就会更清楚。时代寻找到了这样的一些条件、这样一些形式,它们使思想与话语的高度自由坦率成为可能的、正当的。在这一点上,这种自由和坦率的外在权利(就是说检查制度通过了的)跟内在权利是彼此不可分离的。对那个时代的坦率当然不能在狭隘主观的意义上去理解,如"心地坦诚""光明磊落""亲密无间"等;时代要远比这一切复杂得多。这里谈的是完全客观的、全民的、响亮的、广场的坦率,它涵盖了一切人一切事。应该使思想和话语成为这样一些条件,以使世界将自身另

① 费多尔·尤利维奇·罗莫达诺夫斯基(1640—1717),彼得大帝的宠臣,权势煊赫,以残酷著称。——译者

一个方面转向它们,这个方面原是隐蔽的、从未被谈到过或是并未涉及本质的,并且不包含在统治性世界观的形式与话语里面。人们在思想与话语的领域里寻找美洲大陆,希望发现对极点,迫切想看看西半球,并问道:“在我们下面是什么?”思想和话语在统治性世界观的可见地平线后面发现了一个新现实。思想和话语经常是在故意翻滚,以便看看在它们后面、在它们反面到底有什么。人们找到了这样的立场,从这个立场就可以看到统治形式的思维与统治性价值观那个方面,就能以一种新角度去看世界。

最早以充分的自觉提出这个问题的人之一是薄伽丘。要为言语和形象的坦率及非官方性创造出所需要的条件,用黑死病来给《十日谈》加上框架是十分必要的。薄伽丘在《十日谈》的跋里强调指出,作为这本书基础的那些故事,“不是在教堂里讲的;在教堂内,才用得上最洁净的字句,才应该怀着最圣洁的思想……这些故事也并非在哲学学院里讲的……这些故事是在花园里、在游乐的地方讲的,听故事的虽然都是年轻男女,却都已成人懂事,不会因为听了这些故事就误入歧途;何况当时即使是最有德行的人,为了保全自己的生命,也可以把裤子套在头上,冠冕堂皇地走到外面去”。①

在另一处(第六天末尾),一位讲故事者第奥纽说:“诸位想必都知道,如今大难当前,法庭上都已经没有了法官,无论是凡人的法律,宗教的法律,都已荡然无存,任何人为了保全性命,都可以随心所欲。你们的谈话不妨随便一些,只要不付诸行动,有失体统,那就丝毫不会损害你们的贞洁。你们只是在讲讲故事、互相解闷取乐。”

这番话的末尾给增添了薄伽丘特有的补充说明和温和语调,但是它们的开头正确地讲到黑死病在他的构思中所起的作用:它赋予权利另一种话语、另一种对待生活和世界的态度,不光一切程式都坍塌了,甚至“无论是凡人的法律,宗教的法律,都已荡然无存”。生活越出了的常轨,程式的蛛网撕破了,所有官方的和等级制的界限都废除了,特

① 引自上海译文出版社方平、王科一译本,下同。——译者

殊的氛围建立起来了,它给予了外在的跟内在的自由与坦白的权利。甚至最尊贵的人也可以“裤子套在头上”。因此在这里讨论的生活问题“不是在教堂里讲的”,“也并非在哲学学院里讲的”,而是“在游乐的地方讲的”。

我们要谈谈《十日谈》中黑死病形象的特殊功能:它给予了讲故事者和作者以格外坦率和放肆的权利。但除此之外,对于具有更新作用的物质-肉体下部在其中起到主导作用的《十日谈》整个形象体系,黑死病作为更浓缩的死亡形象,是不可或缺的成分。《十日谈》是以意大利方式实现的狂欢化怪诞现实主义,但其形式更为贫乏。

主要主人公的疯癫或愚蠢这种主题,是对同一个问题的另一种处理方式。人们探索着从外部和内部摆脱垂死的、但还占据统治地位的世界观之所有的形式和教条,为的是用另一种眼光去观察世界,从另一个角度去看世界。主人公的疯癫或愚蠢(当然是这些字眼的双重含义上),给人们提供了这样去看的权利。

拉伯雷对这个问题的处理,是直接运用了各种民间节日形式。它们给了思想和语言以最激进,但也是最积极和富有内涵的外部和内部的自由。

在文学发展的所有时代,狂欢节,在这个字眼的最广泛意义上的影响都是巨大的。但是这个影响在多数情况下却是潜藏着的、间接的、难以把握的,只有在文艺复兴时代它才不仅格外强烈,甚至直接而清晰地表现在外在形式上。文艺复兴,可以说,这是对意识、世界观和文学的直接狂欢化。

中世纪的官方文化是在悠久世代里建立起来的,它也曾有过自己的英雄主义创造时代,它曾是无所不包的和渗透一切的;它笼罩并包裹着整个世界以及人的每一意识角落,它被天主教会这样一种统一组织维护着。在文艺复兴时代,封建发展阶段虽然结束了,但是它对意识形态的思想控制却仍是强大的。

文艺复兴时代的思想家们在其同中世纪官方文化的斗争中能依靠的是什么呢？要知道他们的斗争是强大的和战无不胜的。古代文学当然不能给予足够的支持。要知道希腊罗马古典文化通过中世纪世界观的三棱镜也是能够被人们接受的(的确也被许多人所接受)。为了揭示人道主义的希腊罗马古典文化,就应该使自己的意识摆脱中世纪思维范畴长达千年的控制,就应该去占领官方文化对面的阵地,脱离数世纪来意识形态发展的轨迹。

这样的支持唯有上千年里形成的民间诙谐文化才能给予。文艺复兴时期的进步活动家们都直接参与了这个文化、首先是我们在本章所谈到的它的民间节日狂欢化方面。狂欢节(再强调一次,在这个字眼的最广泛意义上)将意识从官方世界观的控制下解放出来,使得有可能按新的方式去看世界;没有恐惧,没有虔诚,彻底批判地,同时也没有虚无主义,而是积极的,因为它揭示了世界的丰富的物质开端、形成和交替,新事物的不可战胜及其永远的胜利,人民的不朽。要向哥特时代发起猛攻并形成新世界观的基础,这是强大的支持。这就是我们所谓的意识狂欢化,完全摆脱哥特式的严肃性,以便开辟出一条通向新的、自由的和清醒的严肃性之道路。

杜勃罗留波夫在自己的一篇书评中表达了这样一种出色的思想:“应该在内心里建立起*必须而且可以完全摆脱这种现存生活秩序的坚定*信念,才能获得用富有诗意的形象描绘这种可能性和必需的力量。”①

“必须而且可以完全摆脱这种现存生活秩序的坚定信念”,正是文艺复兴时期进步文学的基础。只是由于坚信整个现存世界必须并可以*急剧地更替和更新*,文艺复兴时期的作者们才能看到他们所要看到的世界。而正是这种信念渗透了整个民间诙谐文化,但不是作为抽象的思想,而是作为活的、决定这种文化的所有形式与形象的处世态度去渗透的。中世纪官方文化以其全部形式、形象及其抽象思维体系,

① 杜勃罗留波夫:《伊万·尼基京的诗歌创作》,载《文集》(9卷本),第6卷,第167页,列宁格勒,1963年。——作者

暗示着一种直接相反的信念,即现存世界秩序和现存真理是不可动摇的和不可改变的信念,总之整个现存世界是永恒的,不可改变的。这种暗示在文艺复兴时期还是很强大的,要克服它不能通过个体思维的探索或者对古代文献的书斋式研究(没有受到“狂欢化意识”所启发的研究)这一类方法。真正的支持只能来自民间文化。

这就是为什么我们在文艺复兴时期所有的伟大作品里都能感受到渗透其中的那种狂欢化氛围,民间节日广场的自由旋风。而在这些作品的结构里,在它们最独特的形象逻辑里,我们能揭示出狂欢化基础,尽管这种基础不像在拉伯雷小说里那样具有外在的直观性和清晰度。

类似于我们在本章里对拉伯雷所进行的这种分析,使我们甚至在莎士比亚戏剧的结构里也能揭示出重要的狂欢化因素。我们谈的并不是他的戏剧所具有的次要的诙谐层面。脱冕—加冕的狂欢化逻辑组织起了他的戏剧的严肃层面,既以直接的形式也以隐蔽的形式。但主要的是,这是渗透莎士比亚戏剧的“必须并可以完全摆脱这种现存生活秩序的坚定信念”,它决定了莎士比亚那种无畏的、极其清醒(但并没有沦为虚无主义)的现实主义和他的彻底的非教条主义。急剧更替与更新这种狂欢化激情是莎士比亚处世态度的基础。这既能使他看到发生在现实中的时代的伟大更替,同时又能理解这种更替的局限性。

莎士比亚的作品不乏狂欢化因素的外部表现:物质-肉体下部形象、双重性的猥亵、民间饮宴形象等等(我们在绪论里已经谈到了这一点)。

塞万提斯的《堂吉诃德》的狂欢化基础是完全不容置疑的(他的短篇小说也同样如此):这部小说的组织方式完全像一场布置道具一应俱全的复杂的狂欢化戏剧演出。塞万提斯现实主义的深刻与彻底同样依赖于交替跟复活这种纯粹狂欢化的激情。

文艺复兴时期的文学还需要从正确理解民间节日狂欢化形式的角度作一番专门的研究。

拉伯雷的小说,是整个世界文学中最节日化的作品。它本身体现了民间节庆活动的本质。正因为如此,在以后世代的,特别是19世纪的严肃枯燥的、官方庆典的文学这种背景上,它才显得如此突出。因此,从这一世纪里占统治地位的、格外非节日化的世界观念这种立场上,是不可能理解拉伯雷的。

然而在资产阶级文化的条件下,节日活动只能被抑制和歪曲,然而它却不会死亡。节日,这是人类文化起码的、不可毁灭的范畴。它可能衰退,甚至蜕化,但它却不会完全消失。资产阶级时代里人类个人的和室内的节日本身仍以歪曲的形式保留了节日的亘古本性:家庭的大门在节日里向客人(极而言之,向一切人、向全世界)敞开,节日里一切都是丰富的(节日的饮食、服装、居室装饰),当然也保留了节日的所有善意祝愿(但几乎完全丧失了双重性),节日的祝酒词、节日游戏与化装,节日的欢乐笑谑、胡闹、跳舞等等。节日拒绝任何实用的考虑(如休息、放松等)。节日恰恰摆脱了各种功利性和实用主义;这是暂时通向乌托邦世界之路。不能用确定的有限的内容(如以节日为标志的历史事件)去规定节日,它挣脱了各种有限内容的羁绊。不能将节日跟肉体的、土地的、自然的、宇宙的生命割裂开来。在节日中,"太阳在天上游戏"。仿佛存在着一种特殊的"节日天气"①。甚至在资本主义时代的节日里,这一切也是以残缺不全的形式保留着。

有意思的是,近年来在西方哲学里,而且恰恰是在哲学人类学里,也出现了这样一些尝试:揭示人类的独特的节日化处世态度(节日意向)、世界的特殊节日方面,并利用它去克服消极的存在主义观念。然而,哲学人类学及其现象学方法是同真正的历史观和社会观相违背的,因而是不可能解决这个任务的;此外,它的研究目标还是资本主义

① 这是一项有趣的任务:分析各种语言里表示节日的那些词义之语源和差别;同样有趣的是研究民间语言中、民间传说中以及文学作品中的节日形象,它们合起来构成了节日世界、节日宇宙的完整图画。——作者

时代残缺的节日。①

刘虎　译

第四章　拉伯雷笔下的筵席形象

“这里呈现在我们面前的是极为崇高的东西：在这优美的形象里体现的是饮食原则，整个世界正是依靠它才生存的，它贯穿着整个自然界。”

歌德关于米隆《母牛》的谈话

拉伯雷长篇小说中的筵席形象，即吃、喝、吸纳形象，与民间节庆仪式紧密相连，这些节庆仪式我们在上一章里已经作了分析。因为这绝不是一些个别人日常的、局部生活的吃和喝。这是民间节庆仪典上的饮食，是普天同庆。拉伯雷饮食的每一个形象都体现了丰富性和全民性的强烈倾向，它决定着这些形象的外形、它们的正面夸张、隆重而快乐的基调。这种追求丰富性和全民性的倾向就像搅拌在所有饮食形象中的酵母似的。在这些酵母的作用下，它们开始发酵、生长、膨胀开来，达到极其丰富和极其庞大的程度。拉伯雷所有饮食形象就像人们常常在狂欢游行队列中激动地传来传去的巨型香肠和面包。

筵席形象是同所有其他民间节庆形式有机地结合在一起的。筵席是一切民间节庆欢乐不可或缺的部分。没有筵席就连现有的任何

① 揭示人类节日处世态度的最有趣的尝试，是博里诺夫的著作作出的。见博里诺夫的《新信念。克服存在主义的问题》，斯图加特，1955 年，在书的结尾增补了有关节日的专门研究：《论节日人类学》，第 195—243 页。作者根本没有引用历史材料，没有区分民间的（狂欢化的）和官方的节日，无视世界的诙谐方面、节日的全民性和乌托邦性，尽管如此，在博里诺夫的书里还是有许多有价值的结论。——作者

一种令人发笑的戏剧演出都是行不通的。我们看到,在塔波古的房子里人们正是在婚庆宴席进行的时候痛打那些爱搬弄是非的人的。肢解塔波古同样是发生在魔鬼剧的参加者聚集在小酒馆里举行筵席的时候。所有这一切,当然都不是偶然的。

拉伯雷长篇小说中筵席形象的作用是很大的。几乎没有一页,这些形象不出场的,尽管它们是以从饮食范畴里借用来的比喻和修饰语的形式出现的。

筵席形象是同离奇古怪的肉体紧密相连的。有时很难在它们之间划一道明显的界限,因为它们之间具有一种有机的本质联系,比如我们所分析的牲口屠宰节的情节中,就出现过"吞食者和被吞食者的肉体混合体。"如果我们阅读长篇小说第一部(按年代顺序)《庞大固埃》,马上就会发现,这些形象都是密不可分地联结在一起的。作者讲,阿韦利被杀死之后,大地就吮吸他的血,所以大地就变得非常肥沃。后来,人们吞吃山茱萸的果实,于是,他们的肉体就长得特别大。张开大嘴的主题是《庞大固埃》中占主导位置的主题。与之相联的吞食的主题是建立在肉体形象与吃喝形象紧密的结合点之上的。再往后,从庞大固埃生身的母亲敞开的胸怀里驶出一辆满载腌渍好的下酒菜的大车。这样,我们就清楚地看到吃食形象同肉体形象、生产力形象(肥沃的土地、生长、生育)有着多么密不可分的联系。

我们不妨探讨一下整部小说中筵席形象的作用。

庞大固埃最初的功绩还是他在摇篮里完成的,这就是吃食的功绩。铁钎上烤肉的形象是巴奴日在土耳其的故事情节中的主要形象。拜兹居尔和于莫外纳以及拜兹居尔和图马斯特之间争吵的情节,都是以筵席而告终的。我们看到筵席在表现勇士们强烈情感中起着多么巨大的作用。同国王安那其打仗的全部故事情节都贯穿着筵席形象,主要是一些纵情狂的形象。这些纵情狂几乎成为战争的主要工具。甚至连爱比斯德蒙造访阴间王国的情节也渗透着筵席形象。同安那其打仗的情节就是以阿莫罗人在首都举行民间神农节宴会而结束的。

即使在长篇小说第二部(按年代顺序)里,筵席形象的作用也是很大的。情节是从牲畜屠宰节上的筵席开始的。在教育高康大的情节中食物形象起着最主要的作用。毕可罗寿大战刚开始的时候,高康大回到家里。高朗古杰正在举办筵席,而且详尽地列数了菜肴和野味。我们从中清楚地看到,在毕可罗寿战争初期和在修道院葡萄园鏖战的故事情节中面包和葡萄酒起着怎样的作用。这部书中的隐喻、比喻特别丰富,都是从饮食范畴中借用来的。这部书以"Eat grad cher!"[①②]结了尾。

长篇小说第三部里筵席形象虽然比较少,但是,即使在这里也还有,它们散落在各种故事情节中。我们要特别强调的是,巴奴日召开的神学家、医生和哲学家的咨询会议正是在吃午饭的时候。这个情节的主要内容是对妇女的禀性和婚姻问题的自由讨论,这是"午宴"上最典型的话题。

在第四部里筵席形象的作用又明显地强化了。这些形象在香肠大战的狂欢化的情节中占据主导的地位。在这同一部书的反映巡回演出员生活的故事情节中出现了长长地历数菜肴和饮料的场景,这种场景只有世界文学名著中才会有。这里还大大颂扬了卡斯台尔及其发明创造。吞咽食物在有关巨人布兰格纳里伊和"风岛"的情节中起着极其重要的作用,人们在这里以风为生。这部书里还有一章,是专门写"厨房修士"的。最后,这部书以轮船上的会餐而结束。庞大固埃和他的旅伴借助于这次会餐"使天气变好。"这部书的最后一句话:"让我们干杯!"结束了巴奴日冗长的演讲。这也是拉伯雷写的长篇小说中的最后一句话。

所有这些筵席形象在长篇小说中究竟具有什么意义呢?

我们曾经说过,它们同各种节日、诙谐的演出、离奇怪诞的肉体形

① 在同德廉美修道院有关的故事情节中几乎完全没有筵席形象,这引起人们的注意。这里详细地标明了,并且描绘了修道院所有的房屋,但是,奇怪的是却把厨房忘了,好像德廉美修道院里就没有给厨房留个地方。——作者

② 佳肴、盛宴。——译者

象密不可分。此外,它们还以其最主要的方式同语言,同富有智慧性的谈话,同令人发笑的至理名言密不可分。最后,我们还指出了它们所具有的那种追求丰富性和全民性的倾向。究竟应该怎样说明筵席形象这种独特的和包罗万象的作用呢?

饮食是离奇怪诞肉体生命的重要表现形式之一。这个肉体的特征,是指它的裸露性、未完成性以及它与客观世界的相互关系。这些特征在与食物的关系中十分明显地和十分具体地表现了出来:这个肉体来到世界上,它吞咽、吮吸、折磨着世界,把世界上的东西吸纳到自己身上,并且依靠它使自己充实起来,长大成人。人与客观世界的接触最早是发生在能啃吃、磨碎、咀嚼的嘴上。人在这里体验世界、品尝世界的滋味,并把它吸收到自己的身体内,使它变成自己身体的一部分。人这种觉醒了的意识,不可能不集中在这一点上,不可能不从中吸取一系列最重要的,决定着人与世界相互关系的形象上。这种人与世界在食物中的相逢,是令人高兴和欢愉的。在这里是人战胜了世界,吞食着世界,而不是被世界所吞食。人与自然界界限的消除,对人来说具有非常积极的意义。

在远古的一系列形象中食物是同劳动密不可分的。它是实现劳动和斗争不可或缺的,它是它们圆满的结果和胜利。劳动的胜利是通过食物来体现的。人与自然界在劳动中的相逢,人与自然界在劳动中的斗争都是通过食物来完成的,即吞食从自然界争夺来的一部分食物。作为劳动最后的胜利阶段,食物往往通过一系列形象,代替整个劳动过程。在较为古老的形象系列中,食物和劳动,一般不可能有明显的界限:这就是同一种现象的两个方面——人与自然界的斗争,以人的胜利而告终。不过,这里需要强调的是,无论是劳动,还是食物,都是集体性的,全社会都参加的。这种集体性的会餐,作为集体劳动过程的结束,不是动物生物性的活动,而是社会性的活动。假如我们把作为劳动过程的结束的会餐同劳动分离开来,把饮食理解成个别的家庭生活现象,那么从人与世界相遇的形象中,从体验世界的形象中,从张开大嘴的形象中,从食物同语言和欢愉的真理的联系中,就什么也不会存留下来,除了一些冗长的、毫无意义的隐喻。但是,劳动人民通过劳动斗争获得了生存和食物,他们吞食的只是所争取到的自然界的一部分。在劳动人民这一系列的形象中,筵席形象含有重要意义,具有多方面性以及它与生、死、斗争、胜利、喜庆、更新的本质相联系。因此这些形象以其多层含义继续活跃在民间创作的一切领域。它们在这些领域里继续发展、更新,并以新的细微的内涵丰富起来。它们继续与新出现的现象建立新的联系。它们与创造它们的人民一道成长起来,并得到更新。

然而,筵席形象并非是过去时代残留下来的僵化现象,比如不是狩猎时代初期残留下来的现象。那时人们集体去打猎,共同撕碎和吞食被打死和捕获的野兽,正像一些民族学家、民俗学家所确认的那样。这些有关原始狩猎的粗浅的看法,对解释与撕碎、吞食相连的一系列筵席形象的起源,提供了很大的鲜明性和明确性。但是,留传至今的那些最古老的筵席形象(包括怪诞离奇的肉体形象)比这些关于原始现象最简单的看法要复杂得多:寓意深刻、意向明确、富于哲理、含义细微,以及与所有相近文本的联系极其丰富多样。它们决不像那些被人们遗忘了的僵化世界观的残余。这些生动的形象在官方宗教系列的祭祀和礼仪中具有完全不同的性质。这里真正以升华了的形式记录了这些形象最古老的发展阶段。不过,到了拉伯雷时代,这些民间节庆形象系列已经走过了一千年的发展和更新的历程,而且会在以后的世纪里继续合理地、有成效地、艺术地生存下去。

这些筵席形象在荒诞的现实主义文学中特别富有生命力。正是要在这里寻找拉伯雷筵席形象的主要源泉。古希腊罗马筵席交谈影响具有第二位的意义。

正像我们说过的那样,肉体与世界界限的消除,是通过饮食活动,这对肉体的作用是肯定的:肉体战胜了自然界,战胜了对方,庆贺对它的胜利,并依靠它而成长。这个胜利庆典的时刻必然属于所有的筵席形象。饮食不可能是忧伤的。忧愁与饮食是不相融的(但是死亡与饮食却能很好地结合)。筵席总是为庆祝胜利而举行。这是它的本质属性。宴会式的庆典是包罗万象的:这是生对死的胜利。从这个方面看,它同怀胎、分娩是等同的。胜利了的肉体把被征服了的自然界的食物吸收到自己身上,从而获得新生。

因此筵席作为胜利和新生的庆典,在民间创作中经常起着完成的职能。在这方面它同婚礼(生产行为)是等价的。这两种完成的结局,往往在“婚宴”形象中融合成一起,民间创作也往往以此作为结束。问题在于“宴会”“婚礼”和“婚宴”并不表示抽象的单纯的结束,而是这种结束总是孕育着新的开始。最典型的是,民间创作里死亡永远不是完结。假如死亡出现在生命结束的时候的话,那么继它之后紧接着就是举行追悼死者的酒宴(即出殡筵席,如《伊利亚特》就是这样结尾的)。出殡酒宴才是真正的结束。这同民间创作中所有形象的双重感情色彩紧密相连:结束应该是新的开始,犹如死亡孕育着新生一样。

任何胜利庆典筵席的本质不仅是事件合适的结束,而且也是一系列重要事件合适的镶框。因此在拉伯雷的作品里筵席几乎总是要么表示事件的完成,要么表示对事件的“包装”(如痛打诽谤者)。

但是,筵席作为对智慧的话语、诙谐的真理的镶边,有着特别重要的意义。话语与筵席之间自古以来就有着联系。在古罗马筵席交谈里,这种联系是通过最鲜明和最古典的形式表现出来的。但是,中世纪离奇怪诞的现实主义也通晓筵席交谈最富独特性的传统,即筵席话语。

到人类语言最早的发源地去寻找饮食和话语这种联系的起源确实很诱人。但是,要是有某种可能确定这种联系的最初的源头的话,那么它就会对我们认识以后的生活,对深入思考饮食同话语之间的这种联系,提供许多帮助。因为,即使对筵席交谈古罗马的作者如柏拉图、色诺芬、普卢塔克、阿费奈、马尔科比、卢奇安等人,话说与筵席之间的联系完全不是僵死的残存的现象，而是经过他们能动地深思熟虑过的。无论是在离奇怪诞的筵席交谈那里，还是在它的继承者和完成者拉伯雷那里，这种联系都同样是生动的、经过思考过的[①]。

在《高康大》的前言中拉伯雷直接谈到这种联系。请看这一段："应该指出，写作这样大的一本书，我从未浪费过、也未曾使用过规定满足口腹之欲以外的时间，换句话说，我仅是使用了喝酒和吃饭的时间。喝酒吃饭的时间才是写这种高深的学术文章最适宜的时候。语文学家的典范荷马，还有贺拉斯[②]所证明的拉丁诗人之父埃尼乌斯[③]，就是善于运用这个时间的，尽管有一个粗坯说埃尼乌斯的诗酒味大于油味。

"一个坏蛋说我的书也是这样，这叫活该！酒味比起油味来，要更可爱、更吸引人、更诱惑人、更高超、更精美到不知道多少倍了！因此有人说我浪费的酒比油多，我感到很光荣，和德谟斯台纳[④]听见说他浪费的油比酒多感到自豪一样。对于我，只要有人说我，称道我是笑话能手，好伙伴，我就感到荣耀和光彩，单凭这个头衔，只要有乐观派在场，我都能受到欢迎。有一个难对付的人曾经非难过德谟斯台纳，说他的演说气味像一个卖油的身上那条又脏又臭的围裙。对于我的言行，你们可要往最完善的方面去解释，请珍惜供给你们这些快活笑料的奶酪形的脑汁，并尽你们的能力，让我笑口常开。"（第 1 部，作者前言）

起初作者故意贬低自己的作品，说他只是在吃饭的时候写作，而且他对待写作，就像对待一件小事、一个小玩意儿一样，花费的时间很少。因此可以从讽喻的角度去理解这种"高谈阔论和内涵深奥的问

---

① 当然，离奇怪诞的筵席交谈的传统是以贫乏的形态继续存在下去；我们在 19 世纪一系列形象中曾经碰到过（如贝多芬的席间谈话会上）；其实这种传统一直流传到我们今天。——作者

② 贺拉斯（前 65—前 8），古罗马诗人，著有《颂诗》《讽刺诗》及《诗艺》等。——译者

③ 埃尼乌斯（前 240—前 170），古罗马诗人。此处所引见贺拉斯《书简》第 1 卷第 19 章。——译者

④ 德谟斯台纳（前 385—前 322），古希腊大演说家，曾因演说受辱，发奋苦练，直至成功。——译者

题”的表达方式。然而,这种贬低现在不再以荷马和埃尼乌斯的创作为依据了,尽管他们曾经是这样做的。

饭桌上的谈话是戏谑的无拘无束的谈话。通过这种形式,人们民间节日期间开怀自由说笑的权利得到扩大。拉伯雷把防御性的滑稽好笑的尖顶帽戴到自己的创作上。但是,饭桌上的言谈,其实同时与其内在的心理活动也是完全相吻合的。他实际上认为酒比橄榄油好,因为橄榄油是“纯素的”、虔敬严肃的象征。

拉伯雷坚信,只有在酒宴的氛围中和吃饭时的交谈中才能说出自由的和坦诚的真理,因为只有这种氛围,才能排除任何谨小慎微的想法,也只有这种交谈的语调才符合真理的本质,正如拉伯雷所理解的那样,真理就内质而言,都是自由的、愉悦的和唯物的。

拉伯雷透过一切高雅的和官方文体虚假的严肃性看到了昔日消逝了的政权和消逝了的真理,即毕可罗寿、阿纳尔斯、约诺土斯、塔波古、好打官司者、进馋言者、诽谤者、刽子手以及任何种类的不会笑之人、野人(他们以吠代替笑)、憎恶人类者、伪善者、伪君子们等的真理。对拉伯雷来说,严肃性要么是过去真理的风格,注定要灭亡势力的风度;要么是被一切恐惧吓坏了的软弱无能人的腔调。与此同时,离奇怪诞的筵席交谈、民间节庆狂欢筵席形象,特别是古代“饭桌上的交谈”给他提供的笑、语调、词汇以及表示他对真理新的理解的完整的系列形象。酒宴和筵席形象是表现绝对无畏的欢愉的真理最良好的媒体。面包和葡萄酒(用劳动和斗争而获得的世界)驱散了任何恐惧,并使话语获得了自由。吞食世界而不被它吞食的胜利者的人,在饮食方面与世界进行欢快隆重的相会,这同拉伯雷世界观的本质是很吻合的。这种对世界的征服在吃食行为上是具体的、可感的、肉体物质的。可以直接感受到被征服了的世界的滋味。世界供养着并将继续供养人类。而且在这个征服世界的形象上既没有丝毫神秘的痕迹,也没有丝毫抽象的理想主义的升华。

这个形象把真理具体化了,不让它离开大地,但同时又要保存它的多层性和宏伟性。“饭桌上交谈”的主题和形象,永远是“高谈阔论”、对“深奥问题的探讨”。可是它们却以同样的形式,在物质-肉体方面失掉荣誉和重新振作起来:“饭桌上的交谈”不要求遵守一般物品和珍品之间的等级。它们自由地把庸俗的和神圣的、崇高的和卑微的、精神的和物质的东西搅拌在一起。对它们来说,不存在有失身份的婚姻。

在上面列举的一段里,我们强调了酒与橄榄油的对立。我们也说过,橄榄油是官方虔敬严肃性的象征,是对上帝的敬仰和恐惧的象征。而酒是从恐惧和虔敬的桎梏中解放了出来。“酒中的真理”是自由的、无畏的真理。

必须指出,还有一个重要的方面,即筵席上的话语同未来和褒贬含义的特殊关系。这一点,直到现在还常常出现在宴会上举杯祝酒词中。筵席上的话语仿佛是属于同一个事件中令人悲痛的死亡的时间和令人高兴的生育的时间本身。因为这番话具有双重含义和双重感情色彩。甚至在柏拉图和色诺芬那里最严格、最定型的酒会——筵席交谈上褒扬也保存双重感情色彩,其中含有贬抑(尽管是轻微的):在颂扬苏格拉底的时候,可以说他其貌不扬的外表,而苏格拉底本人(在色诺芬那里)却能把自己当作拉皮条来颂扬。衰老与年轻、美与丑、生与死在这里往往融合在一个具有两副面孔的形象里。但是,现代节日的主旋律首先是话未来。盛宴庆典不可避免地要采取颂扬美好未来的形式。这就赋予那些摆脱了过去和现在束缚的宴席话语以新的特征。在《希波克拉底文集》里有一篇论文《论风》(这是拉伯雷很熟悉的)。在这篇论文里给筵席狂饮下了这么一个定义:“狂饮中人们几乎都是这样:由于血流突然加大,情感以及寓于其中的思想也发生了变化,于是人们把现在的不幸,忘得一干二净,对未来的幸福寄予莫大的希望。”但是,这番宴席话语的乌托邦,依然存在于今天举杯的祝酒词中,它并没有离开大地。人对未来祝福表现在人的丰富和更新的物质-肉体的形象上。

拉伯雷长篇小说中筵席形象的意义和功能在筵席交谈奇异怪诞传统的背景上表现得比较明显。我们不妨考察一下这一传统的基本表现。

这种奇异怪诞的传统是由著名的 *Coena Cypriani*,即《基普里安的晚餐》开创的。这一具有特色的作品创作的历史还没有确定的说法。其实,这一传统同(258 年去世的)迦太基人的大主教基普里安绝对没有任何关系,尽管人们一般都把 *Coena*(《晚餐》)归到他的创作中。确定它产生的时间是不可能的。这可能是在 5 至 8 世纪之间。*Coena*(《晚餐》)的作者给自己提出这个问题直接的和自觉的目的也不清楚。一些研究家,如 H.Brewer,认为作者追求的是纯教诲性的,甚至是纯记忆性的目的:让小学生和宗教信仰者牢固记住圣书上的名字和事件;而另一些研究者则把这里的滑稽作品看成是对祝贺女神刻瑞斯"酒宴"的讽刺;最后,还有一些研究者,如 P.Lehmann 等,在这部作品里看到了维罗纳的主教泽农忏悔录讽刺形式的发展。应该对这种类型的忏悔录说几句话。

维罗纳的主教泽农编纂了一部独特的忏悔录。看来,他给自己提出了一个目标,要把复活节教徒热衷的那些豪放的、不地道的基督教宴席变得文明高雅一些。为了实现这一目标,泽农从《圣经》和《福音书》中择选了创世纪以来涉及人的饮食的所有段落,换句话说,他从《圣经》中选择了全部宴席形象。这就在物质和肉体方面使神圣的东西以独特的方式上获得了新生。在这种宣传里有"risus paschalis"的成分,即嘲笑和自由放任的成分,而所有这些,按照自古以来的传统,在教堂的布道中都是允许的。

《基普里安的晚餐》就其内容而言,确实令人想起泽农的布道,但是《基普里安的晚餐》比它更久远。《基普里安的晚餐》的作者作了巨大的摘录工作,他不仅从《圣经》和《福音书》里摘录了全部筵席形象,而且还选录了全部节日形象。他把所有这些形象汇合成巨大的、充满行动和生活气息的极富狂欢化激情的筵席场景,准确地说,极富纵情狂欢自由的场景(《基普里安的晚餐》同纵情狂欢之间的联系这一点,几乎是所有的研究者都承认的)。《福音书》的基本内容取自于国王为儿子的命运祝福的寓言(马特维,第22章,第1—14页)。所有新旧遗规的当事人从亚当和夏娃到耶稣,像共同进餐的人一样,都在宴会上聚会了。他们在宴会上根据《圣经》上所写的各就各位。这里座位是以最奇异的形式排列的:亚当坐在中间,夏娃坐在无花果树叶上,该隐坐在犁上,亚伯坐在牛奶罐上,挪亚坐在方舟上,奥维沙罗姆(Авессалом)坐在树枝上,而犹大则坐在钱匣子上,等等。给宴会的参加者上的菜肴和饮料都有讲究的,例如,给耶稣提供的是香甜的葡萄酒,因为葡萄酒被人们称为"passus",基督能够忍受"passio",即恐惧。宴会的其余部分也同样是按照离奇怪诞的原则构想的。饭后,即古罗马宴会的第一部分之后,彼拉多端来了洗手水,当然,马大在收拾餐桌,大卫在演奏竖琴,希罗底在翩翩起舞,犹大给每一位送上一个吻,挪亚喝得酩酊大醉,而火鸡饭后却不让彼得入睡,等等。宴会后的第二天,所有宴会的参加者都给主人送来了礼品:亚伯拉罕送的是一只绵羊,摩西送的是两块碑,基督送的是一只羔羊,等等。然后插进了失盗的情节:发现在举行宴会的时候,很多东西被盗了。于是开始找寻失盗的东西,而且所有的客人都被当作小偷来看待。可是,后来人们打死了一个叫阿加里的,赎了共同的罪过,而且隆重地为她举行葬礼。这就是开创了中世纪筵席文学传统的《基普里安的晚餐》的主要内容和结构特点。

《基普里安的晚餐》是绝对自由放纵的一种游戏,是戏弄一切神职人员,嘲弄《圣经》和《福音书》中的物品、故事情节和象征手法的一种游戏。这种游戏的作者是无所顾忌的。基督蒙难,依照相近的纯粹的词意来说,就是应该喝香甜的葡萄酒;而所有神职人员原来都是些小偷。多种相近事物的离奇性和各种神职人员形象结合的偶然性确实令人惊讶。能够同类似有失身份婚姻制度相抗争的只有拉伯雷一个人。可有祭神的书籍在这里都在丑角跳的环舞中旋转。上帝的威严、挪亚的方舟、夏娃的无花果树叶等等都变成了农神节宴会上纵情狂欢令人发笑的细节。作为出发点的、经过选择的筵席形象,为《基普里安的晚餐》的作者提供了这种非常自由的权利。有一次,这些经过选择的形象为这种绝对自由放纵的游戏创造了极好的氛围。筵席形象的物质–肉体本质允许把圣书中几乎全部内容吸收到这种游戏中去,把它弄得声名狼藉,同时又使它获得了更新(《圣经》形象在这种更新了的形式中确实使人好记多了)。宴席具有强大的威力,它能把词从对上帝的虔敬和恐惧的桎梏中解放出来。一切都与游戏、娱乐接近起来。

我们要强调《基普里安的晚餐》的一个重要特点:宴会上聚集了创世纪以来各个不同时代的代表人物,仿佛他们围着宴会桌子而坐,召开历史代表人物的会议。宴会规模宏大,具有世界性的特点。我们还要强调偷窃情节的出现、讽刺模拟性的为赎罪而牺牲的阿加里和讽刺模拟性的葬礼的出现。所有这些都同筵席形象紧密地交织在一起,而且在以后的世纪里不止一次地再现在离奇怪诞的筵席交谈的传统中。

《基普里安的晚餐》从9世纪开始(它是在这个世纪里重新修订的),获得巨大的成功,并作为第一版和各种改写本都获得了广泛的传播。流传至今的就有三种改写本:著名的富里茨基(Фульдский)修道院院长拉班·马夫尔(Рабан Мавр)(855)的改写本;助祭约翰(877)的改写本;最后一个改写本是兰斯的阿彩林(Ацелин)撰写的(11世纪初)。

拉班·马夫尔是一个非常严格和非常正统的牧师,但是他一点都没有发现《基普里安的晚餐》中亵渎神明的东西。他出了一本《基普里安的晚餐》的缩写本,而且把它献给了洛塔尔二世。他在题词中认为,《基普里安的晚餐》可以作为国王的有趣读物(ad jocunditatem)。罗马的助祭约翰把《基普里安的晚餐》原文改写成诗歌(《基普里安的晚餐》原是散文体),并且附上了序言和尾声。从序言看,约翰的这部作品是供学生复活节期间演出用的;而从尾声看,《基普里安的晚餐》为查理二世(雷瑟)国王举行的宴会获得了巨大的成功。这些事实是很典型的。它们证明在9世纪取得娱乐和举行宴会的自由和权利是多么神圣不可侵犯。对拉班·马夫尔(他那个时代的其他代表人物也是一样)来说,节庆筵席把这种游戏宣告为神圣的事,而在其他条件下却被看作可恶的亵渎神灵的事。

在以后的几个世纪里《基普里安的晚餐》的手抄本非常之多,这证明中世纪筵席交谈影响之巨大。最典型的是,《基普里安的晚餐》的历史多方面性以及它的一些其他特点不仅重复出现在16世纪盛大的筵席作品《生活成功之手段》里,而且也重复出现在《庞大固埃的梦》[1]中。《庞大固埃的梦》就是在拉伯雷的影响下写成的,但是,他却按照自己的想法,确定了拉伯雷长篇小说第三部基本的综合主题。

下面这部体现中世纪筵席传统的作品属于10世纪,我们将对它作分析。在所谓的《盖姆布里兹歌曲手抄本》里,有一部诗作,其中讲到,有一个骗子出现在迈尼基大主教格林盖尔的面前,对他发誓说,他成功地到地狱和天堂[2]走了一遭。他讲,基督在天上设宴,而且他的厨师是使徒彼得,司酒官是约翰(Иоанн Креститель)。骗子成功地从宴席上偷了一块肺,把它吃了。大主教亨宁盖尔因为这桩偷吃之罪惩罚了他。这部篇幅不大的作品对于说明中世纪筵席传统是很典型的。这里对最后晚餐作了改编,筵席形象把它转变为物质-肉体的形式,加进了现实厨房的烹饪细节,把使徒变为厨师,等等。

中世纪的筵席传统到了11至12世纪变得复杂化起来,主要表现在其中出现了讽刺的因素。在这方面11世纪的名为《加尔西的哲学论文》的著作最富代表性。这里描绘了罗马教廷——教皇和红衣主教们连续不断举行的宴会。教皇本人用大金杯饮酒。难以消除的干渴

① François Habert. *Le songe de Pantagruel.*——作者

② 这是《盖姆布里兹歌曲集》中的《喜剧性的阴间生活见闻》刊登在 *The Cambridge*,第59—85页,1915年。——作者

折磨着他。他为大家,也为所有的事,诸如为赎罪、为疯人、为好的收成、为和平、为航海和旅行的人……干杯。(这里含有对叶克千里亚[①]讽刺的因素)。红衣主教也不甘心落在后面。在描写连续不断的宴会以及教皇和红衣主教的奢望和贪婪的时候,充分运用了明显的夸张手法,并且列举了一连串的褒扬和贬抑(双重意义)的特点。作为离奇怪诞的讽刺典范,这部作品一般都是与拉伯雷的长篇小说相提并论。这里教皇食欲大得惊人,就像宇宙那样无限。

《加尔西的哲学论文》完全把公开的讽刺锋芒直接指向罗马教廷的受贿、贪婪和腐败。几乎被夸大到宇宙那么宏大的筵席形象可以充分表明彻底的否定意义。这叫作"夸大那些不该有的东西"。然而,问题比这复杂得多。筵席形象,同所有民间节庆形象一样,其含义是双重的。这里,它们确实是为狭义的讽刺,就是说为否定的倾向服务。但是,这些形象在为这种否定倾向服务的同时却保存了自己特有的肯定本质。这种肯定的本质产生夸张,虽然这种夸张手法也是用于讽刺。这里的否定并不是针对葡萄酒、食物和富裕的生活等物质形象本身。物质形象本身是被肯定的。这部作品里丝毫没有一本正经彻底的禁欲主义倾向。这种禁欲主义倾向曾经有过(例如,16 世纪下半叶,基督教的讽刺作品中是非常普遍的)。因此在那里物质肉体形象必然会衰败,写得也不充分,显得干瘪,夸张成为抽象而不可捉摸。在我们分析的作品里,这种现象是没有的。用于讽刺目的的这些形象依然存在于筵席生活之中。它们并没有局限于它们为之服务的倾向。这丝毫不损害讽刺的效果。因为讽刺作家极其深刻地揭露了罗马教廷,同时他又作为积极力量真诚地支配着自己的筵席形象。这些形象为作者讽喻模拟性地改编弥撒和《福音书》文本创造了自由的氛围。

传统的(特别是民间节日)形象的双重含义现象在世界文学中是很普遍的。这种现象的一般公式是这样的:在离奇怪诞肉体观念,即

① 东正教的一种祷告形式。——译者

集体的和全民的肉体观念的条件下，形成和发展的形象常常被运用到阶级的人的日常肉体生活上。在民间口头文学作品中，人民及其代表——代理人（武士、巨人）在一起举行宴会，教皇和红衣主教们也在这里纵酒宴乐。他们在这里像勇士一样饮宴，但是他们并非勇士。他们不是以人民的名义举行酒宴，却要由人民承担一切费用，损害人民的利益。那里的形象直接或者间接都是从民间口头文学中借用来的，却把它用于阐明非人民团体的生活，于是这一形象特有的内在矛盾及其特有的不自然性就不可避免地产生了。当然，我们必然会把这一现象说得合理而简单。这种现象很复杂，矛盾着的倾向之间细微差别和斗争非常之多，其中好多是不能自圆其说的，就像它们在生动的现实生活中总是不能自圆其说一样。从人民那里偷来的面包不可能不是面包，葡萄酒永远是美好的，尽管教皇也喝它。葡萄酒和面包都具有各自的逻辑和真理以及充分鞭挞时弊的强烈愿望。无法遏止的胜利的喜悦和欢愉的感情色彩是它们所固有的。

扎根于民间筵席形象之中的追求丰盛的倾向与个人的和阶级的贪婪、自私发生冲突，并矛盾地交织在一起。处处都有碰撞和矛盾，而且“很多”“很大”；但是它们之间世界观的内涵和价值观的差别是极其深刻的。筵席形象在阶级社会的文学中是很复杂、很矛盾的。它们那种从民间口头文学中继承下来的全民性的丰富精神同个人狭隘、自私的肉体是水火不相容的。同筵席形象紧密相连的“肥胖的大肚子”“张大的嘴”“巨大的男性生殖器”形象和“吃得很饱的人”的正面人民形象也表露出同样复杂和矛盾的特点。肥沃土壤上生长出来的恶魔和贪吃的人民勇士（例如民间传统中的高康大）的胖肚子变成了填不饱的西蒙尼斯特修道院长的大肚皮。在这些极端事物之间形象过着双重的、复杂而矛盾的生活。

17 世纪“肥胖的吉里奥姆”（“Gros Guillaume”）是一位最受欢迎的民间喜剧界的杰出代表和大师。他是三个丘尔留平当中的一个。他非常肥胖，“他必须迈出许多步才能够看到自己的肚脐”。他在胸部和腹部这两个地方都扎有皮带,借助于皮带他的躯体才会呈现出葡萄酒桶状。他脸上厚厚地撒满了面粉。他活动起来,做一做手势,面粉就会四处飞扬。这样,他的身段就会以肉体的形状表现出面包和葡萄酒。这个两脚行走的丰满的尘世幸福的形象在人民中间获得了极大的成功。肥胖的吉里奥姆以人的形象体现了欢快的、全民的筵席乌托邦,体现了萨托耳诺斯世纪仿佛又回到了人间。它那丰满的肚子的圣洁当然不会引起任何怀疑。但是皮克维克先生的圆圆的大肚子却不一样:毫无疑问,其中有许多东西是从胖吉里奥姆那里来的;(准确地说,是从他的英国亲属民间丑角那里来的)。英国人民对他鼓掌欢迎,并且永远表示欢迎。然而,这个大肚皮却比胖吉里奥姆葡萄酒桶型的大肚子要矛盾得多、复杂得多。

民间筵席形象的二重性和内在的矛盾性在世界文学不同形式的变异和变种中常常会碰到。我们分析的《加尔西的哲学论文》就是这种变异形式之一。

我们还想说一说中世纪筵席讽刺文学发展时期的一些类似的现象。在瓦尔特·梅伊普斯编的《拉丁史诗》中有一部作品叫《马吉斯特·戈利阿莎话某个神甫》(*Magister Golias de quodam abbate*)[①]。这里描写了神父的一天生活。这一天被一种典型的物质肉体生活事件填满了,首先是无节制的吃喝。对这些肉体生活事件(其他事件,一般说,神父是不知道的)的描写带有明显的离奇怪诞的特点:一切都被过分地夸大了,列举了许许多多神父吞食的菜肴。故事一开始,讲述了神父怎样用各种各样的方式让肚子腾出空来(他就是从这里开始自己一天的生活的)。这里,物质肉的形象都过着双重生活。那个巨大的集体肉体的脉搏还在它们身上跳动,他们是从这个集体肉体的肚子里

① 见 *Poems attrib to walter Mapes*, ed. Th. Wright.London, 1841.——作者

生出来的[1]。但是,这个勇士的脉搏跳得很慢,而且中间还有间息,因为这些形象离开了那些为他们的身材及其无节制的贪食辩解的东西,离开了那些把他们同人民的丰富性联系起来的东西。“某神甫”以筵席庆祝的胜利,是盗窃来的,因为它没有费吹灰之力。“普天同庆”中的正面形象与寄生性的贪食的反面形象融合成一个内部极其矛盾、相互冲突的统一的整体。

在这同一部作品集里还有一部结构完全相似的作品叫作《戈利斯启示录》。但是,在这一部作品里强调的是一个喜欢喝优质葡萄酒的神父把劣质葡萄酒留给自己的修士。我们在这里听到了约翰修士反抗的声音,他谴责神父只喜欢好葡萄酒,而不愿意组织保卫修道院葡萄园的斗争,表现得很懦弱。

12 和 13 世纪,拉丁语消遣文学中的筵席形象以及同生产力相连的形象,一般都集中在酒鬼、饭桶、淫荡者等修士形象的范围内。这种修士形象是十分复杂的,而且是断断续续不连贯的。第一,作为热衷于物质-肉体生活的人,他与禁欲主义的理想处于尖锐的矛盾之中,而这种禁欲主义正是他所信奉的;第二,他这种无节制的贪食是不劳而食者寄生性的表现。但是,对于这些著作的作者来说,他同时又是值得称赞的“荤食——吃饭、喝酒、生产力、快乐正面理论”的载体。这些故事的作者又以独特的方式同时提出了三点:不能说,哪里是赞许的结束,哪里是否定的开始。作者受禁欲主义的影响最少。重音符号几

① 这部作品以作者的名义命名为 *Magister Golias*。这对自由泛神论派,对从正常生活轨道上挤出来的人和对超出官方世界观范围的人来说,都是最普通的名字,它同样适用于酒鬼、纵酒作乐的人和生活放荡的人。从事反教会演唱的大学生同样被称为“流浪艺人”。这些名字从词源上来看可以有两种理解:一种同拉丁词“gua”(贪婪)很相近;另一种同《圣经》中的歌利亚(力大无穷的人)的名字很相似。无论哪一种考虑都是一清二楚的。而且从语义上看,它们相互是不矛盾的。意大利学者涅里和艾尔米尼论证了《歌利亚作品集》的确实存在。《圣经》中的巨人歌利亚作为某一种反基督教思想的体现者通过无上幸福的奥古斯丁和别达与基督教相对抗。于是围绕歌利亚形象创作了许多关于他异常贪食和酗酒的传说和歌谣。这个名字,看来是取代了一系列体现了离奇怪诞体形的具有地方特色的民间文学中巨人的名字。——作者

乎总是落在这些故事的荤食这一点上。我们从中听到了民主主义僧侣的声音，他总是企图颂扬物质-肉体的价值，尽管他并没有摆脱宗教世界观的体系。当然，这些作品都同课间休息，同节庆娱乐，同开斋节以及在这些日子里所允许的自由放纵的行为有着密切的联系。

我们还要谈谈这种类型中很受欢迎的一个故事。它的内容非常简单，说的是有一个修士同一个有夫之妇鬼混了几夜，那是在这个女人的丈夫还没有把他逮住，没有把他阉割的时候。这个故事的作者的同情与其说是在女人的丈夫一边，还不如说在修士一边。在分析这个女主人公的“贞节”(讽刺性的)的时候，一般都谈到她情夫的数目，这个数目字之大，是人们始料不及的。这个故事，就其实质而言，不是别的，而是有关修士丧失生殖器的带有悲剧色彩的闹剧。从 13 世纪传到我们今天的大量的手抄本证明了这个故事的通俗性。在一些手抄本中这个故事以其“令人发笑的忏悔”形式出现的，可是到了 15 世纪人们都赋予它“情欲”的形式。因此在巴黎的法典里它被称为“Passio cuiusdem monachi”。这里把它定为“福音读物”，而且是用“这是一部适时……”文字开头的。其实，这就是真正的“狂欢激情”。12 世纪和 13 世纪拉丁语课余消遣文学中最流行的主题是教士的爱情优于骑士的爱情。从 12 世纪下半叶流传至今的作品，如《列米列蒙特(Ремиремонт)的爱情会议》，这里描写了妇女大会。这次大会的参加者在发言中普遍颂扬了教士，认为他们在爱情问题上表现得比骑士好。就题材而言，13 世纪的许多作品都是雷同的，它们描写的都是僧侣的集会和最高级会议，旨在为僧侣拥有妻室和纳妾的权利辩护。这种权利是通过一系列对准《福音书》以及其他教义文[1]进行讽刺的引文而得到证明。

在所有这些作品里，僧侣形象或修士形象都成为生产实力和丰满的物质-肉体矛盾的载体。于是创造了约翰修士形象，特别是巴奴日形象。但是，我们却偏离了筵席形象本身。

① 指一些用庸俗淫秽的语言写成的作品详细分析了僧侣同骑士的争论。——作者

在那同一个时代,中世纪的筵席形象传统是沿着两条线路发展的:一条是表现在纵酒人讽刺性模拟的弥撒曲中;另一条则表现在流浪艺人的拉丁语抒情诗里。这些都是人们所熟悉的,不需要作详细的考察。与纵酒人的讽刺性模拟弥撒曲(*Missa de potatoribus* 或 *Potatorum missa*)并存的还有赌徒弥撒曲(*Offcium lusorum*)。可是,有时候,葡萄酒和赌博却在一支弥撒曲中联结在一起了。这些弥撒曲有时是非常严格地遵照真正的宗教弥撒曲文本创作出来的。葡萄酒形象和酗酒形象在这里几乎完全丧失了两重性。就其特点而言,这些作品同新时代一些表面的形式主义讽刺传统很接近。这里有古希腊宴会上歌曲的影响。然而,总起来说,流浪艺人诗歌中的筵席形象属于富有个性的抒情诗歌发展的新路子。

中世纪拉丁语消闲节庆文学中的筵席传统大致就是这样。这一传统对拉伯雷的影响自然不容置疑。此外,这一传统的作品,作为同类和并列的现象,还具有巨大的阐释意义。

那么,在我们分析的中世纪文学传统中,筵席形象的功能究竟是怎样的呢?

从《基普里安的晚餐》和泽农的布道到15世纪、16世纪晚期的讽刺作品和讽刺模拟性作品,到处都有筵席形象,它们使词获得解放,并且赋予整部作品以豪放、自由的基调。与古希腊的筵席交谈不同,在中世纪绝大多数的筵席交谈上都没有哲学交谈和争论。但是,整部作品及其字里行间都渗透着筵席精神。自由地嘲弄神职人员,这是中世纪筵席交谈的基本内容。然而,这并不是无政府主义,也不是出于贬低崇高的东西而获得的那种浅薄的满足。如果我们不充分估计到胜利庆典这一深刻的积极的方面,那么我们就不可能真正理解离奇怪诞的筵席交谈精神。这个积极的方面是一切来自民间文学的筵席形象所固有的。对人的纯物质-肉体力量的意识贯穿到离奇怪诞的筵席交谈中。人不害怕世界,而是把它战胜了,而且尝到了它提供的美味。在这种胜利的体验中,依照新的看法,被征服了的世界,就是丰收,就是旺盛的繁衍。于是一切神秘主义的恐怖邪说散布开来了,说什么宴会上出现的幽灵,就是覆亡了的旧世界的篡权者和代表们。筵席上的祝酒词既是包罗万象的,又是唯物主义的。因此离奇怪诞的筵席交谈模拟讽刺性地改编和贬低了所有对世界那种纯理想的、神秘主义的和禁欲主义的胜利(即抽象的精神胜利)。中世纪离奇怪诞的筵席交谈总带有对秘密晚餐进行模拟性讽刺的因素。离奇怪诞的筵席交谈的这些特点甚至在那些具有狭隘讽刺倾向的作品中也保存着。

与饮食相关的对宗教书籍进行巨大的“言语”“口语”讽刺模拟性的改编进入了僧侣和无知者的语言,这一事实本身是以说明饮食对解放词义的能力是多么巨大啊！这种把宗教语言改成口语的做法也常常用在一切生活筵席上。被翻了个过的、贬低了的宗教文本、弥撒词语、祈祷文片段等,直接伴随着每一杯酒,每一片被吞食的面包。拉伯雷小说里约翰修士的话,特别是“喝醉时的谈话”,非常清楚地证明了这一点。我们已经列举了亨利·艾蒂安的话作为相应的证明。所有这些生活酒席上的变革(现在依然存在)是中世纪的遗产:所有这些都是离奇怪诞的筵席交谈残留下来的。

拉伯雷的一些同时代人,如喀尔文、沙尔·德·圣-马尔特、武尔杰乌斯等直接把当时的无神论和唯物主义的思潮和情绪同酒宴上的气氛联系了起来。他们把这些思潮和情绪评定为“酒宴上的自由主义”。

这种“酒宴上的自由主义”在中世纪和拉伯雷时代都带有民主主义的特点。英国莎士比亚时代的变种——涅什、罗伯特、戈林小组的“酒宴上的自由主义”在很大程度上也是这样的。法国获释的奴隶诗人圣阿曼、狄奥菲尔·维奥和达芬西·沙尔利同这种自由主义也很接近。往后,这种酒宴上的传统具有贵族无神论和唯物主义的形式。17世纪法国的旺多梅酒宴上的狂欢暴饮小组就是这种无神论和唯物主义最明显的体现。

我们对于从恐惧和虔敬中解放出来的筵席话语的作用都不能估

计不足,无论是在文学史上,还是在唯物主义思想史上。

我们只是考察了中世纪筵席交谈拉丁语文学这一条发展线路。然而,筵席形象在中世纪用民间语言创作的文学中和在民间口头文学创作的传统中也起着巨大作用。在一切有关巨人的神话(例如,在讲述高康大的口头神话传统中以及作为拉伯雷创作的直接源泉的有关他的民间文学中)中,筵席形象的意义也是很大的。有一部很受人们欢迎的、描写贪食和游手好闲的乌托邦国家生活的神话集,譬如,韵文故事 *Pays de cocagne*[①]。在中世纪文学的许多文本中,我们也可以找到这种类似的神话。例如,长篇小说《奥卡辛和尼柯勒特》就是描写"多尔罗勃"这个国家。这个国家是一个"是非颠倒了的地方"。这里国王生孩子,皇后指挥打仗。而且这种战争带有纯狂欢化的性质;他们用奶酪、烤苹果和蘑菇进行争斗(生孩子的国王和用食物去打仗,这都是典型的民间节日形象)。在《久昂·博尔多斯基》(*Гюон Бордоский*)这部长篇小说中,描写了一个国家,这里粮食生长在肥沃的土壤里,它不属于任何人。在"以庞大固埃的学生巴奴日到神秘而美妙的岛屿旅行"(1537 年)[②]命名的一本书里,描绘了一个乌托邦国家,那里的山脉是用奶油、面粉做的,河里流淌的是牛奶,热包子像蘑菇那样直接从土壤里生长出来,等等。

我们在拉伯雷小说中的阿尔高弗里巴斯在庞大固埃嘴里逗留的故事情节里(交救命费的主题)和香肠大战[③]的故事情节里,找到了这一组神话的痕迹。

---

① 刊登在 *Recueil* Mèon' a,第 4 章,第 175 页。——作者

② 拉伯雷在世的时候这本书再版过 7 次,其中有些是用别的书名出的。在拉伯雷长篇小说头两部的影响下写成的这本书后来也被他自己创作的第 4 部(如香肠大战情节和同巨人布兰格纳里伊相遇的情节)所利用。——作者

③ 汉斯·萨克斯在自己的 *Schlaraffenland* 中描写一个膜拜游手好闲、懒惰、贪食的国家。谁在这里游手好闲,贪得无厌卓有成就,那他就会得到奖励;谁带着大量的肝泥肠去打仗,那他就会被封为武士;连睡觉都照样付给酬金;等等。我们在这里还发现了一些同拉伯雷创作很相似的形象:香肠大战、阿尔高弗里巴斯在庞大固埃嘴里逗留的情节等。但是汉斯·萨克斯作品里道德色彩很浓,这完全有别于拉伯雷。——作者

筵席形象对分析中世纪很流行的课题“斋戒与谢肉节之争”(La Dispute des Gras et des Maigres)起着重要作用。这个题目常常为人们所解释,而且有各种各样的说法①。拉伯雷在列举巡回演出员给上帝送上的许多荤素菜肴中,在香肠大战中发展了这一主题。13 世纪末的史诗《斋戒期与开斋期大战》(这部史诗已于 15 世纪末在莫林诺被用在《鱼同肉的争论》中)是拉伯雷的创作源流。13 世纪,这部史诗描写了两个大公的斗争:一个是饮食节制的体现者,另一个则是荤食的体现者。还描写了由小香肠和大香肠组成的“荤食者”的军队等。新鲜的奶酪、黄油、奶油等,作为会战的参加者,都被人格化了。

最后,我们还要指出,筵席形象的重要意义也表现在讽刺剧、闹剧以及一切民间广场形式的滑稽戏中。众所周知,民族的笑话形象甚至还借用了具有民族特色的菜肴的名字(如汉斯·武尔斯特、皮克尔盖林……)。

16 世纪有一部闹剧叫作《一群活着的死人》这部闹剧曾经在查理九世的宫廷里上演过。其剧情如下:有一个律师得了精神失常症,他想象自己是个死人。他停止了饮食,躺在床上,一动不动。他有一个亲人,为了把他治好,自己也佯装死人,并且嘱咐人们把他当着亡人放到患精神失常症的律师房间的桌子上。大家都围着死去的这个亲人号啕大哭起来,可是他自己却躺在桌上,作出滑稽可笑的怪相,逗得大家哈哈大笑起来。随后,他自己也跟着笑了起来。律师感到很惊讶,但是人们终于使他相信:*死人就是应该笑*。于是他就强迫自己笑。这是他康复的第一步。然后,躺在桌子上装死的*亲人开始吃饭、喝水*。这又使律师相信,死者*是要吃喝的*,于是他也开始吃饭和喝水了,而且最终康复了。这样,*笑、吃、喝*就*战胜了死亡*。这个主题使我们想起了彼得罗尼乌斯的短篇小说《贞节的埃芬莎雅贵妇》(引自他创办的《讽

① 这一主题甚至在 16 世纪还很受欢迎。老勃鲁盖尔的几幅画可以作证:两幅版画《荤食厨房》和《素食厨房》、雕刻画《谢肉节和斋戒之间的搏斗》,最后,还有《斋戒和狂欢节之间的比武》。所有这些作品都是 1560 年以前的艺术家完成的。——作者

刺》周刊[①])。

在用民间语言写成的中世纪书面和口头文学作品中，筵席形象同离奇怪诞的肉体形象如此紧密地交织在一起，以致其中许多形象，我们只好在下面一章里专门探讨离奇怪诞的肉体结构。

现在我们对意大利筵席传统说几句话。筵席形象在普利奇、伯尔尼、阿里奥斯托的史诗里起着重要的作用，特别是在普利奇和伯尔尼的史诗中、在弗林格用意大利文写的作品里，尤其是在他用夹带有外来语写成的作品里，这种作用就更大。筵席形象以及各种各样的"可食用的"借喻和比喻在他那里都具有直接令人厌烦的特点。不带有外来语的诗歌里奥林匹斯[②]是生活富绰的地方，那里山是用奶酪堆积起来的，海是牛奶造成的。而疙瘩、夹层馅饼在海里游泳。缪斯们当厨娘。弗林格用一百八十首诗的篇幅，详尽地描述了众神的厨房。仙酒是用带有辛香调料的猪肉做成的油汤等。这些形象使人丧失声誉和获得新生的作用是很明显的。但是它们被削弱和缩小的特点也是很明显的：总是具有狭隘讽刺模拟文学作品的成分。胜利筵席的快乐退化了，也没有真正的包罗万象，甚至也没有民间乌托邦的成分。弗林格对拉伯雷的某种影响是不能否定的。但是，这种影响只是表面的，非本质的。

中世纪和文艺复兴时期的筵席形象传统大致就是这样。拉伯雷则是这一传统的继承者和完成者。这些形象在他的作品里大多具有正面隆重庆祝胜利和解放的成分。它们所固有的全民性和丰富性的倾向在这里得到了充分的揭示。

但是，拉伯雷也熟悉僧侣——寄生虫和贪食者形象。这种类型的筵席形象已经被充分揭示出来，例如，第四部《为什么教士喜爱厨房》这一章。在描写高康大接受烦琐哲学教育期间消磨时光的时候，拉伯雷运用讽刺的方法表现了主人公的贪食（这里年轻的高康大消磨时光

---

① 请看有关这个闹剧的报道：Guyon. *Diverses Leçon*，第1卷，第25章。——作者

② 奥林匹斯（Олимп），古希腊神话中众神居住的地方。——译者

的情景很能使人想起《某教士生活的一天》)。但是,这种狭隘的讽刺观点,在拉伯雷的小说中具有非常局限和从属的意义。

拉伯雷的《卡斯台尔的荣誉》带有极其复杂的特点。这种颂扬同它以前的那一章"关于巡回演出员以及他们对卡斯台尔无限的筵席馈赠"一样,都渗透着矛盾倾向的斗争。在这里,丰盛的筵席同巡回演出者微不足道的暴饮暴食连在一起,巡回演出者都把肚子奉为神。卡斯台尔把这些猴子(即巡回演出者)置于自己的夜壶里,让他们瞧一瞧和认认真真地考虑一下,处在他的粪便里的神究竟是什么样子的。但是,在这些微不足道的暴食的否定形象的背景上(可这种否定并没有触及给巡回演出者送上来的酒菜)竖起一个强大的卡斯台尔形象,一个人类技术和文化的发明者和创造者。

在研究拉伯雷的著作里可以碰到这样的看法,即在颂扬卡斯台尔的荣誉里有着历史唯物主义的萌芽。其实,这种看法也对也不对。因为在拉伯雷创作的这个历史发展阶段不可能去谈严格意义上唯物主义的萌芽。无论如何也不能看到哪怕是粗俗的"胃的唯物主义"。卡斯台尔发明了耕作法、种子收藏法,发明了护身的武器、搬运的方法,学会了建设城堡,也掌握破坏城堡的技艺,与此同时,他创立了科学(数学、天文学、医学等)。这个卡斯台尔不是个别动物的生物肚子,而是有组织的人类集体物质需要的体现。这个肚子研究世界为的是战胜它,征服它。因此在对卡斯台尔的颂扬声中洋溢着胜利筵席的曲调,而且在最后,这种颂扬转变为卡斯台尔对征服未来和发明创造技术的憧憬。但是,这些胜利的筵席曲调中掺和了一些否定的旋律,因为卡斯台尔自私、贪婪和不公道:他不仅发明了建筑城市的艺术,而且也想出了破坏城市的方法,即战争。这就构成了卡斯台尔形象复杂的特征,赋予这一形象深刻的内在矛盾,而解决这一矛盾,拉伯雷是无能为力的。他也没有想去解决这个矛盾。拉伯雷把这个矛盾的复杂性留给了生活,他相信,无所不能的时代必定会找到出路的。

我们要强调的是,拉伯雷胜利的筵席形象始终带有历史色彩,这在变烧死骑士篝火为宴席炉灶的情节中表现得特别明显。筵席像是在近代发生的。甚至连狂欢筵席也像是在乌托邦的未来,是在复归了萨托耳诺斯时代发生的。在整个快乐、喜庆的过程中,人们都是用筵席形象语言说话。这一点,正像我们说过的那样,直到今天,在我们的酒宴中依然存在。

筵席形象还有一个很重要的方面,至今我们还没有涉及。这就是食物同死亡,同地狱的特殊关系。“死亡”这个词在其含义中也表示“被吞食的”“被吃掉的”。拉伯雷作品中的地狱形象同饮食形象不可分割地交织在一起。但是地狱(преисподняя)在拉伯雷那里同样具有解剖人体下部的含义,他同样用狂欢化的形式描写了地狱。地狱——这是拉伯雷小说重要的枢纽之一,如同整个文艺复兴时期文学一样(这是但丁开创的)。但是,物质-肉体下部形象与地狱形象,我们将设专章进行探讨,我们到时候还会回到筵席形象同地狱,同死亡关系这方面来。

在作总结的时候,我们要再一次强调,民间节日传统(包括拉伯雷的作品在内)中的筵席形象同个人生活中的饮食,同早期资本主义文学中的暴食和酗酒有着严格的区别。后面的这几种形象是个别的自私自利的人具有的满足和饱食的体现,个人享受的体现,而不是全民性的喜庆的体现。它们脱离劳动和斗争,它们同人民广场没有联系,它们孤单单地住在房子里和房间里(《家庭生活的丰富》)。这不是所有的人都参加的“普天同庆”,而是一种同门前的饥肠辘辘的乞丐一起的家庭聚餐。如果这些食物形象是夸张的比喻的话,那么这就是贪婪的表现,而不是社会正义的感情体现。这是一种缺乏任何象征、夸张和多层意义的呆板生活。这同他是否认狭隘的讽刺形式,即与纯粹的否定或者纯粹的肯定(如满足)描写无关。

与此相反,民间节庆饮食形象与这种呆板的生活和个别人的满足没有任何共同之处。这些形象很积极也很得意,因为他们完成了劳动过程以及社会的人同世界的斗争。他们是全民性的,因为取之不尽的日益增长的丰富的物质生活源泉是他们存在的基础。他们的含义是多层次的,而且同生活、死亡、复兴、更新的概念有机地融合在一起。他们同自由、清新的真理(这种真理与恐惧、虔敬格格不入)的概念保持着有机的联系,因为他们同智慧的语言密不可分。最后,他们充满了通向美好未来的快乐。在他们行进的路上,一切都在变化,一切都在更新。

民间筵席形象这一深刻的特征,直到现在还没有被人们所理解。人们往往从个人生活的角度去理解它们,把它们看作“庸俗唯物主义”。因此无论是这些形象非凡的魅力,还是它们在过去的文学、艺术和世界观中起过多么大的作用,都不被人们理解、知晓。同样,阶级思想意识体系中的民间筵席形象的矛盾生活,也没有被人们研究。它们变得像习以为常的日常生活,而且开始退化,当然,退化的程度是不一样的,这决定于阶级发展的不同阶段。因此,筵席形象在符拉芒人[①]居住的地方,尽管这里已经是资本主义生活方式,依然还保留着良好的民间喜庆的本质。虽然,这比起符拉芒人油画中的这些形象的力量和魅力在程度上有所减弱。即使在这个领域内对过去民间文化进行比较深入的研究,也有可能按照新的方法提出并解决一系列的本质问题。

李兆林　译

第五章　拉伯雷笔下的怪诞人体形象及其来源

在以上我们所解析的那一组豪宴形象中,我们已经见识了被表现得十分强烈的夸大和夸张法。拉伯雷笔下的人体和肉体生命现象,都具有如此强烈的夸张性。这部小说中的其他形象,也都具有如此这般

① 指比利时境内的符拉芒人。——译者

的性质。但夸张性表现得最强烈的,还得说是在人体形象和饮食形象中。拉伯雷世界中其余所有夸大和夸张法及各种各样过分性和过度性的主要来源和创作原创,正应到这里来找寻。

夸张、夸张主义、过分性和过度性,一般公认是怪诞风格最主要的特征之一。

德国学者亨利·施涅冈斯即试图提供一部所引夸张材料最完整且最丰富的夸张史,其中也包括怪诞理论史。在他的《怪诞讽刺史》(1894)一书中,论述拉伯雷的篇幅,占有相当大比重(约占全书的一半),而且,坦率地说,施涅冈斯就是以拉伯雷为准绳,来论述怪诞讽刺史和怪诞讽刺理论的。施涅冈斯对如何理解怪诞形象所提供的解释,以清晰及彻底见长,但在我们看来,却从根本上就错了。同时,施涅冈斯所犯的错误又极为典型,这些错误在施涅冈斯以前,特别是在施涅冈斯以后出版的、绝大多数论述怪诞讽刺的著作中,屡屡出现。施涅冈斯忽视了怪诞深刻的、本质的双重性,而仅仅将其视为一种专以讽刺为目的的否定性夸张。鉴于这种怪诞观的典型性,我们准备从批判施涅冈斯的观点入手来开始本章的叙述。

施涅冈斯坚决主张喜剧的三种类型或范畴之间应有严格区别:丑角的(possen haft)、布尔列斯克和怪诞。为了说明以上三者之间的区别,他解析了三个例子。

其所引用的丑角行当的例子,选自一部意大利"即兴剧"中的一个场面(最先引用这一场面的是卡尔·弗里德里希·弗列格尔,其后还有菲舍尔)。在和阿尔莱金交谈时,有一个非常难念的词,结巴无论如何也说不出来:他费了九牛二虎之力,被卡在他嗓子眼里的那个词儿憋得气喘吁吁,他汗流满面,大张其嘴,浑身发抖,如鲠在喉,两腮鼓胀,目眦欲裂。"看样子,事情已经到了分娩时的阵痛和痉挛的地步了"。最后,等得不耐烦的阿尔莱金,只得以一种出乎意料的方式来给结巴帮忙:他跳起来用头使劲撞击结巴的肚子,总算把那个难念的词儿给挤出来了。这是第一个例子。

布尔列斯克的例子选自斯卡龙[①]对维吉尔的滑稽改编。为了对《埃涅阿斯记》的崇高形象实施降格，斯卡龙处处把日常生活的物质-肉体成分置于首位：格库巴洗尿布；和所有非洲女人一样，吉多有一个蒜头鼻子；埃涅阿斯以其充满活力的身体和健壮的体魄，吸引了她；等等。

怪诞的例子引自拉伯雷笔下诸如此类的一些意象：约翰修士断言："甚至就连修道院钟楼的影子也能使人怀孕"；还说什么道士的道袍能使母马已然丧失的生育力再生；以及巴奴日想用生殖器官修筑巴黎城墙的规划。

施涅冈斯表明，在上述三种喜剧类型中，笑在其中每一种中都具有不同性质。在第一种场合（丑角行当）中，笑是直截了当的、天真朴素而又毫无恶意的（就连结巴自己也何妨一笑）。在第二种场合（布尔列斯克）中，笑里掺杂了由崇高的降格而引发的幸灾乐祸；除此之外，这里的笑还不具有直率性，因为如此一来，就必须对被滑稽戏拟的《埃涅阿斯记》有所了解。在第三种场合（怪诞）中，是通过将其极端夸张的途径对某些社会现象（僧侣的淫逸放荡，巴黎女人的卖身性）加以嘲讽；这里也同样不具有直率性，因为必须对这样一些受到嘲讽的社会现象有所了解。

施涅冈斯是从形式—心理美学原理出发，来论证笑和可笑的，这三种类型之间的区别的。可笑的是以满足感和不满足感的对比为基础构成的。所有各类可笑的均以这种对比为基础构成，而其中个别类型间的差异，取决于满足感和不满足感的不同来源，以及此类感觉的不同组合方式。

在第一种场合（丑角行当）中，不满足感由结巴被治愈的出乎意料性和异乎寻常性而来；而满足感则来源于阿尔莱金的一记妙招居然会奏效。

在第二种场合（布尔列斯克）中，满足感来自对崇高的降格本身。

① 斯卡龙（1610—1660），法国作家。传世名作《滑稽小说》的作者。——译者

所有崇高都必然使人厌倦。当你倦于仰望时，自然会想到把视线下移。崇高的支配越强烈、越持久，对崇高的被脱冕和被降格的满足感也就越强烈。适时出现的、亦即当崇高业已使读者厌倦时出现的讽刺模拟和滑稽模拟之所以能取得巨大成功的原因正在于此。如斯卡龙以反对马莱伯[①]的专制主义和古典主义为宗旨的滑稽戏拟，就是适时的。

在第三种场合（怪诞）中，不满足感来自形象的不可能性和不可思议性：一个女人居然会由修道院钟楼的阴影而受孕等等，是不可想象的。这种不可能性和不可思议性，制造出强烈的不满足感。但这种不满足感却受到了双重的满足感的压抑：首先，从这一夸张的形象中，我们得知修道院里实际上如何腐化淫逸和道德沦丧，也就是说，我们能够在现实生活中找到这一夸张形象的来源；其次，我们之所以能体验到一种道德上的满足感，是因为通过尖锐的漫画和嘲讽，道德沦丧和腐化堕落已然受到抨击。

在第一种场合（丑角行当）下，无人受到嘲讽——无论是结巴还是阿尔莱金。在第二种场合下，受到嘲讽的对象是《埃涅阿斯记》和一般古典主义的崇高风格；但在此却缺乏之所以嘲讽的道德根据：这只不过是一个普通而又轻佻的玩笑。在第三种场合（怪诞）下，所嘲讽的是某种反面现象，亦即“Nichtseinsollendes”[②]。施涅冈斯认为这恰好是怪诞的主要特点：它漫画似的将反面现象，亦即不该有的某种东西加以夸大。恰恰是这一点，使得怪诞所以有别于丑角行当和布尔列斯克。丑角行当和布尔列斯克中，也可以有夸张，但它们却不具有以不应有的东西为指向的讽刺倾向。除此之外，怪诞的夸张带有极端的、达到骇人听闻地步的幻想性。

按照施涅冈斯的观点，在造型艺术中，怪诞首先是一幅漫画，但却是一幅已达幻想之极致的漫画。施涅冈斯分析了以拿破仑三世为题

① 马莱伯（1555—1628），法国诗人。——译者

② 不该有的某种东西。——作者

的一组漫画,它们都注重夸大这位皇帝的大鼻子。其中,只有那些把这只鼻子的尺寸夸大到不可思议地步的、使之形同猪蹄或鸦嘴的漫画,是怪诞。

将反面的(不应有的)夸张到不可思议和匪夷所思之极限,按照施涅冈斯的观点,就是怪诞的主要特征。因此,怪诞永远都是一种讽刺。哪里没有讽刺倾向,那里也就没有怪诞。施涅冈斯依据其对怪诞的这样一种定义,推导出拉伯雷语言风格及其笔下形象的全部特征:过分性和过度性,力求在所有方面超越限度、不加节制地繁复堆砌和叠置同义词等。

这,就是施涅冈斯的观点。正如我们已经指出过的那样,这种观点是十分典型的。以为怪诞形象是一种纯讽刺,亦即否定的观点,极为流行。众所周知,拉伯雷素有讽刺作家之美称,尽管作为一位讽刺作家,他并不比莎士比亚强,也不比塞万提斯弱。问题在于施涅冈斯将其洋溢着近代精神的、对讽刺的狭隘理解,即把讽刺看作是对某些个别现象的否定,而非对整个生活制度(其中包括占统治地位的真理)的否定,亦即与对新生事物的肯定紧密融合在一起的一种否定的观点,移用到拉伯雷身上了。

施涅冈斯的观点从根上说就是错的。它是建立在对怪诞的一系列极端重要方面,而首先是根本无视其双重性的基础上的。而且,施涅冈斯还完全忽视了怪诞的民间创作来源。

实际上,就连施涅冈斯本人也不得不承认,即便再牵强,拉伯雷笔下也并非所有夸张都带有讽刺倾向。他是用夸张的本质来解释这一点的,即其总是力求超越任何界限:那一为夸张而入迷、甚至“陶醉”的、怪诞的作者有时会让讽刺从视野中消失,以致忘掉夸张的真正目的。

施涅冈斯引了《巨人传》第一部《庞大固埃》中对人体个别器官神奇发育的描写,以之作为忘记了讽刺这一原初目的的夸张的例证。

夸张(夸饰化)成分的确是怪诞重要的特征之一(其中也包括拉

伯雷的形象体系)；但它毕竟还不是最主要的特征。况且，将怪诞形象的全部本质都归结于夸张，是不能允许的。更何况施涅冈斯对夸张情致本身，亦即夸张的内驱力的阐述，也不尽恰当。

我们可以问一句：这种情致，亦即这种对夸张的"陶醉"，是由何而来的呢——如果说所夸张的，乃是某种反面的、不应有的现象的话？对于这个问题，施涅冈斯的书，没有给我们提供任何答案。而且，夸张极为频繁地呈现急剧变化性质的品格，也未被他所彻底揭示。

如果怪诞讽刺的本质在于夸大某种反面的、不应有的现象的话，那么，施涅冈斯本人所说的喜悦在夸大中的过剩也便无从谈起。质的丰富性、形象的多样性，以及形象与似乎最遥远的、最异己的现象之间多种多样的，而且，往往也是出乎意料的关联，也就无从谈起。对反面现象的纯讽刺性夸张，最多只能用以解释夸张的纯数量因素，却无法解释质的多样性、形象及其关联的丰富性。仅只对不应有的现象加以夸张的怪诞世界，其数量可以很大，但在质这一方面，却可能极端贫乏、枯燥、缺乏色彩，并且毫无愉悦可言(斯威夫特的世界之所以如此沉闷，部分原因就来源于此)。这样的世界与拉伯雷那欢乐而又丰富的世界之间，岂可同日而语？用纯讽刺倾向甚至就连纯数量夸张这种正面情致都无法解释，遑论质量丰富的情致呢？

以上个世纪下半叶唯心主义美学及其时代狭隘的艺术思想标准为依据的施涅冈斯，是无法找到解决怪诞问题的正确途径的，也无法理解正反两极是有可能在同一形象身上统一起来的。而客体不但可以超越其数量界限，而且可以超越其质量界限；可以超越自身而与其他客体混合这一点，就更是施涅冈斯无法理解的了。能再生的、二体合一的怪诞形象，是施涅冈斯所无法理解的，他没有察觉，在生发性的怪诞世界中，事物和现象间的界限，与其当时文学艺术的静态世界中的界限，是完全不同的。

让我们回到施涅冈斯分析的起点，他所引用的丑角行当、布尔列斯克和怪诞的例子上来。施涅冈斯竭力想用自己的分析来揭示形象接受的纯形式心理机制,而不是把注意力集中在形象本身的客观内容上。而一旦我们不是从形式的心理因素而从客观内容出发,就会发现,上述所有三个例证,实质上是相似和相近的,而施涅冈斯确定的区别,纯属杜撰和偶然。

那么,实际上第一个例子的客观内容究竟何在呢?施涅冈斯本人对它的评述不容有任何怀疑:*结巴表演了分娩活动*。他孕育了一个词儿,却无论如何也无法将它生出来。施涅冈斯本人就说:"看样子,事情已经发展到了分娩的阵痛和痉挛的地步了。"大张的嘴巴、鼓凸的眼睛、大汗淋漓、颤抖、呼吸艰难、面部肿胀等等,这一切全都是怪诞人体生命的典型表现和特征;分娩活动的表演即体现了对它们的理解。阿尔莱金的动作也是完全可以理解的:他是在*助产*,因此,他的干预动作也极为合乎逻辑地针对*肚子*而来。而且,他这样一来,那个词儿也便顺理成章地生了出来。我们要强调指出一点,即在此所生的,恰恰只是一个词儿而已。这里,通过向分娩活动(这一活动的表演是十分真实的)这一物质-肉体层面的转移,崇高的精神活动被降格和脱冕了。而这个词儿也由于被脱冕而得到更新,好像获得再生一样(我们始终活动在生育和分娩的圈子内)。继而,这里,一种重要的、被翻转的肉体等级制地形学因素也显现了:下部在此取代了上部的位置;词儿本是拘囿*在嘴里和思维中的*(*在脑袋里*),在此却被转移到了*肚子里*,阿尔莱金就是用脑袋撞击才将它从肚子里挤出来的。而且,就连用头撞*肚子*(*或屁股*)这一传统动作本身,也具有十分重要的地形学意义:这里有着同一个上部与下部接触的逆向逻辑。其次,这里也有夸张:与结巴语能器官的困难相伴随的那些肉体现象(眼部的紧张、汗水之类),被如此夸大,以致成为分娩活动现象;结果使得整个语词发声事件,从语能器官转移到了肚子里。于是,怪诞主要的和重要的特征,因此而被客观分析从这一小小场景中发掘了出来。这一场景十分丰富严谨,它的所有最微末的细节都包含着意义。这场景同时还是包罗万象性的;它颇像一出小型的*萨蒂尔语词剧*,一出关于语词的物质诞生或产生这一语词的肉体的剧。这一出色场景如同所有真正的民间喜剧形象一样具有不寻常的现实性、丰富而又充实的内涵和深刻的包罗万象性。

客观分析斯卡龙滑稽戏的形象,也会发现此类因素的存在。但斯卡龙笔下的形象比较苍白、粗率,甚至有许多偶然性的、文学上杜撰的成分。施涅冈斯在此仅仅看出对已使读者厌烦的崇高的降格。他是用形式心理学观点来解释这一降格的:视线下移之所以必要,为的是让倦于仰望的眼睛得到休息。而实际上这是通过将其移入物质-肉体领域——饮食、饮料、性生活及其他与之相关的肉体行为——的办法,对《埃涅阿斯记》形象的脱冕。这一领域具有正面意义。这是具有生育能力的下部。因此,《埃涅阿斯记》形象不光被脱冕,而且得到更新。我们要重申的是,所有这一切在斯卡龙笔下,全都具有比较抽象和肤浅的文学性。

让我们看看施涅冈斯的第三个例子,拉伯雷笔下的形象。先分析其中第一个例子。约翰修士宣称什么甚至就连修道院钟楼的影子也能使人怀孕。这一意象当即将我们引进怪诞的逻辑中去。这绝非对修道院"腐化堕落"的一般性的怪诞夸张。在这一形象中,对象已然超越其质的界限,并且已不再是自己本身了。在此,肉体和世界之间的界限已然消失,肉体和外部世界及事物发生融合。需要强调指出的是,钟楼(塔楼)通常是男根[①]的怪诞形象。而为这一形象做铺垫的整个语境,也都在创造着一种有利于这一怪诞变化的氛围。不妨让我们援引一段拉伯雷的原文:

"C' est (dist le moyne) bien rentré de picques! Elle pourroit

① 拉伯雷及其同时代人,熟知古代文献中将巍峨的塔楼视作男根这一点。且看卢奇安(《论叙利亚女神》)的这段话:"在这些柱廊式入口处,矗立着许多男根,高达30俄丈。每年两次,总有人登上其中一个男根,在它顶上停留七天之久。多数人是这样解释这种习俗的,他们说这个人从其所站的高处,可以与神祇亲切交流,以此而能向神祇为整个叙利亚祈求福祉。"——作者

estre aussi layde que proserpine, elle aura, par dieu, la saccade puis qu'il y a moynes au tour, car un bon ouvrier mect indifferentement toutes pieces en oeuvre. Que j'aye la verolle en cas que ne les trouviez, engroissees a vostre retour, car seulement l'ombre du clochier d'une abbaye est feconde."①(第 1 部,第 45 章)

约翰的整段话,充满为我们的怪诞形象创造氛围的非官方的和降格的成分。我们所见到的,首先是从玩牌中借用来的一句话:"rentré de picques"(意为"一张臭牌")。其次,是地狱女王、丑陋的普罗赛波娜形象。这,当然不是什么对古代的同感反响,而是中世纪魔鬼戏中"鬼母"的形象。此外,这一形象也带有地形学色彩,因为在拉伯雷笔下,地狱总是同肉体下部相关。再次,这里还有"par dieu"(对天盟誓)与肉体下部有关的("让我害梅毒死")和发誓。最后,这段话里还有两个与性交有关的比喻:一个来自"骑马"(saccade);另一个来自一句谚语("好的手艺人任何材料都能派上用场")。在以上两种场合之下,另一系列(骑马,手艺)中的客体都被在物质-肉体层面降格和革新,这同样也为我们的怪诞形象做了铺垫。

所有这些言语成分创造出一种自由而又特殊的氛围;其中多数成分都与物质-肉体下部直接有关。它们将事物肉体化,使之降格,将肉体与世界融为一体,以此为最后钟楼之变为男根做铺垫。

那么,这一怪诞形象,是否如施涅冈斯所言,是对修道士阶层放荡淫逸生活的纯讽刺呢?

我们所分析的这个片段,是相当长一段情节中的一部分,它讲述一伙先是被高康大就着沙拉一起吞食,后又顺利得救的朝圣者。这段情节的主旨确乎是反对朝圣,反对圣物有驱病、创造奇迹之力量的信

① 这段引文的俄语译文如下:"这可靠不住!她就是丑得像普罗赛尔波娜,老实告诉你,也有人要,附近不是就有修道院的么?好的手艺人任何材料都能派上用场。你们这次回去,她们要不一个个都肚子大起来,叫我长大疮!修道院钟楼的影子也会叫人生孩子。"(《巨人传》第 45 章)——作者

仰的(在此意为抵制鼠疫)。但这一特定的、局部讽刺倾向,远远无法涵盖整段情节的意义,也根本无法决定构成这段情节的所有形象。处于这段情节中心位置的,是吞咽朝圣者这一典型的怪诞形象;随后便是同样典型的、用尿淹死朝圣者这一意象;最后,是对赞美诗的滑稽戏拟,似在预告朝圣者所遇到的一切灾难。这一滑稽戏拟降格解释了赞美诗中的某些形象。所有这些母题和形象,都具有广泛而又普遍的意义,因此,如果以为所有这一切之所以被集聚,仅仅是为了嘲讽朝圣者不劳而获,以及他们对圣物的野蛮信仰的话,那就太荒唐了,其荒唐不亚于用大炮打麻雀。与朝圣和野蛮信仰做斗争,是这段情节中完全属于官方的一种倾向。高朗古杰对朝圣者说的一席话,以英明的国家政权的崇高的官方语言,公然而又坦率地表述了这一倾向。在此,拉伯雷以一位王国官方政论家角色出场,表达了他那个时代国家政权对朝圣之滥觞所持的观点。这里所否定的,压根不是什么信仰,而不过是朝圣者的野蛮迷信[①]。这段情节的官方思想是公开表述出来的。但这段情节形象的非官方的、民间节庆和广场语言所说的,却完全是另外的一种意思。这些形象所具有的、强大的物质-肉体自发倾向,对整个中世纪世界观和制度世界,连同它们的信仰、圣徒、圣物、修道院、虚伪的禁欲生活、死亡恐惧、末世论和神启,进行脱冕和革新。在这个被扫荡一空的世界里,朝圣者不过是一个渺小而又可怜的细节,他们被人和沙拉一起吞食,差点儿没被尿给淹死,而吞食者甚至未曾察觉他们的存在。在此,物质-肉体自发倾向带有正面性质。而其体积被夸大到不可思议地步的,却恰恰是这些物质-肉体形象:无论是修道士那如钟楼一般庞大的男根,还是庞大固埃尿水的激流,抑或是他那阔大无边的、能吞食一切的大嘴。

因此,那在巨大的男根形象中被脱冕和革新的、其阴影也能使妇人受孕的修道院钟楼,在此所夸张的,绝非修道院的放荡和淫逸。它

① 在拉伯雷写作这段文字时,温和的新约主义,正得到王国政权的支持。拉伯雷对此类迷信的批判,就贯穿着这种精神。——作者

所予以脱冕的，是整个修道院及其所立足的基点本身，以及它那虚伪的、禁欲主义的理想，它那抽象的、不妊的永恒性。钟楼的阴影，也就是产生新生命的男根的阴影。除了一个活生生的人——约翰修士（他是一个贪吃者和酒徒），无比清醒而又坦诚、强壮而又英勇果敢，充满无穷无尽的精力而又渴望新生事物的人以外，这座修道院没有留下任何东西。

还需要强调指出的一点是，与所有同类形象一样，能让妇人怀孕的钟楼这一形象，也具有地形学意义：渴望向上、向天空高举的钟楼，成了男根（肉体下部），而其阴影，却投落在地上（地形学上的下部），并让妇人受孕（又是下部）。

巴奴日城墙形象也同样得到了语境的支持。“喔，我的朋友！”庞大固埃说，“你听过阿瑞锡拉的故事么？有人问他，为什么拉刻代蒙那座大城没有城墙时，他指着城内精通武艺、骁勇健壮、兵器充实的居民说道，‘这就是城墙’。他的意思是说只有人的骨头才称得上是城墙，没有比老百姓的勇武更可靠、更坚固的城墙了。城内住有如此英勇善战的居民，那是再可靠也没有了，他们不用担心再造什么城墙。”（第2部，第15章）在此，在这对古代崇高风格的同感反响中，已在酝酿着对城墙的、怪诞的肉体化。酝酿着它的，是一句比喻：最坚固的城墙，乃由士兵的傲骨构成。这里，人的肉体成了修造城墙的建筑材料。肉体与世界间的界限弱化了（当然，是在崇高的比喻层面上被弱化的）。而所有这一切又都为巴奴日的规划做着铺垫。其规划是这样的：

“我看此地女人的那个东西比石头还便宜，应该用它们来造城墙，依照建筑学的对称法把它们排好，最大的放在头一排，然后像驴背似的堆起来，先用中等大小的，后用最小的，最后再把修道院里那么多裤裆里的硬东西串联起来，跟布尔日高大的城寨那样，一个尖一个尖地排列起来。这样的城墙，什么鬼家伙能拆得动呀？没有任何金属品能像它一样经得起打击。让那些家伙来磨蹭好了，冲着天主说话，你马上就可以看见一种神圣的产物像下雨似的把梅毒散给他们，而且还非

常快，冲着魔鬼说话，决不骗人！不仅是这一点，连雷也劈不开；为什么？因为那玩意儿都祝过圣，或者受过封。"（同上）

显而易见，所谓巴黎女性的物美价廉在此不过是附属母题，而且，即使在这样一个母题中，也压根不含有道德评判的意味。而主导母题多产是最强大、最牢固的力量。而如果，比方说，本着这种精神对这一形象做个推论，说国民的生殖力和居民的增长率，是城池最坚固的军事防护的话，那就错了。这一形象固然包含这种思想，但一般说如此狭隘地对怪诞形象进行推论是不允许的。

巴奴日式城垣形象要比这更复杂、更宽泛，而最重要的是，它是双重性的。其中也不乏地形学上否定的成分。巴奴日式城垣将要塞壁障、军人的勇敢、子弹，甚至闪电，全都脱冕并革新了，而后者在此却是如此软弱无力。在物质-肉体生产本能面前，连军事实力和要塞也不过尔尔。

在小说的另一处地方（第 3 部，第 8 章），有巴奴日的一大段议论，说防护性器官的锁子甲，是产生最早、同时也是军人甲胄中最重要的一部分。"其实丢掉脑袋，不过死一个人，可是丢掉那玩意儿，等于死掉全人类。"说到此处，巴奴日又补充说，性器官就是丢卡利翁和比拉恢复被洪水所毁灭的人类时，所用的材料。在此，这一形象还表现了肉体生产本能是优秀的建筑用材。

巴奴日的这段议论之所以有趣，还在于它的另一个方面，即其中明显表露出一种乌托邦成分。巴奴日断言，自然出于保存植物王国所有种类的愿望，将植物的种子和幼芽绝妙地武装了起来，覆之以皮、荚、硬壳、尖刺、外皮、针叶，而人生来却一丝不挂，其生殖器官没有任何防护。拉伯雷此处的行文与老普林尼的思考极为相近（其《自然史》第 7 册一开始就讲到了这一点）。但老普林尼世界观的精神是阴暗的，因此，他得出了人类是软弱的这一悲观主义的结论。而巴奴日的结论却洋溢着深厚的乐观主义精神。从人生来一丝不挂，其性器官无所防护这一事实，他得出了人是为和平而生、为和平地统治自然而生这一结论。人只是在"黑铁时代"才被迫武装自己(而且,按《圣经》传说,人是从锁子甲,亦即无花果树叶开始武装自己的);但或迟或早,人终将皈依自己的和平使命,而彻底解除武装①。这里"explicite"②,但却以一种略带狭窄的、合理的方式揭示出,"implicite"③包含在使任何军事力量脱冕的、牢不可破的肉墙形象的意蕴。

只需与巴奴日上述议论简单比较一番,就足以确信,对于整个巴奴日城墙形象而言,巴黎女性价格低廉这一讽刺母题,是多么无关宏旨呀。巴奴日为修筑城墙而推荐的石头,也就是丢卡利翁和比拉借以重新修筑人类这座倾颓的建筑物的石头。

这就是施涅冈斯所引全部例证的真实而又客观的内容。从这一客观内容观点看,它们之间的相似比差异更重要。而它们之间,要说差异,当然是有的,但差异并不在施涅冈斯寻找它们的那些地方。一方面,是艺术接受心理机制理论;另一方面,是当时偏狭的审美规范。这两方面都妨碍施涅冈斯洞悉其所研究的对象——怪诞的真正本质。

首先,我们所分析的例子,无论是"即兴喜剧"中结巴的场面,还是斯卡龙对《埃涅阿斯纪》的滑稽改编,抑或是拉伯雷笔下的形象,或多或少,都与中世纪民间诙谐文化和怪诞现实主义有关联。形象建构的性质本身特别是人体观念,都与中世纪民间诙谐文化和怪诞现实主义的遗产有关。这一特殊的人体观念比什么都更能使所分析的例子全都集合并相互接近起来。我们在所有三种场合之下,所面对的,都是同一种表现肉体生命的方法,它既与"古典主义"、也与自然主义描写人体的方法,有显著差异。就是这一点使我们有权将所有三种现象(当然,是在不忽略其差异的条件下)都纳入怪诞的总概念之下。

---

① 埃拉斯慕斯(《对话集》,第3卷,第10页第1行)有类似母题;他同样是从只有人生来一丝不挂开始,而由此得出的结论是,人"生来不是为了战争,而是为了友谊"。——作者

又:D.埃拉斯慕斯(1466—1536),荷兰文学家、语言学家。文艺复兴时期人文主义者。作品有《愚人颂》(1509)和《对话集》(1518)等。——译者

② 明确地。——译者

③ 含蓄地。——译者

怪诞形象以有关人体整体及这一整体之边界的特殊观念为基础。人体与世界以及个别人体之间的界限,在怪诞中,与其在古典主义和自然主义形象中的形态,截然不同。我们已经通过整整一系列拉伯雷笔下的细节,考察过这一点。在本章中,我们应当扩大我们考察的范围,把它们系统整理一下,并揭示拉伯雷笔下怪诞人体观念的来源。

但在这里,我们还要涉及施涅冈斯引证过的另外一个例子:以显著夸大皇帝的鼻子为特征的拿破仑三世的漫画。按照施涅冈斯的观点,怪诞开始于夸张的幅度大到不可思议、人的鼻子成了兽的鼻子之处。我们不想在此讨论这些漫画的实质:所有这一切均属肤浅过火的夸张,并不具有任何真正的怪诞性。但使我们感兴趣的,是鼻子这一母题——这是世界文学和几乎所有语言如"愚弄""哄骗"(оставить с носом)、"要弄""戏弄"(показать нос)一类词语中,以及全人类詈骂语、侮辱人的手势语储备库中,极其流行的怪诞母题之一。施涅冈斯正确地指出,怪诞性在于向兽鼻的转变。的确,将人和动物的特征混淆起来,这是怪诞最古老的种类之一。但施涅冈斯却并未理解鼻子在怪诞形象中的意义本身。在怪诞形象中,鼻子从来都是男根的替代物。16世纪的名医、比拉伯雷略晚的同时代人洛兰·茹贝尔——我们已经讨论过他关于笑的理论——曾就医学领域的民间偏见写过一本书①。在此书(第5册,第4章)中,他谈到民间有一种极为普遍的信念,即根据鼻子的大小和外形,可以判断生殖器官的大小和力量。约翰修士也以其修道院所特有的行话,表述了同样的观念。在中世纪和文艺复兴时代与民间节庆形象体系有关的文学中,对鼻子通常也是这样理解的。最有名的例子是冈斯·萨克斯的谢肉节游戏"鼻子之舞"("Nasentanz")。

在怪诞人体形象人脸部的所有特征中,起重要作用的只有嘴和鼻子,而且,后者往往还是男根的替代物。脑袋和耳朵的形状,以及鼻子

① 洛兰·茹贝尔:《远古时代有关医学的民间偏见》(Laurent Joubert. *Erreurs populaires et propos vulgaires touchant la médicine et le régime desanté*. Bordeaux, 1579)。——作者

本身,只有当它们变作兽的形状或物的形状时,才具有怪诞性。在怪诞的面部形象中,眼睛根本不起任何作用。眼睛所表现的,是纯个人的也可以说是一个人独立自主的内在生命,而这对怪诞无关紧要。怪诞只与凸起的眼睛有关(如我们所分析的结巴和阿尔莱金那一怪诞场面),因为它只对正在脱落、正在鼓凸、正在从人体中直立起来的一切,对力求挣脱人体范围的一切感兴趣。任何突起部位和分肢,一切延续着人体,并把人体与其他人体,或非人体世界联系起来的东西,在怪诞中都具有特殊的意义。除此之外,怪诞之所以对鼓突的眼睛感兴趣,是因为它们是纯肉体紧张的表征。但对怪诞而言,脸部只有嘴最重要。嘴,占据着优势地位。实质上,怪诞之脸可以归结为一张张开的嘴,而其余所有的一切,都不过是这张嘴的框子,是这张大张着的、吞咽着的肉体的无底洞的框子。

如我们多次强调指出过的那样,怪诞人体是形成中的人体。它永远都不会准备就绪、业已完结:它永远都处在建构中、形成中,并且总是在建构着和形成着别的人体。除此之外,这一人体总是在吞食着世界,同时自己也被世界所吞食(如庞大固埃诞生,和杀牲节细节中怪诞的人体形象就是)。因此,在怪诞人体中发挥最重要作用的是其生长业已超出自身、业已超越自身界限,新的(第二个)个体开始发端的那些部分和部位,即肚子和男根。在怪诞人形象中,它们起着主导作用。而受到正面夸张即夸大最多的,也正是它们。它们甚至可以从人体中分离出来,过独立的生活,因为它们往往将其他人体作为某种次要的东西给遮蔽起来了(连鼻子有时也可以从人体中分离)。在怪诞人体中,就其所扮演角色的重要性而言,仅次于肚子和性器官的,是嘴,被吞食的世界往往就进了它里面,其次则是臀部。要知道所有这些凸起部位和孔洞的特点在于,正是在它们身上,两个人体间,以及人体与世界之间的界限被打破了,它们之间开始了相互交换和双向交流。因此,怪诞人体生命中的重要事件、人体戏剧的各幕,如饮食、饮料、粪便(及其他分泌和排泄:出汗、擤鼻涕、打喷嚏)、交媾、怀孕、分娩、发育、衰老、疾病、死亡、折磨、肢解，被其他人体吞食，都是在人体和世界，或新旧人体的交界处进行的。在所有这些人体戏剧事件中，生命的开端和终结密不可分地交织在一起。

因此，怪诞形象的艺术逻辑藐视人体中封闭的、平坦的和无生气的平面（表面），只定格那些超出于人体界限或通向人体内里的东西①。山岳和深渊，这就是怪诞人体的凹凸，或用建筑学语言，即地下室里的钟楼和坑道。

当然，在怪诞形象中，人体的其他任何肢体、器官和部位（尤其是在被肢解的人体形象中）也都可以出场，但它们在怪诞人体戏剧中，仅只扮演了无台词的配角；重点从不会落在它们头上（如果它们没有充当某一主导器官的替代物的话）。

实质上，处于临界点的怪诞人体形象身上，根本就没有个体人体的存在：要知道这一形象是由深谷、和业已成为另一受孕人体的凸起部位构成的。它是永远处于革新中的生命的穿堂院，是死亡与妊娠无穷无尽的容器。

如上所述，怪诞藐视那些将人体作为个别的、已完结现象加以封闭和限定的无生气的平面。因此，怪诞形象不光表现人体的外观，而且还表现人体的内貌：血液、肠子、心脏及其他内部器官。而在同一形象中，内貌和外观往往混合在一起。

有关怪诞形象实质上还内含着一体双身性这一点，我们已经讨论得够多的了。在无穷的肉体生命链中，怪诞形象所定格的，是一个环节介入另一个环节、一个人体生命从另一旧的人体生命的死亡中诞生的那些部分。

最后，我们要指出的是，怪诞人体具有宇宙性和包罗万象性：内中，其所强调的重点，是全宇宙的普遍元素如地球、水、火、空气；它与太阳、星辰直接相关；在它身上，有黄道带的标志；它身上反映了宇宙

---

① 但这一怪诞逻辑也扩大到了自然和物的形象，它们同样也定格内里（孔洞）和突凸。——作者

间的等级秩序;这一人体可以同各类自然现象,如山岳、河流、海洋、岛屿、大陆融合在一起;它可以充塞整个世界。

怪诞的人体和人体生命描写法,数千年以来,始终在艺术和语言创作中,占据主导地位。从实际分布量观点看,这种描写法至今仍居主导地位:不仅在非欧民族艺术中,而且,在欧洲民间创作(尤其是诙谐的民间创作)中,怪诞人体形式都是大量的。而且,怪诞人体形象还大量存在于各民族非官方言语生活中,尤其是在人体形象与詈骂和诙谐相关的方面。一般说,如上所述,詈骂和诙谐的主题,差不多是一种专门的怪诞人体主题。在所有非官方的和亲昵言语用语中出现的人体,是一种授孕—受孕、生产—所生、吞没与被吞,处于饮进、排出、病态和死亡中的人体。所有语言中都有为数众多的用语,与诸如性器官、屁股、肚子、嘴和鼻子这样的人体部分相关。而与此同时,其中有人体的其他部分,如手、脚、脸、眼睛一类出场的熟语,却少得可怜。而就连这些比较而言为数寥寥、有非怪诞的人体部分出场的熟语,在多数场合下也带有偏狭的实用性质:它们与近处的空间定向、与距离、大小的确定,或与计数有关,不具有任何扩展的象征意义和比喻力量,也不具有稍微重要一点的表达力(因此在詈骂和诙谐中并无它们的参与)。

尤其是当人们在亲密交往条件下笑骂时,他们的言语会充满五花八门的怪诞人体形象,即处在交媾、排泄、大吃大喝中的人体;言语中充满着生殖器官、肚腹、屎尿、病患、口鼻、肢解的人体。而即使是在言语规范的堤坝仍起作用的地方,那些鼻子、嘴巴和肚子们仍会挣脱这一怪诞人体洪流,甚至冲入比较标准的言语中来,特别是当言语带有表情性质如愉快或詈骂时。表现特征鲜明的怪诞人体形象,也是全人类狎昵和詈骂手势语储备的基础。

在这一充塞所有语言、所有文学和手势语系统的、时空上无边无际的怪诞人体形象海洋中,现代艺术、文学和体面言语的人体规范,不过是一座狭小的孤岛。在古代文学中这规范从未占据主导地位。而在欧洲各民族的官方文学中,这规范实际上也只是在最后四个世纪中,才完全成为主导的。

在此,我们在对现代、目前占主导地位的规范,做一简要评述。我们所面对的,与其说是造型艺术,不如说是文学。我们将以怪诞观为背景,并在始终关注其差异的条件下,对现代规范进行评述。

现代人体规范的特点是,尽管其重要的历史和体裁变体之间有种种差异,它是一种完全现成的、完结的、有严格界限的、封闭的、由内而外展开的、不可混淆的和个体表现的人体。一切突起的、从人体中鼓凸出来的东西,任何显著的凸起部位、突出部和分肢,亦即一切人体在其中开始超越其界限,开始孕育别一人体的东西,都被砍掉、取消、封闭、软化。而且,所有导向人体内里的孔洞也被封闭。个体的、界限严明的大块人体及其厚实沉重、无缝无孔的正面,成为形象的基础。人体无缝无孔的平面、平原,作为封闭的、与别的人体和个体性世界不相融合的分界,开始具有主导意义。这一人体所有的非完成性、非现成性特征,被小心翼翼地排除,其肉体内在生命的所有表现,也被排除。为这种规范所决定的、官方的标准言语的言语准则,与受孕、怀孕、分娩之类有关的一切,亦即对与人体的非完成性、非现成性及其纯肉体内在生命有关的一切加以禁止。在这方面,在狎昵的和官方的、“体面的”言语之间,有着极为严格的界限。

在这方面,在法国,15 世纪是一个言语比较而言具有很大自由的时代。而在 16 世纪,言语准则变得极为严格,狎昵言语和官方言语间的界限,相当分明。到世纪末,当言语体面性标准最终确立以后,这一过程被格外强化,以至到 17 世纪,该标准已占据主导地位。16 世纪末,米歇尔·德·蒙田(《随笔集》,第 3 卷,第 5 章)起而反对言语规范和禁律的强大压力:“对人们来说,性行为究竟错在何处?它是如此重要、如此必不可少、如此清白无辜,可大家却不约而同地谈起它就不能不脸红,也不允许自己在严肃和体面的交谈中涉及这个话题。我们不怕说什么杀人、抢劫、出卖,却让这么个受禁的词儿卡在我们的嗓子眼里如鲠在喉。”

人体的这样一些部分，如性器官、臀部、肚子、鼻子和嘴，在现代规范中却不再起主导作用了。不但如此，在丧失分娩意义以后，它们获得了特殊的表现性，亦即只表现某一单个的、界限分明人体的个体生命。肚子、嘴巴和鼻子，在人体形象中，当然会永久保存下来，对此不必隐瞒，但在个体的和完结的人体中，它们或是带有如我们已经讨论过的那样的纯表现性功能（实际上只有嘴巴是这样），或是具有性格学和个性化功能。任何有关这些器官在个体人体中具有扩展的象征意义，当然也就根本谈不到了。如果不从性格学或表现力方面来理解它们，那它们便只会在偏狭实用层面中，亦即不过是在说明性的文字中被提及。一般可以说，在人体文学形象中，一切不具有性格学和表现性的成分，都会转变为用于说明话语和行为的、简单的人体文字。

在现代个体人体形象中，性生活、吃喝、饮料、分泌和排泄的意义，有了急剧的变化：它们转入了个人日常的和个体心理层面，在此，它们的意义变得偏狭，特别，与社会生活和宇宙整体无直接关联。它们由于有了这样一种新的含义而无法承担先前所有的、世界观的功能。

在现代人体规范中，主导作用已转移到了人体各个单个的、具有性格学和表现性的部分上来：脑袋、脸、眼睛、嘴唇、肌肉系统，及人体在外部世界中所占的个性位置。在现成的外部世界中现成人体的适宜位置和动作，被推到首要地位。其中，人体与世界之间的界限，丝毫也未消失。

现代规范下的人体，是单一的人体，其中，任何双体性特征都未保留下来：它独立自在，同时，也只为自己而说话。在它身上所发生的一切，都只关涉它自己，亦即只关涉这一个体的和封闭的人体。因此，在它身上所发生的一切事件，都只带有单一语义：死亡在此仅只是死亡而已，从不会与诞生吻合，衰老亦与青春分离。打击就只是敲击人体，没有什么会有利于再生。在此，所有行为和事件都只在单一的个体生命层面上被认识：在同一个人体本身的个体性的诞生和死亡之间，它们是封闭的。而这些界限,是绝对的开端与终结,在同一个人体的范围内,它们永远不会衔接。

与此相反,在怪诞人体中,死亡,不会使任何重要的什么终结,因为死亡不涉及生育的人体,相反,死亡使之在新的一代中得到革新。怪诞人体事件总是在一个人体与另一人体之间的交界处,即似乎是在两个人体的交叉点上进行的:一个人体交出自己的死亡,另一个让出自己的诞生,但它们都融合在同一个一体双身(界限内)的形象中。

现代规范人体只在其众多母题中的一个中,保留了双体性的微弱遗迹:在哺乳母题中[①]。但这些人体形象正如哺乳的母亲和婴儿,是严格个性化和完结态的,相互之间界线分明。这代表着对人体相互影响的艺术接受的全新水平。

最后,现代人体规范亦与夸张完全格格不入。在个性化的人体形象中,是没有夸张的立足点的。这里只允许对纯表现性或性格学一类笔法刻意加以强调。当然,个别器官脱离整个人体以及开始独立存在,也是不可能的。

这就是主要表现于文学和话语标准中的、现代人体规范主要和粗略的发展线索[②]。

拉伯雷的小说为其从民间诙谐文化、怪诞现实主义和狎昵话语自发倾向中继承而来的怪诞人体观,画上了句号。在我们所分析的这部小说的全部细节和个别形象中,我们所见到的,就只有怪诞人体。怪诞人体元素的强大洪流流过整部小说:被肢解的人体、孤立的怪诞器官(如巴奴日城墙)、肠子和内脏、张开的嘴巴、贪吃、吞咽、饮食和饮

① 参见我们在上面引用过的、歌德在与爱克曼和约翰·彼得的谈话中,对柯列乔的《断乳》和哺育小牛的母牛(米隆《母牛》)的议论。这些形象之所以使歌德感兴趣,正是因为它们保留了微弱的双体性。——作者

② 这种古典主义人体观念也构成了现代社会行为规范的基础。良好教养的标志包括:不把胳膊肘搁在餐桌上,走路不提肩摆胯,收腹,吃东西不吧嗒嘴,不出声,不打呼哧,不露齿,等等。亦即千方百计限制人体,掩蔽人体的突出部位。考察一下服装和时装史上,怪诞和古典主义人体观斗争的历史过程,想必十分有趣。同样,舞蹈史上两种观念的斗争也肯定是一个更加有趣的课题。——作者

料、排泄活动、屎尿、死亡、分娩活动、幼年和老年等等。人体相互交混、人体与物交混(如格里波米诺形象)、人体与世界交混。双体性倾向随处可见。人体的分娩成分和宇宙元素处处得到强调。

双体性倾向还或隐或显地存在于我们所解析的全部细节之中。不妨让我们再举一个例子。此例中,这种倾向的表现较外在化、较粗俗:“他(指高康大)的一枚帽徽,是一个纯金雕刻的饰物,重达六十八马克。上面镶着珐琅质图像,图内画人身一具,有两首,相向对视,有四臂、四足及二臀。柏拉图在《会饮篇》(第1卷,第2章)中曾经论及,人类在初生的神奇时代,形状当是如此。”需要强调指出的一点是,如此理解“雌雄同体”这一母题,这在拉伯雷的时代是极为普遍的。作为一种平行现象,我们可以举出造型艺术领域中,列奥纳多·达·芬奇从人体内部方面表现这同一种活动的“Coitus”[①]为例。

拉伯雷不仅表现处于其所有重要关头中的怪诞人体形象,而且还提供了繁育方面的人体理论。在这方面,我们上文已经引述过的巴奴日的议论,就极为典型。在另一处(第3部,第26章),巴奴日说:“我提议今后在萨尔米贡丹全区,处死任何犯人时,都要在一两天之内,叫他尽量享受性的生活,一直到精囊里剩的东西连希腊字母Y也画不出来为止。这样珍贵的东西可不能随便浪费啊!万一能生一男孩,然后去死,也总算一个抵一个,死而无憾了。”

巴奴日有一段关于债权人和债务人的有名的议论,他在那里描写了一个理想的乌托邦世界,那里的人都乐于付出,而自己也从别人那里得到借款。在此,巴奴日也对生育人体理论作了一番发挥:

“这个有借贷关系的世界太美好了,供求关系太完善了,还没有生出来的,就已经想借给他东西了。人就是用借贷关系来延长自己,繁殖和自己相像的形象,我的意思是说:制造孩子。为了这个目的,每一器官都把自己最珍贵的营养精华拿出来一部分,输送到下面去;下面早已准备好接受这部分材料的地方,从这里通过迂回、曲折的道路,下

---

① 自画像。——译者

到生殖器官,成形就位,依照男性或女性的生理,准备传宗接代使用。一切都是用互相借贷的关系进行的;所谓婚姻义务便是由此而来的。”(第3部,第4章)

第三部里,还有一段议论是关于“新婚夫妇为什么可以免服兵役”的。它同样发挥了生育人体这一主题。一般说,这是第三部中所有理论论述中重要的主题之一。

在下一章中,我们将看到,同一个生育人体主题,作为人类文化不朽和发展的主题,在高康大给庞大固埃那封有名的信中,已从历史观上,做了引申和发挥。种子的相对不朽主题在此与人类的历史进步主题有着不可分割的联系。人类不单单由于每一代新人的出现而得以更新,而且,每次人类都得以在人类历史发展的阶梯上,登上新的更高一层台阶。我们看到,在对“庞大固埃现象”的颂扬中,就回响着这同一个主题。

由此可见,在拉伯雷笔下,生育人体主题是与人民历史不朽主题及其生动感受融合在一起的。众所周知,人民对其集体历史不朽性的生动感受乃是所有民间节庆形象体系的核心。所以,怪诞的人体观念,也是这一体系的一个不可分割的组成部分。因此,在拉伯雷笔下的形象中,怪诞人体不仅与宇宙的,而且也与社会乌托邦的和历史的母题,其中首先是与时代的嬗替和文化的历史革新的母题,交织在一起。

在以上几章我们所分析的小说细节和形象中出现的,多数是狭义上的肉体下部。然而,如上所述,在怪诞形象中,张大的嘴巴,同样也起着主导作用。而嘴巴当然是与地形学上的肉体下部相关的:它是一扇敞开着的、通向下部、通向肉体的地狱的大门。与张开的嘴巴相关的,还有吞食吞咽形象,这是一个最古老而又具有双重含义的、死亡和灭绝的形象。与此同时,还有一系列宴饮形象,也与张开的嘴巴(咽喉和牙齿)相关。

张开的嘴巴(咽喉和牙齿)是民间节庆体系中中心的、最主要的形象之一。无怪乎对嘴巴的显著夸张是喜剧面孔:喜剧面具、狂欢节中种类繁多的“滑稽怪物”(例如,雷翁市狂欢节中的“马克什鲁特”)、魔鬼戏中的鬼魂、魔鬼路西菲尔本身[①],是外部造型中一种主要的、传统的方法。

这样,张开的嘴巴、咽喉、牙齿、吞食吞咽在拉伯雷的形象体系中具有重大意义,就是完全可以理解的了。

张开的嘴巴在《庞大固埃》这部小说按时间顺序排为第一部中,起着特别重要的,甚至是主导的作用。甚至可以认为,第一部的主人公,就是一张张开的人嘴。

庞大固埃这一形象,无论其名字还是内核,都不是拉伯雷的创造。这一名字本身,早在拉伯雷以前就有。在文学中,它是魔鬼戏中一个鬼魂的名字;而在语言中,它是一个普通名词(名称),指一种咽喉病——一种因过量饮酒而导致的失声(酒鬼病)。这样一来,一个普通名词(病名)便和嘴巴、嗓子、酒、病、一个特殊的怪诞结有了关联。而魔鬼戏中的庞大固埃形象,则不但与此,而且还与更加广泛的宇宙结构相关联。

我们已经说过,魔鬼戏是宗教神秘剧的一部分,但就其形象的特点而言,它属于民间节灾的广场形式。其中的人体形象,带有表现鲜明的怪诞性。而庞大固埃形象,最初就是在魔鬼戏这样一种怪诞肉体氛围中出现的。

我们首次见到这一形象,是在15世纪下半叶的宗教神秘剧即西蒙·格列班的《使徒行传宗教神秘剧》中。在这部魔鬼戏里,“鬼母”普罗赛尔波娜向魔王路西菲尔贡献出四个小鬼(petits diables)。其中每个小鬼都代表四大元素(土、水、空气和火)之一。为了向魔王献技,每个小鬼都按自己所代表元素的特性,描述了自己的活动。于是一幅表现元素生命的、波澜壮阔的宇宙图景便展现出来。这四个小鬼中的

① 路西菲尔是基督教神话中堕落的天使、魔鬼。——译者

一个,就叫庞大固埃。他代表的是水这个元素。他说自己“比猛禽更轻松地环海飞行”。显然,他也就是在这里,使得自己浑身浸透了海盐,因而使他对盐和焦渴的欲望苏醒,其态度十分之特殊。在这部剧中,魔王说庞大固埃“每到夜里,在他期待别的事情的时候,他所做的事儿,就是往酒鬼的喉咙里撒盐”。

魔鬼庞大固埃在其他宗教神秘剧,即《圣路易宗教神秘剧》中,也是以同样角色登场的。他在剧中亲口说出一段内心独白,详尽讲述自己是如何整夜整夜地整治那些喝酒喝了一晚上的年轻人的:“他悄无声息地、为了不惊醒梦中人而动作小心翼翼地把盐撒进梦中人的嘴里。实话说,这些人一旦醒来,会感到比入睡前焦渴一倍半!”

由此我们看到,庞大固埃形象,作为宗教神秘剧里的一个魔鬼,一方面,与宇宙元素(与水元素和海盐)有关;另一方面,又与怪诞人体形象(张开的嘴巴、焦渴、醉酒)有关;最后,更与纯狂欢节式的动作,即往张开的嘴里撒盐有关,所有这些构成庞大固埃形象基础的要素,相互关系十分亲近。在拉伯雷笔下,这一形象的传统内涵得以完全保留。

需要特别指出的是,拉伯雷是在 1532 年这个历史上罕见的干热和干旱之年,构思和写作《庞大固埃》的。当时的人们的确时时处处大张着嘴巴。阿贝尔·列弗朗公正地指出,庞大固埃这个小魔鬼的名字及其所扮演的能激起人们的焦渴这一叛徒角色,在拉伯雷周围的人们中间,曾不只一次被提起,而且引出了许多笑谈或诅咒,干热和干旱使得这一形象极为普及。很有可能,部分地也就是由于这个原因,拉伯雷才充分利用它来写作这部小说。

小说开卷第一章,怪诞人体形象便以其全部鲜明特征出场了。该章讲述了庞大固埃所属的巨人族的来历。亚伯被杀死后浸透了鲜血的土地变得极其肥沃丰饶。以下就是第二部的开头(第二自然段):

“所以,你们要记好,在世界的初期(我是说很远很远以前的时代,用古时德卢伊德的算法,要算四十多个四十个夜晚才能算清),亚伯被他哥哥该隐杀死不久,大地浸染了正义者的鲜血,以至于有一年所有的果实都是特别丰收,尤其是山楂,大家都还记得那一年曾被叫作大山楂年,因为三个山楂就可以装满一‘卜瓦索’。”(第2部,第1章)

这就是该章第一个人体母题。它的怪诞狂欢节性是显而易见的。第一个死亡(按《圣经》传说,亚伯之死是大地上第一个死亡)赋予土地以丰饶,使它肥沃多产。这是我们已然熟知的凶杀与种类的组合,但却带有土地丰饶多产这一宇宙观。死亡、尸体、血液,如种子一般埋在土里,又以新的生命从土里崛起,这是最古老也是最流行的母题之一。它的另外一个变体是:死亡播种给大地母亲让她重新生产。这一变体往往被装饰以色情形象(当然,不是指这个词的狭义和特殊义)。拉伯雷在另一个地方(第3部,第48章)说道:“甜蜜的、热切的亲吻我们伟大的奶娘——土地,我们管这叫出殡。”作为对大地母亲最后一次拥抱的出殡意象,显然出自老普林尼,他详尽地发挥了大地母性和回归大地母亲怀抱即死亡—出殡这一主题(《自然史》,第2卷,第63页)。但对这一古老的死亡—革新形象及其全部变体和色彩,拉伯雷却倾向于不是以崇高的古代宗教神秘剧风格,而以一种狂欢节式的、民间节庆精神,作为对人民和自己在民间的历史相对不朽性的一种愉悦而又清醒的信念,而加以接受。

这样一来,死亡—革新—丰饶多产母题,便成为拉伯雷这部不朽小说开篇的第一个母题。试申述之。

土地上所富饶的,是“山楂”(en mesl)。可是,吃过这种山楂果的人,便会出现发育畸形:身体的某一部分会长大到奇形怪状的地步。于是拉伯雷描写了一系列身体的某些肢体发育到奇形怪状地步,以致将一个人身上的其余部分完全遮蔽的、典型的怪诞形象。实质上,其所提供的,是被肢解为部分的人体画面,只不过这些部分被以巨大的尺寸加以描写。首先,描写了肚子怪模怪样的人(这是一种典型的怪诞夸张);属于这个快乐的大肚子种族的,有圣潘萨、动荤的礼拜二。圣潘萨(亦即圣普桑)是一位通常被认为与狂欢节有关的一位圣人的谑称。值得注意的是，连狂欢节本身，也被归入大肚子种族。其次，拉伯雷描写了大得不可思议的驼背，怪模怪样的鼻子，特长的腿和大耳。详尽描写了其男根的长度令人难以置信的人（他们可以把它像系皮带似的缠在身上达六圈之多），以及睾丸长得分外发达的人。结果使得我们面前出现了一个巨大的人体形象，同时也出现了整整一系列狂欢节式的人物（要知道这类怪诞母题通常被人们用作此类人物造型的基础）。

而在这个怪诞人体肢体画廊面前，拉伯雷直接描写了天国中带有同一狂欢性的宇宙性骚乱：如"斯诺普星"[①]从处女星座移到了"天平"星座。然而就连这些宇宙形象，也被拉伯雷将其与怪诞人体直接交织在一起：这类星辰的骚乱是如此难于理解，以致"星相家们的所有牙齿，全都被折断在它们身上[②]，而他们的牙齿，可以设想，呜呼，那该有多长呀，竟然连那么远的地方，它都能探到！"牙齿长得可以探到星辰这一怪诞形象，是由一句隐喻——"啃"深奥的星相学难题——的现实化产生的。

随后，拉伯雷开始列举一长串巨人，即庞大固埃的祖先。此处列举了大量《圣经》、古代、中世纪和想象中的巨人的名字。拉伯雷对有关巨人形象和传说的大量材料是极为熟悉的（实际上，古代巨人已经由博学的拉维齐乌斯·杰克斯托尔整理分类，而拉伯雷则利用了此人的书）。巨人形象和巨人传说，与怪诞人体观有着十分紧密的联系。有关巨人在古代羊人剧（这恰好是一种人体戏剧）中的巨大作用，我们已经指出过了。多数有关巨人的地方传说，都把自然和地方地貌（山岳、河流、悬崖、岛屿）中各类形象，与巨人的身体及其个别器官联系在一起。因此，巨人的身体，并未与世界、与自然现象、与地理地貌分隔开来。我们同样也已经指出过，巨人属于民间节庆狂欢节形象的必演剧目。

这就是第一章中的内容。怪诞人体形象在此与宇宙现象交织在

---

① 意为"禾捆"。——译者

② 原文 обламать зубы 意为："企图做某事时吃了大亏，碰了钉子"。——译者

一起。小说中整整一系列形象肇始于死亡—革新—丰饶多产母题。

第二章同样也以这同一个母题开始:“高康大在他四百八十再加四十四岁的那一年,他的妻子,乌托邦亚马乌罗提国王的公主巴德贝克,生下了他的儿子庞大固埃。巴德贝克因生产送命,原因是孩子长得惊人的肥大,如果不把母亲憋死,就没法生下来。”

这是我们根据罗马狂欢节便已熟知的凶杀与生育交织的母题。杀人在此是生育者自己以其生育行为本身实施的。

生育和死亡也就是大地张开的嘴和母亲的肚子。接下来人和动物张开的嘴也出了场。

庞大固埃出生时可怕的干旱也得到了表现:“……狼、狐狸、鹿、野猪、斑鹿、野兔、家兔、鼬鼠、黄鼠狼、獾等等,还有其他的禽兽都张嘴伸舌地死在田地里。至于人呢,那就更可怜了。你们会看见他们一个个伸着舌头,像跑过六小时的猎犬一样。不少人跳进井里,有的趴到牛肚子底下那块荫凉里……于是一个人走进教堂,你就会看见二十来个渴得要死的人跟在后面,张着嘴,等待着那个蘸圣水的人也分给他们一小滴……真是的,这一年谁要是有一个凉爽而贮藏丰富的酒窖,该是多么幸福啊!”

应当指出,“井”“母牛的肚子”和“地窖”,都是与“张开的嘴”等值的形象。要知道在怪诞地形学中,嘴和肚子以及子宫(“uterus”)是相等的;例如,与色情的“trou”即“孔洞”形象并列,地狱的入口被描写成撒旦张开的大嘴(“地狱之嘴”)。井,则是民间创作中社会公认的正在生育的肚子的形象;地窖也与此相似,但在它身上,死亡吞食因素更强烈一些。这样一来,即使在这里,大地和大地上的洞孔,便已获得附加的怪诞肉体含义。这就为下文中将大地和海洋引入肉体系列做了铺垫。

接着,拉伯雷写了古代神话中的法厄同,他驾驶着太阳神的车子,离地面太近,差点使地上着火;大地被烤灼得直出汗,以致由于它的汗水,连海洋也变咸了(按照普卢塔克的说法,对海水所以咸的这种解释出自恩培多克勒)。拉伯雷把这一怪诞肉体观念从崇高的神话层面转移到了民间节庆降格的欢愉层面上来了:“……总之,大地热得厉害,出了许多汗,汗水成了大海,所以是咸的,因为汗都是咸的。如果你们尝尝自己的汗,或者患梅毒的人出的汗——随便哪一种都行——你们就会说是真的了。”

须知这一小小片段中形象的集结是很有特点的:它带有宇宙性(要知道在此不光大地会出汗,而且还使海水为汗水所充满);出汗这一典型的怪诞形象在其中起着主导作用(出汗与其他分泌现象相像,汗——尿);接下来,疾病——梅毒的形象也被引进,这是一种“快乐的”病,也是与肉体下部有关的一种病;最后,在此,汗水形象又与饮食相关(要人尝一尝汗水的味道),这是程度弱化了的出汗疗法,是医学怪诞所特有的(见于阿里斯托芬)。在这一片段中,“implicite”还含有与海元素和激起焦渴有关的、小海鬼庞大固埃形象的传统内核。同时,该片段的主人公是大地:在第一章中大地由于浸透了亚伯的鲜血而变得肥沃和多产,而在这里,在第二章中,它会出汗,会焦渴。

接下来,拉伯雷对捧十字架游行和奇迹进行了大胆的讽刺性模拟的滑稽改编。在教堂组织祈祷过程中,正向上帝祈雨的信徒们,突然发现从地底下,像一个人正在大量出汗一样,冒出来许多大滴大滴的汗粒。人们以为这是上帝听了他们的祷告后而普降的甘露。但人们弄错了,因为当捧十字架游行开始后,每个人都想要饱饮一顿露水时,才发现,原来这是盐水,而且比海水更咸,也更恶劣。于是,奇迹蒙骗了信徒们笃信宗教的希望。这里的母亲即肉体元素是以脱冕者的角色出场的。

而庞大固埃就恰好是在这一天的这个时辰降生的。因此人们给他起名叫“庞大固埃”,按照拉伯雷的布尔列斯克词源分析,意为“渴望一切的”。

主人公的诞生过程本身,就是在一种怪诞的氛围下进行的:从他母亲那张开的肚子里,先是跑出整整一队骡子,背上驮着能够引起焦渴的,浸透了海盐的小吃,而“毛茸茸的像头小熊”的庞大固埃本人,则在这之后才出现。

在第三章中,死亡与诞生双重性母题得到发展:高康大不知道自己是该为妻子的死亡而痛哭好呢,还是为儿子的诞生而高兴而大笑好,于是他时而“像一头牛犊”(刚生下来的小动物)似的大笑,时而又“像一头母牛”(正在生产的和正在死去的)似的号啕痛哭。

第四章讲述了当庞大固埃还在摇篮里时,所建立的早期功勋;所有这些功勋都是通过吞食和吞咽来表现的。每次进食他都能喝光四千六百头母牛所产的奶。给他喂粥的器皿是一口巨钟。他的牙齿早在那时即如此坚固有力,以致把这个容器咬掉相当大一个豁口。有一天早上,他想吃奶,于是,便挣脱了被绑在摇篮上的一只手,抄起了一头母牛的四条腿,啃掉了那头母牛的奶头,半个肚子,连同肝和腰子。如果不是旁人及时赶到,从他手里夺下了那头母牛,他会把它整个都吞到肚里去。可尽管如此,还是有一只牛腿没被来人夺走,被他攥在了手里,于是,他像吃小灌肠一样,把它吞咽了下去。又一次,高康大驯养的一头熊走近他的摇篮;庞大固埃便像抓小鸡一样抓起它,撕碎吞食了。他力大无比,于是,人们不得不把他和摇篮捆在一起,可是有一次,他居然背着摇篮走进高康大举行盛宴的大厅,由于他的双手被缚,他只得伸出舌头,用舌头从餐桌上够东西吃。

如上所述,所有这些功勋,都和吮吸、吞咽、吞食、撕扯有关。我们从中见到的,是张开的嘴巴、伸出的舌头、牙齿、喉咙、奶头、肚子。

我们不打算逐章考察使我们感兴趣的这些形象以后的发展轨迹了。我们只涉及其中最鲜明的例子。

在与利穆赞、大学生相遇那件事上,庞大固埃一把掐住学生的喉咙,以致使得那人在几年以后“大发卢龙病,一命呜呼”,也就是说,他死于焦渴(即小海鬼庞大固埃形象的传统内核)。

第十四章描写了一个特点鲜明的现象。在为德·于莫外纳爵爷和德·拜兹居尔爵爷结束讼案举行的宴会上，醉醺醺的巴奴日说道："啊，朋友，如果我升高能和我往下灌一样有能耐，我老早就飞过月球和昂贝多克勒斯在一起了。但是我不懂这是什么缘故：这酒很好，醇厚味美，可是我越喝，越觉得渴。我想庞大固埃殿下的影子会使人感到干渴，就像月亮会使人感冒一样。"（第2部，第14章）在此我们要强调的，是地形学成分：天的顶部和胃的底部。在此我们再次见识了庞大固埃形象的传统内核——引起焦渴。但在这一次，以这种角色出场的，是他的影子（我们强调与能使人怀孕的修道院钟楼的相似性）。有关月亮（天体）能使人着凉（生病）这一古老的传统观念，也带有怪诞性。

就在这次宴会上，巴奴日讲述了我们已经熟知的故事。即在土耳其，他如何差点儿没被人当作烤肉给烤熟，而他又是如何亲手用铁叉子烤熟了一个土耳其人；他是如何差点儿没被一群狗撕成碎片；他又是如何抓起摆在他身边的脂油，投给狗们，才使自己得以逃脱"齿痛"（即被狗牙咬啮引起的疼痛）。这里，还有将整整一座土耳其城市夷为平地的火灾的形象，和用火治病的形象：放在铁叉上烤了一番后竟治愈了巴奴日的老寒痛；这一纯粹狂欢节式的情节最后以歌颂铁叉和烤肉作结。

在多玛斯特的故事中，庞大固埃形象的传统内核又一次出现。在与庞大固埃初次见面以后，多玛斯特感到十分焦渴，于是不得不整夜喝酒，和用水漱嗓子。在辩论会进行过程中，听众开始鼓掌，庞大固埃对听众吆喝了一声，于是："一语既出，听众立刻鸦雀无声，连咳嗽也一声都不敢出，就好像他们每个人都吞下了十五磅鸭毛，而且，尽管庞大固埃只不过喊了一嗓子，可是，听众全都立刻不要命地口渴难当，想喝点儿什么，由于焦渴，大家全都把舌头伸出口外半尺来长，仿佛庞大固埃在他们喉咙里撒了一把盐。"（第2部，第18章）

在我们已经熟知的火烧骑士和盛宴的故事里，庞大固埃那张开的嘴也同样出场了。被俘的骑士"生怕庞大固埃会把他整个儿吞下肚去，这在庞大固埃倒也是轻而易举的事，须知他的喉咙如此宽大，吞一个人不比吞一颗糖果更费劲，俘虏如果落在他的嘴里，跟一粒小米掉

在驴嘴里没有什么不同”。(第2部,第25章)

在描写安那其王的战争时,第一部中所有主要形象,张开的嘴、喉咙、盐、焦渴、尿(取代汗)等等,全都十分醒目地出场了。这些形象如一根红线贯穿着战争的所有细节。庞大固埃派被俘的骑士送给安那其王一只口袋,里面装着蘑菇和想要引起他的焦渴的红辣椒籽。“可是国王只吃下一调羹,便觉得喉咙里像火一样焚烧起来,小舌头跟烂了一样,大舌头疼痛难忍,不管给他吃什么药,都不见效,除非让他不停地喝东西,因为只要碗一离开他的嘴,他就感觉舌头像火似的发烫。所以他只好用一个漏斗对准他的嘴往下灌酒。”继国王之后,他的大臣军官和卫兵们,也开始喝起酒来。“这样一来,全营将士没有一个不大喝特喝,饮酒取乐的了。最后,一个个都喝得烂醉如泥,像猪猡似的睡倒在地,横七竖八躺了一地。”(第2部,第28章)与此同时,庞大固埃却和他的伙伴们一起,按照其特有的方式,开始备战了。他带来了二百三十七桶酒,腰里拴一只木船,里面满满装了一船海盐。随后他们把大量的酒全都喝得一干二净,而且,庞大固埃还喝了利尿剂。在此之后,他们把安那其王的营房点着,营里的士兵们在狂饮之后还在酣睡之中。形象嗣后的发展如此独特,以致我们决定在此全文引用有关的段落:

“这时候,庞大固埃已经开始撒起他船里装运的盐来,因为他们一个个都张着大嘴睡觉,他把他们的喉咙都填得满满的,以致那些倒霉的家伙都像狐狸似的咳嗽起来,一边还高声叫喊:

“‘啊,庞大固埃,你可真是火上加油!’

“庞大固埃因为吃了巴奴日给他的药,忽然想小便,于是便在他们营里尿了一个痛快,把他们全都淹死了,周围十法里以内也发起了一场特大的洪水。历史上说,假使他父亲的大牝马这时也同样来一泡尿,那保险比丢卡利翁时代的洪水还要大:因为它没有一次小便不冲出一条比尼罗河和多瑙河更大的河流的。

“从城里出来的人看见了,都说道:

“‘他们死得多惨啊,你看流了多少血。’

“然而,这些人错了,因为他们凭着烧营房的火光和朦胧的月光,把庞大固埃的尿当成敌人的鲜血了。

“敌人醒来之后,看见一面是营里的大火,一面是小便滔滔的洪水,真是不知道说什么、想什么才好。有的说是世界末日,最后审判的时候到了,一切都得给火烧光;有的说是海神尼普顿、普罗合乌斯、特力顿等等来惩罚他们来了,因为的确,水是咸的,和海水一样。”(第2部,第28章)

我们已经看到,该部前几章中所有主要形象都已回到这里来了,只不过这里的咸水不是汗,而是尿。分泌它的,不是大地,而是庞大固埃,而他作为一个巨人,在此已然获得全宇宙意义。庞大固埃形象的传统内核在此得以充分展示和夸大:整整一个军的张开的嘴、整整一罐的、被撒进这些个嘴里的盐,水元素和海神、咸涩的尿和洪水。形象的游戏也很有代表性:尿—血—海水。所有这些形象在此都被纳入世界在水火中毁灭的宇宙大劫难的画面中来。

在此,中世纪的世界末日论在绝对的物质-肉体下部形象中,被降格和革新。在此,是狂欢节式的火灾,也使世界革新。不妨回想一下歌德所描写的罗马狂欢节上的“火节”及其“死亡属于你!”还有《预言之谜》中对世界大劫难的狂欢节式的描写。在那里,把所有人全都淹没的洪水,原来是汗水,而世界性火灾原来是炉灶里愉悦的文火。在我们所分析的细节中,人体与物质间的一切界线均被抹平;连宴饮与战争之间的界线在此也消失了:宴筵、酒、盐、引发焦渴,成了进行战争的主要手段。血,被过饮暴饮之后过量的尿的洪流所取代。

我们不要忘记,尿(和屎一样),是一种同时既降格又轻松的变恐惧为诙谐的愉悦的物质。如果说尿似乎是介于人体和大地之间的中介物(这是将大地和人体联系起来的诙谐的环节)的话,那么,尿就是介于人体和大海之间的一种中介物。因此,宗教神秘剧里的海鬼庞大固埃,咸的海元素的体现物,到了拉伯雷笔下,在一定程度上已然成为愉快的尿元素的体现物(他的尿,如我们在下文中将要看到的,具有一种特殊的疗效)。屎和尿使物质世界、宇宙元素肉体化,使之成为一种亲密而亲近的和肉体可理解的东西(要知道这是一种人体本身所产生和分泌的物质和元素)。尿和屎把宇宙恐惧变为愉悦的狂欢节式的怪物。

必须看到对宇宙恐惧,即一种对无比巨大而又强大的东西如星空、山岳、海洋这样的大块物质的恐惧,和对宇宙变迁及自然灾害的恐惧,在最古老的古代神话成分、世界观、形象体系、语言本身及与语言相关的思维方式中,所起的巨大作用。某种对过去宇宙变迁的朦胧记忆和某种对未来宇宙动荡的模糊恐惧,根植于人类思维、语言和形象的基础之中。严格地说,这种宇宙恐惧就其基础而言根本不是神秘主义的(要知道这是一种对物质上巨大和物质上不可克服力量的恐惧),它被所有宗教体系用于压制人及其意识。但在最古老的民间创作的形象中,与这一宇宙恐惧,与对宇宙动荡和毁灭的记忆和预感所进行的斗争,便已有所表现了。在反映这一斗争的民间形象中,一种真正属于人类的无所畏惧的自我意识被锻造出来[①]。与宇宙恐惧进行的这种斗争及其所有表现形式,其所依靠的,不是抽象的希冀,也不是精神的永恒性,而是人自身的物质因素本身。人仿佛已然掌握了这些宇宙元素(土、水、空气、火),在自己身上、在自己的肉体上,找到并且生动地感觉到了它们的存在;人在自己身上体验着宇宙。

这种在肉体本能中对宇宙元素的掌握,在文艺复兴时代,得到了特别强烈和自觉的实现。这在小宇宙思想〔拉伯雷在我们上文所引的、巴奴日(关于债权人和债务人)的议论中,也运用了这一思想〕中,

① 表现这种斗争的形象,往往与另外一种形象相互交织,它们反映了在个体人体中,与对苦痛诞生的记忆和对濒死状态的预感所进行的平行斗争,宇宙恐惧更深刻、更重要;它仿佛巢居于人类的生殖肉体之上,因此,它已渗透到语言、形象和思维的基础本身中来。这种宇宙恐惧比个体的肉体对死亡的恐惧更重要,也更强烈,尽管这两种声音,有时在民间创作形象中,特别是在文学形象中,会交混在一起。这种宇宙恐惧是古人无力面对自然力量的一种遗存。民间文化与这种恐惧格格不入,它以诙谐、以对自然和宇宙的诙谐的肉体化,来克服这种恐惧,因为这种文化始终是以对人的强大和最后胜利的不可动摇的信心为基础的。而官方文化则往往大肆利用它,甚至可以说,还有意培植这种恐惧,目的是贬低和压迫人。——作者

得到了理论上的表述。有关文艺复兴哲学中的这些现象,我们回头还将讨论。而在这里,对于我们来说,重要的是强调这样一点,即人们是通过自己的身体,在人体极端物质的活动和机能即饮食、分泌和排泄及性生活行为中,掌握和感觉物质宇宙及其元素的,他们正是在自己身上找到了那些东西,并且仿佛是在自己肉体内部由内而外地触摸着土地、海洋、空气、火及全世界的物质及其所有表现形态,并以此来掌握它。恰恰是肉体下部形象,更多地具有小宇宙意义。

在形象创造领域中,宇宙恐惧(如任何恐惧一样)被诙谐所战胜。因此,屎和尿,作为一种可笑的和肉体上可理解物质,在此便起着这样的作用。因此它们在这里才会以夸大的数量和宇宙的规模出场。利用物质-肉体下部形象描写的宇宙大劫难,被降格、被人化、被转变为滑稽怪物。诙谐,战胜了宇宙恐惧。

让我们回到与安那其王的战争这一情节上来。小说详尽描写了庞大固埃和巨大“狼人”的单打独斗。这里同样有对形象的玩味。只见“狼人”张着大口(La gueule ouverte),向他奔来。庞大固埃“将船里的十八大桶酒和一米诺海盐塞满狼人的喉咙、鼻子和眼睛”。在下一场战斗中,庞大固埃右脚向前,跨出一步,并把剩下的酒全都泼了出去,用木桅的尖端直捅“狼人”的胯裆,一下打破桅棚,将桅棚里剩余的三四十桶酒浆撒了出来。“狼人”见了,以为庞大固埃砸碎了他的膀胱,把酒当作膀胱里流出的尿液。(第 2 部,第 29 章)

次章的情节是爱比斯德蒙的复活,以及讲述他如何造访阴间的故事。如果我们能回忆起来在肉体地形学中,地狱是通过肉体下部或魔王张开的大嘴形象而被描写的,而死亡就是吞咽或回归大地的怀抱的话,那么,显而易见,我们依然处在那同样一些张开的大嘴或敞开的怀抱形象的范围内。在下一章里,我们将对造访地狱的情节进行详尽分析。

与安那其王斗争的整个情节,是以两个纯狂欢型形象作结的。

第一个形象是狂欢—乌托邦式的“普天同庆”:当战胜者走进亚马乌罗提城时,“全城到处点起了篝火,大街小巷都摆满了圆桌,上面堆满了吃的东西。当晚举行了盛大的宴会,可说农神萨图恩的黄金时代重见于今日。”(第2部,第31章)第二个形象,是对安那其王(关于他,我们在别处已经讲过了)的狂欢节式的脱冕。

下一章讲述庞大固埃如何在倾盆暴雨中,以自己“伸出的舌头”为整个军队遮雨。接着,描写作者(阿尔高弗里巴斯)在庞大固埃嘴里旅行的故事。阿尔高弗里巴斯在那儿发现了一个完整的、鲜为人知的世界:广袤无垠的草地、森林,深沟固垒的城池。原来,他嘴里的王国居然有二十五个之多。在庞大固埃嘴里生息的居民,深信他们的世界比大地还古老。阿尔高弗里巴斯在他所创造的主人公的嘴里生活了六个月,他以通过庞大固埃口腔的食物为食,并在他的嗓子里排泄。

这一情节出自卢奇安(《信史》),而它同时又为我们所分析的、整个张开的嘴形象系列,画上了一个圆满的句号。在一张嘴里,最后,居然出现了一个完整的世界,一个口腔的地狱。如同爱比斯德蒙所见的地狱一样,这一口腔世界在某种程度上是有组织的,是“一个里外翻转的世界”;例如,在这里,人们不为劳动而为睡觉付酬。

这一处于庞大固埃嘴里的、“比大地还古老”的世界,揭示了时空评价的相对性思想,但是从怪诞的诙谐角度揭示的。

第三十三章讲述了庞大固埃生病和痊愈的经过。他得的是积食病。在他生病期间,在法国和意大利的许多地方,由他那大量的、滚烫的尿液,形成了具有疗效的温泉。在此,庞大固埃再次作为欢语的、肉体—宇宙中的尿元素的体现者出场。

在生病这段情节中,描写了人们如何为了清洗庞大固埃的胃液,而下降到他胃里的细节。这些人们带着十字镐、铁铲和葡萄篓,凿开一颗硕大无朋的铜球,那是被庞大固埃当作药丸吞下去的(吞咽意象)。进到胃里以后,人们钻出铜球,开始清洗工程。如上一章中的口腔一样,该章的胃,也同样具有一种巨大的、差不多是全宇宙的规模。

最后,在最后的结尾一章中,出现了怪诞的人体形象。这里提供了小说以下各部分的纲要。在所设计的情节中,有庞大固埃火烧地狱、把普罗赛尔波娜扔在火里,拔掉路西菲尔四个大獠牙和尾巴上的一个犄角。接下来,计划写庞大固埃遨游月宫,察访月宫是不是圆满无缺,是不是女人把月亮的四分之三都装进自己脑袋里①。

因此,在小说的第一部(按时间顺序)中,张开的嘴、喉咙、牙齿和舌头形象,作为该部的主导旋律,从始至终贯穿全书。这张张开的嘴,是带有宗教神秘剧特点的庞大固埃形象基本的、传统的内核。

张开的嘴的形象,一方面,与吞咽和吞食形象,另一方面,又与肚子、腹部和生育形象有机交融在一起。同时,宴饮形象,以及死亡、毁灭和地狱形象,也趋向于这一形象。最后,传统的庞大固埃形象的其他因素如焦渴、水元素、酒、尿也与张大的嘴有关。

这样一来,怪诞人体生命的所有主要器官和部位,及其所有主要事件,在此都是围绕着张大的嘴这一中心形象而展开、描写的。

张大的嘴这一形象,是公开的、非封闭性人体最鲜明的表现。这是通向人体内部的一扇敞开的大门。人体的公开性和深层性,由于嘴里居然会有一个住满了人的完整世界,由于人们居然能像下到地下矿井中去那样下到胃里,而被进一步强化。庞大固埃之母那敞开的胸怀、吸收了亚伯之血的大地那丰沃多产的怀抱以及地狱等形象,也同样表现了肉体的公开性。这一肉体的深层是丰沃多产的:其中旧的死亡,而新的极为丰盈地诞生;整个第一部的的确确充斥着生殖力、丰沃多产和丰裕的意象。与这种肉体的公开性一起出场的,往往还有男根和锁子甲(作为男根的替代物)。这样一来,这里的怪诞人体,就成了缺乏正面的、了无生气的、具有封闭性外表的、缺乏表现性外观的人体:这一人体,或是多产的肉体深层,或是生殖性的、受胎性的突凸部位的人体。这种人体既吞咽也产生,既取亦予。

建立在多产的深层和生殖性突凸部位上的人体,是从不对世界划清界限的:它进入世界,并与世界交混和融合在一起;甚至在它自己身

① “月亮的四分之三在女人的脑袋里”是当时一句歌谣,指女人的头脑善变有如月亮时缺时圆。《巨人传》,第412页,成钰亭译。——译者

上(如在庞大固埃的嘴里那样),也隐藏着新的未知的世界。人体采取了宇宙性规模,而宇宙则肉体化了。宇宙元素转变成为成长中的、生产中的和胜利中的人体的、愉悦的肉体元素。

《庞大固埃》是在1532年法国遭受自然灾害时构思和创作的。诚然,这些灾害并非特别重大、悲惨,但毕竟它们令人感受强烈,使当代人的意识受到冲击,在当代人的意识中唤起对宇宙的恐惧和末日感。

《庞大固埃》在很大程度上,就是对这场自然灾害唤醒的宇宙恐惧的一个欢乐的回答,也是对宗教末日论情绪的一个反应。摆在我们面前的,是又一个以民间广场形式出现的、文艺复兴时期时事述评的杰出典范。这是对那一历史关头中轰动一时的事件,耸人听闻的思想和情绪的一个战斗的呼应。

1532年,有过一次严重的、持续很长的干热和干旱,从开春一直到十一月份,即长达六个月之久。这次干旱对春播,尤其是对葡萄,构成了严重威胁。教会为这次干旱举办了多次祈祷法会和宗教仪式,我们在这部小说的开头也已看到对这类法会和仪式的讽刺模拟性的滑稽改编。同年秋天,法国许多地方发生了传染病和瘟疫,一直持续到第二年。《庞大固埃》中对此次瘟疫亦有所暗喻;书中解释说,瘟疫是由于从主人公胃里呼出的有害气体导致的,他正为消化不良所苦。

那些年中自然的灾害和瘟疫的流行,如在我们已经谈到过的14世纪一样,激起了古老的宇宙恐惧和与之相关的末日论形象体系及神秘主义观念体系。然而,如同任何一般劫难一样,这类现象通常也会激发历史批判主义和对一切教条主义观点与论调进行自由重估的要求(如薄伽丘和14世纪的兰格伦[①])。在创作《庞大固埃》的岁月里,某种类似的现象也同样发生了,尽管其程度较弱。而对于拉伯雷来说,这却成为他写作此书的出发点。小海鬼、焦渴的激发者庞大固埃这一形象及其音调本身,也许就是从广场上自由的话语元素和亲昵的

① 威廉·兰格伦(约1330—约1400),英国诗人。相传是长诗《农夫皮尔斯》的作者。——译者

宴席交谈中浮现出来的,在这类话语中,这一形象成为对世界和自然愉悦的诅咒的直接接收人,成为以末日论、天意和世界劫难之类为题的、自由的滑稽戏拟的主人公。然而,围绕着这一形象,拉伯雷却集聚了大量的、数千年以来积淀下来的、反映了与宇宙恐惧和末日论的斗争的、民间诙谐文化材料,创造出了愉悦的、物质-肉体的、永恒生成的永远处于革新中的宇宙的形象。

小说的第一部最具有宇宙性。在以后各部中,这一成分减弱了,而历史和社会政治类主题,开始占据首位。但克服宇宙恐惧和末日论,直至小说结尾,都是主导主题之一。

在这一主题的发展过程中,怪诞人体起着巨大的作用。这一全民性的、生成中的和永远得意扬扬的人体,在宇宙中如在自己家里那么自在。它从血到肉都属于宇宙,它身上同样蕴含着宇宙的元素和力量,但这些元素和力量在它身上更具有组织性;人体,是宇宙最后也是最好的话语,也是一种居主导地位的宇宙力量;它不会对宇宙及其所有元素心存畏惧。它也不怕死亡:个体的死亡,只是人类庄严生活中的一个成分,但也是人类革新和完善所必不可少的一个成分。

不妨让我们对怪诞人体的若干来源做一番考察。我们仅只涉及最贴近拉伯雷的几组来源。如上所述,在语言本身的意象之中,尤其是在亲昵的话语交际形式中,怪诞人体观古已有之。一切骂人的、脱冕的、挑逗的和欢悦的手势语储备(如表示轻蔑的手势、指鼻子、拍屁股、吐唾沫及其他种类繁多的,不体面的手势)形式,均以怪诞观为其基础。这种人体观念最终渗透到了种类繁多的民间创作的形式和类型中来。怪诞的人体形象分布在各处,拉伯雷的所有同时代人,也都能理解、熟悉并知晓它们。我们在此所涉及的那一类来源,仅仅只是这种居统治地位的、包罗万象的人体观中,与拉伯雷这部小说的主题直接相关的、个别的、特殊的表现形式而已。

首先,让我们讨论一下有关巨人和硬汉的传说。巨人形象就其本质而言也是一种怪诞的人体形象。但是,巨人形象中的这种怪诞性,其发挥的程度当然会有强弱之差。

在拉伯雷时代极为流行的骑士小说中,巨人形象在此类小说中极为众多,他们几乎完全不具备怪诞特点。在多数情况下,仅只突出表现了这类形象身上被夸大了的体力及其对主人公胜利者的忠诚。

在意大利的讽刺喜剧传统如普利奇《摩尔干提》,特别是在弗林格(《弗兰卡苏斯》)笔下,在从艳情转入喜剧层面的巨人形象中,怪诞特点趋于复活。拉伯雷对意大利喜剧巨大传统了若指掌,因此应把它作为其怪诞肉体形象的来源之一予以考虑。

然而,众所周知,拉伯雷的直接来源,是一本民间故事畅销书《高康大大事记》(1532)。这部佚名作品的确不乏某种讽刺模拟和滑稽戏拟亚瑟王系列骑士传奇的成分,但它却丝毫不是——而且当然不是——晚近意义上的一种文学的讽刺模拟。它所塑造的巨人形象带有表现鲜明的怪诞肉体性。这本书来源于有关巨人高康大的民间口头传说。这一传说在《高康大大事记》问世前即已存在于口头传统之中,并在口头传统中持续存在,直到我们今天,而且,还不仅是法国,同时也包括英国。19 世纪记录的这一传说的各种变化,收集在 P.谢比洛的《民间文学传统中的高康大》(巴黎,1883 年)一书中。现代有关高康大及其他巨人的贝尔尚传说,收集在 Jean Baffier. *Nos Géants d' autrefoés*: *Récits berrichons*. Paris,1920[①] 一书中。即使是在这一晚近的口头传统中,高康大形象也带有十足的怪诞肉体性。占据首位的,是巨人那庞大的胃口,其次才是人体其他的怪诞机能。法国至今有这样一句熟语:“Quel Gargantua”,意为“好一个大肚汉”。

所有有关巨人的传说,都和这种或那种传说所在地区的地貌,有着密切的关系:传说永远都能在当地地貌中,为自己找到直观可见的依据,它能在自然中找到被肢解的、被分散的或被压制的巨人的肉体。至今在法国各地,仍有与高康大的名字有关的、数量惊人的悬崖、史前

① 让·巴菲尔:《我们过去的巨人·叙述体故事的丰富化》,巴黎,1920 年。——作者

巨石纪念碑、石冢、直立巨石等风物：它们全都是这位巨人身体的各个部分及各类日常用品。我们见到的，全都是诸如此类的名称："高康大的手指""高康大的牙齿""高康大的匙子""高康大的锅""高康大的碗""高康大的座椅""高康大的手杖"等等。实际上，这是被分解的巨人肉体的各个肢体、厨具和家庭日用品的、拉伯雷式的集成。当然，在拉伯雷的时代，这一由巨人被分解的肉体和物品组成的石头世界，还要更丰富。

分布在全法国境内的巨人被分解的肉体和用具，具有特殊的怪诞的直观性，因此，不可能不对拉伯雷笔下的形象产生一定的影响。例如，《庞大固埃》中提到的那只为主人公熬粥的巨碗，作者补充说，即使是现在，也能在布尔日看到。如今在布尔日任何类似的风物也已不复存在了，但14世纪所提供的证据向我们证实，那里的确有过一块形如水池的巨石，"Scutella gigantis"（即"巨人之碗"）。从前，酒商们曾一年一度往里面倒酒，以飨穷人。因此，拉伯雷显然是从现实生活中捕捉了这一形象①。

除《高康大大事记》中的人体怪诞外，还应提及《庞大固埃小子》，这是一本出版于1537年的匿名小说。此书明显受到拉伯雷本人和卢奇安（《信史》）的影响，但与此同时，书里也不乏民间节庆成分，同时也受到了口头传统中巨人传说的直接影响。而这本书反过来又影响了拉伯雷。

需要着重指出的，是巨人的民间节庆角色。巨人是集市演艺剧目中常见的人物（在此他和侏儒一起保留至今）。然而，巨人也是狂欢节和"圣体节"等游行队列中的必须出场的人物。中世纪末期，许多城市除经常性的"市级丑星"外，还有经常性的"市级巨人"甚或"巨人家族"，他们由市里负担费用，并且负有参加所有民间节庆游行活动的义务。这一市级巨人制在法国北部尤其是比利时的许多城市甚至城镇

① 有关巨人那被分解的石头肉体和物品的大量民间文学材料，见索洛蒙·拉伊纳赫的《文化、神话和宗教》第3卷，即《在民间语言和信仰中用毛石建立的丰碑》，第364—433页。还可参阅P.谢比洛的《法国民俗学》，第1卷，第300—412页。——作者

中,一直存在到19世纪:例如,在里尔、杜埃和卡塞耳等地。1835年,在卡塞耳为纪念1638年饥馑举办的纪念活动中,就有巨人参加。而且,巨人还出席以全体居民为对象的免费施汤仪式。巨人和饮食的这样一种关联,很值得注意。比利时还有一些特殊的、节庆日唱的《巨人之歌》,歌中的巨人形象与家灶和食品制作有紧密联系。

民间节庆巨人这一形象,是民间广场娱乐和狂欢节仪式不可分割的一个成分。对此,拉伯雷当然耳熟能详。尽管有关这个问题,我们手头没有任何专门资料。许多没有传留至今的、各类有关巨人的地方性传说,同样也是他所熟知的。小说中提到的一些传说中的巨人的名字,说明其与饮食和吞咽的特殊关系:如 Engoulevent、Heppemouch、Maschefein[①] 等等。

最后,如前所述,拉伯雷也了解古代的巨人形象。特别值得一提的,是他熟知欧里庇得斯的《基克洛普》[②]。在其小说中,他两次引用了该剧。

这就是与巨人形象有关的来源。我们认为,对拉伯雷来说,民间节庆中的巨人形象的意义最大。他们极其大众化,为每个人所熟知,深深渗透着民间节庆广场上自由精神的气息。最后,他们还与以表现物质-肉体的丰盈性和富足性为题的民间演出,有着密切的关系。节庆日集市巨人的形象和气息,无疑会对民间畅销书《高康大大事记》,对高康大传说的加工,产生影响。我们认为,民间巨人及其集市和广场式阐释,对拉伯雷小说前两部中的巨人形象,具有无可置疑的影响。

至于《高康大大事记》,则其影响更多的是外在的,而且,实际上,不过是简单借用了它的一系列纯情节性要素。

怪诞肉体形象的极端重要的来源之一,是与所谓"印度奇闻"有关的一系列传说和文学文献。印度奇闻中的形象,对于整个中世纪的幻

① "渴人""饿死鬼""饕餮汉"。——译者

② 一译《独眼巨怪》。——译者

想作品，具有一定影响。我们在拉伯雷的小说中，也可以找到此类直接和间接的影响。不妨让我们简要叙述一下“印度奇闻”传统的历史。

第一个收集了所有印度奇闻故事的人，是一个生活在波斯的希腊人克特西阿斯·克尼茨基。他生活在公元前4世纪。他收集了所有有关宝藏、奇异的植物群和动物群、印度人异乎寻常的体格的故事。克特西阿斯的作品未能传留至今，但幸而卢奇安对它有所引述（见其《信使》一书），引用过他的，还有老普林尼、塞尔维亚的伊西多尔等人。

公元2世纪，*Physiologues*[①] 一书于亚历山大城问世，但同样也未传留至今。这本书是一部混合了传说和奇异的自然史。书中对矿物、植物和动物做了描述。在此书中，“自然王国”往往与怪诞形象本身混为一谈。《生理学家》在后世被广泛引用，其中包括塞尔维亚的伊西多尔，其著作是中世纪《斗兽者》[②]的主要来源。

所有这一类传说材料的汇编，成书于公元3世纪卡里斯芬之手。他的著作有两个拉丁语版本：一是《尤里乌斯·瓦列里乌斯》，约300年成书；一名为《伟大的亚历山大战争史》，成书于10世纪。其后，卡里斯芬的传说汇编入中世纪所有宇宙志著作中（布吕涅托·拉吉尼、梅特茨的戈蒂耶等）。所有这类著作都深深渗透着主要来源于卡里斯芬的《印度奇闻》汇编中的怪诞人体观念。

有关印度奇闻的传说，继而渗透进游记故事中来，其中，有真实的（如马可·波罗），也有虚构的（如让·德·曼德维尔那本极为流行的书）。14世纪时，所有这些游记被统一收集在一本汇编类的手抄文本中，题名为 *Merveilles du Monde*，也即《世界奇闻》。这部手抄文本中有许多表现典型的人物怪诞形象的、有趣的小型精美的插画。最后，印度奇闻还渗透进以亚历山大诗体写作的长诗 *Le roman d'Alexandre*[③]。

有关印度奇闻的传说就是这样形成和传播开来的。这一传说还

---

① 《生理学家》。——作者

② бестиарий——源于拉丁语“bestia”，指在马戏场上与野兽角逐的斗士。——译者

③ 《亚历山大传奇》。——作者

确定了中世纪造型艺术中的众多作品的母题。

所有这些印度奇闻有什么特点呢？这些传说讲述的，是童话般的财富、印度独特的自然风光以及纯幻想性的神异事物，如会喷火的恶魔、魔草、魔幻森林、青春泉。动物故事在其中占很大比重。除真实动物（大象、狮子、豹子等）以外，还详尽地推写了幻想中的动物——龙、哈尔皮亚[①]、利科恩、凤凰等。例如，曼德维尔详尽描写了猴身鹰头兽，而布吕涅托·拉吉尼则以龙为描写对象。

但对我们具有特殊重要意义的，是对从未见过的人形生物的描写。这类生物带有纯粹的怪诞性质。其中有些是半动物，如腿上长有蹄子的马怪，女首鸟身或女身鸟足的海怪，不会说话而只会吠叫的齐诺答法尔、萨蒂尔、奥诺芬塔夫尔等。因而，可以说描写了整整一系列混合人体形象的画廊。其中当然也不乏巨人、侏儒和矮子。最后，还有具有各种畸形特征的人：只有一条腿的斯齐奥波德、没有头而脸在胸前的列乌曼；有脑门儿上长着一只眼睛的人，有眼睛长在肩膀上、长在背后的人，有六只手的人，有用鼻子吃饭的人等诸如此类的怪物。所有这一切，都是中世纪的人所喜爱的、不羁的、怪诞的、解剖学的杜撰。

拉伯雷也喜欢这样的杜撰，这样自由玩弄人的肉体及器官：只需回想一下他所创造的小矮人（奇形怪状的刷子把儿小人，对加巴林的著名描写）就够了。小矮人是从庞大固埃的屁里产生的，其心脏长得离肛门太近。所有这些形象也都表现出解剖学杜撰的性质。

印度奇闻传说的一个很重要的特点，是其与地狱母题的重要关系。频频出现于印度丛林和谷地中的众多魔鬼，促使人们作出这样的推断，即在这个国家的某些地区，一定隐藏着通向地狱的洞孔。同样，中世纪人也相信，即在这里，在印度，有一个俗世中的天堂，即亚当和夏娃最初居住过的地方：它坐落在离青春泉只有三天路程的地方。人们传说，马其顿的亚历山大曾在印度见过一所“信徒寺院”，它门窗紧

① 希腊神话中司暴风的有翅膀的女怪。——译者

闭,四面封得死死的,教徒们将在那里一直住到最后的审判。在有关约翰牧师及其王国(它被限定在印度)的传说中,同样也讲到通向地狱和俗世天堂的各条道路。一条叫作费索恩的从俗世天堂流出来的小河流经约翰牧师的王国。这些或通向地狱或通向人间天堂的道路和洞孔(trous)的存在,赋予此类神奇国度的空间以完全特殊的性质。这与中世纪人对空间的艺术思想接受和认识的总特点有关。地球空间的结构——如怪诞人体:它由高地和低地组成。地球单调沉闷的平面总是为向上或向下——即向地心深处、向地狱的意向所打破。人们认为,在这些孔洞和地心深处,如在庞大固埃的嘴里那样,存在着另一个世界。人们在大地上漂泊漫游之际,总是不忘寻找通向另一世界的大门或门户。有关此类漫游的经典表现方式杰出的《圣布伦丹游记》我们将在下一章讨论。在民间传说中,这种由高地和低地("洞孔")构成的地面空间,都或多或少被肉体化了。

所有这一切都构成了中世纪地形学的独特性质及特殊的宇宙观。下一章中我们还将探讨这些问题。

所有有关印度奇闻的传说,在中世纪都极为普及。除我们提到过的、广义上的宇宙志书籍外(包括游记书籍),它对中世纪所有文学创作都有巨大影响。而且,印度奇闻还在造型艺术中有巨大的反映:如前所述,它们规定了为数众多的小型精美画作、插图手稿、教堂和教会壁画及雕刻所表现的母题。

因此,对于中世纪人的想象和眼睛来说,部分也由于印度奇闻,怪诞人体才成为习以为常的。中世纪人无论是在文学中抑或是在造型艺术中,到处都能见到混合人体,到处都能见到千奇百怪的解剖学杜撰,见到自由玩弄人体肢体及其内脏器官的现象。同样,中世纪人对于破坏人体与世界间一切界限的现象也习以为常。

这样一来,印度奇闻便成为怪诞人体观非常重要的一个来源。需要指出的是,在拉伯雷的时代,这类传说还非常活跃,并能引起人们普遍的兴趣。

在《庞大固埃》的最后一章,拉伯雷在讲及小说以后的计划时,说到将要写主人公游历约翰牧师国,也即印度的故事。而在此之后,紧接着将写捣毁地狱的故事。而通向地狱的入口,显然,就在约翰牧师国。由此可见,在小说最初的构思中,印度奇闻就担负着相当重要的角色。当然,印度奇闻传说对拉伯雷怪诞解剖学幻想的直接和间接影响,也是特别巨大的。

怪诞人体观的另一个极其重要的来源,是中世纪宗教奇迹剧舞台,不言而喻,特别是魔鬼剧。

魔鬼剧中的人体形象,是怪诞的。经常出场的,有被撕成碎片的人体,煎炸、烧烤、吞食的人体。例如,在让我们初次见识小海鬼庞大固埃的那部《圣徒行传宗教奇迹剧》中,魔王吕锡夫吩咐小海鬼们煎炸几个异教徒,并且提供了一长串详尽无遗的煎炸那些异教徒的方法。在另一部剧作《圣康田宗教奇迹剧》中,列举了很长一串,足有一百多个表示各类肉刑方法的动词:放在火上烤、毁容、肢解、车裂等等。这样一来,这也实际上是在做怪诞的人体解剖和肢解。拉伯雷笔下还写过吞食有罪灵魂的形象,它无疑与魔王戏有关。有关鬼魂形象及其在魔鬼剧中体格造型中的肉体怪诞性质,我们已经讨论过了。

作为怪诞人体观的来源,宗教奇迹剧舞台的构造本身,也具有特殊重要的意义。这种舞台反映了中世纪人对于世界空间等级组织化的观念。舞台的前景是一种特殊的舞台布景结构,这是一个平台,相当于舞台的第一层。这个平台本身表示土地。舞台后景稍高一些,是天堂、天空(如今这一名称也仍然保留着,但不是为了舞台,而是为了最高层一部分观众席,即为楼座 райка 保留着的)。而在表示土地的平台下面,是表示地狱的进深。它的结构形似一块阔大的幕布,上面画着硕大而又可怕的鬼头(《阿尔莱金》)。这块幕布靠绳子开合,小鬼们穿过撒旦张开的大嘴(有时也穿过眼睛),从那里跳将出来,跳上表示土地的平台。有一位宗教奇迹剧的作者写过这样一段舞台提示

(1474 年):“地狱要做得像一张巨口,可以根据需要开阖。”①

因此,张开的大嘴恰恰就是宗教奇迹剧的所有观众直视前方时所能看到的东西。要知道这道地狱之门位于舞台前景的正中,而且恰好与观众的视线等高。这道“地狱之门”(如其通常的名称“魔鬼的嘴脸”——“La gueule d' enfer”)将中世纪观众的全部注意力引向自身。正是在它身上,集中了所有的好奇心。我们已经说过,魔鬼剧是宗教奇迹剧的民间广场部分,它永远都能在广大民众中间获得极大成功,而且往往使得观众不去注意这类剧的其余部分。宗教奇迹剧舞台的这样一种结构,不能不对广大的中世纪观众对空间世界的艺术接受,产生巨大影响:观众已经习惯了张开的大嘴这一形象及其宇宙内涵,安于正视这个张开的大嘴,并且安于期待最有趣和最怪诞的剧中人物从那里出现。考虑到宗教奇迹剧舞台在中世纪晚期艺术思想生活中所占的巨大比重,可以直率地说,张开的大嘴形象已与有关世界本身及其戏剧、游艺体现的艺术观念结为一体了。

奥托·德里森在其《阿尔莱金的起源》一书中,用了美好的篇章,讨论了《阿尔莱金》一剧中舞台上的大嘴,并在该书第 149 页(图一)安排了一幅 17 世纪芭蕾舞素描(这幅素描保存于巴黎歌剧院档案中)。在《阿尔莱金》一剧中,舞台的正中是一颗巨大的脑袋,它有一张张开的大嘴。在张开的大嘴里,坐着一个巫婆。两个小鬼,分坐在耳轮里,各从一只眼睛里探头往外窥视;脑袋周围,有一些小鬼和小丑在跳舞。这幅素描说明,巨大的、张开的大嘴形象及这张嘴里所进行的舞台活动,早在 17 世纪就是很平常的、完全可以理解的。顺便说说,德里律还指出,即使是在他所生活的那个时代,“阿尔莱金的斗篷”(Manteau d' Arlequin)这句话,在巴黎剧院里就是一个表示整个舞台前景的技术术语。

因此,宗教奇迹剧舞台地形学,就其主要部分而言,是一种怪诞人

① 还可参阅 1547 年在法朗斯上演的《神祇的情欲》中的舞台描写,附于《法国语言和文学史》,第 2 章,第 415—417 页,1900 年。——作者

体地形学。有一点不该有任何怀疑,作为《庞大固埃》主导形象的张开的嘴,不仅与这一主人公形象的传统内核(往嘴里撒盐一类)有关,而且也与我们所解析的宗教奇迹剧的舞台构造有关。在拉伯雷笔下形象的结构中,无疑地反映了这一舞台的怪诞人体地形学。在有关拉伯雷的文献中,据我们所知,还没有人指出张开的嘴在小说第一部中的主导作用,并将其与宗教奇迹剧舞台的结构进行比较。然而,这一事实对于正确理解拉伯雷来说,是极端重要的:它证明戏剧的民间游艺形式对拉伯雷的第一部作品及其艺术思想视角和思维的整个性质,有着何等巨大的影响。它同时还表明,现代读者感到如此奇特和费解的,张大的嘴的形象及其怪诞宇宙内涵对拉伯雷的同时代人来说,却是非常亲近可解的。这些嘴完全是眼睛所习见的,它的包罗万象性,它的宇宙关联,也是人们所习惯了的,甚至就连那些怪诞人物,从这张张开的嘴里,跳到在舞台上表现《圣经》和《新约》戏剧中的世界性事件这一点,也是人们习以为常的。这张张开的嘴的地形学意义,如地狱之门一样,同样也是直观而又可解的。这就是宗教奇迹剧舞台和魔鬼剧对于拉伯雷怪诞人体观的发展,所具有的影响。

在中世纪世界中起过巨大作用的圣物,也对怪诞人体观的发展,具有一定影响。可以说,圣人肉体的各个部分,都分布在整个法国(和整个中世纪时的基督教世界)。没有一个教堂或修道院没保存这类圣物的,也即人体的一部分或一小部分,有时甚至是稀奇古怪的一个部分(如圣母乳房里流出的一滴乳汁,拉伯雷亦曾提及的若干圣人的汗)。被保存下来的,有手、脚、脑袋、牙齿、头发、手指等等,足可以怪诞地列举出长长一串被分解的人体器官。在拉伯雷的时代,嘲弄圣物曾极为盛行,当然啦,尤其是在新教的(萨蒂尔剧)中。甚至就连喀尔文也写了一系列不失喜剧色彩的抨击圣物的檄文。

圣人被肢解的肉体在中世纪文学中不止一次为怪诞形象和改编提供了一依据。在中世纪优秀的讽刺模拟剧之一《加尔西亚论》

(1099)中(此剧我们已经讨论过了),剧中主人公,富有的大主教——买卖圣职者,从托勒多给他在罗马的教皇带了个礼物——殉教的圣徒鲁芬和阿尔宾的有神效的圣物。在那个时代的滑稽改编和讽刺模拟语言里,这些子虚乌有的圣物意为金子和银子。剧本表现了教皇对这些圣徒的特殊的爱。他对圣徒赞不绝口,并请求将这些圣徒所有珍贵的遗骸都给他送来。与此同时,又全然以一种怪诞的方式列举了被肢解的人体的各个部分:"……阿尔宾的肾脏、鲁芬的内脏、肚子、胃、腰、屁股、大腿、胸、脚、手、脖子。还有什么? 总之,两位殉难者肉体上的所有肢体。"我们看到,早在11世纪,圣物即已为被分解的人体的纯怪诞解剖学提供了口实。

中世纪拉丁语娱乐文学中,一般说,充满丰富的怪诞解剖学形象。我们已经讨论过讽刺性模拟的语法,其所有语法范畴多数情况下都是在肉体下部层面上被认识的。在物质-肉体层面革新抽象范畴和抽象的哲学概念,一般说,是中世纪娱乐文学极显著的特征。在所罗门和马尔科利弗著名的对话(拉伯雷在《高康大》中也引用了这段对话)中,所罗门合乎道德的崇高格言与骗子马尔科利弗的笑话两相对立,后者多数情况下就是把问题转移到极端粗野的物质-肉体方面。

姑且让我们再举一个中世纪怪诞解剖学的有趣例子。从13世纪起,在几乎所有的欧洲国家中,一首题为《驴子的遗嘱》的诗十分流行。诗中,驴子临死之前,嘱咐把它身体的各个部分,分赠给中世纪各个社会和职业团体,从教皇到红衣主教。于是,诗里对肉体进行了与社会等级划分相符的分割:驴头给教皇,耳朵给红衣主教,嗓子给唱诗班歌手,屎给农夫(用作肥料),等等。对驴体进行怪诞式解剖,来源久远。叶洛尼姆[①]证实,早在公元4世纪,《猪的遗嘱》(*Testamentum porcelli*)就在学生中流传。这一古老的遗嘱在中世纪还相互传抄(一直传留至今)。显然,这就是《驴子的遗嘱》的主要来源。

在《驴子的遗嘱》这样的滑稽改编之作中,值得注意的是肉体分割

① 叶洛尼姆(约1380—1416),捷克宗教改革家、学者。——译者

与社会划分的结合。这是对各个社会集团多数情况下系来源于神祇在被作为牺牲品所肢解的肉体的各个部分(这一社会肉体地形学最古老的传世之作是《梨俱吠陀》)这一最古老、最流行的神话观念的讽刺滑稽改编①。在《驴子的遗嘱》中,取代神祇肉体这一角色的,是驴子的肉体。驴同样如我们已经说过的那样,也是对神祇的非常古老而又传统的一种滑稽戏拟。在中世纪滑稽戏拟作品中,驴子、驴子的器官、驴子的吼叫、催促快行的鞭子的啸声起着很大的作用。在拉伯雷笔下,我们也能听到赶驴人的叫声。有好几次,还能听到非常独特的骂人的话"viedaze",也即驴子的阳具,这句骂人的话的地形学特点十分明显。还有一句拉伯雷式的用语:"这事是如此之难,犹如想从死驴的屁股里弄出什么声响'pet'②一样"。这是一种地形学下部——臀部,而且是驴的臀部,还是死驴的臀部——的对数还原(归入高级层次)。类似这样的对骂人的话的对数还原在拉伯雷的语言中屡屡可见。

怪诞肉体观的重要来源,还有各类对天发誓、盟誓、骂人的话和骂人用语。关于此类现象我们已经说得不少了。因此,在此只限于若干补充说明。

在任何骂人用语中,永远都会以这样那样的肉体地形学形式,包含孕育中的死亡形象。我们对《庞大固埃》的分析表明,此书的基本母题之一,是诞生中的死亡的母题:第一次死亡革新了大地的肥沃多产性,庞大固埃的出生憋死了母亲,等等。这一主题在繁复多样的肉体地形学形象中始终变化着,并在不脱离肉体用语的情况下,过渡到历

① 《梨俱吠陀》(X,90)中描写了世界如何从一个叫普鲁什(Purusha)的人的肉体诞生的过程:神祇们用普鲁什作牺牲品,而按照供品分割技术,把他分割成小块。于是,从其身体的各个部分中,产生了各种社会集团和各类宇宙现象:从嘴里产生了婆罗门,手——士兵,眼睛——太阳,脑袋——天空,脚——大地,等等。在基督教化的德国神话中,我们也能见到类似的观念,只不过在这里,肉体乃由世界的各个部分所组成:亚当的肉体由八个部分组成——肉来自土地,骨骼来自石头,血液来自海洋,头发来自植物,思维来自云彩,等等。——作者

② 屁。——译者

史的死亡和革新，骑士的火刑、变死亡和战争为盛宴，安那其国王的脱冕等等的主题。严格地说，无论这听起来多么悖谬，我们所面对的，是展开了的骂人的话：整个世界被表现为孕育中的和诞生中的死亡。

在创造拉伯雷的形象时的那种民间节庆狂欢节氛围中，骂人用语是那场革新世界的大火中，四散迸溅的火花。无怪乎在烛火节（moccoli）期间，在每一只被熄灭的蜡烛旁，都回荡着语调欢快的——“死亡属于你！”需要指出的是，具有宇宙力量的开心的骂人的话、开心的诅咒、开心的下流话形式，最初具有宗教仪式性质，而到后世，在反映与宇宙恐惧及对任何尊长的恐惧的斗争的形象体系中，起着重大的作用。要知道，最古老的仪式骂人的话和讥嘲话恰恰是针对高级势力太阳、土地、皇帝、统帅的骂人的话和讥讽话。这种讥讽话在拉伯雷时代的广场节庆骂人的话中仍有保留。

广场民间喜剧形式也是怪诞人体形象极重要的来源之一。这是一个广阔而又多样的世界，而我们在此只能约略涉及。所有这些bateleurs[①]，trajectaires[②]，theriacleures[③] 等等，都是些体操演员、魔术师、小丑、耍猴（怪诞地滑稽戏拟人的动物）人、卖万应灵丹的人。他们所采取的喜剧形式的世界，是一个表现鲜明的肉体怪诞世界。须知直至今日，在民间演艺场，部分地也包括马戏场上，怪诞人体也得到了最完整的保留。

遗憾的是，对法国民间喜剧形式，我们所最熟悉的，是其中较晚近的现象（开始于 17 世纪），其时它正受到意大利即兴喜剧的影响。这种喜剧确实保留了怪诞的人体观念，但其形式却因受纯文学的影响而被略为烫平、弱化了。但在“lazzi”中，即这种喜剧的所有非情节性的技巧中，怪诞的人体观念却得以充分展开。

在本章开头我们已经分析了意大利喜剧结巴和阿尔莱金的一个

---

① 街头卖艺人。——译者

② 流浪艺人。——译者

③ 卖大力丸的人。——译者

场面。这一场面的喜剧性在于,一个难读语词的发声动作被表演为分娩活动。这是旧式民间喜剧中一种非常典型的现象。民间—喜剧人体动作的全部逻辑。(这一点至今仍可在民间演艺场和马戏场上见到),是一种肉体地形学逻辑。这一人体的动作体系表现在上与下,飞升与坠落(低谷)方面。其最质朴的表现,或者说即民间喜剧的"原现象"是一种轮转运动,也即人体由上而下和由下而上的不断位移(或用一种等值说法,是天与地的位移)。这在民间演艺场小丑整整一系列其他质朴的动作——屁股固执地想要占据头的位置,而头亦反之——中,也有所表现。同样的原则还有其他一些表现形式,即在民间喜剧人体动作和活动中的内外、反向和相反的动作中,也都具有重大作用。只要我们更进一步细致分析一下,就会发现,我们在上面所分析的那一场面中所看到的表演分娩活动的现象,在此类喜剧的许多传统的典型的动作和技巧中,也同样具有。而且,大量的传统动作和技巧,是以多少具有鲜明表现形式的、怪诞肉体生活中的三种基本活动——性行为、濒死状态(即奄奄一息,其怪诞喜剧表现往往是:伸长的舌头、无神的、瞪大的眼睛、窒息状态、临死前的喘息等等)和分娩活动——的表演为基础的。而且,这三种活动往往会相互转化和融合,因为其外在征象和表现很大程度上是吻合的(筋肉的紧缩和僵直、眼球凸出、出汗、手脚抽搐等等)。这是对同一肉体的死亡—复活的、独特的喜剧性表演。这个人体始终在向坟墓坠落,并重新飞升到大地上空,不断地由下而上运动(通常采用的技巧,是小丑先假死,尔后意外地复活)。民间喜剧中的肉体地形学与宇宙地形学在喜剧人体于其中活动的民间演艺场和马戏场空间结构中,不可分割地融合在一起:我们能触摸到与宗教奇迹剧场结构中同样的一些地形学成分:大地、地狱和天空(但是,当然没有宗教奇迹剧场面所特有的基督教对它们的那种认识);在这里还能触摸得到宇宙的元素:空气(运动员的飞翔和技巧),水(游泳),土和火。

民间喜剧人体的造型,也带有怪诞性质。前一章中,我们提到托尔斯泰笔下独特的吉约姆[1]这一形象，他体现了酒和面包。托尔斯泰对吉约姆这一人物的造型非常清楚地表明了民间喜剧人物造型的一般倾向，擦抹人体和事物、人体和世界之间的界限，突出强调人体某一怪诞部分（肚子、屁股、嘴）。

而在民间喜剧的语汇总量中，我们同样也可以处处发现怪诞人体观念的表现：独有的不体面性、骂人和诅咒、降格的滑稽戏拟、被肢解的人体等等。说民间喜剧是拉伯雷笔下怪诞人体形象最重要的来源之一，是完全可以理解的。

下面略微谈一谈史诗中的怪诞解剖学。古代和中世纪史诗及骑士小说，对怪诞人体观念压根就不陌生。被分割的人体形象，对所受打击和伤痕的详尽的、解剖学式的描述，在这类作品中，完全是一种平常现象。对伤痕和死亡的这样一种解剖学式的描述，在史诗中甚至成为一种规范（在荷马和维吉尔的影响之下）。龙萨[2]在《法兰西亚德》序言中，这样写道："如果你想要一个军官或是士兵死在詈骂场上的话，那么，你就必须使其肉体最致命的部位受到打击，为此你就必须是一个优秀的解剖学家。"但在史诗中，这样一种怪诞的人体解剖学化，被束缚得很死，因为其中的人体太个性化、太封闭。这里有的只是已然屈服于新的人体规范之下的怪诞观念的残余。

对拉伯雷的怪诞人体观念产生重要影响的作家，有老普林尼、阿费奈、马克罗比、普卢塔克，亦即主要是一些古代宴饮对话体文学的代表人物。在他们的对话中，重要的怪诞人体和怪诞肉体过程的形象随处可见。在宴饮对话的主题中，诸如交媾、怀孕、分娩、饮食、饮料、死亡一类现象，起着主导作用。

但在所有古代作家中，对拉伯雷的怪诞人体观念影响最大的，是希波克拉底，确切地说，是《希波克拉底文集》。这一影响不仅涉及拉

---

① 吉约姆（1844—1916），瑞典无政府主义者，巴枯宁最亲密的战友。——译者

② 龙萨（1524—1585），法国诗人。——译者

伯雷的哲学医学观,甚至还涉及他的形象和风格。原因在于希波克拉底及这部文集的其他作者的思维,与其说是概念性的,倒不如说是形象性的。

就其组成而言,《希波克拉底文集》远非那么统一:书中汇集了各个流派的作品。从哲学医学观点看,这些流派在如何理解人体、疾病的本质、治病的方法方面,存在着实质性的分歧。但尽管有着所有这些分歧,在该文集的所有论文中,怪诞观念仍是其中基本的人体观念:人体与世界之间的界线不大分明,人体主要是当其处于非完结性和公开性的关头时得到说明的;人体的外观与其内在方面并未被割裂。人体与世界之间的交流始终受到关注。在怪诞人体形象中起着巨大作用的、机体的各种分泌现象,具有巨大的意义。

人体与世界之间的界线的被擦抹,表现在有关四种元素的学说方面。如一部名为《论风》(*de flatibus*)的作品中,就有如下一小段:"人以及其他生物的肉体,靠三种营养维持,其名为:食物、饮料、气(气体)。体内的气,叫屁;体外的气,叫空气。后一种元素是一切及一切方面最大的统治者,考察一下它的效力是很重要的。风诚然是空气的流动和流泄。因此,当大量的空气形成强流时,它吹动的力量可以将树从土里连根拔起,让大海涌起波浪,使满载的轮船上下颠簸……的确,天地之间有什么呢,所有空间都充满了气,它是冬天和夏天的原因,在冬天延续期间,气密集而又寒冷,而夏天则柔和又平静。但事情远不止此,气还为太阳、月亮和星星指示道路。因为,气是火的食物,火没有气是不会存在的,所以,气本身是永恒的和细微的,它使得太阳能永远流动……总之,空气为什么能在所有一切方面具有如此大的力量,对此,我们已经说过了。然而,对死人来说,气是死活的原因,而对病人来说,它是疾病的原因。对于所有人来说,空气的必要性是十分巨大的,如果一个人不吃任何其他食物,也不喝水,他仍然可以让他的生命延续两到三天乃至更多天,但如果他挡住空气进入肉体的通道,那他甚至连一天的很少一部分也没过完就会死去——空气对于肉体的必要性大到如此之地步……但和许多食物一起进入肉体的,必然还有许多空气,因为与人们所吃或所喝的一切东西一起,进入肉体的,多少还有一些空气。许多人都是在吃喝之后才打嗝,由此就可以看出这一点。毫无疑问,这是因为被锁闭的空气要向后流动,以此冲出了它赖以藏身的气囊形成的。"①

这篇论文的作者认为空气是肉体的基本元素。但他所想的这一元素的形式,当然不是非个性化的物理、化学形式,而是以一种具体的和直观形象的表现形式出现的元素:它被表现得像风那样能掀动满载货物的轮船,像空气那样能引导太阳和星辰的运动,是人体的基本生命要素。宇宙生命和人体生命在此异乎寻常地接近,并被在一种直观形象的统一,从太阳和星辰的运动到人的打嗝中予以表现。无论太阳的轨道,还是打嗝,都产生于同一个具体而又可感觉到的空气。在该文集的其他作品中,充当肉体与宇宙间介质这一角色的,是其他元素——水或火。

在《论空气、水和地形》(*De aere, aquis, locis*)这篇论文中,有这样一段话:"关于土地的问题和人的问题是一样的。实际上,哪里四季所产生的变化越大、越频繁,那个地区就越荒蛮、越不平衡,你也就可以在那儿找到许多葱茏的山冈,以及田野和草地。但在四季不十分多样化的地方,国家往往极为平衡。在人这方面情形亦复如是,如果有人留心到这一点的话。的确,有些人的性格,颇像多山、多林和多水的地方,而另一些人则像穷山恶水。有些人性格像草地和湖泊,而另一些人的本性却接近平原和干燥光秃裸露的沙漠,因为四季是以外部方式使自然多样化的,它亦以此而使自己相互区别。而如果四季相互之间区别很大,那么,人的外貌之间也就会有许多大的区别。"②

在这个片段中,人体与世界之间的界线的被弱化是沿着另一条路

① 引自俄语译本:《希波克拉底文集》,第264—267页。译者为希腊语教授В.И.鲁德涅夫。编序及注释:В.П.卡尔波夫教授。国家卫生生理文献出版社,1936年。——作者

② 《希波克拉底文集》,第293—294页。——作者

线进行的:即沿种属关系、人和自然风景、人和地貌的具体相似性路线进行的。在《希波克拉底文集》的一篇论文——《论七这个数字》中,一个更怪诞的形象被塑造出来:大地被描写为巨大的人体,脑袋是伯罗奔尼撒半岛,脊椎是伊斯特姆[①]等等。地球上每一个地理区域——国家,都与人体某一部分相适应。这些国家人民的所有肉体、日常生活和精神特点,都取决于其肉体的定位。

以《希波克拉底文集》为代表的古代医学,赋予任何分泌以极其重要的意义。对医生来说,人体形象首先是一个会从自身中分泌尿、屎、汗、黏液、胆汁的人体的形象。其次,病人所有的肉体现象都和人体最后的生死事件相联系——它们被视为病人体内生死斗争结果的标志。作为这种斗争的标志和因素,最微弱的人体表现与天上星球的星座、与民族的习俗处于同一平面、具有同等权力。如《传染病》第一卷中的如下一段:“至于说到疾病中人们以之为据作出诊断的所有情况,我们是从所有人和任何人自身的共同本性出发认识它们的……此外,还根据天体星球及任何国家的一般和个别状态,根据习惯,根据饮食方式,根据生命的氏族,根据每个病人的年龄、话语、习性、沉默、思想、梦、无梦、梦境、梦出现的时间和方式,根据痒,根据泪,根据定期发作,根据射精,根据尿,根据痰,根据呕吐来认识。还应观察疾病中的危象,某种现象由什么引起,观察导致死亡和破坏的沉积,继而,观察汗、发冷、人体的冷却、咳嗽、打喷嚏、打嗝、吸气、无声的屁或有声的屁、血液的流动、痔疮。”[②]

以上所引的这个片段对《希波克拉底文集》是非常典型的。它把各种不同生死标志按其等级高度和现象色调,从天体星球的状态到病人的打喷嚏和放屁,全都平等地予以对待。值得注意的还有列举人体机能的动态系列。这些系列无疑来自希波克拉底,我们在拉伯雷笔下也屡次见到。例如,巴奴日便是这样称赞绿色调味汁的有用属性的:

① 科林斯地峡的古称。——译者

② 《希彼克拉底文集》,第 347 页。——作者

“你的胃会很好地消化的——也就是说，它会工作得很出色的，会有很多风。血液会一无阻碍地流出，您咳嗽吐痰、呕吐、打哈欠、打喷嚏、呼吸、吸气、喘气，都会非常轻松。您打呼噜、出汗，并有上千种其他优点，它们都是类似的食物为我们提供的。”

还需强调著名的“facies hippocrates”即“希波克拉底的相貌”。在此，面容不是主观表达的表情，也不是病人的感觉和思维的表情，而是死亡逼近这一客观事实的标志。用病人的面容说话的，不是病人本人，而是属于和高于个体人体氏族生命领域的生命—死亡。一个濒死之人的面容和肉体已然不再是它自身。与其自己本身相似的程度，决定着死亡远近的程度。如《诊断者》中就有如下一段出色的话：“对急病应当以下述方式进行观察。首先，要看病人的面容，它与健康人的脸是否相像，而特别是它与自己本身是否相像，应当认为，与其自身相像是最好的，而如果其原有的东西失去的越多，就越危险。一个人的脸应当是这样的：鼻子很尖、眼窝深陷、双鬓凹陷、两耳发凉并舒展，耳垂外翻，脑门上的皮肤发硬、紧绷、干燥，整个面部的颜色发绿、发黑或发白、发灰。”①又：“而如果眼皮或嘴唇或鼻子黏合或发青或发白，那么，应该懂得，这是死亡的征象。死亡征象还有嘴唇耷拉、上唇外翻，发凉、发白。”②最后，让我们引用《格言》（第8部分，格言第18条）中，对濒死状态的出色描述：“如果肚脐上方心灵的热度达到高于横隔膜的地步，而所有水分都被烧干的话，死亡便会来临。当然气在致命部位——热的气息从那里整体地支配着整个机体——聚集以后，如果心肺失去水分，热的气息便会大量地从那里蒸发。随后灵魂会部分通过皮肤，部分通过头部的所有如我们说过的那样，生命由以进行的孔窍，会和胆汁、血液、黏液及血肉一起，离开这个冷却了的、已经变作死亡模样的肉体的居所。”③

① 《希波克拉底文集》，第310页。——作者

② 同上，第311页。——作者

③ 同上，第734页。——作者

在濒死状态的征象中，如用处于濒死状态中的人体的语言说，死亡是生命的一个成分，用人体本身的语言说，它获得了肉体表现的实在性。因此，死亡作为生命的成分之一，被完全纳入生命的范围之中了。不妨让我们把注意力集中在我们引用的最后濒死状态形象的各个组成成分上来：人体所有水分被烧干，致命部位中热量的集中，热量从那里蒸发，和胆汁、黏液一起，通过皮肤和头部的孔窍离开灵魂。这里，怪诞人体的公开性、宇宙元素在人体中的运动及其从人体中离开，都得到了清晰的表达。对于孕育中的死亡形象体系而言，"希波克拉底的面容"及其对濒死状态的描述，当然具有重大意义。

我们已经指出，希波克拉底的医生观，对于拉伯雷笔下复杂的医生形象，也具有重要意义。让我们从《论良好体面的行为举止》(*de habitu decenti*)这篇论文中，援引希波克拉底最重要的一个有关医生的定义："因此，将上述所说各点总括起来就是，应当把睿智引入医学，而把医学引入睿智。要知道医生哲学家与上帝是同等的。况且，实际上在睿智和医学之间，差别本来就不是很大，人们为睿智而寻求的一切，在医学中全都具有，这也就是：鄙视金钱，有良心，谦逊，衣着朴素，尊重别人，判断清晰，果断，整洁干净，思想丰富，了解一切于生命有益和必要的知识，鄙弃罪恶，否定对神祇的迷信恐惧，如神祇一般卓越。"①

应当着重指出的是，在法国，拉伯雷的时代，在欧洲思想史上，是唯一一个医学不但是所有自然科学，而且也是人文科学的中心，是唯一一个几乎把医学等同于哲学的时代。这一现象不光出现在法国：那个时代许多伟大的人文主义者和学者都曾是医生：科尔涅利·阿格利巴、化学家巴拉赛尔苏斯、数学家卡尔达诺、天文学家哥白尼。这是唯一的一个(当然，在其他时代里单独的个别人也不是没有尝试过)力求将世界的整体景观、将全部世界观建立在医学之上的时代②。这个时

① 《希波克拉底文集》，第111页。——作者

② 洛特完全正确地这样描述了医学的特殊状况："……在16世纪医学成了科学中的科学，它利用了当时它在17世纪已不复拥有的巨大影响和信任。"(乔治·洛特：《弗朗索瓦·拉伯雷的生平和创作》，第163页)——作者

代中的人们力求实现希波克拉底的这样一个要求：把睿智引入医学，把医学引入睿智。这个时代几乎所有的法国人文主义者都或多或少和医学打过交道，并都研究过古代医学宝典。当时尚属新鲜事物、并且极为罕见的尸体解剖，吸引了广大有教养的阶层。1537年，拉伯雷当众解剖了一名被绞死的犯人的尸体，并边解剖边做讲解。这次分解人体的展示得到极大成功。埃顿·多赖曾专为此写了一首拉丁语小诗。诗中作者以被绞死的犯人的名义歌颂了自己作为一个死者的幸运：它没有被用作鸟儿的食物，而是向人展示了人体惊人的和谐，而且，就连当时最伟大的医生，也曾俯视过它。医学对艺术和文学的影响，从未如拉伯雷的时代那么巨大。

最后，不妨谈一谈著名的《希波克拉底的小说》。这部长篇小说属于《希波克拉底文集》附录中的一部分内容。这是欧洲第一部书信体长篇小说，也是第一部以思想家（德谟克利特）为其主人公的长篇小说，最后，它还是第一部处理“躁狂主题”（笑着的德谟克利特的疯狂）的长篇小说。因此，小说史家和小说理论家几乎对它不屑一顾，是十分奇怪的。我们已经讲过，这部小说对拉伯雷的诙谐理论（及关于其时代诙谐的一般理论），有过何等巨大的影响。我们还指出，上文所引的拉伯雷的愚蠢颂（通过庞大固埃之口）来自德谟克利特对那些具有实际头脑的人的疯狂的论述，这类人忠实于其笨拙而又自私的关怀，连他们也认为自己是个疯子，因为连他们也嘲笑自己所有实际活动的严肃性。这些忠实于实际关怀的人，“把疯狂认作睿智，而把睿智认作疯狂”。理智疯狂的双重性在此得到了充分的展现，尽管它出之于修辞设问的方式。最后，要指出这部小说中在我们的语境中十分重要的一个细节。希波克拉底来到阿布德拉拜访“疯子”德谟克利特，他看见德谟克利特坐在房子旁边，双手捧着一本打开的书，在他周围的草地上，乱丢着许多内脏被打开的鸟儿。原来，德谟克利特正在写一部论疯狂的著作，他解剖动物，目的是找到胆的位置，因为他认为胆汁分泌过多是疯狂的原因。这样一来,在这部小说中,我们找到了诙谐,疯狂和被分解的肉体。的确,这一总和的各个成分,在修辞上是分散无关的,但其双重性和相互关联在此仍得以在很大程度上被保留。

不妨重申一句,《希波克拉底文集》对于拉伯雷时代整个哲学和医学思想的影响是十分巨大的。在拉伯雷怪诞人体观念的所有书本来源中,《希波克拉底文集》是最重要的来源之一。

在拉伯雷结束其医学学业的蒙彼利埃,医学上的希波克拉底流派曾占据统治地位。拉伯雷本人曾于 1531 年 6 月在此讲授希波克拉底希腊语文本课程(这在当时是个新课题)。1532 年 6 月,他出版了亲自为之加注的希波克拉底《格言集》(格利弗出版社)。1537 年末,他在蒙彼利埃为希波克拉底的《诊断者》希腊语文本作注释。拉伯雷出版其医学通信的意大利医生米南蒂,也是一位始终不渝的希波克拉底信徒。所有这些事实都说明,希波克拉底研究在拉伯雷一生中,占据着一个何等重要的地位(尤其是在写作小说前两部这一时期)。

在此,作为结束语,我们要提到一种平行现象,即巴拉赛尔苏斯的医学观。巴拉赛尔苏斯认为,全部医学理论和实践的基础,是宏观宇宙(宇宙)和微观宇宙(人)的完全适应。他认为医学的第一块基石,是哲学;第二块,是天文学。星空即寓于人自身之中,而不懂得这一点的医生也就无法了解人。在巴拉赛尔苏斯看来,人体是极为富有的:宇宙中所有的一切它都具有。宇宙仿佛只是在人的肉体上才重新汇集了它所具有的全部丰富多样性:宇宙的全部要素都在统一的人体这一平面上相互聚首和结合①。

① 在拉伯雷的时代,人们认为人体的所有部分都在黄道带标志中有其对应点,这一信念几乎受到普遍承认。当时,有一种人体图样十分流行,图中人体的各个部分和器官,都标有黄道带标志的图像。这种图样带有哲学怪诞性质。乔治·洛特在其专著的表格 8(第 252—253 页)中,提供了三幅 15 和 16 世纪的这种图画,图画标识出人体每个部分与黄道带标志之一的对应性,及这些标志在人体上的定位点。——作者

阿贝尔·列弗朗把拉伯雷的哲学思想(其中也包括有关灵魂不朽的思想)与彭波那奇的帕多瓦学派联系在一起。在其《论灵魂不朽》(*De immortalitate animae*)这篇论文中,彭波那奇证实了灵魂与生命的同一性,以及灵魂生命与肉体的不可分割性,因为肉体创造了灵魂,使其个体化,并赋予其活动以方向,使其充满内容:肉体之外,灵魂将会是完全是空虚的。彭波那奇认为,人体是一个微观世界,它将在宇宙的其他部分中分散和彼此不相联系的一切东西,全都汇集到一块儿来了。拉伯雷是熟知彭波那奇的帕多瓦学派的。需要指出的是,拉伯雷的朋友就学于帕多瓦的埃顿·多赖,就是该学派的学生和热情的信徒。

怪诞的人体观念及其一系列非常重要的成分,是在文艺复兴时代的人文主义哲学,而且首先是在意大利哲学中,被表现的。正是在意大利哲学中,形成了(在古代基础上)拉伯雷所掌握的那一微观宇宙的思想。人体在此是一个开端,借助于它并围绕着它,中世纪等级制的世界图景訇然倒塌了,一幅新的图景由此被创造。对此不能不稍微啰唆几句。

中世纪的宇宙是按照亚里士多德的构想建构的。其基础是四大元素学说,其中每个元素(土、水、空气和火)在宇宙结构中,都占有一个特殊的空间和等级位置。所有要素即元素,都服从一定的上下秩序。每一种要素的本性和运动,都取决于其相对于宇宙中心所处的位置。距中心最近的是土。土的每一个分离的部分都力争按照直线重新奔向中心。也就是坠落到大地之上。而火的运动则与土相反:它总是力争向上,因而总是力争脱离中心。在大地和火之间,是空气和水的领域。从一个元素变为相邻的另一种元素,火变为空气,空气变为水,水变为土,这是所有物理现象的基本原则。这种相互转化就是所有地上物都须遵守的生灭法则。但在地面世界之上,还有一个天体的领域,它并不服从这一生灭法则。天体由一种特殊物质"quinta essentia"①组成。这种物质已然不会变化,它只会实施纯粹的运动,也即只会移动。作为一种最完善物质的天体,其所实施的最完美的运动,即

① 意为"老生常谈的本质"。——译者

圆周——环绕着世界中心的运动。有关"天的本质"即实质,从前有人进行了无穷无尽的烦琐争论,这在拉伯雷小说的第五部——精义女王情节中有所反映。

这就是中世纪的宇宙图景。这一图景以空间价值重心为特点:由下而上的空间阶梯与价值阶梯严格对应。一种元素在宇宙阶梯上所处梯级越高,则其距世界"固定的发动机"越近,而这一元素也越好,其本质也越完善。上下概念和形象及其空间价值表现业已渗入中世纪人的血肉之中。

而在文艺复兴时代,这一等级世界图景却被破坏了。其元素被转移到了同一个平面。高与低成为相对的了。重心从它们身上转移到了"前"与"后"上。世界向同一平面的转移,垂直线为水平线所取代(伴随时间要素的被强化),都是围绕着业已成为宇宙相对中心的人体进行的。但这一宇宙已然不是由下而上,而是沿着时间的水平线从过去向未来向前运动。在肉体的人身上,宇宙的等级制被推翻、被取代,人在等级制以外确证了自己的意义。

宇宙围绕着人和人体从垂直线向水平线的重构,在皮科·得拉·米兰多拉《论人的尊严》(*De hominis dignitate oratio*)的著名讲话中,得到了极鲜明的表现。这是皮科为了捍卫那九百个命题而做的开场白——拉伯雷对之做了暗讽,他要庞大固埃出面为九千七百六十四个命题辩护。皮科在他的开场白中证实,(人高于一切生物,其中也包括天国的神祇,因为)人不光是存在,而且还是生成。人超越于任何等级制的界线,因为等级制所能决定的,只是僵硬的、固定的和不变的存在,而非自由的生成。其他所有生物永远停留在当初它们被创造出来时的那个样子,因为它们的本性被创造成现成的和不变的了。它们只是一次性地获得了只有在它们身上才能发育的种子。而人在诞生时却获得了所有可能有的生命的种子。他亲自挑选了那颗能在他身上发育和结果的种子:他在自己身上栽培并抚育着这颗种子。人可以成为植物和动物,但也可以成为天使和圣子。皮科保留了等级制语言,并且也部分保留了旧的价值(他是很谨慎的),但实质上等级制被取代了。诸如生成,许多种子和可能性的存在,以及在它们之间的自由选择这样一些要素,将人带到时间和历史生成的水平线上。我们要强调的是,人体在自己身上统一了自然的一切要素和所有自然王国——植物、动物和人自身。人,不是某种封闭和现成的东西,他是未完结的和敞开着的,这就是皮科·得拉·米兰多拉的基本思想。

在同一位皮科的 *Apologia*[①] 中,出现了以"世界交感"形式出现的微观宇宙母题(由于自然的魔力思想的缘故)。由于有"世界交感",人可以在自己身上将高与低、远和近统一到一起,可以洞悉地心深处隐藏着的所有秘密。

所有现象间的"自然的魔力"和"交感"这一思想,在文艺复兴时代曾十分流行。这一思想,以巴吉斯塔·波尔塔、朱尔达诺·布鲁诺[②]特别是康帕内拉[③]赋予它的形式,在破坏中世纪图景、克服现象间等级制深渊、将此前分散的一切统一起来、消除现象间错误划分的界线、协助将一个完整而又多样的世界转移到在时间中生成着的宇宙的水平线平面上等方面,发挥出自己的作用。

需要特别指出的是万物有灵思想当时极为流行。菲奇诺是这种思想的捍卫者,他证实世界不是一台僵死要素的联动机,而是一个赋有灵性的生物,其中每个部分都是整体的一个器官。帕特里奇在其 *Panpsychism*[④] 中证实,宇宙中的一切,从星辰到最简单的元素,都富有灵性。卡尔达诺对这一思想也不陌生,他在其有关自然的学说中将世界在很大程度上生物化了,根据与有机体形式的相似性来考察所有现象,在他看来,金属是在地底下生存的"被封藏的植物"。石头也如有机体一样有其自身的发育:它们有自己的青春、自己的成长过程和自己的成熟期。

---

① 《辩护词》。——译者

② 朱尔达诺·布鲁诺(1548—1600),意大利思想家、文学家。——译者

③ 托马佐·康帕内拉(1568—1639),意大利思想家、文学家。——译者

④ 意为《生理学家》。——作者

所有这些现象的某些部分,可能会对拉伯雷产生直接影响,无论如何,所有这些现象,都是从时代总倾向中派生出来的相近的和平行的现象。所有现象和世界万物,从天体到元素,都脱离开其在宇宙等级制中原有的位置,奔向生成中的世界的同一个水平线平面,开始为自己在这一平面上寻找新的位置,开始建立新的联系,结识新的邻居。而在自己身上统一了宇宙所有的多样性的人体,恰恰就是万物、现象和价值的重组所环绕的中心。

上述所有文艺复兴时期哲学的代表人物,如皮科·得拉·米兰多拉、彭波那奇、波尔塔、帕特里奇、布鲁诺、康帕内拉、巴拉赛尔苏斯等人,都有两种倾向:第一,力求在人身上发现整个宇宙,包括其所有元素、力量及其上部与下部。第二,人体是进行这种宇宙探索的首选对象,因为它在自己身上把宇宙最遥远的现象和力量联系并统一到一起了。这种哲学通过理论语言表述了对宇宙的新感觉,即宇宙是人不必为之害怕的亲爱的家园,这一点在拉伯雷小说的诙谐层面上,也以形象语言予以表现。

占星术和“自然的魔力”在上述多数文艺复兴时期哲学代表人物那里,也发挥过或大或小的作用。无论是魔力还是占星术,拉伯雷都未予以认真的对待。他使被中世纪等级制相互分开、相距十分遥远的现象,相联系起来,并在物质-肉体层面上对之进行脱冕和革新。但在这样做时,他既未利用魔力“交感”,也未利用占星术的“对应”。拉伯雷始终都是物质性的。但他撷取的,仅仅只是以肉体形式出现的物质。对他来说,人体是最完善的物质结构形式,因此,它是打开所有物质之门的一把钥匙。从中构成整个宇宙的那一物质,在人体身上敞开了自己真正的本质及其所有最高的可能性——物质在人体上成为一种创造性的、开创性、命定将战胜全宇宙的、组织所有宇宙物质的力量,物质在人体身上具有了历史性。

在对庞大固埃即人的全部技术文化的象征的颂扬中,有这样一段出色的话:

"但是当他们看到巨人把帕利翁山堆在欧萨山上、奥林匹斯山已经摇摇晃晃眼看就要倒在那两座山上的时候,才大吃一惊。"

奥林匹斯山上的老神仙也同样为之不安,他们说道:"庞大固埃运用他这种草的功效,给我们又增添了新的拘束和烦恼,这比过去的巨人还要厉害。他不久即将结婚,他妻子将会为他生子。这是我们无法抗拒的命运,是经过命运之神、管'宿命'的三姊妹之手和线锤纺出来的。他的孩子(很可能)也会发现一种具有同样功能的草,使人类运用它可以窥探冰雹的泉源,雨水的源头,霹雳的制造场所;可以占领月球地区,进入天体境界,在那里落脚定居,有的占据'金鹰',有的占据'天羊',有的占据'皇冠',有的占据'天琴',还有的占据'银狮',他们将坐下来和我们同桌用饭,甚至娶我们的女神做老婆,这是唯一登仙成神的办法。"(第3部,第51章)

这段话的风格尽管带有一点修辞性和官方性,但它所表达的思想却是非官方性的。它描写了人的神化和光荣结局。地面空间已被征服,分布在整个地球上的各个民族由航海做纽带而联为一体。所有民族及人类的每个成员,凭着风帆的发明,开始了现实的、物质的交往。人类成为统一的了。由于新的发明(指航空)拉伯雷在此对之赞不绝口——人类开始控制天气,登上星星,并让它们服从统治。整个人类最终胜利(光荣结局)的形象,是建立在纯粹文艺复兴时代时空水平线上的;而中世纪等级制的垂直线却什么也没有留下来。一代又一代新人的诞生,为时间中的运动提供了保障。新的一代人类的诞生这恰好是神祇所害怕的:"庞大固埃要结婚生孩子了。"这也就是高康大在写给自己的儿子庞大固埃的信中所说的相对不朽。在此,人类会繁育的肉体的不朽,是用修辞学语言宣告的。但正如我们所看到那样,对人类不朽性的生动和深刻体验,将拉伯雷小说中所有民间节庆形象全都组织到了一起。在新一代身上重现自己的,并非生物学上的人体,而恰恰是历史的、处于进行中的人类的肉体——它处于这一形象体系的中心。

于是,在怪诞的人体观念中,一种新的、具体的和现实的历史感,不是有关未来时代的抽象思想,而是对每个人都属于创造历史的人民的生动感受,终于诞生和形成了。

张冰 译

第六章 拉伯雷小说中的物质-肉体下部形象

> 你们的学者抱怨古人把一切都写过了,一点新的东西也不留给他们去发现,很明显这是错误的。天空中所显现的,你们叫作现象的,地上所展示给你们的,江河海洋所包括的,这一切,和地下所贮藏的比起来,那简直无法比拟。
>
> 拉伯雷

> 随处可见永恒性的动摇。
> 一切都奔向虚无缥缈,
> 为的是现存生活变得无关紧要。
>
> 歌德(《一和一切》)

从小说第五部摘录出的这段本章卷首题词可能不是拉伯雷本人写的[①]。但是,(如果抛开题词风格不管),那么这段题词不仅对拉伯雷的小说,而且对文艺复兴及其以前的一连串同源现象都是极富表现力,很能说明问题的。在神瓶祭司的这段话里,所有兴趣的中心都转向了下部、深处和地底。那些新生事物,那些深藏于地下的财富,比起只存在于天空、地面和江河湖海里的东西来,是无比高超的。真正的

① 这里的风格当然不是拉伯雷的。但是不排除第5部书作者面前有拉伯雷本人的提纲和手稿,其中可能包含着该段摘文的意思。——作者

财富和富裕不在顶端,不在中区,而仅仅在下部。

祭司这段话的前面还有另外几句话。话是这样说的:

“朋友们,在这个我们称为天主的智力的圆球佑护之下——它的中心无所不在,它的周围无边无缘——现在你们可以走了。回到你们故乡之后,要证实伟大的财富和神奇的事情都在地下。”(第5部,第17章)

这里引用的关于天主的著名定义“圆球的中心无所不在,它的周围无边无缘”不是拉伯雷说的,它出自《魔法护神赫耳墨斯》,见于《玫瑰传奇》、圣伯纳文图拉、博韦的温森特和其他一些人的作品。拉伯雷时代这个定义很流行。无论是拉伯雷,第五部书的作者还是他们的绝大多数同代人,从这个定义里首先看到的都是宇宙中心的分解,因为宇宙中心根本不在天上,它无处不在,各处均等。在这种情况下,定义使这段引文的作者有权把相对中心从天上移到地下,就是说,移到从中世纪观点来看距离天主最为遥远的地方阴曹地府①里。

在题词引的这段话紧前面,祭司还讲到,赛勒斯曾预料她的女儿会在地下,也就是阴曹地府里,比她做母亲的在地上见到更多的财富和资源。

提到赛勒斯(谷物女神)和她女儿珀耳赛福涅(地狱女神)的形象以及这里包含的关于埃流西斯秘密宗教仪式的典故,对于歌颂地下同样很重要,因为整个拜访神瓶圣哲的情节就是改编了的关于埃流西斯秘密宗教仪式的典故。

被我们选作题词的神瓶祭司的这段话十分巧妙地引进了本章的主题。一股强大的向下、向地球深处、向人体深处的运动从始至终贯穿了整个拉伯雷世界。他的所有形象,所有主要情节,所有隐喻和所有比较,都被这股向下运动所包容。整个拉伯雷世界,无论是整体还是细节,都急速向下,集中到地球和人体的下部去了。我们已经说过,按照拉伯雷的最初构思,占据小说情节中心地位的应当是寻找阴曹地

① 在但丁的世界图景里,这个距离天主最为遥远的地方是撒旦那咬着犹大、布鲁图和卡西奥的三张大嘴。——作者

府并把庞大固埃送到那里去(诙谐层面上的但丁情节)。而且,我们将不能不承认,尽管小说写了二十年,况且时断时续,拉伯雷并没离开他最初的构思,实际上,他差不多实现了这个构思。可见这股向下运动,向着阴曹地府的运动,开始于小说的整体构思,却落实到小说的每个细节中去了。

指向下部为民间节庆活动和怪诞现实主义的一切形式所固有。向下,反常,翻转,颠倒,贯穿所有这些形式的运动就是这样的。它们把东西抛掷下去,翻转过来;置于头顶;它们上下换位,前后颠倒,无论在直接空间意义上,还是在隐喻意义上,都是如此。

指向下部也为打架斗殴所固有。因为殴打把人推倒,打翻在地,再踏进泥土。它们葬送掉人们。但与此同时,它们也具有创造性,它们完成着播种,进行着收割(可以回忆一下巴舍公爵家里发生在婚礼上的斗殴,决斗转变为收获或者宴饮等等)。

正如我们所见过的,诅咒和辱骂也以指向下部为特点。它们也在挖掘坟墓,不过是肉体的,具有创造性的坟墓。

与打骂相联系的狂欢节的脱冕也是降格和葬送。在丑角身上王位的一切象征都被翻转过来上下换位了,丑角就是"反常世界"的国王。

最后,降格也是怪诞现实主义的一条基本艺术原则,因为一切神圣和崇高的事物都从物质-肉体下部角度重新理解,或者都与其下部形象相结合,相混淆了。我们曾讲到过在快速运动中把天与地融为一体的怪诞式秋千,不过重点不是落在秋千的上扬上,而是落在秋千的下降上,因为天空在向地面接近而不是相反。

所有这些降格都不具有抽象道德意义和相对性质,它有具体部位,摸得着看得见。它们奋力追求的是绝对而肯定的中心,地球和肉体吞纳和生育的起源。一切已完成的,已过时的,有局限的,腐朽老化的事物都向地球和肉体的下部冲去,为了死亡,也为了新生。

分散于民间节庆活动和怪诞现实主义各种形式和形象里的这些向下的运动,被拉伯雷的作品重新收集起来,给以新的认识和理解,并结合为一个统一的,指向地球深处和人体深处的运动,那深处“蕴藏着巨额财富和古代学者未曾描述过的新奇事物”。

现在我们来详尽分析一下小说中的两个情节,这两个情节既能最鲜明地揭示拉伯雷一切形象向下运动的含义,又能最鲜明地揭示拉伯雷阴曹地府的性质。我们指的是小说第一部(第13章)高康大擦屁股的情节和第二部(第30章)爱比斯德蒙复活的情节以及他所讲的阴曹地府故事。

现在我们来看第一个情节。

小高康大给他父亲讲了一种经他长期试验才找到的,新鲜而又最好的擦屁股(“torchecul”)①的方法。他评价这个最好的方法说:“这是我所了解的方法中最高贵,最完善,最方便的方法。”

高康大试验过的擦屁股方法展开来形成一个长长的列单。请看它是怎样开头的:

“有一次我拿一位宫女的丝绒护面擦屁股,觉得很好,因为丝绒柔软,使我的肛门非常舒服;还有一次,用了她们的帽子,也同样舒服;另外有一次,用的是一条围脖;还有一次,用的是紫红色缎子的耳帽,但是那上边的一大堆粪球似的金饰件把我整个的屁股都刮破了。巴不得圣安东尼的神火把造首饰的银匠和戴首饰的宫女的大肠都搞烂掉!

“后来,我用了一个侍从的、插着羽毛的、瑞士卫士式的帽子擦屁股,才止住了疼痛。

“还有一次,我在一丛小树后面大便,看见一只三月猫,我拿它擦了屁股,没想到它的爪子把我的会阴部分抓了个稀烂。

“第二天,我用我母亲熏过安息香的手套擦屁股,才算治好。

“从此,我擦屁股用过丹参、茴香、莳萝、牛膝草、玫瑰花、葫芦叶、白菜、萝卜、葡萄藤、葵花、带珠红色花托的玄参、莴苣、菠菜,用这些东西,如同从公羊身上挤奶,一点儿没用,后来我用火焰菜、辣蓼、苎麻、

---

① 法语:意为擦屁股。——译者

俄语的这个词听起来得体得多,因为它不包含人体相应部位的名称。因此这个词的骂人和脱冕(同时也再生)因素有所减弱。——作者

翠雀,但用了这些开始流血,于是我用自己的裤裆擦屁股,才把它治好。”(第1部,第13章)

擦屁股的长单暂时开到这里,让我们来仔细分析分析。

物品用来擦屁股,这首先是对它的降格、脱冕、侮慢。“像擦屁股”“擦屁股都不用它”这类骂人的话(多得很)在现代语言中也司空见惯,不过其中保留的只是脱冕、否定和侮慢的成分。

在我们选取的拉伯雷小说的这个情节里,革新不仅存在,甚至占据着主导地位。所有这些用来擦屁股的各式各样的物体,都为了新生而脱冕,它们的陈腐形象从新的角度得以革新。

这长长列单里每一样物品的出现都绝对出乎意料,因为它的出现毫无准备,毫无理由。随便什么其他物品都可以同样富有成效地充当擦拭物。物品的形象在这里摆脱逻辑联系和其他含义的制约纷至沓来,几乎像 *coq-à-l' âne*[①] 里一样自由,就是说,故意以词句的毫无意义、杂乱无章(比如,拉伯雷作品中拜兹居尔和于莫外纳的话里)出现。

然而,一件物品一旦出现于这个独特的列单,它就得到了一个从完全与其用途不符的角度作出的评价,用来擦屁股。出乎意料的用途迫使人们从新的角度看待这件物品,这么说吧,以其新位置、新用场来衡量它。在衡量过程中,它的形式、它的材料、它的尺寸都被重新理解,物品为我们的接受而革新了。

然而,问题并不在于单独举出的这种形式上的革新,因为这种革新只是与双重物质-肉体下部相联系的那种内容丰富的革新的一个抽象因素。如果我们仔细观察擦屁股用品的列单,我们会发现,对物品的选择不是完全偶然的,选择中有它自身的逻辑,尽管并不寻常,要知道,前五种用来擦屁股的物品,如半截护面、女帽、围脖、耳帽、大檐帽,都是用来蒙头盖脸的,就是说,是保护肉体上部用的。它们作为 torche-cul[②]出现,是真正意义上的从肉体上部移到下部。肉体翻了个

① 《从公鸡到驴子》。——译者

② 手纸。——译者

儿,打了个侧手翻。

这五次擦拭进入了与以臀代脸,以下充上相联系的图案和形象的圆圈。臀,这是"背面的脸"或者"翻面的脸"。世界文学和许多种语言都充满了以臀代脸、以下充上的花样繁多的变体。最简单最普遍的文字和动作变种之一是吻屁股。拉伯雷的小说里也不止一次见到这一变种,例如,冀姆纳斯特在狂欢节香肠大战中舞的那把剑叫"Baise-man-cul"[①];一个诉讼领主的名字叫"Baisecul"(拜兹居尔),庞祖斯特的女卜者给巴奴日和他的同行伙伴看自己的下身。展示下身——比臀部更重要——的仪式性动作直到今天还存在。

前五次擦拭就这样进入了传统的以臀代脸的母题的范围。其间从上至下的运动体现得非常明显。这一向下运动还以前四次和第五次擦拭间插入辱骂加以强调,骂金饰物为"de merde"[②],咒银匠和宫女让"圣安东尼神火烂他们大肠"。诅咒语突入口语,赋予整个向下运动以动感。

在这物质-肉体下部的浓密氛围中产生出我们上面所指出的物品陈腐形象在形式上的革新。物品从脱冕运用它们的新角度获得真正的复兴。它们似乎为了我们的接受而重新诞生了。柔软的丝绒、护耳的缎子和那上面"一大堆的粪球似的金饰件"都以完全具体可感可触的形式显现出来。在新的贬抑的范围内它们物质和形式上的一切特点都被触摸到了。我们重复一遍,物品的形象革新了。

同样的逻辑操纵着后面列举的擦拭物。第六件物品是三月猫。出乎意料的,最不适合猫的用途,使它的天性、灵活和利爪表现得特别

---

① 这是一个世界日常生活中流行最广的脱冕动作。14 世纪的 *Roman de Fauvel*(《福韦尔小说选》)《玫瑰传奇》里对杂技节目的最早描述中就出现过,其中表演一首以亲屁股为主题的歌曲。此外,还有一些个别参演者给人看屁股。应该指出的是,拉伯雷逸事熟悉一个以此为主题的故事:在爸爸的一次接待中,拉伯雷似乎提出过,如果爸爸的臀部事先洗干净了的话,他要亲爸爸的屁股。

在《所罗门和马尔柯里弗》里也有这样一个情节:一次,所罗门拒绝接见马尔柯里弗,作为报复马尔柯里弗狡猾地把君主招来,而且会见了他。马尔柯里弗坐在炉炕上把屁股往外一撅说:"你不愿看见我的脸,就请看我的屁股吧。"——作者

② 粪球。——译者

突出。这是一件最富动感的擦拭物。随后为了丰富想象而插入了一个喜剧性场面，欢乐闹剧 *joué à deux personnages*①（猫和 cul②）。几乎每个擦拭形象后面都隐藏着这样一幕闹剧场面。在这种场面里物体扮演着它所不适合的角色，但也由此而充满新的活力。像这类物体、地位、职务、职业、假面的活跃，是假面喜剧、闹剧、哑剧，以及各种形式的民间滑稽剧中平平常常的现象。一件物品，派上不适合它的，甚至完全相反的用场，或者一个人（由于漫不经心，由于误会，由于阴差阳错，内部倾轧）肩负起不适合他，甚至完全相反的使命，便会引发出笑声，以及物品或人物在新的生存范围的革新。

我们不再逐一分析所有的擦拭物，况且拉伯雷是分组安排后来的列单的。王后手套之后是长长的，分成很多组的植物列单：香料、蔬菜、凉拌菜和药草（尽管组群分得不是太严格）。这样开列出来的显然是植物学的清单。对拉伯雷来说每种名称都和叶子十分确定的视觉形象，和叶子的独特构造，和叶子的宽度有关系。他强使人们试着派这些叶子以新用场，并使其形式和尺寸十分鲜明。以鲜明分类作植物学的描述（不作严格的形态学分析）在那个时代非常时髦。拉伯雷本人在写庞大固埃的那些章节里作出了这种植物学描述的典范。在（高康大）擦屁股的情节里他没有描述植物，只点了它们的名称，但是这些植物出人意料的新用途使人不能不在想象中产生出它们的物质的视觉面貌。在描写庞大固埃时，他的做法完全相反：他详细描述一番，让人去猜测所描述的植物的本来名称（大麻）。

需要补充的是，作为擦拭物的绿色形象也包含着自上而下的运动，尽管程度稍差。要知道，在大多数情况下这些都是和饭桌有关的食品（冷盘、香料、药草、蔬菜叶）和早经认定的进口（嘴）货，以下充上，以臀代脸，在这里也有一定程度的显露。

我们再略举后来展开的一个擦拭物列单：

---

① 《两个人演的戏》。——译者

② 屁股。——译者

“此后,我擦屁股用过床单、被子、窗帘、坐垫、台布……

“后来,我擦屁股还用过头巾、枕头、拖鞋、背包、筐子,但是我跟您说,筐子用起来可不舒服！最后我用了帽子。您知道,帽子有平毛的、长毛的、丝绒的、绸子的、缎子的。而最好的是长毛的,因为用它擦屁股,擦得最干净。

“我还用过母鸡、公鸡、小鸡、小牛皮、兔子、鸽子、鸬鹚、律师的公文皮包、风帽、包发帽、打猎的假鸟。”

正像我们见到的,这里的擦拭物也是分组选取的。第一组出现的是床上用品和桌上用品。这里也存在自上而下的逆向运动。随后的一组是干草、秸秆等等,这些东西的物质性质由于其新用途使人有极为明显的感觉。下一组更为五光十色、五花八门。物体与新用途的不相符合极为强烈,从而,物体使用的闹剧性也得到进一步强化(特别是用感叹号加以强调的筐子)。讲到帽子一组时,从物品新功能的角度分析了这些帽子的材料。最后一组里突然性和物体使用不当的闹剧又一次占上风。无论是擦拭物列单的长度,还是它的多样化,都未失去意义。这几乎是一个直接把人包围起来的完整小世界:与人头脸有关的衣物,床上用品和桌上用品,家禽和食物。在充满动感的责骂的擦拭物列单中这个小世界得到了革新,因为它以变作擦拭物的欢乐闹剧形式重新出现在我们面前。当然,这脱冕中的肯定因素占优势。拉伯雷喜爱这些具体而多样的物品,他挑选出这些物品,重新以新的方式挨个触摸它们,重新仔细检查它们的材料、样式、特性、名称的原本意义。这是拉伯雷在世界史新旧交替时代编写出的一页大盘点清单。像任何一次年度盘点一样,需要逐个察看每一件物品,称一称它的分量,量一量它的尺寸,定一定它的折旧程度,查一查瑕疵和破损;需要进行调价和减价;需要从年度平衡表中注销水分和假象,因为年度平衡表应该真实而纯洁。

新年盘点首先是一项愉快的盘点。对一切东西都要从战胜恐惧和阴沉严肃性的欢乐角度予以重新审查和重新估价。因此,这里需要的是物质-肉体下部,它既是物质化的,同时又是轻松愉快的。是它把物品从困扰它们的虚伪严肃性及恐惧唤起的升华和错觉中解放出来。像我们现在要见到的,这里选取的情节所追求的正是这一点。脱冕和革新了的日常生活用品的长长列单为另一种秩序的脱冕做好了准备。

现在我们来看看高康大找到的最后的,也是最好的擦拭物。他是这样写的:

"但是,总的看来,我可以说,并且也坚持这个意见,那就是所有擦屁股的东西,什么也比不上一只绒毛丰满的小鹅,不过拿它的时候,须要把它的头弯在两条腿当中。我以名誉担保,你完全可以相信。因为肛门会感受到一种非凡的快感,既有绒毛的柔软,又有小鹅身上的温暖,热气可以直入大肠和小肠,上贯心脏和大脑。别以为极乐世界的那些英雄和神仙的享受,就像这里老太太们所说的那样,只是百合花、仙丹或是花蜜,他们的享受(照我的看法),就是用小鹅擦屁股,苏格兰的约翰大师就是这个想法。"

描写最后一次擦拭的时候出现了心满意足、怡然自得(béatitude[①])的调子,而且展示了快感生发的生理路径:由于小鹅的软毛和热气大肠处产生快感,快感沿着小肠继续上升,然后顺着其他内脏通向心脏,又从心脏到达大脑。原来,这种满足正是阴间永恒的快感,以这快感为满足的,确实,不是基督教天堂里的圣徒和遵守教规的人们,而是极乐世界的神仙和英雄。这样一来,擦屁股的情节就把我们直接带到阴曹地府里去了。

人的后部和以下充上的母题和形象范围,与死亡和阴曹地府有着最为密切的联系。而且这一传统联系在拉伯雷时代尚颇有生机,充分为人们所认识。

当庞祖斯特的女卜者给巴奴日和他的同行伙伴看自己下身的时候,巴奴日感叹道:"西比尔的洞眼(Trou de la Sybille)都给我看到了。"当时人们就这样称呼通向阴曹地府的入口。中世纪的传说熟悉

① 至福至乐。——译者

欧洲各地一系列的“洞眼”，这些洞眼被看作通向炼狱或地狱的入口，同时在狎昵言语中被赋予猥亵意义。爱尔兰的“圣巴特里斯洞眼”就曾享有盛名。洞眼被认为是通向炼狱的入口，并且从12世纪开始，欧洲所有国家的宗教人士都到那里去朝圣。有很多围绕这个洞眼的传说（适当时候我们还会讲到它们），同时“圣巴特里斯洞眼”也被赋予了猥亵意义。拉伯雷本人正是在猥亵意义上把这一名称带进了《古墓中发现的防毒歌》（*Fanfreluches antidotées*——《高康大》第2章）一章。这章谈到了“圣巴特里斯洞，直布罗陀洞，以及许多别的洞”。直布罗陀也叫“Trou de la Sybille”，西比尔的洞眼（由西比尔城得名），而且这一名称也从猥亵意义上来理解了。

在拜访了驱逐所有和尚的垂死诗人拉米那格罗比斯之后，巴奴日破口大骂的时候（顺便插一句），他述说出了有关这位渎神诗人灵魂命运的如下推测：

“叫他的灵魂到三万筐魔鬼那里去。你知道是哪里吗？天那个天！告诉你，不偏不倚，正在普罗赛尔波娜那个穿洞的座位下边，承接她大肠里排出来的大便用的脏盆子里，在煮人锅的左边，离路西菲尔的爪子只有三‘特瓦兹’远，通往德米乌贡黑屋子的地方。”（第3部，第22章）

但丁式的十足诙谐性的地狱地形令人吃惊。不过对巴奴日来说，地狱里最可怕的地方根本不是撒旦的大嘴，而是普罗赛尔波娜排泄大便的便盆。普罗赛尔波娜的屁股，像是阴曹地府里的阴曹地府，下部的下部，渎神的拉米那格罗比斯的灵魂该去的地方。

如此说来，擦屁股的情节和贯穿于这个情节一切形象始终的自上而下的运动最终把我们带到阴曹地府去，就没有什么奇怪了。拉伯雷的同时代人没有从中看到任何出乎意料的东西。说实在的，我们被带到这里，不是下了地狱，而是上了天堂。

高康大讲神仙和英雄们在极乐世界享阴福，讲的就是古希腊罗马的阴曹地府。而实际上这里提供的显然是基督教义所说的关于圣徒和遵守教规的人在天堂永享清福的讽刺模拟性改编。

在基督教义的这段改编里,与向上运动相对立的是向下运动。整个精神部位也翻了个儿。很可能,拉伯雷坦率指出的就是托马斯·阿奎那论享福的学说。在擦屁股的情节里快感不是产生在上部,而是产生在下部,大肠旁边。产生快感的路径也详细展示了出来——从大肠经小肠通心脏和大脑。中世纪精神倾向的这个讽刺性改编在这里看得十分清楚。灵魂的享受深深沉浸于肉体,沉浸于肉体的最下部。一段情节全部形象的向下运动就这样完成了。

然而,基督教最基本教义之一的这种改编远不是厚颜无耻的虚无主义。物质-肉体下部是有生产效能的部位。下部生育着,并以此保证着人类相对的、历史的生生不息。一切腐朽的事物空泛的幻觉都在它那里死亡,而实实在在的未来的东西又在它那里诞生。我们已从拉伯雷描述的肉体微观图景中看到,这肉体如何关怀着“那些尚未降生的人们”(qui ne sont encore nés),以及肉体的每一个器官怎样把自己营养中最有价值的部分送到“下部”(enbas),送到生儿育女的器官里去。这个下部是人类实实在在的未来。贯穿拉伯雷一切形象的向下运动归根结底指向的就是这个欢乐而实在的未来。而与此同时孤立的个体——其局限和衰老是可笑的——在使人不朽方面的自命不凡都受到贬抑和讥笑。于是两种因素,讥笑—贬抑老朽事物及其自命不凡和人类自身欢乐而现实的未来,融合成了一个统一而有双重性的物质-肉体下部形象。在拉伯雷的世界里,我们不该感到奇怪的是,贬低价值的擦拭不仅能革新单个现实物品的形象,而且能获得对人类真实未来的直率态度。

拉伯雷小说的整个性质证实着我们对情节结尾部分所做的这一解释。拉伯雷在自己的小说里对中世纪信仰和圣礼的所有方面进行接连不断的讽刺模拟性改编。像现在我们要看到的,爱比斯德蒙复活的情节就在改编着最主要的《福音书》奇迹。对主宰者们的情欲和圣餐仪式独出心裁的改编(《秘密的夜晚》)尽管很谨慎,还是像一条红线贯穿了拉伯雷的整部小说。然而,这改编起着特别重要和真正组织作用的是在小说前两部。作用的实质可以确定为逆向变化:把血变成酒,把切开的肉体变成面包,把情欲化作盛宴。从我们研究过的一系列情节里我们看到了这种改编的各个不同方面。在那幅人体微观图景里拉伯雷就展示出,面包和酒("任何一种食物的本质")如何在人的器官里变成血。这就是那个改编的反面。从小说里我们还可以找到对信仰和崇拜的各个方面所作的一系列其他讽刺模拟性改编。我们已经谈到过巴奴日在土耳其的蒙难和奇迹般的得救。阿贝尔·列弗朗认为庞大固埃的家谱是对一些《圣经》家谱的讽刺性模拟。在序言里我们见到了对教会采用的使人确认真理和相信真理的方法的改编。所以说,擦屁股情节里对圣徒和遵守教规的人死后享福的讽刺性改编不应使人感到什么意外①。

分析完这一独特情节,我们来做几点结论。在近代文学背景下,这情节显得既离奇又欠文明。

那个时候,擦屁股是一个传统的、诙谐性的狎昵—贬抑主题。我们已经涉及了世界文学中一连串最重要的平行现象。但是无论哪里都没有人像拉伯雷那样,如此细致,并以如此惊人的诙谐式戏剧性来研究探讨这一主题。

拉伯雷阐释这一主题很有特色,特色不仅在于其双重性,而且在于肯定再生的一极占有明显的优势。这是一场欢快而自由的戏弄物品和概念的游戏,但是是一场具有深远目标的游戏。它的目标是驱散包围着世界及其一切现象的阴沉、虚伪的严肃氛围,使世界有另一种外观,更加物质性,更加贴近人和人们的肉体,更具有肉体的合理性,更容易接近,更轻松,而且,描述世界的语言也会是另一个样子,是狎昵—欢快的和大无畏的。可见,这段情节的目标是已为我们熟知的世界、思维和语言的狂欢化。这个情节不是新时代孤立的日常生活的下流行为,而是民间广场形式那巨大而复杂的世界的有机组成部分。只

① 然而,毋庸置言,所有这一切都不能理解为抽象的、纯理性的无神论。这是对任何一种片面严肃性所作的诙谐性矫正。这是一种能把存在所具有的双重的,"永无止境的整体性"恢复起来的欢快的讽刺剧。——作者

有脱离这个世界,就事论事地去理解新时代,情节才可能状似粗野的日常生活的淫秽行为。在拉伯雷的作品里,像往常一样,这是正在焚毁旧世界的那欢乐的狂欢节火焰的一颗火花。

情节的结构似乎是阶梯式的:从小处开始直到中世纪世界观的最主要原理,逐一(以变成擦拭物的方法)进行脱冕,从物质-肉体层面加以革新。于是摆脱严肃性的事接连不断发生了,摆脱常人琐事的严肃性,摆脱实际生活中自私自利的严肃性,摆脱道德家和伪君子板起面孔教训人的严肃性;最后,摆脱令人恐惧的最大严肃性,即已凝聚在世界终端的阴暗形象,可怕的法庭、地狱及天堂和死后享福的阴暗形象里的严肃性。摆脱语言和姿态严肃性的事也层出不穷,既摆脱祈祷、诉苦、恭顺、谦卑等的可怜严肃语调,也摆脱恫吓、威胁、禁止等的威胁严肃语调。要知道,中世纪人的官方用语贯穿的只有这些语调,全被这些语调所毒化。要知道,中世纪的官方文化是不懂得无畏,自由和清醒的严肃性为何物的。小高康大把所有东西都变成脱冕的、物质的和革新的擦拭物,他这狎昵广场式的狂欢化姿态似乎在为新的勇敢而清醒的人类的严肃性清除地面和准备土壤。

我们的情节提供了以狎昵方式把握世界的范例,这一把握培养着人们对世界新的科学的认识。当世界由于恐惧和敬仰而与人疏远的时候,当它充斥着等级原则的时候,它不可能成为自由、成熟和物质地认识的客体。我们的情节为之提供范例的,对世界狎昵广场式的把握,破坏和消除了一切由恐惧和敬仰形成的距离和禁忌,使世界更贴近人,贴近人的肉体,使任何物品都能从各个侧面触动和抚摸,能深入内部,能上下翻转,使人同随便什么崇高和神圣的其他现象都能进行对比、分析、掂量、衡量、比试,而且所有这一切都是在物质感觉经验的同一层面上进行的。

这就是文艺复兴时代民间诙谐文化和新的经验科学有机结合的原因。它们也在作家兼学者的拉伯雷的全部活动中结合了起来。

现在我们转入另一个情节:爱比斯德蒙复活和他的阴间幻景。(第2部,第30章)

爱比斯德蒙复活是小说里最大胆的情节之一。阿贝尔·列弗朗用详尽分析的方法使人足以相信,这个情节对两个主要的《福音书》奇迹,《拉撒路复活》和《睚鲁女儿复活》,给予了讽刺性的改编,一些特点取材于一桩奇迹的描写,另一些特点取材于另一桩。阿贝尔·列弗朗从中发现,除此之外,还有一些描写特点取材于治愈聋哑人和先天盲人的奇迹。

这一讽刺性改编的结构方法,是把同《福音书》文本相应的典故同物质-肉体下部形象混合起来。比如,巴奴日把爱比斯德蒙的头放在自己的裤裆里焐暖,这是直接意义上的部位降格,但同时也是同生产能力的有益于健康的接触。接着,爱比斯德蒙的尸体被抬到吃酒的地方,要在那里把他治活。再后来用"上好的白葡萄酒"把爱比斯德蒙的脖子和头洗干净。最后出现了解剖的形象(vene contve vene 等等)。特别需要指出的是巴奴日的发誓:如果治不活爱比斯德蒙,他情愿掉自己的脑袋。我们首先要强调的,是这发誓的题目("情愿丢掉我的脑袋")与情节本身题目(爱比斯德蒙头颅被砍)的巧合。拉伯雷的整个形象体系都以这种巧合为特点:诅咒、辱骂、对天发誓的题目常常由形象描写的事件来重复(切开和肢解肉体,脱至物质-肉体下部,浇尿)。我们还要指出另一个特点。巴奴日补充了一句,说掉脑袋"这真是傻瓜(fol)的保证"。然而"傻瓜"(fol,sot)一词在拉伯雷(以及整个他那个时代)的上下文里从来没有一般的纯否定的愚蠢的意思。傻瓜这是具有双重性的骂人的话。除了上面这种意义,这个词还与节庆丑角,讽刺闹剧和民间广场喜剧中的丑角和傻瓜的概念密不可分。傻瓜掉脑袋——损失不算大,但这是傻瓜自己说,而且这掉脑袋也像傻瓜的愚蠢一样,有双重性(官方智慧的反面和下部)。滑稽戏的这种色彩转移到整个爱比斯德蒙情节中去了。*爱比斯德蒙头颅被砍,纯属一场诙谐剧*。而且情节令相继而来的所有事件,复活和阴间幻景,都保持了这种狂欢节和滑稽诙谐剧的精神。

请看,书里是怎样描写复活的爱比斯德蒙的苏醒的:

“爱比斯德蒙忽然有了气了,接着就睁开了眼睛,再接着是打哈欠,打喷嚏,最后又放了一个大响屁。巴奴日说道:

“‘现在可以保证好了。’他倒了一大杯陈年白酒,里面还放了一块甜面包,给他喝了下去。

“爱比斯德蒙就这样神奇地被治好了,只是喉咙哑了三个多星期,还有就是干咳,最后喝了很多酒才算痊愈。”

这里所有的复活标志连成一串,明显指向下部:先是嘴的呼吸,然后是睁眼(生命的高级标志和肉体的上部)后来就开始降格,打哈欠(生命的低级标志),打喷嚏(更低级的标志,类似大便的排泄物),最后是放屁(肉体下部,屁股)。然而正是最后这最低级的标志才是关键性的,因为巴奴日由此断定“À cette heure est il guéry”[①]。可见,这里完全反了过来,下部摆到了上部的位置:不是口的呼吸而是屁股放屁成了生命真正的象征和复活的现实标志。在擦屁股的情节里与屁股相联系的是永恒的阴间享受,在这里则是复活。

我们这个爱比斯德蒙复活情节的第一部分就是这样的。正像我们看到的,这部分的所有形象都贯穿着向下运动。我们同样要强调的是酒宴形象对这部分的框架作用。情节第二部分写的是爱比斯德蒙在阴间也就是在阴曹地府里的幻景,也同样以酒宴形象为框架。它是这样开头的:

“他开始说起话来,说他见过许多鬼魂,和路西菲尔亲热地交谈过,在地狱和极乐世界里吃过酒,他向大家保证说鬼也都很和气。提到在地狱里的鬼魂,他说巴奴日这样快就把他唤回世上来,使他很生气。他说道:

“‘因为,我看他们看得正得意呢。’

“‘怎么说?’庞大固埃问道。

---

① 法语:意为:“现在可以保证好了。”巴奴日的这句话是改编过的《福音书》典故,《福音书》里睚鲁女儿最后复活的标志是吃东西。——作者

“爱比斯德蒙说:‘他们在那里并不像你们想象的那样坏;只是生活方式有很大的不同罢了。比方说,我看见亚历山大大帝在那里补破鞋来过苦日子。克塞尔克塞斯吆喝着卖芥菜,罗木路斯在卖盐,奴马在打钉,塔尔干吝啬小气,比佐成了个乡下人……’”

这阴曹地府的形象从一开始就是和盛宴连在一起的:爱比斯德蒙无论在地狱里还是在极乐世界都参加宴会。后来,与盛宴一起,阴曹地府给爱比斯德蒙提供了一幅罪人们阴间生活的最有趣的场面。这种生活组织得像一次最纯粹的狂欢节。这里的一切都和上面的世界相反。所有的高尚事物都被脱冕,所有低级的东西都被加冕。拉伯雷一一列举的东西不是别的,正是古代和中世纪的英雄们狂欢节着装的列单。每个英雄的阴间地位和职业都是他的降格,有时是在直接部位意义上的降格。比如,马其顿王亚历山大在修补旧裤子。有时英雄的阴间地位简直就是一句骂人的话,如说阿基勒斯“长着一头秃疮”。从形式上看,这个列单(我们这里只引了它的开头)使我们想起那个擦拭物的列单:英雄们在阴曹地府的新使命和新行当出现得像擦屁股物品一样突然,对这新地位的不适应本身也产生了一种颠三倒四乱七八糟的闹剧效果。那种详尽性也很有意思。教皇西克斯图斯在阴曹地府治疗花柳病。由此而产生了下面一段对话:

“‘怎么?’庞大固埃说,‘那里也有患花柳病的么?’

“‘当然了,’爱比斯德蒙说,‘再也没见过那么多患花柳病的了;足足有一亿多。因为,你想想看哪,凡是这辈子没有患过的,都得到那辈子去患。’

“‘天主耶稣!’巴奴日叫了起来,‘这不关我事,幸亏我是过来人,因为各个阶段我都经历过了。’”

我们首先要指出的是逆向逻辑:谁在地球上没患过花柳病,他就要到阴曹地府去患。其次要提醒的是这个与肉体下部有关的“欢乐”病的特殊性质。最后要强调的是,巴奴日话(原版文本)里的当时习用口语中常用来形容肉体下部的地理形象,“直布罗陀海峡”和“海格立斯大柱”。我们要指出这些地点的西向性质:它们地处古希腊罗马世界的西部边境,通向阴曹地府和幸福岛的道路横穿的地方。

脱冕的狂欢性质明显表现在下面这个片段里:

“就这样,凡是这个世界上的大人物,到了那边都得受罪。相反的,一些学者和这个世界上的穷人,到那里就都轮到做大人物了。

“我看见第欧根尼阔得不得了,穿着紫红色长袍,右手还拿着权杖,遇到亚历山大没有把他的裤子补好,拉起来就是几棍子,打得亚历山大大帝直想发疯。

“我还看见艾比克森德穿着漂亮的法国服装,在一个树枝搭的美丽的凉棚底下,和许多姑娘在一起游戏,饮酒,跳舞,大吃大喝,在他旁边还堆了很多‘太阳金币’。”

学者们(第欧根尼,艾比克森德)在这里扮演着国王们选中的狂欢节丑角,特别强调了国王的着装,即第欧根尼的紫红色袍子和权杖。与此相并列,也没忘记赏给废黜的“老”国王马其顿王亚历山大的那几棍子。艾比克森德的形象保持了另一种较为文质彬彬的风度,这是一个吃喝玩乐的喜庆的国王。

阴间幻景的其余部分也以狂欢节庆的精神加以处理。作家约翰·勒·迈尔(雄辩家学派首领)生前曾是教皇的仇敌,在阴曹地府扮演起滑稽教皇角色来了。从前的丑角凯耶特和特里布莱,在他面前成了红衣主教。昔日的国王和教皇如今亲着他的脚,他则命令自己的红衣主教给这些昔日的国王和教皇一顿打,作为恩赐。

缺乏宗教仪式的降格也不行。当卖芥末的克塞尔克塞斯故意抬高价钱的时候,维庸往他的芥末上撒了一泡尿。穿林向着画有“圣安东尼神火”的墙壁小便。为了这桩亵渎神明的行为,在阴曹地府里当了宗教裁判官的弓箭手贝纽莱想把他活活烧死。

正像我们讲过的,盛宴给整个情节装上了一副框架。爱比斯德蒙立刻这样结束了自己的故事:

“‘好了,孩子们,’庞大固埃说,‘现在咱们先来吃点东西喝点酒吧，不要客气，因为这个月里正是喝酒的好时候。'"

在庞大固埃和他的同行者匆匆赴宴的当儿，决定了败北的安那其国王的命运：庞大固埃和巴奴日决定这个国王尚在人间的时候就教他一点将来在阴曹地府就业的低级技术。

第三十一章描写了我们早就谈过的安那其国王的狂欢节脱冕。巴奴日给国王换上一身丑角服装（装束描写很详细，而且每一件的特点巴奴日都借故戏弄一番），让他去卖绿酱油。可见，这狂欢节脱冕再现的应当是阴曹地府发生的事件。

我们的分析可以得出几点结论。

该情节里阴曹地府的形象带有明显表现出来的民间节庆性质。阴曹地府就是盛宴和欢乐的狂欢节。从这里，我们发现了所有为我们所熟悉的降了格的双重形象，浇尿，殴打，换装，辱骂。拉伯雷的一切形象所固有的向下运动都通向阴曹地府，阴曹地府自身的诸多形象也充满着向下运动。

拉伯雷形象体系里的阴曹地府是一个主要集中点，形象体系的基本干线都在这个集中点上交叉，这些干线是狂欢，盛宴，搏斗和殴打，辱骂和诅咒。

如何解释这种阴曹地府形象的中心地位，它的宇宙观意义又在哪里呢？

当然，这个问题不能用抽象议论来解答。首先，必须寻找拉伯雷的源头，到那经过整个中世纪直到文艺复兴才结束的描写阴曹地府的传统中去寻找答案；其次，必须揭示这一传统中的民间因素；最后，要从拉伯雷时代巨大而迫切的任务角度来领会这个传统和阴曹地府形象本身的意义。

不过，首先应就古希腊罗马源头讲几句话。出现阴曹地府形象的古希腊罗马作品有：《奥德修纪》的十一首歌，柏拉图的《斐德罗篇》《斐多篇》《高吉阿斯》和《理想国》，西塞罗的《西庇阿的梦》，维吉尔的

《埃涅阿斯纪》(又译《伊尼德》),以及最后,卢奇安的一系列作品(其中主要的是《墨尼波斯,或者游地府》)。

拉伯雷熟悉所有这些作品,但除了卢奇安的以外,这些作品谈不上有什么大影响。就是卢奇安的影响,通常也被大大夸大了。实际上《墨尼波斯,或者游地府》与我们选取的拉伯雷的情节之间,其相似仅限于纯外部特点。

卢奇安的阴曹地府,也是作为欢乐场面来描写的。加以强调的是换装和角色转换因素。阴曹地府的图景迫使墨尼波斯把自己的人类生活同戏剧性游行进行比较。

"望着这一切,我于是断定,人类生活好似一条长长的行列。其中领导并指示位置的是命运,命运决定着每个人的外部装束。偶然抓到一个人,命运给他穿上王袍,戴上王冠,给他一帮长矛兵,用头饰加了冕;对另外一个人则赏给他一件奴隶衣服;第三个人,让他长一张漂亮脸蛋;第四个人,让他丑陋不堪,滑稽可笑。当然也可以说,场面应该是多姿多彩的呀!"

人世间的强人,昔日的国王和阔佬,在卢奇安的阴曹地府里,其地位和拉伯雷那里一样。请看:

"你眼看这些在死人和被迫受穷的人当中行乞的国王和总督,看见他们或者卖干肉,或者教书时,可能笑得更厉害。碰到他们的每个人都可以侮辱他们。像打最下等的奴隶一样掴他们耳光。当我看到马其顿王菲利浦的时候,我克制不住自己了:我发现他正在一个角落里为挣钱而补烂鞋。真的,在那个十字街头不难看见,还有许多其他行乞的人——克塞尔克塞斯,大流士,波利克拉特斯……"

在这表面相似的同时,拉伯雷和卢奇安之间存在着多么深刻的本质差别呀!卢奇安作品里的笑声是抽象的,只是一种不带任何真正欢乐的讥笑。除了萨托耳诺斯节(农神节)形象的双重性,在他的阴曹地府里几乎什么也剩不下。传统形象没有血肉,仅服务于斯多葛派(恬淡寡欲)的抽象道德哲学(况且这学派退化,被晚期的犬儒主义所歪曲)。卢奇安作品里的昔日国王挨了揍,“像打最下等的奴隶一样,掴了他们耳光”。但是这种殴打是搬到阴曹地府里的,奴隶制度下普通的殴打。除了国王—奴隶的萨托耳诺斯节的双重形象,几乎什么也没剩下。这种殴打,不过是殴打而已,没有任何依靠力量。它们于事无补,既不能促进生育,也不能促进革新。盛宴的形象也带有这种日常生活的单义性。在卢奇安写的阴曹地府里,人们也吃东西,但是和拉伯雷作品里的吃东西没有共同之点。从前的国王不会因吃东西得到满足,从前的奴隶和穷人也不会因吃东西得到满足。在阴曹地府里,人们一味地吃东西,谁都不喝酒,他们只是笑,单纯嘲笑,并讥笑那些从前的国王和阔佬。这里的主要三点是,卢奇安的物质-肉体因素仅服务于崇高形象纯形式上的降格,服务于它们简单的平凡化,这一因素几乎完全不具有双重性,既革新不了什么,也再生不了什么。而拉伯雷和卢奇安在情调和风格上的深刻区别就是由此产生的。

在描写阴曹地府的中世纪传统这一章里需要提一提叫作《彼得启示录》的作品,作品是公元 1 世纪末 2 世纪初的一个希腊人写的。是一份关于古希腊罗马人如何看待阴间的综合通报,不过作了适合基督教教义的改动。作品本身中世纪尚未发现①,但它决定了 4 世纪写的 *Visio Pauli*② 的出现。《幻景》的各种版本在中世纪流传极广,并对强大的爱尔兰天堂地狱传说潮流产生了重大影响,爱尔兰传说则在中世纪文学史上起过重要作用。

在写阴曹地府的爱尔兰传说中,与“圣巴特里斯洞眼”有联系的传说具有特殊意义。这个窟窿直通炼狱。据传说讲,是上帝首次把它指给 5 世纪的圣巴特里斯看的。大约 12 世纪中期安里·德·萨尔特列和尚在他的论文《论圣巴特里斯炼狱》中描写了推一个壮士下炼狱的故事。大约同一时期又写出了著名的《通格达尔幻景》。通格达尔死后游了一趟阴曹地府,后来又回到人间,为的是向人们讲述他目睹的

① 1886 年在一次埃及葬礼上首次被发现。——作者

② 《保罗幻景》。——译者

那些恐怖场景。这些传说引起非凡兴趣,并引出一大批作品问世,有法兰西马利亚的《圣巴特里斯炼狱》,教皇英诺森三世的《论对人世的轻视》《圣格里高利对话》,但丁的《神曲》。

取材于《保罗幻景》的阴间幻景形象,经过改编并以强有力的凯尔特幻想来充实,得到很大扩展,也更加详细。尤其强化了怪诞的肉体形象,加大了犯罪和惩罚措施的种类(从七种到九种甚至更多一些)。从阴间受难形象本身的结构轻而易举便可弄清辱骂、诅咒和责难的特有逻辑,肉体部位否定和降格的逻辑。这些受难形象常常很有组织,好像包含在辱骂和诅咒里的隐喻得到了实现。受折磨罪人的肉体是以怪诞形式出现的。特别经常出现的明显与火烧有关:一些罪人被放在铁钎上烤,另一些人被强迫喝铁水。早在《通格达尔幻景》里,所写的路西菲尔就被用铁链拴在烧红的炉灶栏杆上用火烤了,与此同时他自己也吞食罪人。

有一批特殊的,同拉撒路形象相关的描写阴曹地府的传说。一个古代传说讲,耶稣在行法术的西门那里举行酒宴的时候,拉撒路讲了他在阴间看到的秘密。还有一个伪奥古斯都的布道演说,其中强调了拉撒路作为唯一见过阴间秘密的活人所处的特殊地位。在这篇布道演说里拉撒路也在宴席上讲了自己的阴间幻景。12 世纪的神学家皮埃尔·科梅斯托尔进一步证实了拉撒路的述说。15 世纪末拉撒路的这种作用具有特殊意义,连他这人物也进入了神秘剧,不过拉撒路的酒宴故事特别流行还是由于把它收进了普及本的大众日历。

所有这些含有怪诞肉体因素和酒宴参加者形象的,关于死后王国的传说,都决定了魔鬼戏的选题和生动性,那里获得优先发展的正是这些因素。在魔鬼戏中特别强化了阴曹地府怪诞形象的诙谐和滑稽方面①。

① 我们已经说过,这些怪诞滑稽因素的萌芽早在《通格达尔幻景》里就出现了,它们甚至影响到美术,比如,画家耶罗宁·波斯赫约在 1500 年完成的通格达尔风格的大幅覆墙画,强调的就是《幻景》的怪诞因素(拴在炉灶栏杆上的路西菲尔吞食罪人)。布尔日教堂里有一些 13 世纪的水彩壁画,描写阴间生活的时候也注重怪诞滑稽因素。——作者

这些传说和与之有关的作品对拉伯雷的阴曹地府形象产生了什么影响呢？

正像我们见到的，在拉伯雷的阴曹地府描写里，提到首位的是两种因素：首先是酒宴形象（酒宴给爱比斯德蒙的讲述套上一副框架，他本人在阴曹地府里喝酒，学者们举行酒宴，死后王国里出售食品）；其次是阴曹地府一连串的狂欢节性质。

第一种因素在我们上面提到的传说和中世纪作品里已经有了。早在 12 世纪的《通格达尔幻景》里路西菲尔就吞食罪人，而且，像我们曾经说过的，他本人也不断被用铁链子绑在炉灶的大栏杆上火烧。路西菲尔有时还这样被搬上宗教神秘剧舞台。在拉伯雷的作品里经常遇到这个形象：在《庞大固埃》里他提到，有一次路西菲尔挣脱锁链仓皇逃跑了，因为他早饭后吃了用一个军士灵魂做的丸子，肚子绞痛，把他折磨苦了。在小说（第 4 部，第 46 章）里有关于各种灵魂香度比较的详尽议论：哪些灵魂早餐吃最好，哪些午餐吃最好，就是说，应该如何安排。看来拉伯雷创作的直接源头是两部叙事诗：佚名作者的 *Salut d' Enfer*① 和拉乌尔·德·乌但的 *Songe d' Enfer*②。两部诗的作者都写到自己拜访管理地狱的魔鬼维尔泽乌尔和参加魔鬼的宴会。这里已表现出烹饪罪人技术的具体发展。比如，给《地狱致意》的主人公摆上用高利贷者烧的菜汤，用伪币制造者炸的肉以及用律师做的酱油。拉乌尔·德·乌但对地狱烹饪术描写得更为详细。两位诗人在地狱里像爱比斯德蒙一样，受到十分有礼的款待。他们二位也像爱比斯德蒙一样，不拘礼节地同维尔泽乌尔交谈。

与拉撒路形象有关的一系列传说对拉伯雷的影响也是毫无疑义的。我们已经指出过，与爱比斯德蒙有关的整个情节，部分地是对《福音书》奇迹拉撒路复活的讽刺性模拟。爱比斯德蒙讲的阴间幻景故事跟拉撒路的传说故事一样，都以酒宴形象为框架。

---

① 《地狱致意》。——译者

② 《地狱沉思》。——译者

拉伯雷阴曹地府形象里的第一个酒宴因素其源头就是这样的。而且萌芽状态的第二个狂欢节因素也在同样一些源头中显现了出来。

上面讲到的两部叙事诗里,狂欢节庆成分特别强有力。不过这种成分早在远古凯尔特传说中就有了。阴曹地府,这是被战胜的,被裁定的过去的恶。是的,这个恶从官方基督观点被探讨着,描写着,因而否定带上了某种程度的武断性质,不过在传说里这种武断的否定是同关于尘世生活下层的民间观念紧密交织在一起的,这下层则作为既能吞食又能生育的母胎而存在。同时,这否定也和关于过去的观念紧密交织在一起,过去则是一个被清除的欢乐的丑八怪。欢乐时代的民间观念不可能不渗透到作为被战胜的过去恶的阴曹地府形象里去。所以早在《通格达尔幻景》里路西菲尔实质上就被描写为欢乐的丑八怪,被描写为失败的旧权力和畏惧旧权力的形象了。因此,这些传说既能创造出我们上面讲的两部足够喜庆的叙事诗,又能创造出相当完美的魔鬼戏的狂欢节世界。被战胜的恶,被战胜的过去,被战胜的旧权力,被战胜的恐惧,所有这些不断转换浓淡色彩的事物既可以产生出但丁地狱的阴郁形象,也可以产生出拉伯雷欢乐的阴曹地府。最后则相反,下部、逆向、颠倒的逻辑本身,把阴曹地府的诸多形象吸引到狂欢怪诞的定型和理解上来。

但是还有一种同样需要考虑的因素。古希腊罗马神话中的诸神被基督教降为魔鬼,罗马神农节那些到中世纪还顽强生存的形象被正统的基督意识打入阴曹地府,它们也把自己农神节的精神带到那里去了。

有一份最古老的狂欢节记事流传至今,它是以阴曹地府的神秘幻景形式写的。11 世纪的诺尔曼历史学家奥尔德里克·维塔尔给我们详细记述了一个祭司戈舍林的幻景。戈舍林 1091 年 1 月 1 日深夜从一个病人家里出来走回家的时候,看见了从荒无人烟的大道上走过的意大利滑稽剧中的丑角“阿尔莱金的队伍”。阿尔莱金本人被写成由一把大槌武装起来的巨人(他的体型使人想起赫拉克勒斯)。他领导的队伍各式各样，五花八门。走在最前边的人们身穿兽皮，手持各种炊具和家庭用具。随后走来的人抬着五十口棺材，棺材上坐着一些长着大脑袋手举大箩框的小矮人。再后是两个手举拷刑架的埃塞俄比亚人，拷刑架上一个魔鬼正在对一个人用刑，用烧红的马刺扎他。再后边是一群妇女，她们骑在马上，总是在马鞍上跳个不停，因为马鞍上扎满了烧红的钉子，妇女们总是跳起来再落回到这些钉子上。她们之中也有良家妇女，其中还有活着的。后来走过的是神职人员，殿后的是被火焰包围的军人。戈舍林就是这样描写这支游行队伍的。原来，所有这些都是已死罪人的灵魂。戈舍林同其中的三个人交谈，有一个是他死去的弟兄。他从对谈者口里打听出，这是一支涤罪所里误入迷途正在赎罪的灵魂的游行队伍。

戈舍林的幻景就是这样的①。这里当然既没有“狂欢节”这个词，也没有这个概念。戈舍林本人和叙述他故事的历史学家都认为这是“丑角阿尔莱金队伍”的幻景。这里的这个神话观念（类似于“野蛮的队伍”，“野蛮的远征”，偶尔是“阿瑟国王的队伍”）作了基督教的解释：这是涤罪所里一些在世时误入迷途的灵魂。基督教观念决定了奥尔德里克故事的基调、性质和一些个别细节。如戈舍林本人的恐惧，走在队伍里的人们的哭诉和呻吟，队伍里个别人受到的惩罚（魔鬼在拷刑架上对之用刑的人，原来是一名祭司的杀手。坐在布满红铁钉的马鞍上的妇女们受罚是因为淫荡）。可见，这里的气氛远非狂欢节的。但与此同时个别形象和队伍整体的狂欢节性质却不容置疑。尽管有宗教观念的歪曲性影响，一些狂欢节特点（或者说萨托耳农神节特点）表现得还是十分明显。这里我们看到了富有怪诞肉体特色的巨人形象，而巨人形象是一切狂欢节游行最常见的参加者（我们已经说过，他的形象令人想起赫拉克勒斯，尤其靠那大槌。在古希腊罗马传统中赫拉克勒斯形象是和阴曹地府紧密相连的）。埃塞俄比亚人也体现了这一怪诞观念。特别能说明问题的是坐在棺材上的新生婴儿形象。在

① 详细分析戈舍林《幻景》的是奥托·德里森《阿尔莱金的起源》，第24—30页。——作者

赋予形象以基督教色彩的背后,明显透露出生死的双重性。从物质-肉体下部角度需要脱离基督教观点来理解游行队伍里淫荡妇女("dame douces")及其猥亵姿态的出现(描写 coitus)[①]。请大家不要忘记拉伯雷取材于骑马方面的描写性行为的引喻"Saccade"[②]。当然,穿兽皮的人和以炊具和家庭用具武装起来的人具有完全的狂欢节性质。包围军人的火焰也是焚毁和革新可怕的过去的狂欢之火(请比较罗马的狂欢节"moccoli"[③])。这里也保留了脱冕因素。要知道,所有这些罪人都是昔日的封建主、骑士、贵妇、神职人员;现在呢,它们是些脱冕的,丧失了自己高贵地位的灵魂。戈舍林跟一个子爵谈话,子爵受惩罚是因为他曾是一个不公正的法官;另外一个封建主受惩罚是因为他从邻居手里不合理地夺来一个磨坊。

在这个新年幻景里也有一点取自"脱冕神仙游行"的东西,首先在丑角本人拿着大槌的古希腊罗马面貌上。众所周知,狂欢节游行在中世纪,尤其在日耳曼国家,往往被理解为脱冕的和被打倒的多神教诸神的游行。被推翻的高等势力和昔日真理的观念与狂欢节形象的核心本身已牢牢连在一起了。当然,也不排除萨托耳农神节对发展中世纪这些观念的影响。古希腊罗马诸神在一定程度上都扮演着萨托耳农神节脱冕国王的角色。最能说明问题的是,19 世纪下半叶还有一批德国学者坚持"狂欢"一词的日耳曼语来源,说它出自德语词"Karne"(或"Harth"),就是"神圣的处所"(即多神教的村社——神仙和他们的仆役所在之处)和"val"(或"wal"),就是"死的""被害的"。因此,根据这一解释,狂欢就意味着"亡故的神仙们的游行"。我们引入这一解释只是为了证明,狂欢节作为脱冕神仙的游行这一观念有多么顽强。

奥尔德里克·维塔尔的朴素故事表明,甚至在 11 世纪遵守教规的基督徒的意识里阴曹地府的形象就已和狂欢节的形象紧密交织在

---

① 交媾。——译者
② 跳动。——译者
③ 诅咒。——译者

一起了。中世纪末,当狂欢节因素最终取胜并把阴曹地府形象转化为欢乐的民间广场场面时,从这种交织中发展出了魔鬼戏的多种形式。作为"阴曹地府狂欢化"过程的平行现象出现的是称为"地狱"的东西,地狱几乎在文艺复兴时的一切节庆和狂欢活动中都出场。

这座"地狱"接受了种类繁多的形式。比如,在 16 世纪纽伦堡的狂欢节游行里它的蜕变形式(记录得非常详细)就有:房屋、宝塔、宫殿、船只、风车、口吐火舌的龙、驮人的大象、吞食儿童的巨人、咽下恶女人的老鬼、摆着废铜烂铁(为出售)的小铺子、维纳斯山、烤傻瓜的面包炉、射杀长舌妇的大炮、捉龙器、装载出家人的大战船、载着傻瓜转动的命运车,如此等等,不一而足。应当注意的是,这装满火焰的建筑物常常就在市政厅前烧掉了。

所有这些狂欢式"地狱"变体都有双重性,所有这些变体都以一定形式并在一定程度上包含着被笑声战胜的恐惧因素。它们都多多少少以无伤大雅的形式成为已逝去的旧世界的狂欢式奇迹。有时这是毫无掩饰的可笑的丑八怪,有时其中强调了已逝世界的陈腐、无用、荒唐、愚蠢、可笑的自命不凡等等。这一切都与那贬抑了的,充斥于拉伯雷阴曹地府的废物相类似:马其顿王亚历山大补来补去的破裤子,从前的放债人掏来掏去的垃圾堆,等等。这个世界信赖的是有再生能力的狂欢节的火焰。

上述一切都在阐明中世纪传统和拉伯雷小说中阴曹地府诸形象的宇宙观意义。阴曹地府同拉伯雷体系中其他所有形象之间的有机联系被廓清了。下面我们再来讲讲阴曹地府形象的若干方面。

以往的民间文化,在它上千年发展的一切阶段上,一直追求以笑声战胜官方文化的一切主要思想、形象和象征,使它们清醒过来,并把它们改换成(具有双重意义的)物质-肉体下部语言。在前一章里我们看见了,宇宙恐惧和与之相联系的世界惨剧形象以及在官方世界观体系中备受崇尚的世界末日论形象如何从狂欢节惨剧、讽刺性模拟预言等等的形象中找到了诙谐的等价物,而后一类形象使世界摆脱了恐惧,使世界接近人,淡化了时间及其进程,把它变成了一种交替与革新的欢乐时刻的喜庆进程。

阴曹地府形象的境况也是这样。正像我们看见的,官方基督教观念中的阴曹地府,其狂欢化传统,也就是地狱、炼狱和天堂的狂欢化,延续已久,跨过了整个中世纪。这传统的若干成分甚至渗透进了官方的阴曹地府《幻景》。中世纪快结束的时候阴曹地府已经成为民间和官方两种文化交叉对立的主要课题。在这个课题上最尖锐最明显地暴露出两种文化、两种世界观的分野。阴曹地府,这是一种结局的独特形象,是许多个别生命和命运之结束和完成的形象,同时它又是对单个生命总体上的裁判,是以官方基督教世界观的(宗教玄学的,伦理学的,社会学的和政治学的)最高标准为基础的裁判。这是一个综合形象,但它不以抽象形式,而以鲜明的高度形象化的并富有情感色彩的形式揭示出官方中世纪的基本善恶观。因此阴曹地府形象也成了教会宣传极为强有力的工具。

在阴曹地府形象里官方中世纪的基本特点达到了极限。这是恐惧和恫吓的阴暗严肃性最为浓烈的集中。这里接连不断表现出对个人及其事业的非历史评价。这里占上风的是上下升降的垂直线,接连不断被否定的是历史时代、前进运动的水平线。总的说官方中世纪的时间观念体系在这里揭示得特别分明。

这就是民间文化力求以笑声战胜阴暗严肃性的极端表现而将其变为欢乐的狂欢节丑八怪的原因。民间文化以自己的方式构造阴曹地府形象,把有孕育和生产能力的死亡同无生育能力的永恒相对照,把由垂死的过往事物生产出来的更好的未来的新事物同过往腐朽事物的万世长存相对照。如果说基督教的阴曹地府贬低大地,掠夺大地,那么狂欢节的阴曹地府就把大地和地下作为生产果实的怀抱而加以肯定,在这怀抱里死亡与初生打照面,由于腐朽者的死亡而诞生出新的生命。因之,物质-肉体下部形象贯穿了狂欢节的阴曹地府。

民间传统中的阴曹地府形象成了被笑声战胜的恐惧形象，并且有两副面孔：在最神秘的阴曹地府面前（“地狱”和死亡面前）和被推到阴曹地府里的过往权力和真理（仍占统治地位，但已是垂死的）面前不一样。这是一个有着两副面孔的可笑的怪物：既是“地狱”的怪物又是过往权力的怪物。

文艺复兴时期阴曹地府越来越被国王、教皇、神职人员、国务活动家所充斥，况且不仅有逝后不多久的，还有人世健在的。阴曹地府里集中了一切被谴责的，被否定的，注定要灭亡的事物。因此，文艺复兴和 17 世纪的讽刺（狭义）作品经常运用阴曹地府形象来表现敌对历史活动家和否定社会典型的画廊。不过这种讽刺作品（如凯维多的）经常带有纯否定性质，其中形象的双重性已经大大减弱。文学中的阴曹地府形象步入它发展的新阶段。

从《庞大固埃》的最后一章我们得知，拉伯雷原打算写主人公先去约翰神父的传奇国（国家限在印度），尔后去阴曹地府旅行。这主题完全是预料之中的。我们该记得，《庞大固埃》的首要形象是一张张开的大嘴，也就是最终出现在中世纪神秘剧舞台上的那个 gueule d'enfer[①]。拉伯雷的所有形象都贯穿着向下的运动（大地的下面和肉体的下部），所有形象都通向阴曹地府。甚至擦屁股的情节，如我们所见到的，也把我们带到阴曹地府去了。

在拉伯雷的主要源头，在关于高康大的民间传说里，有放主人公下阴曹地府的情节。是的，在《大型编年史》里没有这个情节，但在 1540 年的一出滑稽剧里保留了这一情节的引文，是把它作为众所周知的情节保留的。托马斯·塞比莱特有一种记录下来的新口头传说版本（Sébillet T.*Art poétique François*[②]，第 52—53 页），其中也有类似的情节。

---

① 地狱入口。——译者

② 《法兰西诗学》。——译者

民间滑稽剧里的人物也同样经常下地狱,进阴曹地府。丑角阿尔莱金就下去过,他和庞大固埃一样,在文明期以前的过去曾是一个魔鬼。1585 年巴黎出版一部作品,标题是《意大利滑稽演员阿尔莱金活动和功勋的欢乐故事》,故事包括他的梦境和幻景,他为从地狱引出卡尔金娜大娘而下过一趟地狱,由于某种偶然性他从那里滑了下去,事后他骗过了那里的地狱王本人,刻耳柏洛斯①和所有其他魔鬼。

丑角在地狱里翻跟头,上千次地跳跃,向后倒退,伸舌头。他强使卡戎和柏拉图本人笑了起来。

丑角所有这些欢蹦乱跳完全不是与创造矛盾修饰法形象的阴曹地府的静止相对比,它们是意义双重的,就像阴曹地府本身是双重的一样。要知道,丑角的所有跳跃和翻跟头都有深刻的部位性。作为它们方位标的是天空、大地、阴曹地府、上、下、脸、臀。它们玩弄着上与下,脸与臀的置换和迁移的游戏。换句话说,向阴曹地府下滑的主题 implicite② 最简单的翻跟头运动中了。所以民间滑稽剧里的人物也纷纷奔向阴曹地府。17 世纪的著名滑稽演员塔巴连同样也下了阴曹地府。1612 年出版了他的作品《塔巴连下地狱》。

按照小说创作计划,庞大固埃去阴曹地府的道路横贯约翰神父的国家,这个国家通常限定在印度境内。我们已经知道,诸种传说都把通向阴曹地府和人间天堂的入口假想在印度。可见,以这个传说的观点看,庞大固埃的路线是有充分根据的。但是庞大固埃去印度的这条路也是去西天的路,而那里永远被看作"死亡之国"即阴曹地府。根据拉伯雷的设想,这条路的延伸要经过 iles de Parlas,就是经过巴西。同时这条通向死亡之国的传说路线("从赫耳库勒斯石柱向西")是拉伯雷对当时地理大探索的现实反响。1523 至 1524 年法兰西斯一世派意大利人维罗齐安诺去中美洲,为的是找到一个海峡,可以借助它缩短到中国和印度的距离(而不是像葡萄牙人那样绕过非洲)。

---

① 看地狱大门的恶狗。——译者

② 暗含在。——译者

《庞大固埃》最后一章提到的拉伯雷小说的后续计划,就其实质说几乎完全实现了。我们说"就其实质",是因为它的表面有很大改变:既没有约翰神父的国家,也没有阴曹地府。但是《神瓶的神谕》代替了阴曹地府(拉伯雷本人会怎样描写神谕我们的确不知道),去西南的路也被去西北的路所代替了(我们指的是小说第四部里庞大固埃的旅行)。

这条通向西北的新路同样是对法国那已经改变了的地理学和殖民主义大探索的反响。维罗齐安诺在中美洲什么海峡也没找到。拉伯雷的著名同代人亚克·卡蒂埃提出一个新想法——改变探索海峡的路线,向北方极地国家发展。1540 年卡蒂埃伸进了加拿大。1541 年法兰西斯一世交给卡蒂埃一个任务,把这块重新开拓的北美土地变成殖民地。于是拉伯雷改变了自己主人公的路线,让他向西北极地地区,卡蒂埃指示的方向开船进发。

然而亚克·卡蒂埃向西北进发的这条现实道路同时就是著名的凯尔特传说指出的通向阴曹地府和天堂的道路。这条通向西北的道路为大量古代凯尔特传说所笼罩。从爱尔兰去西北的大洋是神秘莫测的,那里可从海浪的咆哮中听出死者的呼号和呻吟,那里分布着很多神秘的岛屿,岛屿里隐藏着形形色色像印度奇迹一样的奇迹。我们提到的那些与"圣巴特里斯洞眼"有联系的传说也包括在这个关于通向阴曹地府之路的凯尔特传说里。这些关于爱尔兰海奇迹的凯尔特传说已列入晚期古希腊罗马文学,其中有的进入了卢奇安和普卢塔克著作。比如,拉伯雷的作品里有关于冻结和解冻词汇的情节。这一情节是拉伯雷直接采用普卢塔克的,但是无疑,他的形象是以凯尔特为源头的。对于洋溢着普卢塔克思想的关于长寿岛的情节也应该这样说。顺便说一句,普卢塔克讲过,布里亚柔斯①保护的萨托耳诺斯在西北,也就是爱尔兰海里的一个岛上住过。

① 布里亚柔斯是希腊神话中的百手巨人。——译者

据拉伯雷的同时代研究者(如洛特)讲,拉伯雷特别喜爱的正是凯尔特幻想作品。这也表现在拉伯雷甚至从古希腊罗马文学中挑选出凯尔特源头的成分(如从普卢塔克作品中)。——作者

我们想讲一个对庞大固埃的旅行(就是小说第4部)产生过绝对影响的凯尔特型传说——圣布伦丹漫游的传说。这是一个基督教文学形式的古爱尔兰神话。10世纪写出的《圣布伦丹航游记》(*Navigatio sancti Brendani Abbatis*),10世纪就既以散文体又以诗歌体广泛流传于所有欧洲国家。经润色加工的最优秀作品是1125年完成的伯努瓦(Benoit)和尚的英—诺叙事诗。叙事诗的内容是这样的:圣徒布伦丹带领修道院的十七个和尚从爱尔兰出发沿西北方向北上极地去寻找天堂(庞大固埃的路线)。旅行持续了七年。圣布伦丹(像庞大固埃一样)从一个岛到一个岛,揭开了一批批新而又新的奇迹。一个岛上住着鹿一般大的白绵羊;另一个岛上有很多长着红树叶的参天大树,树上有白鸟驻足,唱着歌颂上帝的歌;还有一个岛,笼罩在一片深沉的静默气氛里,祈祷的时候长明油灯会自动点燃(这个"沉默岛"上的一位老人特别像拉伯雷作品里的老马克列安)。旅行者们必须在鲨鱼背上过复活节(拉伯雷作品里有关于"физитер"也就是巨鲸的情节)。龙和狮头怪兽格斗的时候,一行人来到现场,看见了海蛇和其他一些海里的妖怪。他们由于自己的虔诚而克服了一切艰难险阻。他们看见一个从大洋中升起的坐落在蓝宝石柱上的豪华祭坛。他们从通向地狱的洞口旁边走过,洞口正喷着火焰。离这地狱张着的大嘴不远,他们发现了坐在一条狭窄岩石上的犹大,岩石四周波涛汹涌。犹大正在这里休息,度假,以逃避难以忍受的痛苦。最后,一行人来到了天堂门口,天堂由贵重的石头墙围着。这里的黄水晶、紫水晶、琥珀、玛瑙都在闪闪发光。上帝的使者允许他们访问天堂。在天堂里他们看见了长势繁茂的花草,结满硕果的树木。到处飘散着花香,布满温和驯顺的动物。这里牛奶汇成河流,蜜珠滴滴下落;这里既无严寒也无酷暑,既无饥饿也无悲伤。由伯努瓦精心润色加工的圣布伦丹传说就是这样的。

我们面前是一个关于地面空间及其运动的中世纪观念的鲜明范例。这里像在怪诞的肉体上一样,没有不闻其声的地表,只有凹凸不平与低低高高。这种传说地形的最卓越象征是地狱洞眼和与之并列的高耸入云而喜庆的犹大崖,或者是带着祭坛从海底冲天而上的蓝宝石柱。通向地狱的洞眼和通向天堂的天门打碎了世界的坚硬平面,在它深处敞开另一些世界。这个传说里基督教教会观念和民间观念很矛盾地结合在一起,这里的后一观念更强些,并由它形成了这个传说的魅力。天堂原来是物质-肉体富足与和平的民间理想王国,萨托耳诺斯的黄金时代。那里既无战争、格斗,也无痛苦,占上风的是物质-肉体的富足和宽裕。难怪普卢塔克也在爱尔兰海的一个岛上安排了萨托耳诺斯的住处。可见,在这部笃信宗教的叙事诗里,也和戈舍林那笃信宗教的幻景里一样,明显透露着从未消失过的萨托耳诺斯节的调子。

我们看见,在庞大固埃的西北之行里,通向富足与和平的理想国家的远古传说道路,同最新的现实道路,同地理大探索时代的最新成就,同亚克·卡蒂埃的道路结合在一起了。拉伯雷的所有主要形象都以这种交织为特点。最后一章我们还要回到这个问题上来。

在拉伯雷小说第四部里由圣徒布伦丹旅行引发的形象同其他性质的形象纠缠在一起了。就其实质说,庞大固埃的整个旅行都是在阴曹地府里进行的,是在可笑的怪物们的陈腐世界里进行的。无端诉讼者岛,香肠人的荒野岛,以及同他们进行的狂欢节式战争,狂欢节人物卡列姆布列南(在该人物形象身上解剖学的杜撰达到了极限),教皇派岛和反教皇派岛,卡斯台尔岛和巡回演员的酒宴馈赠品,添加上去的小说和情节,特别是我们分析过的在巴舍公爵家里痛打执达吏的故事和维庸恶作剧的故事,所有这一切都是旧世界——旧权力和旧真理——的狂欢式模拟形象,是可笑的丑八怪,充斥狂欢节地狱的东西,魔鬼戏的人物。向下运动的各种各样的形式和说法渗入第四部所有这些形象。需要特别指出的是整部书还贯穿着大量具有现实意义的政治性引喻。

这样一来,爱尔兰海的传说奇迹到拉伯雷的书里,就变成了欢乐的狂欢节的阴曹地府。

《庞大固埃》最后一章指出的拉伯雷的最初构思,外部整个变了,但在本质上,正像我们看到的,由他坚定地实现了。

文艺复兴时期中世纪的世界图景发生彻底改观。在这一背景下,向下运动及其完成这一运动的阴曹地府形象所具有的宇宙观意义显示得最清楚。前一章我们评价了中世纪物质宇宙的等级性质(四种元素及其运动的分等配置)。玄学和道德的世界排序也具有这种阶梯式的等级性质。对中世纪思想以至形象思维都产生过决定性影响的是季奥尼亚·阿列奥巴吉特。在他的一些著作①里,对等级思想作出过完整而系统的界定。季奥尼亚·阿列奥巴吉特的学说是新柏拉图主义和基督教的结合体。它吸取了新柏拉图主义把世界分成高级和低级的阶梯式宇宙思想;基督教则赋予它作为高低世界中介的赎罪思想。季奥尼亚对这个从天上到地下的阶梯进行过系统描述。在人和上帝之间存在一个纯粹知识分子和天上势力的世界。他们分成三个集团,这些集团又分为三个分支。教会等级精确反映了这天上的等级。季奥尼亚·阿列奥巴吉特的学说深深影响了艾里乌格纳、大阿尔伯特和托马斯·阿奎那等人。

在中世纪的世界图景里上下高低,无论在空间上还是在价值上都有绝对意义。因此,向上运动的形象、上升的道路,或者逆向的下降、下跌道路,在世界观体系中都起着特殊作用。它们在渗透着这种世界观的艺术和文学形象体系中也起着同样的作用。任何一项重要运动都被想成和想象为沿垂直线向上或向下的运动。中世纪思想和文学创作中一切运动的形象和运动的隐喻都带有强烈表现出来并以其一贯性令人吃惊的垂直性质。而这些形象和隐喻传达出来的东西,一切优秀的都是高的,拙劣的都是低的。于是出现了令人吃惊的现象,在所有这些运动着的形象中几乎完全没有沿水平线的运动,没有前进或

① 这些作品是:《论宗教姓名》《论天上等级》《论教会等级》。——作者

后退的运动。沿水平线的运动丧失了任何重要意义,在物体的价值地位上它什么也改变不了,在物体的真实命运中,它被想象成原地踏步,就像在没有出口的圆圈上毫无意义地打转。成问题的是,中世纪描写旅行和漫游也丧失了向前,向远,沿世界水平方向运动的空间激情:这些旅行记中的道路形象被扭曲了,被中世纪的垂直线和地面空间的等级评价所取代了。这一以中世纪形象思维为基础的具体而可见的世界模式,本质上是垂直的。

垂直方向的分级运动还决定了对时间的态度。时间也被想成和想象为水平方向。因此等级制被想象为超时间的。时间对等级的提高没有实质意义。因此不存在时间方面的进步概念和时间方面的前进概念。一刹那即可转入高层社会,连穆罕默德的罐子也来不及流水。中世纪世界观的世界末日论同样不重视时间的价值。

这方面特别能说明问题的是但丁的世界形象。在但丁的世界图景里运动起很大作用,但是所有的运动形象和隐喻(空间价值的)都贯穿着纯粹的垂直升降倾向。他只懂得“向上”“向下”而不懂得“向前”。但他的作品里却有着对形象系统和垂直运动的隐喻法惊人深刻而丰富的研究。

整个但丁世界是垂直拉开的:从最低的低处,撒旦的大嘴到最高的高处,上帝和无忧无虑的灵魂们逗留的地方。能改变灵魂地位和命运的唯一而主要的运动,是沿垂直线上下的运动。对但丁来说,只有在这条垂直线上才存在本质上的多样化,就是说,只有处在或高或低处的东西才是不同的:在一个平面一个水平线上的东西之间是没有区别的。这是中世纪世界观的典型特点。只有等级特征才能把一个东西同另外一个东西区分开并构成价值的多样性。官方思想和中世纪的形象性对待其余非等级的差别都是很冷淡的。

在但丁的世界里我们几乎没有发现什么现实时空意义上的远和近的重要形象,他只懂得等级上的远和近。可以说明问题的是,在对贝阿特里采形象(在《神曲》和《新生命》里)的态度上,只存在等级方面经过渲染的疏远和接近:道德腐化拉开了与这个形象的距离,灵魂升腾缩短了与这个形象的距离。与心爱者无边遥远的距离可以在一刹那间克服,一瞬间也可能把这距离拉到无穷大。时与空似乎完全被排斥在这个爱情故事之外了。时空在这里仅仅以其等级和象征形式出场。这与民间爱情诗有很大区别。在民间抒情诗里,同心爱的人之间现实而遥远的空间距离,漫长而艰难的路途,等待、烦恼和忠诚的时间,都起着非常重要的作用[①]。但丁世界中的时间贬值了。在等级世界里从任何一个剖面看都存在着卑劣之尤和尽善尽美。在这里现实的历史的时间什么也改变不了。

然而但丁创作中的中世纪世界图景已处于危机和断裂之中。其独创性和多样性不以但丁的主观意志为转移,已在一个等级平面和水平高度上了。法利那塔、乌格利诺、保罗和弗兰西斯嘉等形象意义深远,多彩多姿,与他们在灵魂升腾梯级上的地位特征完全不相符。但丁的世界十分复杂。他的特殊艺术力量表现在其创作世界中的所有形象都充满各种倾向特别紧张的对抗。与垂直向上的强烈愿望相抗衡的,是形象从其中挣脱出来向现实空间和历史时间的水平方向冲刺的同样强烈的愿望,摆脱等级规范和中世纪评价约束以考虑和决定自己命运的愿望。由此而产生了这一均势难以置信的紧张性,而作者的非凡艺术力量已把自己的世界带到这个均势中来了。

拉伯雷时代中世纪的等级世界崩溃了。片面垂直的超时间的世界模式及其绝对的上和下,连同它那片面的升降运动体系都开始发生变化,新的模式开始形成了,这一模式中起主导作用的是水平线,是在现实空间和历史时间中的前进运动。致力于这一新模式创造的有哲学思想、科学认识论、人类的实践和艺术,文学也参加了这个创造。

在争取新世界图景和摧毁中世纪等级制的斗争过程中拉伯雷经常运用"逆向等级""颠倒世界""肯定之否定"等传统民间手法。他颠

① 《远方的公主》里著名的普罗旺斯的形象是介于官方中世纪思想的等级制远方和民间抒情诗里现实空间的远方之间的杂合形象。——作者

倒上下，故意混淆等级平面，为的是剥去外壳，解放物体的具体现实性，把它实实在在的物质-肉体面目，把它真正的现实存在展示给人看而摆脱一切等级标准和评价。

拉伯雷把一切民间形象的绝对向下的强大运动，把它们之中的时间因素和阴曹地府的双重形象同向上的抽象等级追求对立起来。他不在上面而在下面寻找现实的土地和现实的历史时间。照神瓶祭司的说法，真正的财富蕴藏在下面，在地下。她还说，最英明的是时间，因为时间将开发出所有蕴藏在地下的宝藏，揭示出那里的秘密。

物质-肉体基础，土地和现实时间正成为世界新图景的相对中心。不是个别人沿着超时间的垂直线登上最高层，而是整个人类沿着历史时间的水平线向前运动成为一切价值评估的主要标准。单个人做完自己的事情以后同肉体一道衰老、死亡，但是由死者孕育而生的人民和人类的肉体是永远能得到补充并坚定地沿着历史日臻完善的道路前进的。

在高康大给庞大固埃的那封家书（第2部，第8章）里，拉伯雷给予这些思想一个直接的理论表述。现在我们就来看看家书中的有关部分。

“全能的造物主在开始有人类时赋予人类的恩惠、宠爱和权益里面，有一样我认为特别神奇和美好；有了它，人类便能够在可能死亡的情形下得到永生，在短暂的生命过程中，使自己的姓氏和种族永垂不朽。那就是由于我们的合法婚姻所产生的一系列的后代……

“因此，我感谢天主救世主使我看见了我衰老的残年能在你的青春年华里再一度活跃起来，这是非常合理、非常应当的；因为依照他掌管一切、调度一切的旨意，我的灵魂脱离肉身的时候，不再会认为我是完全死去，而只是从一个地方走到另一个地方，因为在你身上以及你的行为上，别人依然可以看到我的形象活在那里，并且和我过去的习惯一样跟有荣誉的人和朋友们互通往来，时相过从……”

这封家书是用那一时代崇高华丽的文体写成的。这是一个表面上完全循规蹈矩地对待天主教会的人文主义者的书面言语,是一种听命于当时全部官方言语陈规戒律的言语。无论在语调上,在有点仿古的文体上,还是在礼貌和虔敬用语的严格选择上,都没有一点自发粗俗的迹象,而自发粗俗是决定小说基本词汇质量的东西。从这封家书听到的是另一个言语世界的声音,它是那一时代官方言语的范本。

然而从内容看,这封家书与官方教会见解大相径庭。尽管从头到尾几乎所有段落用的都是虔诚的句式,其中发挥的地面相对永生思想却与宗教教义的灵魂不死不同,完全是以另一种标准为基础的。拉伯雷表面上没有对脱离肉体的灵魂不死提出异议,而是把它作为某种不言而喻的东西接受了下来。但他感兴趣的是另一种同肉体、同尘世生活相联系,为活生生的经验所理解的相对永生思想("某种远离永生的东西")。他感兴趣的是种族、姓氏、事业和人类文化的生生不息。他对相对永生的宣布和评价就是这样的,肉体之外的灵魂不死被他贬低了。拉伯雷根本不搞移出残年肉体达到彼岸世界的衰老灵魂的静止永生,那样的灵魂已经失去了在尘世进一步生长和发展的可能。他愿意在自己后代子孙的青春年华中看见自己,看见自己的老年与衰朽的再度活跃。他至为珍惜的是他那可见的尘世形象,是他的特征能够在他后代身上保留下来。他愿意通过自己后裔的面貌在"这个活人世界当中"继续生存下去,愿意通过他们的面貌来往于好友之间。换句话说,他期待着人间事物的永垂不朽,生活中一切有价值的事物,美丽的形体面貌,青春年华,交友之欢的永久存留。他期待着给子孙后代保存这些价值的生命能够继续下去。他期待的不是无忧无虑的灵魂某种静止状态的永垂不朽,而恰恰是生命交替和永远革新能力的保存,以便衰老和腐朽能在新一代青年身上获得青春。这里我们还要强调一下拉伯雷极其富有特色的措辞。他不说年轻儿子来接老年父亲的班,因为这样表达他的思想可能会把父与子、老与青隔离开来,把他们作为两种静止和闭锁于自身的现象对立起来。拉伯雷的形象是双肉体形象。他说,衰老本身会在新一代青年身上获得青春("mon antiquité charnue refleurir en ta jeunesse”)。他提供了一种贴近精神真品的译法,把妊娠的衰老和诞生的死亡这一民间怪诞形象译成了官方的浮华语言。拉伯雷的说法强调的是生命过程连续不断而又矛盾的统一,在这过程中死里不死,相反,死里取胜,因为死亡就是使生命变年轻。

我们还要强调一下我们所引用的片段里的一种说法。高康大写道:“……当……我的灵魂脱离肉身的时候,不再会认为我是完全死去,我只是从一个地方走到另一个地方……”这句话似乎可以理解为“我”不会死去是因为能同脱离肉体的灵魂一起升到修行的地方去,“从一个地方走到另一个地方”。但它本来的意思却是,高康大对脱离肉体的灵魂的命运根本不感兴趣。他这里考虑的更换地方是在尘世上,在地面空间里,他感兴趣的是人间生活和儿子的命运,以及通过他的面貌反映出来的世世代代子孙的生活和命运。脱离肉体的灵魂向上升腾的垂直运动完全消失了,剩下的是从一个地方向另一个地方,从衰老的肉体向年轻的肉体,从一代向另一代,从现在向未来过渡的肉体尘世生活的横向运动。

不过拉伯雷指的根本不是生物学上的革新和代代相传的人的年轻化。对他来说,生物学因素离不开社会历史因素和文化因素。父亲的衰老变成年轻儿子的再度活跃也不是指在生物学的梯级上,而是指在人类历史文化发展更新更高的梯级上。生命经过再生,不是重复自己,而是更趋完善。在家书接下去的部分里,高康大指出了自己一生当中发生过的伟大转折:

“但是,靠上天保佑,光明和尊严,总算在我未死之前还给了文艺,使我看到了这样大的改进,恐怕现在要我进小学最低的一班也有困难,而我在当年还被称为是我那一世纪里最博学的人呢。”

我们首先要着重指出的,是成为拉伯雷特色的那种充分而鲜明的意识,他意识到历史已完成巨大转折,时代已发生剧变,新的世纪已来临。在小说的其余部分中,拉伯雷是借助民间节庆新年、谢肉节的形象体系来表达对时代巨变的这一感受的,而在这里,在书信里,他给了这种感受一个精确的理论表达。

拉伯雷关于人类年轻化特殊性质的思想在这里表达得惊人准确。儿子不是简单重复父亲的青春。当年最博学的父亲所具备的知识连上小学一年级都不够用,就是说,这些知识比新时期新一代的小孩子了解的还少。人类历史文化坚定不移地向前发展,因此每一代新青年都是全新的更高的青年,因为他处在文化发展新的更高的梯级上。这不是仅仅重复先辈各代青春的动物的青春,这是成长中的历史人的青春。

因新青年而活跃起来的衰老形象染上了历史主义色彩。这不是生物学上的个体的年轻化,而是历史人的年轻化,从而,也是文化的年轻化。

两个半世纪之内没有人重复(而且也没有顺利出版)拉伯雷的这一思想。两个半世纪过去,赫尔德在他的学说里重述了由于每代新人的青春而使人类文化年轻化的问题。赫尔德这个为死亡辩护的经验由于充满唯心观点和一些不自然的乐观主义而逊于拉伯雷。拉伯雷是毫无保留地为包括死亡在内的生存辩护的。

我们要强调的是,完善人的思想在这里彻底摆脱了上升的垂直线运动。这里取胜的是在现实时空中向前运动的新的水平线。人的完善不是靠个人向上攀登达到等级最高层来实现,而是在人类发展的历史过程中实现的。

拉伯雷小说中的死亡形象没有任何悲观和恐惧色彩。死亡——这是人民成长和革新过程中必不可少的因素,是降生的反面。

对死亡—降生的这种态度,拉伯雷在《庞大固埃》第三章中表达得特别清楚(尽管有点纯理性和表面化)。高康大妻子的死亡和儿子的降生是在同一时间。高康大因此而陷入了极大困境:

“犹豫不决的心情使他感到困惑,他不知道应该为死掉妻子去痛哭呢,还是为生了儿子而欢笑。”于是高康大忽而号啕大哭,“号叫得像

一头奶牛”,忽而想起庞大固埃,又高兴地欢呼起来:

“哈,哈,哈,哈!我多么快活啊!我们来喝酒吧,喝!撇开一切烦恼!去,拿最好的酒来,洗好杯子,铺好台布,把狗赶走,把火吹旺,点上蜡烛,关好门户,撕碎面包,穷人们要什么就给他们,打发他们走!替我拿住长袍,让我穿好上装,先好好招待一下这几位接生的太太。

“他的话音未落,就听见教士诵祷颂经的声音,他们是来埋葬他的妻子的……”(第2部,第3章)

在这里,降生和死亡打了照面。死亡是降生的反面。高康大不知道他该哭还是该笑。革新的欢乐取得了胜利。高康大以欢乐的酒宴迎接胜利了的生命,但是在他身上也和在任何拉伯雷的世界里一样,有着空想未来的成分。所有同酒宴不相容的东西都要撵走:穷人也好,求食的狗也好。酒宴应当是大家的。衣服都要换新的(“替我拿住长袍,让我穿好上装”)。同时这里也有弥撒改编的因素(“最后的晚餐”,葡萄酒,面包,干净的台布,点燃的蜡烛,关闭的门户)。不过这里庆贺的是战胜死亡的新生生命所获得的现实胜利。

对拉伯雷形象体系来说,最富特色的是死亡同笑声的结合。我们选取的约诺土斯·卜拉克玛多大师的情节是这样开头的:

“这位神学家话一住口,包诺克拉特和爱德蒙就哄然大笑,笑得几乎断了气,不多不少,完全像克拉苏斯看见一头笨驴吃蒺藜秧笑死的时候,菲勒蒙看见一头驴吃了给他准备的无花果笑死的时候一模一样。约诺土斯大师也跟着他们一起笑起来,看谁比谁笑得厉害,直笑得满眼淌泪,这是由于大脑受到剧烈动荡,因而产生泪水,透过视觉神经流出来的缘故。他们的样子完全像赫拉克利特化了的德谟克利特和德谟克利特化了的赫拉克利特。”①(第1部,第20章)

乐极而死是欢乐死亡的变种之一。拉伯雷不止一次回到欢乐死亡的形象上来。在《高康大》第十章里他列举了一连串因幸福而死亡

① 这里借助古希腊哲学家德谟克利特的乐观主义和赫拉克利特的一生悲观说明他们大哭若笑或者大笑若哭。——译者

和因高兴而死亡的事例。这些死亡事例都取材于古希腊罗马作品。比如,狄亚高拉斯之死取材于阿弗尔·格利。狄亚高拉斯的三个儿子在奥林匹克竞赛中获奖,当获胜的儿子把桂冠戴在父亲头上,人民群众也向他抛撒鲜花的时候,他由于高兴而死了。斯巴达人奇罗之死取材于老普林尼,也是儿子在奥林匹克竞赛中获奖时因高兴而死去的[①]。总共列举出九个因高兴而死亡的故事。在这一章里拉伯雷甚至根据盖伦的论述,对过度兴奋致死做了人体功能方面的解释。

在小说第三部第二十一章里描写了一位诗人拉米那格罗比斯欢乐的弥留。当巴奴日和同行者来到他身边时,"看见善良的老人已进入弥留状态,但神态安详,两眼有神,以炯炯有神的目光注视着进来的客人"。

由于"风磨吞食者",巨人布里格纳里伊奇怪的死引起话题,小说第四部里拉伯雷列举了很长一串非正常死亡和暴死的例子,包括由于境况优越而高兴的人死亡(比如淹死在马利瓦西亚葡萄酒桶里)。拉伯雷举的大多数死亡事例都取材于当时流传特别广泛的博学论文集,论文集有新旧版本,是多卷集,论文集中的死亡事例已是经过系统挑选的。拉伯雷的主要材料来源是拉维济乌斯·捷克斯托尔的论文集[②]。集子的第一章专门写死,这一章里又有一个专节,题目叫《乐死和笑死的人们》[③]。对各种各样的非正常死亡各个时代都感兴趣,不过对欢乐死亡和笑死表现出特别兴趣的是文艺复兴时代和拉伯雷时代,它是那个时代的一个突出特点。

死亡在拉伯雷作品及其民间源泉那里是双重形象,因此死才可能

① 我们要着重指出,这些老人高兴而死,都和儿子们获胜,也就是年轻生命的胜利有关系。——作者

② 这本书的第一版出版于1503年,到1532年以前又出过两版。书非常普及。——作者

③ 在中世纪就已普及很广的瓦列里·马克西姆的集子里也有一个专章(第9部,第12章)《论非正常死亡》。拉伯雷也从这章里取了五个故事。在巴基斯特·富尔格兹(1507年)的博学论文集里也有一章写非正常死亡,拉伯雷从中取了两个故事。这些集子都说明非正常死亡和欢乐死亡主题在中世纪和文艺复兴时代的普及程度。——作者

是欢乐的。死亡形象在关注这个垂死的(个人的)肉体的同时就注意到了另一个正在发育的年轻肉体的一员(尽管它既没显现出来,也无法直呼其名——它 implicite[①] 在死亡形象里)。哪里有死亡,那里就有降生,就有交替,就有革新。生育形象同样也是双重性的:它关注着发育中的肉体,但注意到了垂死的肉体的一员。在第一种情况下,注意的是否定的一极(死亡),但没有脱离肯定的一极(生育);在第二种情况下,注意的是肯定的一极(生育),但没有脱离否定的一极(死亡)。阴曹地府形象也带有这样的性质:它关注过去的,否定的,遭非难的,现在不配存在的,过时的和无用的事物,但是它又注意到了新生命的,天生未来的一员,要知道最终还是它去裁判和摧毁过去的、陈腐的事物。

所有这类的双重性形象都有两个肉体,两副面孔,都有孕育能力,它们身上都按各种比例融合和混合着肯定与否定,上与下,褒与贬。我们必须再讲一讲拉伯雷形象的这种双重性,不过主要是从形式方面来论述。

我们先讲拉伯雷形象体系中否定的一些特点(我们已经部分地熟悉了它们),然后讲他词汇中的褒贬融合[②]。

民间节庆形象中的否定永远不带抽象、逻辑性质。它总是形象化的,摸得着看得见的。否定的背后绝不是什么东西也没有,而是有同类的反面物体,否定物体的背面,狂欢节式的颠倒。否定改变着被否定物体的形象,首先是改变整个物体和物体某些部分的空间位置:它把整个物体搬到阴曹地府,把下部放到上部的位置,后部放到前部的位置。它靠压缩物体其他部分来夸大其中的一些因素以扭曲物体的空间比例,等等等等,以此类推。所以说,物体的否定和消灭首先是它

① 隐含。——译者

② 这里我们触及民间艺术形象性中至今尚未理解尚未研究的一些现象——自发的辩证主义现象。迄今为止研究过的仅有一些表达形式—逻辑关系,至少是不超出这些关系范围的现象,也可以说是描写事物的静止状态而与其形成和双重性无关的平面的、单维的和单音的现象。而我们在民间诙谐文化诸多现象中找到的正是形象形式中的辩证法。——作者

空间位置的迁移和排列的改动。物体的不存在就指它的背脸,它的反面。这个反面或者这个下面却具有时间色彩,因为它们是被当作以往的、过去的、非现时的事物来接受的。被消灭的物体似乎还存留在世界上,然而是以时空存在的新形式存留的,它似乎成了来占领它位置的新物体的反面。

狂欢节总是在庆贺旧事物的灭亡和新世界——新年,新春,新王朝——的诞生。被消灭的旧世界作为统一的双体世界的一部分,同新世界一起被展示、被描述着。所以在狂欢节形象中才有那么多的反面,那么多的背脸,那么多被故意打破的比例。我们首先从狂欢节参加者的服装上看到这一点。男人穿女人的衣服,而且倒过来穿。穿西装的时候里朝外,上衣代替裤子穿等等。在14世纪初的杂耍节目描写中,谈到其参加者时有过这样一句话:“他们所有的衣服都是后面朝前穿着的。”

这种内外翻面上下颠倒的配置逻辑也表现在手势和形体动作上:屁股朝前行进,面朝尾巴骑马,头朝下走路,给人看屁股①。

实质上就是这样的逻辑在决定狂欢节所用物体的选择和用途。可以说,所有物体在这里都倒着用,反着用,违背了它们的正常用途:灶具当武器,炊具和餐具作乐器;无用和废掉的物品,穿洞的水筲,掉底的大桶,等等,特别能派上用场。我们已经看到,“破烂”在狂欢节地狱诸形象中起着怎样的作用。

关于上下移位在各种形式的民间滑稽剧(从简单的翻跟头到复杂的喜剧情势)中所起的作用,我们已经说得够多了。

咒语中的时空表达也具有否定因素。这因素在大多数情况下是部位化的(地下,人体下部)。咒语,这是双重形象化否定的最古老形式。在拉伯雷的形象体系里,时空表达和逆反、后部、下部、背面、颠倒等种种形式上的否定起着很大很大作用。我们已举过这一现象的足

① 在杂耍节目的一幅描写中(*Roman de Fauvel* 中的《玫瑰传奇》)就写道:“Le uns montre son cul au vent(一个人朝着风露出他的屁股)。”——作者

够例证。

问题是，时空的时空体否定法（хронотопическое отрицание）在注重否定一极的时候，也没有脱离肯定的一极。这不是抽象和绝对的否定，不是从其余世界断然分离出来的否定现象。否定法产生不出这种分离。它保护着形成否定和从否定一极向肯定一极运动中的若干现象。它与之打交道的不是抽象概念（要知道，这不是逻辑否定），就其实质说，它描述的是世界的变态，世界的面貌变化，从老向新，从过去向未来的转变。这是一个度过死亡阶段而走向新生的世界。这一点是有些人所不能理解的，那些人在类似形象中看到的是对完全确定下来的，被严格划分出来的许多现代性现象所进行的赤裸裸的，纯否定意义的讽刺。如果说这些形象指向整个现代性，指向现时本身，它们把这个现在作为过去诞生未来的过程，或者作为过去孕育着死亡来描写，那么这说法就比较正确（尽管还不完全准确）。

与否定的时空体形式并列起作用的还有一种与它有同源关系的形式，即通过否定某些现象来建构正面形象的形式，这就是那个反常与颠倒的逻辑，不过更抽象些，缺乏清晰的时空体移动。这种形式在怪诞现实主义中流传极广。传播最广的一种是用确立来简单地取代否定。拉伯雷的德廉美修道院形象在很大程度上就是这样构建的。这是修道院的一个对立面：修道院里禁止什么，它允许什么，甚至要求什么。在中世纪文学里我们找得出一整串类似的构建。比如《无忧无虑的利别尔金准则》是一部讽刺模拟式的修道院规章，建立在允许并尊崇那些修士被禁止的行为举止上。叫作《流浪艺人会歌》的一本书也具有同样性质，它建立在否定通常的禁令上。文艺复兴时代让·勒梅尔在《维纳斯教堂》里，科基阿尔在《新权利》里都塑造了“反常教堂”形象，教堂里一切都服从对维纳斯和爱情的崇拜。这两部作品都对拉伯雷产生了某些影响。

在这场玩弄否定的游戏中，反对官方世界及其所有禁令和限制的倾向非常明显。在这游戏中反映出业余节庆活动取消这些禁令和限制的要求。这是一项狂欢节的玩弄否定的游戏。这项游戏也可能为乌托邦倾向服务(确实,游戏为乌托邦倾向提供了某些形式主义的表达方法)。

这一狂欢节的玩弄否定中最有意思的现象是著名的《涅莫的故事》(*Historia de Nemine*)。这是中世纪拉丁语业余文学中最滑稽的一页。

这个独出心裁玩弄否定的故事表面是这样讲的。有个叫拉杜尔夫的人(可能是法国人),他以布道形式编了一个《涅莫的故事》。涅莫是一个以其出身、地位和力大无穷都可以和三圣之一的第二位,也就是上帝之子相媲美的人物。拉杜尔夫从《圣经》经文、《福音书》和做弥撒的祷词中,也从西塞罗、贺拉斯和其他古希腊罗马作家的书里得知了这位伟人涅莫。他是以这样的办法得知的。在他所读的文本里,他没把"涅莫"这个词(拉丁语意思是"谁也不",而且用于否定)作否定词理解,而把它理解成了一个人名。比如,圣书里说:"nemo deum vidit",就是"谁也没见过上帝",拉杜尔夫把句子读成"Nemo deum vidit",就是"涅莫见过上帝"。这样一来,所有拉杜尔夫引用的文本中那些被认为任何人都不能做,做不来或不允许做的事情,都成了涅莫能做,做得来和准许他做的事情。由于这样来理解文本就形成了涅莫这个巨大形象,他几乎和上帝平起平坐,有非凡的人人望尘莫及的力气、知识(须知谁也不知道的事情他知道)和特有的自由(须知谁都不准做的任何事情都准他做)。

拉杜尔夫本人的作品没有留传下来,但是他创造的涅莫形象使他的一些同代人开了窍,甚至呼唤出一个特殊的教派——Secta neminiana[①] 来。圣乔治修道院一个叫斯蒂芬的出来反对这个教派,他在自己的作品里揭露了涅莫分子并要求巴黎圣母院审判和烧死这些人。斯蒂芬这部论战性作品流传至今,流传下来的还有一批后来的涅莫故事改写本。从 14、15 世纪流传下来收进这些改写本的手稿有很

① 涅莫教派。——译者

多很多,足可证明涅莫形象传播之广。那么到底这个独特人物的魅力和力量在哪里呢?

人物首创者拉杜尔夫的创造意图我们不知道。但他未必那么严肃地对待过自己创造的涅莫形象。最可能的是,这是一场游戏,是中世纪一位有学问的僧侣的余兴。但是狭隘而严肃到愚钝程度的斯蒂芬如波舍伊一类不会笑之人对此极为认真,便开始同涅莫派的异端邪说斗争了。然而他的观点没有展示出来。所有流传至今的涅莫故事改写本都有十分明显,毫无掩饰的欢乐游戏性质。

没有任何根据可以假定,涅莫故事(所有我们知道的版本)同愚人节或者某个固定的狂欢型节日有直接联系,但是它同节庆的,业余活动的气氛,同"开斋日"气氛的联系,自然是无可怀疑的。这是中世纪僧侣的典型业余活动(和绝大多数中世纪讽刺模拟作品一样),用愚人节辩护士的话来说,在这种活动中,人与生俱来的愚蠢会自然而然消失。这是一种必须打进木桶里去的空气,为的是它们不至于"因老是表示虔敬和畏惧神灵"而破裂。

"涅莫"——这是一场不受拘束的狂欢节游戏,是嘲弄官方世界观的种种限制和禁令的一种游戏。涅莫形象是由摆脱了一切限制和禁令的自由物直接编制而成的,那些限制与禁令统治人,压迫人,为官方教会所推崇。由此而产生了这场与涅莫形象有关的游戏对中世纪人的特殊吸引力。所有这些极其吝啬和阴郁的说法——"谁也不能","谁也无力","谁也不知道","谁也不该","谁也不敢",都转化成了欢乐说法——"涅莫能","涅莫有能力","涅莫知道","涅莫应该","涅莫敢于"。涅莫故事形形色色改写本的作者添加了许多新而又新的自由、随意性和涅莫的例外。人说谁都不是自己祖国的预言家(nemo est acceptus propheta in patria),但涅莫是自己祖国的预言家。谁都不能有两房妻子,但涅莫可以有两房妻子。根据本笃会修道院的规定,晚饭后不能聊天,但这里对涅莫破例,他可以在饭后聊天(post completorium Nemo loquatur)。就这样,从最高的宗教戒条到修道院生活的琐细禁令和限制都铺展着涅莫的独立、自由和万能。

涅莫形象中的玩弄否定也没失去一定程度的乌托邦因素,虽然乌托邦主义在这里带有形式上的无政府主义性质。在保持这类玩弄否定和前面我们选择的时空体形式(返回世界,世界反常)之间全部差别的同时,它们还存在着功能上的本质一致性。要知道,涅莫形象体现的是被限制的人类可能性,官方必然和官方禁令的"反常"世界,因而,两种形式常常相互交织,融合在一起。

拉伯雷的作品里玩弄否定最常见。除了已经说过的德廉美修道院乌托邦,我们还要指出对高康大童年消遣的描写,因为那里的谚语用的是它们的反义。玩弄否定在描写封斋教主(卡列姆布列南)内外器官和他的生活方式中起的作用也很大。在歌颂巴奴日的职务,描写无鼻岛以及其他许多情节时也有这种因素。此外,玩弄否定还波及整部小说。有时很难划清时空的时空体逆反和玩弄否定(就是意思反常)的界限,因为一种情况直接过渡到另一种情况去了(如对封斋教主的描写)。时空形象翻了个儿,意思翻了个儿,评价也翻了个儿。无论是人体还是意思,都会打侧手翻。无论在前一种情况下还是在后一种情况下形象都将变成怪诞式的和双重性的。

玩弄否定以及否定的时空体表现,同样都服务于一个目的,就是把老事物和新事物,垂死的事物和新生的事物聚合在一个形象身上。两种形象都是表达方法,这种表达方式既为了整个双体世界也为了时间游戏,而时间游戏能把任何东西和任何意思在同一时间消灭和革新,更换和替代。

现在我们讲讲拉伯雷语言中的褒贬融合。在论述拉伯雷小说的广场语言一章里我们已经触及这种现象。我们看见,非难是赞美的反面。广场上的民间节庆语言赞美着非难,非难着赞美。这是一个两副面孔的雅努斯①。它面对双体物体,双体世界(须知这种语言永远是

① 罗马神话中主管出入门户和水陆交通的两面神。——译者

包罗万象的)，就是那同一时间死亡和生育，既是过去又诞生着未来的世界。能占优势的也许是赞美也许是非难，但其中一种永远准备好向另一种过渡。赞美 implicite① 包含着非难，孕育着非难，反之，非难也孕育着赞美。

拉伯雷作品里没有中立词语，我们只能听到赞美与非难的混合体、大杂烩。不过这是最完整最欢乐的那段时间的赞美与非难。整个的观点根本不是中立的，也不是冷漠的。这不是“第三者”无动于衷的立场，在变动着的世界里没有这种第三者的位置。整个事物的褒贬是同时存在的。在一些个别声音中褒贬是分得清离得开的，但在一个整体声音中它们却融合成了一个双重的统一体。

拉伯雷作品中的褒贬融合不只表现在作者语言里，更为经常的是出现在人物语言中。褒贬既针对整体，也针对每种现象，不管这现象看来多么无足轻重(须知没有一种现象是能脱离整体而说清楚的)。褒贬融合是拉伯雷语言最重要的本质。

如果用每种现实现象和每个现实人物都永远混合着正反两方面特点来解释这一褒贬融合，说什么总有一点可赞美的东西，有一点可非难的东西，那就太表面化了，从根本上说也是不对的。这样的解释带有静止和机械的性质。它选取现象的时候把其当成某种孤立、不动和现成的东西。而且在分出个别特点(正面或反面)的基础上放入了一些抽象道德原则。拉伯雷的褒贬针对一切当前事物，也针对其中的每一部分，因为所有现存事物都是同一时间边死亡边诞生的，其中融合着过去和未来，衰老和青春，旧真理和新真理。我们无论选取现存事物哪一小部分，都能从中发现这种融合。而且这种融合极富动感，因为所有现存事物，无论是整体还是其中每一部分，都在变动着，因而也很可笑(像一切变动着的事物一样可笑)，不过可笑转成讥笑，讥笑又转成了欢笑。

现在我们选出拉伯雷作品中的两个情节，这两个情节中的褒贬融合表现得特别简单明了。然后我们谈谈其他一些类似现象以及它们

---

①　暗中。——译者

的某些共同根源。

在小说第三部里有这样一个情节：巴奴日由于不妙的算命结果而陷入窘境，因为决定不了娶不娶亲而闷闷不乐，于是前来向约翰修士请教，求他给想办法拿主意。巴奴日对修士的请求，用的是教堂祷文形式。作为求助呼语他用了一个猥亵词汇"Couillon"(笨蛋)并把这个词说了一百五十三遍，每一遍都附上一个赞美的修饰语，说明约翰修士这个器官的最佳状态。

我们来引一下祷文的开头(俄语译文将"Couillon"一词换成"блудадей"[①])。

"告诉你，我的小放荡鬼，我的乖放荡鬼，有名的放荡鬼，长瓜的放荡鬼，像火枪一样的放荡鬼，有后劲的放荡鬼……"(第3部，第26章)[②]

修饰"放荡鬼"的一百五十三个修饰语五花八门，各式各样。它们或根据所取词汇范围分类，如美术术语(grotesque[③]，arabesque[④])、文学术语(tragique[⑤]，satyrique[⑥])等，或根据辅音重复法分类，或最后借助联系它们的韵脚(或谐音)分类(并没有严格的一贯性)。然而所有这些都是纯外部的联系，与"Couillon"一词所说明的对象本身毫无关系。与这个词发生关系的一百五十三个修饰语都同样出乎意外，纯属偶然，毫无准备。Couillon一词和其他所有猥亵用语一样，在言语中是孤立的。它当然不用在造型艺术里，不用在建筑艺术里，也不用在手工工艺里。因此任何一个附在它上面的修饰语都是不同寻常的，都在完成着有损身份的婚姻。然而所有这一百五十三个修饰语又都有一个共同点，那就是它们都带正面性质，它们描写处于最佳状态的"放荡鬼"，并在这方面成了歌功颂德的东西。因此巴奴日对约翰修士的整

① 俄语：意为放荡鬼。——译者

② 成钰亭先生的中译文将couillon译作"家伙"。为切近法文词义，保留猥亵色彩，这里采用作者巴赫金译法"放荡鬼"。——译者

③ 奇异图案。——译者

④ 阿拉伯式装饰图案。——译者

⑤ 悲剧。——译者

⑥ 讽刺的。——译者

个呼吁便具有了歌功颂德的性质。

巴奴日讲完自己的事情，轮到修士对他述说了。他对巴奴日不满意，所以语调也不同。他选择了同一个呼语“放荡鬼”，也讲了一百五十遍，不过一百五十个附上的修饰语说明着器官极其恶劣极其可怜的状况。下面就是修士复文的片段：

“你说呀，消沉的放荡鬼，腐朽的放荡鬼，发霉的放荡鬼，冷淡的放荡鬼……”（第3部，第28章）

修士的呼语是骂人的，选择修饰语的表面原则跟巴奴日一样，在运用到器官的时候其实都是偶然的，也许某些说明性病外部特征的修饰语不在其列。

讽刺模拟祷文的一段著名情节就是这样的。我们首先要指出它同我们已分析过的擦屁股情节共同的一些特点。这些特点很清楚。同器官相连的三百零三个修饰语都经过脱冕仪式，实现了新生。它们的意义在对它们不寻常的生命范围内得到革新。所有这些我们都已经很熟悉了。现在我们讲讲新的因素。

Couillon 一词本身特别用于狎昵广场语言时可作请求，可作非难，可作疼爱（couilland，couillette），可作友好的鼓励，也可作简单的言语点缀。拉伯雷小说里也经常遇到这个词。拉伯雷还提供大量由它产生的派生词，有时相当出乎意料：couillard，couillatre，couillaud，couillette，couillonnas，couillonné，couilloniforme，couillonnicque，couillonniquement，最后是樵夫的个人名字 Couillatris。这类出人意料又不寻常的派生词活跃并革新了词汇（一般说拉伯雷喜欢由一些猥亵词汇构成的不寻常的派生词）。应当指出，“couillon”一词里的狎昵呼语因素比其他类似词汇大得多。正因为如此拉伯雷才选择这个词来构建自己的讽刺模拟祷文。

这个词本质上是双重性的。它不可分割地融褒贬于一身，既褒扬又贬抑。从这个意义上说它类似“fol”（疯子）或“sot”（傻瓜）。就像丑角（fol，sot）是“逆向世界”“反常世界”的国王，作为生产力主要贮藏所的 couillon(couille)似乎是非官方的世界,被禁图景的中心,也是肉体下部部位的主宰。拉伯雷语言的这种双重性也在祷文中展开了。这篇祷文从头至尾都无法多少划定一点褒贬的准确界线,都说不准,哪里是一个的终结,哪里是另一个的开端。在这方面一个人只选取正面修饰语,另一个人仅选取反面修饰语毫无意义。须知,正反面修饰语都和 couillon 这个深刻双重性的词连在一起,因而两类修饰语只能加强这个双重性。祷文里"couillon"一词重复三百零三遍,语调也发生了变化,从祈求亲昵语调变为讥笑轻蔑语调,这种情况也只能像雅努斯一样加强这个双关广场语汇的双重性。可见,巴奴日褒扬的祈求文和约翰修士的贬抑祈求文同样都是独立双关的,两文一起重新组成一个双面孔的雅努斯,可以说,是第二种排列的雅努斯。

这个双重性的褒贬词 couillon 形成修士和巴奴日整个谈话的特殊氛围,对整部小说的氛围也不无意义。以这个褒贬词为契机引进绝对狎昵广场公开性的语调,这里的一切物品便都以自己的名字并从前后、上下、内外各方面被一览无余地展示了出来。

那么谁是这份祷文中褒贬语的接受者呢?是巴奴日?是约翰修士?可能还是 couillon?最后,也可能是那作为修饰语出现,与这个猥亵词相连并因之而脱冕和革新了的三百零三种现象?

形式上这篇祷文的褒贬词语是说给修士和巴奴日的,实质上它并没有被划分出来固定收受者。它传遍四面八方,把文化与现实一切领域(作为猥亵词的修饰语)都吸收到自己的洪流中来了。作为褒贬融合的一种狎昵形式,双重性词汇 couillon 无所不包。这里不是无缘无故使用祷文的宗教形式的。这种方法使宗教形式本身(虔敬和片面歌颂)降格,被吸收到反映世界矛盾形成的褒贬洪流中来。这种方法又使这整个双重性祷文丧失简单的日常狎昵性质,成为一篇网罗各种观点,真正献给由 couillon 形象体现的物质-肉体下部的逆向性祷文。

强调下面一点不会是多余的,即在两人(巴奴日和修士)的祷文里包含着这样一些内容。修士说反基督者已经出世,在可怕的审判之前需要他们放空精囊(couilles),巴奴日则提出一个方案,每个罪犯在临刑前都要怀上一个新生命。这里的couillon(couilles)形象有包罗万象的宇宙意义,并与可怕的审判和阴曹地府主题联系了起来。

可见,我们选取的这篇讽刺模拟祷文是拉伯雷语言主要特点的凝练表达,他的语言总以较为鲜明或不甚鲜明的形式融褒贬于一体,总被用于说明双体的变化着的世界。

拉伯雷语言的这些特点奠基于自由自在的民间广场言语,拉伯雷的文体也以这一言语为目标。

这种民间广场言语的特点是没有中立的词汇和中立的说法。这种言语如同口语,永远对着某个人,和对谈者打交道,跟他说话,为他说话,或者谈论他。对第二人称的对谈者来说,没有一般的中立修饰语和中立形式,但是有或客气、赞扬、谄媚、亲昵,或鄙视、贬低、谴责的修饰语和形式。就是对第三者也没有严格中立的形式和语调。实质上对物品也一样,对东西要么夸它,要么骂它。

愈是官方言语,对这些(褒贬)语调区别得愈细,因为言语反映着已确立起来的社会等级,官方评价等级(物品和概念方面——原注)和那些由官方观点确立下来的物品和现象之间的静态界线。

然而言语愈是非官方的,愈是狎昵的,它就愈是经常愈是本质地把这些语调融合为一,褒贬之间的界线也就愈是微弱,褒贬开始在一个人物一个物品上叠合,这个人物这个物品也就成了整个变化着的世界的代表。物品之间、现象之间、价值之间稳定的官方界线开始移位,变得模糊不清。把生与死的愿望集于一体,把播种和复生集于一身的所有词汇和说法,其古老的双重性都在苏醒,变化着的世界和怪诞的肉体的非官方视角都在被揭开。而这古老的双重性是以自由而欢乐的形式活跃起来的。

这一双重性的残余甚至能在新时代文明人的狎昵言语中看到。有时你会在有隐私的通信中碰到用作亲昵的粗话和骂人的话。当人们之间的关系越过一定界线,这些关系变得完全亲密无间和毫无掩饰的时候,有时词的常规用法开始突变,言语等级开始打破,它会变成一种新的毫无掩饰的狎昵方式。通常的爱抚词汇使人感到拘束、虚伪、俗气和片面,更主要的是表达欠充分。它们染上了等级色彩,与已经形成的无拘无束的亲热行为不合拍,于是所有这些常用词汇都被抛诸脑后,取而代之的是骂人的话,或者依照它们的类型和范例造出来的词汇。这样的词汇接受起来词意真实丰满,而且更加生动。这样的词汇褒贬融合,混为一个不可分割的统一体。约翰和巴奴日的双关语couillon 出现了。凡为绝对非官方的充实而富有生气的交流创造了条件的地方,那里的词汇就开始向这一双重的充实性突奔。好像古代广场在室内交流条件下的活跃,亲密无间也作为摧毁人们之间一切界线的古代狎昵,开始神气起来。

把这一现象套到心理学方面就很不对了。这是一种很复杂的社会言语现象。当代各民族尚有许多未公之于世的广阔言语领域,从用规范化书面语标准和观点培训出来的规范化口语角度看,这些言语领域几乎不存在。这些未公之于世的言语领域仅有一些可怜巴巴而又经过加工的片段,在多数情况下作为剧中人"富有色彩的对话"透露出来(而剧中人出场的言语层面距离作者直接而严肃的言语层面最远)。在这些言语领域内构建严肃的判断,具有意识形态意义的思想,有足够价值的艺术形象是不可能的;之所以不可能,不是因为这些领域经常充斥着猥亵言语(猥亵言语可以没有),而是因为它们有点不合逻辑,它们给人的感觉是破坏了物品之间、现象之间和价值之间的一切习惯距离,它们把人的想法习惯于严格分开甚至截然对立起来的东西合成了一个。在这些尚未公之于世的言语领域中物体之间、现象之间所有界线的划定都和占优势的世界图景所要求和准许的不同:这些界线似乎力求既占据毗邻的物体又占据下一个发展阶段。

未公之于世的言语,其所有这些不合逻辑的领域,在新时期内表现的地方都很有限。它们只出现在那所有稍微严肃一点的言语目的都已消失殆尽的地方,人们在过分无拘无束的条件下沉湎于漫无目的无法控制的文学游戏的地方，或者人们放纵自己的文学想象力使之脱离思考和形象创作的严肃轨道的地方。它们很少渗入书面文学，况且只能渗入漫无目的的文学滑稽戏[①]的最低级形式里。

现在这些未公之于世的言语领域几乎失去了它们从前的意义，失去了它们与民间文化的联系，很大一部分已经变成了不复存在的昔日残余。

但是在拉伯雷时代这些未公开领域的作用完全是另一种样子。它们根本不是“未公之于世”的。正相反，它们实实在在地和广场的公开性联系在一起，在当时首次成为文学语言和意识形态语言的民间语言中它们所占比重相当大，在摧毁中世纪世界观和构建新的现实主义世界图景的过程中它们也成效卓著。

这里我们再讲一种现象，虽然这种现象同双重褒贬并无直接明显的联系。

民间文学滑稽戏非常普及的一种形式叫作“coq-à-l' âne”，就是“从公鸡到驴子”。这是一种存心说废话的体裁，是一种被放纵的言语，任何准则，连起码的合理准则都不顾及。

中世纪说废话的各种形式得到广泛传播。故意的废话成分通过多种体裁以一定的形式显现出来，但也有一种这类文学滑稽戏的专门体裁，叫作“fatrasie”[②]。这是由谐音和韵脚连在一起用毫无意义的词汇堆砌而成的韵文作品。它们没有任何意思上的联系，也没有统一的主题。16 世纪最常见到无意义文字是在讽刺闹剧里。

克列曼·马罗 1535 年写出自己第一首韵文作品 *coq-à-l' âne*

---

① 言语的未公开领域通常在作家成长的青年时期，即培养其创作独创性（这种独创性总是和显著破坏占优势的世界图景，哪怕是局部地改动这个图景有联系）的时期起很大作用。可参考的例子是言语未公开领域在福楼拜青年时期创作中的作用。一般来说福楼拜和他友人们的通信（他一生各个时期的）为研究上面我们阐述的这些现象（言语的狎昵形式、狎亵语、亲热的骂人的话，无目的的文学滑稽戏等等）提供了丰富而相当轻松的材料，特别有参考价值的是德·普阿杰文写给福楼拜的信件和福楼拜给费伊多的信件。——作者

② 杂拼诗。——译者

(《从公鸡到驴子》),就是 *Epitre du coq-à-l' âne, dediée à lyon Jamet*[①]。那之后出现了故意讲废话的体裁,随后形成了"coq-à-l' âne"这名称本身。这首赠诗在描写事实和发挥思想时既没有结构上的统一也没有逻辑上的先后顺序,写的是各种各样的"当日新闻"。新闻有宫廷的,有巴黎的,而这个题目就纵容故意毫无联系地堆砌事实和思想的状况,因为那些思想仅靠一点来维系,就是所有这些都是当天发生的事情,不可能有其他任何逻辑上的特殊联系和连贯性。

在拉伯雷小说里"coq-à-l' âne"起很大作用。充满《庞大固埃》第十一章的拜兹居尔和于莫外纳的讲话以及庞大固埃做的结论,就是作为纯粹的"coq-à-l' âne"构建的。《高康大》第十一章也是这样构建的,那里以堆砌谚语和俚语(多数情况下倒过来用)来描写主人公的童年消遣。这部书的第二章《古墓中发现的防毒歌》[②]是"coq-à-l' âne"的特殊变种。所有这些都是一些接连不断的、纯净的、完整的"coq-à-l' âne"篇章。全书从头至尾又都散布着"coq-à-l' âne"的成分,故意说废话的成分,还有一些个别的缺乏逻辑的语言。比如,小说第四部第九章"coq-à-l' âne"的成分就很强,那里描写的是无鼻岛居民独具特色的名字、亲戚关系和婚姻状况。

所有这些"coq-à-l' âne"(从公鸡到驴子)的艺术思想意义在哪里呢?

首先这是在玩弄词汇,玩弄习惯用语(谚语、俚语),玩弄从逻辑和意思搭配常规之外造出的习惯搭配关系。这似乎是从意思、逻辑和词汇等级桎梏下解放出来获得自由的词汇和物品的大体休闲。由于充分的自由它们彼此建立了完全不同寻常的联系和毗邻关系。的确,这样一来,在大多数情况下,任何新的固定联系也建立不起来了,但是这些在常规意义之

---

① 献给黎翁·雅麦的东拉西扯的诗体书简。——译者

说明言语无联系性无连贯性的"coq-à-l' âne"这一说法本身当然早就有了。——作者

② 此为中文译著译法,原题直译应是"能除病的小物什"。——译者

外的词汇、用语和物品的短暂共存使它们获得了新生,揭开了它们本来固有的内部双重性和多义性以及那些它们身上所具有而在通常条件下又表现不出来的可能性。这就是"coq-à-l' âne"的普遍意义。

在每个个别具体情况下"coq-à-l' âne"都有它自己的功能和它特殊的性质。比如,《古墓中发现的防毒歌》以谜语形式构建,里面描写一些历史事件,但掺杂很多猥亵语,还有某些酒宴形象。谜诗故意这样写,让读者从中寻找当代或不久前发生的政治事件的引喻[①]。用这种方法形成对政治历史生活独特的狂欢节接受方式。事件得以在通常的传统和官方领会之外被接受,这就揭开了理解和评价它们的许多新的可能性。

这部书第十一章中的"coq-à-l' âne"具有另一种性质,高康大的童年消遣是借助谚语和各种各样的流行用语描写的。但是这些谚语和流行用语是没有任何逻辑联系一个跟一个出现的。除此而外,它们还是倒过来用的。高康大的每次行动都违背谚语,就是说,行动和谚语表达的意思相反。比如,当他冻得发抖的时候,他在两把椅子中间坐下来,用茶缸搔痒,打铁,诸如此类。结果是,小高康大的形象保持了民间口头创作中把一切搞颠倒,违背一切准则、健康思想和通行真理的傻瓜气质。这是一个"反常世界"的变体。

最后,争讼情节中拜兹居尔、于莫外纳和庞大固埃的言语都具有独特性。这是一篇最纯粹的,可以说是经典的"coq-à-l' âne"。这里当然没有一点对那个时代法庭上的高谈阔论的讽刺(这些言语根本不是作为法庭语言来建构的)。总的说它也算不上讽刺模拟文。充实这些言语的形象已失去了一切看得见的联系。

请看拜兹居尔辩词的开头:

"老爷,实际的经过是这样的,我家里的一个老女人到市上去卖鸡蛋……那时候从二至线当中向着天顶上过来六块银币和一枚小铜钱,正巧那一年利菲山上缺少虚伪诈骗,以至在巴拉关和阿古尔修斯派之间引

① 历史寓意法的代表们曾试图破译出所有这些引喻。——作者

起了有关瑞士反叛的具有煽动性的流言蜚语。这些瑞士人……为在新年那一天好拿汤来喂牛,把煤的钥匙交给女孩,叫她拿燕麦喂狗。

"一整夜的工夫,手放在壶上,只顾得催促步行的、骑马的,去拦阻船去了,因为裁缝师傅打算用偷来的碎布做一个炮筒来保卫海洋,根据捆甘草的人的意见,海洋正因为一锅白菜汤而怀着孕,但是医生却说从它的尿上,看不出显著的象征,从鸨的走相上,也看不出如何配着芥末吃铁锹……"(第 2 部,第 11 章)

正像我们见到的,这个片段的所有形象之间没有任何意思上的联系。拜兹居尔的辩词确实是"从公鸡"跳"到驴子"。这篇辩词应了我们一句俗语,驴唇不对马嘴。但是这些毫无联系的形象以其性质而论保持的是整个拉伯雷形象体系的精神。我们面前出现的是一幅典型而怪诞的世界图景,那里生育着,吞食着,排泄着的肉体同大自然同宇宙现象汇合成了一体:假石山寸草不生的利菲山岩石,怀揣汤锅吃饱芥末铁锹的大海,研究海尿的医生("庞大固埃的综合体")。接下来我们看见的是各式各样的炊具和日用品以及它们的狂欢节式应用(就是与自己的用途相反):给公牛发汤,用燕麦喂狗,把铁锹当食品。最后,所有这些怪诞肉体的、宇宙的和狂欢节的形象都和政治历史事件(瑞士人反叛,为阻挡船只而发紧急报告和快件)混杂起来了。所有这些形象及其混杂性质对民间节庆形式来说都是很典型的。我们可以从拉伯雷同时代的讽刺闹剧和普通闹剧里找到这些形式。不过在那里这些形式是属于一定的情节和思想路线的(当然不是永远如此)。在引用的这个片段里对这些形象进行着绝对自由的狂欢节式的玩弄,不受任何思想框框的束缚。由此,物品之间和现象之间的界线一笔勾销,世界的怪诞面貌表现得十分突出。

在根本打碎世界的等级图像,创建世界新图景的条件下,在从头探索一切旧词汇、旧物品和旧概念的条件下,作为能把它们暂时从一切思想联系中解放出来的形式,作为它们随意放松的形式,"coq-à-l'âne"具有重大意义。这是一种独特的言语狂欢化,它把言语从官方世界观那片面阴暗的严肃性中解放出来，也从通行真理和习惯看法中解放出来。这个语言狂欢节从中世纪世界观的数百年羁绊中解放出人的意识，培养着新的清醒的严肃性。

我们再回到拉伯雷作品的褒贬融合问题上来，再来分析另一个例子。

小说第三部有一个著名情节，庞大固埃和巴奴日争先恐后地轮番表扬丑角特里布莱。他们说出二百零八个修饰语，形容特里布莱愚蠢(folie)的程度。这也是一种独特的赞美祷文。修饰语取自各个领域：天文、音乐、医学、宗教、国家关系、鹰猎等等。和我们前面分析过的模拟讽刺祷文一样，这些修饰语的出现也是出乎意料和不合逻辑的，而且这里的一切也都是双重性的：须知所有这些表现某种品质最高程度的修饰语都用于愚蠢行为，用来赞美愚蠢。不过正如我们所知，愚蠢本身就是双重性的。愚蠢的载体是丑角或者傻瓜——逆向世界的国王。在“fol”(疯子)一词和“couillon”(笨蛋—放荡鬼)一词里一样，褒贬融为不可分割的统一体了。作为纯粹的骂人的话，就是纯粹的否定，来接受这个词，或者相反，作为纯粹的赞扬(类似“圣徒”)来接受它，都将破坏这篇轮唱祷文的整个意思。在小说写到特里布莱的另一处用了“морософ”这个术语，意即“愚蠢的聪明人”。“philosophie”[①]一词的拉伯雷式幽默辞源化众所周知，跟“folie”[②]一样。所有这一切都是以单词和形象“fol”[③]的这个双重性为基础的游戏。

拉伯雷本人把表扬布里特莱称作“blason”[④]，它是那个时代很有特色的一种文学现象。“blason”一词本身除去它专门的文章学用法，具有两层意思，它意味着同时又褒又贬。单词的这种双层意思在旧法文中早已有之，拉伯雷时代全部保留了下来(虽然它的否定意义，即 blâme，非难，有所减弱)，只是后来“blason”的意思才仅限于赞美(Louange)。

① 哲学。——译者

② 极端疯狂。——译者

③ 疯子。——译者

④ 法语：一义为家族徽章；一义为一种刻画细腻的颂诗或讽刺诗。——译者

各种褒贬诗在16世纪上半叶文学中非常流行。一切都给褒贬兼施了,不仅是人,还有物。

克列曼·马罗写过两首篇幅不大的戏谑诗《酥胸》和《丑胸》,他以此创造了颇有反响的新型褒贬诗。当时的诗人们争先恐后地褒贬妇女肉体的各个部分:口、耳、舌、齿、眼、眉,等等等等。他们简直把妇女肉体做了解剖学的肢解。这些褒贬诗风格——戏谑狎昵的赞美和非难风格——本身在当时来说是很典型的,因为它扎根于民间言语的自发性,当时的进步文学(包括马罗派诗人)都从中广泛吸取修辞手法。褒贬诗或多或少地保留了风格的两面性,评价的两面性,也就是风格矛盾着的充实性。它允许用讥讽和双关手法来赞美,也允许赞美通常不受赞美的东西①。褒贬诗处于官方的直线和孤立评价体系之外。这是一种自由自在而富有双层含义的褒贬。托马斯·塞比莱特在他的《法兰西诗学》(*Art poétique François*)一书中给这一体裁下了这样一个定义:

"褒贬诗,这是对想褒贬的事物接连不断的赞美或永无休止的非难……是美丑好坏得到同样好的褒贬。"这个定义十分准确地指出并强调了褒贬诗的双重性。谢比利的《诗学》,这是克列曼·马罗学派的诗学,作为拉伯雷时代的诗学,它对理解我们的作者也具有阐释意义。

应当指出,诗学意义上的褒贬诗,包括马罗学派里边的,有时被理解为直线和纯粹的赞美或者非难。褒贬诗的这种修辞性退化在世纪末急剧加强它们同各种民间褒贬诗和民间广场双关赞美的联系更加削弱,戏谑性赞美②的古希腊罗马(被修饰化的)形式的影响却强化了。

---

① 赞美巴奴日的债务也带有这种性质。双义赞美在意大利文学中也传播甚广。可参见伯尔尼的赞词 *lode del debito*(《债务赞》)和我们已知的对玩纸牌的赞美。——作者

② 以戏谑性文章形式作修辞性褒贬的有趣典范是格里美豪森的 *Der satirische Pilgram*(《讽刺的香客》,1666年),副标题是 *Kalt und warm*, *Weiß and Schwarz*,就是《炎凉黑白》。文章里探讨了二十个题目(人、金钱、跳舞、酒、女人、武器弹药、战争、假面舞会、医疗等等),而且,对每种现象都是先赞美后非难,最后予以综合。——作者

褒贬诗成分在那时(15 世纪和 16 世纪上半叶)的大型体裁宗教神秘剧和讽刺闹剧里传播特别广。从中我们见得到用一一列举修饰语的方法赞美蠢货(sots),其赞美完全和拉伯雷赞美特里布莱相似。在《圣康钦神秘剧》里有这样的列举。在《傻瓜独白》[①]里用了将近一百个修饰语(四十八行诗里充满了褒贬者列举的对傻瓜的修饰语)。最后在《傻瓜新独白》[②]里用了不多不少正好一百五十个赞美傻瓜的修饰语。

可见,褒贬者双重赞美特里布莱带有传统性质,在当时人看来是理所当然的事情(我们已经不止一次地指出过傻瓜丑角形象和愚蠢主题在当时的巨大意义)。

我们讲一讲狭义上的民间褒贬诗。就其本意,各种褒贬诗的民间传统囊括了大部分对其他民族,对各种不同地区、省份、城市和乡村的褒贬评价,其身后都有一批多多少少扩展了的、具有双重意义(虽然有些偏重非难)的固定修饰语。

早在 13 世纪就出版过这一体裁的最古老集子。拉伯雷时代又出现了这种褒贬诗的新文集,标题叫作 *Dict des Pays*[③],里面收集的都是简短述评,多数情况下只评民族、省市一种唯一的特征。

在拉伯雷作品里我们能见到许多重复民间褒贬的述评。比如,他说"Saoul comme un Anglais",即"醉得像英国人一样",就是英国人的固定褒贬。早在 13 世纪的古文集里就用这个特征来评述英国了:"Le excellent buveur en Angleterre",即"英国最优秀的醉鬼"。[④] 在《庞大固埃》第一章里拉伯雷提起"couilles de Lorraine"[⑤]。洛林的居民确实因自己"couilles"非同寻常的长度而被褒贬了。拉伯雷还提到巴斯克人的速度,发生在阿维尼翁的爱情,巴黎人的好奇,所有这些都是民间褒

---

① 《蒙田文集》,第 1 卷,第 11—16 页。——作者

② 《蒙田文集》,第 3 卷,第 15—18 页。——作者

③ 法语:意为故乡的慰藉。——译者
　《蒙田文集》,第 5 卷,第 110—116 页。——作者

④ 有意思的是这个英国人的古代"褒贬诗"由莱蒙托夫作品里的马克西姆·马克西梅奇重复了。莎士比亚作品里也有(《奥赛罗》里的亚果也使用了)。——作者

⑤ 洛林人的睾丸。——译者

贬诗的修饰语。我们还可以举出一个古代褒贬诗的例子“Le plus sot en Bretaigne”,就是“布列塔尼最愚的人们”。这些例子已经足够了。

我们看见,各种民间褒贬诗都具有深刻的双重性。每个民族,每个省市在某个特征方面都是世界最佳的。英国人是最好的醉汉;洛林居民在性方面最强;阿维尼翁的大多数女人都有轻佻行为;布列塔尼人最傻;等等,不一而足。但是这个特征本身在多数情况下带有双义性,准确点说是两面性(愚蠢、酗酒等)。结果褒贬融合为一个不可分割的统一体。布列塔尼人的特征——“最愚”——特里布莱的褒贬诗直接提示给我们了。通常把各类民间褒贬诗称作讥讽性的,从词义的希腊来源讲这是对的,但如果赋予它以新的,较为主观和否定的意思的话,这样说就不对了。民间褒贬诗都是双关的①。

拉伯雷的小说里提出了那一时代所有类型的褒贬。在《庞大固埃》里有一则体现马罗学派精神,用韵文写的奥尔良大学一些硕士的褒贬诗。整部小说都散布着民间褒贬说法(就是民族学种族学的修饰语),前面我们已经举了其中一些例子。对丑角特里布莱的赞美,约翰修士和巴奴日褒贬合一的讽刺模拟性祷文,都是对褒贬诗的实质,它的两面性,它严密的双重性,它矛盾着的全部内涵最深刻的揭示。最后,褒贬者们的风格贯穿着拉伯雷小说的始终,整部小说都充满了双义的赞美和双义的非难。

显著的两面性也是很多不掺和明显赞美的纯粹的骂人的话所固有的特点。下面就是《高康大》第二十五章许多骂人的话的例子之一:

“卖烧饼的对他们的要求丝毫也不理睬,反而(变本加厉地)大骂起他们来,说他们是下流坯、豁牙子、红毛鬼、癞皮狗、丑八怪、坏东西、黑良心、懒汉、馋虫、醉鬼、吹牛、不值钱、土包子、要饭的、寄生虫、混子、臭美、学人样、傻瓜、混蛋、饭桶、猪猡、呆头呆脑、嬉皮笑脸、无赖、

① 上个世纪末法国很多省份开始出版有意思的民间褒贬诗材料。相应的一些民间文学著作有:盖茨和塞比罗合著的《法兰西民间褒贬诗》,巴黎,1884 年;卡内尔著《诺曼底民间褒贬诗》,1857 年;班吉尔著《弗朗什—孔泰地区民间褒贬诗》,巴黎,1897 年。——作者

流氓、放狗屁、吃人屎等等一大堆骂人的话，还说他们哪里配吃这样的好烧饼，有带糠的馒头和黑面包就该知足了。”

摆在我们面前的是一串日常骂人的话。这串骂人的话长得惊人(里面有二十八个骂人词)。问题在于这不是一个人骂的，而是一大帮卖烧饼的人骂的，不过把它列成了一长串(实际上这些骂人的话是由不同卖烧饼的人同一时间说出口的)。作为整体这串话不是双重性的，它是纯粹的骂大街。但在这串话的内部，大部分骂人的话是双重性的：它们和兽性特点，肉体缺陷，愚蠢、酗酒、贪吃、解手联系在一起，而所有这些特点都可说明民间节庆形象体系。像“chienliets”(就是chi-en-lit)①这样的骂人的话作为狂欢节假面的一个名称直接能遇到。可见，这串骂人的话揭示出了以其怪诞的双重性形式表现出来的密不可分地混杂着肉体和肉体生活(饮食、排泄)的形象。在这串日常生活的骂人的话里甚至还揭示出世界上看问题的独特的两面角度和官方文学形象言语体系中所没有的有关人和物的独特的评述。

现在我们要触及拉伯雷小说又一褒贬现象，那就是德廉美修道院院门上的著名题词。题词的内容是一些人被赶出修道院，另一些人被请进修道院。整个这首用韵文写的题词就其性质可以列入“Cri”体裁，就是神秘剧和滑稽闹剧开场以及各阶层各行会代表或傻瓜们(在滑稽闹剧里)应征入伍的时候发出的那些“大声喊叫”。这是官方或讽刺模拟官方风格②的广场呼吁的高声喊叫，实质上，德廉美修道院门上的题词就是这类“Cris”(喊叫)的一个变种(不过不是指它的情节结构和押韵法)。

题词分为两部分：驱逐的人和请来的人。第一部分带有纯粹的骂人性质，第二部分是赞美性质。第一部分的骂人性质严格保持着。比如，第一诗段驱逐伪君子。拉伯雷给伪君子取了十五个骂人的绰号

① 在床上大小便的人。——译者

② 皮埃尔·格兰高尔的著名滑稽闹剧 *Le jeu du Prince des sots*(《傻瓜君王的游戏》)是从向各阶层的傻瓜们发出呼吁(cry)开始的，参见 Picot. *Recueil*，《皮肖文集》，第2卷，第168页。——作者

(hypocrites, bigots, Vieux matagots, marmiteux...)[①]。而且这一诗段的几乎所有词汇都带骂人色彩(abus méchant, méchanceté, fausseté, troublez...)[②]在请来人的那些诗段(从第五段开始)里相反,所有词汇都带赞美、亲热、肯定色彩(gentilz, joyeux, plaisants, mignons, serains, subtilz...)[③]。可见,保持贬抑和保持赞美的两列诗段是互相对立的。从整体上讲题词是双重性的。然而题词内部没有双重性,这里的每一个词要么是纯粹的单义赞美,要么是纯粹的单义贬抑。此时呈现在我们面前的双重性成了修辞性的和外部的。

拉伯雷作品里有这种修辞性褒贬,那是在他离开民间节庆和广场形式而接近官方言语和官方风格的时候。德廉美修道院的情节已使这种情况达到相当程度。是的,这里存在着逆向成分,玩弄否定及其他一些民间节庆因素,但就其实质而言德廉美是一个反映着书面源泉(主要是意大利)影响的人道主义的乌托邦。

拉伯雷几乎是作为官方"御用政论家"出现的地方,我们也观察得到类似现象。

在小说第三部第四十八章里有一段高康大和庞大固埃的谈话,说的是当时很迫切的不许教会推崇违抗父母意志的婚姻的问题。我们从中发现了贬抑和赞美两个词列修辞化的鲜明例子。

"根据我刚才说的律条,那就没有歹徒、无赖、恶棍、杀人犯、臭皮囊、丑八怪、大麻风,强盗贼人、地痞流氓,不可以随意去挑选女人了。任她家庭高尚、美丽富有、规矩贤淑,也可以从她父亲家里、母亲怀里把她拉走,不管她家里反对与否,只要这个歹徒和神秘的教士勾结好,让他有一天也能分得一杯羹就行。"

这里的贬抑和赞美两列词丧失了任何一种双重性,它们作为封闭的没有融合为一的现象而相互分离相互对立。词列的收受人严格分

① 伪君子,假善人,老顽固,假正经……——译者

② 欺凌人,弄虚作假,衣冠禽兽,不守规矩……——译者

③ 亲切,风雅,活泼,快乐,诙谐,可爱……——译者

割开来。这是纯粹的修辞性言语,它在诸多现象和价值之间划出一些严格而静止的界线。这里从广场的自发性保留下来的只有一点儿贬抑词列被夸张了的长度。

我们分析的褒贬融合现象具有重大理论和文学史意义。当然,褒贬因素是活的言语当中每个单词所素有的。中立的淡漠的词汇一般说是不存在的,有的只能是人为的中立词汇。看来,远古言语现象的特色正在于褒贬融合,即词的双重声音。在后来的发展中这种双重声音在非官方狎昵范围和民间戏谑范围保留下来并有了新的理解,我们便在这里观察到这种现象。双重声音词使发笑的人民把握变动中的世界整体,理解世界上一切有局限的阶级真理与真实的欢乐的相对性,理解世界经常的未完成性,世界上伪与真,恶与善,黑暗与光明,凶残与爱抚,死与生①的经常混合,而这样的人民在现存制度和占优势地位的世界图景(官方真理)稳定的时候是最少引人注目的。民间的双重声音词永远不会脱离整体,也永远不会离开变动,所以否定和肯定的因素就永远得不到单独的、局部的和静止的表达。双重声音词从不奢望阻止急速飞转的轮子,找到和界定其中的上下、前后,正好相反,它要记录下这些方位不断的置换和融合。这时候民间语言的着重点总是落在肯定因素上(不过,我们要重复一遍,它是不会脱离否定因素的)。

在统治阶级的官方世界观中,词的这种双重声音总的说是不可能

① 歌德在他一首抒情诗(《帕丽亚》)里,从严肃哲学角度对双重肉体性命题进行了有趣研究。他从选题(而不是从修辞)的单声层面对褒贬融合(对待诸神方面)说了这样的话:

我温柔地对他低声耳语,
我凶狠地对他大声喊叫,
说那在吩咐我清晰的头脑,
阴郁地鼓胀我心胸的东西。
这些思想,这些感情,
将是永恒的秘密。(译者转译)——作者

有的,所有现象之间都划着固定不变的界线(这时候一切现象都与矛盾地变动着的整个世界相脱离)。在艺术和意识形态的官方领域内占优势的几乎永远是思想和风格的单一声音。

文艺复兴时代发生了双重声音的民间用词同官方单声风格的稳定倾向之间的紧张斗争。为进一步深入领会伟大时代复杂多样的风格现象而研究这场斗争(也作为与之相连的怪诞和经典准则的斗争)有着特殊的意义和重要性。当然,这场斗争在以后的各个时期仍在继续,但已是以新的,更复杂的有时也更隐蔽的形式在继续。不过,这个题目已经超出了本著作的范围。

古代双重声音词是古代双重肉体形象在修辞学层面上的反映。在双重肉体形象瓦解过程中我们通过文学史和舞台演出观察到一种有趣的成对形象现象,这些形象以其半分开存在的形式把上下、前后、生死体现在自己身上。这种成对形象的经典范例是堂吉诃德和桑丘,类似的形象即便是现在也常在马戏、噱头和其他形式的滑稽戏中出现。有趣的现象是这些成对人物的对话。这种对话是处于未完全分解阶段的双重声音词。实质上这是脸同屁股、上同下、诞生同死亡的对话。类似的现象是古希腊罗马和中世纪时期冬与春、老与青、俭与丰、旧时代与新时代、父辈与子辈的争辩。这些争辩是与换班和革新相联系的民间节庆形式体系中的有机组成部分(歌德在描写罗马狂欢节时也提到这种争辩)。这些争辩(агоны,冲突)在古希腊罗马文学中尽人皆知。比如,流传至今的 Telxoeia[①] 就是老、中、青三个合唱队的争辩,其中每个合唱队都证明着自己年龄段的价值[②]。这些争辩在斯巴达和下意大利特别流行(在现代西西里它们还是民间节日必不可少的内容)。阿里斯托芬式的冲突也是这样的,当然,带有较为复杂的文学性质。类似的争辩无论用拉丁语(如 conflictus veris et hiemis[③])

---

① 三重唱。——译者

② 参见 *Carmina Popularia*,《民间歌曲》,第 18 页,法国,Bergk 出版社。——作者

③ 真理和严冬的冲突。——译者

写的，还是特别用各民族语言写的，中世纪时都畅行于所有国家。

所有这些冲突和争辩就其实质说都是不同时期各种势力和各种现象的对话，是不同时代的对话，是变动中的两极的对话，是实现着转变的首尾之间的对话。它们发展了建立在双重声音词（和双重肉体形象）上的对话因素并在一定程度上使之合理化和修辞化。看来，各个时代和各个年龄段的民间节庆性争辩，和成对人物，脸与屁股，下与上的对话一样，都是小说和小说特有对话的民间文学根源之一。但这个题目也超出了本著作的范围。

余下的是给本章做几点总结：

我们最后详细探讨的现象——褒贬融合——反映着修辞学层面上世界的双重性，双重肉体性和未完成性（永恒的未就绪状态），我们无一例外地从拉伯雷形象体系的所有特点中看到它们的表现形式。旧世界在它垂死的时候诞生着新世界，濒死状态和出生活动融合为一个不可分割的整体。这个过程反映在物质-肉体下部诸形象中：一切都向下降，向着大地，向着肉体的陵墓，为的是死亡和再生。因此向下运动贯穿着整个拉伯雷形象体系的始终。所有这些形象都在翻转、下抛、贬低、吞食、谴责、否定（部位上）、扼杀、埋葬、向阴曹地府遣送、责骂、诅咒——同一时间所有这些形象又都重新妊娠、促生、成长、革新、复兴、赞美和弘扬。这个共同的向下运动，同时扼杀和诞生，使那些似乎互相排斥的现象，诸如殴打、辱骂、阴曹地府、吞食等等，从内部亲近起来。

应当说，阴曹地府（地狱）诸形象甚至在但丁的作品里有时也是责难性借喻，即辱骂语言的明显表现。有时在他作品里公然出现吞食主题（咬着卢吉埃里颅骨的乌格利诺，他故事里的饥饿主题，咬着犹大、布鲁图、卡西奥的撒旦的大嘴），责难和 implicite[①] 吞食在他的形象里出现得尤为经常。但是但丁世界中这些形象的双重性几乎完全被淹

① 暗中。——译者

没了。

文艺复兴时代所有这些向下的形象,从下流的辱骂到阴曹地府形象,都充满深刻的历史时代感,充满世界历史交替时代的感受和自觉。拉伯雷作品里这种时代和历史交替因素特别深刻而切中要害地贯穿到他的全部物质-肉体下部形象中并赋予这些形象以历史色彩。他的双重肉体性直接成为历史的双重世界性,成为一个人死亡另一个人诞生的统一活动中过去与未来的融合性,成为十分可笑地变动与革新着的历史世界统一形象中过去与未来的融合性。时间自身在辱骂—赞美,在殴打—装扮,在杀害—生育,同一时间它既是嘲笑人的又是欢乐的,时间是赫拉克利特的"游戏着的儿童",宇宙的最高权力属于它。拉伯雷创造着只在文艺复兴时期才可能有的诙谐范畴内有特殊力度的历史变动形象,当时这一形象已被整个历史发展进程准备好了。"历史不断前进,经过许多阶段才把陈旧的生活形式送进坟墓。世界历史形式的最后一个阶段就是*喜剧*……历史为什么是这样的呢?这是为了人类能够愉快地和自己的过去诀别……"①

这个拉伯雷形象体系,是那么容积宏大,包罗万象,与此同时在反映当代历史现实的时候它又允许甚至要求写得特别具体、充实、详细、准确、实在和及时。这里的每个形象都把最大的宽度和宏伟的视野同带有特色生活的具体性、新颖性和紧迫政论性结合在一起。本书最后一章就来讲拉伯雷现实主义的这个卓越特点。

徐玉琴　译

① 《马克思恩格斯全集》,第 1 卷,第 418 页。(中译本第 1 卷,第 457 页。——译者)——作者

第七章　拉伯雷的形象以及他那个时代的现实

迄今，我们主要是从形象同民间文化关系的角度研究了拉伯雷的形象。拉伯雷创作中使我们感兴趣的是两种文化斗争，即民间文化和中世纪官方文化的斗争，这是基本的、重要的两种文化路线的斗争。但是，我们不止一次地指出，这一重要的路线斗争是同拉伯雷创作长篇小说那个年代的每月每日所发生的大大小小的迫切事件紧密相连的，是对它们作出的及时反应。可以直截了当地说，全部长篇小说从头到尾都是从当时生活的最深处发展起来的。而这一生活的积极参加者或者最热心的见证人就是拉伯雷自己。在他的长篇小说的形象中民间包罗万象的无限的深度和广度是同有限的具体性、个体性、细节性、生动性、迫切性和轰动性结合在一起的。这些形象同抽象的象征意义和公式化格格不入。可以说，拉伯雷小说中神话般的广阔空间同现代“评论”的尖刻性，同现实主义小说的具体性和直观的准确性是结合在一起的。乍看起来，似乎是最富幻想的形象的背后，展示了真实的事件，塑造了活生生的人物，凝聚着作者重要的经验及其准确的洞察力。

法国的拉伯雷研究学界完成了一项巨大而细致复杂的工作，揭示了拉伯雷的形象同他那个时代的实际生活全面而紧密的关系。由于这一工作的展开，拉伯雷研究学界就卓有成效地搜集了大量的甚至是很珍贵的实际材料。但是，这份材料是现代拉伯雷研究学界从狭隘的方法论的观点进行阐释和归纳的。蹩脚的传记材料占多数。在这些传记材料里，当代的政治事件丧失了直接含义和政治的尖锐性，逐渐变得无声无息，毫无棱角，简直变成了一堆与微不足道的个人私生活并列的作家自传材料。在这些仔细搜集的大量的自传材料的背后，不仅时代本身的巨大意义消失了，而且就连拉伯雷长篇小说中那种真正的人民的立场也不见了,而这种人民的立场正是拉伯雷在当时斗争中所坚持的。

是的,有些拉伯雷的研究者,首先是已故的现代拉伯雷研究学的首领阿贝尔·列弗朗,对于当代的政治事件以及它们在拉伯雷长篇小说中的反映给予了不少的关注。但是,尽管如此,无论是事件本身,还是它们在拉伯雷小说中的反映都是从官方的角度进行诠释的。阿贝尔·列弗朗甚至直接把拉伯雷视为“王宫的政论家”。

拉伯雷确实是一位政论家,但是根本不是“王宫的政论家”,虽然他也赞成王权和王宫个别政治文献的相对进步性。我们曾经说过,拉伯雷是在民间广场的基础上提供优秀政论的,即没有丝毫官方痕迹的政论。拉伯雷,作为政论家,从来没有对任何一个统治阶级(包括资产阶级在内)的集团及其任何一种观点,任何一个措施,对当代的任何一个事件表示完全的赞同。但是,拉伯雷同时又非常善于理解和评价当代个别现象,其中包括王国政权个别政策措施相对的进步性,并在自己的长篇小说中对它们表示赞成。不过,这些评价和称赞,任何时候都不是无条件的、官方式的,因为民间广场形象性的形式,渗透着双重感情的笑。这种形式有可能揭示这种进步性的全部局限。从拉伯雷在长篇小说中表现出来的人民观点看来,超出于有限的进步性之外的接近当代运动需要的,更加广阔的前景总是会被揭示出来的。

拉伯雷的基本任务就是要破坏官方所描绘的时代及其事件那种美好的图景,用新的观点看待它们,从民间广场嬉笑的合唱观点说明时代的悲剧或喜剧。拉伯雷动用了鲜明的民间形象的一切手段,要从所有的关于当代及其事件观念中,把有利于统治阶级的任何官方的谎言和具有局限性的一本正经统统清除掉。拉伯雷不相信自己那个时代的话语,“因为它总是夸夸其谈,总是自命不凡”,他要向人民,朝气蓬勃和不朽的人民揭示它的真正含义。

当然,在破坏官方对时代及其重要事件看法的时候,拉伯雷并不想对时代作出科学的分析。因为他从不用抽象的概念式的语言说话,而是用民间笑的形象语言说话。但是，在破坏了虚伪的真实、虚伪的历史激情之后，拉伯雷却给新的真实和新的历史激情准备了基础。

现在我们不妨用一些例子来考察一下，拉伯雷那个时代的真实，看看从作者比较接近的生活圈直到时代的重大事件，是怎样在他的小说里得到反映的。

在《庞大固埃》(依年代顺序的第 1 部)中讲述“主人公诞生”的这一章里，描写了可怕的炎热和干旱以及由它引起的普遍的口渴。干旱，依照拉伯雷的说法，“延续了三十六个月零三周又四天三十多个小时，(也许，还要更多些)。”我们从同时代人的回忆录里了解到，在创作《庞大固埃》的那一年(1532 年)，确实发生了历史上罕见的干旱，旱情延续了六个月。拉伯雷只是夸大了它的范围和准确的延长期罢了。正像我们说过的，干旱和普遍的口渴使庞大固埃这个神秘剧中的小鬼——口渴的唤醒者形象复活了，而且使他变得真实可信。

在那同一部书里还有一个故事情节，其中讲到，巴奴日买了一张免罪符，于是他便纠正了一桩财产诉讼案。实际上，就是在作家创作长篇小说的那一年，法国举行了非常的教皇纪念日。正是巴奴日绕行的那些教堂，确实获得了出卖免罪符的权力，因此，这里遵守了细节的绝对准确。

在那同一部书里还有这样的情节：“后来，庞大固埃在他祖先壮丽的传记里谈到人称‘大牙热奥佛瓦’[①]的路西尼昂[②]的热奥佛瓦，是他继母的儿媳妇的叔叔的女婿的姑母的姐姐的表姐夫的祖父，葬在马野载[③]。于是他请了一天假，庄严地去瞻仰了一番。他带着几个同学从普瓦蒂埃动身，经勒古热[④]拜访了阿尔狄翁院长，走过路西尼昂、桑

① “大牙热奥佛瓦”，据说是莱蒙丹和仙女美露西娜所生之子，有一颗龅牙伸出嘴外。——译者

② 路西尼昂，普瓦蒂埃附近的名城。——译者

③ 马野载，地名，那里有本笃会出名的修道院。——译者

④ 勒古热，地名，离普瓦蒂埃八公里远。——译者

塞[①]、塞勒[②]、高隆日[③]、封特奈·勒·孔特[④]。在那里拜会了博学的蒂拉柯[⑤],然后,从那里到了马野载。在马野载,他瞻仰了'大牙热奥佛瓦'的陵园……"(第2部,第5章)

庞大固埃看到竖立在坟墓上的热奥佛瓦雕像的时候,为一种非同凡响的愤怒表情而感到震惊,这种愤怒的表情是艺术家赋予热奥佛瓦雕像的。

在这个情节里有两点是虚构的:旅游巨人庞大固埃形象本身及其同热奥佛瓦、路西尼昂有亲属关系的讽刺喜剧性的确定。而这个情节中的其余的东西,如人名、地名、事件的名称、热奥佛瓦雕像的愤怒表情以及其他细节,同现实都是绝对吻合的,而且是同拉伯雷本人的生活和观感密不可分的。

还是在拉伯雷担任热奥佛瓦和马野载修道院主教秘书的那些年代(1524—1527),庞大固埃不止一次地完成了从马野载到普瓦捷往返的旅行(庞大固埃线路)。他游历过许多地方,这些地方的名称都在我们的故事情节中绝对准确地表现出来了。埃蒂萨克经常沿着自己的教区旅行(他同那个时代的大多数领主一样,对建筑事业非常感兴趣),而拉伯雷总是陪伴着他。因此他对普瓦捷省纵横交错的路线直到最偏僻的地方都很熟悉。他在小说里能够叫出五十多个普瓦捷的地方和小地方的名称,其中包括最小最偏僻的集镇的名称。我们故事情节中所有能叫得出名字的地方对他来说都很亲切。拉伯雷在位于枫丹—勒贡山脉的修道院里,度过了最初的修士生活;在这同一个城市里他拜访了人道主义思想很浓的法学小组,这个小组常在学者吉拉科家中集会。拉伯雷对吉拉科怀有深厚的情谊,直到生命的最后时

① 桑塞,路西尼昂镇名。——译者

② 塞勒,西赛非省地名。——译者

③ 高隆日,地名,在尼奥尔附近。——译者

④ 封特奈·勒·孔特,地名,拉伯雷曾在此处的方济各会当过修士。——译者

⑤ 安德烈·蒂拉柯(1488—1558),封特奈·勒·孔特的法院院长,拉伯雷的朋友。——译者

刻。勒科日附近有一座修道院,拉伯雷常在这个修道院院长、学识渊博的阿尔季奥恩家做客。也许,他在这里受到让·布希的影响,最早开始用法语写诗的。这样,无论是阿尔季奥恩,还是吉拉科都是拉伯雷同时代的很活跃、享有盛誉的人物。

当然,庞大固埃的祖先路西尼昂的热奥佛瓦,绰号“大牙齿”绝不是虚构的人物。这是一个历史人物,他生活在12世纪初。他焚毁了马野载修道院(为此拉伯雷让他在地狱成为火镰商人,这是一种狂欢化的死后报应的方法),但是,后来他忏悔了,不但把修道院重新修筑好了,而且赋予丰富的馈赠。因此人们在马野载教堂里给他立了一块带有石头雕像的华丽的纪念碑(他埋葬在别的地方)。

就是在这尊雕塑上热奥佛瓦形象表现出来的那种非常愤怒的表情,拉伯雷曾经说到过它,同样是准确的,同现实是相符的。不错,这尊完整的雕塑被损坏了,但是脑袋却于1834年在马野载教堂废墟下被找到了,现在还保存在尼奥尔市的博物馆里。下面就是让·普拉塔尔对这个头部的描绘:紧皱的双眉、严肃的一动不动的眼神、翘起的胡须、张大的嘴、牙齿外露。这个头部形象的一切都是纯朴的愤怒的表情(Plattard J. *L'oeuvre de Rabelais*…,p. 58)。

在热奥佛瓦这个石头脑袋上,我们要强调的是张开的大嘴和牙齿,即第一部里庞大固埃形象主导的离奇怪诞的特点。难道不正是因为拉伯雷经常在修道院的教堂里常常看见这个石头脑袋,并且把它铭刻在自己的记忆里,才使热奥佛瓦成为庞大固埃的祖先吗!

这个不大的也不太重要的故事情节,就其结构和组成是非常典型的。庞大固埃这个离奇怪诞的、幻想的(甚至是宏伟的)形象编织在完全现实的和作者非常熟悉的实际生活中。他沿着作者比较熟悉的和感到亲切的地方旅行,会见作者的好友,浏览作者喜欢看的物品。在这个故事情节中特有的名字、地方名称和人物姓名都是现实存在的,甚至连吉拉科和阿尔季奥恩的住址都被提供出来了。

因此庞大固埃周围的实际生活都具有真实的、个性化的,也可以说,记名记姓的特点,这是一些单个的、比较熟悉的事物和熟悉的人的世界;抽象概括、普遍性和典型化的成分达到了最起码的要求。我们还要强调这个故事情节中的形象的区域——地形特征。这种特征我们在长篇小说中处处可以看到。拉伯雷总是想方设法把某个省市的地方特色、某个地方的笑话、传说编进自己的小说中去。例如,我们曾经说过,庞大固埃用来熬稀饭的酒碗,在拉伯雷时代确实被人们描绘成布朗热的"巨人酒碗"。幼小的庞大固埃曾被人们用锁链锁在摇篮里。拉伯雷在这里指出,其中一段锁链放在拉罗谢尔,另一段放在里昂,而第三段则在昂热。确实,这些锁链都保留在那里,并且所有在这些城市里住过的人都很熟悉。年轻的庞大固埃在普瓦捷从巨大的悬崖上掰下一块石头,而且把它制成供大学生用的桌子。这块石头还保存在普瓦捷市直到现在,只不过它已断裂成两块了。这种遍布于整部小说的地方因素增强了整个拉伯雷世界的个性化的、有名有姓的、人们熟悉的、可见可闻的特点(如果可以这样表达的话)。甚至日常生活必需品,如熬粥的碗,都带有个人独具的特点,就像属于某些历史人物并保存在博物馆里的物品一样。关于拉伯雷富有个性化的独特的典型,我们还会回过头来谈的。

现在我们转到小说按年代顺序的第二部《高康大》上来。这部书的全部事件(巴黎的故事情节除外),都是在希隆郊区,即拉伯雷的故乡完成的。故事情节展现的地区和小地方的名称在这里都是绝对准确的,而且在那个时代的地图和地籍簿上都能找到。众所周知,处于故事情节发展中心的正是高朗古杰(高康大的父亲)的王室官邸。现在拉伯雷的研究者们以十分的准确性和毋庸置疑性成功地把高朗古杰官邸与属于作家父亲——律师安托万·拉伯雷,实际存在的田庄视为同一个地方。作家自己就出生在这个田庄。拉伯雷一家在德维里埃的简陋的住宅一直保存到今天。连古老的壁炉也保存得完好无损,善良的高朗古杰曾经坐在壁炉前烤栗子,等待栗子炸裂开,不停地用一头烧焦了的木棍捅一捅火,并给全家讲述过去太平年代的故事。还是在那同历史时刻,人们向他通报了关于毕可罗寿的突然侵犯。

当高朗古杰的简陋住宅同德维里埃的官邸就是一码事的事实被确认无疑之后,那些地理名称和地形测绘图标,就毫无例外地立即复活了。这些地名和图标,拉伯雷在小说中描写事件的时候,不止一次地提到。一切都是实际存在的和准确的,直到很小的细节(只是范围被夸大了点儿)。在距离德维里埃田庄不远的内格隆河的左岸上至今还有一片草地——La prairie de la Saulsaye——人们常常在这里“饮酒谈天”,也正是在这里,当人们于二月四日屠宰牲口狂欢的时候,高康大出生了。阿贝尔·列弗朗的推测是正确的,拉伯雷自己出生的真实地点和日期就是这样的。

就连毕可罗寿战争的地形测量图也是绝对真实和准确的,塞纳、莱仑,还有它们之间的道路(在这条道路上曾经发生过葡萄种植者同面包师的争斗)、内格隆的平原〔就是在这狭窄的地带上从莱仑、拉罗什·克莱蒙、沃古德莱(Вогудре)和沃格依昂(Вогюйон)等四面八方来的人围绕德维里埃田庄展开的战争〕,所有这些都在小说中准确地表现出来了,而且把整个战役和清晰的图景都精确地描绘出来了。还有约翰修士捍卫的修道院的葡萄园,直到现在依然存在,甚至连拉伯雷那个时代的一部分古城墙也保存下来了。

然而,有一个完全真实的事件成为毕可罗寿战争的基础。拉伯雷在描写这一战争的时候,利用了发生在他故乡的一个真实的冲突,参加这次冲突的一方是拉伯雷一家及其朋友,另一方则是圣马尔特。后者掌管了卢瓦尔河岸上的渔场,妨碍船只的航行。由此而引起冲突以及与周围村庄的诉讼案。村社的利益同通航息息相关。这一诉讼程序拖延了好久,时而松懈了下来,时而又火热起来。1532 年秋,拉伯雷住在父亲的德维里埃宅地那里,适逢收获葡萄的季节,这桩诉讼程序具有特别尖锐的特点。作家的父亲安托万·拉伯雷律师,一度曾经是邻居圣马尔特的朋友,甚至还管过他的事业,但是在与村社的冲突中,他却站在村社的一边。拉伯雷父亲的亲戚和好朋友哈雷律师在这桩诉讼程序中竭力为村社的利益辩护。因此,暑期在德维里埃逗留期间(1532年)拉伯雷成为这一冲突事件的目击者,可能他自己也参加了一些活动。

毕可罗寿战争的描写充满了对这桩实际冲突的引喻。甚至一些名字同实际完全相符。哈雷以高朗古杰议会议员的身份出面为他的事业辩护:我们看到,哈雷领导了村社反对圣马尔特的事业。面包师这一边遭毒打的旗手的名字叫马可,战争正是由于他引起的。这是圣马尔特的女婿的名字。在第四十七章中拉伯雷列举了三十二个封建统治权力机构的名称(其中有一个,在拉伯雷看来,是最长的),这些机构构成了"最早的邦联"形式,而且给高朗古杰提供了帮助。这里连一个臆造的名称都没有。这些都是大城市、小城市、集镇和村庄的名字,它们分布在卢瓦尔和维兀勒河岸,或者离这两岸不远的地方。这些城镇和乡村对卢瓦尔河上的商船航行都是很有利的。它们确实在反对圣马尔特的过程中结成了联盟。很可能莱仑的面包师同塞纳的葡萄种植者之间的争斗同样具有现实的基础。阿贝尔·列弗朗指出,这两个集镇之间至今还存在着自古以来的敌对行为——早为人们淡忘了的昔日某种敌对关系。

总之,第二部书《高康大》的中心情节都是在现实的基础上,是在自己家中及其附近的感到亲切、熟悉、看得见的地域内完成的。故乡的地形以极其详尽的细节和异常的准确性表现了出来。从物品到人物这整个世界都带有个性化的记名的和十分具体的特点。诸如把朝圣者当冷盘,用尿把他们淹死等富有幻想性的事件都是在德维里埃田庄的花园里和庭院里完成的,它们都带有准确的地域性的标志(一直保留到现在,几乎没有任何变化)。

长篇小说这一部和下两部书中的其他故事情节也都有同样的特点。拉伯雷研究界揭示了其中大部分背后实际存在的地点、人和真实的事件。如第三部中的一系列人物形象同拉伯雷的同时代人——特里勃纳·阿格里帕·涅杰斯盖姆斯基(Генрих Корнелий Агриппа

Неттесгеймский)、神学家吉波法捷伊－列菲弗尔·德达勃尔(Гиппофадей－Лефевр Д' Зтапль)、诗人科塔穆尔丹－约翰·列梅尔(Котанмордан－Жан Лемер)、大夫隆德比利斯、医生隆德列等是完全相同的。庞祖斯特这个小村庄(在关于庞祖斯特的女占卜者的故事情节中)实际上存在过,而且现在还有。的确,在这个小村庄里曾经住过一个当时很有名的女预言家。现在人们还指着悬崖上的山洞说,这个女占卜者当时就住在那里。

应该说,第四部中也有同样的内容,尽管拉伯雷研究界在这里并不像在第一部里拥有那么丰富和准确的材料。仅举一个例子,即关于维隆不可告人的勾当的插叙。这个带有悲剧色彩的滑稽戏发生在圣玛克桑(即拉伯雷很熟悉的普瓦捷省城)。这座小城的附近至今还保留着一块拉伯雷时代的道旁十字架,作者在这里指出,塔波古的脑髓"曾经掉在路边这块十字架旁"。除了文献性的来源之外,很可能,是由于这部小说洋溢着某些地方故事的特色,因为离圣玛克桑最近的一个教区直到现在还叫作"死修士教区"。

仅从上面列举的例子就足以说明拉伯雷形象的一些重要方面:它们与现实、与作者亲身经历过的实际生活有着密切的联系。作者最熟悉的描写客体,所有形象构成的蓝图——这是一个广阔的世界,是人们很熟悉的适宜住人的地方,是似曾相识的活生生的人的世界,是看得见、摸得着的物的世界。

在这亲近的世界里(描绘的蓝图上)一切都是独特的富有个性的,符合历史事实的。一般的和普通的事物的作用都是很有限的:每一事物在这里似乎都要成为专用名称。最典型的是,拉伯雷甚至在比较和对照中总是运用完全具有个性特征的,符合历史事实的事物和现象。例如,当庞大固埃在烧掉骑士之后举行的宴会上说,最好是把钟挂在下颌上,那他绝不是指一般教堂里的"钟"的形象,而是叫出非常明确的普瓦捷、图尔和科姆布莱(комбре)钟楼上的钟。又如第四部第六十四章里就有这样的比较:"约翰修士伙同总管、管事、管面包的、管菜的、管端盘的、伺候酒的,送来四个大得骇人的火腿糕饼,又高又大,不由得使我想起都灵那四座碉楼。"类似的例子还可以举出很多。拉伯雷的形象都是他亲眼所见亲耳可闻的、符合历史真实的、唯一的事物(他对那种与整个时代格格不入的奇谈怪论、稀有珍品、千奇百怪的现象特有的偏爱是这种情况的一种变态)。

颇具特色的是,我们所分析的例子中大部分描写对象即使在今天也能看到:譬如,可以看到高朗古杰"王室官邸"和他的家园,这是酷爱和平政治的象征;可以看到约翰修士修道院的葡萄园、大牙齿热奥佛瓦石雕的头像、大学生在普瓦捷会餐用的石桌、圣玛克桑路旁的十字架,上面沾满了塔波古的脑髓。

但是,拉伯雷长篇小说中反映的那个时代的生活绝不是这些可以住人的地方、所看见过的物品和熟悉的人们的亲切的世界(准确地说小天地)所能穷尽的。这只是对他(他的个人、他的生活、他的眼睛)比较熟悉的小说形象的一部分。这之后展示的第二部分,即更加宽广、更加具有历史意义的蓝图,这部分也是他那同时代现实的组成部分,然而必须用另一种尺度去衡量。

我们再回到毕可罗寿战争形象上来,这些形象的基础,正像我们所看到的是一个省城之间的冲突,甚至差不多是卢阿尔村同安托万·拉伯雷的邻居圣马尔特之间的家庭冲突。德维里埃近郊这个狭小的空间就是他们活动的场所。这是毕可罗寿战争形象最初的比较满意的构想,它是拉伯雷根据自己习惯的眼光,反复琢磨的结果,而且都是同他的亲人和朋友紧密相连的。

但是,拉伯雷的同时代人和他最亲密的后代却在毕可罗寿形象身上看到的完全不是戈舍德圣马尔特,而是查理五世,更像是那个时代其他侵略势力的统治者路易十一或者是费迪南德·阿拉贡斯基。其实,他们也是对的。拉伯雷的长篇小说同当时的政治事件和政治问题是紧密相连的。而小说的头三部(特别是《高康大》和第3部)都是写法兰西斯同查理五世的斗争的。值得提起的是,毕可罗寿战争是对这场斗争的直接反映。例如,在毕可罗寿军事参谋会议惊人的一场戏中含有对征服者查理五世的政治直接进行讽刺的因素。军事参谋会议这一场戏是拉伯雷对莫尔·托马斯在《乌托邦》中类似的一场戏的回答,在类似的这场戏里把对世界君主制和侵略性的强烈要求都写在法兰西斯一世名下。拉伯雷把这些责难都加到查理五世的身上。吉约里·杜倍(拉伯雷未来的庇护者和朋友)对德国公爵们说的一番关于法兰西同查理五世类似开战原因的话是哈雷演说的文献依据,他在这篇演说中谴责了毕可罗寿的侵略行径,捍卫了高朗古杰的和平政策。

关于侵略者的定义问题在拉伯雷时代是非常敏感的,而且是以很具体的形式提出来的,是同查理五世和法兰西斯一世之间的战争密不可分的。当时一些匿名著作探讨了这个问题,这些匿名著作都是从杜倍雷兄弟周围的人们那里出版出来的。拉伯雷也属于这个圈子里的人。

毕可罗寿战争形象是对“侵略者”这个迫切的政治课题生动的反映。拉伯雷提出了解决这一问题的看法。在毕可罗寿及其同时代人身上,他创造了侵略的军事政治家的不朽形象。毋庸置疑,拉伯雷赋予他查理五世的某些性格特征。这种同当代的政治问题紧密相连的构想就创造了第二种类型的——紧迫的政治方面的毕可罗寿战争形象。

但是,在15世纪和16世纪,战争与和平的问题,如果可以这样说的话,比起谈论某个军事冲突中的侵略问题要更宽广,更富有原则性。这里必然要谈到统治者们和他们的人民进行战争的原则和权利,同时也势必要谈到正义战争和非正义战争的区别。当然也要讨论全世界的组织问题。只要提起莫尔·托马斯和伊拉斯谟就够清楚的了。

毕可罗寿战争形象也同这个更广泛、更原则的当代政治问题紧密相连。这些形象所具有的第二方面的内涵,则因为它(这个更广泛、更原则的问题)而得到扩大和加深。

当然,所有第二种类型的形象都是很具体的、富有个性的和符合历史事实的,这里没有抽象的概括和典型化,但是这是更加宽广的历史意义范围内的个性。我们从小范围的个性转向大范围的和更大范围的个性(而不是转向抽象的典型)。在较大范围内重复着较小范围的结构。

在第二种类型的形象之后又出现了最后的第三种类型的毕可罗寿的战争形象,这就是巨人离奇古怪的肉体、筵席形象、腐蚀成几段的肉体、血变成葡萄酒、战役变成宴会,使毕可罗寿国王在狂欢中丧失一切荣誉等等,也就是我们以前所分析的毕可罗寿战争民间节日狂欢化的活动内容。

这第三种民间节日狂欢化类型的形象同样是富有个性的、实实在在的,但是,这是更加广泛的、包罗万象的个性。同时,这种类型的民间节日形象揭示了历史过程更加深刻的含义,它不仅远远超出了狭义的现代性的范围,而且也超出了拉伯雷所处的那整个时代的界限。其中展示了人们对战争与和平、对侵略者、对政权、对未来的观点和看法。在这种数千年来形成的并为人们竭力捍卫的人民观点中揭示了政治事件本身和一个时代所有政治问题令人发笑的相对性。当然,在这令人发笑的相对性里并没有抹杀正义与非正义、正确与错误、进步与反动在该世纪和相近的现实生活中的差异,不过,这些差异却失去其绝对性、片面性和严格意义上的局限性。

民间节日的包罗万象渗透到拉伯雷的所有形象中,拉伯雷考虑到这一点,并把每一个情节、每一个细节联结成最后的完整的作品。所有这一切他所熟悉的、亲眼见过的富有个性的独特的现象、地形学的详细情况都贯穿到第一种类型的形象中,它们归附于巨大的单一的完整世界,归附到成为统一整体的两个肉体,这是在连续不断的褒贬中揭示出来的。在这些条件下不可能谈到任何现实的自然分裂和抽象的倾向性。

我们不止一次地谈到毕可罗寿战争形象。但是,第二种被扩大了的现实类型几乎存在于拉伯雷长篇小说所有的形象中。它们都同当时最迫切的政治事件和问题紧密相连。

拉伯雷对当时最重要的政治问题都是很了解的。他从 1532 年起就同杜倍雷兄弟保持着亲密的关系。杜倍雷两兄弟都是当时政治生活的中心人物。在法兰西斯一世时代,红衣主教约翰·杜倍雷好像是领导外交和文学宣传局的。当时人们赋予文学宣传局非常大的作用。在德国、荷兰、意大利,当然法国也不例外,出版了一系列抨击性的作品,都是杜倍雷兄弟写的,或者是在他们的授意下写的。他们在所有的国家都有自己的外交和文学谍报机关。

与杜倍雷兄弟过往密切的拉伯雷能够掌握当时重要政策(如果可以这样说的话)所依据的最初的文献资料。他是这一重要政策形成的见证人。他大概把自己许多秘密想法和计划献给了王国政权,这都是通过杜倍雷兄弟之手实现的。他曾三次陪杜倍雷到意大利去会见教皇,完成了非常重要的外交使命。法国侵占皮埃蒙特时他在吉约姆·杜倍雷身边工作。他作为国王的侍从出席了法兰西斯一世同查理五世在莫尔特的历史性的会晤。因此,拉伯雷就成为当时最重要政治事件的见证人。它们是在他的眼前和离他很近的地方完成的。

从《高康大》开始(即从按年代顺序的第 2 部开始),迫切的政治问题在小说中起着非常重要的作用除了直接的政治主题之外,长篇小说的最后三部充满了我们或多或少明白的那种对各种政治事件和当代各种活动家的隐射。

现在我们来考察一下第三部和第四部中主要的迫切的政治主题。

我们曾经说过,属于第三部的预言家中心形象——科林斯防线反映了当时法国,特别是巴黎的防御设施。这同与皇帝的关系恶化有关。这些措施都是约翰·杜倍雷提出而通过的。看来,拉伯雷也是这些措施的直接见证人。第三部的头几章讨论高康大在所占领的安那其国王的土地上实行的是明智、人道的政治,这几章几乎是直接颂扬了吉约姆·杜倍雷在法国占领皮埃蒙特时的政策的。在这次占领期间,拉伯雷以秘书和最亲近人的身份在吉约姆·杜倍雷身边工作,这样,他就成为自己长官的一切行政措施的直接的和有贡献的见证人。

吉约姆·杜倍雷——兰热领主,是当时最杰出的人物之一。显然,他是极其清醒和要求严格的人,是拉伯雷出于某种敬意,不能无情拒绝的唯一的同时代人。兰热领主的形象使他感到震惊,因此在他的小说中留下了痕迹。

拉伯雷同吉约姆·杜倍雷保持着密切的关系,直到他的政治生涯的最后阶段。临终时,拉伯雷也在场,往他遗体上涂防腐剂,而且把他送到下葬的地方。拉伯雷在长篇小说第四部里追忆了兰热领主生命的最后时刻。

吉约姆·杜倍雷在皮埃蒙特的政策赢得了拉伯雷的深切同情。杜倍雷首先把占领区的居民吸引到自己方面来;他竭力振兴皮埃蒙特的经济;禁止军队压迫居民,军队严守纪律。而且杜倍雷给皮埃蒙特市运去了大量的粮食,把它们分配给居民,为此他花费了自己的全部财产[①]。这种军事占领的方法在当时是鲜为人知的,从未听说过。第三部中的第一章描写了兰热领主在皮埃蒙特实施的这一政策。拉伯雷这一章的主调是讲繁殖力和全民的富裕。他从庞大固埃提供的乌托邦人的繁殖力讲起,然后转入颂扬杜倍雷占领时期的政策。庞大固埃说:

“治理和维持一个新战败的国家绝不是(像若干爱肆虐的人错误的主张,施行侵略和侮辱)对人家进行掠夺、强迫、压制、破坏、虐待,拿铁棍子驱赶,简言之,来吃人,来吞人,做得像荷马称呼残忍的暴君‘demovore’[②]‘食人者’那样。我不再多说古代历史上的例子,我仅请你们回忆一下你们的上一代以及你们自己——如果你们不是年轻人——所看见的就行了。这样国家的人民,跟新生的婴儿一样,须经喂奶、保育和养护;跟新栽的树苗一样,须要扶持、巩固,防止风暴、灾害等的破坏;像一个久病新愈、刚刚恢复健康的病人,须要调整、侍候

① 所有的继承者在他死后几乎什么财产都没有得到。甚至连他许愿给拉伯雷的养老金也没有能付给,因为没有钱了。——作者

② 吃人的人。——译者

和收养……”(第3部,第1章)

所有这些对现实的政治治理方法的赞扬深深浸透着新生的、需要喂养的、正在成长和更新的全民肉体民间节日的观点。成长和更新是人民形象的基调。人民正是需要用奶喂养的新生儿,是新栽种上的正在成长的小树,是正在康复的、复原着的机体。人民的统治者是喂奶的母亲、园丁、治好病人的大夫。而那些坏的统治者也获得了肉体上离奇古怪的称谓:“人民的饕餮之徒”“吞食人民的人”。

这些纯粹拉伯雷式的,同时也是人民和统治者节日狂欢化的形象异乎寻常地扩大和加深了皮埃蒙特被占领时期的迫切的政治问题和尖锐的引人注目的问题。这些形象把这一点归并到正在成长和更新的世界的庞大整体。

我们曾经说过,兰热领主给小说的第三部和第四部留下了深刻的痕迹。关于他的形象和他生命的最后时刻的回忆在第四部的一些章节里起着重要的作用。这些章节专门写了主人公的死,就其相当肃穆的基调而言,这些章节是小说中写得最突出的。普卢塔克那里借用来的基本情节同《西北死亡之地旅行记汇集》中的凯尔特的女英雄形象结合在一起(其中包括《圣徒布兰丹旅行记》)。所有这些描写英雄之死的章节都是以独特的方式对兰热领主的哀祷。

然而,不仅如此,兰热领主还确定了第三部和第四部中主人公形象,即庞大固埃形象的深刻内涵。因为小说最后这两部里的庞大固埃已经不像神秘剧中的淘气鬼、干渴的唤醒者,也不像快乐的滑稽戏中的主人公。他在很大程度上已经成为贤哲、恩主的理想形象。不妨看看,第三部对他的特点是怎样刻画的:“我过去不是一再给你们说过么,他是天下最善良的小大人,腰里从来不带武器,对任何事都从好的一面去看,把所有的行动都解释为善意的,从来不烦恼,从来不发火。如果一动气、一发脾气,那就无异离开了天赋的理性,因为所有天翻地覆的,不拘是怎样的:天上的、地下的、纵的、横的,都不应该让它刺激到我们的情绪,扰乱我们的观感和理智。”(第3部,第2章)

在庞大固埃形象身上传奇式的、狂欢化的性格特点减弱了。他成为更加富有人性和英雄气质的人，但是，他同时又带有一些抽象的、华而不实的、褒扬的特征。庞大固埃形象的变化是在对兰热领主人格印象的影响下完成的，拉伯雷想使兰热领主的形象在"庞大固埃"①身上永垂不朽。

但是，庞大固埃同兰热领主之间这种相同的本质不能夸大，因为这只是形象的一个方面，而形象的基本方面依然是在民间创作里，因此它比对兰热领主在修辞上的颂扬要宽广、深刻得多。

第四部充满了对现实政治事件和迫切问题的引喻。我们看到庞大固埃旅行的路线，其中把古代凯尔特人到死亡和复活的乌托邦地域去的路线同当时实际对殖民地的探索——卡蒂埃·雅克路线有机地结合在一起。

在写作第四部时，法国反对教皇野心的斗争已经十分尖锐了。这在"教皇圣谕"的几章里都有明显的反映。还是在创作这些章节的时候，这场斗争几乎都带有官方的性质，而且也符合王国政权教皇权力限制主义的政策，可是，当整部书问世之后，与教皇的冲突几乎完全解决了。这样，拉伯雷政治性的抨击就迟缓了一些。

对现实的政治斗争的引喻都包含在小说第四部的一些重要的故事情节里，如在香肠大战（日内瓦加尔文宗教信徒们的斗争）和风暴（特里赞特大教堂）等故事情节中。

我们列举的上述实例，足以证明，政治现实、政治事件、政治任务和政治问题在拉伯雷的小说中反映得是何等的多啊。拉伯雷的书简直是一部颇具特色的"时事述评集"。它是那样的及时，那样的引人注目。但是，拉伯雷形象的研究课题同当时的任何时事评论相比都无比宽广和深刻，远远超越了毗邻的现实和整个时代的界限。

拉伯雷在当时各种势力的斗争中占有最先进和最进步的立场。对他来说，王国政权代表了即将来临的未来历史前景的新的社会制

① 罗特·乔治把吉约姆·杜倍雷和庞大固埃视为同一品质的人。——作者

度,是民族国家基础的体现。因此他对教皇的自命不凡,对处于最高民族政权之上的帝国的装腔作势都抱同样的敌视态度。在这些教皇和皇帝的强权中他看到了哥特世纪消亡的历史,而在民族国家中他却看到了民族国家的历史生活的崭新的朝气蓬勃的基础。这是很直率,也是很真诚的立场。

他对待科学和文学的态度也是同样的直率、坦诚和真挚的。他是人道主义教育及其新方法的坚定拥护者。在医学领域里,他要求回到古希腊的希波克拉底和盖伦的医学起源,因此他是那种歪曲了古希腊医学传统的阿拉伯医学的敌人。在法学领域里,他要求回到原始的古罗马法,而这种法曾被中世纪愚昧的诠释者粗暴地诠释得面目全非。在军事、技术以及在教育、建筑、体育、服饰、生活习俗和道德等领域和问题上,他都是当时那种最新、最进步的从意大利涌来的强大的、不可遏制的思潮的坚定的拥护者。从他在小说中(他的小说可称得上百科全书式的)反映出来的他对所有领域的学术观点来看,他都不愧为当时的进步人士。他具有崭新的感觉,不,不简单是新的、崭新的和最时髦的,而是本质上全新的感觉。这种感觉是在覆灭了的旧的社会基础上产生的,而又真正体现了未来的希望。善于感受、选择和表现这种新的本质的才能在拉伯雷的作品里得到非常充分的展示。

拉伯雷这些在政治、文化、科学技术和生活领域里表现出来的进步立场,也贯串在他的长篇小说一些故事情节中,如高康大的教育、德廉美修道院、高康大致庞大固埃的信、庞大固埃对罗马法中世纪诠释者的议论、高朗古杰同朝圣者的谈话、对庞大固埃占领时期政策的颂扬等等。所有这些故事情节虽然或多或少有些华而不实,而且其中用的全是书面语和当时的官方语体。但是,我们在这里却听到坦诚的和几乎完全严肃的词汇。这些词汇是崭新的、进步的、当时刚刚出现的。同时,这也是拉伯雷最坦诚的话。

但是,假如小说里没有其他故事情节,没有其他词汇、语言和语体的话,那么拉伯雷充其量只是一个当时最进步的普通的人道主义者,尽管他是站在他们的最前列。他在某些方面很像比德·吉奥姆,然而他决不会成为独一无二的天才的拉伯雷。

当时被确认为既坦诚而又严肃的最新的词,还不就是拉伯雷自己最新的词。不管它怎么进步,拉伯雷都知道这种进步的程度。尽管他在说这个当时最新的词的时候是多么严肃,他总是知道这种严肃性的程度。的确,拉伯雷自己的最新词,这是一种令人欢悦的、自由的、绝对清晰的、民间的词,它是不能博得当时流行的具有局限性的进步和真理的好感的。这种欢悦的民间的词具有比较远大的未来发展前景,尽管对这种未来美景的良好描绘还是乌托邦式的、不那么清晰。不过,任何为当代所熟知的确定性和完成性,在某种程度上都是可笑的,因为它们都是具有局限性的。可是,笑却是欢快的,因为任何有局限性的确定性(完成性也是如此),在消亡和瓦解的时候,都会萌发出新的可能性。

因此拉伯雷的最新的词不应该到我们列举的率直和华而不实的小说情节中去找,那里的词几乎都是单义的,而且是很严肃的,而应该到民间节日自然的形象中去找,这里的故事的内涵都是很丰厚的,它们不是完全单义的、严肃的、有局限性的。尽管拉伯雷在故事情节中,在自己坦诚的单义的叙述中表现得是那么严肃,然而,他总是给通向遥远的未来留下快乐的空隙,这种遥远的未来往往把他那个时代人们可能接受的临近的、看得见的未来的相对的进步性和相对的真理变得滑稽可笑。因此拉伯雷任何时候都不会在自己坦诚的叙述中把话说尽。当然,这不是浪漫主义的讽喻,这是人民的宽广胸怀、执着的追求,它们赋予他民间节日的诙谐形式和形象的全部体系。

这样,当时的实际生活在拉伯雷小说中反映得相当宽广和全面,而且是用民间节日形象阐明的。从这些形象的观点看,甚至连这种实际生活最美好的远景总是具有局限性的,与体现在民间节日形象中的那种人民的理想和憧憬相去甚远。但是,正因为这一点,当时的实际生活完全没有失去具体性、鲜明性和生动性。相反,根据民间节日形象异常清晰的观点,一切事物、实际生活现象都具有独特的明显性、完整性、物质性和个性。它们摆脱了一切狭隘的和教条主义意义上的联系。它们是在绝对自由的氛围中展现出来的。这就决定了被拉伯雷写进长篇小说中的事物和现象的丰富性、多样性。

正像所有当时的长篇巨制一样,拉伯雷的作品也具有深刻的百科全书的特点。没有哪一个部门的知识和实际生活,没有在拉伯雷小说中通过专门的细节仔细地表现出来。现代拉伯雷的研究者赛内昂在这方面的功劳特别大,他指出,拉伯雷在他所涉及的一切知识领域中是一位非常惊人的内行。由于一系列学术著作的论述,我们的小说作者的广博知识不仅表现在医学和自然科学的各个领域,而且也表现在法学、建筑学、军事艺术、航海事业、烹饪法、鹰猎、体育锻炼、古钱学等方面。现在这已经得到了证实。拉伯雷小说中的这些方面的知识和实际生活及其各式各样的名称录和辞典不仅以其丰富和完整惊人,而且还以那些细微的科技领域的卓越知识(这些知识只有当时的专家所熟知的)令人折服。不管拉伯雷用什么样的专门术语或者行话,他都能像大师而不是一知半解的人那样运用得准确无误。在上世纪中叶,确实有人怀疑拉伯雷在运用丰富的海洋辞典上准确和精通程度。这些怀疑是由海洋专家扎尔说出来的。可是,赛内昂却证明这些怀疑是不正确的,没有根据的:拉伯雷精通海洋专业的根据是充分的、可靠的。

拉伯雷这种百科全书式的渊博知识以及他那种极其丰富的精神世界,有一个值得注意的、至今尚未被拉伯雷研究者充分认识的特点:其中全新的,最新的,第一次出现的占绝大多数。他的渊博知识是一部新的海洋知识的百科全书。它是具体的、物化的,这些事物中的多数是第一次进入拉伯雷同时代人的生动视野,是首次获得名称或者赋予旧的名称以崭新的含义。物化世界和词汇(语言)世界在那个时代得到了巨大的扩展和丰富,进行了重要的更新和明晰的独特的重新分类。

众所周知,在那个时代,有多少数目巨大和繁多的新事物第一次进入人类的视野。这些新的事物传到法国比较迟,但是,它们却像一股汹涌澎湃的潮水差不多是迅速涌了进来。意大利战争一开始,这股潮流就从意大利涌了出来,而且势头越来越猛,越来越波澜壮阔。拉伯雷生活的时代,正是这股潮流最宽广、最无法遏制的时代。因为同意大利的联系是从两军之间的接触开始的,后来又发展到两国人民之间的交往,最初倾泻出来的是军需和军事技术的新知识,然后是航海技术、建筑艺术。第二批获得更新的是工业、商业、生活习俗和艺术等其他生活领域。与这些新事物出现的同时,也产生了一些新的词:语言中充斥着意大利语汇、希腊语汇、拉丁语汇以及其他新的词语。应该强调的是所有这些都不只是个别的新事物。它们具有使周围其他事物得到更新和装饰的作用,它们迫使这些旧事物具有新的适应能力,如适应一切技术发明和创造,这是它们自身所固有的。

拉伯雷对重要的新事物和新名称非常酷爱、非常敏感。他不但不落后于时代,而且往往超越它。他所编的军事名称录反映了(有时与一些古词语搭配)最新的事业技术成就,尤其是在军事喷射技术方面的名称极其丰富。许多词汇都是首次出现在他的书里。

在编制最新的建筑艺术名称上,拉伯雷也是内行。这个领域在他的长篇小说中占有十分重要的位置。他所编的建筑学辞典充满了崭新的和更新过的术语,其中不少是他第一次运用。这样,新的和更新了的(按新建筑学的特有含义)词“Symetrie”几乎都是第一次出现在他的书里。这种第一次见到和第一次起名的绝对新的特征在他那里有下面一些现象和词汇,如“peristyle”(列柱)、“portique”(柱廊)、“architrave”(下楣)、“frize”(中楣)。所有这些词语及其所代表的事物,不单是新的,像个别孤立的现象那样,而是具有更新和重构那个时代所有建筑学的观念。

在所有其他知识和实践领域的名称录上,我们发现了那种崭新的和更新了的词汇和事物的巨大作用。这种名称录上的旧词也很丰富,而且其中有许多古词语。拉伯雷到各地搜集,力求全面和多样。然而

“新的”在他那里总是占据重要位置,而且那种新的事物所具有的革新和感染力总是在发挥作用。

现在我们转向拉伯雷小说中的一个非常重要的现象——词汇的修辞生命力。

拉伯雷强调他的语言的众多因素来源于民间口语:这是一些从人民生活深处吸取来的“处女词”,它们是从口语自然形态中进入书面语和印刷文字系统的。几乎连所有科学辞典中大部分词语都来源于口语,而且首先加入书面文体、系统的抽象思维、书面语调和书面语的句法结构。在拉伯雷那个时代,科学界费了很大的劲才争得用本族的、粗俗语言讲话和写作的权利,就是这种权利在那个时代也远没有最终争取到。教堂也好,大学、中学也好,还都不承认这种语言。拉伯雷同喀尔文都是法国文学语言的创造者。他们自己不得不在一切知识和实际生活的范围中(在一些领域中多一些,而在另一些领域中则少一些),从自然口语中吸取丰富的语汇。从这一源头来的词汇是非常新的、还没有经过润饰的书面文体。

我们不妨以他编制的鱼类名称表为例。它非常庞大。仅在第四部的第五章《巡回演出者的筵席礼物》这一章里,他就提出了六十多种鱼的名称。这里有河水鱼、地中海鱼,也有大洋里的鱼。他是从哪里取来的如此丰富的鱼类词汇呢?当然不是从文献资料中找来的。法国化学足迹学创立者隆德列·吉奥姆和别隆16世纪的化学足迹学著作,只是在1553至1554年间,即拉伯雷死后才出版的。因此拉伯雷渊博知识的源泉只能是民间口语。大洋里的鱼的名称拉伯雷是从布列塔尼岛、诺曼底岛,还有诸如塞曼、迪耶普和加甫拉等港口直接与渔民交往中搜集到的,是从活人嘴里把偏僻省份的鱼名集中起来而编成的一览表。地中海鱼类的名称,他是从马赛渔夫们的嘴里了解到的。这是鱼类最新的名称。它们是这样的新鲜,就如同渔夫篓中的鱼一样。拉伯雷大概就是在这种情况下观察和搜集到的。这些名称在书面语言中还从来出现过,还没有被加工成抽象的书面的总结性的系统文本。它们与其他陌生的鱼类名称还毫不相干。它们只是同特有的，如同布列塔尼的鱼类、布列塔尼的詈骂和对天发誓、布列塔尼的风、海啸连在一起。严格地说，这不是鱼类的名称，这是鱼的绰号，诨名，这几乎是地方鱼类的专用名词。它们只是在文章里，其实，是在隆德列或贝隆的笔下才第一次具有适宜的共性和鱼类名称的性质，因为在拉伯雷所列的名称表上，它们还只是半专用名词。

当然，问题并不在于拉伯雷是从民间口语那里知道这些名词的，而在于拉伯雷所列的这些鱼类名称从来还没有在书籍里出现过。这就决定了拉伯雷及其同时代人的言语意识特点。这还不是名称，正像我们说过的那样，它们简直就是粗俗语中的绰号和诨名。抽象的系统化的因素在那个时代还很不发达；它们不但不能成为鱼类学的术语，而且也不能成为文学语言中简单的通用的普通名词。

拉伯雷其他知识领域里的词汇或多或少也带有这种特点。他的医学名称录也是如此。他在其中广泛运用了新词语、希腊词语和拉丁词语，但是更多的是从粗俗语言的口语中吸取来的。他往往把它的粗俗的等价物同新学术词语并列地放在一起（如 epiglotte 和 gargamelle）。特别有趣的是那些多种病症的粗俗名称，其中专用名词的成分和骂人代号的成分都是很强的。许多病的名称直接同神职人员的名字联在一起。不知为什么把他当作能治好病的人或者把他当作这些病的病原体（如 le mal saint Antoine，le mal saint Vit）。不过，一般说，粗俗语言中所有病的名称是很容易被拟人化的，即被人们看成生物的专用名词。在当时的文学作品里，我们就发现了以人物化的形式描述病症，尤其是梅毒病（La Dame Verole）和痛风病（La Goutte）。各种病症的名称在发誓和诅咒中起着巨大的作用。它们经常成为骂人的代号：时而送给这个人霍乱、鼠疫、传染病等绰号；时而他自己也被人叫作霍乱、鼠疫、传染病。性器官的粗俗名称也具有这样的特点。因此在拉伯雷的医学名称录上还有许多名称总结不够，还没有经过润色加工成具有概括力的书面语，必须使它们成为文学语言和科学术语的中性名称。

这样,首批进入文学语言体系的粗俗口语最初的词汇在某些方面同专用名词很相近:它们有着独特的个性,其中褒贬的成分很强,近似绰号和诨名;要使它们成为常用的文学语言中的普通名词,必须进行很好的总结,使其获得中性的特征。它们这些特征还带有传染性:它们在一定的文章结构中竭力扩大自己对词汇的影响,对整个语言特性的影响。

这里,我们涉及拉伯雷的一个非常重要的语言风格的特点。在他那里普通名词同专用名词之间在某些方面没有明显的区别,我们在一般的(新的)文学语言和风格上对这种区别已经习以为常了。当然,形式上的区别还是强烈的,但是从更加重要的内在的本质方面看,它们之间的差别却很不明显。

普通名词和专用名词之间界限的削弱,带有相互作用的特点。二者都追求一个共同点——褒贬绰号。

我们不能在这里对这个更为专门化的课题进行深入的探讨。我们只能涉及这一课题的基本的和粗略的方面。

拉伯雷的大多数专用名词都带有绰号的特征。这不仅涉及拉伯雷自己创造的名词,而且也涉及他从传统中获得的名词。首先,主要人物的名字都是如此,如 Gargantua, Grandgousier, Gargamelle, Pantagruel。所有这四个名字都是拉伯雷从传统中获得的。其中两个:Grandgousier("大喉咙")和 Gargamelle("喉咙")有着固定的词源,这个词源既是传统,也是拉伯雷(当然也包括他的读者)所确认的。

假如名字有着固定的、清晰的词源意义,而且是用来说明某个人的特征,叫什么名字,那么这个名字已不简单是名字,而是绰号了。这种绰号——名字任何时候都不是中性的,因为它本身都带有评价(肯定的或者否定的评价)的成分。就其实质而言,这就是 blason。一切真正的绰号都具有双重的感情色彩,即带有褒贬的口吻。

Grandgousier 和 Gargamelle 就是具有这种明显特征的绰号名字。

至于 Gargontua 这个名字,确实有点儿复杂。这个名字的词源是不固定的①,显然也不为拉伯雷及其同时代人所确认。在这种情况下,拉伯雷着手人为地为名字确定词源,有时故意做得牵强附会、离奇。他就是这样做的。高康大一生下来,就会可怕地大声喊叫:“喝呀! 喝呀!”“你是多么的健康啊! ……”(Que grand tu as…),高朗古杰指着喉咙说。按照父亲说出的第一个词,人们就给婴儿起了高康大这个名字。这个喜剧性的词源,确实使“喉咙”这个名字的实际意义更鲜明。

他赋予“庞大固埃”(“渴望的人”)这个名字以人为的词源意义(不过是按照别的原则),其实,这个词的词源,并没有被人们所确认。

所有四个主人公的绰号—名字都富有双重感情色彩。头三个表示“喉咙”,但不是中性的、解剖学上术语,而是贪食、吞食、狼吞虎咽、筵席上的褒贬形象。这也是指张开的嘴巴、坟墓—肚子、吞食—诞生。庞大固埃作为非常口渴的人的词源也有同样的意思,它揭示传统形象的双重含义。当然,民族语言中没有这些词根的事实,是会削弱这个名字双重感情色彩的②。

因此,拉伯雷根据传统而获得的名字,要么从一开始就具有褒贬色彩的绰号,要么通过人工创造的词源字而使这种绰号具有褒贬色彩。

拉伯雷创造的名字也带有这种双重感情色彩的绰号的特点。在这方面最有说服力的是第四部中列举的六十四个大师傅的名字。所有这些名字—绰号扣到这些大师傅头上正合适。构成这些名字的基础主要是菜肴的名称:鱼类,凉拌菜类,蔬菜类,此外还有餐具以及其他各种厨房用具。如,汤类就提供了一批名字:Bouillonsec、Potageanart、Souppimars 等;肉菜类也提供了许多名字:Soufflembayau、

① 西班牙语“garganta”——喉咙;普罗旺斯语中的“gargantuon”这个词的意思是“贪食的人”(大肚子);显然高康大以及其他主人公的名字的词源都来自“咽喉”“喉咙”。——作者

② 尽管这种情况,即民族语言中某些词根以及与之相适应的体现在这个词中词源意义模糊不清的确认,是完全可能的。赛内昂这样推断说。(*L' influence et la réputation de Rabelais*,第 2 卷,第 458 页)——作者

cochonnet 等;还有好多名字是从脂油(lard)这个词来的。我们所列举的这部分都是以专用名词形式出现的著名的膳食和宴会。另一部分则是以贬斥类型现出的绰号:构成这些名字的基础是各种各样的生理缺陷、畸形,还有卑鄙行为等名称。这一部分名字,就其修辞和形象本质而言,完全无异于一些骂人的话,就像面包师用它来奖励牧人一样。

毕可罗寿的谋士和战士的名字都带有贬斥绰号的性质。如,Merdaille、Racquedenare(吝啬鬼),Trepelu(衣衫褴褛的人),Tripet(盛什卡利克酒的杯子)。

依据贬斥人的类型的词构成专用名字既是拉伯雷的,也是民间喜剧中常用的一种方法。

希腊型的褒扬的名字则具有别的性质。例如,高朗古杰的武士同毕可罗寿武士的区别就在于他们具有褒扬型的希腊名字:Sebaste(令人尊敬的)、Tolmere(勇敢的)、Ithibol(直率的)。拉伯雷一些主人公的名字,如包诺克拉特、爱比斯德蒙、奥斯登和巴奴日(Παυοργos—"什么都会做的能人""多面手")。

所有这些希腊名字,形式上类似绰号,但是它们辞藻华丽,丧失了真正的双重感情色彩。这些名字同我们分析过的褒贬分开的一系列很相像,这集中表现在拉伯雷长篇小说描写的官场中。

真正的双重感情色彩只是褒贬名字绰号所固有的,其根源要追溯到民间语言以及与之相连的民间艺术的形象性。

我们要分析的例子只好到此为止。拉伯雷作品中的所有名字被人们以这样或那样的方式理解为褒贬绰号或者诨名。只有现实中的历史人物和作者的真正朋友的名字(如吉拉科)或者那些同它们的语音很相近的名字(如隆德比利斯代替隆德列)成为一种例外。

但是,除了人之外,其他专用名字都表现出褒贬感情色彩的倾向。我们看到一些地理名称获得了肉体解剖学概念,例如 Trou de Gibraltar,Bondes de Hercule 等。在某些情况下,拉伯雷求助于滑稽类型的人工词源学,如对"Paris"和"Bauce"地名的解释。当然,这里有着特别细微的差别,但是,这些名称及其转变成为褒贬绰号的基本的大致的思路并没有变。

最后,小说中有些章节专门从理论上探讨了姓名和名称的课题。例如,第三部里就探讨了植物名称的起源问题;第四部中展现了在恩列泽岛上用人名而开展的狂欢游戏。在这同一部里用了很长的篇幅讨论了姓名及其与上尉 Riflandouille 和 Tailleboudin 的名字有关的问题。

因此,拉伯雷小说中的专用名词归属于褒贬绰号和诨名的范围。不过,我们也看到一些普通名词也归属于这一范畴。拉伯雷原著中的这种共性成分在减弱。动物、飞禽、鱼类、植物、人体器官、肢体及其各个部位、菜肴和饮料、厨房家什和家庭日常生活用品、工具、衣服等名称,在拉伯雷小说中读起来,几乎都像颇具特色的物品和人体讽刺剧中主人公的名字绰号一样的。

在分析"擦拭纸"的情节时,我们发现了这种作为喜剧人物形象的物品的独特作用(人体讽刺剧同物品剧有机结合)。应该强调的是,许多野草、植物和一些人格化的物品的鄙俗名称,在文学作品中出现还是头一次,使人感到新鲜。其中的共性因素还比较弱。这还不是名称,而是绰号名字。它们在"擦拭纸"系列中的出乎意料的作用更加促进了它们的个性化。因为它们在这种独特的系列中是崭新的一类。它们甚至从薄弱的系统的和总括性的体系中被取消了。它们在这种体系中直到现在还在言语中出现。它们这种个性化的名字特征加强了。此外,它们物质化和个性化的形式在非常生动的骂人的"擦拭布"系列中更加明显地突出来了。名称在这里几乎都转变成为闹剧舞台上典型人物形象的绰号名字。

新物品及其名称或者用新的方法更新的旧物品,用新的出乎意料的方法使它接近新物品,都会使物品富有个性化,而且会强化其名称的专用成分,使其接近绰号名字。

拉伯雷原著中专用名称(地理名称和人物姓名)的共同的丰富性对名称的个性化具有特殊的意义。我们已经说过,为了比较和对比,他经常引用历史上“独一无二的物品”(如他把包子同都灵市的五角棱堡相比)。他力求赋予每件物品历史的和地形的确定性。

最后,对物品和现象之间那种过了时的意识和思想联系,甚至是最简单的逻辑联系(非逻辑 coq-à-l' âne)作讽刺模拟作品似的破坏有着特殊的意义。从过时的世界观的桎梏中解放出来的物品及其名称,获得自由之后,就具有非常自由的个性,而且它们的名称更接近令人发笑的名字绰号。民间口语中未经开发的词,还没有经过文学作品条理化,而文学作品则有其严格的词汇级差和选择,有其含义和口气的确切性和限制性,有其语言职位的等级性,因此,这些未开发的民间口语中的词本身就具有独特的狂欢型的自由和个性,很容易转变成物品和肉体狂欢剧中人物的姓名。

这样,拉伯雷风格中最本质的特点之一就在于,一方面,一切专用名词,另一面,一切物品和现象的普通名词,都力求达到褒贬绰号和诨名的极限。正因为如此,拉伯雷艺术世界中所有的物品和现象都具有独特的个性:principium individuationis(褒扬和责骂)。人物与物品之间的界限在褒扬和责骂的个性化的潮流中开始模糊:它们都成了既是反映旧世界的死亡,同时又是反映新世界诞生的狂欢剧的参加者。

我们还要请大家注意拉伯雷风格中一个十分典型的特征,即狂欢节式地运用数目字。

古希腊和中世纪的文学很熟悉象征地、形而上学地和神秘主义地运用数目字。存在过一些神圣的数目字:三、七、九等。在《希波克拉底文集》中收了一篇《关于数字七》的论文。这个数字对全世界,特别是对人的生命都是表现危象的一个数字。但是,数字本身,即任何一个数都是神圣的。古希腊罗马艺术渗透着毕达哥拉斯主义关于数字的观念,把它看作所有存在的一切制度和秩序,包括神灵在内的基础。中世纪数目字的象征主义和神秘主义,是众所周知的。一些神圣的数目字为艺术作品,包括文学作品在内,奠定了基础。我们不禁想起了但丁,他那里的神圣的数目字不仅决定了整个宇宙的构造,而且也决定了史诗的结构。

要是简化一些,倒可以这样来确定古希腊罗马和中世纪的数学美学意义:数字应该是固定的、完成了的、完整的、对称的。只有这种数目字才能成为和谐的和完成了的(静态的)整体的基础。

拉伯雷从数目字身上揭去了那种神圣的和象征的外衣,并使它们丧失了原有的光圈。他亵渎了数字。但是,这种亵渎不是无政府主义的,而是欢悦的狂欢节式的,是复活和更新数字的一种亵渎。

拉伯雷小说中有很多数字,几乎任何一个故事情节都离不开数字。而且它们都带有狂欢节式的、怪诞离奇的特点。这是通过各种途径达到的。有时拉伯雷用坦诚的讽刺模拟的方法贬低神圣的数字,如九根串野禽的烤肉钎分给九个缪斯,三座带有狂欢节象征的凯旋柱(在消灭六百六十个骑士的故事中,骑士本身的数字就是讽刺模拟启示性的)。但是,这样的数字比较少。大多数数目字以其怪诞离奇的夸张比喻(如喝掉的葡萄酒的数字、吃掉的食品的数字),使人感到惊讶,引起荒唐发笑的效果。一般说,拉伯雷用数目字表示数的概念,都是被无限扩大了的、夸张了的、吹嘘出来的,违反了真实性。其中的无尺度全是故意设计的。其次,在一些准确计算不可能的情况下,对准确性(而且是过分的准确)要求,只能引出喜剧性的效果,例如说"高康大用自己的尿淹死了二十六万零四百一十八人"。不过,这正是拉伯雷的数字在其离奇怪诞的情节结构中最主要的作用。

我们不妨用一个例子说明之。下面就是这个篇幅不大的故事片段:巴奴日讲述他是怎样从土耳其人那里逃出来的:

"后来,"巴奴日说,"当我称心如意地望着这场大火,嘴里还得意忘形地说着'哈,可怜的虱子,哈,可怜的小老鼠!你们今年可要过一个苦冬天了,火把你们的仓库都烧掉了!'的时候,一下子蹿出来六百只,不,哪里是六百只,而是一千三百一十一只大大小小的狗,它们一齐从城里跑出来,它们是从火里逃出来的……"(第2部,第14章)

这里有一种离奇怪诞的夸张,而且还带有明显的跳跃(从六百一下子跳到一千三百);既是对客体(狗)计算精确度的降低,也表明精确计算的完全不必要和过分;同时表明这种计算的不可能。最后还用了使准确性丧失殆尽的词"比较多"。但是,数字的结构特征是非常典型的。倘如我们加上一个单位数成了一千三百一十二的话,那么这个数目字马上就停止了,成为严谨完整的了,喜剧效果也因此急剧地降低了。如果我们把数字上升到一千五百一十二的话,那么它就会完全平静下来,静态地完成了,因而失去了全部不对称性和开放性,不再成为离奇怪诞的拉伯雷式的数字了。

拉伯雷作品中的大多数数目字的结构都是这样的:它们都明显地偏离了稳定的、静止的、实在的和完整性的数字。就拿我们曾经列举过的尿中淹死了二十六万零四百一十八人为例,就改变了二十五万零五百二十的审美艺术结构,其效果也就明显地变了。此外,还有一个例子,即在修道院的葡萄园中被打死的人的数字是十三万零六百二十二人。如果你稍微把一万二千五百二十审美结构改变一下,那么你打死的就是他离奇怪诞的灵魂。我们通过分析拉伯雷任何一个巨大的数目字,都很容易相信这一点。他严格遵守自己的结构原则,他的所有数目字都不是静态的,都具有双重含义和未完成性[①],如中世纪魔鬼剧中的魔鬼。数字结构中的每一滴水无不反映拉伯雷整个艺术世界的结构特点。在这样的数字上不能构建和谐、完整的宇宙世界。拉伯雷那里占主导地位的是有别于古希腊罗马和庄严的中世纪的独特的数字美学。

似乎没有什么比数字离嬉笑更远的东西了。可是拉伯雷却擅长把它们变成逗乐的东西,并且他在与其他东西享有同等权力的条件下,使数字加入自己长篇小说的狂欢化世界中去。

---

① 在欧洲,数字的偶数如2,4,6等具有"完成、终结、死亡"之义,而奇数则相反。因此,当恋爱的男方向情人送花时,通常是送一朵(枝)或三朵(枝),而不是二朵(枝)。这种习俗在中世纪业已形成。在拉伯雷世界中,与死亡相关的,即打死或杀死多少人,其末尾往往是偶数。——编者

在即将结束的时候,我们还要谈到一个重要的问题,即拉伯雷时代人们对语言和语言世界观特有的态度问题。

文艺复兴时代是欧洲语言文学史上两种语言衔接和交替的唯一的时代。许多现象在这个语言文字生活唯一的和特殊的时代能够存在,而在它以后的时代就不可能了。

至于散文作品,特别是新时代的小说,可以说,它们都产生于两种语言的交界处。文学语言生活集中在这里。经历了紧张的两种语言相互辨别、相互作用、相互阐释的过程。两种语言都在坦诚地、紧张地、面对面地瞧着:每一种语言都在别的语言中认识了自己,认识了自己的长处和不足,这两种语言的界限可以在对待每一种物品、每一个概念、每一个观点的态度中感觉到。因为两种语言体现了两种世界观。

在这部著作的别的地方(第1章)中,我们已经谈过,两种文化即民间的和官方的分界线,其中某些部分,是沿着民间语言和拉丁语这两种语言线路发展的。民间语言在控制了所有的思想范畴,并把拉丁语从那里撵出去之后,就拥有新的观点、新的思维方式(那种双重性)、新的评价。因为这是一种物质生产劳动和日常生活的生动语言,是"下层人"的语言。在多数情况下,这是一种带有戏谑体(幽默韵文故事、滑稽戏、"巴黎的叫骂"等)的语言。最后,它还是自由广场谈笑式的语言(当然,民间语言并不是纯而又纯的,其中也有官方语体的成分)。其实,拉丁语就是中世纪的官方语言。民间文化在它那里反映得很少,而且不少是被歪曲了的(主要表现在离奇怪诞的拉丁语分支里)。

界线的划分并不只限于人民—民族语言和中世纪拉丁语这两种语言之间。这种基本的界线划分也贯穿其他语言。语言之间相互辨别是复杂的、多方面的。

法国语言史家斐迪南二世,在回答能否在文艺复兴及其古典文学倾向时代就解决向民间语言过渡任务的问题时,非常正确地指出,文艺复兴这种想把拉丁语恢复到古希腊罗马纯粹的典范的企图势必会使拉丁语变成僵死的语言。既要保持古希腊罗马典范语言的纯洁性,又要把它运用到16世纪的日常生活和科学世界里，表示当代生活中的概念和事物，这是不可想象的。恢复它的古典语言的纯洁性，不可避免地要限制它的运用，其实质，就是将它限制在一种成功的模拟性的作品范围里。这里，在语言上表现为“复活”形象的双重性：“复活”的另一面就是死亡。复活西塞罗时代的拉丁语就会把拉丁语变成僵化的语言。现代—新时代的拉丁语是从西塞罗时代拉丁语的桎梏中挣脱出来的并与之相对立。现代拉丁语击败了古典拉丁语并要求它变成活的语言。

为此，我们看到民族语言和中世纪拉丁语之间的那种相互辨别的关系，被这种最新的同其真正的古典拉丁语相互辨别和相互阐释弄得复杂化了。一个界线同另一个界线交织在一起。西塞罗时代的拉丁语阐明了中世纪拉丁语真实的特征和真正的面貌。说真的，人们是第一次看到这种真面貌。直到现在，他们还在使用这一语言（中世纪的拉丁语），却不能看到它那畸形的和带有缺陷的面孔。

西塞罗时代的拉丁语能够在中世纪拉丁语面前放一面“喜剧镜子”：在这面镜子里映照出了《蒙昧者书简》中的拉丁语。

古典拉丁语和中世纪拉丁语这种相互阐释的事实是发生在现代崭新世界的背景上，这个崭新的世界不能同样置于两种语言的体系之中。带有新世界特征的现代性照亮了西塞罗时代的拉丁语的面孔：它是美的，却是僵化了的①。

新世界及其所代表的新的社会力量，最善于运用人民的、民族的语言表现自己。因此，中世纪和古典拉丁语相互辨别的过程是在人民的、民族语言的基础上完成的。三种语言是在统一的、不可分的过程中相互作用和相互划清界限的。

---

① 现代—新时代在西塞罗时代矫揉造作的模拟作品中的拉丁语面前放了一面“喜剧镜子”。夹杂外国语的拉丁语是对西塞罗时代人道主义者纯语主义的一种反动。这绝不是对厨房拉丁语的讽刺：夹杂外国语的拉丁语是句法完全正确的拉丁语，但是它充满了带拉丁语词尾的祖国语言词汇。古希腊罗马典范作品所不熟悉的现代物品和概念进入了拉丁语的结构形式。——作者

要是拉伯雷把三种语言同“farce jouée à trois personnages”(即三种人物演出的滑稽戏)相互辨别的关系作一番比较的话,那么像《蒙昧者书简》和夹杂外国语的诗歌这类现象,倒可以同三种语言之间公开对骂相比较。拉伯雷通过约诺土斯·卜拉克玛多硕士的话描绘了语言的安乐死,就像一个气喘吁吁、咳嗽不止、语无伦次的老人一样。

在这多种语言相互阐释的过程中形成的生动的现代性,即全新的、以前从未出现过的新物品、新概念、新观念,给人一种非常强的意识,它们清楚地触及时间的界线、世界观的界线和生活的界线。对时间的感觉,以及对它在一个缓慢的、逐步更新的语言体系发展进程的感觉,不可能这样强烈和明显。在所有无区别的中世纪拉丁语体系的范围里,时间的痕迹几乎完全消失了,可是意识似乎却活跃在这永恒的、静止不变的世界里。要在这一体系中同时观察其中的方方面面是特别困难的(如同在一个空间,体会到自己的民族特征和外省特征一样)。但是,要在三种语言的界线上产生对时间的意识,就必须采用非常灵敏的、具有特色的形式。意识是在时代和世界观的界线上感到自己的存在的。意识能够最先占据测量时间进程的最大地盘,能够敏锐地感觉到自己的今天,感觉到它不同于昨天,它的界限和它的未来远景。这三种语言相互辨别和相互阐释的结果突然发现,有多少旧的事物消亡了,又有多少新的事物诞生了。现代语言意识到自己的存在,也看到了自己独特的面孔。它能够在这面“喜剧镜子”里反映出这副面孔。

然而,问题并不局限于这三种语言的相互辨别。这三种语言划清界限的过程还是在众多民族的和民间的语言内部完成的。因为当时还没有统一的民族语言。统一的民族语言是慢慢形成的。在整个意识形态向民族语言和创立新的统一的文学语言体系过度的过程中远未统一的许多民族语言的内部就开始了地方方言之间紧张的相互辨别,相互融合的情况。这些地方方言那种原始的和平相处的状态结束了。它们相互进行阐释,它们独特的面孔开始被揭示出来。于是出现了对地方方言进行学术研究的浓厚兴趣,以及使用方言艺术的兴趣(这在拉伯雷小说中的作用是很大的)。①

奥德·德·特里奥尔的《图卢兹方言的有趣探讨》这本书,对研究16世纪人们对方言的特殊态度是很典型的。这部著作出版于1578年,它反映出了拉伯雷的重大影响②。论著作者对语言和方言看法代表了整整一个时代。他主要是从双关语和有趣的误解角度探讨了图卢兹方言的特征,并把它同普罗旺斯语作比较。这些有趣的误解都是由于不了解这些特征的缘故。方言特征及其细微差别往往体现在独特的拉伯雷的语言游戏之中。语言的相互阐释在这里扩展成为有趣的闹剧。

《有趣的语法学》就其思想本身而言并不新鲜。我们曾经说过,在整个中世纪漫长的过程中流传着语法游戏的传统。我们也曾提过7世纪的讽刺模拟语法 *Вергилий Грамматический* 开创了这一传统。然而这个中世纪的传统带有一些形式主义的特点,它仅仅与拉丁语有关,而且完全没有表达出对作为整体的语言、对语言的独特风貌、对语言形象、语言喜剧性的看法。而正是这种看法对16世纪语言学和语法学的滑稽戏和幽默诗最富有典型意义。方言似乎成为完整的形象、完善的言语和思维的典型,似乎成为语言的假面具。意大利方言在喜剧《大炮的网衣》中的作用是大家都知道的。在某一个“假面具”的后面都有一种固定的意大利方言。不过,必须指出,语言形象及其滑稽演员形象在这部喜剧中显得十分粗浅。

拉伯雷在《庞大固埃》中有关里摩日大学生生活的故事情节里描写了一个出色的拉丁化语言的形象。我们在这里要强调的正是语言形象问题。把语言看作完整的现象,是拉伯雷最本质的方面。这是一个骂人的语言形象,是使人威信扫地的语言形象。难怪大学生说话的

① 例如,拉伯雷很喜欢加斯科涅方言,把它看作最精悍的语言,骂人的短语(jurons)和诅咒人的话最丰富。——作者

② 1892年这部著作在图卢兹重版。——作者

素材全是淫荡的、不体面的。被大学生的语言激怒了的庞大固埃掐住了他的喉咙,于是这个可鄙的大学生由于害怕不得不用纯洁的故乡的里摩日方言说话①。

假如不少主要语言的相互辨别和相互阐释强化了时间和时代交替的感情,并使之具体化,那么一个民族语言范围内的方言之间的相互阐释就强化了历史空间的感觉,并使之具体化。加强对地方、区域、省城特征的感觉,并使之成为可理解的。这在划分自己国家和全世界历史空间中是最重要的一点。这种感觉对于一个时代是很典型的,它在拉伯雷的长篇小说中得到了充分而明显的表述。

但是,问题并不只限于方言之间的相互理解的关系。民族语言成为意识形态和文学语言之后,不可避免地要与其他民族语言进行重要的接触。而这些民族又比较早地完成了这一过程,而且比较早地掌握了新的物品及其概念的范畴。对于法语来说,意大利语就是这样的语言。同时,随着意大利技术和文化的发展,为数众多的意大利词汇渗透到法语中,它们充斥着法语,而且很快引起不满,于是纯语主义者与意大利语言学派的斗争开始了。出现了对意大利学派语言讽刺模拟作品,创造被意大利语言学派歪曲了的形象。例如艾蒂安·亨利就写过这样的作品。

法语的意大利化以及与它的斗争是语言之间相互阐释历史的最新的重要文献。这里说的是两种新的民族语言之间的相互辨别、理解,给作为独特的完整的语言注入了新的因素,这同它的局限性和发展前景紧密相连;也给时代感觉以及具体的历史空间感觉注入了新的因素。

---

① 中世纪人们所熟悉的只是别国语言的最原始的喜剧性。在古希腊罗马的神秘剧中往往用非生活的语言说非常平凡的话,以其奇特性和不明白性引起人们的哄堂大笑。在著名的幽默滑稽戏《帕捷列的节拍》中运用别国语言的幽默更富有重要意义。剧中主人公用布列塔尼语、佛拉芒语、里摩日语、劳伦斯语、皮卡尔特语和日耳曼语,而在总结的时候,还用夹杂外国语的拉丁语,用"Grimoire",即用非生活的话语讲话。类似的现象在拉伯雷作品中有关巴奴日的故事情节里也有。巴奴日就是用七种语言,其中包括两种非生活的语言回答庞大固埃的问题的。——作者

应该特别提起翻译在语言相互阐释这一过程中的重大意义。大家都知道翻译在16世纪文学语言生活中占据着非常重要的位置。萨列勃翻译的荷马作品是一件盛事。还有一件更大的事件,那就是艾米奥(1559年)翻译的普卢塔克的作品。意大利一些作者的许多译著同样具有重要意义。翻译不得不依靠成熟了的和已经形成的语言。在翻译的过程中语言不断成熟起来,而且还通晓高层次的意识形态、新的物品及其概念的新世界,这些新的概念第一次用别国的语言形式揭示了出来[①]。

我们清楚地看到当代文学语言意识是如何在多种语言、方言、土语、行话错综复杂的交叉过程中形成的。多种语言和方言那种纯朴的、含混不清并存时期结束了,文学语言意识,看来,不是在统一的和无争议的牢固语言体系中,而是在多种语言之间那种紧张的相互辨别和斗争中产生的。语言,这是世界观,它不是抽象的,而是具体的、社会性的,它决不能脱离生活实际和阶级斗争的实际,它渗透着评价的理论体系。因此每一件物品、每一个概念、每一种观点、每一种评价,甚至每一种语调,实际上无不在语言的世界观的交叉点上体现出来,无不参加到紧张的意识形态的斗争中去。在这种特殊的条件下,什么样的语言和言语的教条主义,什么样的言语幼稚病都可能出现。16世纪的语言,其中也包括拉伯雷的语言,直到现在,有时还被称为幼稚的语言。实际上,欧洲文学语言不太知道这种幼稚的语言。它表述得不同寻常的自然和自由与语言的幼稚性相去甚远。当代文学语言意识,不仅善于从内部感觉语言,而且也从外部,从其他语言的角度看到它,感觉到它的界限,在其全部的相对性和人性中,看到它作为独特的和

① 艾蒂安·多莱(Этьен Доле)在《从一种语言成功地翻译成另一种语言的方法》(1540)中叙述了16世纪的翻译原则。杜倍雷在《捍卫和颂扬法语》一书中也用很大的篇幅谈到翻译的原则,谈到这个时代翻译的著作。此外,还有 Villey P. *Les sources d'idées au xvle siècle*, 1912. Sturel R. Amyot, *traducteur de Plutarque*. Paris, 1909, 后一本对翻译的方法也作了很精彩的分析(这里分析了艾米奥最早的译文,而且深入揭示了16世纪翻译工作者的总倾向)。——作者

具有局限性的形象。

如此积极地使用多种语言，并能从外部，即从别国语言的角度看待自己的语言，这就使得人们对自己祖国语言的认识特别自由。语言甚至在其语法结构上都是很有表现力的。从艺术意识形态的角度看，最重要的是形象及其组合的非常自由，不受任何语言规则和任何定型的等级语言的限制。在语言中划分高级和低级、禁止使用和允许使用、神圣和庸俗的做法已经失效。

语言本身长期形成的那种隐蔽的教条主义的影响，对人类思想，特别是对艺术形象的影响是非常巨大的。凡是一种统一的民族语言中活跃着创造意识，或者这种创造意识也渗透到多种语言之中，而这些语言严格区分开，又相互为争夺统治地位进行争斗，那么要在这里克服深深扎根于语言思维中的、长期形成的教条主义是不可能的。只有在语言之外才能够实现，即当多种语言发生重要的交替的时候，当它们，如果可以这样说的话，相互开始适应，并与世界开始适应的时候，当它们开始明显地感触到时代、文化、社会集团的界线的时候，才能够实现。拉伯雷的时代正是这样的时代。而且只有在这样的时代拉伯雷形象的艺术意识形态的激进主义才有存在的可能。

迪特里希在著名的《普里奇涅拉》[①]这本书里谈到下意大利古代笑话艺术（模拟笑剧、滑稽戏、幽默游戏、笑话、谜语、即席滑稽作品等）特征时断言：所有这些作品形式都是典型的笑文化。因为古希腊—奥斯克斯的文化和拉丁文化、语言在下意大利是直接相连并交织在一起的。如同罗马第一个诗人恩尼乌斯胸中一样，所有南意大利人的胸中都活跃着三种精神。古罗马民间小喜剧及其幽默文化在希腊—奥斯克斯（Греческо-оскск）中期出现过，不过比罗马笑文化要晚些[②]。最后，普里奇涅拉中的人物形象（意大利民间假面喜剧中机警伶俐的仆人）是从最底层的人民中间产生的，那里的各族人民和民族语言是经

① 意大利民间假面喜剧中机警伶俐的仆人。——译者

② Dieterich A.*Pulcinella*，1897 年，第 82 页。——作者

常混合在一起的①。

迪特里希的论点就是这些。可以把它们归纳如下:西西里和下意大利特有的和非常自由的令人发笑的话语、古罗马民间幽默小喜剧类似的话语以及普里奇涅拉笑话中类似的话语,都是产生于多种语言和多种文化交界的地方,它们不仅直接有联系,而且在某种意义上是相互渗透的。我们认为,对于这些形式所引起的笑的多层次性和激进行为来说,它们在多种语言的交界处产生和发展的事实具有非常重要的意义。我们以为,迪特里希指出的这些形式同多语现象的关系是极其重要的。在文学艺术形象的创作中,在一种统一的语言体系中是不能用抽象思维的力量克服那种沉积在这一体系所有形式中更为深沉和隐蔽的教条主义的。形象所具有的崭新的、真正散文式的、自我批评式的、绝对清醒无畏的(因而是快乐的)生命只能起源于多种语言的交界处。在对于许多别国语言封闭式的和格格不入的统一语言体系中,形象同那种真正上帝的无所作为和恬不知耻的行径拴得过紧,这种情况迪特里希在下意大利的模拟笑剧、滑稽戏、民间小喜剧(因为我们可以这样议论它们)和民间喜剧《普里奇涅拉》中发现了②。我要重复一遍,别国的语言是另一种世界观、另一种文化,都有其具体的和终究不能照搬的形式。拉伯雷形象的非同寻常的自由和痛快的无情揭露性,只有在多种语言的交界处才可能产生。

这样,拉伯雷创作中由民间节日形式传统阐明的笑的自由,借助于克服教条主义进而上升为更高层次的意识形态。这种对最顽固、最隐蔽教条主义的克服,只有在拉伯雷时代多种语言相互辨别、相互阐释加剧的过程中才有可能。在当代语言生活中生与死、衰老和新生同时发生的现实,无论是作为个别的形式和内涵,还是作为完整的语言

① Dieterich A.*Pulcinella*,1897 年,第 250 页。——作者

② 只有《普里奇涅拉》表现出来的对上帝的真正无礼行为和恬不知耻行径的揭露才为我们提供了阐明古希腊滑稽戏和民间小喜剧的特点、情调和气氛的可能。(Dieterich A.*Pulcinella* ,第 266 页)——作者

世界观,都是司空见惯的。

我们已经考察了拉伯雷创作中最重要的一些问题,而且我们还竭力证明,他的这部作品非同寻常的特征是由过去民间笑文化决定的,而这种文化的雄伟轮廓是由拉伯雷的全部艺术形象勾画出来的。

现代外国拉伯雷创作研究界的主要弱点在于不熟悉民间文化,他们企图把法国人拉伯雷的创作置于官方文化的框架里,把它放到统一的“大潮流”中,即法国官方文学的流派中去理解。因此,他们绝对不能掌握拉伯雷创作中最本质的东西。我们就在我们这部著作中力图在民间文化潮流中理解拉伯雷。民间文化在其整个发展阶段上总是与统治阶级的官方文化针锋相对的,而且拟定了观察世界的独特观点,创造了形象反映世界的特殊形式。

文艺学和美学,一般都是根据最近 3 世纪文学中狭小范围的和贫乏的笑的表现形式而发展起来的。

我们这部著作只是在研究往昔民间诙谐文化的大业中迈出的第一步。也许,这第一步迈得还不够稳当,也不完全正确。然而,我们深信我们既定的任务是正确的。忽视特殊的民间诙谐文化,就不能正确理解文化和文学生活,不能理解人类历史上各个时代的斗争。民间文化自始至终是存在的,任何时候都不能把它同统治阶级的官方文化相混淆。在阐明过去各个时代的时候,我们往往过分“相信”每个时代的话语,即或多或少相信这些时代的官方思想家的话语,因为我们听不到人民的声音,不善于去寻找和理解它那纯洁的、没有标记的表现形式,例如,我们至今还非常片面地想象中世纪及其文化。

世界史上的一幕幕话剧都是在*幽默的民间合唱团*[①]之前演出的。不听这一合唱团的合唱曲,就不能理解它的整个剧情。你不妨想一想

① 人民自己当然也是世界历史剧演出的参加者,但是人民与其他参加者的不同在于他有能力和权利纵情地笑(即爱与恨)。——作者

普希金的悲剧《鲍利斯·戈都诺夫》。要是没有人民的场面,那么对普希金这个悲剧的认识,不仅是不完整的,而且可以说是被歪曲了的。因为剧中的每一个人物所表现的观点都是具有局限性的。而悲剧中的真正的时代精神及其重大事件,只有同人民的场面结合起来,才能被揭示出来。普希金末尾说的话是属于人民的。

我们的形象不是一种简单的比喻。世界史上每一个时代都在民间文化中有反映。在历史上的任何一个时代,都存在过嘲笑这个时代的人民活动的广场,僭称王在噩梦中仿佛看到了这一人民广场:

“下面众百姓在广场上吵闹,
笑着向我指指点点;
我又觉得可耻又觉得可怕……”

我们要重复一遍,世界历史上的每一幕都伴随着合唱团的笑声。但是,不是任何一个时代都有像拉伯雷这样的泰斗创作出笑的合唱曲。虽然,他只是文艺复兴时代的人民合唱曲的泰斗,可是他却如此鲜明地、完整地揭示了发出笑声的人民的颇具特色而又困难的语言内涵,以至他的创作也照亮了其他时代的民间诙谐文化。

李兆林　译

《拉伯雷》的补充与修改

1944年6月18日

关于诙谐史(第2章①)。笑及其与未完成之现在相联系的区域。

① 应为论拉伯雷一书的第1章。——译者

笑是第一个把当代作为描绘对象来加以揭示的。世界的亲昵化,以无所畏惧为前提,酝酿了研究世界的取向和自由的实验。过去(在距今久远的形象中)不可能成为笑的对象。笑与未来。对个人日常生活因素的揭示和对回忆因素的揭示。

附论:1.拉伯雷与果戈理;2.梅尼普讽刺在长篇小说发展史上的意义。

当代生活("我的当代生活"),主要是责骂的对象。当代生活,我们所处的时代,总是被人们斥骂,这已成为流行的老生常谈。要使人确信过去的伟大时代在当时只是遭人责骂(如在普希金时代,当代人抱怨没有文学),只需(根据杂志、回忆录、日记)了解一下当代人的反应就足够了。单纯的赞扬,具有官方的性质。

所有官方的东西,都是千人一调,千篇一律。"欢快的无所畏惧",在一定程度上是同义反复,因为完全的无所畏惧,不可能不是欢快的(恐惧是严肃的基本要素),真正的欢乐与恐惧是互不相容的。无所畏惧的形象=欢快的(笑谑的)形象。这些无所畏惧的欢快形象的源泉,就是民间节庆的娱乐活动、亲昵的言语、手势动作等(无所畏惧的欢快形象的渊源,正应在这里寻找,而不应在官方化了的板着面孔的神话体系里去寻找;悲剧加上羊人剧,可以复现出民间形象的双重性和完整性)。

在狂欢的人群中,能亲身实际地受到人类共有的和本民族的("我们的")大无畏精神的感染(参与)。

欢快的无所畏惧,是认识的一个前提(这新的概念是从苏格拉底的对话中生发而出的)。

"彭透斯焖肉"与滑稽的狄奥尼索斯(约翰修士)。

梅尼普讽刺的两条发展线索;其中一条是单一语调的自相矛盾的讽刺,由陀思妥耶夫斯基最终完成。

形象的官方化,以及与之相联系的单一语调。形象从双重的层面转向纯严肃的层面,变成单义的东西;黑与白、肯定与否定,截然分开并相互对抗。这是世界上种种意义、现象和事物之间的新界线凝固的过程,是给世界带来稳定的因素(新的等级的固定化)、长久的因素(制度化);这是将世界(世界的形象、有关世界的思考及评价)严肃化的过程,是给世界带来威胁、恫吓、恐惧的因素。但世界形象的这一凝固和严肃化的过程,仅在官方范围发生,而这个官方化了的文化只是被非官方大洋所包围的一个小岛。

身体的接触、肉体的接触,是亲昵化必不可少的因素之一。进入身体接触的区域,进入我的肉体主导的区域;在这里我可以用手、唇触摸,可以抓、打、拥抱、撕碎、吃掉,可以揽入自己怀中,或者被人触摸、拥抱、撕碎、吃掉,被另一肉体所吞噬。在这个区域里可揭示对象的所有方面(面部和背部),不仅他的外表,而且还有他的内部、他的深处。这是兼有时空的一个区域。

除了官方的严肃性、权势的严肃性、恫吓和恐吓的严肃性之外,还有痛苦、恐惧、惊慌、软弱等非官方的严肃性,奴隶的严肃性和牺牲品(脱离了献身者)的严肃性。有一种特别的最为深刻的(在一定程度上也最为自由的)非官方严肃性。陀思妥耶夫斯基的非官方严肃性。这是渴望永恒的个性(肉体的和精神的个性),对更替和绝对更新的强烈抗议,是部分对溶解于整体中的抗议;这是希望一切有过的事物(未被接受的成长过程)获得永恒而不被消灭的最强大、最有据的要求。使瞬间成为永恒。有一种纯粹的诅咒,它在结局中应为纯粹的夸奖(颂扬[①])所取代。

托尔斯泰作品里有一种失去个性特点的整体性的睿智(叶罗什卡、普拉东·卡拉塔耶夫等人)。歌德作品中有一种双重性的单一语调(他认为只有诗歌才能表现相互矛盾的双重性,因为他不擅长写有悖逻辑的笑谑小说)。

不是颂扬,而是荷马式的神祇的"永恒之笑"(不可消灭之笑)。

---

① 俄语 осанна,赞扬、颂扬,源自古犹太教徒和基督教徒颂扬上帝或祈福之词"奥莎那"。——译者

民间小说中的浮士德与歌德的浮士德。民间小说中的浮士德形象,源自中世纪大学生名士派那种非官方的、无拘无束的、用鬼话骂人的、亵渎一切的(双重性的亵渎神明的)氛围中(如小海鬼庞大固埃);这是彻头彻尾的年轻酒鬼,好说下流话(像约翰修士),在亲昵交往中不讲等级的个性;对于这种人而言,没有什么神圣的、珍贵的事物;这是狂欢节、谢肉节的笑谑和胡闹的产物;他的宇宙观是狂欢节、谢肉节型的。兑现了的骂人的话"见鬼去吧!"(这是基督教化了的单语调的祝福性诅咒,是祝愿更新性死亡的单语调形式),便是此种形象和情节的基础。兑现了的骂人的话,也构成拉伯雷小说的基础,又构成下地狱的基础。这是转入单语调中的梅尼普讽刺。梅菲斯特费勒斯之笑。形象的对偶性(双体性)的残余。对偶性在爱情幽会场景中独具匠心的运用:浮士德——甘丽卿、梅菲斯特费勒斯——玛尔特(忽而出现面部,忽而出现臀部,翻筋斗)。梅尼普讽刺在这里也是引向长篇小说的首要现象。"梅尼普讽刺"这一术语,和对长篇小说而言的"长篇小说"术语一样,都是假定性的和偶然的叫法,也有其历史上次要成分的痕迹。

一切像浮士德那样的世界性形象(以及与其有机联系着的整部作品的情节和结构类型,即体裁类型),都应该从世界文学的根本来源民间节庆和狂欢节的角度来重新认识。对这些形象的分析,如果联系它们的真正传统和它们的复杂历史来看,会不可比拟地更为复杂,它们的内涵会不可比拟地更为深刻,可以说达到*极点*。这里将是双重性的又夸又骂形象的对立斗争,它们处于官方化的过程中,被转入单一语调(单义)的层面,而这一层面是最近几个世纪以来欧洲文化中具有代表性的层面。

〔"你的骨灰将得到永远的安息"。关于世界、永恒、虚无和消失的观念。消失和死亡的偶然性、微不足道;说明不了任何问题;死亡是某种一时的现象,实际上是说明不了什么的,把死亡绝对化是没有任何根据的;如果将其绝对化,我们就会把虚无当成糟糕的存在,把缺席当成糟糕的在场。死亡处于时间之中,因而死亡是暂时的,因为我们仅仅是在自己短暂的时间和小块的空间里看到死亡的作用的。]

梅尼普讽刺(以及由它派生出的一切成果)的一个特点,就是向往极限,向往宇宙主义,向往最终的整体;它要求地形似的起伏,它敌视中等的东西、中间典型的东西、自然而现实的东西(普通而中等的东西,并非异常的东西,无权出现在舞台的脚灯之外)。

使形象成为严肃的,就意味着从形象中排除双重性和双义性、未完成性,使之不能改变自身含义,不能里外颠倒,使之失去变幻愚弄的狂欢节性质;就意味着不准翻筋斗,将脸与背部分开(让面部朝前),将夸与骂分开,砍掉一切越界的幼芽和枝杈。

陀思妥耶夫斯基作品中的无可赎罪和无可挽救的思想,这一思想的艺术意义。

由严肃化引起的将死与生、夸与骂分离,并宣布这种分离是稳定而不可改变的。在快速转动和快速摇晃(抬高—降低)中,面部和背部、上与下(天堂与地狱)相融合。停止旋转和升降,使其面向观众而立。形象则具有节庆性,摆脱了生活实际中的简单的严肃性,摆脱了这种严肃性所要求的规范和禁忌。

夸和骂是极为重要的世界观范畴、文化范畴和艺术范畴,对待它们必须找到一种新的观照世界的方法。它们在塑造人的形象方面的作用。夸赞(颂扬)话语的历史与责骂(羞辱)话语的历史。两者的民间创作根源。夸和骂的绰号。

颂歌史上东方暴君和神祇的自我颂扬。死后祈祷里的颂扬。(英雄、帝王的)加冕形式。

宏伟化和英雄化的形式。它们的一个基本要素是强大感和力量(权势)感。对待仇敌的态度。颂赞(与颂扬)的哲学。永恒不变的因素,自我相等(敌视变易)的因素;记忆的作用。颂赞与过去(父辈)的关系(责骂的主题——弑父);史诗般的颂扬,夸赞与死亡的关系。夸赞(颂扬、加冕)与理想化、升华。夸赞的地形位置因素(高、上、远方、面部、正面)。与大小的关系(巨大、增大,相反的则是缩小、贬斥)。夸张及其双重含义。最高级的作用和意义,它的类型和变体。正是在纯夸赞的这个方面,人们试图创建完成而闭塞的个性形式,试图克服双体性。

渴望在后辈的记忆中光宗耀祖和名垂青史,渴望人们传诵自己的名字(而不是绰号);关心自己的纪念碑。会说话的石碑。

我们为什么要赋予夸与骂两范畴如此重大的意义?它们是构成人类基本语言形象(严肃的和诙谐的神话)、语调和姿态(个性化的表情的语调和动作)的最古老而永不衰竭的源泉,它们决定了描绘和表现的基本手段(从材料开始)。它们决定着世界的地形区分和地形的强调;这种地形的强调渗透于所有形象和姿态之中(这是基本的建筑形式,而不是表面的装饰图案)——例如上、下、后、正面、脸面、里层、内心、外部等等。一切似乎不涉及夸和骂的中性事物,一切决定着变化中的流派和风格(古典主义、浪漫主义等)的因素,一切如同建筑物上的装饰图案一样仅在表面上覆盖和修饰大型(承重的)建筑形式的基本走向(须知装饰图案不参与其走向,不负重,不承受压力)的东西,它们都带有一种泛音的性质。

胜利、封号、奖励,这些都决定过和决定着生活,都塑造着人的(等级)形象。

关于阴间审判的神话,这种神话在人的形象塑造史上具有巨大的构形作用。宏伟风格的一个必要因素是惊人。强调人与人之间(统治者与战战兢兢的奴隶之间)的等级鸿沟。自我肯定与消灭仇敌密不可分,抬高名声与贬低所有其他的人密不可分。

莎士比亚作品中夸赞颂扬的问题:《李尔王》《理查三世》《麦克白》中的自我肯定,有压倒一切和消灭一切之势。延长生命(超过它应有的界限)并使之永恒,只能以杀人为代价(极端的情形是杀儿子、杀孩子;虐杀子婴的主题);对弑父是一种双重性的补充。取代与更替的问题(父辈的死亡、继承)。莎士比亚作品中的加冕与脱冕问题(整个王冠问题)。

强力和生命的一个基本因素是残酷和流血。单一语调的(非狂欢节式的）折磨，非仪式（或半仪式，不含更新和再生）的牺牲。

令我们兴奋和震惊的，正是莎士比亚作品的那些基本语调，而我们所意识到、所理解和讨论的，目前还只是一些泛音。（以现代犯罪学水平来看麦克白，李尔王与关于国土分割的封建观念）。麦克白不是罪犯，他的一切行为的逻辑乃是自我加冕所必要的铁的逻辑（更广义上则是任何加冕、王冠和王权的逻辑；再广些则是任何自我肯定的生活，因而也是与接替更新相敌对的生活所具有的逻辑）。麦克白从弑父开始（邓肯取代父亲：他是亲戚，他是白发老人，等等），在这里他是继承人，在这里他可以接替；他以杀孩子（取代儿辈）而告终，在这里他是不承认交替和更新（脱冕）的父亲。这是一切自我肯定的生命（它implicite[①]包括弑父和杀子的基本因素在内）超脱于法律之上的犯罪；在世代相续的链条上，这一环节敌视地脱离前辈和后辈，孩童般地践踏和扼杀过去（父辈、老年），老人般地仇视未来（对子辈、青春）；这是生死注定的个人生命自身的深刻悲剧，这生命要从他者之死中诞生，又以自身之死创造他人的生命（如果这里可以说人的心理的话，那么这就是生命自身的深层心理，是个人的心理，是人的躯体与心灵中的原生质斗争的心理）。然而，个人生命本身的这种悲剧（和犯罪），却隐含在王冠权势的悲剧形式里（加冕的统治者、皇帝是个人的极致与胜利，是实现其一切潜能的顶峰）；在这里麦克白的全部行为都是由一切加冕者和一切（敌视更替的）权势的铁的逻辑所决定的，其基本因素就是暴力、压迫、谎言、被统治者的战栗和恐惧、统治者反过来对被统治者的恐惧。这是一切权势的超出于法律之上的犯罪。这是形象的第一个深层层面（形象的核心）；但个人的悲剧以及隐含着它的权势悲剧，又被纳入篡位者即犯罪统治者的悲剧（这已是触犯法律了）之中；这里已经是铁的犯罪逻辑（并非偶然的犯罪）和（普通意义上的）罪犯心理。必须有法律上的犯罪（对人们和社会制度犯下罪行），才能使一切自我肯定的个人、一切有生有死的生命（我们不知有别样的生命，永

① 暗示地、含蓄地。——译者

恒的生命;我们只能假定,而且应该假定有这种生命)的深层犯罪得以揭示(显露),使之具有现实意义(从无意识的深处唤起),使其(潜在的犯罪)得到具体化。遵从规律的人即非罪犯,volens-nolens[①]总要接受更替,面对更替规律而听天由命;其行为由恐惧所决定,其思想和言语服从于意识的检查;他耐心地等待父亲的去世,真诚地害怕父亲的去世并为之哭泣,真诚地喜爱儿子这个继承人(和后继者),真诚地为儿子而活着;这样的人不宜作为悲剧的主人公,他不能使隐藏在生活常轨(即被控制而顺从的常轨)背后的深层东西获得现实意义,不能揭示生活的内在矛盾。犯罪在文学中的重要的构形作用(在陀思妥耶夫斯基作品中尤为明显)。因此任何王权(即最合法的权势)的悲剧(和犯罪),都是通过篡位者(有罪的统治者)形象得到揭示的。这是莎士比亚的诸形象的第二个层面。继而是第三个层面,这已是在其历史现实的层面上使形象具体化和具有现实意义(这个层面充满暗示和暗喻);这个层面直接融合于、转换为装饰性图案(一切虚设的描画或雕刻的不承重的圆柱,虚设的窗户,虚设的与建筑物真正走向不相关的装饰线条,等等);这类装饰对各种力的相互关系和基本建筑形式的走向起着缓解和掩饰的作用。〔在近代戏剧中,例如在易卜生的戏剧中,一切全靠贴在道具纸板架上的装饰图案(而且几乎是轰动一时的图案),没有任何建筑上的复杂性。〕莎士比亚是能写第一个深层面(而不是表层)的戏剧家。因此他能够摄取任何情节、任何时代和民族,能够改编任何作品,只要它们与民间形象的基本地形观念多少有些联系;他使这种观念具有了现实意义;莎士比亚具有宇宙性,达到了极致,表现着地形观念;因此他的各种形象(就其本性而言具有地形学意义)能在舞台的地形空间里,在整个得到强调的空间里发挥出如此不同凡响的力量和蓬勃的生机。〔我们的舞台则是没有地形区分和侧重的一个空箱子,中性的箱子;里面只能生存第二层、第三层景的形象,过的是庸俗平淡、远离任何遭际的生活;在这种舞台上只能忙忙碌碌,

① 不管愿意不愿意。——译者

而不可能有重要的运动"向前、向后,向上、向下——只不过是实物的实际活动,而别无他意"[①]。为了填补舞台的这种空虚和无所侧重,不得不堆砌自然主义的布景和道具。]

莎士比亚戏剧中一切重要的东西,只有在第一层面(地形上的前景)上才可能彻底理解。在这里可以理解到,麦克白既无父亲,又无孩子(这是从第二层面转到前景),他只身一人;这里也可理解"非女人所生"的情节(剖腹产),如此等等。

《李尔王》写的是同一问题的其他一些方面。情节本身是精彩的:生前交出了遗产,没死就已等死,窥视自己死后的命运,任意地(但不是自愿地)提前交权(是一种自杀),天真地不相信作为继承人的女儿本性上是要弑父的(为什么在此是女儿,而在格洛斯特类似的故事中又添了儿子),试图检验这一点;看到她们的"感恩之情"(天真地轻信感情、思想、话语的表面的、被检验了的逻辑的真实性,轻信子女对父亲的虽也真诚却也曾检验过的爱戴和敬重,轻信受过检验的臣民的忠心和虔敬),于是他便亲手将杀人的武器交到了她们手中。他迷恋于国王和父亲的权力,对由自己权势和威吓所导致的受过检验的子女和臣民的谎言信以为真;他检验表面的(外部的)限定的等级是否可靠,检验世上的官方谎言(如子女和臣民热爱和尊重父亲和国王,受恩之人感激恩人等等官方的道理);他遭到了失败,世界颠倒过来,他第一次看到了世界、生活和人的真相。王冠和统治者问题在这里揭示得要远为深刻、精明和复杂,它不像在《麦克白》里那样只是单语调的,这里一切都渗透着农神节和狂欢节那种民间的双重性智慧。疯癫的主题。

在《恺撒》和历史剧中,同一问题展示了另一些方面。不过在《哈姆莱特》中,这个问题表现出特别的复杂性。装饰图案中各种力量的虚假游戏,在这里深深地掩盖了基本建筑框架的真正运动。这是被移植、被改换的"俄狄浦斯王":克瑞翁(假如他是拉伊俄斯的兄弟)杀死

① 在原文中这里有作者增添的词句,可能与原初的文本不太一致。——原编者

俄狄浦斯的父亲,娶了他的母亲。俄狄浦斯该怎么办?他知道,就本性而言,潜在的真正的杀人犯正是他自己,可别人替他杀了人。在这里复仇者原来是一个情敌杀人犯(与陀思妥耶夫斯基的作品相比较:兄弟中谁真的想杀人,谁真的杀了人)。为父报仇实际上不过是消除一个对手:杀人和继位的不该是你,而该是我。母亲的不贞。奥菲利娅原来是乱伦的母亲潜在的替代者(女性形象中融合了母亲和情人,同一怀抱既可生育,又可于交媾中结出果实)。哈姆莱特没有扮演继承人弑父的角色。杀死克劳狄斯(要知道他也扮演着慈父的角色)之后,哈姆莱特自己作为(潜在的)同谋也当死去。犯罪行为早已预设在自我肯定的生命本质之中,只要生活就无法不迷途陷身。和李尔王一样,哈姆莱特也看到了世界、生活和人的真相;官方正规的善、真理、虔敬、爱、友谊等整个体系都崩溃了。把这一切都归结为一种优柔寡断、思虑重重或过分谨慎的心理,是过于天真了。上与下、前与后、脸面与内里相互混杂而融合起来,但这些是在单一语调的悲剧中揭示出来的。生命就是如此。就本性而言它是有罪的。如果要肯定它,如果顽强地坚持它,如果要实施它的血腥任务而维护自己的权利,那就该是自杀。然而是否当死也是值得怀疑的。在这里时常也能听到农神节和狂欢节那种解放的语调。〔对于最近四个世纪欧洲文化的思想家来说,一大特点就是幼稚的天真与狡黠的哄骗相结合,有时还加上一种独特的精神迷恋。热爱和怜悯孤独者和被遗弃者、天真而可怜的存在,另一方面则以无情无畏的清醒头脑注视他周围冷漠的空虚。〕

民间夸赞和民间广场广告,对“介绍自己作品”的体裁(产品广告宣传)产生的影响,以及对一切官方单语调夸赞形式的影响。

无论是在“俄狄浦斯王”身上,还是在“哈姆莱特”身上,基本情节都决定于是谁杀了人的问题;为了把丹麦从不幸(瘟疫)中解救出来,必须找到凶手;父亲的鬼魂与神谕相符。

一、关于《麦克白》[1]

“fair is foul and foul is fair(美即丑恶丑即美)。”(第一幕,第一场,最后两行诗的第一行——女巫)

博登斯泰德发现“bloody”(血淋淋的)一词几乎在《麦克白》的每一页中都能见到。

第三场(女巫对话)。

女巫甲　妹妹,你从哪儿来?

女巫乙　我刚杀了猪来。

女巫丙　姊姊,你从哪儿来?

女巫甲　一个水手的妻子坐在那儿吃栗子,啃呀(mounch'd)啃呀啃呀地啃着。“给我吃一点。”我说。“滚开,妖巫!”那个吃鱼吃肉的贱人喊起来了。她的丈夫是“猛虎号”的船长,开船到阿勒坡去;可是我要坐在一个筐子里,像一头没有尾巴的老鼠,跟在他后面漂游着。漂游着,漂游着,漂游着!……终朝终夜不得安,骨瘦如柴血色干,一年半载海上漂,气断神疲精力销。让他成为可诅咒的人,九九八十一个星期,让他罹病,让他衰弱,让他多灾多难。……瞧我有些什么东西?……不过是一个在归途覆舟殒命的舵工的拇指。

…………

三女巫　手携手,三姊妹,
沧海高山弹指地,
朝飞暮返任游戏。
姊三巡,妹三巡,
三三九转蛊方成。

麦克白上(还是第三场)

麦克白　“So foul and fair a day I have not seen(我从来没有见过

① 莎士比亚作品的引文,均据朱生豪的译本。——译者

这样阴郁而又光明的日子)。"

第四场:用马尔康的话来说,考特爵士死得很平静。"as one that has been studied in his death(他抱着视死如归的态度,抛弃了他的最宝贵的生命)。"探索消除了恐惧。

第四场:

邓 肯 我已经开始把你栽培,我要努力使你繁茂。(对麦克白说)

班柯对邓肯的拥抱答道:"要是我能够在陛下的心头生长,那收获是属于陛下的。"

邓 肯 我的洋溢在心头的盛大的喜乐,想要在悲哀的泪滴里隐藏它自己。(双重性)

邓肯谈麦克白:"in his commendation I am fed. It is a banquet to me(对他的赞美,那对我就像是一桌盛筵)。"

第二幕第一场[①]门房(小丑)淫荡的玩笑紧接着邓肯之死的悲剧场景;这是临葬前的玩笑。在《罗密欧与朱丽叶》中,朱丽叶假死之后在她的卧室里出现了乐师,当着死者的面开玩笑。

Lie——撒谎和 Lie——躺下;莎士比亚作品中常见的同音异义词语游戏。

第三幕第四场,麦克白对班柯鬼魂说:要是殡舍和坟墓必须把我们埋葬了的人送回世上,那么鸢乌的胃囊将要变成我们的坟墓了。

第四幕第二场,马尔康:"I should pour the sweet milk of concord into hell(我一定要把和谐的甘乳倾入地狱)。"

同上,麦克德夫谈马尔康母后的虔诚:"She died every day she lived(她每天都想到人生难免的死亡)。"

麦克白占据着活人(如他所想)考特爵士的位子。"考特爵士现在还活着;为什么你们要替我穿上借来的衣服?"

他想不靠他的主动(不可避免地犯罪)就能得到王冠。关于除掉

① 有误。应是第二幕第三场。——译者

马尔康(作为合法继承人),他说:"眼睛啊,别望这双手吧,可是我们要下手,不管干下的事会吓得眼睛不敢看。"[①]

班柯鬼魂占据了麦克白在酒宴上的位子。生者与死者的斗争贯穿整个悲剧,在生活中生者占据着死者的位子。

在莎士比亚的形象(比喻、隐喻等)中,永远表现着两极,地狱与天堂、天使与魔鬼、地与天、生与死、上与下(它们在题材上是双重性的,而不是在语调上);它们具有地形位置的含义;它们是宇宙性的,世界的一切自然力、整个宇宙都被纳入其游戏之中。莎士比亚作品中的形象,总能感觉到脚下是地狱,而头上是苍穹(即舞台真正的地形位置),形象具有深刻的地形意义并达到极限。他的比喻或者将现象物质化肉体化(身体的各部位),或者宇宙化(世界的地形位置),将现象推向世界的极端,从一极转向另一极,将它们的运动归结为自然力的运动(如同埃斯库罗斯的作品);比喻把一切渺小推向庞大、极限(在别的比喻中两者是同样大小的)。例如:

麦克德夫　醒来!不要贪恋温柔的睡眠,那只是死亡的表象,瞧一瞧死亡的本身吧!起来,起来,瞧瞧世界末日的影子!马尔康!班柯!像鬼魂从坟墓里起来一般,过来瞧瞧这一幕恐怖的景象吧!(《麦克白》第二幕第三场)。

麦克白　要是我在这件变故发生以前一小时死去,我就可以说是活过了一段幸福的时间;因为从这一刻起,人生已经失去它的严肃的意义,一切都不过是儿戏!……(同上)

麦克白夫人　来,阴沉的黑夜,用最昏暗的地狱中的浓烟罩住你自己,让我的锐利的刀瞧不见它自己切开的伤口,让青天不能从黑暗的重衾里探出头来,高喊"住手,住手!"(第一幕第五场)

麦克白　……他的生前的美德,将要像天使一般发出喇叭一样清澈的声音,向世人昭告我的弑君重罪;"怜悯"像一个赤身裸

① 在这一行右边有 M.M.巴赫金的手记:(伊万・卡拉玛佐夫)。——原编者

体在狂风中飘游的婴儿,又像一个御风而行的天婴,将要把这可憎的行为揭露在每一个人的眼中,使眼泪淹没叹息。(第一幕第七场)

麦克白　现在在半个世界上,一切生命仿佛已经死去,罪恶的梦境扰乱着平和的睡眠……大地啊,不要听见我的脚步声音是向什么地方去的,我怕路上的砖石会泄漏了我的行踪……不要听它,邓肯,这是召唤你上天堂或者下地狱的丧钟。(第二幕第一场)

麦克白夫人说,倘不是他睡着的样子活像她的父亲,她早就自己动手杀了邓肯。

有子辈压迫和弑父的时代(文艺复兴时代、我们这个时代),相反,也有父辈压迫和杀婴的时代(全都是专横的时代)。

贯穿全部悲剧的还有游戏:生——梦——死。

在第五幕第三场中麦克白请医生替国家治病,替国家验一验小便。

麦克白　她反正要死的,迟早总会有听到这个消息的一天。明天,明天,再一个明天,一天接着一天地蹑步前进,直到最后一秒钟的时间;我们所有的昨天,不过替傻子们照亮了到死亡的土壤中去的路。熄灭了吧,熄灭了吧,短促的烛光!人生不过是一个行走的影子,一个在舞台上指手画脚的拙劣的伶人,登场片刻,就在无声无臭中悄然退下;它是一个愚人所讲的故事,充满着喧哗和骚动,却找不到一点意义。(第五幕第五场)

这些以及类似的概括,涉及的不仅是罪犯的生活,而且是任何人的生活。

《麦克白》在一定程度上可以称为恐怖的悲剧(所有生者所固有的恐怖)。生活中没有保障,没有平静的(和永恒的)拥有。任何积极性都是罪过(发展到极限便总是杀人)。理想的是一种本能的状态。

二、关于《奥瑟罗》

地狱和黑夜正酝酿成这空前的罪恶(伊阿古的计策)。(第一幕第三场)

在苔丝狄蒙娜与伊阿古关于女人的谈话中,伊阿古说的是哥特式现实主义精神的女人形象(但没有肯定的一极),伊阿古言语中贬低性的比喻。"又把你的手指放到你的嘴唇上去了吗?""让你的手指头(凯西奥在会见苔丝狄蒙娜时疑心接吻——吻唇和手)变作你的通肠管我才高兴呢。"(第二幕第一场)

奥瑟罗　看见你比我先到这里,真使我又惊又喜。啊,我心爱的人!要是每一次暴风雨之后,都有这样和煦的阳光,那么尽管让狂风肆意地吹,把死亡都吹醒了吧!让那辛苦挣扎的船舶爬上一座座如山的高浪,就像从高高的天上堕下幽深的地狱一般,一泻千丈地跌下来吧!要是我现在死去,那才是幸福的……(第二幕第一场)

伊阿古说,英国人的酒量比任何人都厉害(双重性的赞扬)。(第二幕第三场)

第三幕开头乐师贬人的玩笑:管乐器下面有个那玩意儿。

在悲剧(崇高)主人公(例如奥瑟罗)的言语中,多半是宇宙地形含义的形象(大地、天空、地狱、天堂、生、死、天使、魔鬼、自然力);在小丑(《麦克白》中的门房)以及像伊阿古那样的主人公的言语中,多半是身体部位含义的形象(脸面——屁股、交媾、动物交配、吃、喝、拉、撒、睡等,即贬低性的形象)。

莎士比亚戏剧中的动作问题。在感觉得到地形意义的舞台上,动作必然保留有某种程度的地形性(象征性),指出上与下、天与地(如在发誓时,以及在一切仪式的动作中)。富于表情的(我们所理解的表情)心理动作,被纳入了地形的框架内(须知话语也把主人公的感受用地形位置的形象表现出来,而不是用体现现代精神的说明性比喻来加以表现)。就连主人公行动所处的房间(宫殿、街道等),也并非是日常生活的房间(宫殿、街道);须知它已纳入地形含义的舞台框架之内,它在大地上,下面是地狱,上面是天堂。行动、动作在房间里完成,同时也在地形含义上的宇宙中完成,主人公总是在天堂与地狱之间、生与死之间运动,在坟墓旁运动。而现实的日常布景,则要抹掉一切地形的痕迹;在这种条件下莎士比亚戏剧里的动作就要退化了,而具有地形含义的话语形象,几乎会变得可笑。地形含义的动作,在喜剧(诙谐)剧作中尤为鲜明醒目,至今仍用在滑稽戏和杂技场上(另一方面则用在教堂);喜剧主人公要下到地狱中。

在莎士比亚的地形性比喻和形象中,我们可以探索到发誓、赌咒、骂人、诅咒、祝福的逻辑。

奥瑟罗　你要是故意捏造谣言,毁坏她的名誉,使我受到难堪的痛苦,那么你再不要祈祷吧;放弃一切恻隐之心,让各种骇人听闻的罪恶聚集于你罪恶的一身,你迫使上天悲泣、人世惊愕,你的暴行现在已经罪大恶极,没有什么可以使你在地狱里沉沦得更深的了。(第三幕第三场)

奥瑟罗　啊,我但愿那家伙有四万条生命!单单让他死一次是发泄不了我的愤怒的。现在我明白这件事情全然是真的了。瞧,……我把我的全部痴情向天空中吹散[①];它已经随风消失了。黑暗的复仇,从你的幽窟之中升起来吧!爱情啊,把你的王冠和你的心灵深处的宝座让给残暴的憎恨吧!胀起来吧,我的胸膛,因为你已经满载着毒蛇的螫舌!(第三幕第三场)

爱米利娅　好的男人一两年里头也难得碰见一个。男人是一张胃,我们是一块肉;他们贪馋地把我们吞下去,吃饱了,就把我们呕出来。(第三幕第四场)

奥瑟罗　啊,魔鬼!魔鬼!要是妇人的眼泪有滋生化育的力量,她的每一滴泪,掉在地上,都会变成一条鳄鱼。(第四幕第一场)

---

① 此处巴赫金注明:诅咒动作。——原编者

奥瑟罗　犯了什么罪恶！天神见了它要掩鼻而过；月亮看见了要羞得闭上眼睛；……（第四幕第二场）

奥瑟罗　喂，你这位刚刚和圣彼得干着相反的差使的，看守地狱门户的奶奶！（对爱米利娅）（同上）

奥瑟罗　啊，难堪！啊，不幸的时辰！我想现在日月应该晦暗不明，受惊的地球看见这种非常的灾变，也要吓得目瞪口呆。（第五幕第二场）

奥瑟罗　魔鬼啊，把我从这天仙一样美人的面前鞭逐出去吧！让狂风把我吹卷，硫黄把我熏烤，沸汤的深渊把我沉浸吧！啊，苔丝狄蒙娜！苔丝狄蒙娜！死了！啊！啊！啊！（第五幕第二场）

表现失落无着、疑惑、恐惧的悲剧（担心出现一种毒化现实的可能性；疑惑对人的本性是否应相信）。

我们个人的表情心理动作之产生与形成。它是随着行为动作的地形坐标的冲淡与擦抹，随着地形含义的话语形象蜕变为因袭的套话而发展起来的（相应程度上的现代化与弱化）。地形含义的话语形象一旦成为套话，便与具体的地形性动作，甚至同地形性动作的概念失去一切联系；形象和动作的双重性则更早就丧失了（与地形含义之"上"相关的套话，还存在于官方的崇高语体里，而与之相应的表地形之"下"的套话，只见于亲昵的语层之中）。例如"在天上扭过脸不看这类事"。这里是双重的地形性形象（这是非常普通的）：天是宇宙之"上"，脸则是身体部位之"上"，"扭过脸去""背对着人"，这些都是最固定的表地形含义的动作（直到现在还存在）。与之相对的是以屁股对人的动作（或叫人亲吻屁股），或者是较为缓和的动作，如以背对人。躯体下身的动作，至今仍保留在亲昵不拘的交往中，特别是在握拳伸出拇指的轻蔑手势中（即显示阳具、躯体下身）；在官方正式的生活场合只保留了"礼貌性"的要求、即不准背对着别人坐下（不能扭脸避人，不能屁股对人）；然而在官方郑重的讲话中，还保留有"扭过脸去"

（отвратить лицо）、“转过身去”（отвернуться）等套话，它们脱离了动作（甚至与任何动作的概念无关）。总的说来，在亲昵交往的底层，还存在着躯体下身的鲜明的地形性动作，因而这个层面引起巨大的学术兴趣。而与之相对应的崇高性的动作，则仅仅留存于官方言语中贫乏而弱化的套语形式里。在莎士比亚的作品中，地形性话语形象和动作，分置于崇高的和卑微的（丑角）两类主人公和人物之间，有时分置在同一主人公从一个层面转到另一层面的不同状态之间。例如，宇宙的（有时是躯体的）“上”，在奥瑟罗、苔丝狄蒙娜、凯西奥的言语和动作中占统治地位，躯体下身的地形含义则在伊阿古、爱米利娅，自然还有小丑们的言语和动作中占统治地位。然而，当奥瑟罗嫉妒得“丧失理智”时（传统上主人公犹如太阳一般会经历日食和暂时的死亡即疯狂的阶段），当苔丝狄蒙娜的形象在他的想象中从天仙般的纯洁、天堂和天使的崇高宇宙层面转向躯体下身层面——娼妇（“谎言”和“躺着”）时，他的言语（及其动作）便充斥着躯体下身的形象，有时接近伊阿古的言语。我们在李尔王的“疯癫”的阶段也能看到这一点，这时他变成了小丑国王的角色。这一点在哈姆莱特形象上表现得尤为有趣：在假疯的状态中，他看到的世界是从躯体下身的角度展示的，这种下身的形象在他的言语中又是与留存的崇高地形性形象结合在一起的（双重性得以恢复）。

行为、话语和手势的地形坐标已经暗淡消失了，它们落入了稠密的（不可渗透的）日常生活层面和抽象的历史层面，不再可能透过这个层面看清世界的边界和两极。仅存的一些地形性因素（下和上，前身和后身）逐渐变成相对的和假定性的、不为人察觉的形式。行为、话语和动作获得了现实生活的、实用情节的和抽象历史的（理性的）含义；但具有主要的决定性意义的，是它们的表情的内涵：它们逐渐变成了个人心灵及其内心奥秘的流露。如果说以前人们看动作，是粗放地“阅读”，着眼于具体的（也可见的）地形含义的世界边界和世界两极，因为动作就在这些边界和两极之间展开，延伸（动作指向天或地，或地下即地狱；指向前或后；动作或者祝福，或者意在毁灭；或欲令人生或欲令人死；参阅歌德论《浮士德》的情节特征）；如果说我们阅读它时目光应由一极移至另一极、由一个边界移至另一边界，可以画出地形的线条，画出动作和人的轴坐标，从而确定动作者及其心灵在世界整体中的位置，那么，现在看动作就是集约地阅读了，即只着眼于一点，说话人本身，视此为他个人心灵较为深刻的表现；而这一点本身（即用动作说话的心灵）却不可能在世界的整体中得到定位，因为没有据以定位的坐标（轴）。动作唯一的指向是针对说话人本身，动作并没有直接而可见地确定说话人在世界的终极整体中所处的位置（动作的线条是引向内部的，深入到个人心灵的奥秘中去）。这个终极的整体即或有，也得通过复杂的思考过程才可间接地把握，也不是用手可以指出的（而地形性动作所能做的正是这个）。只有在距离最近的整体中，即在家庭的生活的整体中，在生活情节的整体中，在历史的整体中，动作、状况、人的位置才能够直接而可见地得到定位并获得理解；在多数情况下动作是远离生与死的两极的（是由 19 世纪普通资产者那种通常的丰足无虑的生活方式造成的）。表情性的室内动作具有典型性，例如用颤抖的手打开烟盒取烟，这里的典型性就是将日常生活里实际的理解与动作内在的个人情感相结合；而个人情感正如任何主观性一样，恰是体现在对常规（合宜的、实际的、技术性的常规）的背离中，在对常态的阻碍和破坏中。

个人心灵的这种内在张力，在这个新的、无限复杂化了的、时间和空间都变得相对的世界中，要寻求新的同样具有张力的坐标。人内心的极限深度，用奥古斯丁的话来说是人的 internum aeternum，在陀思妥耶夫斯基作品中重又出现在具有地形含义的神秘剧舞台上（这一过程在果戈理作品中形成了一个独特的阶段）。在房间、街道、广场的背后，尽管它们本身凝聚着现实主义的典型性，重又显现出世界的两极、边界、坐标。每一个行为、话语、动作都紧张地达到了极限。在分析地形性形象（神话的和民间节庆的形象）时，随时都须考虑到体现在它们身上的世代相传的恐惧感和克服这种恐惧感的诙谐。

《奥瑟罗》(第三幕第一场)中到过那不勒斯的乐器嗡咙嗡咙地用鼻音说话,是小丑影射梅毒。

Wretch——девчонка(小丫头)——骂女人的话,同时又用于小称和爱称。

"Have you scored me"——逐字可译为"你跟我算账",意为:宰了我,毁了我。

拉斯柯尔尼科夫的房间,是那最典型的彼得堡楼房里一间最典型的彼得堡房间,其实是一口棺材,拉斯柯尔尼科夫在里面度过了死亡阶段,以求再生。干草市场、街道——所有这一切全是人的内心里的上帝与魔鬼争斗的舞台;每一话语、每一思想都与遭遇、地狱和天堂、生和死相关联。然而明显的特点是,生与死在此全是在内心的层面上,只涉及心灵,肉体的毁灭不威胁任何人(主人公中),这里完全没有世俗层面上的生与死的斗争;主人公生活在相当安全的世界里。然而,这些不同的极端和坐标却是十分值得思考的问题;它们在给人定位的同时,本身也需要给以界定,它们自己也卷入了斗争(这里需要有某种坐标的坐标)。

三、名字和绰号

名字的一个典型特点,是它的词源(形式)并不为人们所意识到;名字的词根不属于活的语言,它们的意义不为人所感觉。如果破译希腊的或古犹太的(有时还有古斯拉夫的)人名词根,它们表示的都是单一语调、单义的赞扬("勇敢的人""胜利者""光荣的人"等)。然而,名字的取舍和它的情感意味,当然并非由这词根意义来决定,而是要看是哪个圣者定下了这名字,是为纪念什么人(父亲、祖父、任何先辈、朋友、历史人物)取的名字(选择名字最常见的是根据圣者的出生日期来定,参看果戈理的《外套》中为新生儿取名,就用了相当精彩的双重性形象)。名字可以不管这些,而只根据声音形象获得情感意味("漂亮的”名字），通常是借用母语（有时相反是外语）的某些声音形象。名字可以因发音与母语某个词相似而变成绰号（例如 Акакий 阿卡基）这个名字（近似 какать“拉屎”）在发音上与躯体下身形象（排泄）有关；（Хоздазад“霍兹达扎德”这个名字也是如此）。参看 Видоплясов 的名字，在陀思妥耶夫斯基作品中为了凑韵脚而将名字（姓氏）贬低为躯体下身（不允许任意取名）。所有这一切都是取用名字的实际做法，它在不同的民族、不同的文化和信仰中是不同的，在其背后更有命名的重要的哲学问题。（人、城市、国家等的）专有名称是语言中表彰、夸赞、纯粹祝愿、千古流芳等等因素的最深刻和最重要的表现（当然是就功能而言，不是就实际的具体词源而言）。专名与诞生、开端相关，为生祝福，也与死相关，促进记忆（直至作为永恒的纪念）。专名的实质是祝福和夸赞。从另一方面看，名字又能强调，能个性化，同时还能接续传统（家族的、历史的），使之联系、扎根、融入独特的而又是整个的家族、民族、历史，融入完全积极的、纯然值得赞美和颂扬的整体中（神的世界）。名字就其本质而言具有深刻的正面性，它本身就是一种正面性，一种肯定（取名字便意味着永久地肯定，固定于存在中；命名的固有特征便是不可抹灭，不会冲淡；它想成为刻骨铭心的东西，尽可能深深铭刻、嵌进尽可能坚硬的根基之中等等）；名字里不含丝毫的否定、毁灭、保留（名字的一个特殊方面，是他人口中之“我”，是正面意义上的他人眼中之“我”）。因此，在名字周围集中了所有正面的、肯定的、夸赞颂扬的言语形式（名字带有深刻的史诗性。从另一方面来看，史诗“以及悲剧”不可能是匿名的或者用假名，不可能是非历史的，也就是说不可能讲述明显虚构的东西，典型的东西，仅仅是可能有的东西，如长篇小说那样）。如果某种东西遭到否定，应该消除，那么首先应当忘却它，应当从存在的名册中去掉它的名字。例如，奥古斯都在自己的 *Gesta*[①] 中就不说出自己敌人的名字，人民与国家敌人的名字。只要名字（即记忆）还保留着，被呼者就还保留（尚存）于存在之

① 《功迹》。——译者

中,他还继续生活在里面。因此,对名字的任何侵犯(对“美名”侵犯、拿名字开玩笑等)都很可怕。由此也就产生了与名字有关的各种禁忌(直到今天我们还守着禁忌“nomina sunt odiosa”)。名字在语言生活中,作为这种生活的夸赞颂扬的一极,具有特别的意义。这一点决定了也说明了以下一些现象:地域性名字的神话成分(参阅拉伯雷作品中对它们的讽刺性模拟),与名字相关的扬名游戏(它成为品达罗斯颂歌的基础),名字含有的神秘主义,在某种程度上具有神秘色彩的名字哲学、名字崇拜等等。

与名字相反,绰号倾向于语言生活里责骂诅咒的一极。但真正的绰号(如同真正的骂人的话)是双重性的、两极的。不过其中占主导的是脱冕因素。如果说名字用作称呼,召人过来,那么绰号则用来撵走人,朝着人背后叫,像骂人那样。绰号产生于记忆和忘却的交界处。它把专有名词变为普通名词,把普通名词变为专有名词。绰号以特殊的方式与时间发生联系:它记录时间中的交替和更新因素,它不是使人万古流芳,而是改造、再生,这是一种“过渡方式”。和名字一样,它与诞生和死亡相联系,但它使二者接近、融合,将摇篮变为棺材,将棺材变为摇篮。它使被呼者特征毕露,一览无余,全都看透也就不再需要了(“该换班了”)。(在童话中猜透绰号的意思,被猜者也便死亡了。)名字与地形含义之“上”相联系(名字记录在天国,它与人的脸面相关);绰号则与地形含义之“下”“后”相联系,它是写在人背上的。名字使人圣洁,绰号对人亵渎;名字是正式的口气,绰号是亲昵的口气。绰号在一定意义上可使被呼者典型化,名字则从来无助于典型化。恐惧、祈求、崇拜、敬仰、崇敬以及与之相应的语言和修辞形式,倾向于使用名字。名字是严肃的,对名字总要保持着距离;缩小距离已是将名字变为绰号的开始。因此,爱抚的话语形式,如果其中有亲密的因素,特别是有亲昵的因素,便与名字不相搭配。专名的指小表爱的形式,标志着名字已进入语言生活的另一领域,是它变为绰号(外号)的开始。名字被引入交际范围便在其中发生变化;真正亲密和亲昵的爱抚，并不用指小的名字（指小的名字尚保留某种程度的正式性，所以还存在距离），而是创造自己特殊的绰号—外号（利用物体的名称、身体部位名称等），采取小称的形式（具有双重性），为此还常用骂人的话。名字具有史诗的特征：在荷马的史诗中只用名字，而修饰名字的是纯粹赞扬性的（肯定性的）固定的形容语；在《鼠蛙之战》这部长诗中，只有词源十分清楚的绰号（在 *Маргиг* 中也如此）。绰号与现时、与当今相联系。长篇小说中（以及一切处于交际范围的粗俗体裁中）没有名字，在这里要么是典型的姓氏，要么是绰号性质的姓氏，如奥勃洛莫夫、拉斯柯尔尼科夫等等，要么直接就是绰号，如列别杰特尼科夫、卢仁，要么就是影射真实的姓（包尔康斯基、德鲁别茨柯依），如此一来名字就带有了典型因素和杜撰因素。明显而公开虚构的人物不可能有名字，须知这种名字已获得某种典型性、代表性、独特性，这已不是名字，而是人物的*名称*。在所有上述的现象中，名字都转到了语言生活的另一领域中，获得了别的功能，努力要成为绰号或称谓（指普通名词）。绰号中有着否定、毁灭、置于死地的因素：它瞄准了被呼者的阿喀琉斯脚踵[①]。它不祝福长生，不促成永恒的纪念，而把人打发到躯体的坟墓中去，为使人改变和新生；这仿佛是注明磨损和报废的特殊印戳。

诗歌的隐喻（一切语义辞格）表现的是颂扬的动作，是地形含义上"高"的动作，它使人接近崇高，因之它是存在距离的。诗歌话语的首要现象是*名字*。散文话语的首要现象是*绰号*。诗歌话语素有的倾向，是使之永恒，是颂赞，是与记忆相联系。使名字永恒、颂扬名字，是话语用以赞美和加冕的基本源泉。可以这样粗略、简单地说：如果话语失去*直接的*实际交际目的，亦即如果它自己并不限于直接地为行为服务，那么它只好要么赞美（夸奖）、要么责骂（诅咒）世界及其现象。

官方场合的每一话语，都能在粗俗亲昵场合里找到绰号与之相对。

① 古希腊神话中阿喀琉斯除脚踵外刀枪不入，喻致命的弱点。——译者

我们欧洲的文学理论(诗学),是在很狭窄、很有限的文学现象的材料上产生和发展起来的。它形成于文学样式和民族标准语逐渐稳定的时代;这时,文学和语言生活中的重大事件——震撼、危机、斗争和风暴——早已逝去,相关的回忆已经淡漠,一切都已得到解决,一切都已稳定下来,当然只是积淀在官方化了的文学和语言之上层。亚里士多德、贺拉斯、布瓦洛、19 世纪实证主义文艺学的地位。像希腊化[①]、文艺复兴晚期(文艺复兴末期和巴洛克初期)这些时代的文学生活,没有能反映到文学理论中。我们欧洲的文学理论,形成于诗歌占优势的时代(在官方化了的文学上层),那时莎士比亚被视为野蛮人、蛮夷,拉伯雷和塞万提斯的作品被看作是大众(和儿童)的消遣(轻松)读物。浪漫主义者(他们十分可观地拓展了文艺学的空间和时间视野)实际上无力改变这种状况。在奉为经典的文学及其体裁体系之外,尤其是在希腊化、中世纪晚期、巴洛克早期这些时代里,都存在着大量的、可说是无处栖身的体裁(其中大多是小型体裁,但不仅是小型体裁)。这或者是一些残片,或者是某种萌芽。它们之间的相互关系是很特别的。

所有这一切全都被吸引到亲昵不拘的交际领域之中。世界及其种种现象间的等级距离,遭到破坏。

14 世纪意大利的一些诗人(但丁的同时代人)。

弗里戈列·塞吉米尼阿诺:民间通俗语言(与学理诗歌的争论),歌颂了爱情、服饰、食物、饮料、爱情。

切柯·安德热里耶里:传记事实说明,他的特点是对父母和家中笃信宗教的方式怀有仇恨;他的诗歌充满最激进的造反精神,诅咒和责骂、对官方一切的厌恶、对任何秩序的厌恶在其中起着组织作用。他向世界和全人类(普遍主义)发出责骂式的挑战,他想(用狂欢节的火焰)把一切都烧掉、毁灭。他的基本主题是女人、酒馆、骰子。他诗

① 通常指公元前 334 年马其顿亚历山大东侵到公元前 30 年罗马吞并埃及之间的一个历史时代。——译者

歌中的流浪艺人的传统。

意大利城市公社的异端文化。其中有很重要的非官方因素。这种异端文化巨大的历史作用。这种异端文化的上限(或者更确切些说是下限)是民间狂欢节广场。

但丁在《宴会》中论粗俗语言:“这是大麦面包,能喂饱千千万万的人……这将是新的光明、新的太阳,它将在旧太阳下山时升起。它将照亮那些身处黑暗之中的人们,因为旧的太阳照耀不着他们。”

在用拉丁语写的论文《论意大利语言》中,但丁的出发点是区分“法定的”语言(拉丁语)和活的民间语言。继而,他提出问题:什么样的意大利 volgare[①] 应该认为是规范的或“高级的”(“宫廷”的)volgare? 这是在西西里宫廷传统的影响下,经过圭尼泽尔、卡瓦尔坎蒂、奇诺·达·皮斯托亚和他(但丁)加过工的语言。这是欧洲第一篇语言学论文,它的题目是:语言的选择,语言和方言的相互关系。如何界定真正的语言。

围绕每一个伟大的作家,都会编造出一些民间狂欢节的传奇,把作家说成为小丑。例如,这种传奇故事把普希金说成是宫廷小丑巴拉基廖夫。甚至还存在一个狂欢化了的但丁。有一系列讲他的笑话趣闻:一个铁匠记混了他的诗,他就把铁匠的工具扔乱了;他把惹他讨厌的崇拜者称为“大象”。又有一些笑话趣闻描绘了他对坎·戈兰达如何冷嘲热讽地回答(即当着暴君的面把他变为一个小丑)。波德日奥·布拉乔里尼把许多有关但丁的笑话趣闻收进了自己的“滑稽小说”中。

在卢奇安、斯塔提乌斯、奥维吉的作品中,也有游历阴间的情节。

海涅在他一部自传体作品中有如下一段话:

“读者,如果你因纷乱而想抱怨,那就抱怨世界本身分成了两半吧。要知道诗人的心是世界的中心,因此在我们这个时代它应该为破碎而哀号。谁要是夸口他的心仍旧完整无损,那他就是承认他有的是一颗散文的孤立的心。世界的大裂缝穿透我的心,所以我知道,伟大

---

① 通俗的。——译者

的神灵慷慨地施恩给我而不是他人，赏予我诗人受苦受难的荣耀。世界在古代和中世纪曾是完整的，那时诗人们都有一颗完整的心灵。但在我们时代，对这些诗人的任何模仿结果都只能是假象，而这假象是任何健康的眼光都一目了然的，因此不可能摆脱嘲笑。”

海涅论自己年轻时代的戏剧《威廉·拉特克列夫》：

“在《拉特克列夫》中，诚实的汤姆的家乡已经沸腾起伟大的‘汤的问题’，现在有一千个蹩脚的厨师正在用勺子搅和这锅汤，它每天都在沸腾，向外溢出。诗人是了不起的幸运者，他看得见尚沉睡的橡树林，他同尚未出生的后代进行对话。”

海涅的“抒情幕间剧”。它之所以得了这么个称呼，是因为发表在两个剧本（《阿尔曼梭》和《拉特克列夫》）之间。在给出版人（柏林的久姆列尔）的信中，海涅称这两个剧本是“有力的一组民间格调的幽默书信”。

在给默泽尔的信中海涅写道：“我的心是杜仲胶做的，它时常延伸于无限，有时又缩到极小极小。”

关于亲昵形象（打比方）的理论；不是趋向用名字，而是趋向用绰号（试比较：“我的爱，像大海一样辽阔”）。

1830 年海涅在温茨别克醉心于阅读“梯也尔[①]与仁慈的主宰——上帝”（即《法国革命史》与《圣经》）。这里是把名字加以粗俗的亲昵化，变名字为绰号。

海涅在黑尔戈兰岛获悉 1830 年革命的消息：

“那是一束用报纸卷着的阳光，它在我心中点起了一场最猛烈的大火。我觉得自己身上燃烧着的灵感和狂喜之火，可以点燃整个大洋，直到北极……”（关于交际领域中亲昵形象的理论）

亚历山大·杰奇《论海涅》：

“《阿塔·特罗尔》中的纷乱，的确可用副标题《仲夏夜之梦》来说明；作品中除了小教堂祈祷前的钟声之外，同时还有小丑尖顶帽上的

① 梯也尔，法国国务活动家和历史学家，《法国革命史》一书的作者。——译者

小铃铛声：

> 这是睿智的疯狂！
> 是疯狂了的睿智！
> 弥留时刻的喘息，
> 猛然变成哈哈的大笑！……”

批评家们喜欢把海涅的这种讽刺与阿里斯托芬的大型幻想喜剧相比较，是不无道理的；而布兰代斯则直接地说，从古典主义的古代时期起就没有哪个诗人比海涅更与阿里斯托芬相似。“揭露无耻的深度与抒情的奔放”——这就是布兰代斯所认为的海涅和阿里斯托芬的讽刺诗的主要相似之处。

的确，与阿里斯托芬一样，海涅以其幻想的力量把世界翻了个儿，打破了逻辑和非逻辑的界线。海涅把浪漫精神用作武器，然而这并不妨碍他摧毁这种浪漫，从内部破坏它。因此，阿塔·特罗尔所带来的打击，命中了德国自由主义、小资产阶级的激进主义、“政治诗”“日耳曼化的愚蠢”等，但同时还落到了浪漫精神上。

海涅的诗歌中矛盾修饰词组（单义的和双义的）的作用。

滑稽幻想的问题（“梅尼普讽刺”的问题）。在《德国》一书的序言中海涅说，幽默如饰物小铃铛的叮叮声，缓解了严肃的语调，而某些赤裸思想的遮羞布被诗人不耐烦地撕去了。

Heinrich Heines Briefwechsel（《海涅通信集》） hg. Von Friedrich Hirth，München，1914—1920，Bd. 1-3.

G. Karpeles. *Heinrich Heines Memoiren*（《海涅纪念集》），Berlin，1909.

Herbert Eulenberg. *Heinrich Heines Memoiren*（《海涅纪念集》），Berlin.（这是些传记材料汇编）

《讽刺》。尤里·蒂尼亚诺夫译并著《前言》,列宁格勒,1927 年。

《德国》。尤里·蒂尼亚诺夫译,《星》,1931 年第 10 期。

但丁在他的《宴会》中有一段精彩的表述:

“啊,但愿世界的主宰能这么安排:既不让别人对不起我,也别让我遭受不公正的惩罚,流亡和贫困的惩罚!因为罗马、佛罗伦萨最漂亮、最可爱的女儿的公民们,起意把我赶走,离开生我养我的甜蜜怀抱,而此刻我还没有达到自己生命的顶峰,我还想在这里全心全意地平和地安慰我的疲倦的灵魂,度过我应有的最后时光。于是我开始漫游几乎所有用我们的语言说话的城市和乡村,几乎行乞,不得不展现出遭受命运打击的种种痕迹,而人们经常不公正地认为这种打击来源于受害者的过错。我真正成了没有风帆、没有舵轮的航船,被不幸的贫困鼓满的逆风驱赶到各种不同的海岸、海口和港湾。在许多人的眼里看来我像一个卑微的人,也许,他们根据某种传闻本来想象我是另一种人。在这些人的眼里,不仅我的人格被贬低,而且我的创作,无论是已经写出的,还是将要写出的,均失去价值。其原因(不仅对我来说,而且对大家来说都如此),如果简要地讲一下,就在于:从远方传来的名声,总要超出现实的程度而夸大功绩,而当其在场时,功绩又会不公正地被大大缩小。”(援引 A.K.吉维列戈夫的《但丁》)

Heines Werke in zehn Ränden Insel-Verlag 1910—1915.

7 卷本 *Ernst Elster*(Leipzig 1887—1890,最后一卷,1916 年).

威尼斯的圣马克广场。这个广场很狭窄。在圣费多尔(青铜)塑像和圣马克飞狮之间是自由之地:在这里可以玩骰子和其他被禁止的游戏。

威廉·弗里德里希对席间谈话的喜爱(在《桑—苏西》中)。

伽利略讲授过关于但丁地狱的地形学的课,运用几何学和建筑机械学的范畴测量了地狱的漏斗形式(这项研究是 1584 年受佛罗伦萨艺术科学院的委托所作)。

伽利略对滑稽因素的酷爱,而且是对怪诞因素的酷爱。他尤为看重弗朗切斯科·伯尔尼和鲁灿捷(安德热罗·别亚里柯)。伯尔尼的幽默夸赞创造了整整一个学派,其代表人物赞颂梅毒、裤子、唾沫、各种菜肴(香肠)和蔬菜。伯尔尼本人则赞颂瘟疫(疾病)。伽利略效仿伯尔尼,于1589年写了关于(教授的)托加[①]的幽默诗。

鲁灿捷是乡村喜剧的作者。1604年伽利略与斯庇涅里一起以鲁灿捷的风格写了一篇关于新星的对话(两个牧人的谈话)。对经院式的论敌的嘲笑,以漫画形式表述刚刚产生的哥白尼思想。

安东尼奥·弗朗切斯科·多尼的对话《大理石》(1582)。在这里的第二段对话中,戏闹者(小丑)卡拉富拉为哥白尼体系辩护,为此运用了最滑稽和最荒谬的论据。这个小丑形象很耐人寻味,他宣传了科学中新的革命思想。布鲁诺作品中的幽默因素。尼古拉(库萨的)与其对话中的民众主角和广场的代表。

使运动从亚里士多德的世界等级体系中解放出来。运动的相对化要求世界中心的相对化。

夸与骂的融合、话语和形象的双语调性质,是决定性的(起决定作用的)风格因素。在所有的官方文学体系中,在一切(不论在多大程度上)官方化了的言语中,夸与骂是分离而对立的。离终极整体越远,离局部和暂时的领域越近,也就距夸与骂的融合越远。

四、关于《李尔王》的分析

疯癫情节的意义。李尔的稻草王冠和稻草权杖。“将发疯的人与代表真理和仁慈的人大胆地结合在一起,这是只有在莎士比亚作品中才能找到的诗歌奇迹之一。”

不合法的儿子(没有官方的正式安排、不具备合法的父亲身份)的主题。

〔单纯而充满慈爱的心灵,没有沾染上神正论的诡辩术,在绝对无私和全无介入的时刻会升华而对世界进行裁判,对存在和存在的罪人进行裁判。这样的时刻是很稀有的,因为人的意识已被存在所收买。

① 托加为古罗马的男外衣,用一整块布从左肩搭下,缠在身上,充当外衣。——译者

这个裁判的心灵之善,失去了任何正面的内容,它全部地只归结为对存在的谴责,归结为厌恶。这是虚无的声音裁判着存在,在这虚无的声音里没有任何的存在,因为整个的存在全被谎言所毒化。然而存在一旦出现,就是不可收买的、不可磨灭的、不可消灭的。虚无的绝对纯洁和宁静一旦被打破便不可恢复。既无赎罪,也无涅槃。痛苦是深不可测的(只有在偶然的形式中才有可能;麻醉)。

真理的一个新侧面。真理不谴责任何人,它也不揭露、不贬低、不剥夺、不缩小,它什么也不要求,真理中没有一丝的强制和严肃性,真理只是喜悦和微笑,虽说它充满宽恕的同情心。真理,这是绝对的善。强制和欺骗的因素。

肉体生活带着爱心进入到存在的新领域中。生活从自身的外部得到承认。不朽的问题。地狱是没有爱的生活。]

……我发誓从现在起,永远和你断绝一切父女之情和血缘亲属的关系,把你当作一个路人看待。啖食自己儿女的生番,比起你,我的旧日的女儿来,也不会更令我憎恨。……(第一幕第一场)

五、论长篇小说的理论

综述最早的长篇小说理论(于埃等人),爱情、历史上无名的一些局部,女性在历史上的作用,以现代水平理解过去。

研究文学中世界的时间和空间地形问题(时空体)。这是地形中基本的表意的地方,只有当一个人处于其中的一个地位时,人及其行为、话语、动作才会获得艺术的含义。现实生活里的任何一个地方,它的背后都还应该透视出一个地形学意义上的位置,唯有这样,地方才能成为展开重大艺术事件的舞台;这个地方应该纳入地形学的空间中,应该与世界的坐标发生联系。我们理解探索的目光,要完成复杂的运动,通过说话者和行动者的点,由一个极转到另一个极。整个世界都被吸引到这种表演中来;艺术是有其结构的(大者在小者中复现)。城市、街道、广场、楼房、房间、榻(床、沙发)、座椅、门槛(门、楼梯）。陀思妥耶夫斯基作品中的门槛问题。Schwellendialog[①]（一般而论，德国人喜欢用术语，他们倾向于把每一个词都变为术语，即彻底使之失去风格差异；法国人则相反，具有使用名字的倾向，他们甚至使术语产生隐喻性和修辞色彩）。在躯体地形的方面，与门槛相对应的是plexus solaris领域（即诙谐、濒死、分娩的痉挛、号啕大哭、排泄时的肌肉收缩）、危机领域。空间中的任何运动、任何易位（整个人易位、做手势时手的移动），除了表达自己现实的含义、情节的含义和日常生活的含义（如由床移向桌子、向门边运动、站起身子、从一个房间走到另一个房间等等）之外，门槛总还具有一定的地形学的（等级的）意义，这就是从一个地形位置的点向另一个地形位置的点易位（主人公或者靠近台前脚灯，或者移到后景，他走向地狱或天堂，靠近门槛等等）。这种易位是由舞台和文学空间的地形结构决定的（甚至在日常生活中，起身、向前或退后、进出门和门旁门槛上的讲话、在门槛的告别等等也是如此）。这一点决定了任何运动和任何位置都具有双重的逻辑（任何运动都是地形上两极间的易位）。在陀思妥耶夫斯基的作品中，在门槛上（在门边，在楼梯上，在前厅）演出了什么样的情节呢？他的作品中任何的出现、到来（出乎意料的、奇特的到来，即并非由情节和生活实际所要求的，而只是纯地形上有据的易位）都具有特殊意义。在任何情节中都既有实际的现实，又有地形的图解。桌子——祭坛——坟墓。情节的地形图解中所包含的加冕和脱冕的因素（由此而产生上和下、前和后）。前景、后景、主席等等表示地形等级的词语。离开前所讲话语的意义。《白痴》中在门槛上出现的诸场面（等待——等待将军时在堂前与侍仆的对话、在伊沃尔金府上的门槛与娜斯塔西娅·菲利波夫娜的首次见面、罗戈任的杀人和发病、伊波利特在凉台台阶上的自杀企图等）。我们大家都很清楚地感到地点选择得很恰当（这一切不可能发生在房间里）。卡捷琳娜·伊万诺夫娜在门槛处对米佳的问候，以及与此相关的事件；人离开前最后的话和事（完结的动作）。

① 开始对话。——译者

与此相关,提出在艺术理解中(创作的理解和接受的理解)意识(自觉程度)的界限问题。有人试图把形象中这种超出自觉之外的地形基础归结于消亡了的传统,归结为残余。但正是在这里发生了真正的形象普遍化,可将形象与世界的整体联系起来,克服其非艺术的个别性和抽象的共同性(概念性、独个性、典型性等)。保持个人特点的普遍化;正是它需要世界的地形图解。十分具体可睹的世界模式,便是这种图解的基础。如果排除掉形象的这种地形性质,那么形象也就没有什么真正的艺术性了。现代的艺术意识依赖于形象的这种地形图解,也不可能不依赖它;然而意识本身(诠释的和理性的意识)却只是阐明形象的实际情节、性格逻辑、心理、社会性、思想意识等几个方面。

关于民间节庆形式和亲昵化所具有的意义。只囿于稳定的等级化官方世界之内,现象、事物、人就不能展示出自己新的方面,不能更新;同他们总存在着不可克服的距离——不能走得更近一些,不能从新的角度观察;世界的价值分布、等级分布就是不可改变的。必须越出这个体系的边界;必须在非官方的、超等级的层面上,脱离平常的、严肃的、标准的生活轨道去与人和物相接。民间节庆的亲昵形式,恰好提供了这样一个层面,使人有权超出公认的道理和准则去看待世界;节日使亵渎得以圣洁化,因为这体现了节日"隆重的"独特的矛盾的本性,体现了民间广场这一独特的乌托邦世界的节庆权利。

在伟大转折的时代,在对真理重新评价和更替的时代,整个生活在一定意义上都具有了狂欢性:官方世界的边界在缩小,它自己失去了严厉和信心,而广场的边界却得以扩展,广场的气氛开始四处弥漫(在这些时代甚至可以看到非常广泛地使用亲昵不拘的言语和动作:亲昵的"你"、骂人的话、各种礼仪的淡化、孩子同父母以至一切成年人的交往都较为亲昵等等)。以下的现象是很具代表性的:伊凡雷帝与分封制封建主义做斗争时,与分封世袭领地的权益和神圣性做斗争时,在摧毁旧的国家政治、社会基础时,在一定程度上也摧毁道德基础时，他不可能不受到民间节庆广场形式的重要影响。这些形式运用一整套方法，如滑稽改编、等级的重组（翻了个）、脱冕和降格，嘲笑旧道理、旧权势。伊凡雷帝没有停止教堂的钟声，但他也不能不利用小丑的铃铛声；甚至在禁卫军的官方的外部组织方面，也存在着这些形式的因素（直至使用狂欢节性质的外表特征，例如采用扫帚形状）。禁卫军内部日常生活，则带有明显的治外法权的狂欢节性质。到了后来的稳定化时期，不仅禁卫军被取消，正式地被宣布取缔，而且还不断与敌视任何稳定化的禁卫军精神进行斗争。这一切在彼得大帝时代表现得更为鲜明：小丑的铃铛声在这里完全淹没了钟声（与伊凡雷帝不同，彼得大帝对教堂钟声不仅冷淡，而且敌视）。问题还不仅在于彼得大帝广泛培植了愚人节形式，愚人节的脱冕和诙谐地加冕直接闯入了国家生活（滑稽的和严肃的知识与权势几乎完全融为一体），而且又产生了新的事物并渗透到生活之中，先是在滑稽的服饰方面，后来欧洲的军事组织和技术也以如此滑稽的形式引了进来（这不仅是儿童的打仗游戏，而且其中也有对旧的国家军队的对抗和脱冕因素，还有狂欢节的治外法权因素，类似禁卫军那样）。在其后的改革进程中，一系列上述的因素与笑谑滑稽及脱冕因素交织在一起（剃胡须、改穿欧式衣服、文雅风度等等）（家庭小丑和傻瓜等俄国日常生活的形式也被采用）。各种关系的亲昵化，年轻人压迫老人。旧世界和旧法制的代表把改革理解为神的毁灭，滑稽可笑的欧洲世界法制的毁灭。世界末日论的抬头（思想的每一变化都有世界末日论伴随而来，而在世界末日论“繁荣的”所有时代，民间诙谐形式作为一种反应会同时得到加强）。伊凡雷帝与土地等级色彩的斗争，使疆土非个人化和亲昵化（以便土地能成为国土）。拉伯雷式的将钟降为铃铛的脱冕。

所有这一切针对的是第四章结尾。那里还讲到与人群融合的趋向，不简单是与人民融合，而是与节庆广场上的民众相融合。普希金、格里鲍耶陀夫等人都喜爱广场民众的欢娱活动。〔那里也论及为什么属于阶级的思想家不能找到接近民众核心的通路。笑的社会性，教堂之笑(与所有教堂中的祈祷并行)。那里还讲到不会完全被严肃性毒害,不会全被正经和严肃浸染。]与民间的悲剧形式相比较;从悲剧角度看边界和更替(个性的毁灭)的问题。这两种形式的民间性、它们的共性(更替、王冠与脱冕、父与子的问题)和它们的差异,在莎士比亚的创作中可以得到特别鲜明的揭示(包括发疯的主题及其相对性)。

路易十一世宫廷的狂欢节形式。当国王在场时,小丑获得了新的意义,发生了小丑与国王的融合。在这样的时代,必须从下层提拔人,亦即与等级原则(在创造新事物的过程中与旧事物)断然脱离。

对第七章的补充。针对夸与骂融合的问题:语言的夸与骂形式(加冕赞扬和脱冕责骂)的重要性。世界的官方化和世界的单语调性。言语的一切形式都染上了恐惧(软弱)和恐吓之毒;一一列举这些形式。

亲昵化的作用,消除距离的作用,形象转入诙谐的交际领域中,无畏的前提条件这一切都收在结尾;那里还要讲以诙谐和通过亲昵地消除距离来发现当代现实。

只有怪诞的躯体观才了解躯体的象征意义。双体性与双语调性的有机联系。对双体的争论、对话及其在文学史上的意义。老年与青年的争论,产生者与被产生者的争论,归根结底是整个世界文学的基本悲剧冲突的根源,即父与子(接班人)斗争的根源,个性毁灭的根源。"最好的恩赐是,不做生出来的人"。非存在与存在(指非存在的宁静和完整性、普遍性的出现和被破坏)的争论。世界的话语和形象所具有的一个重大但未被注意的主题,是对死亡的怀疑,这个主题被一个反题所取代和遮掩,那就是希望不朽的主题。存在是无可改变的。哈姆莱特的独白中,怀疑死亡有一个最简单的说法。它是佛教的一个前提条件。存在是不能摆脱的;存在是没有出口的。

关于第一章。简论拉伯雷的猥亵不洁。拉伯雷译本中的缩减和删节,是不可理解也没有道理的。这样做的原因,只能是出于愚蠢的虚伪和极端的愚昧,还有就是不负责任,不想深入洞察事物的实质。

拉伯雷笔下的形象没有也不会激起任何色情和性欲(感觉),不会挑逗起这些,与色情没有任何关系,只能引起笑和思索,而且是普遍性的和最清醒的思索;不论从什么样的情欲观点来看,绝对是冷峻的思索,其目的是使人清醒,使人摆脱任何的迷恋(包括情欲),把人提高到无私的、绝对清醒的和自由的高层次存在上来,达到大无畏意识的高度,不论什么样的情绪都不能使他头脑发昏。真正的色情书是要激起性欲,而根本不是引出笑声;如果这里有时笑也有它一席之地,那它只是次要的,是作为掩饰。色情形象完全不诉诸思想。它的目的是唤起情欲,它描绘的现象特征就是要激起这种情欲。拉伯雷从不描绘能激起肉欲的东西,在他笔下的形象里,您完全找不到能激起肉欲的美(特有的)、魅力、诱惑。对女性的美貌、身材、装束完全得体的任何描绘,都比拉伯雷笔下最不洁的形象更能激起肉欲。拉伯雷笔下根本就没有对年轻女性身体的描绘;他笔下最不洁的形象都是写老年的,与老妪相关(例如,关于狮子与老妇的故事),这当然是由怪诞的躯体观所决定的(正在生育的老年,正在生育的死亡)。怪诞的躯体是宇宙性的躯体,是象征地扩展开来的躯体,与物混杂一起的躯体,它根本不能激起情欲。从现代性美感的观点来看(如同从现代的艺术美感标准来看一样)这个躯体是畸形的、丑陋的,就像任何宗教史的插图一样,所有这些丑陋可怕的偶像都张开大嘴,有着夸张的阳具、乳房等等。拉伯雷笔下的这种形象不可能触动我们的性欲。在我们所理解的意义上(根据我们对色情的理解),怪诞躯体是前色情的和超色情的。在怪诞躯体中实现了关于整体世界的最古老、最深刻的思想,在它身上凸现和强调了从这一思想来看所有重要的因素(当然这不是抽象的思想)。可以把促人清醒的拉伯雷式的猥亵称为哲学的猥亵(它与性猥亵恰好相反)。要清除拉伯雷作品中的不洁,犹如清除医书里涉及人的下体的术语一样荒谬(好像在女子学校学习解剖学和生理学时,只研究人体的上半身)。不洁之处在这里就像在医书中一样,是为认识和思想(但只是普遍性的哲学上的思想)的目的服务的。

六、关于语调的问题

如果我们分析话语的语调,那么我们总会在任何话语形象的语调,哪怕是减弱了的模式化的语调中发现求告祈祷的语调或者夸张赞扬的语调。这是第一对基本的语调(与之相联系的,是相应的祈求或夸赞的各种风格和结构上的基本现象)。第二对是威胁恐吓的语调和恐惧顺从的语调。这些基本语调都有众多的变体(且因出现多样的泛音而变得更为复杂):请求、感动、抱怨、恭敬、虔敬、仇恨、绝望、不安、悲伤(抱怨的因素)、庄严(吓人的力量)、感激,如此等等。就其本性而言,所有这些语调都有等级之分:它们用在大与小、强与弱、统治者与被压迫者、主人与奴隶、父与子等不平等的世界中,它们是非亲昵的和严肃的;责骂和诅咒的特殊性质。话语的基本艺术语调,不可能不是爱(某种最低限度的爱,对艺术地把握世界而言是必不可少的)。但这爱的语调,被种种等级语调搅得模糊不清;没有纯粹的爱的语调。除了亲昵交际的特有形式(孤立的、乌托邦的、广场的形式)之外,还没有在平等世界中、在无所畏惧的自由氛围中成熟起来的形式。

七、关于果戈理之笑的问题

对《狄康卡近乡夜话》前言的分析和与拉伯雷序言(广场集市的语调、对食物的赞扬、骂人的话的组织作用等)的对比。《塔拉斯·布尔巴》中怪诞的解剖,在谢奇[①]的广场式(狂欢节式)含乌托邦色彩的亲昵交往,谢奇的加冕与脱冕,果戈理的形象中与物混杂的怪诞躯体,有悖逻辑的现象[②],绰号的作用和变名字为绰号,欢快的勇士精神,游戏与游戏形象,节庆题材(《五月之夜》与《绿荫下的游戏》的对照)。

〔只要世界没有完成,其中每个话语的含义便可能改变(因此,每

① “谢奇”(Сечи)是16至18世纪存在于乌克兰的一种哥萨克自治组织。——译者

② 修辞法的一种,故意破坏逻辑关系,使之显得滑稽。——译者

一完整人生的意义也可能改变)。在尚在继续发展、尚未说出自己终极话语的世界整体中,任何一个生命都是未完成的。]

在《狄康卡近乡夜话》中节庆式地打破等级(亲昵化):村长及其他人被套在一个袋子中、铁匠在女皇宫中、父亲和儿子有平等权利(追女人)、不般配的婚姻。民间演艺形式对彼得堡故事的影响。老年与色情(老妇,在《维》中"斋期吃荤";老妇变为少女等)。

玩(纸牌)及其现实结果(穷人变富人或相反,一日间昙花一现的加冕和脱冕)将生活狂欢化,打破了生活中的等级,使年龄和地位悬殊的人在牌桌或轮盘赌桌上平等(参阅拉伯雷作品中的"谜诗预言",在打球时破除了一切社会秩序,相悖而行。这里主宰的是特殊的假定性的即乌托邦的规律,对它而言没有什么将军、国王、父亲、儿子等等之分)。笼罩在陀思妥耶夫斯基《赌徒》中的,就是由轮盘赌所创造的这种狂欢节氛围。在巴尔扎克的作品中,是金钱威力(资本主义)所造成的世界狂欢化。在《白痴》中就有这个因素,少年的"思想",市井惊险小说中对社会等级的打破(上层与下层的混杂);在这类小说中犯罪的作用(在一定意义上是类似的作用)、密探的形象(皮卡罗的独特的继承者)。列考科的精彩形象。狂欢节气氛还渗透到《赌注》和《年轻的亨利》中,以及形形色色的"宫廷秘闻"中:这些作品通过巴洛克长篇小说和中世纪而与农神节的传统联系了起来(这种供侍女和仆人们阅读的惊险的、市井的、世俗的、侦探的读物,是某种当代的农神节替代品。参看《伊比库斯》《从贱民到人上人》等)。所有这些都有助于说明欧洲小说的历史和文学传统的延续。应当找出形象在生活中新的关键时刻(农神节、狂欢节、集市广场等)。从这个层面看,大篷车、流浪艺人、当代剧院,所有这些都是古代民间广场、农神节广场、愚人节广场、狂欢节广场的遗迹。这些古代治外法权的广场,连同那里欢笑的民众所遗留的残迹,以扭曲改变了的形式转到诗人和艺术家的客厅、顶楼、小酒馆和饭店、现代的夜街、剧院的后台、大学的走廊、封闭学校的公共寝室(宗教寄宿学校、"什基德共和国"等)、大众文学作品、报刊小品之中。当代火车车厢里人们对黑话的浓厚兴趣(尤其是在法国文学中)等等。所有这些因素可见于一切行话中(例如在中学生的习惯语中)。在丘特切夫的高雅语言中,这是被夜风吹起的混沌、人的夜间灵魂、梦的世界等等。所有这类的现象,虽然来源相同和意义相近,相互之间却存在着巨大的差异,对此不能不加注意:应该对这个纷繁多样的世界进行严格的分类。金钱势力的主题早在普希金的作品里就已融进了狂欢节的传统(男爵的"地狱"——地下室、父与子的敌对、"骑士时代的故事"、《黑桃皇后》)。同一个世界还体现于亲昵言语和亲昵思想,亲昵的动作、日常生活中的反常事物、邂逅和冲突等等形式之中。

立体主义和超现实主义中的这类因素(尤其是"话语的娱乐化")。Alfred Jarry(1873—1906)——*Ubu-Roi*(1896)的作者,很值得重视。此书中的广场因素、狂欢节的仿体、拉伯雷的思想。他对超现实主义产生了巨大影响。关于他的著述有:Chassé "*Les sources d' Ubu-Roi*",1922;以及他的"*Les pas perdus*",1924;Vallette A."*Alfred Jarry*",1928;Rachilde"*Alfred Jarry ou le surmûl des Lettres*",1928;Shauveau"*Notes sur Alfred Jarry*"——*Mercure de France*,Ⅰ/Ⅺ 1926。

Max Jacob(1876)——立体派诗歌的创始人之一;口语、幽默,对超现实主义的影响。关于他的著述有:Thomas L."*Max Jacob*",载*Les nouvelles litteraires*,1928。

超现实主义者取代了达达主义者,大部分人从一派转到了另一派:A.勃勒东、Ф.苏波、П.艾吕雅。标榜对世界的童稚的感受,主张潜意识重于意识和逻辑。打破事物之间现实的相互关系。弗里德 Я.论超现实主义的文章,载《世界文学》,1933 年第 4 期。Breton A. *Manifeste du surréalisme*,*Poisson soluble* P.1924;以及他的 *Les pas perdus* P.1924;*Introduction au discours sur le peu de réalite*,P.1927;*Second manifeste du surréalisme* P.1930;*Qu' est-ce que le surréalisme* P.1934.

И.Н.日丹诺夫(院士):《三圣者与 Yoca monachorum 的谈话》

(1892),载《日丹诺夫文集》,第 2 卷,圣彼得堡,科学院出版社,1907 年。

灰姑娘的形象(即 Сандрильона)。这个形象的神话学解释:昼与夜的化身。此解现已被科学推翻。参阅圣约伯:*Les contes de Ch. Perrault et les récits parallèles. Leurs origines. Coutumes primitives et liturgies saisonnières*.他在这篇童话中揭示了原始风俗和历法宗教仪式的遗迹,他把假面的主题与春天的谢肉节仪式联系了起来。

此处还有复活(变易)的主题;打破等级(翻了个儿的世界)的主题十分重要;厨房与宫廷的对比(狂欢节的节目);女性因素的阐释(类似于《李尔王》中的考狄利〈娅〉)。

八、圣诞节祝歌

许多民族把新年(calendae)移到圣诞节(采纳基督教)。把现代欧洲各民族的新年和圣诞节与希腊罗马的节日详加核对,不仅可以发现名称的相同,而且还可以发现仪式和游艺活动中一些因素的吻合。

人种学家和民俗学家在分析现代欧洲各民族的复杂的圣诞节仪式和歌曲时,揭示出许多民族都有一些因素起源于传统的土地魔法和地方祭祀的现象,还有一些因素是从希腊罗马文化中借用来的,其中有的是在基督教时代以前,有的是晚些时候,体现了"多神教"和基督教的独特结合。

有许多的仪式活动,旨在通过描绘饱暖富足来祈求得到丰收、增殖、美满婚姻和财富;这些仪式便是所谓收获性原始土地魔法的鲜明表现,诚然现代农民的意识中通常已不把这当成魔法了。

乌克兰新年的"щедривки"(歌咏)。

在查士丁尼一世时(6 世纪),一月份日历上的节日庆祝被教会移至整个圣诞节时期,从圣诞节到耶稣受洗节。这促进了各种节庆仪式的混合。

A.A.波捷布尼亚对乌克兰圣诞节祝歌的形象进行了(详尽的)分

析(A.A.波捷布尼亚:《小俄罗斯及其类似歌曲的解说》,第2卷,华沙,1887年。又见《俄罗斯语文通报》,第11—17卷,1884—1887年。A.H.维谢洛夫斯基:《俄罗斯宗教诗研究》,第7册,《罗马尼亚、斯拉夫和希腊圣诞节祝歌》,圣彼得堡,1883年)。

圣诞节祝歌和歌咏,从其土地魔法的含义出发,向主人及其家庭成员唱喜歌,借助于语言形象呼唤丰收、富裕、增殖和婚嫁。诗歌话语如同在别的民间创作中一样,起着相应仪式同样的魔法功能。圣诞节祝歌中的形象与*农民日常生活*(现实的、平日的、*下层的*生活)的联系。然而,由于歌曲起着魔法功能,演唱者总是力图塑造能将农民日常现实生活理想化的形象。因此,他们描绘的是上层阶级奢侈的生活景象,如大公、大贵族、商人(*最高的*,狂欢节的国王);有的根据传统习惯咏唱上层统治阶级创作出来的歌曲(就像婚嫁诗中从大贵族的日常生活中借用形象)。因此公爵、亲兵和封建贵族的形象保留了下来(这是*历史*的因素)。与土地魔法因素和历史的因素交织在一起的,还有基督教的因素。基督教的传说有时为适应土地魔法的要求而有所改动:"亲爱的上帝亲自追狼,纯洁的圣母抱着东西走,圣徒彼得罗扶着犁。"天神和圣者的形象,赋予诗歌形式以巨大的魔力。太阳、月亮、雨水之间的争论(通常是最后一个客人占上风)。出现*天上来客*的主题,是他们决定着人的平安吉祥(参看长篇小说中的同一主题)。

九、关于咒语和诅咒的问题

民间创作中富裕、饱暖和丰足的形象。这些形象原初的土地与魔法的意义。只弄清这一层意义,还说明不了这些形象后来的作用。这个"原初"中所包含的内容,要比后来的作用少得多;这类的解释是要以小装大,并借此贬低它的意义。在这一过程中,这个"*原初*"本身的意义被缩小,被曲解。"土地的"和"魔法"两个概念是取它们后来缩小和局限了的意义(*只是*土地的,*只是*魔法的);然而要知道,初始时"土地的"就是"*一切的*",就是*世界的*,是将集体生活的一切方面集于一身,包括全部的自然界和全部的文化都参与其中；而魔法的力量包含了后来称为艺术影响、科学认识等的一切内容。正因为如此，这个*初始*才能产生形象的如此丰富和深刻的内涵。这个综合体的一些因素独立了出来，成为后来纯粹的土地因素和纯粹的魔法因素。对于后来的情形起决定性作用的是：这些形象宇宙的包罗万象性、它们的全民性、它们与时间及未来的联系、它们表达的绝对的愿望、它们的节庆性。*节庆性*在后来形象的发展中具有了特殊的意义（在民间下层所处的相应的历史条件下），是由于以下的因素：形象的*节庆自由*、它们的*非官方性*、它们与诙谐的联系（一种特别的欢乐、高兴）；它们在农神节就具有这样的意义。由此产生了它们特殊的生命力及其在文学中的巨大意义。

关于残余和遗迹的理论（以各种变体出现），至今还流行不衰。称这些形象为土地魔法阶段的残余是荒谬的，就像称枝叶茂盛、生机勃勃的茁壮橡树是橡实的残余一样荒谬。

类似解释潜藏的诱惑力，就在于可忽略不计复杂矛盾的含义，忽略不计*活生生*的事物、一切巨大而且还在生长的事物、与自身不相等同的事物（因此这是难以完全把握、实际上不很顺手的事物）。这里鲜明地表现出一种认识方法上的倾向，一种孤立的分解出来的倾向，那就是视被认识的事物为死物，以死代生，将大变小，把正在形成的东西变为静止的东西，把未完成的东西变为完成的东西，切断未来（连同未来的*自由*，因之也连同未来的不可预料的潜力）。最后，这里还有一种特别的倾向，就是贬低*开端*（与此相反，史诗则将开端理想化和英雄化），用现象的来源和开端来贬低和揭露现象。

可以根据我们对双重性民间节庆形象的分析来建立一种特殊的认识理论。认识的活动是双重性的：这种认识活动在视事物为死物的同时又使其复生，既消灭它又更新它，既贬低它又提升它。肯定的一极消失不见了。现代的认识所特有的倾向是：将世界简单化和贫乏化，揭穿世界的复杂性和丰富性（世界比您所认为的要小、要贫乏、要简单），而最主要的是将世界视为死物。要把世界变成实际上很方便的消费品（包括消费者本人在内)。忽视一切不可能用于消费的东西(首先是世界的未完成性即自由、世界的独特性)。导致非英雄化的一种奴性的认识倾向(这不是旨在复兴哥特式的贬低)。认识者对民间根基的脱离。民众与奴才。奴才甚至把人民革命的胜利也首先用于污蔑(过去),用于机械地理解,用于对世界的虚无主义的贬低、贫乏化和简单化等等。

〔考狄利娅揭露年迈国王李尔的老年固执,但在爱心中重新使李尔复生(诞生),将他变成了孩子,成为他的母亲。〕

这类形象有一些方面在民间诙谐文化中能得到揭示和发展,而在严肃的形式中,特别是在官方文化的条件下,是不可能得到揭示的。在这里,诙谐文化的合法的自由也起了巨大的作用;但决定性的作用当然是属于笑本身的内在本质的。然而,恰恰是诙谐的文化研究得最差。

联系果戈理看乌克兰的民间创作问题。

20 年代末乌克兰民间创作〔索莫夫、马尔(凯维奇)〕成为时髦。乌克兰仪式用魔法诗歌的体裁,在 16 世纪末彻底停止了自身的发展(它们以这种形式一直保持到 19 世纪被记录下来的时候)。宗教政论家伊万·维申斯基在自己的一篇献辞(16 世纪末)中,号召与多神教的残余做斗争,把它们从城市和乡村赶到“沼泽地”。他列举道:“圣诞节祝歌,丰盛的晚会”,“圣诞节后歌”(迎春喜歌、来年丰收祈语,已成为复活节的继续),“受难者鬼节”(春戏,纪念性畜庇护神、春神),“库巴拉[①]施洗”(夏至节,即太阳神葬仪)。

圣诞节唱歌庆祝的仪式和歌咏活动有时还伴有化装演出(牵着“山羊”来回走)。B.格纳丘克在*Етнографічн. збірнике*[②](第 35—36 卷,1914 年)中提供了新的歌诗汇集。

在迎春的歌曲中,最为有趣的是 русальные——圣灵降临和“троецькі”歌(圣灵降临一词源于希腊罗马的狮面狨—淘气包);这种

① 伊万—库巴拉是施洗约翰的绰号,教会把关于他的故事与民间农作风习结合起来,作为祈求丰收、健康和幸福的节日,即圣约翰节。这一天人们采集药草、野花,举行仪式,载歌载舞,做各种游戏,占卜吉凶祸福。——译者

② 乌克兰语,意为《民族学汇编》。——译者

歌唱仪式原初是为了纪念先祖而举行的。

Ю.莫申斯卡在 *Zbiór wiadom*(第5卷,1881年)中最完整地搜集了伊万—库巴拉节歌曲。这些歌曲中把哀哭溺死的玛丽娅情节同姑娘与小伙子互嘲对骂结合到一起。

丘宾斯基的《著述》第四卷中收集有婚葬仪式最丰富的材料。Н.苏姆佐夫:《关于婚礼仪式(主要是俄罗斯人的婚礼仪式)》,哈尔科夫,1881年。Ф.К.沃尔科夫:*Rites et usages nuptiaux en Ukraïne*,载 *L'anthropologie* 杂志,1891—l892年,第Ⅱ—Ⅲ册;《乌克兰人的族学特点》,载《乌克兰人的过去和现在》(集体作),1916年,第2卷。Х.雅休尔任斯基:《作为宗教与生活剧的小俄罗斯婚礼》,载《古代基辅》,1896年,第2辑。

婚礼仪式的实质:把自愿的婚姻扮成强行抢亲;内婚制的(部落内的)婚姻假扮成外婚制的(部落外的)。只有在这种改编的条件下才被认为是"正确的"和"牢固的"婚姻。对这种史前期婚姻形式的改编,还增添有公爵和亲兵生活的特征,这些特征获得了象征的魔法的意义。

葬仪。送别曲——*голосіння*[①];І.斯文茨齐基和В.格纳丘克《民族学汇编》,第31—32卷,文本和注释;除此之外,还有В.达尼洛夫在《古代基辅》中的研究,1905年,*України*[②],1907年。这些送别曲在波多利亚和喀尔巴阡山脉某些地方还伴有特殊的"送葬滑稽曲""грашками при мерці"(死者身边的游戏);这是表演神鬼间争论("тягнене бога")的独特的宗教模拟笑剧,有时它们会变为日常生活的喜剧场景。

乌克兰童话故事的总量据1914年统计为2000多个(С.В.萨夫琴柯《俄罗斯民间童话》,第4章)。

乌克兰的民间童话里有幻想的形象,在鬼神方面异常丰富,尤其是在加里奇纳记录下来的童话里。(参阅В.格纳丘克的汇编集

---

① 意为《送葬歌》。——译者

② 意为《乌克兰》。——译者

Знадоби до укр.демонології 第 1—2 卷,《民族学汇编》第 15 卷、第 34—35 卷——1575 篇故事)。值得注意的还有比较丰富的笑话,带有不同程度的幽默,从尖刻的讽刺到温和的幽默,特别是在一些短篇故事里(参看前引丘宾斯基和德拉戈马诺夫的汇编,以及对它们的补充 *Казки та оповідання з Поділля* ,载 1850—1860 年汇编,M.列弗琴柯编,1928 年)和笑话趣闻(B.格纳丘克,*Галицько-руські анекдоти* ,《民族学汇编》,第 6 卷)里。

16 世纪对乌克兰的意义。反对波兰压迫的斗争和与土耳其的斗争,乌克兰民族的形成。

十、18 世纪讽拟性作品《米赫歌》

演唱"信神"歌曲(圣诗和赞美歌,收在 *Богогласник* 1790 年一类集子中)的宗教学校云游学生所起的作用;还有抒情歌曲,它们的作者是漂泊流浪的学生、小职员、哥萨克人。

在 16 世纪首次提出了民族语的问题,产生了创立有别于斯拉夫语和波兰语的书面语言的需要。教堂讲授的书和祈祷的书都译成了这种新语言(《彼列索勃尼茨福音书》,1555—1561 年)。乌克兰的多语并存问题(教会斯拉夫语、波兰语、拉丁语、俄语、当地语)。乌克兰与意大利南部相似(指诙谐形式的产生)。

小俄罗斯的咒语、赌咒发誓:"замовлювання""закляття"。最好的汇编是 П.叶菲缅科的《小俄罗斯咒语集》,载《古俄罗斯通史读物》,莫斯科,1874 年,第 88 册;研究著述有 A.维图霍夫的著作,1907 年,以及 V.Mansikka,*Über russische Zauberformeln*,1909 年。作为果戈理《可怕的报复》之基础的诅咒。诅咒(与责骂一起)对果戈理作品中主人公形象的塑造所起的潜在影响。诅咒的怪诞性质,其中包含被肢解的躯体形象。

巴洛克布道的特点:隐喻、讽喻、"观念"("俏皮机智的描绘")——吸引听众兴趣的特殊话语焦点;摘自《福音书》的引语,得到各种各样的运用,释为“字面的”“讽喻的”“道德的”等等含义,不是为了教训听众,更多是为了消遣。

布道内容中包含“增补”的东西,如叙事的例子,其中很多后来进入短篇故事和笑话趣闻等民间创作中。

音节诗[①]。诗歌颂辞、对教会和世俗显贵的赞美,在音节诗中占有显著的位置(通向颂歌 ода 之路)。

戏剧。它的典范是巴洛克时代波兰拉丁耶稣会的戏剧,部分地还有反宗教改革时代德国学校里的戏剧。从 16 世纪末开始,学校里有了“喜剧”的演出。幕间剧则有“大演艺”。米特罗万·多夫加夫斯基戏剧中,有现实主义的幕间剧,1736 年。

在官方文学中,主要是注重“奇迹”的文学;这类作品很多,从天主教文集《伟大的护心镜》肇始,有阿法纳西·卡尔诺弗伊斯基的 *Тератургима або чудо* ,1638 年。《圣母奇迹》的集子很多:约翰·加里亚托夫斯基的《新天堂》,1665 年;季米特里·罗斯托夫斯基的《湿羊毛》,1683 年;以及其他一些作品。它们都坚决贯彻一种奖惩的思想,是一种独特的恐怖和恐吓体系。在“改革风气”弥漫一切的时代,在面对合并派教徒攻击的危险,或出现市民和农夫骚动的危险时,一切神圣的东西就都动员起来了,围绕它们要有一系列的神话史诗得到更新或创新出来,这类神话恐吓人们并要求绝对地服从权威。

18 世纪乌克兰文学的特点。在统治阶级中对乌克兰语逐渐形成了一种傲慢和蔑视的态度。这个语言渐渐变成下层的、非官方的语言;这使它的亲昵不拘的能力获得了解放(它没有要官方化的动因)。上层人物和一切官方场合,都在俄罗斯化。民族的民间文学,继续存在于小贵族、小官吏、城市小市民的圈子中。这一文学基本上成为手抄和匿名的文学(如同哥特式的现实主义文学)。在这一文学中占主导地位的,是诙谐的现实主义风格。幕间剧的命运颇有意思。

---

① 只要求诗行末尾押韵而不讲节奏的诗体,16 至 17 世纪流行于乌克兰,后出现在俄罗斯。——译者

〔从下至上和从上至下的空间和价值运动,既是莎士比亚作品中地形性动作和地形性场景(事件)的基础,又是理解这种动作和场景的基础;这也就是那个哥特式的秋千,也就是翻筋斗,只不过是用严肃的语调。〕

幕间剧最初是小丑的把戏(它把从上至下的地形性运动引到整体中来)。后来这种幕间休息越来越长,比如在米特罗万·多夫加夫斯基的戏剧(1736年)中幕间剧已抢了基本剧的戏。滑稽的幕间表演开始与基本演出并行,成为对其独特的讽刺模拟。在基本剧中瓦拉姆出场,他是古代的术士,把自己的智慧传给了三个皇帝兼术士,并预言耶稣的出现。在幕间剧中则上场了一个冒充学者骗人的小贵族,似乎也知道"地狱里和天堂里在发生什么事",但他得不到两个农民的任何信任,这两人挖苦他,赶他走。另一出戏里,基本部分一个讽喻性的庄稼人在独白中(用崇高的风格)比喻"出芽的籽粒"犹如死者的复活;在幕间剧中则是一个真正的农夫出场,他觉得有个好收成比任何卖弄聪明都更重要,他急着去收拾那个"自卷纸烟"的婆娘。后来这种配合并行没有了,幕间剧获得了独立的价值。我们所知最早的幕间剧(在雅库巴·加瓦托维奇的剧中,1619年),是从书籍中现成的流传笑谈里借用的故事情节;而在多夫加夫斯基和Г.科尼斯基的戏剧(1747年)中,则是平常的观察为幕间剧打下了基础。与文学笑谈中的"奴隶"同时,又出现了现实的地主(波茨托利地主和班托利地主),出现了被地主压迫的佃户、农民及其救星——"哥萨克"或"莫斯卡理"①,最后,还出现了著名的"пиворезы""流浪的执事"。在这一时代的文学中,流浪的执事起了特殊作用。他们类似于西欧的流浪艺人或流浪僧人、流浪学生;在这里,在乌克兰,他们与乡村和城市的民主阶层有着更紧密、更重要的联系。他们的作品是匿名的,但有一些我们知道名字,例如伊利亚·图尔恰诺夫斯基,他的自传是骗子小说这种体裁引人入胜的故事。有代表性的人物如"追逐的修道士"——17世纪末至18世纪初的诗人克利缅基·济诺维约夫,18世纪末的"流浪的哲人"兼诗

① 旧时乌克兰人、白俄罗斯人和波兰人对俄罗斯人的蔑称。——译者

人格里戈里·萨维奇·斯科沃罗塔。

〔亲昵不拘的言语有个典型的倾向,就是要为每个专有名词找出辞源来,例如 Голиаф 中,借此使之变为绰号。只有在交际的区域里,在现时的范围内,才可能有公开的和自觉的虚构:虚构从事件(神话事件、历史事件)的描绘因素转移到事件的核心之中,最后则开始虚构事件本身。〕

克利缅基·济诺维约夫把随手而得的一切,全编入了自己的诗集里:关于疾病、天气、商人、小酒店等等的情况。他那里还有为"刽子手"这一行当所作的辩护。

17 至 18 世纪批评的精神:它以波涛汹涌的笑闯入了为学校权威和日常习惯所遵奉的一些形式,如圣诞节和复活节的音节诗。当 18 世纪在教会上层人们正继续创作并推广"笃信上帝的歌曲"时(1790 年出版了这类歌曲集 *Богогласник*),流浪的执事们把布尔列斯克①和讽拟体的因素带进了宗教诗里。在我们所知的"різдвяних"和"великодних"讽拟性音节诗中,当然看不到反宗教的表现,但里面却有庄严风格的剧烈粗俗化,有对古板迂腐的大牧首和"年迈上帝"亲昵地拍肩膀,有"违背传统的倾向"(A.别列茨基)。

〔在谜语里体现着一种特殊的语言创作,如把名字变为绰号,或相反把普通名词变为专有名词和绰号;在谜语里崇高的诗体隐喻出现了亲昵化,通过拟人法创造亲昵的绰号;所有这一切,体现了语言的散文化能量,极力要从名字(夸赞)的一极转向绰号一极(责骂的、双重性的一极);谜语能揭露,能置人于死地(抛向底层、地狱:被猜中的斯芬克斯之死,〈Stälzfüsschen〉,"来自镜中的人")。〕

大箱木偶戏②的意义——这是又一个例子,仍是通过流浪的执事将"经院式的"体裁加以改造。但是,它必须演于一定的宗教仪式的日

① 指文体故意与情节不相协调的幽默诗、剧本等作品,如用庄严词句描写滑稽场面等。——译者

② 指将木偶装在大箱内,流动演出,以箱为台。盛行于古代,表演宗教剧或世俗剧。——译者

子,加上技术较为保守(木偶剧院),没有得到进一步的发展;某些戏直到今天还留存在老人们的记忆里,这些典范之作证明这个体裁的静止不动。然而,在与民间创作接近这一点上,大箱木偶戏比幕间剧取得的成就要大一些。

H.彼得罗夫:《17 至 18 世纪乌克兰文学史纲》(17 至 18 世纪基辅的艺术文学,主要是戏剧),基辅,1911 年。B.列扎诺夫:《俄罗斯戏剧史》,17 至 18 世纪学校演出和耶稣会剧院,莫斯科,1910 年。同一作者:《乌克兰戏剧》(17 至 18 世纪的文体及其引言),第 1 册,基辅,1926 年;第 3—6 册,基辅,1926—1928 年(未出齐)。B.彼列特茨:《文学史研究与材料》,第 3 卷,载《18 世纪俄罗斯诗歌发展史》,圣彼得堡,1902 年(音节体诗歌史)。H.彼特罗夫关于基辅神学院的语文科学和文学课,从建校至 1819 年改革,《基辅神学院著述》,1866 年,第 7、11、12 册;1867 年,第 1 册;1868 年,第 3 册。H.苏姆佐夫:《17 世纪俄罗斯南方文学史》,第 1 册,拉扎里·巴拉诺维奇,哈尔科夫,1885 年;第 2 册,约安尼基·加里亚托夫斯基,基辅,1884 年;第 3 册,英诺肯基·吉泽尔,基辅,1884 年;*Памятники Українсько-руської мови і літератури*,第 7 卷,Вірші Климентия Зиновіева сина,вид.B.彼列特茨,Львів,1912 年;《哈尔科夫文史研究会文集》,第 7 卷,哈尔科夫,1894 年(Г.С.:《斯科沃罗塔作品集》,Д.И.巴加列依教授编纂。另一版本是 Г.С.:《斯科沃罗塔文集》,B.朋奇-勃鲁耶维奇注释,圣彼得堡,1912 年)。

一九四四年六月十八日

夏忠宪　译

附录

巴赫金与友人书简及其他

巴赫金致平斯基的信①

亲爱的列昂尼德·叶菲莫维奇！

请原谅这段时间我太忙，没有及时回复对于我来说极为宝贵的来信，就连现在回信也不得不比我想要写的简短。

非常高兴收到您的来信，哪怕暂时是书信往来。对您我早有所闻，多次听到有关您的传闻，并以极大的兴趣拜读了您刊登在《文学问题》上（关于莎士比亚、塞万提斯和拉伯雷）的大作。我还了解您对伊拉斯谟的注释和文章。当然，最让我感到惊奇的是关于拉伯雷的文章，我急切地期待着您所撰写的书的出版。就连在您简短的文章里我也发现了许多新颖之处，最令我感兴趣之处，因此，谨预先为您的大作感到喜悦。

至于说我论拉伯雷的书，我没有想到能够出版。除此之外，它是二十年前完成的，有许多地方我已不太满意。虽然这些年我还继续在这个方向上从事研究，但运用的是另外一些材料；这使我扩展、深化，更正了我的一些结论。希望我能够很快完全投入我的书的修订工作。因此，您所有的批评意见和看法对我来说特别珍贵。除了您，如果还

---

① 首次发表于《对话·狂欢·时空体》杂志，1994 年第 2 期，第 57 页（巴赫金与Л.Е.平斯基的书信由 Н.А.潘科夫整理发表，原稿上未标日期）。——原编者

有人了解我的书并提出意见,我将十分感谢。

在修订图书的过程中我力争为艺术史学院准备几篇文章或者报告,这是您提醒我的。当然,这一切需要时间。

不胜感激,此致

敬礼

您的巴赫金

1960年11月26日

巴赫金致B.B.柯日诺夫的信(片段)①

亲爱的朋友们!

[……]非常感谢你们为推进出版我论拉伯雷的书所做的尝试。现在我并不奢望能够成功,但认为是大有裨益的,因为你们想到了它。我的书完成于二十年前,当然需要相当重要的修正,如果情况顺利,我希望在不久的将来重新修订它。顺便说一句,我这里还保存着E.B.塔尔列、M.П.阿列克谢耶夫(现为院士)、Б.B.托马舍夫斯基等人对此书的评论的副本。如果它们对出版有用,我就把它们寄来。对你们的关心再次表示感谢。

[……]

您忠实的巴赫金

1961年1月10日

---

① 首次发表于《对话·狂欢·时空体》杂志,2000年第3—4期,第127—128页。

巴赫金的这封信的草稿上谈到《拉伯雷》手稿在1940年代下半期转给了路易·阿拉贡:

"除此之外,1947年或是1946年<?>听说我的书稿副本转给了路易·阿拉贡。这是现已去世的托马舍夫斯基告诉我的,他是在作协听博亚德茹耶夫说的。我还不能相信这一点,因为我不认识博亚德茹耶夫。"(А.Б.)——原编者

巴赫金致B.B.柯日诺夫的信(片段)①

亲爱的瓦吉姆·瓦列里安诺维奇!

[……]我与Л.Е.平斯基通信,了解了他所发表的著述,完全赞同您关于他的意见。对于我的书来说,我不能奢望有更好的编辑了。[……]

此致

敬礼

您的巴赫金

1961年3月1日

巴赫金致B.B.柯日诺夫的信(片段)②

亲爱的瓦吉姆·瓦列里安诺维奇!

[……]关于拉伯雷专著的信使我感到惊讶。我怎么也没有想到会发生这类似的事。我当然非常理解,这需要您多么巨大的,简直是神奇的能量和善意。我欠了您永远也还不清的债![……]

至于说我的拉伯雷论著(如果这事能有进展的话),我这里有这部书的第二稿(1950年),它经过了大量的扩充,较能适应我们通常的要求。可以把它提交出去(当然,以后还需要进一步修订和更新)。我谈这些事只是为了以备万一。[……]

您的巴赫金

1962年7月2日

---

① 首次发表于《对话·狂欢·时空体》杂志,2000年第3—4期,第131页。——原编者

② 首次发表于《对话·狂欢·时空体》杂志,2000年第3—4期,第200—201页。——原编者

巴赫金致Г.А.索洛维约夫和С.Л.列伊波维奇的信

尊敬的同志们！

我已收到你们客气的来信。现寄给您我的书稿《拉伯雷的创作与中世纪和文艺复兴时期的民间文化问题》(我修改了原先的标题)。这部书完成于1940年,修订于1948年,由于时间流逝,书稿的有些地方已经黯然失色。不过,我这里只保留了这一份书稿,重印费时,恐怕会耽搁转寄。

当然,我这部将近二十年前完成的书,需要一定的修订和补充。除此之外,还得对外语文本的翻译加注,作出某些说明,对有些费解的叙述作出调整,运用Н.М.柳比莫夫的新译本等等。不过,书的实质依旧不变。

此致

敬礼

巴赫金

1962年7月5日

巴赫金致В.В.柯日诺夫的信[①]

亲爱的瓦吉姆·瓦列里安诺维奇！

收到国家出版社要求立欲寄出我的《拉伯雷》书稿的提议。

7月5日我给他们寄走了书的第二稿。关于第二稿的事我曾写信告诉过您(别的我这里没有)。在书稿寄出前我匆匆浏览了一遍,极为惊骇！(大约是在1950年)我根据最高学位委员会的“指示”做了补充,往书稿里加进了许多那个时代精神的令人厌恶的庸俗化的东西。

① 首次发表于《对话·狂欢·时空体》杂志,2000年第3—4期,第203页。——原编者

重新改写已经不行了,因为出版社要求立即寄出。我只能把个人崇拜的直接痕迹贴起来(很遗憾曾经有过)。我怕这一切会把严肃的评论家吓跑(尽管像克尼波维奇那样的人也许会喜欢这一切)。

当然,这一切在以后会得以纠正,可是能否想个办法(以特别巧妙委婉的形式)把我改过自己学位论文的情况预先告知编辑部?我又不得不滥用您特别的好心肠。

向叶莲娜·弗拉基米罗夫娜和所有朋友们致以真挚的问候。

此致

敬礼

巴赫金

1962 年 7 月 7 日

巴赫金致 B.B.柯日诺夫的信①

亲爱的瓦吉姆·瓦列里安诺维奇!

感谢您的来信及经常关心我的事(我给您增添太多麻烦!)。

寄出 M.П.阿列克谢耶夫、E.B.塔尔列、Б.B.托马舍夫斯基、A.A.斯米尔诺夫、A.K.德日维列戈夫对我的《拉伯雷》一书的评语。除此之外,还寄出 P.M.萨马林唯一一份否定的评语(为最高学位委员会所写)(根据这一评语最高学位委员会拒绝授予博士学位);当然,不必将它交给编辑部,但我想让您本人了解一下它(以备万一)。[……]

爱您的巴赫金

1962 年 7 月 18 日

① 首次发表于《对话·狂欢·时空体》杂志,2000 年第 3—4 期,第 207—208 页。——原编者

巴赫金致 H.M.柳比莫夫的信[①]

尊敬的、亲爱的 H.M.柳比莫夫!

您的来信已经收到,而昨天还有您的美好的礼物。请接受我对您的赠书表示最真挚的感谢,不过,首先是感谢您赠送给俄罗斯《拉伯雷》奇妙的翻译!您干了一件大事。实际上,时至今日拉伯雷对于我们而言,还完全是生疏的 чужд。到处都能感觉到这一重大的空白。我们整个文化和文学众所周知的片面严肃性在相当大的程度上说明了这一点。我们没有获得使拉伯雷式的笑(及其身后伟大的狂欢文化)习惯于新环境的条件。尤其是对果戈理狭隘的、小型讽刺的理解(文学中对果戈理传统的片面发展)由此而来。我们这里对普希金及其与拉伯雷相近的"欢快的理智"веселый разум(普希金与罗曼语族的狂欢文化传统有最重要的联系)的某种阴暗的阐释由此而来。我深信,您的拉伯雷在这方面起着非常巨大和富有成效的作用。

当然,我尚未来得及看完您所有的翻译,但我看了一系列过去被认为是最难翻译的片段,就直接因您创造性的成功而感到惊讶。重要的是——我处处都听到了拉伯雷真正的不可重复的基调。

我还清楚地记得我们唯一一次会面,以及在我与国家出版社编辑部洽谈时您所给予我的亲切帮助。现在您给《文学报》写信,还有您的翻译,在推进我的《拉伯雷》一书的出版方面提供了非常宝贵的帮助。为这一切我致以深切的感谢。

我完全相信,在不久的将来我们会见面。

此致

敬礼

巴赫金

1962 年 7 月 24 日

---

① 根据鲍里斯·尼古拉耶维奇·柳比莫夫提供的副本出版。首次发表请参见,柳比莫夫:《戏剧演出与动作》,第一卷,第 499—500 页,莫斯科,俄罗斯文化语言出版社,1997 年。——原编者

P.S.请原谅我对您的称谓，愧疚的是，我记不起来您的名字和父称。

巴赫金致 С.Л.列伊博维奇的信

尊敬的萨拉·利沃夫娜！

您的来信以及平斯基的评语均已收到。请接受我真挚的感谢。

我完全同意平斯基的所有意见，会考虑他所有的建议。在修订书稿时我消除了学位论文的一切痕迹，让它适应贵社的专业特点：提供翻译的外语文本，有的地方论述简化且温和些，做必要的缩减。不过，我同时还得对近二十年有关拉伯雷的文献加以重要的补充。总而言之，书的篇幅不变（40个印张）。我需要四个月用于上述修订和校对书稿（只是在最极端的情况下这一期限可以缩短）。

此致

敬礼

巴赫金

1962年11月20日

巴赫金致 В.В.柯日诺夫的信（片段）[①]

亲爱的叶莲娜·弗拉基米罗夫娜、瓦吉姆·瓦列里安诺维奇！

[……]不久前我收到国家出版社社长普济科夫的来信。他写道，关于我的书的问题，“将在1963年1至2月讨论1964年的出版计划时解决。”[……]

爱您的巴赫金夫妇

① 首次发表于《对话·狂欢·时空体》杂志，2000年第3—4期，第220—221页。——原编者

P.S.请告知平斯基(新的)地址。我收到了他极好的评语,我想给他写信。

巴赫金

1962 年 12 月 28 日

巴赫金致 Л.Е.平斯基的信[①]

尊敬的、亲爱的列昂尼德·叶菲莫维奇!

衷心感谢新年祝贺及良好的祝愿。因为一系列原因迟复。主要的是生病了。它折磨了我整个冬天,精神状态压抑。

我虽然没有给您写信,但是整个这段时间都在以最重要的方式与您交往:反复阅读您的书,思考您对我的书的评语,与瓦吉姆·瓦列里安诺维奇谈您(特别是,他告诉了许多您让我感兴趣的“历史的不同草稿”观念),阅读您关于阿列曼的文章。所有这一切——均与您有着直接的联系——最近一段时间充盈着我的智性生活。因此我很难给您写信:太多本当在私人见面时预先商量的事情。

我不擅长向您表达对我的评语全部的感谢——您对我的构思理解的深度和正确(在我的书里并非总是易解的)让我感到惊讶。我完全同意您所有的批评意见和建议。我了解您的书,我应该推测到,您还有其他一些具有方法论性质的重要意见。特别是,我应该承认我的著述的某些片面性质:民间诙谐文化语言共同的特点,整整千年共同的特点,在某种程度上被融化在拉伯雷时代的专门特点及其创作个性里。但在这里,您的书(特别是在时代那部分里)将会给予我帮助:在一系列情况下我只能引用它。

当然,修订书稿时我会恢复关于果戈理的篇章,甚至还会有一些扩展。除此之外,我认为可能还会涉及普希金笔下狂欢节文化的因素

① 首次发表于《对话·狂欢·时空体》杂志,1994 年第 2 期,第 58—59 页。——原编者

(在我看来,在他那里有非常强的狂欢节文化因素)。我还想深化民间诙谐形式的理论(甚至是哲学)问题。关于这一切我必须与您商量。

5月底或者6月初我非常希望能去莫斯科,那时我们终能见面,我急切地期待着会面。

请转达我妻子(叶莲娜·亚历山德罗夫娜)和我亲切的问候,向您的亲人们问好。

谨致谢意!

此致

敬礼

巴赫金

1963年2月21日

巴赫金致B.B.柯日诺夫的信(片段)[①]

亲爱的叶莲娜·弗拉基米罗夫娜、瓦吉姆·瓦列里安诺维奇!

[……]关于《拉伯雷》一书我没有收到来自国家出版社的任何消息。大概,全都拖延下来了(在最好的情况下)。[……]

爱您的巴赫金

1963年3月27日

巴赫金致B.B.柯日诺夫的信(片段)[②]

亲爱的叶莲娜·弗拉基米罗夫娜、瓦吉姆·瓦列里安诺维奇!

[……]您关于《拉伯雷》一书命运的消息一点也没有让我感到惊讶。亲爱的瓦吉姆·瓦列里安诺维奇,我只是感到遗憾,花费了那么

① 首次发表于《对话·狂欢·时空体》杂志,2000年第3—4期,第228页。——原编者

② 首次发表于《对话·狂欢·时空体》杂志,2000年第3—4期,第234—235页。——原编者

多的精力。我没有收到来自编辑部的任何消息(倘若他们也并未销声匿迹)。[……]

谨致谢意!

爱您的巴赫金
1963年3月27日

巴赫金致B.B.柯日诺夫的信(片段)[①]

亲爱的叶莲娜·弗拉基米罗夫娜、瓦吉姆·瓦列里安诺维奇!

[……]我关于《拉伯雷》一书的修订工作进展极为无精打采、缓慢:图书馆的书到得不好,而且我对与旧作打交道感到厌烦。[……]

爱您的巴赫金
1963年11月22日

巴赫金致C.Л.列伊博维奇的信[②]

尊敬的萨拉·利沃夫娜!

感谢您的来信。非常高兴您对我有关陀思妥耶夫斯基的书感兴趣。这部书的第四章包含了对狂欢节(诙谐)文化以后的命运问题的部分回应,我们在马列耶夫卡讨论过这些问题。

我关于《拉伯雷》一书的修订工作,进展要比我想的缓慢,主要原因是从国家图书馆借的书到达的情况不好。但我无论如何按期限完成修订工作。

我和叶莲娜·亚历山德罗夫娜经常高兴地回忆我们在马列耶夫卡的会面。

---

① 首次发表于《对话·狂欢·时空体》杂志,2000年第3—4期,第247页。——原编者

② 根据照片副本发表于《对话·狂欢·时空体》杂志,1997年第1期,第149页。——原编者

向您致以最真挚的问候和最好的祝愿。

此致

敬礼

巴赫金

1963 年 11 月 22 日

巴赫金致平斯基的信(片段)①

亲爱的列昂尼德·叶菲莫维奇!

[……]我现在忙于修订我的《拉伯雷》一书。不过,事情进展糟糕:图书到得很慢,不按时。在萨兰斯克要开展严谨的科研工作几乎不可能。

我很想从您那里获得关于我的《陀思妥耶夫斯基》第四章哪怕是最简短的意见(如果您已经来得及了解它)。这对于我的《拉伯雷》一书的修订工作非常重要。[……]

此致

敬礼

巴赫金

1963 年 11 月 23 日

巴赫金致 B.B.柯日诺夫的信(片段)②

亲爱的叶莲娜·弗拉基米罗夫娜、瓦吉姆·瓦列里安诺维奇!

[……]感谢告知关于《陀思妥耶夫斯基》(在意大利)和《拉伯雷》的好消息。糟糕的是,我本人关于《拉伯雷》的修订进展不太好。由于

① 首次发表于《对话·狂欢·时空体》杂志,1994 年第 2 期,第 60 页。——原编者

② 首次发表于《对话·狂欢·时空体》杂志,2000 年第 3—4 期,第 255 页。——原编者

心脏病发作,工作推进缓慢,整个冬天反复发作。根据合同,提交手稿的期限是 3 月 15 日,可我只能在 4 月底提交。希望不会因此有什么麻烦。

[……]

爱您的巴赫金

1964 年 3 月 6 日

巴赫金致平斯基的信①

亲爱的叶甫盖尼亚·米哈伊洛夫娜、列昂尼德·叶菲莫维奇!

[……]我的修订工作拖延很久了。我开始了最重要的修订,我重新写了绪论,还有差不多整个第一章。但在以后只限于最必要的最小限度的更新。

[……]

爱您的巴赫金

1964 年 5 月 10 日

巴赫金致 B.B.柯日诺夫的信(片段)②

亲爱的叶莲娜·弗拉基米罗夫娜、瓦吉姆·瓦列里安诺维奇!

[……]因为各种原因我修订《拉伯雷》的工作拖延了。在完全必要的情况下我能够在 7 月初交稿。从 7 月 10 号起我们准备去马列耶夫卡,我会随身携带书稿。不过,如果能拖到 9 月,我就非常方便了(要知道,在夏天书稿会待在编辑部几个月没有进展)。请告知您对此事的想法。我暂时还没有给编辑部写信。

---

① 首次发表于《对话·狂欢·时空体》杂志,1994 年第 2 期,第 61 页。——原编者

② 首次发表于《对话·狂欢·时空体》杂志,2000 年第 3—4 期,第 258—259 页。——原编者

[……]

爱您的巴赫金

1964 年 5 月 30 日

巴赫金致国家出版社批评与文艺学编辑部主任 Г.А.索洛维约夫的信

尊敬的根纳季·阿尔先涅维奇!

按照合同我应该在今年 3 月 15 号提交关于拉伯雷的书。因为生病(心绞痛恶化)我没来得及按期完成修订工作。请延期到今年 7 月初交稿。

此致

敬礼

巴赫金

1964 年 6 月 10 日

萨兰斯克,苏维埃大街,31 号楼,30 室,M.M.巴赫金

巴赫金致 B.B.柯日诺夫的信(片段)[①]

亲爱的叶莲娜·弗拉基米罗夫娜、瓦吉姆·瓦列里安诺维奇!

[……]收到您报告好消息(我已对它们不抱太大的希望)的信,我马上就把所需要的情况告诉了出版社会计处。真难以用言语来表达我对您的感激之情!

现在谈谈您来我们这儿的事。请一定来! 最好 12 月初来(11 月底各种各样的地方会议太多,订旅馆可能会有困难)。由于这一

① 首次发表于《对话·狂欢·时空体》杂志,2000 年第 3—4 期,第 274—275 页。信的草稿:A.Б.——原编者

点我产生了这样的想法(不知您会怎样看待这件事):也许,您和列伊勃维奇一块儿来,对于《拉伯雷》文本达成最后协议会有好处;事情进行到了这个阶段,您的参与对于我来说是非常宝贵的。但只是这要有一个条件:在列伊勃维奇走后您还能留在我们这儿待一阵。如果您认为这个计划因为某种原因不合适,或是列伊勃维奇不准备12 月初来,那么您无论如何要来,不要推迟。我们将急切地等待您的到来。

我对您有这样一个请求。能否查阅两个图书资料:(1)维尔茨曼论拉伯雷的文章是以什么标题、在哪一年、发表在何处(我在 30 年代读过,但什么也记不得了);(2)同样要查的是希什马廖夫论高康大的名字的文章(好像是在马尔语言和思维研究所的集子里)。希什马廖夫的文章对我尤为重要。

[……]

爱您的巴赫金

1964 年 11 月 16 日

巴赫金致 B.B.柯日诺夫的信(片段)[①]

亲爱的叶莲娜·弗拉基米罗夫娜、瓦吉姆·瓦列里安诺维奇!

感谢您的来信及经常关心我的《拉伯雷》修订工作!

您寄来的 Г.А.索洛维约夫的意见让我感到惊讶:它们非常有趣、充满智慧,其基调极为高尚。这的确是关于我的《拉伯雷》一书的好文章。我仔细地思考并为他的愿望,借助于增添的词句,在说法上进行某些改动(不改变观念的实质)。希望在这方面我能成功(尽管这并非易事)。为了对所有变动做最终的润色,我需要三份我的书稿,请 3 月随身携带捎给我。[……]

① 首次发表于《对话·狂欢·时空体》杂志,2000 年第 3—4 期,第 281 页。——原编者

当然,我不反对平斯基或者阿列克谢耶夫写序言。

[……]

爱您的巴赫金

1965 年 2 月 20 日

巴赫金致 Γ.A.索洛维约夫的信[①]

尊敬的根纳季·阿尔先涅维奇!

收到您关于我的《拉伯雷》的评语,赶紧写信表达我真挚的感谢。您的评语对我的观念理解的深度和精妙、批评意见的正确使我惊讶。这不是一个普通的编辑部评语,而是关于我的书的一篇好文章。您所有的意见对于我最终完成修订有非常宝贵的帮助。我现正在仔细思考,希望能在近期完成必要的补充和更加确切的说明。

致以最良好的祝愿

巴赫金

1965 年 2 月 20 日

巴赫金致 B.B.柯日诺夫的信[②]

亲爱的叶莲娜·弗拉基米罗夫娜、瓦吉姆·瓦列里安诺维奇!

寄给您往《拉伯雷》书稿中增添的部分。我还给它们添加上了那些部分的抄本,增添的部分供它们所用(您在我们这里时我删掉了它们),已经明确地指出增添的地方并做了某些更正。

我们期待您的回信。请一定告知叶莲娜·弗拉基米罗夫娜的自

① 首次发表于《对话·狂欢·时空体》杂志,1997 年第 1 期,第 181 页。——原编者

② 首次发表于《对话·狂欢·时空体》杂志,2000 年第 3—4 期,第 283 页。——原编者

我感觉。真挚地向大家问好。

爱您的巴赫金夫妇
1965 年 4 月 17 日

巴赫金致 B.B.柯日诺夫的信(片段)①

亲爱的叶莲娜·弗拉基米罗夫娜、瓦吉姆·瓦列里安诺维奇!

谢谢来信及告知书稿已送交并发排的好消息。

萨拉·利沃夫娜若方便来萨兰斯克就好了,况且为此我没有重要的理由。绪论正合适,无论怎样也不能改动,不能破坏此书的全部构思。也不能为了接近叙述的(时代、生平传记等)"通常的程序"做哪怕很小的重新安排。这种通常的、标准的程序在本书里是完全不得当的(如果它在别的某些地方一向是得当的)。至于说某些个别之处的变动,我整个留给您裁定(请原谅,我又一次次地用自己的事情给您增添麻烦)。其中包括,列宁的引文及对它的分析完全可以删除而丝毫无损于本书。

重印外语文本的钱(50 卢布)我在寄这封信的同时电汇过来。只是重印要按(您的)第三份书稿,那里全部文本均已校准(在第一和第二份里,文本是加琳娜·鲍里索夫娜加入的,我没来得及检查)。[……]

致以最良好的祝愿

爱您的巴赫金夫妇
1965 年 5 月 4 日

① 首次发表于《对话·狂欢·时空体》杂志,2000 年第 3—4 期,第 283—284 页。

关于校对工作的回忆,请参阅:Г.Б.波诺玛列娃:《说出的及未说出的……》(关于巴赫金的回忆),载《对话·狂欢·时空体》杂志,1995 年第 3 期。——原编者

巴赫金致 B.B.柯日诺夫的信(片段)[①]

亲爱的叶莲娜·弗拉基米罗夫娜、瓦吉姆·瓦列里安诺维奇!

[……]我已经将《拉伯雷》二校稿寄走并还给了编辑部(最后三个印张我是 11 月 1 号寄走的)。俄语文本选得好,但外语的文本里还有相当多的错误。我已经给萨拉·利沃夫娜写信谈过它们了。

为您所做的这一巨大的工作我非常感激您!您做的缩减令人惊讶地成功:我没有发现任何一处。非常高兴您救了我来自普希金的题词。我早在年轻时的确记得这些诗歌,没有去核对文本。我良心受折磨,花费了您那么多的精力和时间。

[……]

爱您的巴赫金

1965 年 11 月 4 日

巴赫金致 B.B.柯日诺夫的电报[②]

亲爱的叶莲娜·弗拉基米罗夫娜、瓦吉姆·瓦列里安诺维奇!

急盼您来

务必带一份《拉伯雷》

告知来的时间

再见

您的巴赫金夫妇

1965 年 12 月

① 首次发表于《对话·狂欢·时空体》杂志,2000 年第 3—4 期,第 286 页。——原编者

② 首次发表于《对话·狂欢·时空体》杂志,2000 年第 3—4 期,第 287 页。——原编者

Л.Е.平斯基关于《拉伯雷》一书的评语[①]
1962 年 10 月 12 日

关于 M.M.巴赫金的《拉伯雷的创作与中世纪和文艺复兴时期的民间文化》一书的评语[②]

M.M.巴赫金的书——不仅仅是俄语写作中,而且是整个当代批评文学中的杰出现象。这一研究至少引起人们三方面的兴趣。

第一,这是一部关于拉伯雷的专著,颇具原创性且引人入胜。巴赫金有充分理由坚持了该书的专著性质(第 23 页),尽管书里缺乏关于作家生平、世界观、人道主义、语言等特殊的章节——所有这些均在书的主要论述拉伯雷的笑的不同章节里阐明。

要评价这部著述的意义,应当考虑到拉伯雷在欧洲文学中的特殊状况。拉伯雷早从 17 世纪起就享有"奇怪的"甚至"怪物般"的作家的名声。只是历经数世纪,拉伯雷的"难以猜测性"仍在增长,而阿纳托尔·法朗士在关于拉伯雷的讲座里称他的书为"世界文学中最怪诞费解的"。当代法国拉伯雷研究在谈到拉伯雷时,更为经常地称之为"与其说是不正确理解的,不如说是不可理解的"作家(列斐伏尔),"前逻辑思维"的代表(费弗尔)。应该说,在数以百计的拉伯雷研究之后,他仍是个"谜",仍是某种"规则中的例外",巴赫金有充分根据地指出,我们"所了解拉伯雷的是些无关紧要的东西"(第 23 页)。应当承认,无论是对于读者,还是对于文学家来说,拉伯雷几乎是最"难研究的"最著名的作家之一。

被评论的专著的独特之处在于,作者找到了研究拉伯雷的新方法。在他之前,研究者们都是从西欧文学的主干道出发,从古代开始,

---

① 首次发表于《对话·狂欢·时空体》杂志,1998 年第 4 期,第 102—108 页。——原编者

② 标题及所指出手稿的篇幅(747 页)证明,Л.Е.平斯基了解 1949 至 1950 年《拉伯雷》的修订工作。——原编者

将拉伯雷理解为这一条发展线索上的巨匠，对民间文学传统的兴趣只是作为拉伯雷创作的源头之一——且总是很牵强，因为长篇小说《庞大固埃》不能被纳入欧洲文学的“崇高”文学发展线索里，相反，巴赫金将拉伯雷视为整个“非官方”民间创作发展线索的顶峰。这与其说是研究较少的，不如说是未被很好理解的发展线索。在研究莎士比亚、塞万提斯、薄伽丘，尤其是拉伯雷时，这条发展线索的作用显著提升。“拉伯雷无法遏制的非官方性”（第 32 页）——即拉伯雷难以猜测性的原因所在，人们只是在他那个世纪以及其后几个世纪的文学主干线上对他进行了研究。

在此毋庸赘述这部书里所揭示的民间创作的“怪诞”现实主义观念。欲看到全新的问题域，仅浏览标题就足矣。这些问题以前几乎从未摆在研究者面前，它们构成了此书的内容。我要说的只是，由于阐明了这一点，拉伯雷长篇小说中的一切变得非同一般地自然和明白易懂。用研究者一语破的的表达，拉伯雷在这一民间传统里“如鱼得水”，他有自己对生活特殊的理解，有特殊的主题域、特殊的诗意语言。通常被用于描述拉伯雷创作风格的“怪诞”术语，不再成为超级反常的作家的“风格”，已经不得不谈怪诞费解的艺术家随心所欲的思想游戏和放荡不羁的幻想。更确切地说，“怪诞”术语本身，不再成为替罪羊和研究者们“官样文章的敷衍了事”，实际上它们不能说明创作方法的悖论性。神话的宇宙广度与讽刺轰动的一时性、讽刺抨击的具体性相结合，形象中的普遍主义与个体化、幻想与异常清醒的融合等——在巴赫金笔下得到完全自然的解释。从前被当作滑稽可笑的一切，表现为千年艺术习惯的规范。我本人从事拉伯雷研究多年，我熟悉国外文艺学关于他的主要著述，但我应当说，还没有人成功地对拉伯雷作出如此令人信服的阐释。

第二，摆在我们面前的是一部研究中世纪和文艺复兴时期的民间诗歌、前资本主义时期欧洲民间文学艺术的杰作。这部书的新颖之处不在于其材料，关于它的材料存在大量详尽的研究，作者了解这些文献并引用了它们,不过著述的优点,并不在所发现的传统里。同样地,在拉伯雷的研究里,这里有对这一材料所作出的新的阐释。作者从列宁关于每个民族均存在两种文化的概念出发。在民间文化里(正是在拉伯雷笔下它极为丰富多彩地“涌入”崇高文学),他使滑稽创作领域、带有其特殊的思维和形象的“狂欢节的”自发现象突显出来,使之与中世纪(不仅是封建主义,而且还有早期资本主义)占统治地位的阶级官方严肃的艺术,以及资产阶级社会的晚期文学相对立。在这种情况下对“怪诞现实主义”基本特征的描述引起特殊的兴趣(例如,“怪诞肉体”与“新的肉体”的比较,参阅第 478—491 页)。

民间性对于世界艺术的意义在这种阐释里以新的方式得到提升,远远超出了关于拉伯雷创作问题的范围。我们面临的实际上是类型学的著述:两种艺术创作类型——民间怪诞艺术类型和文学艺术类型的对立。在怪诞现实主义里,如巴赫金所展示的,表现的是时间进程的民间感受。这是伴随着世界历史活动的“民间合唱”,拉伯雷是自己时代民间合唱的“泰斗”(第 736 页)。对于真正的现实主义的创作而言,社会的非官方因素的作用(如马克思和恩格斯在对拉萨尔的悲剧的著名分析里所写)在巴赫金的著述里以全新的方式,以非凡的力量得以揭示。简言之,他的思想可归结为,数世纪以来,民间创作中在自发的形式里培养出对生活的物质的和辩证的情感,这种情感在现代接受了科学的形式。巴赫金对西方 20 世纪形式主义者及艺术研究者(沃尔夫林、沃林格尔、哈曼等人)的类型学图示的主要优势,就凸显在类型学对比的历史主义和“内容性”一贯的原则里。

我还觉察到,巴赫金的著述对于艺术中的现实主义问题有着特别的兴趣,众所周知,艺术中的现实主义在我们这个时代极有争议且具现实意义。这一著述渗透关于现实主义艺术的伟大,关于其自古相沿、对于所有时代的巨大意义。作者坚持认为拉伯雷能够“阐明”中世纪非官方艺术千年发展的作用,然而他的著作不仅对于理解晚期古希腊罗马、东方的文学,而且对于理解现代文学也引起不小的兴趣。用他的话来说，尽管整个民间怪诞现实主义“散落成碎片”，但民间怪诞现实主义的特征首次在这部书里得到了描述。其中包括，有关果戈理与怪诞现实主义的联系的篇章使探究的俄罗斯文学引起注意（遗憾的是，在现在这一版中已经没有它们了，不过它们已经保留在世界文学所最初的档案里了）。

第三，所评论的著述——是对滑稽史和一般理论的珍贵贡献。在分析拉伯雷的长篇小说时，巴赫金研究的是称之为“双重性的”笑，它有别于通常意义上的讽刺和幽默，以及别的种类的滑稽。这是自发—辩证的笑，其中出现与消失、诞生与死亡、否定与肯定、夸赞与谩骂不可分割地联系在一起，如同一个进程的两面——新的和活生生的东西从旧的和濒于死亡之中产生。因此，研究者详细研究非官方体裁中的口头话语和书面话语，其中包括骂人的话的不拘礼节的笑的性质，揭示其根源、现在尚未完全被意识到的含义。对这种材料的研究，对拉伯雷长篇小说如此重要，尤其是可查明其创作的民间创作基础，具有严格的科学性质，怀疑这种研究的必要性是伪善的。

在对滑稽的理解中，杰出的历史主义发现了作为“新的严肃性的接生婆”（第 12 页）之笑的作用以及从过去的怪物净化世界方面阐明笑的“赫尔库勒斯大力士之作”。毫无疑问，在我看来，发达的怪诞理论的优势可与这一问题最广为人知的施涅甘斯的概念相比较。如研究者所展示的，拉伯雷是笑的最伟大的大师。毫无疑问，双重性的笑的理论，会引起任何一个从事美学一般问题研究人员的兴趣。滑稽范畴的内容性、对形式主义的克服——是这一笑的理论以及上述艺术类型学中最有价值之处，在资产阶级美学里，其中包括在对怪诞的分析里，对滑稽的处理患有形式主义的毛病。

在一篇出版评语里不可能谈及在这一著述里提出的所有问题，这一丰富的著述对最为多种多样的问题均发表了丰富而细腻的意见。理解作为民间怪诞现实主义的对接的 16 世纪的艺术，对于任何一个文艺复兴时期文学的研究者来说，都将是富有成效的。怪诞现实主义生长在这一过渡时代,与在古希腊罗马影响下出现的古典主义和新现实主义一起,进入大文学。拉伯雷的作用对于理解塞万提斯、莎士比亚以及现代其他艺术家也是极具阐明意义的。特别要指出的是,对拉伯雷语言(词汇中的专有词与普通词义的怪诞融合),以及新的文学语言形成问题本身的分析细腻。

巴赫金的书首先是观念性的著作,就事实材料来看,也足够丰富。对各种不同的问题的阐明均带有不变的逻辑,均根据已在第一章里清晰地形成的一个基本的思想。著作的结构由此而来,书中的思想集中阐发,而不是前进式地平铺直叙。实际上,整个概念在每一章里都给出,但它每一次都从新的角度得以充实。统一的思想富有成效性和一贯性,在对研究拉伯雷长篇小说时产生的不同问题的解决过程中,作为所提出新理论的论据。

在此类著作里,完整的理论并非所有因素都能够同样没有争议。这是一部研究专著,作者在著作中回避了陈规旧套和别人踩出来的路径,违反了许多习惯的概念,然而,无争议的和有争议的、习惯的和不习惯的(例如,一方面,拉伯雷的民间性,其人道性、生理学现象、笑的狂欢节因素,读者已被以前的研究培养出来,能够接受这一切;另一方面,民间现实主义象征的专门语言、"物质-肉体下部"概念)构成不可分割的整体。众多的论据、大量吸引进来的文学材料、每个民族学家所熟知的民间创作的特殊本性,使每个不抱成见的读者注意到这一发达的概念,它有权成为真正的科学理论。当然,也总能找到不同意这一著作某个基本论点的评论家,但是这一著述完全无愧于作为可发表的作品,而不是作为手稿加以讨论。

摆在我们面前的是四十个印张的研究大作,作者谦虚地称之为关于往昔民间非官方艺术问题研究所迈出的第一步(第735页)。他本人认为,要解决他所提出的问题,也许,并不完全正确;但他坚持认为这一任务的重要性。很难不同意他的观点。但倘若他呈送的不是四十个印张,而是四百个印张,我也不怀疑,爱好走别人已经踩出的路的人就能找到他那未踩实的路。当然,引用四百个事实去证明拉伯雷是“人道主义者”,“他的长篇小说与民间创作有联系”更容易一些。

我还要指出阐明复杂的美学问题时明快的表述,不少地方显现出色而形象的风格,这是专家和好奇的读者会以同样的兴趣去阅读的一本书;就其内容来说,与其形式一样,它与普通的学院派著作不同。无论是它的规模还是研究性质,都不能成为其在国家文学艺术出版社出版的阻碍,因为这一出版社曾经出版过杰尔查文论塞万提斯的著述,同样规模宏大,但专门得多,写得相当枯燥。

这一著述具有学位论文的形式,还需要做某些锤炼改进。这首先是指大量的外语引文——和所引用作品的名称一样,应当把它们翻译出来。上面已经指出该书集中阐发思想的性质,它导致同一些论点和句子的经常重复。这种重复在某种程度上可以去掉。这尽管并不能彻底去掉。这源于著作的结构的重复,它们与增压的叙述风格有联系,在音调上接近于口语。

基本上完成于1930年代(从所引的图书目录可以看出)的手稿,在1940年代做了重要的修订。大量的注解、诠释由此而来,显然,它们是最后的一些补充,它们给阅读带来困难,但也可能容易转移到主要的文本(参阅第116、175、178、179、187页)之中。大量的强调之处接近于口语,应当压缩它们的数量。

与1930年代Н.Я.别尔科夫斯基著作的争论也可以压缩,简化为一般性质的某些反驳,用近几十年关于现实主义的苏联著述的评价加以补充。在手稿中常见修辞方面的疏忽:“他(拉伯雷——平斯基)是表现出启蒙时期(启蒙——平斯基)资本主义的局限性那些方面的试金石”(第179页)。在第328页,mardi gras,即*жирный вторник*(《大斋前的星期二》),误译为*чистый вторник*(《斋期第一周的星期二》)。

我们的报刊评论中对巴赫金写于二十多年前的极有价值的著作

没有得到推进感到奇怪，就我所知，它博得来自著名学者、各科学领域的代表高度赞赏的评语。它的问世对于整个拉伯雷研究是重要的事件，因为无论是在苏联，还是在外国文学中还没有出现具有同等意义的著作。

阿列克谢耶夫关于《拉伯雷》一书的评语 1963年1月15日

评语

在1938年抑或1939年[①]，根据最高学位评定委员会的建议，我当时是专家委员会的成员，我提供了一份关于巴赫金的《拉伯雷的创作》的长篇评语（将近30页打字稿），其中详细论证了授予作者语文科学博士学位的必要性。这一评语的副本我没有保留，但我清楚地记得这一杰出著述的学术质量极高。在我看来，它必定会全文出版。在这部著述里我看到作者渊博的学识，叙述亦不乏闪光之处，主要的是，立论具原创性、论据广博、论证扎实，这是此类著述里折服读者之处，并不常见且令人惊讶。

时至今日我关于这部著述的意见没有改变。我现在还认为，根据作者的这一著述，应该授予他语文科学博士学位。他没有获得它只是因为误会。

M.П.阿列克谢耶夫院士
列宁格勒
1963年1月15日

① 实际上M.П.阿列克谢耶夫的评语的四分之一篇幅，（印刷）印张标注的日期是1948年3月2日（第四卷〈1〉，第1079—1083页）。——原编者

费定致出版社社长科索拉波夫的信
1963 年 8 月 2 日

尊敬的瓦列里·阿列克谢耶夫!

我非常伤心地得知,巴赫金的书因计划过多的原因拖到明年。

不久前才得到机会能与相当多有声望的同志在报刊评论上谈论关于巴赫金著述的杰出的文化价值。然而,问题不只是巴赫金的书的特别优秀。巴赫金年事已高且生病。他的著作未能出版已达三十余年。

当然希望巴赫金的书能不必排队,首批出版。依我看,在这种情况下,哪怕很小的推迟也是不合理且不公正的。

因此我希望您能关注此事。如果您认为可以告诉我巴赫金的书的命运,不胜感激。

您的费定

1963 年 8 月 2 日

夏忠宪　译

世界文学研究所学术会议速记[①]

——巴赫金同志题为《现实主义历史中的拉伯雷》学位论文答辩

(1946年11月15日)

希什马廖夫同志:

同志们,我宣布学术委员会会议现在开始。现在,我们应当来听取申请语文学副博士学位答辩人M.M.巴赫金题为《现实主义历史中的拉伯雷》的学位论文答辩。语文学博士斯米尔诺夫同志、努西诺夫同志和吉韦列戈夫同志是这次答辩指定的评审者。

(宣读答辩人的有关材料)[②]

有没有问题和意见?那我们就来听取答辩人的陈述。

M.M.巴赫金同志:

我就不来陈述我的学位论文内容而让德高望重的诸位先生分心费神,这篇论文篇幅相当大。我已提交一份足够详细的提纲[③],但就连

① 这篇资料最初由H.A.潘科夫发表于《对话·狂欢·时空体》,1993年第2/3期,第55—102页;后来被收入《M.M.巴赫金:赞成与反对》(文选)卷一,第325—390页,圣彼得堡,2001年。——译者

② 楷体字部分为原文所有,下文也是如此。这部分内容主要为答辩时的一些流程以及旁白、插话等。——译者

③ 学位论文的提纲曾发表,见《对话·狂欢·时空体》,1993年第2/3期,第103—112页。——原编者

这份提纲也长达二十页了,在这份提纲里——当然它是以非常抽象的形式来表述的——我只能涵盖我的论文的一部分内容。因而,我就不来阐说自己的观点之实质所在,但我应该对我的论文的特点给出一些说明。

这是一部专著,但它又不完全是一部普通寻常的专著。对于许多问题——人们已经习惯于在任何一部专著里期待其答案的许多问题,在这部书里是找不到答案的。尤其是,拉伯雷的生平问题,他的小说创作史问题——这些问题在我的论文里并未得到阐明。这篇论文在其写作计划上、在其布局结构上,都截然有别于普通寻常的著作。

我将十多年的时间投入到了这篇论文上。这一时间上的持续本身已经影响到论文的一些特点。

问题的症结在于,起初——当我着手准备这篇论文时,拉伯雷在我心中并不是目标本身。很多年很多年以来,我一直在研究长篇小说理论、长篇小说史。在这里,在这篇论文中,我遇到这样一类现象:大多数文学学概念,在理论上,在历史上,同长篇小说都是完全不相匹配而并不与之等值。长篇小说怎么也不能被削足适履,而被纳入"普洛克洛斯忒斯的床"——不仅是理论文学学的,而且也是历史文学学的"普洛克洛斯忒斯的床"。我遇到了世界长篇小说在其发展的古希腊罗马阶段之整整一系列的样式,这样一些现象的样式,诸如"希波克拉底小说""克雷芒小说"[①]——这些样式完全没有得到研究。即便在那些论述长篇小说的大部头专著、那些研究长篇小说的专题著作中,甚至也可以找不到这样的——姑且就像是"希波克拉底小说"或"克雷芒小说"这一类作品的名字。举出任何一部有名的长篇小说史教程就

① 关于"希波克拉底小说",巴赫金在自己的书中这样写道:"这部小说附录于《希波克拉底文集》,它是欧洲第一部书信体长篇小说,第一部以思想家(德谟克利特)作为主人公的长篇小说,最终也是第一部探讨'狂躁主题'(爱嘲弄的德谟克利特之神经错乱)的长篇小说。'克雷芒小说'——早期基督教使徒传记文学作品,与使徒行传小说的文学形式相近。克雷芒小说的情节基于圣彼得堡与其弟子克雷芒的漂泊云游〈……〉这个作品主要取材于世俗生活的情节。"(《古希腊罗马文化词典》〈译自德文〉,第272页,莫斯科,1989年)——原编者

足够了，在那里，关于“克雷芒小说”的介绍仅有寥寥数页，而“希波克拉底小说”甚至都没有被提及。恰恰是在研究古希腊罗马长篇小说的著作中，这些作品被全然忽视了，或者，根本就没有被提及，甚至在古希腊罗马长篇小说史中，“希波克拉底小说”也没有被提及。

我要提一提长篇小说的这一样式。这并非偶然。恰恰是一些最为次要的作品——据现有的这些理论的、历史的原理之视角而被理解的作品，都得到了十分详尽而细致的阐说，而这些作品则没有得到关注。

在我对于长篇小说的理论与历史加以考察的过程中，我得出一个结论，我在这篇论文里以一种非常笼统的形式对这个结论加以表述。文学学——不论是历史文学学，还是理论文学学，基本上已被定位于我称之为文学中的经典形式的那些东西，也就是现成的、已完成的存在形式，然而，在文学中，尤其是在非官方的、鲜为人知的、匿名的、民间的与半民间的文学中，占据主导的则完全是另一些形式，恰恰是我已称之为怪诞形式的那样一些形式。

这些形式，其主要目的乃在于要以某种方式来捕捉存在——在其生成之中的存在，拥有非现成性、未完成性的存在。况且这是根本上的非现成性、根本上的未完成性与未终结性——来对存在加以捕捉。这些形式力图捕捉的乃是这个。因此，这些形式具有矛盾性与双重性，它们无法被纳入那些在研究经典文学和文学史基础上所形成的典范，这些典范基本上被定位于经典时期的古希腊罗马文学，无论是“希波克拉底小说”，还是对于长篇小说史而言有趣的“克雷芒小说”都无法位列其中。特别是讽刺这一形式，这样一种卓越的形式，单单这一形式就能够解释后来的几个世纪里长篇小说史上整整一系列杰出的但却完全没有得到研究的现象。专门探讨这一独特体裁历史的文章资料，可谓屈指可数，然而，在我们这儿，陀思妥耶夫斯基则是这一绵延了几千年的传统的集大成者。在评论陀思妥耶夫斯基的所有著作中，我还不曾遇到有人谈论像《噼噼啪啪》和《一个荒唐人的梦》这样的作品。这乃是在准确地复现这一体裁所有的技艺特点的作品[①]。

当我基于我所研究的材料而转向陀思妥耶夫斯基的时候，使我感到震惊的是，他善于重建这一卓越的体裁。这涉及的是纯历史的一面，我潜心于这一领域，一个几乎完全未得到研究的领域。当我在这个领域里漫游时，我意外地碰上了拉伯雷，在他笔下，这是一个未完结的、未完成的存在之世界，怪诞形式的世界得以在十分连贯的形式中展开，得以在两个时代——我们的、现代的意识同那个过去的时代——的交接之中展开，拉伯雷的长篇小说便是那个过去时代的延续、发展和终结。

因此，在一定程度上，拉伯雷的小说能够充当开启这一怪诞形式世界的钥匙。这一对我们来说模糊的世界，几乎是在我们的、现代意识的门槛上而得到呈现的。拉伯雷的语言——这既是我们的语言，同时又是中世纪的广场语言。在这种中世纪的广场背后，我听到罗马的农神节[②]上那模糊的语言。从罗马的农神节到中世纪的广场、文艺复兴的广场，再到拉伯雷，整整一个传统——非现成的、未完成的存在之特殊形式的传统——在延续着。这一传统，首先是在宏大的、宏伟的中世纪的、佚名的、半民间和民间的传统之中，在所谓民间节庆传统中

① 1946年8月，E.B.塔尔列在致巴赫金的信中这样写道："从您的来信得知，您打算逐步重新研究费奥多尔·米哈伊洛维奇，我甚感高兴！如果您不是以年代顺序来研究，那么，就研究一下《噼噼啪啪》，这部极为杰出的、梅菲斯特式的作品——至今还没有人认真地涉猎这部作品。在我成为那类消遣性作品的材料之前，尽快把文章发表出来吧，好让我来得及读一读。要知道，陀思妥耶夫斯基是在其去世前六年，在已患病在身的情形下来写这部作品的——这件精美的艺术品，绝对是他笔下的任何东西都无从与之匹配的。对于文学史家和批评家，这可是大有用武之地。"C.Г.鲍恰罗夫曾将塔尔列信中的这一片段发表出来，并就此补充道："在1963年问世的那部著作的第二版中，巴赫金完成了塔尔列的心愿——对《噼噼啪啪》进行了评析，可是塔尔列已经来不及去读它了。"（C.Г.鲍恰洛夫：《关于一次谈话及其他》，载《新文学评论》，1993年第二期，第84页）不过，巴赫金对这部作品之浓厚兴趣也许是"出于自身的主动"。这一过程的缘由，在学位论文答辩记录中得以揭示。（H.A.潘科夫注）——原编者

② 农神节是古罗马的一种大型祭祀活动，通常是在每年的12月17日至12月24日。在古罗马，农神节是最欢快的节日。——译者

而得以实现的,这一民间节庆传统之为现代人所知,只是在狂欢节这一形式——已经得到最多的考察的一种形式——之中。但是,狂欢节只是流传到我们这个时代的那一宏伟的、异常复杂而有趣的世界——民间节庆形式之世界的一小块。这些民间节庆形式、怪诞形象,它们直到今天也都在存活着。它们以一种被扭曲的形式而存活着。但只需走上街头,便可在街头广场的言语中随时随地听到这些怪诞的形式。

每走一步,您都可以听到非常独特的言语形式,各种各样的骂人的话、淫词秽语,等等——所有这些,无论听起来多么奇怪,当然都是一些碎片——在言谈中得以保存而存活下来的那个宏大世界的碎片。那个宏大世界,在拉伯雷笔下得到了完整而有力的揭示,因为拉伯雷对我们来说,乃是这一世界之最为完整的,而主要的则是最为清晰而最易于理解的表达者。我决定将他作为我的专题研究的对象,但他毕竟还没有成为我的主人公。对我来说,他只是这一世界之最为清晰的而最易于理解的一个表达者。这样一来,我这部专著的主人公并不是拉伯雷,而是这些民间节庆的怪诞形式,不过还是拉伯雷的创作中已为我们所阐明的、所展示的那些传统。

当从这一视角入手来研究拉伯雷时,我不得不每走一步都是在拓荒。据我估算,在我有幸提交的这篇论文中所采用而在任何一部论拉伯雷的著作中都未出现的材料,不少于百分之五十。我不得不转向完全是另一类的材料,这类材料,通常在拉伯雷研究中是不曾被使用的。

任何一个熟悉"拉伯雷学"文献的人,想必总会有这样一种印象:阅读"拉伯雷学"文献,一切都是具体的、明白的、清晰的,一切都很好;阅读拉伯雷的作品则完全是另外一回事了。"拉伯雷学"文献实际上给我们解释的只是拉伯雷作品的一些泛音。拉伯雷作品的基本音调,首先是拉伯雷作品的旋律,在这一"拉伯雷学"文献中是丝毫也未曾得到阐明的。这是怪诞形象的旋律,这是根本上未完成的旋律,这是拉伯雷笔下独特的身体形象,这是双身性,身体是作为未完成的东西而被呈现的,从一个身体中隆起另一个身体。两个身体——一个正在死去,另一个正在诞生。这是一个完全独特的世界。拉伯雷研究者们阐释的仅仅是浅表的层面,仅仅是那种被纳入“普洛克洛斯忒斯的床”而被削足适履的东西,而不是那种以历史的、哲学的概念——这些概念被定位于怪诞形象——来加以理解的东西。

为了破译拉伯雷作品的这一主旋律,我不得不转向中世纪文学。有一个观点也是众所周知的:拉伯雷——这是一位中世纪作家,当然,这涉及他的创作,但完全是其另一个方面。在我心目中,这类中世纪的佚名文学的地位得到了提升。拉丁语的讽拟作品——这是一个宏大的完整世界,这是拥有自己篇幅的那样一部大书,我能掌握这部大书的一个微不足道的一小段。这一小段乃是偶然地已经得到语文学加工的,而我在现在的生活条件下——我无法出国——只能企及比较少的一部分,那些已发表出来的作品。许多手稿,必需的和重要的手稿,落在我的理解范围之外。即便这样,已激起深刻兴趣的一定的观点,也得以形成了。

为了对这些问题的意义进行评述——我觉得,我在自己的著作中就是这么理解的——我要从完全是不久前发生的一件事谈起。那是我阅览科学院出版的《中世纪》第二卷的第三天。那里刊有福尔图纳托夫的一篇就材料而言堪称上乘之作的文章,该文是专门探讨《维吉尔语法》的。福尔图纳托夫公允地指出,他在任何地方都没有找到对《维吉尔语法》的评述。我这部论拉伯雷的著作,是在五六年前已写就并出版的,在那里,整整一页都是被用来评论《维吉尔语法》的,《中世纪》第二卷中,材料不少,但结论却是这样的:古希腊罗马时期走向中世纪这一过渡中严肃的学校生活,在那里得到了反映——这一问题是严重的,这是十二种拉丁语,所有的辩论,那些以各种不同形式进行的辩论,它们并不是由所有人来进行的,一些最有趣的争论乃是以呼格的名义来进行的。这一材料全部都是在讲已发生的事情,在这里,我们看到,譬如,《维吉尔语法》,五彩缤纷的农神节,语法形式游戏和

Пимат 的语法游戏——这在整个中世纪得以延续,并在西方的学校生活中经久不衰,一直流传到今天。直至今日,还是将所有可能的语法意义赋予变格。大多数情形下,这可以见之于西方的每一所中学,这一传统正是由此得以延续。并不是学校。并不是学校——处于古希腊罗马时期与中世纪交界时的学校,而是农神节愉快的游戏,恰恰是 Пимат 的语法。喏,这就是这一篇幅不大的专论所提出的东西①。这样一些完全不为人知的作品,为正确理解这一传统带来一线光明。如果我们不把这一作品纳入传统——严肃的传统,而是纳入怪诞的(文学),那么,它俨然是一部《圣经》,等等。在这里,这一世界的这些作品——这样一些完全未得到研究的作品——之真正的意义得以揭示。怎么可能与这个世界游戏而渐渐地耗去巨大的渊博的学识,怎么可能与科学游戏——这唯有从对农神节与狂欢节传统、对禁欲的中世纪的诙谐传统加以研究这一视角来看,才会得到理解。我不得不对这一传统加以梳理。诚然,我对这一工作的完成,还是远远不够的。很多材

① A.A.福尔图纳托夫:《谈谈拉丁语教育在未开化国家的命运》(对维吉尔语法的研究),载《中世纪》,莫斯科—列宁格勒,1936 年,第 2 卷,第 113—134 页。文章对某位拉丁语教师撰写的拉丁语语法论文进行了研究,这些论文乃是假托维吉尔之名所作。据 A.A.福尔图纳托夫之见,伪维吉尔大约生活于 5 世纪末或 6 世纪初的高卢南部,他的论文反映着"学校处于危机的、转折的关头。这已经不是奥索尼乌斯时代典型的雄辩术—语法学校。但这同样也不是中世纪早期那些由晚年的品达、阿尔昆等人所代表的教会学校。我们面对的是旧罗马学校的解体关头"(第 128 页)。与此相关的是,"维吉尔的整部语法〈……〉充斥着意见分歧与不同看法的对比。没有一种定论:一切都被重新审视,所有的观点都有争议"(第 129 页)。这些备受争议的论点之一是维吉尔的论题:拉丁语会分裂为 12 种,12 个变体——"通用的""智性的""崇高的",等等。(福尔图纳托夫倾向于将它们看成是一些不同的方言,是对标准语不同程度的扭曲)语法学家的圈子相当窄小,其中的许多人是同一家族,他们通过继承来延续这一职业。教师常常便以呼格的形式来称呼学生,而将之称为儿子。(第 127 页)巴赫金将福尔图纳托夫的这篇文章界定为"就材料而言是上乘之作",但并不赞同他对这一材料的阐说。在巴赫金的阐说中,《维吉尔语法》——这是对拉丁语语法的一部半讽拟性的学术论著,同时也是对中世纪早期的学校的卓越智慧与科学方法的一种讽拟(《拉伯雷的创作与……》,1990 年,第 19 页)(H.A.潘科夫注)。或参见巴赫金的《外国文学史讲稿》(萨兰斯克,1999 年,第 38 页)。——原编者

料我无从企及。我只是稍稍发掘出一个小角,但走得不远。

自我这部著作写就之日起,已经过去六年。我写完这部著作,就于 1940 年将它提交到这里,那还是 1940 年春。但我之进一步的探索让我相信,这些形式的意义是巨大的,比我当初写这部书时所以为的还要大得多。我在俄罗斯文学中遇到过这些形式,在俄罗斯文学中遇到过这一独特的诙谐现象。这种诙谐的笑声,不仅可以在帕拉廷[1]丘听到,在圣热涅弗耶瓦丘听到,也可以在基辅的山峦间听到。欢乐开心的僧侣游戏——它曾存在于基辅——洞窟修道院里曾存在于复活节节期。在我们的编年史中,在我们的布道中,我都能清晰地触摸到这一诙谐传统。我正潜心于果戈理式诙谐传统之考察这一问题。这一传统,直接由宗教寄宿学校里诙谐的笑而导向果戈理式诙谐的笑之独有的特征。

因而,我大幅度地缩小了主题,因而,我这部论拉伯雷的专著,就不会满足那种人——那种一心寻找全景,寻找生平,寻找拉伯雷在其最为接近的时代语境中、在 16 世纪法国的文艺复兴中究竟占据什么地位之人对这部著作是不会满意的。我的专著在这些方面是不能令人满意的。这一问题恰好在当代文献中,尤其是在阿贝尔·勒法兰的那些著作中已经得到十分清楚的考察——在那里,一部极为详尽的生平传记已经被呈现出来。在这里,在我们现在的条件下,我呢,由于远离西方的图书资料馆藏,我能做的也只有编纂。因此,我便将这一问题完全搁置在一边,可是,这一传统之作用在我这篇论文中却得以反映出来。它——这一传统——乃是我这部专著的主人公,诚如我已经说过的那样。

当然,我十分清楚地明白,在我的这篇论文中——在这里,我在大多数情况下不得不进行拓荒,有许多话语是新奇的——这一点我清楚,很多这样的话语甚至有可能显得是奇谈怪论,尤其是我的怪诞身体说、双身性说,那些意味深长的结论:最初人的身体之最古老的形象

---

[1] 帕拉廷,古罗马城的七丘之一。——译者

乃是双身性,由我在拉伯雷笔下所独特地揭示出来的斥骂与赞扬在同一个话语中的复合。话语、著作的特定风格在揭示着一种非现成的、正在形成的世界。真见它的鬼,万岁……这是独特的赞扬与斥骂,街头广场上的斥骂与街头广场上的赞扬,当我对传统加以梳理时,我能够对它们进行分辨。这仅仅为揭示出形象的话语之非常古老的现象。我们的文学史始于颂辞—赞美与讽刺—斥骂相分离之时,始于它们背后特定的对象已得以固定下来之时。拉伯雷则开启了赞扬与斥骂被指向所有人,况且还是相对的那一阶段。

所有这些要点,我似乎已经用大量的材料来支撑它们,可是,在如此抽象的表述中它们则可能会显得是一些离奇的幻想与假说。

但我以为,即使是我已能提供的这些材料,在任何情形下也毕竟是值得关注的东西,值得进一步研究的东西。尽管在一些个别的观点上存有争议,有一点我还是确信不疑——我这篇论文的结果也许是一件未竟之事,但至少我或许已能证明:这里有一件事可以大有作为,这一研究领域非常重要,非常有趣,应当投身其中。如果我已能使我的读者们相信,应当对这一世界加以思考,应当在这一领域里继续探索——这对我来说就已经足矣。谁更强,谁比我武装得更好,谁就会在这些材料上作出更多的东西。我做的非常不多,但如果我已能使人们对这一世界感兴趣,我已能展示这一世界的意义,那么,我认为自己的任务已然完成。

主席:

请指定的论文评审者 A.A.斯米尔诺夫教授发言。

斯米尔诺夫教授(宣读):

俄语学界有关拉伯雷的批评文献异常贫乏,现存以下几篇:(1) A.H.维谢洛夫斯基院士七十年前写下的一篇文章,该文在当时是出色的,但现在已非常陈旧了。(2)福赫特所撰写的一本普及性的、几乎没有什么学术价值的小册子(1914 年)。(3)苏联时期面世的两三篇纯报道性或参考资料性的文章。至于西欧学界拉伯雷的批评文献,那么,应当看到,近三十年来已涌现出非常多有价值的著作,这些著作考察拉伯雷的生平,对其作品进行版本校勘和注释,研究拉伯雷创作的源头、他对文学的影响,等等。但是,要说到对于拉伯雷创作的思想分析,对于他的艺术风格与他的世界观之本质,对于拉伯雷在欧洲思想史和文学史上所占据的地位,尤其是对于拉伯雷的现实主义实质之阐释,那么,应当说,在这一取向上,西方学界终究是做得非常少。此外,可以指出,与 19 世纪下半叶法国的拉伯雷学者(斯塔普菲尔、热巴勒以及其他人)的那些综合性的、具有深刻思想性的、真正历史性的著作不同,20 世纪的西方文学学家往往回避提出拉伯雷的创作中的这样一些总体性与根本性的问题,而宁愿选择形式层面上的一些狭隘的语文学的研究与总的说来是罗列事实的考察。

基于这种情况,拉伯雷——与但丁、莎士比亚、塞万提斯等人比肩而堪为欧洲文学巨匠之一的拉伯雷——的创作之内在本质,还远未得到揭示,在俄罗斯和苏联的文献中则几乎是全然没有得到考量。完全没有得到解释的这些问题包括:拉伯雷那些进步的人文主义思想之间的关系,他对那些封建的中世纪的观念与机构之精彩的批判,他的令人惊奇的文体和形象体系——他的语言之放荡不羁、他对性器官形象和消化器官形象之偏爱、他笔下的大量各式各样的“淫词秽语”、他的小说在布局上明显的混乱无序。通常,所有这些被解释为是拉伯雷笔下旧与新之别出心裁的糅合,被解释为是这位为人文主义的理想、文艺复兴的理想而奋斗的斗士身上那些旧的、中世纪的言语和思维习惯之残余。在 17 至 18 世纪(拉布吕耶尔、伏尔泰以及其他人)所确立的那种观点——将拉伯雷的长篇小说看成“污泥”与“钻石”之混合,高尚的思想理念与粗俗的滑稽举止之混合——现如今仍在十分经常地被重复。

有鉴于拉伯雷研究的这一境况,有鉴于俄罗斯学界有关拉伯雷的批评文献的这一现状，M.M.巴赫金这篇论文具有很大的、根本性的意义。这绝不是对于有关拉伯雷的一些知识的普及。相反，它被定位于有水平的读者，并假设其读者不仅仅了解拉伯雷的这部长篇小说本身，而且也了解西欧文化史与文学史的一些基本事实。M.M.巴赫金的这篇论文也不是致力于囊括拉伯雷创作的所有方面，而只是研究他的创作的某些特征，但却是一些特别实质性的特征，正是那些特征，有助于阐明拉伯雷的创作所呈现出的那种现实主义的特殊类型，有助于阐明这一创作在欧洲思想史和文学史上所占据的地位。总体看来，这是一部深思熟虑而具有原创性的研究，这一研究，立足于数量巨大的文本、历史—文化事实和批评著作之采用，这一研究，绝对会给拉伯雷的创作投射出新的光彩，绝对能在苏联和整个欧洲科学界引起巨大的反响。

与如今在我国占据主导的那种倾向不同，M.巴赫金把拉伯雷的所有作品从文艺复兴—人文主义的根源整个地斩断，而主要将他与中世纪的世界观和艺术传统联系了起来（为了方便起见，此处及以下的"中世纪的""中世纪"，我是指那种常常被称为"早期的"或"古典的"中世纪，即从15至16世纪到文艺复兴）。但这里所指的是怎样的一种"中世纪"呢？M.巴赫金区分了两种中世纪（在这里，他显示出进步的马克思—列宁主义的苏联学术倾向）：一种是官方的、等级森严的中世纪，渗透着唯心主义的、教会—封建的东西，充满着神秘主义和禁欲主义；另一种则是非官方的、民间的、欢愉的、冷静—现实主义的中世纪，充满着朴素的唯物主义。前者是历史时代的正面，后者是它的内容。后者——这种民间的中世纪有自己丰富的、生气勃勃的艺术，有自己独特的现实主义，这是因为它深深地渗入人性、生命过程、人类关系的本质，虽然是以一种非常独特的、民间的方式。拉伯雷的艺术所追随的正是这种民间—中世纪的现实主义。总的说来，非官方的、民间的中世纪传统整个地转变为文艺复兴时期的艺术（与官方的、等级森严的中世纪不同，这种中世纪与文艺复兴有着截然不同的界限），并且，这些传统在薄伽丘、莎士比亚、塞万提斯等人的创作中得到了清楚的体现，但它们在拉伯雷那里体现得尤为独特、完整。

官方的中世纪以恐吓、胁迫、威胁为手段来施加影响，与之相对，民间的、非官方的中世纪及其艺术则主要以诙谐的方式，以滑稽、怪诞的形象来描绘各种各样的恐怖、胁迫、损害（地狱、死亡等）。贯穿所有非官方的中世纪（晚些时候至文艺复兴）的民间节庆形象系统是这种不羁的笑的载体。在中世纪的“愚人节”（在这一节日中教会等级被整个地扭转）、“冬与夏”的游戏类型、乔装的狂欢节等中，我们可以发现这种形象系统更明显、更纯粹的形式。据M.巴赫金细致的考证，这种民间节庆形象乃是“双重性的”，即双义的、双关的，因为这些形象中的每一个都同时反映死亡与出生、创造与破坏、否定与肯定、谴责与赞美。例如，狂欢节既描绘了旧时代（广义上的旧世界）的消亡，也描绘了新时代（世界）的诞生。因此，在狂欢节中有如此之多的“内幕”，如此之多的超越——里外颠倒、反转的脸、姿势和动作。

这种民间节庆形象，这种非官方的、民俗的、民间的中世纪艺术，所把握的不是现象凝固的、完成的形式，而是其从旧到新、从过去到未来的形成。

自然而然，占据这种民俗、民间节庆形象中心位置的，是生命的最初显现——出生与死亡、饮食与排泄、受孕与生产，即那些解剖学上与消化和生殖器官系统相关的过程——M.巴赫金称之为“物质-身体下部”。从这里产生出相应民间艺术中大量的大吃大喝的、纵欲的和完全色情的形象，这些形象整个儿地沿着“自上而下”的方向运动，并且整个儿地是双重性的，同时标志着：(1)身体的破坏、瓦解、解体成部分，身体与周围的世界相混合。(2)身体的创造、出生、对周围世界的吸收，身体的增长和繁殖。类似的形象，我们不仅可以在欧洲非官方的中世纪，而且也可以在古希腊（不是“古典的”，而是民间的、非官方的希腊），以及地球上所有其他古老和现代的民族中找到。

在这一系统中，人的身体不是以自身“古典的”形式来表现（欧洲从 17 世纪开始,在“古典的”希腊教育中确立的),而是以怪诞的形式来表现。古典形式身体的特征在于它的封闭性、轮廓的清晰性、与周围世界的界限性,隆起处的柔和、凹陷处和洞口处的阴影,追求和谐与对称;怪诞形式的身体——对凸出处、凹陷处、洞口处的强调与夸张,总体上超过对其与外部世界的联系、交换、汇合的表现。我们也可以在非官方的古希腊,在所有欧洲以外的民族,以及在现今民俗、民间的欧洲艺术中找到这种怪诞形式的身体。这种怪诞形式显示出身体的生命过程在其身上不停地创造与瓦解。事实上,那种艺术的对象不是个别的身体,而是“整个的”、“民族的”、不朽的身体,因为对它而言,死亡只是新生的反面(双重性)。

拉伯雷及其集市、广场的语言起源于这些民俗—中世纪的元素,这种语言中含有大量的开场白和怪诞的重复,集市上叫卖者和骗子冗长的吆喝和吹嘘,滑稽的混杂着嘲弄(双重性)为自己的商品打广告;在这种语言中也含有诅咒、发誓、脏话,通常是些双重的(在骂人的词汇中包含爱抚或赞美的口吻)。

上述民俗和民间—中世纪的传统(有自己固有的民间节庆形象和相应的风格)应该是理解拉伯雷,不仅包括他的语言和风格、形象和音调,还包括他小说中大多数情节片段、他的手法基础的一把钥匙……该研究的不同章节分别涉及这样一些主题,如:《拉伯雷小说中的广场语言》《拉伯雷小说中民间节日的形式与形象》《拉伯雷笔下的筵席形象》《拉伯雷笔下的怪诞人体形象及其来源》《拉伯雷小说中的物质-肉体下部形象》以及《拉伯雷的形象以及他那个时代的现实》。

对于非官方的中世纪而言,这种怪诞的、民间节庆的世界观与生命观是典型的,它自身包含了摆脱官方中世纪封建教会压迫的自由,是与之斗争的一种手段。这是“笑的最高法庭”,显示出不可战胜的乐观主义与朴素的唯物主义。这正是拉伯雷——作为文艺复兴时期的一个人,作为热衷于反对官方中世纪的一分子,整个地掌握了这种民间怪诞体系,并对其进行艺术加工,以之作为对抗中世纪的压迫和蒙昧主义的一种手段的原因。他运用这一体系来服务于文艺复兴思想。除此之外,他有时公然、直接地反映文艺复兴思想,这时他的风格变得(如许多人文主义者一样)宏伟—雄辩、“严肃”,与他小说中其他怪诞的部分截然不同。这些章节,诸如包诺克拉特对高康大的教育,有关德廉美修道院的描写,高康大写给庞大固埃的一封有名的信——信中谈到由于启蒙的胜利人类进入了新纪元,谈到希望高康大通过自己的儿子获得永生。但这些只是为数不多的例外,并且这里的意识形态内容与小说其他部分并无二致,不同的只是表达的诗意和风格。

基本上,拉伯雷对已提到的这种民俗——中世纪的传统进行了综合和加工,然而,他并没有把自己的作品局限于这种旧的、千年来形成的中世纪民间世界观,这种旧的世界观只是生物学的,并不知道与时俱进。拉伯雷——这位文艺复兴思想的代言人,在旧的民间节庆形象体系中加入了时间和发展的范畴,使之具有社会性和历史性,从而深化了这一体系,并把它提升到一种更高的水平。拉伯雷对民间节庆形象体系的运用,揭示了历史过程更为深刻的意义,这一意义不仅超出了狭义上的现代性一词的范围,也超出了拉伯雷的整个时代的范围。对待战争与和平,侵略、权利、人类关系的真理,未来的民间观念,在这些形象身上得到了揭示。

以上即为 M.巴赫金的著作——这一具有深刻原创性,饱含有趣思想和极富价值发现的著作的主要内容。我认为作者成功地作出了一些探索,寻找到一条研究和阐释拉伯雷的新的、富有成效的途径。在我看来,M.巴赫金的著作第一次完全令人信服地解释了拉伯雷小说,解释了拉伯雷小说以其全部的“古怪”和“粗俗”给所有敏感的、具有艺术感受力的读者所带来的那种魅力,这种魅力的本质至今仍未被破解。不仅如此,在 M.巴赫金著作中得到发展的那种广阔的民间怪诞—民俗风格观念,为阐明许多其他文学现象开辟了广阔的前景。首先,它帮助我们整个地重建我们的中世纪诗歌的观念。其次,它把我们聚焦于那种怪诞—民俗风格要素,以及文艺复兴时期一些其他伟大作家,首当其冲的是莎士比亚、塞万提斯的世界观。最后,M.巴赫金指出,这种风格和这种具有不同寻常生命力的、稳固的世界观,可以在一些新时期作家身上,如果戈理处找到。在果戈理那里,它们同样源于拉伯雷小说的那种民间,但在这一过程中,拉伯雷对果戈理产生的影响是间接的,中间经过了斯特恩。

M.巴赫金这部著作的基本思想价值还在于,它揭示了民间形象和民间艺术的影响力,这种影响力与无政府的个人主义相对立,确认了集体思想,以及在双重意义上对不朽的唯物主义式的理解——父亲的生命在儿子身上的生物学上的延续,以及民间的社会不朽,民间连续地传承着自己的文化,在不同的阶段发展到不同的程度。[①]

我完全赞同M.巴赫金著作中的基本观点,但其中个别部分引起了我的反对或疑问,我的意见主要如下:毫无疑问,从总体上看,拉伯雷的民间—怪诞形象绝不是僵死的,而是鲜活的,但这只是总体的情况。像人类的活动、形象或思维的整个系统自身包含那些部分,这些部分正在不平衡地变得僵化和自动化一样,当下的情况也是如此,在拉伯雷的意识中,在他那里发现的所有形式的怪诞形象远非具有同等程度的生命力。其中的一些完全是鲜活的,保存着自己起初的民间—形象意蕴,其他一些保存的只是生命力的一部分,这使得它转向一种新的、启蒙—人文主义的意蕴(文学的、纯理性主义的意蕴)。第三类

① 从下一段起,A.A.斯米尔诺夫两种版本的意见彼此不同。1944年的版本要简短得多,该版中最初的意见与1946年版中(更为详细)的意见相一致:指责巴赫金把那些并不属于民间节庆的形象的东西加入其中。而第二种意见并未在答辩中重复:"另一处说明是关于著作中大量存在的'贪吃'性格的情节,这些情节会使那些不了解情况的读者反感。但这又是完全合情合理的,因为这一要素在拉伯雷的小说中扮演着重要的、基本的角色。如果说作者对这一要素所表现出的那种'过高的兴趣'是没有道理的,那是因为对它们的阐发本着科学的严格性和必要性。无视这些情节的话就不可能理解拉伯雷小说整体的艺术构思,并且从巴赫金的著作中取消它们也是不可能的,这无异于从生理卫生教科书中取消生殖系统这一章,或从民族学中取消一些野蛮民族的性生活之章节。"此外,斯米尔诺夫建议出版这部著作,建议稍微压缩一下(作品的百分之一到二),并建议一些引文不要提供原文,而提供译文(如果不是实在必需的话)。参见:俄罗斯国立图书馆文献手稿部,储存编号:527,匣号:24.——原编者

是完全僵化的，并作为这第二种——人文主义思想的载体来使用。第四类是僵化的，但没有被新的思想所填充，而只是被列为一种外部装饰性要素，仅供消遣（具有这种功能的丑角在文艺复兴时期那些思想性的、人文主义的艺术中是常见的，如在莎士比亚的一些喜剧中）。或许，还有其他一些过渡性的或混合的变体。最终，拉伯雷本人在这一方向上，在上面所列举的一种功能上，根据民间怪诞已有的形象作出的创新，可能会出现一些类似的新现象。同时，M.巴赫金倾向于整个地认为从这里出发的材料是鲜活的。【略】①

M.巴赫金的著作是递交来申请语文学副博士学位的，毋庸置疑，它达到了这一水准。但我以为，可以授予他更高的学位。根据这一著作所有的特征——从规模上看，从作者所显示出的博学来看，从个人的研究方法来看，从特别的价值，著作中所包含的科学思想和观念的原创性和丰富性来看——这一著作不太像一篇副博士论文，而更像是一篇博士论文。因此，我提议授予M.M.巴赫金语文学博士学位证书。

列宁格勒大学教授，苏联科学院文学研究所老同仁
语文学博士 A.A.斯米尔诺夫

主席：

下面请指定的论文评审者努西诺夫同志发言。

努西诺夫同志：

A.A.斯米尔诺夫极大地减轻了我的任务，他对M.M.巴赫金的论文作了详尽的评鉴，我尽量使自己的发言简洁些。

（宣读）俄罗斯的拉伯雷研究增添了一部力作。可以说——而这样说，我并不怕低估A.H.维谢洛夫斯基院士的《拉伯雷及其小说》的

① 此处的【略】为译者略去原文的部分，下文也是如此。如未特别加“略”字样的省略号，为原文中的缩略。——译者

价值——在M.M.巴赫金这部著作之前,俄罗斯文学学界还不曾有过如此精细翔实而有分量的拉伯雷研究。

M.M.巴赫金给自己提出的任务是阐明Φ.拉伯雷的小说《高康大与庞大固埃》(一译《巨人传》)在现实主义历史中的地位。M.M.巴赫金在其论文的开头对俄罗斯学界有关拉伯雷的文献作了简要的述评,他同别尔科夫斯基教授展开辩论,后者把拉伯雷看成是——用别尔科夫斯基教授的术语——"公民现实主义"的奠基者之一,认为拉伯雷发现了一个"物欲的世界"。根据自己的学说,H.别尔科夫斯基教授把拉伯雷创作的所有特点同"公民现实主义"关联起来,换言之,同资本主义社会的形成因素关联起来。M.M.巴赫金否定了这样一种观点:现实主义,"即使最原始的与最庸俗的"现实主义也只能与资产阶级一同诞生。他关注所谓的"哥特式现实主义"对于文艺复兴时期整个文学尤其是对于拉伯雷创作的意义。通过对拉伯雷的话语—形象整个系统与其诙谐特征的精细分析,M.M.巴赫金展现出拉伯雷的创作在何种程度上根植于中世纪的现实。他揭示出在中世纪的那些民间节庆与游戏中以及在市民大众、庶民大众的全部日常生活中,蕴藏着多少后来拉伯雷的伟大作品从其中孕生的那些元素。

在其论文第一章《拉伯雷与民间文学及哥特式现实主义的问题》中,作者坚持自己的这一看法:"哥特式现实主义并不是简单地对高雅层面的现象加以降格和讽拟,而是把它们转译成物质-肉体的层面。"这"使得哥特式现实主义同诙谐的民间文学所有的形式相亲近"。

巴赫金以一系列取自绘画艺术领域的例子,尤其是以老布勒哲尔和希罗尼穆斯·波希的绘画为例,揭示出文艺复兴时期的绘画也运用了那种独特的、被故意简单化了的身体观念,这种观念在拉伯雷小说中以一种更为完备的样式被体现出来了。

在第二章里对拉伯雷的讽刺特点加以考察时,作者仍把拉伯雷的诙谐与整个中世纪的民间文化关联起来。他指出这一事实:"民间诙谐文化和哥特式现实主义的诙谐,曾生存于官方的高雅的中世纪文学和意识形态领域之外。但正是基于自己这一非官方的存在，中世纪的诙谐文化具有极端激进主义、自由的与无情的清醒之特点。”

中世纪文化中的诙谐的这些特点，使得它成为文艺复兴的激进主义在其中得以萌芽生长的良好土壤。拉伯雷采用了在中世纪已经存在的那些讽刺元素，而对它们加以深化、尖锐化与普遍化。

M.M.巴赫金揭示出，拉伯雷笔下的广场话语、民间节日的形式与形象、筵席形象、怪诞的肉体形象、整个的隐喻性，都是如何由中世纪民间大众的日常生活的那些相应元素、由中世纪节庆的那些相应因素、由整个中世纪反教会的民间游戏中的那些相应元素孕生而来的。巴赫金既广泛地采用中世纪日常生活的那些元素，又广泛地采用那些得以保存下来的古代文献，而揭示出拉伯雷创作之深刻的民间根源。巴赫金确立了拉伯雷在文学上和思想上对于曾发生于民间而孕育出文艺复兴的那些反教会、反宗教进程的承传性。

通常，人们将拉伯雷看成是一位面向新时代的人物。拉伯雷——这是一位旧秩序的破坏者，一位为新的、文艺复兴的意识而献身的斗士。M.M.巴赫金确立的是，拉伯雷之所以成为文艺复兴的经典作家，其原因不仅在于他举起了新时代的旗帜，而且在于他经典地终结了这场斗争——人民在几个世纪里还曾一直在进行这场斗争。

M.M.巴赫金的考察之巨大的正面价值正在于此。拉伯雷在我们面前不仅呈现为一位伟大的首创者。文艺复兴时代的这位讽刺巨人之形成的规律在这里得以揭示。

但论文的某些不足也由此而来。由于M.M.巴赫金整个身心都被自己的主要理念所占据，而极力揭示出拉伯雷小说的起源，其历史继承性，他绕过拉伯雷之直接的文学环境问题，拉伯雷与其最近的先辈和同时代人之间的关联问题。拉伯雷是在法国文艺复兴的氛围之外而被呈现出来。这样一来，拉伯雷对于法国乃至整个欧洲文艺复兴之后来的那些阶段的意义问题，阐释得不够充分。

作者把整个注意力都集中在对拉伯雷之前的民间文化和民间意

识的发展线索的阐释上，这导致他极少关注“德廉美修道院”之于拉伯雷小说的意义问题。他也很少驻足于拉伯雷同经院哲学、同中世纪的科学所进行的斗争。更为遗憾的是，作者自己十分清楚“时代所企及的进步与真理的程度之受局限”是如此之深。他正确地断言，“未来之更为久远的前景对欢乐的民间话语是敞开的，即使这一前景之正面的轮廓还会是乌托邦式的与朦胧不清的”。

M.M.巴赫金的一些个别观点——不论是在文学史层面上的还是一般方法论层面上的——还是有待商榷的。M.M.巴赫金有时并没有充分的理据而过分地进行比附——将拉伯雷的小说与小说中的某些母题同后来的文艺复兴时代的文学中相应的一些现象，尤其是同莎士比亚加以比附，甚至同现代文学加以比附。

譬如，作者写道：“庞大固埃面对那些不可避免的角状物的恐惧，乃对应于广为流行的神话母题——面对儿子的恐惧，一如面对不可避免的凶手与盗贼。”接着，他把普希金的《吝啬的骑士》也列入这一神话母题。男爵“知道，儿子在其自身天性上就是那个将在他死后而活下去之人，那个将主宰他的财产之人，也就是凶手与盗贼”[①]。这种解读就失之于简单化了。男爵同儿子彼此之间的关系根本不是源自这一神话。它们乃是受制于极为复杂的社会—哲学问题。

要说果戈理的诙谐，尤其是在他这样一些作品——诸如《塔拉斯·布尔巴》，或《狄康卡近乡夜话》——里的诙谐，乃是由那些民间的、集市的、节庆活动的因素中孕生的，这是没错的；但是，要说它们最初的源头是哥特式现实主义，要说果戈理的幽默是由“哥特式现实主义在乌克兰曾经非常强大而生机勃勃……”这种语境所培养的，这就不对了。

---

① 在努西诺夫的这段征引中，巴赫金的这一见解是同他对杀死儿子这一题材与弑父这一母题的解读相关联的，甚至还要更为广泛些——是同俄罗斯的俄狄浦斯故事，同巴赫金世界观的语境之中所含有的“有罪愆的世界状态”这一未曾得到表述的术语所能说明的那个内涵相关联的。参见：《巴赫金文集》，第5卷，第85—86、133、346、359、363、376页，1996年。——原编者

果戈理的诙谐是由乌克兰本身的现实生活所养育的，而不是这些由西方带过来的文学影响所养育。

然而，M.M.巴赫金这篇论文主要的内涵并不在这些推断之中，因而不应当根据它们来评价这篇论文。

M.M.巴赫金的这部著作，乃是一位严谨扎实的学者、学养深厚的博学之士的著作，这部著作对世界文学史上最伟大的丰碑之一作出了独到而全新的阐释。

要说一句：作者已达到语文学副博士学位水平——这乃意味着要作出一个对他的著作评价过低的结论。[1]

我想，我们可以联名附和已经被提出来的这一动议：以这部论文授予 M.M.巴赫金博士学位。M.M.巴赫金虽写过很多著作，但没有学位。他不曾修过副博士学位必修课程，他非常优异地通过了这些课程。我记得有好些论文，一些学者的十分有价值的论文，那些学者都不曾修过副博士学位必修课程，而我们曾授予他们博士学位。然而，就是在这样的一些论文中，M.M.巴赫金的这部论文也是对学术史的一个极为巨大的贡献。我附和这一已经被提出来的动议：授予 M.M.巴赫金语文学博士学位。

吉韦列戈夫同志（宣读）：

有关拉伯雷的著作是十分丰富的。近三十年间以拉伯雷为专题的研究著作尤其多。不久前去世的非常著名的法国学者阿贝尔·列弗朗，曾带领一群同事与学生认真地投入到对拉伯雷的创作及其时代相关联的那些问题的研究。已有大量专著出版，已着手编选新版的拉伯雷作品集，其中不乏就其评点与注释之丰富而言堪称样板的、经典的版本，两次世界大战中断了这一版本的出版；专门研究拉伯雷的一

[1] 这一段是手写而添补上的（参见：俄罗斯国家档案馆，储存编号：9506，编目号：73）。下一段是评阅书中没有的：努西诺夫没有宣读这一段，这是他附和斯米尔诺夫的意见即兴说出的。——原编者

份杂志已创办起来。用于研究这位法国文艺复兴最有才华的代表性人物创作的材料,已经被充分地发掘出来,用出色的研究方法武装起来的批评,则阐明了拉伯雷学中的许多盲点。在这样的情形下,要着手进行一个以拉伯雷为专题的新的研究,又是在与西方的图书馆藏的交流被硬性断绝的条件下,要着手进行这一研究,这确实是一个胆识过人之举。M.M.巴赫金清楚自己这是要做什么,他这人对拉伯雷学的全部文献可是有着足够广泛的了解的,而仍然抱定主意做这一研究。何止是抱定主意!我觉得,他已完成他给自己提出的这一极为艰难的任务。

他的研究绝不是对西方专家所做工作的重复。他并没有去写一部系统地考察拉伯雷生活和创作的书,因为这样一来就意味着去重走别人已走过的路。这是他最不愿意做的事。他给自己提出的研究目标是完全独特的,而使它沿着不论是在我国,还是在西方尚且都还是无人问津的路径展开。他这部鸿篇巨制由以下几章组成,仅仅将它们列举出来就可以看出他这部论文完全是独创的。这些章节是:1.《现实主义历史上的拉伯雷》。2.《诙谐史上的拉伯雷》。3.《拉伯雷小说中的广场语言》。4.《拉伯雷小说中民间节日的形式与形象》。5.《拉伯雷笔下的筵席形象》。6.《拉伯雷笔下的怪诞人体形象及其来源》。7.《拉伯雷小说中的物质-肉体下部形象》。8.《拉伯雷的形象以及他那个时代的现实》。

从这些章节的目录就可看出,这部论文仿佛是按照辐射状的路径来构建的,这些路径都汇聚于一点,而由这一点不均匀地延伸开去。作者在材料的驾驭上游刃有余,完全不落窠臼。他给自己确立任务,搜集事实来解决问题,在每一环节上都将自己的研究落实到位。然而,在他的研究中清楚地显示出一种指导性倾向:他竭力揣摩艺术家拉伯雷的面貌,从更为久远的文化之不同视界来走近他。他觉得,持有这种倾向完全是有意而为的。或许,在M.M.巴赫金看来,从文艺复兴的立场来揣测拉伯雷,已经有过不止一次的尝试,给出了一些基于现有的材料而有可能获得的结果。相反,从与中世纪的世界观和艺术问题之关联中来揭示拉伯雷的创作,则可能给他提供新的材料而对拉伯雷的创作加以新的阐说。在这方面 M.M.巴赫金作出了许多探索。他的论文的这样一些章节,如《诙谐史上的拉伯雷》《拉伯雷小说中的广场话语》《拉伯雷笔下的怪诞身体形象》,将拉伯雷小说中的一些具体要素同中世纪文化的那样一些元素密切关联起来。至少是像巴赫金所作出的这样系统地将两者密切地关联起来,还从未有过。我觉得,如果 M.M.巴赫金的这部书能够被翻译出去,它恰恰是以其中的这些部分而会让那些最大的拉伯雷专家感兴趣,让他们感到新颖。我们这位作者在方法上的特点之一就在于,他以非凡的毅力执着于他从一开始就拟定了的路径,为了对之实际例证,他孜孜不倦地搜集材料——从所有可能的科学领域,尤其是从拉伯雷时代的文学和艺术领域搜集材料,还从中世纪的不同时期搜集不可胜数的大量材料。

每当涉及这样的鸿篇巨制,自然,其中总不乏可争议的方面。M.M.巴赫金的这部著作也是如此。譬如,在这部论文的每一章中都如此执拗而惹人腻味地浮现出那一见解,对于拉伯雷几乎具有神秘的重要性的观念——巴赫金称之为物质-身体下部,我觉得,这可以说是过分夸大的。拉伯雷小说中的那些特点——那些特点,在我们这位作者笔下被冠以这种臆造—矫饰的名称——最终被归结为十分平常的、在他的那些前辈的著作里早已得到确定的那些东西,虽然那些东西对拉伯雷而言确实是重要的:对大自然中和人身上之物质的与肉体的元素之推重。恐怕未必需要如此刻意详细地定位于这一肉体元素之源头而对之加以解释,一如这篇学位论文中所作出的那样。

我想重申一下,每当涉及这样的鸿篇巨制,一如巴赫金的这部论文,可争议的观点之存在,几乎是不可避免的。尤其是在这种情形下,这部研究著作乃是沿着真正原创性的路径而被建构出来的。

我非常希望巴赫金的这部著作能得以出版,希望它的出版不会被遥遥无期地拖延下去。届时,在准备自己这部著作的定稿本之际,如果能够给自己这部极为有趣的著作增加第九章,M.M.巴赫金就会做得更好:在这一章中,拉伯雷的创作与思想所具有的文艺复兴时代的本质将会得到应有的充分的提示，拉伯雷小说在法国文艺复兴时期文学中的地位将会被置于他那个时代人文主义者与神学者的争论之复杂的交织之中而得到阐明。这部著作只会因此举而受益。此外，我觉得，如果能够淡化——哪怕只是稍微淡化他那个物质-身体下部的理论之雄赳赳的气势，作者就会做得更好。

然而，当我看着摆在我面前的这部丰厚的、充满着如此广博学识、见证着对方法之出色的驾驭的著作之时，直截了当地说，面对这一部十分有才华的学术著作之时，我在考虑：难道语文学副博士学位足以配得上对这篇论文之价值的确认吗？我觉得，这一学位对于巴赫金同志是低了。我愿意提议世界文学研究所学术委员会对巴赫金这篇学位论文值得授予语文学博士学位加以确认，并启动相应的请求授予他这一学位的程序。①

在这里，已有学者对M.M.巴赫金这篇论文进行了评鉴。我想再做一点仅仅是小小的补充。对我来说，M.M.巴赫金著作中最有价值的地方在于其渊博学识与心窍着迷——学者之真正的沉潜——之独特的结合。这种巨大的渊博学识，乃是一种毁灭性的、不讲情面的博学。正是这种博学，给M.M.巴赫金提供了去获得那些出色的结论之可能性，而这些结论在很大程度上移动了先前的学术界在拉伯雷研究上所提出的所有为人所知的重心。这当然是一种巨大的收获，而我也认为，他对自己的基本理念——他在简述中如此出色地陈述的那一基本理念——之心窍着迷，帮助他获得了这一成果。而从另一方面来说，所有的一切——在我之前的两位同志据之而对他加以指摘的那些问题，以及我据之而对他加以指摘的问题，也可以用这份心窍着迷来加以解释。心窍着迷之人，是并不在意那种手握铅笔专注地挑错者精细地标出的那些东西的。

① A.K.吉韦列戈夫的书面评阅到此结束。（参见：俄罗斯国家档案馆，储存编号：9506；俄罗斯国立文学与艺术档案馆，储存编号：2032。）接下来，吉韦列戈夫做了口头陈述，对自己评阅书中的一些话题进行发挥，声援斯米尔诺夫和努西诺夫提出的动议。——原编者

我认为，在细节上同他进行论争是没有必要的，在细节上是可以〈无休止地〉进行论争的。喏，我会对这样的东西——对具有双重性的物质的下层题材的推重和赞许——提出不同看法。但关键并不在这里，主要的东西他可是论证了的。他论证的东西仿佛是简单的，但与此同时，要是同那些迄今为止已知的东西加以比较，可就是非常重要的了：民间元素，民间智慧、民间创作的元素，民间故事、民间日常生活的元素，在整个中世纪的岁月里从来也不曾沉寂，尽管整整一千年期间这种官方的中世纪的这座建筑的正面是禁欲—教会的，它似乎遮蔽了整个这一潜在的下层的生活，而这种生活并不逊色地在流动着，在沸腾着，在积蓄着创作的材料。由此而出现了拉伯雷，通俗地说，M（巴赫金。——译者）掀起（正教僧侣的）长袍，给这建筑的正面以重重的一拳，一切都散架了，民间自发的生命力顿时涌现出来，它不仅孕育了拉伯雷的小说，也孕育了文艺复兴时代的整个意识形态。如今对我们来说，文艺复兴时代的意识形态中最为珍贵的东西就在于，它将民间自发的生命力之中所有最有价值的东西都吸纳于自身。

这是怎么完成的？我不知道。我不认为，要是我断言这一过程——民间自发的生命力对于文艺复兴时代的意识形态之孕育过程，迄今为止没有得到如此系统的展示，我这是在抛出某种无稽之谈。米哈伊尔·巴赫金掌握了事实，凭借巨大的辛劳与这份全身心的沉潜，最终得出这一精彩的结论。这是从来也不曾有人做过的。如今，民间自发的生命力孕育文艺复兴时代的意识形态之实际过程已得以明明白白地呈现在我们面前。它从来也不曾消亡，它总是存活着，它在积蓄着，由于拉伯雷之天才的直觉，它好像突然间释放出来，它进入文艺复兴时期三部作品之一——它们既不是文艺复兴最早期的，也不是最晚期的，而正处于这一巨大的文艺复兴浪潮的波峰上——文艺复兴时代的意识形态在这里得到了它的一个最为出色的宣示。

如今，这一点已是有目共睹，即便是最有成见的人，在M.M.巴赫金作出了他的这一研究之后，这已是显而易见的。当然，不能对他提出任何一类可能会包含着一种抱怨的要求：抱怨 M.M.巴赫金没有重复那些旧的研究拉伯雷的著作中的任何路径——生平，对拉伯雷的思想的系统考察。所有这些在他之前曾在重复，他却不喜欢走别人已经走过的路。

但是，正如我的两位同志已经指出的那样，有一件东西，M.M.巴赫金没有，而且是十分重要的东西。文艺复兴与文艺复兴时代的意识形态终究不是由中世纪文化所确定的，而是确定于这一点：中世纪文化中存在两种彼此敌对的取向：官方的取向同民间的—反抗的取向，后者孕育着中世纪文化。官方的取向成为论战与最残酷的斗争的对象。但愿 M.M.巴赫金再写一章，在那一章里会采用那些材料——那些材料不仅确定拉伯雷站在文艺复兴时代的斗争中的风口浪尖上这一位置，而且也确定他处于他生活、工作和创作于其中的那个年代的社会集团之间残酷较量中的风口浪尖上这一位置。

在拉伯雷生前，自 1525 年而开始有宗教斗争，这斗争反映着政治性的矛盾。

1525 年，法兰西斯一世被俘时，第一批异教徒被施以火刑，1545 年又有很多异教徒被烧死，1546 年多雷被烧死。拉伯雷当时就在那里，就在这些火堆旁。他既不愿追随多雷，也不愿追随异教徒们去赴汤蹈火，而是做自己的事。这就营造出那样一种氛围，那氛围本应被界定为自发的反抗力。并没有这样来做。这是可以做的，因为巴赫金同志在他的这部著作中所展开的那个纲要会往这个方向引领的。我认为，M.M.巴赫金只是没来得及这么做。如果他真这么做了，那么，关于拉伯雷的整个研究就会呈现出一种更新的亮点，就会变得更有说服力，而这是我很乐于见到的。我最大的愿望是这部论文能够尽快面世。它都已经搁在那里六年了，他也没有去碰它。但试想一下，像这部论文这样的一些已写就的东西，这样深思熟虑的，这样将渊博的学识与全身心的沉潜富有成效地结合起来的东西，难道有很多吗？那么，当然希望它得以面世！

而且我以为,在我们今天对米哈伊尔·米哈伊洛维奇这部论文所做的决议中,我们最好能关注这一方面,关注到这一点:这部论文要尽快得到出版——诚然,四十个印张,这很难出版,但科学院出版社如今能提供某些它以前无法提供的技术上的可能性,要是给出版社施加一点压力的话(*旁白:给整个学部的是二百四十个印张*)……应该动用某些特殊的办法。

至于说到最终决议,我已经在自己的评阅书上写到,我同意亚历山大·亚历山德罗维奇和伊萨克·马尔科维奇的意见。给这样一部论文授予副博士学位,当然是可笑的,这部论文显然值得授予语文学博士学位。我认为,要是去启动相应的申请程序,那么,学术委员会就是作出了正确之举。

宣读塔尔列院士的评阅书:

M.M.巴赫金论拉伯雷的这部论文是第一部用俄语撰写的关于这位作家的学术著作,就其构思与完成的新颖性和原创性来看,它也是世界范围内相当丰富的论述拉伯雷的著作中最有价值的著作之一。

用俄文写就的这部著作的作者展现出非常渊博的学识,以十分确凿的证据将拉伯雷的创作不仅与其直接的源头,也与其遥远的源头关联起来。诸如拉伯雷对17世纪、18世纪文学史的影响这样一些章节,写得非常出色。

这部著作的结构本身很有原创性。题目抓住了,拉伯雷对这一组题材之内在的、富有诗意的兴趣何以如此敏锐得到了阐释:譬如,对于节庆形式与形象之兴趣,对于民间言语中口头语的脏话与文体的降格之兴趣,对于筵席形象与这些形象在民间创作中的角色之兴趣,等等。拉伯雷的文学的讽刺倾向在M.M.巴赫金那里得到精细而独到的揭示。在巴赫金那里,一些具体的论题,类似于对拉伯雷笔下怪诞的身体(与东西)形象的分析,从来不是干瘪的、浮于表面的、纯形式的解说,而是同他笔下对内容的分析、对拉伯雷的文学带入16世纪文学的创新之革命的与革命化的含义之强调，密不可分地结合在一起。俄罗斯的文学史家们，毫无疑问，对作者在拉伯雷与果戈理之间确立的关联与平行关系是会产生兴趣的。在我们所审阅的这部论文中，作者笔下的拉伯雷实际上就是那种“大文学”，中世纪那个时代的非官方的、未得到认可的，时常遭受迫害的“笑”最终成为这种“大文学”，这种笑“包罗万象”，与“自由和真理”相关联，与死气沉沉的经院哲学势不两立，与残忍的狂信与教会的伪善不共戴天，但就是没有获得被公认的“大”文学那种强大的影响力。

我们觉得，专治文学形式的史学家们，尤其是罗曼文学、民间文学的研究者们（研究拉伯雷的专家们，自然，更不用说了）在这一部学术著作中，都可以为自己找到不少新的、非常有价值的东西。

作者展现出极其渊博的学识和相当强的思维独立性，这既体现于他这部著作的结构上，也体现于对待具体章节论题的切入视角上。我非常希望这部论文能得到出版，并被翻译成法文，而使它成为世界学术界之使用与评论都可以企及的著作。

苏联学术界有权欣然表彰这一研究，将这一研究列为自己的成就。

从这部著作的阅读中得到的总体印象，就是这样。

苏联科学院院士

E.B.塔尔列

（与原文无异：秘书 B.米亚斯尼科夫。）

【略】[①]

① 以下略去的是两个人的发言。一是 M.П.捷列亚娃的发言，这一发言满篇是十足的庸俗社会学的观点，当时就引起嘲笑；一是基尔波金的发言，他不同意斯米尔诺夫、努西诺夫等人对这部论文的肯定，而认为这部论文不符合党中央关于意识形态工作、关于文学研究中的政治原则的决议所提出的要求。这一发言当时也引起了反驳。——译者

基尔波金同志：

鉴于辩论中不仅涉及论文本身，也涉及论文评审者的评价，那么，诸位评审者，如果愿意，尽可发表看法。

【略】[①]

米哈利奇同志：

我想说几句。就这部学位论文的实质我无法多说，因为我不认为自己足够在行，但我觉得，有一点是十分清楚的：我们现在谈论的乃是苏联文学学中的一个非常重大的现象。

我看过这部学位论文，而不仅仅是根据别人的评阅书和论文的提纲来了解它，给我的印象是：思想的发展、论证的过程、与中世纪的那种关联——这种关联已引起前面几位发言人这么多的争议，一点也没有遮蔽巴赫金要在自己的论文中加以证实的那种基本的与主要的东西。巴赫金同志要确立拉伯雷的继承性，确立那些潜在的和未被关注的力量在他的创作和活动中的体现，而这些力量能够改变我们的一些根本性的观点。我觉得，在这个层面上，这部学位论文——在其准备过程中采用了极为丰富的资料，它不仅仅在见证作者博学多识，也在见证作者极为出色的分析才能——分明是一个出类拔萃的现象。

在最近这段时间，我有机会评阅很多部申请副博士学位和博士学位的论文，这部学位论文——乃是一个事件，很难与其他的论文相提并论的事件。

我以为，已经出现的一些不解，尤其是第一位评审者的发言，同那些我们十分经常地患有的一个毛病相关——对学位论文作者所使用的那些材料不够熟悉。我想，我要是说出一种相当普遍的情境，并不会令任何人觉得委屈：学位论文作者所知道的，是要比他的某位听众

① 以下略去皮克萨诺夫、Н.Л.布罗茨基的即兴发言，这两位事先并未阅读巴赫金的学位论文，其发言不过是随性发挥，皮克萨诺夫指责巴赫金没有看出人文主义的、前进的拉伯雷，因而他的论文乃是对拉伯雷的贬低；布罗茨基则绝不同意巴赫金有关哥特式现实主义的价值在于同民间文学的关联之见解。——译者

要多得多,而面对眼下这一情形,我们就应该完全承认这一点:许多在中世纪、西欧文艺复兴领域里耕耘的专家,并不拥有这部学位论文的作者在其论文里所展现的如此宽广的视野、如此渊博的学识与这样一种分析路径。

我不想让第一位发言人感到委屈,这一位,十分显然,不过是引用了有关拉伯雷的俄文文献中现有的东西,但是,必须断然撤销出自第一位发言人口中的某些指责:这部学位论文似乎不符合现如今基于一系列家喻户晓的决议而对苏联学术、苏联文学学所提出的那些要求。在此我们应该十分肯定地指出,这部学位论文里并没有这回事。如果说,有某些缺点,有一些不足,那也是每一部著作里甚至多卷本的著作里,甚至是学者们在二十五至三十年的岁月里都一直投入于其中的那些著作里也不可避免的,然而,以我之见,问题已得到出色的研究与充分的论证。

我不认为自己有权来议论这个话题——巴赫金同志究竟是应该被授予副博士学位,还是博士学位。我认为,他作为一名勇敢的文学史学家,作为一位真正的革新者,作为一位真正的人,无愧于受到最高的称赞,他力图开拓出新的道路,而根本没有轻视成为我们主导性的方法论的那种方法论,也完全没有回避第一位发言人的言语里被如此蛊惑性地指出来的那些问题。

【略】[①]

吉韦列戈夫教授:

同志们,我觉得,要对他人和自己提问,要在学术论文里已经写出的文字中看出一些疑点,最好的办法莫过于将这部学术论文通读一遍。而如果你还没有读完,或者你只是听到提纲,抑或只是听到其他

① 以下略去冯凯尔施坦、多姆布罗夫斯卡娅的发言。前者自称他没有阅读巴赫金的论文,但认为前面几位对巴赫金的那些指责是没有根据的;后者则自称没有读完巴赫金的论文,但附和皮克萨诺夫的指责,竟然断言作为讽刺家的拉伯雷在巴赫金笔下是无影无踪了,而当场受到哄笑。——译者

同志的肯定与否定的发言，就永远也不会获得有关所写的东西之清晰的图像。而且我以为，首先应该去熟悉论文，此外，还需要会阅读任何一部论文。不然就会出现这样的局面：在这里已发言者当中的某些人说了，他们看过论文了，而对于这部论文里最为本质的东西，他们却没有看出来，他们反倒看出论文里并没有的东西。

比如，在对巴赫金同志这部论文已经进行批评的那些发言者之基本的论题之一就在于，巴赫金同志的这部论文里没有任何地方提及阶级斗争，甚至连一点点阶级斗争的气息都没有。另一个论题是，这部论文里没有任何东西会揭示出巴赫金同志笔下那种民间自发的生命力之批判性的方面，没有任何东西涉及我身为这次答辩指定的论文评审者在发言时已谈及的那种反抗。应当对所写的东西好好地去通读一遍。这一民间世界观的构成之中有什么东西，对中世纪文化那些基本的官方要素——神学、王权、教条、天主教教会的专制之民间态度的构成之中有什么东西，在巴赫金同志笔下已经得到论述——人家已经从遥远的年代讲起，已经从 5 世纪与 6 世纪开始讲起。

而且这一点与那一点——可都是真正的讽刺，针对教会的讽刺，而中世纪的教会则是中世纪整个官方世界之意识形态的支柱。

……而针对中世纪这一堡垒的正是这种来自底层的批判，这种批判，在那些拉丁语诗人的讽拟作品中开始出现，而体现于“复活节的诙谐”①，体现于愚人节的活动内容。而这些东西——针对那种护卫着中世纪的意识形态之阶级基础而出现的东西，针对教会而出现的东西，难道这不是一种反抗吗？如果说，教会是在护卫着中世纪世界的基础——封建制度，针对它而出现的民间的诙谐——难道这不是一种斗争吗？应该会阅读，这在书中是有的。所以，与民间的诙谐，这一具有反抗性的、起源于拉丁讽拟作品的民间诙谐，得到进一步的展开，就会出现扎克雷，就会出现奥托起义，就会出现胡斯分子的抗争，就会出

① “复活节的诙谐”源于 15 世纪的巴伐利亚的一种风习。在天主教的复活节期间，人们说一些幽默故事而引发诙谐的笑，对教会教堂里的圣器进行嘲弄。——译者

现所有的城市的与农民的民间运动，它们总是与宗教相关联。没有哪一场农民的与城市的起义不曾与宗教因素相关联。这总是如此，这是一块硬币的正面与反面。难道米哈伊尔·米哈伊洛维奇应当如此详细地谈论所有这些，以至于让读预科班的学生们都能明白吗？在他笔下，这一切全都得到论说，这种阶级斗争是存在的。指责他没有注意到阶级斗争——这意味着，这部论文没有被看懂；而以这样一些对于每一位马克思主义学者都不言而喻的东西在这部论文里被忽视了而来竭力诋毁这部论文——这意味着，此乃怀有成见之举。

接下来看另一点。有人指责米哈伊尔·米哈伊洛维奇很少谈论文艺复兴之正面的意识形态。我在自己身为这次答辩指定的论文评审委员的发言中已经说过，我非常希望，在他的笔下这样一些东西能被关联起来：对于法国文艺复兴，对于整个文艺复兴都是典型的那些东西，诸如文化运动的追随者之雄赳赳的好战性——这在人们走上篝火这一举动中得以体现，诸如围绕着哪里有高层的意识形态、哪里有宗教意识形态这些问题——这些问题将同一个法国的文艺复兴运动的那些代表们分隔开来——而生发的阶级斗争。这本是需要做的！

但是，有必要强迫一个人来谈论文艺复兴是什么吗？如果他已经极其清楚地知道，这早就被人谈论过了，何必要去重复呢。他自有任务，他给自己提出的那些任务，在这些任务中他觉察到整个拉伯雷研究中的一些空白，这些问题，无人问津，而文艺复兴时代文化之宏阔的图景，谁不知晓？它在许许多多西方的和我国的著作中，在许许多多的言谈中，已得到揭示，他没有必要在这条路上再走一遍。我想重申一下，他不喜欢走人家已走过的路，这是他的权利——应该承认，学界在这一方面已经获得一些东西，而且是毋庸置疑的东西，因为文艺复兴时代文化的这一图景，自 A.H.维谢洛夫斯基开始，至法国的那些拉伯雷学者的全部研究，已经被描述出来〈……〉

他不需要做这件事。我认为，这里已经表述出来的那些反驳和非议，质疑和推论，未必应该动摇我的同志们——这次答辩指定的论文评审者、我,还有未能在这里出席的塔尔列院士已经表述的看法。

我一点也不动摇自己的看法,这次答辩指定的论文评审者的声明也没有“煽动”我。我坚持第一次发言是已经表达的观点。

斯米尔诺夫教授:

尊敬的同志们,我将说得简短些,这部分地是因为要在这里把一切都说透根本上就不可能,再加上由于这里的“争执性的”气氛,我已非常疲惫。我要说几句,权当是对大部分批评性意见的一个潜在的回答。当我们——我与我这两位在论文评审上的同伴——在提请授予巴赫金同志博士学位这一动议上达成一致,这是基于这一部论文很少像通常的那类副博士学位论文,那一类论文现如今有的是。副博士学位论文的几项要求之一就在于它不必具有原创性,授予副博士学位之目的实际上在于壮大并充实志愿成为大学教师的干部队伍,这些教师会了解一些基本知识,会清楚地知道一些道路,会很好地沿着这些道路行驶。这一类论文是很多的,它们向读者提供的是一些非常熟悉而已经被理解的东西。这类论文极少给自己提出要去撼动不同时代与不同流派的表述这样的任务。它们将不同的东西加以细化与深化。

我没有听到一条非议是针对巴赫金这部论文的实质、它的布局、它的分析而提出的。这里有太多的非议,乍听起来,显得声势威严。它们中的一部分不具有历史主义的眼光,另一部分则停留于材料的表面。我不想在这里将它们全都一一列举出来。但在这里也有这样一些批评意见:这部学位论文的作者不应该认为这俨然就是西方现实主义的主干道。对此并未作补充说明:这是就 16 世纪而言的。

这部学位论文的作者是以坚定的口吻谈论十分现实的文学条件,意识的成长,它在一定的文学形式上、一定的文学环境中的体现,等等。

有一句话已受到质疑:这部论文对于拉伯雷总具有的那种魅力何以形成进行了解释。我就此已经说过,拉伯雷之所以珍贵不在于此,而在于那些进步思想。我说的是他在17世纪和18世纪的魅力,他对于拉布吕耶尔、伏尔泰这一类人的魅力,那一类人不能忍受这种词语上的不洁、形象上的龌龊,然而却以某种方式超越了这一点。

已经发言的人当中有一位再一次硬说巴赫金提出这样一个问题:从我们的角度来看,哪一种现实主义更高级?(有人站起来说:这在提纲中可是有的。)请不要拒绝把它的名称叫出来。(有人站起来说:我手头没有提纲,我不会证实,这是事实,这是由学位论文作者本人证实的,那里谈及19世纪,谈及与果戈理的关联。)但是,有怎样的关联呢?于是弄出一个令人诧异的东西:古典现实主义与19世纪的批判现实主义没有任何共通之处,他谈论的可是另一种世界观的观念和另一种经典的典范,俄罗斯现实主义和西方的现实主义那些伟大的经典作家之古典主义,与这种观念没有丝毫的关系。

还有一条非议:拉伯雷究竟如何终结了过去?事实上,文艺复兴——乃是对新的品质的赢得。学位论文的作者对这一类问题根本没有留意。当然,拉伯雷是这样终结了过去,一如但丁终结了中世纪,而且发掘出新的品质,他带来了新的品质,这一点已被学位论文作者详细地论说过了。我在简短的发言中已经谈论过时代与社会发展的范畴,有关这一点已经谈论得够多了。

这就是我能说的不多的几句。大家在这里听到的那些意见,本质上来说是正确的,如果它们不是针对这一部学位论文而说出来,我倒会高兴地在这些意见上署名呢。

И.М.努西诺夫同志:

我非常欢迎诸位为了学术公正,为着良心问题,而准备付出很大的牺牲,一直坐到午夜十二点。在这里有人说过,对学术委员会的成员们"做工作"。这一来好像是,我在今天这个会议之前,与另外几位被指记的论文评审者联手,对学术委员们的成员逐个进行了一次串访,说服他们,要他们在授予答辩人博士学位这事上投赞成票。我要申明,我并未与学术委员会的任何一位成员谈过这事,在这之前也没有与另外几位被指定的论文评审者碰过面。

现在,再往下说。首先,我有权利确信:凭这一部学位论文,就应当授予巴赫金同志博士学位。我回到这里所提出的某些非议上来。

皮克萨诺夫教授的非议。皮克萨诺夫教授是抱着凭这部论文授予巴赫金同志副博士学位这一愿望而到场的。针对巴赫金同志这部论文的反对意见之实质是什么呢?对于巴赫金同志是一位大学者之反对意见——我们并没有听到这样的意见。反对意见针对的是他的方法论,针对的是他的世界观,针对的是他这部论文的党性或非党性。我不仅对副博士学位论文提出这些要求,而且在本科生提交给我学年论文的时候也提出这些要求。从这些立场上的观点来看,一点都没有改变,皮克萨诺夫同志看来还需要在这些问题上先准备好了再来。

对高尔基一句话的征引,高尔基曾声言“没有人民的回顾,就不会有古典现实主义”——完全正确,而且就是由学位论文作者在今天作出的。这部学位论文整个儿都是根据对人民的回顾而得以构建的。这是民间的创作,正是这一几十年里同封建主义和教会的斗争孕育出拉伯雷。若没有这一准备,拉伯雷便是一个奇迹。但这不只是一种机械性的结果——而是一种新的品质。因此,拉伯雷的形象就矗立在整个中世纪之上,这不仅是就那种曾成为拉伯雷先驱的东西而言,也是就整个法国的文艺复兴而言。他的首要品质就在于此〈……〉[①]

阶级斗争。那个时代的阶级斗争,而根据马克思和恩格斯的看法,甚至是18世纪的阶级斗争,并不在于十个阶级彼此之间的相互斗争,而在于那种被称为第三阶层之反对封建主义的共同斗争。这两个世界在这里被相当激烈地对立起来,而对阶级斗争加以揭示的实质,就在于此。

常常出现这样的一种情况:有一些学位论文里,在一些报告里,没

① 此处并不是速记时的遗漏,也不是我对它的某些部分的压缩,原文即是如此。——原编者

完没了地谈论“阶级斗争”“马克思主义”，却并没有阶级斗争和马克思主义。而在另一些论文里，一句也不提阶级斗争和马克思主义，但这部论文的所有内容却都是在谈论阶级斗争和马克思主义。

在这里，还有人提出一个体裁上的要求。有人向巴赫金同志的这部论文，提出考试作业那个层次的要求。大学生在考试中应该知道并说出这一切。但这里所说的可不是考试，而是一部申请学位的学术论文，学位论文的作者没有驻留在这些考试作业层次的要求上。

我对这部学位论文也有反驳性意见，而这些我已经说过。但这些意见并没有迫使我们质疑基本问题。我面前是这样的一部著作，它是不能与另外一些著作相提并论的，可我们就是凭那些著作而曾经——授予人家博士学位，就是在这个会议厅里。

我对自己的提议——应凭这部论文而授予巴赫金同志博士学位——绝不放弃。

【略】[①]

基尔波金同志：

按照讨论的次序，请允许我说几句。

我们的公开答辩很有趣，很深刻，这非常好。我们不仅在讨论授予 M.M.巴赫金同志副博士学位还是博士学位这个问题，我们也在讨论一系列本质问题。

这部学位论文的作者之渊博的学识，他的学术活动的创造性在我们这里并没有引起疑问，但争论已经热烈地展开了，而这场争论具有很大的意义。

我并没有看过这部学位论文，但是即便如此，我觉得，这里已经得到言说的东西，在米哈伊尔·米哈伊洛维奇的陈述中和在辩论中已经

① 以下略去布罗茨基一个简短的发言：他请求其他的学术委员不要套用他之前的发言中用的一个表述“做工作”，他那是以此来讥讽斯米尔诺夫等指定的论文评审者对巴赫金的论文所给予的高度肯定。——译者

得到言说的东西，乃是十分重要的，而已促使我要来说一说。

这部学位论文有这样一个论题：如果拉伯雷只是作为一名人文主义者，只是作为文艺复兴时代的一个人，那么，他写出的作品便是平庸之书与平凡之作。更有甚者——书中举凡拉伯雷作为文艺复兴时代的一个人而出场的那些地方、那些章节，便是写得非常普通而缺乏深度，而一旦拉伯雷在自己的书里将中世纪——况且还是非官方的中世纪，而人民在中世纪是存活过的借之而存活的那种东西，加以复活或者予以重现，他在那时就变得如此之伟大。正是在这里，我心中开始产生一系列的疑问。

我觉得，把中世纪划分为教会及封建上层的官方生活与人民的生活，乃是十分人为的。这种区分意味着，意识形态只与正面有关，而如果去穿过这一正面，一脚将它踢碎，撩开它的长袍，那么，我们就会发现某种完全不同的东西。我觉得，这一区分是过分机械的。首先，如果穿过这一正面，我们绝不会找到永恒的节日、永恒的狂欢节。我觉得，我们会找到另一种东西：永恒的、暗无天日的，在技术和生产力上非常低下的，受苦受难的沉重劳动。这些城堡、这些教堂是如何被建造起来的？它们是那些劳作的人建造起来的，这些人的白骨铺垫了这些教堂的地基。瘟疫肆虐，吞噬了一个个城市、乡村、一个个国家。战争曾经是惨烈的。而且这一切曾经是那样沉重地压迫着人们，压迫着人民大众——这些人民大众在这里却被呈现为无穷无尽的娱乐之源——以至于他们常常不仅没有去娱乐的可能，没有去批判这一制度的可能，而且还常常作为支持这一封建的、宗教制度的力量而行动。这里并没有任何悖论，这是根据马克思主义的立场而得来的。〈……〉[①]

可是，宗教狂信产生的那种残忍的狂热难道没有席卷普通人民中的男男女女？难道人民大众本身没有参加十字军东征？没错，十字军

① 此处并不是速记时的遗漏，也不是我对它的某些部分的压缩，原文即是如此。——原编者

东征的队伍中就有人民大众,在这里我们且来看看"人民"一词的使用。"人民"一词——这可是一个大词,有时候这个词是那样地被说出来,以至于它像是一把万能钥匙。但是,人民毕竟是人民。当谢德林写格鲁波夫这个城市的历史时,人家指责他诽谤人民。他回答说,这是不正确的。那种历史上具体的人民,那种曾支持专制制度的人民,也同样参与了对社会先进人士的嘲弄,那些先进人士则是来解放人民的。这种人民在我心中总要引起批评,而那种人民,那种成为民主思想与前进的进步运动之源泉的人民——则不可能不激起我的推崇。

列宁在 1905 年说过,有进步的、革命的人民,可以将无产阶级专政托付给他的那种人民,也有那种小市民式狭隘的人民,那种人民由于一系列的原因受压制而不敢反抗,被吓唬而胆怯,或者被愚弄,那种人民千百年来沉沦于迷信,支持最阴森的宗教黑暗,而那迷信乃是反对人民自身的。应当善于区分这个,这不是要贬低人民大众,而是要使整个人民成为真正的人民。可是,巴赫金同志在这里所说出的东西,则是对这种贫乏的与贫困的生活之浓烈的粉饰。

中世纪不曾是接连不断的狂欢节,就像在这里有人就此而说的那样。

其次,人民如何把历史推向前进?使人民把历史推向前进的那个环节是什么?这一环节是由先进人士(时代的知识分子阶层)所培养的那种意识。这一知识分子阶层,立足于对人民生活状况的研究,走到愚昧的人民大众中间,而对他们进行启蒙。这样,人民才会成为真正的人民。

我觉得,由这部学位论文的作者在这里已经道说的东西,在这个会上作为这些思想的发挥而已经道说出来的东西,乃是对意识形态之自觉性——尤其是对文艺复兴时代意识形态之自觉性——这一意义的贬低。

我不是法国文学领域的专家,我的领域是俄罗斯文学,但正如我所设想的那样,我觉得,拉伯雷之所以能够在民间找到、在民间发现一脉欢快的、自由地思考的潮流，正是因为他是作为文艺复兴的一位思想家而走向民间。而且主要的东西并不在于从下层将他给推了上来，而在于他本身就是一位思想家，这位思想家已形成对于战争之明确的态度……

……并且他，这位思想家，形成了对待教会和宗教迷信之明确的态度，而走近民间生活，而能够理解……（起身：已经这样说过了。）这里可不是这样来说的。我终究不是在说这部学位论文，我说的是我在这里已听到的，可是，就在这里，已经有人说过，作为一名人文主义者，作为一名文艺复兴时期的思想家，他拉伯雷——不过是一位普普通通的人，而一旦他传达出那种有自发的生命力的生活——那种在腰部以下而流动着的生活，他就变成一位杰出的人物，正是这一点使得他的作品成为伟大的杰作。而这是由这一评价而源生出对文艺复兴意识的形态的估计不足，而源生出对中世纪那种拙劣的理想化。

我觉得，在我所说的东西中可以听出，这可是一种非常严肃的指责。但在这里，没有任何令人委屈的意思；我绝没有存心贬低这部学位论文作者之渊博的学识和才能的意义。我认可这一点。我是一位俄罗斯文学专家，我了解巴赫金那部论陀思妥耶夫斯基的著作，但观点之间一交锋就会产生观点的分歧。这里正在举行的是博士学位的公开答辩，我们有义务表述自己的意见、自己的分歧，而分歧则触及一个非常大的、严肃的问题。

什么是人民这一问题。人民有可能是个空洞的词语，也有可能是个伟大的词语。对人民的全部伟大的尊敬，迫使我们不能向黑暗、向偏见低头，向这样一种设想低头：人民的生活——这只是一种纯生理的、狂欢的生活，而需要迫使把人民提升到时代所达到的意识之巅峰。谈及拉伯雷，事实已经证明，这并不是一种偶然的现象，他的根——在民间。但拉伯雷之所以能够揭示他那个时代的人民是什么样儿，是因为他是一位思想家，是文艺复兴时代的一位思想家，一位有意识的人，一位先进的世俗的世界观的代表。

我无法针对这部书来说,但我能以这里已经道说的东西为基础来发言。这里已经有很多东西被这样道说出来,以至于要对事情的状况加以阐明。

【略】[①]

斯米尔诺夫教授:

我想说两句带有参考—说明性质的话。

我欢迎今天的辩论中提出的这一声明,拉伯雷之所以伟大之处,就在于他是为文艺复兴与启蒙主义的理念而写作,而在拉伯雷开始以修辞的方式、历史的方式,娓娓动听地来打动人的地方,在巴赫金同志所说的那种地方——拉伯雷就成为一位人文主义的和修辞家式的作家——他欲成为一个杰出的作家,但却是一位普通普通的作家。

另一些人通过另一些方式已经证明了这一点,并不比他逊色。如果我们来看看拉伯雷的另一些作品,这些作品在其形式上乃是相当平凡的,而在这一形式上,他作为一位艺术家——因其人文主义的志向而杰出的艺术家——而成为伟人。

其次,关于正面这一说法。这一表达是不成功的,它是从我口中脱口而出的。我指的是上层和下层,而不是中世纪的生活本身之正面。所有人的发言,都已论及意识形态和艺术表达。

【略】[②]

① 以下略去扎列斯基的简短发言与基尔波金的回应:扎列斯基自称不是专家,但他指出,既然这部论文引起如此热烈的辩论,这本身就表明这部论文已是一个杰出现象。他看出,凡很好地阅读了这部论文者,都对论文予以正面的肯定;而凡对论文持否定看法者一个个都承认并没有阅读这部论文。基尔波金在其回应时也确认"所有其余的人都承认他们并没有阅读这部论文,因此而得到的结果是不太好"。——译者

② 以下略去戈尔伦克的发言。他称自己也并未通读论文,只读了其中一部分。但他认为,M.M.巴赫金透过中世纪,而从中梳理出可上溯到古希腊罗马时期某些源头的拉伯雷式的人文主义和现实主义,乃是完全正确的。——译者

M.M.巴赫金同志：

我要以致谢——对我的这部学位论文进行评审的诸位委员，无论是指定的还是未指定的，致以深深的谢意——来开始并结束我的回应。

阿列克谢·卡尔波维奇称我是一个心窍着迷之人，我同意这一说法。我是一个心窍着迷的革新者，也许，是非常渺小和微不足道的，却是一个革新者。心窍着迷的革新者，是很少能被人理解的，他们也很少遇到真正的、认真的、原则性的批评，在大多数情形下，他们受到的只是人们的冷遇。我坐在这里，高兴地听取我这部学位论文之指定的评审委员们的发言——在他们那里，我遇见了十分深刻的理解、异常善意的理解。而我对这一点是完全清楚的：我这部论文可能会以其不寻常性、以其学说本身以及别的问题而令人反感，令人疏远。我在自己的陈述中也已经特别指出，很多地方可能会显得离奇。还在很久以前，我的这部论文刚刚杀青那会儿，我曾与阿列克谢·卡尔波维奇谈论过，为的是要写一个导言。六年前，我们就得出结论：我的学说，说实在的，只有写出六百至七百页才有可能令人信服，而目前这部以简约的形式呈现出来的论文，它就会显得离奇，而无法使人信服，也无法给人提供出什么。我无法做到在较小的篇幅里，况且是以非常简洁的方式来表达出自己的学说。学说显得既不正确，又很离奇，确实需要有非常多的材料，好使学说成为逼真可信的，好来说服我自己。

我没有用现成的学说来考察问题，我曾经探索过，现在仍然在探索，我曾经确信过，现在仍然在确信：应该这样。在论文评审员们的评价中，我遇见了深刻的理解。

从我这部论文之非指定的评审者们那方面，我遇见了兴趣，原则性的反驳，这也使我感到由衷的高兴，我最不敢奢望我能得到我的论文之非指定的评审者们之批评性的驳斥，然而，他们还是令我十分高兴。

我说过，我的主要任务是来关注这一个新的世界——一如我称呼的那样,来关注新的研究领域,来激起人们的兴趣,来展现——它是什么。至于一开头自然会有一些怀疑、一些问题——这些情形极少让我发窘。任何一种怀疑和反驳只会令我感到高兴和愉快。最坏的事莫过于这一愿望一下子就被冷漠地打发掉了。这是让我担心的,幸好,我的担忧并没有得到证实。

我现在非常疲倦,我很难以自己的回答而令所有人满意。因此,我且预先表达深深的谢忱,并请求谅解,如果我的回答不能像应有的那样令人人满意。

首先,我来回答亚历山大·亚历山德罗维奇。您的问题是:民间节庆的怪诞系统是完整的——但这是就总体而言,而不是就所有的部分而言,伴随着有活力的东西的,还有僵死的东西和那些正在变成娱人耳目用的噱头的东西。我认为,亚历山大·亚历山德罗维奇的这一意见是非常实质性的,非常重要,完全正确。我同意这一看法。我本应该仔细掂量那些进入拉伯雷系统中的传统元素之活力的程度。我并没有总是这么做,在亚历山大·亚历山德罗维奇所指出的那些段落中,我可能有错漏,而对已变成作品中娱人耳目的元素的那种东西——现已僵死的传统曾经拥有的东西——的活力估价过高。

烤肉叉这个问题还是使我发窘。烤肉叉在拉伯雷的意识中是与狂欢节相关联的。烤肉叉在他的整部小说中都有出现。这在篝火堆上焚烧骑士那个场面就出现过——后来就在这篝火堆上烤野味——在这里烤肉叉也得到突出,在人们移动凯旋柱时,有烤肉叉——烤肉叉作为狂欢节的另一些标志之一而被挪动。在这一场面,也许,其程度并不像在我的论文里得到展示的那样,这一形象的狂欢意识毕竟曾经是鲜活的。这一形象,在狂欢节中曾经是有活力的。

我想重申一下——对这些意见,我整个儿地予以接受,我准备认可它们的正确性。

亚历山大·亚历山德罗维奇关于狄奥根尼木桶的意见。我应当给出几句回应,这几句话也许会揭示出另一层含义。我指的是,这里不仅仅有对笑的辩护,而且首先是对战斗的笑之辩护。这一点得到的论述还不够充分。

第三点涉及“吝啬的骑士”。在这里,或许本不应该提及“吝啬的骑士”,或者,如果我谈起了它,就应该更为详细地展开这个典故。像我笔下已经展示出来的这样——就会引起公正的反驳。这已经引起了亚历山大·亚历山德罗维奇和伊萨克·马尔科维奇的反驳。

但是,见解——乃是我的,我还是坚持自己的见解。毕竟我的视界揭示出——也许,并不是十分顺利——“吝啬的骑士”这一形象上的某种新的色调、新的棱面。这是被永恒化的老年形象,在所有方面都是步入老年的形象,这一老年抓住生命不放,这一老年仇视年轻,尤其是仇视子辈。我深信,这是一种非常重要的色调。须知,如果我们紧扣世界文学中的吝啬主题,我们就会看出,这一主题总是与老年纠结在一起。我们一举出吝啬人的形象,它总是老人,总是仇视年轻人,在罗马的喜剧中,在假面喜剧中就是如此。一直到现如今,吝啬人都是老人,而且总是在同年轻人的冲突中得以展现,这绝非偶然。这一要素非常重要,在某种程度上,它使得一般的父与子、母与女关系问题得以发展,也绝非偶然。这是文学的基本问题之一。世界文学中那些最伟大的流传至今的杰作都被用于这一问题的探讨。古希腊罗马时期的悲剧之最出色的典范都在诠释这一问题。我们到处遇见这一问题。当然,这一问题中的那种非常重要的色调,也许会在对这一传统加以研究的背景下得到揭示。在这里,问题并不在于偶然的方面,在这里,一种非常重要的、本质性的要素已得到揭示,对这一要素需加以理解,对于父对子和子对父之根本上的敌对关系,需要加以理解。这一材料是有趣的和重要的,这一要素从历史的角度来看是很有趣的。但我想重申的是,我并没有赋予“吝啬的骑士”中这一要素这样的意义,这仅仅是色彩上的细微差别,应当将它发掘出来。它非常有趣,非常重要,它可以促使得出颇有前景的结论,不过,当然需要考察得更为详细些,论证得更为充分些,而这是我无法做到的。我用一个类比来说明。黄金是王位的替代品,这里指的是王位继承人:"我君临天下,这是何等辉煌的荣耀啊……"应当将这一传统的要素发掘出来。它会展示出什么的,会说明着什么的。

亚历山大·亚历山德罗维奇公正地提出这样的一条异议:始于18世纪的诙谐,在整整一系列的现象中曾具有包罗万象的意义。我已指出,传统毫无疑问得以延续下来,但是,它当然已经衰弱了,对于诙谐在官方的大文学中后来的全部发展而言,更为典型的则是诙谐的分裂,一方面是纯粹的狭窄的讽刺,另一方面则是娱乐消遣的……

这是颇能说明问题的。这样的一些现象,譬如,贫民——在那里,诙谐重新变为双重性的,在那里,它会毁灭。这一诙谐成为一种例外,而不是一种惯例。需要将它发掘出来。在这些情形中,可以作出关于这一诙谐之意义的整整一系列历史的申明。尤其是,这涉及果戈理的诙谐中两种传统的意义。我允许自己在这部论文里提出了不够清晰的简练表述,但我指的是下面这层意义:人文主义的诙谐同哥特式的诙谐、农神节的诙谐、狂欢节的诙谐,乃是同源的。它是有过的。但是,这一传统的路线,是沿着鹿特丹的伊拉斯谟那种书本上的诙谐而延伸的。这是对古希腊罗马时期之诙谐的一种人为的再现,书斋里的再现。我并没有夸大其词,但是,拉伯雷——这是一种人文主义的诙谐。它被洒上了广场上的诙谐之活水,因而,它没有成为书斋里的诙谐,没有成为学术性的诙谐——在这一诙谐之新的、人文主义的含义上的诙谐。

我认为,在拉伯雷的诙谐中,人文主义的传统同哥特式的传统之所以得以有机地融合,是因为这一传统与那一传统之根基在本质上乃是同源的,它们都是由同样的一些民间的源头而生发出来的。关于若望和巴汝奇这两个形象上的异议。在这里有一个非常不清晰的简练表述。我曾经指的是要去看出仅仅是一种色调,但语词的表述是不清晰的。我会把它改正,我对这一指点表示感谢。

关于伊萨克·马尔科维奇提出的异议。第一点意见在于,我在我这部论文里对于直接的文学环境没有给予足够的关注，很少谈到最接近拉伯雷的那些前驱与其同时代人，我没有把拉伯雷置于法国的文艺复兴的氛围中来展示。这个意见是正确的。我之所以没有这样做，是因为这一领域里作出来的东西已经很多，我要是再涉足于这一领域，就会像是一个编纂者了。何必还要做这件事情呢，如果这已经为所有人都能企及。诚然，这也许会使我这部论文之十足的价值有所降低，因为大学生们，并且也只有他们才会期待一部论拉伯雷专著面面俱到，但这种面面俱到是无法达到的。要是将来我出版这部论文，我会毫无疑问地遵从您的这一建议，也会遵从阿列克谢·卡尔波维奇的建议——我会为自己的这部论文补充上这些材料，尽管我无法提供任何新的东西，我提供的将只是内容丰富的编纂——对那些已经被研究过的问题所进行的编纂。

在这里还有人说，同经院哲学的斗争这一论题受到的关注很少。这个批评是对的，但是，说它是对的，并不是因为我没有看上这一论题的价值。我是看出这一论题有价值，但这一问题已经如此清楚地为人所知，要是来重复它，就意味着去申说人所共知而且无人反对的事。

当我们对一个除了拉伯雷名字之外什么都不知道的那种人来谈论拉伯雷，对一个刚刚参加师范学院入学考试的人来谈论拉伯雷，他恰恰会说出这个，但比这更多的他也就说不出来了。

又是为了专著要面面俱到，也许，是该将这些方面加进去的，对这些方面，我是提到的，但是，不应该就因为这些方面很少得到述说——像伊萨克·马尔科维奇所断言的那样，就说我不看重它的价值。我可是看出这一点是具有巨大价值的。

关于果戈理的诙谐——认为果戈理的诙谐之最初源头乃是哥特式传统，这是不对的，果戈理的笑是以乌克兰的现实生活为养料，而不是以这些由西方传来的文学影响为养料的。我并没有断言，果戈理的诙谐可以归结为哥特式传统。我完全同意：果戈理的诙谐是由整个乌克兰的现实生活所确定的。但我认为，在这种乌克兰的现实生活中，拉丁典范和哥特传统作为十分重要的成分进入了它的组成。另一些乌克兰元素已经得到充分研究,而这一方面则完全未得到考察。在这一论题上,除了一些完全偶然的、零散的索引,什么还都没有。但是,这些哥特传统,乌克兰现实生活的这一基本元素确定了果戈理。难道可以从乌克兰的现实生活中将基辅神学院、宗教寄宿学校、整个这种拉丁语的学校智慧给勾销掉吗?不应该低估这一方面的分量。我之所以推崇它,只是因为这一方面完全没有得到理解与研究,所以我才驻足于这一方面。

我依然不认为,这是某种从西方传来的东西。不是。我本该诉诸这一传统得以形成的那些年代,在这里,总的说来,应该进行方法论上十分严格的区分,我本该这么说:在这种哥特传统,在基辅群山里,就像在其家乡,一如在圣日芮维埃芙山冈上,一如在法国和德国的任何一座城市中那样。为什么在那里它就好像是某种异域的、异己的东西呢?它作为一种构成元素已经融进乌克兰的歌曲之中。进而,我在这里并不认为,发生的是某些带有偶然性的外来影响。一个十分重要的方面——它最终会帮助我们去梳理乌克兰土壤上、俄罗斯土壤上的这一传统。

也许,在这里有人会指责我抛出一个可怖的异端邪说,但我敢肯定,我寻找到了哥特传统,并且我敢证明,不论是在别林斯基那里,还是在车尔尼雪夫斯基那里,抑或是在杜勃罗留波夫那里,以及在他们那个某种程度上的古典主义中,这一传统都是有过的。在这一点上,我并未看出任何让人降格的东西,恰恰相反。这有什么说不通的呢?任何一种思想,更不用说革命思想,其本质并不在于它的排他性,并不在于它同其他的世界相脱离,而在于它同世界上存在的所有先进的东西保持有机的、深刻的关联。这又有什么说不通的呢?

因而,我不能接受伊萨克·马尔科维奇的这一异议,虽然我应该说出来,这,显然,我表达得不清楚,因而,伊萨克·马尔科维奇便以为我是把果戈理的诙谐带到哥特传统之中,然而,我可是把它视为一种新的传统而划分出来。

我同意阿列克谢·卡尔波维奇的意见,而且今天的辩论也使我确信:这部论文不仅需要第九章,还需要第十章,这会使这部论文更为货真价实。如果早先就这样做了,这也许会使这部论文丧失我一心想赋予它的那种风格,那样一来,在这里我已听到的许多反对意见,我就会听不到了。

也许,我的回答还不能让所有指定的论文评审者感到满意。

现在,我来回答非指定的论文评审者。出于反驳的方便和我的回答的方便,我允许自己首先来回答尼古拉·基里亚科维奇提出的异议。

我在自己的陈述中,已经预先提醒:我这部论文会引起一定的困惑,会显得有些离奇。我也预先提醒:若是在八九年前,在我自己还没有仔细研究这一材料之时,我可能会觉得,我这里已经给出的提纲就是合适的,我可能也会像尼古拉·基里亚科维奇那样来发言,我这么说,是因为这个提纲想必还不能呈现出我这部论文的面貌。我本人难以对这一点作出评判,就因为我跟这些材料在一起都这么久了,在别人看来奇怪的东西,在我看来则是可信的东西。我的学说该会使尼古拉·基里亚科维奇发窘的,但是他的这一异议,即拉伯雷应当被往后翻转,我是不能苟同的。难道我们对某一历史事件的根基、某一传统的根源加以确定,就意味着这是在将现象往后抛?当我们揭示出作品之民间文学的根基时,没有一种现象被翻转。难道我们是把它往后抛?

我的整部论文的旨趣可归结为一点:我是在揭示拉伯雷的创作形式的根基,是在揭示他那个拉伯雷世界的根基。我是在现实主义的历史中来展现拉伯雷。也许,我有错漏,但我觉得,我为现实主义的历史添加了新的一页。在法国文学和俄罗斯文学中还不曾有过“哥特式现实主义”这一术语。谁也说不出来,何处、何人、何时就哥特式现实主义写过什么东西。我丰富了现实主义的历史,并且不是在术语上:不能指责我没有论及现实主义的历史。这并不是对我们所十分熟悉的那种历史的复述。

……这种历史应该延伸得更远。这乃是某种新的东西之加入。为什么我们整个现实主义的历史要以文艺复兴为支撑点?这是堵密不透风的墙,现实主义就是在这里得以孕生的。(起身:“哥特式现实主义”这一术语在用于现代文学时也是存在着的。陀思妥耶夫斯基的小说就被人用这一词组——“哥特式现实主义”——来指称。这一名称的出身非常低贱。)出身非常不好的乃是那种东西,那种涉及18世纪下半叶的哥特小说的东西,它的出身很不好。陀思妥耶夫斯基指的是……(起身:您指的是,将这种如此典型的中世纪移植到现代文学之中……巴尔扎克的小说也被人用这一术语来指称……)这一观点可是绝对不正确的,我的这部论文就是被用来专门考量这个问题的。

要是我敢于奢望,哪怕是我为现实主义的历史添写上一行也好,因为到目前为止,整个现实主义的历史是结束于文艺复兴,而在文艺复兴这个论题上,被理解得也是糟糕,比这更往前的探索不曾有过。于是,总体来说,我的任务便是大大地拓展我们苏联文学学的视野,更不用说欧洲文学学,后者极端地缩小了自己的视野。但我们应该来拓展。无论如何,我们不能缩小视野,我们无论如何不能跟着西方文学学家的话题亦步亦趋,也没有任何理据这样做。正是基于这一点,我,的的确确,是在现实主义的历史中来展现拉伯雷。我没有进一步对此加以梳理。我的任务仅止于此。在这部论文的那些章节,在我论及拉伯雷对后世的影响以及其他诸如此类问题的那些地方,是有一些索引,它们有可能得到展开,但这并没有进入我的任务,然而,整个哥特文学就是现实主义的历史。我倒愿同意这一说法:这不是一部论拉伯雷的书,而是一部论现实主义史之书,一部论前文艺复兴时期的现实主义史之书。难道这不需要加以考察吗?这是一个已经成熟的、极为迫切的任务。您的理解是不正确的,这并不使我觉得惊讶,因为你们只有这份提纲,而这份提纲在总体上是编得不成功的。(起身:是根据您的言说。)我的言说是不成功的。必须在二十分钟以内将十年来我沉潜于其中的东西陈述出来,我陷入了十分困难的境地。或许,别人会做得更好,更能令人信服,但我不想简化自己的思想,不想在自己的陈述中用那些众所周知的真理来敷衍了事。您没有明白许多东西,再说也不可能明白,我自己有错……我认为,这份提纲对自己的这部论文的反映是不成功的,陈述也不是完全清楚,最后的回答也是如此,因为我累了,思维运作得很糟糕。

因此,我当然最不愿意请你们就凭我这番话和我笔下所出现的那些不成功的简要提法来作出评判。我完全无意说,中世纪的诙谐是一种欢快的、无忧无虑的、兴高采烈的诙谐。相反,它曾是进行斗争的工具之强有力的手段之一。人民曾经既带着笑声而进行斗争,又直接带着武器——拳头、棍子——而进行斗争。广场上的人民——这种人民像一根红线贯穿我这部论文——不仅是会嘲笑的人民,也正是那种会进行起义的人民。一个与另一个是紧密关联着的,没有另一个,这一个便是不可能的。这种诙谐是广场上的、民间的诙谐,与那娱乐消遣的东西毫无共同之处。这是另一种类型的诙谐,这种诙谐会使得生机全无,在这里死亡总是在场的。我对教士形象与文学中的打斗之隐含意义做了极其详细的分析。总是要殴打什么人。考量这一现象——狂欢节上的殴打乃是被指向这一目标:殴打国王。这是我这部论文的基本思想。进而,我说的并不是欢快的诙谐,那种会将人们从斗争那里引开的诙谐,而是那种与斗争相关联的诙谐,因为这种诙谐所针对的接受者正是那个世界本身,这个世界应该消失,而让位于新的,别样的,有更多的欢乐、笑声的世界。这是一种基本的激情——为更替而高兴,同所有意欲获得永恒化的东西进行斗争,同所有意欲宣布自己是永恒的而不想让位的东西进行斗争。这就是这种诙谐所要言说的东西。就其本质而言,它可是具有深刻的革命性的。

我并没有把诙谐变成一个实体——有古希腊罗马时期的诙谐,有哥特式的诙谐——这是一种历史范畴,但是,这种广场上的诙谐几乎可以在法律上享有治外法权。这是历史事实。这曾是人民的广场,不得不这样来看待它。这,在一定程度上,曾经是国中之国——这是正确的,这个事实是众所周知的。

拉伯雷的意义——就在中世纪。我没有在任何地方断言这一点——为什么恰恰选拉伯雷呢?因为拉伯雷是用我们的语言在说话——这是一种新的意识。与此同时,他使得发掘那种对我们来说是模糊的不明朗的传统成为可能。我不仅没有把拉伯雷同文艺复兴割裂开来,而且正是基于这一点而展示出他的文艺复兴是重要的。

尼古拉·基里亚科维奇说,我把拉伯雷简化为过往时代的复活。可以把任何一种过去称为复活。拉伯雷——这可是具有深刻的革命性的根基,为什么不把这些根基称为一种复活?那样一来,就该去否定文学史,去否定任何一种历史的解释。

既然某一现象已经被历史地加以解释,进而,这一现象就成过去的复活。如果一位作家有先辈的话,如果他对某种东西加以延续,如果他不曾被隔离,如果他不曾被中国的万里长城同整个世界隔开,那么,他——就是对过去的复活。这是不正确的。这是对我们世界观的基础之根深蒂固的敌视。在国家的关系上并没有什么中国的万里长城……(起身:有深刻的过去,也有卑微的过去,应当区分开来。)如果我们将过去的中世纪称为卑微的……(起身:人民作出了革命事业。)但是,人民不总是能够做到。难道能够将事业与意识、与话语、与思想脱离开来吗?难道革命事业在同话语相脱离之时还有可能吗?问题的关键在于,意识需要进行革命。那么,又是什么会对中世纪之人的意识进行革命,如果不是中世纪的诙谐?我呀,尼古拉·基里亚科维奇,我是一点也不奢望得到您的反驳,因为我这份提纲编得不成功,您有权不理解我。

但是,对于中世纪的人,对于古希腊罗马时期的人,诙谐有着特殊的作用。对于古希腊罗马时期的人而言,严肃性不是那种古典主义的严肃性,这是一个特殊的范畴。一张严肃的面孔是怎样的呢?在严肃的面孔上,不是有着进攻的准备,就是有着防御的准备。严肃性不是要威胁谁,就是害怕谁,而当我谁也不怕而不威胁谁之时,面孔就会成为不严肃的。这是很能说明问题的。就在这时,欢快与诙谐也就会在这里栖居。死亡、临终前的窒息就会在这里栖居——诙谐也在这里。这是有趣的、令人好奇的事情,对于中世纪,典型的特征是不信任严肃,而相信诙谐的力量,因为诙谐的力量不会威胁任何人。诙谐会将人从恐惧中解放出来——这是整个文艺复兴意识的必然前提。为了能让我清醒地看世界,我需要停止恐惧。诙谐扮演了最为严肃的角色。我力图揭示和展现的,就是诙谐曾具有多么巨大的意义,它准备了……

我曾在这个大厅里做过有关长篇小说理论的报告,我曾指出,在古希腊罗马时期,在第一个具有批判精神的苏格拉底的意识之创造中,诙谐曾经具有多么巨大的力量。诙谐培养了一种本领,一种能力——去粗暴地触摸任何东西的能力,一种真正地去翻转、去颠覆的能力。这是对待事物的一种亲昵的、欢快的态度——这是走向研究、解剖、分析的前提。当我心中只有一种崇敬,受信仰所支配的崇敬,我永远不会对世界和事物去进行分析,我不会意识到这一点的。这会使人革命化。中世纪的诙谐这一革命化的力量——这是主人公。(起身:诙谐——乃是伟大的革命家——赫尔岑说过。)这是一个总体上人人皆知的论点,但重要的不是以宣言的方式来展现,而是以材料来展示。

我现在就提供出最为简单的诙谐形象的结构。我现在在这里就发现欢快的诙谐的一个非凡的形象……

在这里,在一条材料里非常有趣地展示出,脸部在这里被画成臀部,被绘上这一美妙的背景——世上的第一背景。我不能接受尼古拉·基里亚科维奇的意见,尽管这一意见是在浏览我这份编得不成功的提纲的情形下,在您心中当会产生的。

我区分出两种现实主义:古典的现实主义和哥特式现实主义,但我丝毫也没有把哥特式现实主义同批判现实主义对立起来。我认为，不了解拉伯雷，巴尔扎克就不能被理解。总体说来，我一点也未曾论及细微差异。

关于狂欢节。我不曾说过狂欢节是纯粹欢快的。根本不曾说过。在每一狂欢的形象中，死亡都会出场。用您的术语来说——这就是悲剧。然而，只是要记住，悲剧还不是终极话语。

我说过《噼噼啪啪》和《一个荒唐人的梦》——是出色的讽刺作品，这时我指的并不是哥特式现实主义，而是在文学中一般很少得到研究的那种伟大的讽刺作品。使我感到震惊的是，陀思妥耶夫斯基是如何能够把这种鲜为人知的形式以欧……得讽刺[1]再现出来——这完全是另一类东西。

现在我想来回应捷里亚耶娃提出的异议。我应该说出来，这些异议让我有些吃惊。给我的印象是，如果捷里亚耶娃同志在我的这部论文里找到了所有为她很好地研究过的东西，她就会满意了。没有找到所有的这一切，她便开始批评我这部论文，她对它可是极不喜欢。我竭力在我这部论文里不去写那些已有人写过和已有人说过的东西。这是我的原则。或许，在实践中不能成功地判明这些东西，但是，如果某些东西已经得以查明、已经被人写出，为什么还要来重复呢？喜爱去重复已知的东西之人非常多，我不想跻身于他们之列。要是您对我这部论文是一窍不通，您就会指责我犯下了某些罪过，我同那些罪过乃是毫无干系的。

首先，整部论文都是专门用于探讨现实主义的历史，我在这一历史中发掘出某种新的东西。您指责我有什么过错呢？就在于我在论文里一点儿也没有写到车尔尼雪夫斯基吗？

就来说说车尔尼雪夫斯基，作为一个革新者，他曾经是走在前面的，走得很远。要是您读过他的学位论文，您一定记得美这一概念之

① “欧……得讽刺”，在这篇速记原文中未写全的这一词语，或许应被读作“欧几里得讽刺”（欧几里得曾被置于那些擅长苏格拉底对话体的大师之列）。——原编者

相对性的对比,这一对比乃是古典主义的典律与怪诞的典律之对比。请再去读一读这部学位论文,那里有一个方面定会让您觉得是十分奇怪的。

有人在这一点上指责我:我这部论文,六年前就已写就的论文,未能反映那个决议,今年通过的那个决议。这部论文写出来了,就提交了,我不曾见到它,而无法将修改的东西加进去。然而,现如今,就事情的实质而言,我应当说出来:要是现在有人建议我以这一决议的视角来重新审视我这部论文,我便会确信:无法进行任何重新审视,我这部论文具备深刻的原则性,我这部论文具备深刻的革命性,我这部论文走在前面,而会提供新的东西。我这部论文整个儿都在谈论最具革命性的作家——拉伯雷,而您却没有找到任何革命性。而我所展现的拉伯雷的革命性乃是宽广的、深刻的,比迄今为止所展现的要更为深刻,更为根本。对这一点在那里已经述说得够多的了,需要的只是会读。您呀,或许,想要每隔三个词之后在第四个词的位置上我就来提一提"革命性"这个词。这个词在我的论文里出现得非常频繁,即使以形式的视界来看,这也是会令人满意的。但如果整部论文全是由"革命性的""革命",以及其他的派生词语组成,那么,它不会由于此举就变得更好些。我认为,我这部论文乃是真正具备革命性的,它会摧毁什么的,它在力图创造出某种新的东西,它会在必须要有的、进步的取向上去摧毁什么。

我敢断言,我这部论文具备革命性。我可以作为一个学者而成为一名革命者。作为一个学者,一个已经为自己提出了特定的课题——拉伯雷研究这一课题——的学者,这种革命性体现在什么地方呢?我的革命性体现在哪里呢?这体现在:我曾是以一种革命的方式解决了这一课题。

获得了这样一种印象,也许是错误的印象,那么,请原谅,这一意图是有过的——用什么来解释这一愿望呢?我不清楚——那就是:无论如何要来证实,这可是白纸上的黑字。

霍马·布鲁特。我提供出这一形象的阶级分析,我并没有整个地考察这部作品。如果我对之进行了考察,我是永远不会容许给出如此奇怪的阐释:巫婆掐死霍马·布鲁特——这被称作对《维》这部小说的阶级阐释,有人从阶级的角度出发进行了这样的陈述。我只是顺带涉及这一形象,以我之见,我是正确地揭示了它的阶级本质。

最后,有人指责我对拉伯雷——拉伯雷与之斗争得最多的正是那种不明朗的、不可理解的、令人可怕的东西,他一心想根除的正是这些,以便使世界变得可以被理解,可以被改造——犯下两点过失:首先,我破坏了任何一种诗意性;其次,我把读者领入了某种神秘的领域。诙谐与神秘,诙谐与秘密——难道这是一些可以并存的东西吗?

此外,最后一点。我要来回答瓦列里·雅科夫列维奇提出的异议。这些异议是非常具有实质性的,但我不能整个地接受。有一条异议是需要接受的。我笔下的确是有一些不成功的简要提法,也许,这确实应该给出某些补充性的区分。我认为,那种人民——拉伯雷(的小说)正是在其传统中而得以被创造出来——具有深刻的进步性。这恰恰说的是,诙谐——这绝不是永恒的狂欢节。是呀,狂欢节曾是相当稀少——一年有一次。我将狂欢节理解得更为宽泛些——这是那些常年都有的集市,广场上沸腾着狂欢节般的生活。但问题当然不在于此:民间曾有另一种生活。这种生活引起了我的兴趣,它具有深刻的进步性和革命性,并且这种狂欢节式的诙谐——它从恐惧中净化了世界。我在自己的论文里整个地援引了歌德对狂欢节的细致描写。我觉得,我在那里已能展示出狂欢的意识——整一的意识、身体之暂时的整一意识——之深刻进步的、革命的性质。进而,对这异议的这一部分,我不能同意,但我应给出解释,对这一问题我完全同意。请您原谅,我的回答没能让您满意,我太疲倦了,这已显示出来了。

请允许我再次感谢我的论文的所有评审者,感谢你们的批评和善意的理解。

基尔波金同志：

学术委员会剩下来还要做的是来处理一个程序问题。为了处理这一程序问题，请允许我宣布召开闭门会议。

*　　*　　*

基尔波金同志：

请允许我宣布学术委员会闭门会议现在开始。出席者 10 人，达到法定人数。请允许我提议计票委员会的人员组成：古济、米哈伊洛夫斯基、波诺马廖夫三位同志。（计票委员会的人员组成获得通过）

（进行闭门的无记名投票）

波诺马廖夫同志：

现在我来宣布投票结果。学术委员会对授予 M.M.巴赫金同志语文学副博士学位进行了投票：

分发票数——13

放入票箱中的票数——13

其中：同意授予副博士学位的票数——13，反对票——0（掌声）

学术委员会对授予 M.M.巴赫金同志语文学博士学位进行了投票：

分发票数——13

放入票箱中的票数——13

其中：同意授予的票数——7，反对票——6

基尔波金同志：

这样，学术委员会授予 M.M.巴赫金同志语文学副博士学位，并向高等教育部提请授予他语文学博士学位。现在，我宣布学术委员会到此结束。[①]

朱涛 译
周启超 校

① 根据《苏联科学院通报》报道这次答辩会的简讯作者称,"答辩持续七个多小时"(《苏联科学院通报》,1947年第5期,第123页)。辩论的时间之长,这本身就颇能说明问题。而无须注释。——原编者

题 注

此次巴赫金的《弗朗索瓦·拉伯雷的创作与中世纪和文艺复兴时期的民间文化》一书的修订依据的是俄罗斯出版的《巴赫金选集》(7卷本)的第4卷第2册。巴赫金的《拉伯雷》一书坎坷的历史命运,决定了《巴赫金选集》第4卷的内容和结构。有必要先简介一下。

俄罗斯出版的《巴赫金选集》(7卷本)第4卷里收入巴赫金的《拉伯雷》一书以及与其历史命运相关的档案材料,它由两册构成。第1册出版于2008年,发表的是1930至1950年代的文本和材料,均为档案文献,展现的是巴赫金的《拉伯雷》的手稿史,主要包括:《现实主义历史中的弗朗索瓦·拉伯雷》(1940),第二次修改与补充的《弗朗索瓦·拉伯雷的创作与中世纪和文艺复兴时期的民间文化》(1949—1950),1938至1939年早期修订本,补充,提纲。巴赫金的所有文本,除了《〈拉伯雷〉补充与修改》(1944),均为首次发表。在注释与附录里,收录了1930至1950年代有关《拉伯雷》一书的历史概述和四个附录:1940年代关于《拉伯雷》一书命运的信札;对巴赫金著述的评语(1944);论文答辩材料(1946);最高学位委员会的审批文件(1947—1952)。第2册出版于2010年,发表的是第三次修订的《弗朗索瓦·拉伯雷的创作与中世纪和文艺复兴时期的民间文化》(1965)。这册里还收录了《拉伯雷与果戈理》(话语艺术与民间诙谐文化)(1940、1970),从第一次修订的关于《拉伯雷》一书的最后的片段变成独立的著述。在注释和附录里，阐明了1960年代《拉伯雷》一书的历史；考察了从1930年代的草稿到1965年的修订本的基本思想和概念的历史；复原了书的文献、其"对话背景"、基本术语的起源及意义。

有关巴赫金的《拉伯雷》一书的写作经过及其命运，可参阅俄罗斯出版的《巴赫金选集》（7卷本）第4卷第1、2册的《附录》。

巴赫金的《弗朗索瓦·拉伯雷的创作与中世纪和文艺复兴时期的民间文化》一书的命运坎坷：1940至1941年巴赫金曾尝试全部或者部分发表，但未能如愿以偿。1944年，巴赫金开始为国家文学艺术出版社修订书稿，也未能出版。1950年以后此书长期被束之高阁。1960年代初巴赫金又重新为国家文学艺术出版社修订书稿，最终于1965年《弗朗索瓦·拉伯雷的创作与中世纪和文艺复兴时期的民间文化》一书首次艰难问世。

如果说此书出版史漫长且颇费周折，其构思史则更为复杂，可以追溯到1930年代，而书中某些概念早在1920至1930年代就已开始形成。

从1930年代起，巴赫金在构思和撰写有关《拉伯雷》一书的过程中，创造了一系列独特的概念："大笑""大风格""文学的大体裁"（"大戏剧""大叙事文学"）。1940年代初，巴赫金又加入了"大时间""大世界""大记忆"等概念。遗憾的是，除了"大时间"（большое время）外，这些概念在相当长的时间未被俄罗斯和欧洲文艺学界所熟知和广泛利用。所有这些概念均相互关联，构成了一个统一的术语系列，它们的出现是以巴赫金的构想和提出的理论问题为前提的。巴赫金是想以拉伯雷为焦点考察欧洲文学史和俄罗斯文学史，整理和研究从古希腊罗马时期到20世纪的文学史，囊括如此宏大的空间和时间维度，巴赫金需要运用一系列综合性的概念。关注这些概念意味着巴赫金有意识地远离个人的时间、个人的空间、民族文学的个别和个人化的特征。

1940年，巴赫金完成《现实主义历史中的弗朗索瓦·拉伯雷》的手稿。巴赫金将手稿作为学位论文提交给苏联科学院高尔基世界文学研究所。可是，由于卫国战争开始，他没来得及被“安排”答辩。直到1946年秋，搁置六年多的学位论文才被重新提交给评委们。这部论著以其广阔的科学视野、独特的方法和丰富的学术思想令评委们耳目一新。不少评委提议授予巴赫金博士学位。答辩会持续了七个多小时，但最后一致决定授予巴赫金副博士学位，而能否授予博士学位的问题则转由最高学位评定委员会裁夺。在论文答辩五年之后，这久拖不决的局面总算结束了，其结果是不言自明的。后来，巴赫金蜚声世界文坛，可他却是苏联少数未能获得博士学位的大学者之一。在这期间，即1944年，巴赫金专门写了一篇《〈拉伯雷〉补充与修改》（于1992年首次在俄罗斯发表）。这个材料不仅丰富了巴赫金已阐述过的思想，而且还澄清了巴赫金的观点中某些不太清楚的因素，其中包括对莎士比亚创作的分析。巴赫金补充分析了民间狂欢世界观中悲剧性的因素，增添了关于果戈理的笑的问题的研究材料。巴赫金强调，“对一切像浮士德那样的世界性形象（以及与他们有着有机联系的整个作品的情节和结构类型，即体裁变体），应该从世界文学的民间节庆、狂欢的基本原因角度重新认识”。巴赫金认为，欧洲的文学理论（诗学）是在很狭窄、很有限的文学现象的材料基础上产生和发展起来的。“它是在文学形式和民族语言研究固定化的时代，在文学和语言生活中重大的事件——震撼、危机、斗争和风暴——早已逝去，早已被人遗忘的时代形成的。一切均已得到解决，一切都已固定，当然，只是固定在官方的文学和语言的最上层。”“像古希腊，后来的文艺复兴（文艺复兴末期和巴洛克初期）这样一些时代的文学生活，在文学理论中得不到反映。”因此，在研究中应重视非官方的文学和语言。

巴赫金在《拉伯雷》的导言中明确指出，拉伯雷是具有特殊魅力的伟大作家，然而在世界文学的伟大作家中，他却最不被人理解，被研究得最不充分。问题的症结不在于能否将拉伯雷跟与他同时代的莎士比亚相比，或是拉伯雷与塞万提斯孰高孰低。因为拉伯雷在世界文学中的历史地位是毋庸置疑的：他与但丁、薄伽丘、莎士比亚、塞万提斯等人同属新的欧洲文学的创建者之列。在巴赫金看来，主要问题有三：其一，拉伯雷笔下的形象具有某种“非官方性”和特殊的“非文学性”，它们与16世纪至今占统治地位的文学性标准规范相悖，因此，拉伯雷在其产生的时代以及后来的世纪中极为孤单，最不被人理解。而“实际上，拉伯雷笔下的形象至今在很大程度上在很多方面仍是一个谜”。[①] 其二，拉伯雷的创作与民间诙谐文化有着深厚的渊源关系，这正是理解拉伯雷笔下形象体系的关键所在，而这一点长久以来却为研究者们所忽略，致使其独特的艺术魅力不能得以充分的展示。其三，拉伯雷的创作自始至终笼罩着一种“狂欢”的氛围，独具一种“狂欢”的美学品格，而这一特点鲜为人所揭示，因此，有许多过去没被发现的、深层的东西尚未发掘出来。巴赫金认为，要解开拉伯雷创作之谜，必须弄清拉伯雷创作的特殊语言，即民间诙谐文化的语言、“狂欢”的语言。除此之外，还必须在思想观念上来一场实质性的变革，从根本上改变文学趣味，对过去研究得不够，甚至肤浅的问题重新审视，重新评价。

为此，巴赫金的第一个任务是：提出中世纪和文艺复兴时期民间诙谐文化的问题，确定其规模，并对其独特性作出初步的评述。在巴赫金看来，民间诙谐文化的规模和意义在中世纪和文艺复兴时期是巨大的。民间诙谐文化与封建教会的、“严肃的”官方文化相对立，而与狂欢式仪礼传统、农事类型的古老节气有着密切的联系。它采取仪礼和游艺的形态，呈现为口头的和书面的戏谑，习见于广场的语言，构成节庆的、民众的、讽刺模拟的、狂欢的世界。它以无拘无束的幽默形式对抗着官方阴郁的气氛。

民间诙谐文化的表现形式是多种多样的，最主要的有三种：

---

① 巴赫金：《弗朗索瓦・拉伯雷的创作与中世纪和文艺复兴时期的民间文化》，莫斯科，文学艺术出版社，1990年第2版，第77页。以下引自此书者，只在文中注页码。——原编者

(1)仪式演出形式(狂欢型的节日庆典、广场上的演出活动等);

(2)各种诙谐(包括讽刺模拟)的文艺作品,用拉丁语和民族语言创作的口头的和书面的作品;

(3)各种广场语言形式和体裁(骂语、誓语、诅咒等)。

在这些形式中,最重要的和最能清晰地揭示它们的深层含义的是狂欢式的笑。它充满节日气氛,最能体现民间诙谐文化的实质。巴赫金将其特点概括如下:

(1)它是全民性的(всенароден)(大家都笑,大众的笑);

(2)它是包罗万象的(针对一切事物和人,包括狂欢节的参与者);

(3)它是双重性的(амбивалентен)(它既是欢乐的、兴奋的,同时也是讥笑的、冷嘲热讽的;它既否定又肯定,既埋葬又催生等)。

巴赫金认为,狂欢式的笑的特性在于"与自由不可分离的和本质的联系",它显示了人们从道德律令和本能欲望的紧张对峙中所获得的自由。狂欢式的笑对多样变化的感受保持活力。这种笑密切地关系到不断变化的季节,"关系到日月的相位、草木的荣枯和农业节气的更替。在这种更替中,新的、即将来临的、新生的东西都作为积极的因素受到强调。它具有更广泛更深刻的意义:它里面蕴含着人们对美好未来……的希望"。这种对更替和变化的强调,一反官方对过去、对永恒的事物的强调。狂欢式的笑使人们"摆脱了那些阴郁范畴的压迫,例如,'永恒的''不可变动的''绝对的''不可改变的'。它们现在面对着世界快乐和自由的笑的一面,连同其未完成的和开放的性质,连同变化和新生的欢乐"。

狂欢式的笑是在更替变化的过程中捕捉和认识对象,在现象中找出不断更替、除旧布新的两极:在死亡中预见到新生,在新生中预见到死亡;在胜利中预见到失败,在失败中预见到胜利;在加冕中预见到脱冕,反之亦然。狂欢式的笑不让这种更替中的任何一方片面地成为严肃的现象而绝对化、凝固化,它的笑声里不可分割地结合了戏谑和欢呼、赞美和辱骂……

狂欢式的笑在文学中具有巨大的创造力量,包括形成体裁的力量。

巴赫金指出,对民间诙谐文化长期以来存在着两种极端的看法:或者把它看作纯否定性的、讽刺性的;或者把它作为纯娱乐性的、没有思想深度的、缺乏洞察力的感官愉悦。这两种看法都是片面的。在巴赫金看来,民间诙谐文化的精髓在于狂欢式的笑的深刻的双重性。不了解这一点,就不能对民间诙谐文化的价值作出正确的评价。正是在这个意义上,巴赫金强调,目标确定的、旨在损毁特定对象的讽刺,不属于狂欢式的笑。

就这样,巴赫金提出了民间诙谐文化的问题。然而,这个问题并非巴赫金直接研究的对象,巴赫金更为关注的是民间诙谐文化广阔背景下拉伯雷的创作特色及其阅读策略,并以此来丰富和完善他的"狂欢化"诗学理论。

巴赫金认为,拉伯雷是文学领域民间诙谐文化最著名的代表,他的作品是"一部完整的民间文化的百科全书"。他的创作特色可归结为"怪诞现实主义"。而怪诞正是狂欢节精神在文学中的表现。只有掌握了拉伯雷创作中的民间文化源泉和狂欢化美学品格这两把钥匙,才能开启拉伯雷的创作宝库,才能真正理解和把握其怪诞现实主义的特点和力量、多重的意义及其深刻性,否则,对拉伯雷的解读和诠释,只能是拾人牙慧。巴赫金自诩,正因为他懂得如何解读拉伯雷的作品,所以他能在文艺复兴时期民间文化的"狂欢节"盛宴中,聆听到官方文化与民间文化之间,高雅与俚俗、精英与大众之间的言语冲撞,聆听到拉伯雷那响彻广场的笑声。在经过漫长世纪的历史误解之后,巴赫金以自己的论著阐释了一种新的阅读策略。让我们来看一看巴赫金是怎样通过描述拉伯雷的策略来展示他自己的策略的。

巴赫金一贯主张文艺学研究应该与文化史建立紧密的联系。在巴赫金的文学研究生涯中,一个文化史上极其复杂而十分有趣的问题——狂欢节及其实质、它在社会历史中的发展以及它对文学的影响,早就引起了巴赫金的兴趣并始终伴随着他。巴赫金发现,对节日情绪,即对人的一种节日感受、一种特殊的看世界的角度感兴趣的并非他一人。不少西方学者,如哲学家、人类学家、现象学家、民俗学家对这个问题亦有浓厚的兴趣。有的学者还试图以此来克服存在主义的悲观论点。他们观点各异,但多失之偏颇,有许多难题不能解决。巴赫金另辟蹊径,对这个问题的考察研究用的是一种历史—社会学的方法,较为科学。继而他推而广之,用于文学研究领域,创建了自己的狂欢化诗学理论体系。

巴赫金认为不能小看狂欢节这个节日,尽管它今天在形式上已失去了昔日的辉煌。对“狂欢节”一词应作广义的理解,即指狂欢节、狂欢节式的庆典、狂欢式、狂欢情绪、狂欢意识等。狂欢节最重要的价值在于:颠覆等级制,主张平等的对话精神,坚持开放性,强调未完成性、变易性、双重性,崇尚交替与变更的精神,摧毁一切与变更一切的精神,死亡与新生的精神。巴赫金认为,狂欢节的影响在文学发展的一切时代都是巨大的,但这种影响在大多数情况下是潜在的、非直接的、难以捕捉的。然而,在文艺复兴时期它不仅异常有力,而且直接地、明显地从外在形式上表现出来。可以说,“文艺复兴是对意识、世界观和文学的直接狂欢化”(第300页)。这一时期狂欢化文学的典范当推拉伯雷的创作。

巴赫金极为欣赏拉伯雷以酣畅淋漓,欢快奔泻的语言描绘出的狂欢世界。他指出,这个狂欢世界和陀思妥耶夫斯基所描绘的阴暗呓语的世界,在格调和色彩上大相径庭。这是全民性的喜剧和盛宴,是真正的平民大众的狂欢节。它以民间笑话和对封建教会的戏拟为主导,神圣和卑俗相倒置,诅咒与赞美相混杂。它追求自由平等,反叛官府和一切社会道德规范,颂扬亵渎神灵和离经叛道的行为,讴歌充满生命力的创造精神。它消弭一切界限,热衷于各种因素非同寻常的排列组合、混杂交融(而在正统的文学家、批评家眼里,这些因素是相互排斥的,它们之间的界限是泾渭分明的)。它与“任何教条主义、任何专横性、任何片面的严肃性”形同水火。拉伯雷创造了再现这个民间文化的“怪诞现实主义”。拉伯雷不可思议地将博学的引证与淫秽的细节熔于一炉，将各种文本及其功能缝缀在一起，使各种文本相互渗透，各种语言众声喧哗、平等对话，旨在表明小说的未完成性、开放性和多义性。

巴赫金发现，在拉伯雷的创作中形成了一个完整的民间节日形式和形象体系，因此他把研究的重点放在了对它的剖析上。巴赫金指出，不应把民间节日形式和形象体系的运用理解为对付书刊检查的外部的、机械的手段，迫不得已而为之的“伊索语言”。须知，数千年来人民大众一直享有运用民间节日形象的权利和自由，并在这些形象身上体现自己最深刻的、对独白式的官方真理的批判态度，体现自己最美好的愿望和追求。“自由，与其说是这些形象的外在权利，不如说是它们的内在内容。这是数千年来形成的‘大无畏的话语’……”这是根植于人民大众身上的一种狂欢意识。

巴赫金首先从拉伯雷小说中的广场语言入手，具体考察了民间节日形式和形象，以及与此相关的筵席形象、怪诞肉体形象及其源泉。探讨了拉伯雷笔下的形象与他那个时代的现实的关系等问题。巴赫金敏锐地捕捉到中世纪和文艺复兴时期文学发展的趋向：底层形式向高层形式渗透，民间笑话向叙事体裁渗透，民间文化向官方文化渗透并提出挑战，大有分庭抗礼、打破一统天下之势。向下运动、脱冕、降格、戏拟……成为怪诞现实主义和狂欢化文学的主要艺术原则。巴赫金发现，非官方的民间文化，在中世纪和文艺复兴时期有自己特殊的领地——广场，特殊的时间——节日和集市日，特殊的语言——被官方文化视为“不登大雅之堂的语言”。广场是底层平民大众的、节日文化的荟萃地，广场是平民大众的象征、全民性的象征。在这里，无礼的游戏、诙谐的闹剧、村言俚语、讽刺性地模拟着“诗人、学者、僧侣、骑士”的高雅语言和官方的独白式语言。在这里，杂语现象大行其道，而等级制和“单一的真理语言”土崩瓦解。巴赫金认为，在世界文学中或许再也找不出像拉伯雷的小说那样“充分而深刻地反映出民众广场生活的一切方面”(第171页)的作品了。拉伯雷的功绩在于他“以新的眼光、以广场上笑的民间合唱队的观点阐明时代的悲剧或喜剧”。

经由巴赫金的解读,原有的阅读模式受到了挑战,民间文化、俗文化的功能及其价值远非以前评价的那么简单、浅薄。在巴赫金看来,民间文化不是抽象的、僵死的,而是具体可感的、开放的、变易的。它集中了大众所关注的热点,趋向大众的审美趣味,具有生活性和现实性。民间文化包罗万象,具有无限的广度和深度。民间文化、俗文化对官方文化、“严肃”文化产生出一股强大的冲击波,在巴赫金看来,正是这两者之间的矛盾及其合力促进了整个文学的发展,正是在这两者的相互刺激和相互影响下,整个时代的文学及文学的特质才真正得到深刻的表现。文学正是在这两者的对峙和对话中获得革新和变易的灵感和动力的。

在拉伯雷生活的时代,官方文化与民间文化是沿着一条分界线展开的,一方是拉丁语,一方是民间语言。拉丁语代表着上层的、官方的语言,而民间语言则是下层的、自由的广场语言。确切地说,这是一场三方之战。因为,实际上存在着两种拉丁语:一种是古典规范的纯正的拉丁语;一种是混杂着其他成分的欧洲的口头通用语。这三种语言并生共存,相互对峙,相互定位,相互作用,其中民间语言带着新的观点、新的思维形式,以其蓬勃的生命力和创造力“侵入到意识形态的全部领域并排斥着拉丁语”。拉伯雷顺应历史的潮流,走在时代的前列。他大胆地叛离官方语言,使语言从祈祷、虔敬的肃穆中,从恐惧、禁忌的严肃中彻底解放出来。他将民众的、口头的、广场的语言移入法语语言文学,有意使专业技术用语、优雅的文学语汇与最最粗野的污言秽语、方言土语融合在一起。不仅如此,他还“通过不寻常的用法或新的、出人意料的排列来更新旧物”,从而获得“对所有旧词、旧事物和旧概念的新感觉……通过暂时使它们摆脱一切语义联系,自由地重新创造它们”。巴赫金在拉伯雷的语言实验室里,在他对封建教会庄严仪式的猥亵的模拟中,看到了语言狂欢化的特征。巴赫金通过自己的诗学解析,使人们不仅从拉伯雷的小说话语中,同时也从语言自身感受到纷繁万状的生活原生态和价值观念多向的世界,并解读出话语之外的潜对话、潜文本。

巴赫金对拉伯雷的解读,在方法论上给人以极大的启迪。他既考察了拉伯雷小说的社会历史、文化渊源及其历史功能,又深入到作品内部结构的诗学研究,并将两者有机地结合起来,进行综合的、整体的研究。他强调颠覆霸权,其目的是为了打破二元对立的传统模式中以互相排斥为取舍的抗争关系,建立和平共处的交流与对话关系;他强调包容与共存,亦是为了建构而不是消解。

巴赫金的这部论著虽然以丰富的资料、新颖的观点、独到的方法见长,但并非尽善尽美,无懈可击。由于巴赫金过分强调民间文化及其功能,难免在行文中流露出溢美之词,有将民间文化“理想化”“中心化”之嫌,而这是有悖于他主张“文化多元性”“复调”“对话”的初衷的。

巴赫金承认,他所做的研究,只是“民间诙谐文化研究大业中迈出的第一步。也许这第一步迈得还不那么稳当,也不完全正确”,但对“所提出的问题的重要性”他是坚信不疑的。事实证明,巴赫金具有拓荒性质的理论研究对世界文论所做的贡献是巨大的,其影响是深远的,具有深刻的现实意义。